# 매스 커뮤니케이션 이론

## 토대, 논쟁, 미래

개정판

Mass Communication Theory

Foundations, Ferment, and Future

Eighth Edition

Stanley J. Baran
Dennis K. Davis 지음

김훈순·김경희·정선호 옮김

# 매스 커뮤니케이션 이론

## 토대, 논쟁, 미래

개정판

이화여자대학교출판문화원

# 서문

『매스 커뮤니케이션 이론』 제8판에서는 미국 미디어 시스템의 발전에 있어 새로운 이정표를 기록해둠과 동시에 우리 미디어 시스템이 중요한 새로운 발전 단계에 진입하게 된 이유들을 상세히 설명하고자 한다. 이 새로운 단계는 미디어 기술의 급속한 변화, 그에 따른 매스 커뮤니케이션 이론의 혼란스러웠던 지난 20년을 거쳐 도달한 결과로, 미디어 시스템에 안정을 가져다줄 것으로 보인다. 이전 판들에서는 1990년대에 시작된 인터넷과 모바일 커뮤니케이션 기술의 도입으로 인해 미디어 시스템에 일어난 다양한 변화들을 언급했다. 우리 또한 다른 학자들과 함께 이러한 변화들에 도전받았으며, 그것들을 설명하기 위해 미디어 이론에 어떤 수정이 필요할지에 대해 생각해보았다. 이 새로운 시대에 과연 매스 미디어 이론은 유용한 것인가? 저명한 미디어 학자 스티븐 채피Steven Chaffee는 "많은 사람들이 이제 더 이상 '매스 커뮤니케이션'이라는 용어가 일부 커뮤니케이션 학자들이 연구하는 것을 정확히 설명한다고 여기지 않는다"라고 주장했다(Chaffee & Metzger, 2001: 365). 그러나 만약 이들 학자들이 매스 커뮤니케이션을 연구하고 있지 않다면, 그들은 과연 무엇을 연구하고 있었던 것인가? 사람들이 인터넷과 모바일 미디어 기반 애플리케이션을 활용하여 행하는 활동들을 설명하기 위해, 전혀 새로운 이론 체계를 구축할 필요가 있었던 것인가? 소셜 미디어의 미래에 대해 제기된 수많은 예측 중 하나는, 미디어 콘텐츠의 공동 생산과 공동 소비를 중심으로 가상 공동체가 형성될 것이라는 점이었다. 그리고 사람들이 이러한 공동체에 더 많은 시간을 보낼수록, 전통 미디어를 사용하는 시간은 점점 줄어들게 될 것이었다.

채피는 가상 공동체의 부상을 전망하고 왜 뉴 미디어가 매스 커뮤니케이션의 종말을 가져올 것인지에 대해 설명했다. 채피의 예상에 따르면, 인터넷 기반 미디어는 모든 사람이 미디어 콘텐츠를 소비할 뿐 아니라 생산할 수 있도록 만들 것이고 사람들은 청중의 수동적 구성원이 아니라 가상 공동체의 능동적 참여자가 될 것이다. 매력적인 새로운 모바일 기기들은 사람들이 미디어 사용에 있어 훨씬 더 창의적이고 적극적으로 참여할 수 있게 해줄 것이고 미디어 사용은 요리, 클래식 음악, 현대 무용, 정치, 컨트리 뮤직, 로맨스 소설 등 평범한 개인들의 관심사와 취향을 중심으로 이루어질 것이다. 개인의 취향은 단순히 자신이 좋아하는 콘텐츠를 전달하는 것을 넘어서, 스스로 콘텐츠를 제작함으로써 공유되고, 우리는 모두 미디어 콘텐츠의 '생산사용자produsers(producers and users)'가 될 것이다. 가상 공동체의 수많은 취향 문화들은 대형 미디어 기업들이 지배하고 홍보하던 대중문화를 대체하게 되며, 공동체들은 집단 지성을 증진시키는 지식의 집합체를 공동으로 생산하게 될 것이다. 또한 사회의 권력은 실질적으로 재분배되어 엘리트들은 더 이상 중앙집중적인 미디어 기술에 대한 통제력을 이용하여 자신들의 이익을 우선시하는 이데올로기를 퍼뜨릴 수 없게 될 것이다. 그리고 이러한 변화가 대규모로 일어난다면, 우리는 이를 이해하기 위해 새로운 이론을 발전시킬 필요가 있게 될 것이다.

그런데 이렇게 인터넷 기반 미디어가 '거대 미디어'의 영향력에서 우리를 해방시킬 가능성을 지녔다면, 왜 그 가능성은 20년도 채 지나지 않아 사라진 것처럼 보이는가? 하나의 대답은 이 새로운 디지털 기술들 주변에서 급속히 성장한 미디어 산업들—페이스북, 구글, 아마존, 트위터, 유튜브, 스냅챗, 인스타그램, 넷플릭스 등—에서 일어난 일들에서 찾을 수 있다. 대체로 이러한 산업들은 소규모 가상 공동체를 형성하고 지원하는 위험을 감수하기보다는 수십억 명에 달하는 대중이 원하는 것을 전달함으로써 쉽게 얻을 수 있는 이윤을 추구해왔다. 이들은 매일 수백만 명의 사람들에게 도달할 수 있는 대규모 미디어가 되기 위해 노력했다. 비록 새로운 기술을 통해 콘텐츠를 전달했지만, 그 콘텐츠는 전통 미디어가 전달하던 것과 동일한 목적을 수행했다. 사용자들이 콘텐츠 생산을 통제할 수 있는 가능성이 있었음에도 불구하고, 이들 기업은 높은 수준의 통제를 유지하는 쪽을 선택했고 사용자 참여를 억제하거나 제한했다. 전달된 콘텐츠의 상당수는 전통 미디어가 배포하던 것과 동일한 것이었다. 혁신적으로 보이는 콘텐츠조차도 실제로는 기존 미디어가 개발한 오래된 공식을 따르고 있었다. 진정으로 혁신적인 콘텐츠가 제작될 경우, 그것은 종종 문제를 일으키거나, 대중의 관심을 끌거나 유지하는 데 덜 유용하거나, 진실성이나 미적 기준을 무시하는 경향이 있었다. 유튜브에서 가장 많이 시청된 영상은 대형 음반사의 아티스트가 제작한 뮤직비디오이지 음악 애호가 공동체의 표현물이 아니다. 그 밖의 많은 인기 유튜브 영상은 영상에 붙는 광고의 조회 수에 따라 수익을 얻는 기업가들이 제작한 것이다. 우리는 혁신적 미디어 기술의 장기적인 결과에 대해 완전히 비관적이지는 않지만, 현재의 기술이 대부분의 사람들에게 무엇을 하고 있고 또 무엇을 하지 않고 있는지에 대해서는 현실적인 시각을 견지하고 있다. 어떤 이들은 매스 커뮤니케이션의 종말을 바라고, 인터넷의 도래가 약속했던 거대 미디어 기업의 영향으로부터의 해방을 갈망할지도 모르나, 이제 새로운 형태의 미디어들조차도 공익이 아닌 이윤을 중시하는 기업의 통제 아래 놓이게 된 상황에서는 그러한 일이 가까운 시일 내에 일어날 것으로는 보이지 않는다.

인터넷 기반 미디어가 채피가 상상했던 미래를 실현하지 못한 데에는 또 다른 이유가 존재한다. 사회 전체적으로 우리는 혁신적인 목적을 위해 이러한 미디어를 활용하는 데 필요한 시간, 에너지, 자원을 확보하지 못했다. 우리는 대규모 소셜 미디어 기업들이 이 미디어들을 장악하도록 허용해왔다. 종종 우리는 이들 기업이 일상생활에서 유용하다고 여긴 무료 서비스를 제공할 때 그 통제를 기꺼이 받아들였다. 페이스북은 10년이 넘는 시간 동안 성장하면서, 사용자에게 서비스를 제공하는 회사를 가장하면서도, 경쟁자를 무너뜨리고 광고 수익과 사용자 데이터 판매 수익을 공격적으로 추구했다. 전반적으로 미국인들은 인터넷 기반 미디어가 수행할 수 있는 진정으로 혁신적인 목적에 대해 매우 제한된 관심만을 보여왔다. 우리는 여전히 다양한 형태의 미디어를 과거의 미디어가 수행해온 동일한 목적을 위해 사용하는 경향이 강하다. 미디어 콘텐츠에 접근하는 장소와 방식에는 중요한 변화가 있었지만, 대부분 우리는 여전히 지난 세기 대부분 동안 미디어 콘텐츠가 해왔던 것과 같은 역할을 수행하는 콘텐츠에 접근하고 있다. 우리는 가상 공동체보다는 여전히 수용자의 일원으로 참여하고 있다. 우리는 대부분의 시간을 오락과 정보 소비에 사용하고 있으며, 소셜 미디어는 새로운 형태의 매스 미디어가 되었다.

이러한 기술 대기업에 대한 우리의 견해는 기술학자 쇼샤나 주보프Shoshana Zuboff가 『감시 자본주의 시대*The Age of Surveillance Capitalism*』(2019)에서 제시한 관점과 맥을 같이한다. 그녀는 상품과 서비스 교환을 기반으로 하는 자본주의의 전통적 형태는 데이터 수집을 중심으로 한 대기업들에 의해 와해되었으며, 이들 기업은 인간의 삶은 아닐지라도 인간 담론의 거의 모든 측면에 대해 막대한 경제적 통제력을 행사하게 되었다고 주장한다. "주목attention을 사고파는 상인들은 가능한 한 많은 추적기, 기기, 화면을 우리의 집 안과 신체 가까이에 두는 방식으로 부를 창출한다"고 법학자 팀 우Tim Wu는 설명한다. "축적된 데이터는 경쟁 우위를 창출하고, 개인에 대한 모든 정보를 통합함으로써 수익을 낼 수 있게 된다"(Wu, 2019: SR3). 전통적 자본주의 하의 전통 미디어 시스템에서는 경제적 교환이란 콘텐츠를 대가로 한 대중의 주목이었다. 그러나 감시 자본주의 체제에서는 우리의 존재 자체, 우리의 모든 경험이 채굴되고 착취되는 무료 원자재로 전락한다. 이 '새로운' 매스 커뮤니케이션 시스템에서의 교환은 이전의 콘텐츠/주목 교환과 유사하면서도 다르다. 이제는 단순히 사람들이 무엇을 하는지에 대한 정보를 수집하는 것만으로는 충분하지 않다고 기술 전문 칼럼니스트 제이콥 실버먼Jacob Silverman은 말한다. "결국 이들 기업은 단지 맞춤형 광고를 보여주는 수준을 넘어 사람들의 행동을 실제로 변화시켜야만 한다. 단순히 적절한 광고를 보여주는 것이 아니라, 그 광고를 적절한 장소와 시간에, 정밀하게 계산된 언어와 이미지로 제시해야 한다. 이들은 사람들을 물리적 세계로 유도하여, 스폰서 팝업스토어에 방문하게 하거나 특정 후보에게 투표하게 만들어야 한다. 사용자들의 사고와 감정에 대한 실시간 피드를 무기로 삼아, 기업들은 바로 이러한 형태의 강제력을 행사하기 시작하고 있다"(Silverman, 2019: 10). 이러한 점에서 이 현상은 여전히 매스 커뮤니케이션이라 할 수 있으며, 기존의 이론들을—때로는 수정 없이 그대로, 때로는 정제 혹은 보완을 통해—여전히 유용하게 만들지만, 동시에 새로운 이해를 요구할 만큼의 차이도 존재한다.

우리는 이러한 이론들을 제시하고 평가하면서, 그것들이 대규모 소셜 미디어를 포함한 모든 형태의 매스 미디어를 연구에 어떻게 적용되고 있는지에 대해 주목한다. 그리고 새로운 연구 방법이 대규모 소셜 미디어 평가에 어떻게 적용되고 있는지를 추적할 것이다. 이러한 미디어는 사용자로부터 빅 데이터를 수집함으로써 막대한 수익을 올리고 있다. 그러나 빅 데이터는 연구자들 또한 수집할 수 있으며, 이는 소셜 미디어의 사회적 역할과 효과를 설명하는 이론을 발전시키는 데 활용될 수 있다.

이전 판들과 마찬가지로, 우리는 미디어 이론의 발전을 역사적 맥락 속에 위치시킨다. 우리는 대규모 소셜 미디어의 등장은 예견되었어야 했다고 본다. 자본주의 사회에서 새로운 형태의 미디어에 대한 통제권은 언제나 대규모 수용자를 이끌어 수익을 창출할 수 있는 잠재력을 인식한 총명하고 진취적인 기업가들의 손에 들어갔다. 이 기업가들이 설립한 회사들이 성장함에 따라, 이들은 기존 미디어 기업들에 부과되고 수용되어온 규제나 윤리적 기준에 얽매이지 않게 된다. 인터넷 기반 미디어에 대한 규제 논의와 이들의 비윤리적 행태를 제어해야 할 필요성에 대한 논쟁은 앞으로 수십 년간 계속될 가능성이 높다. 이러한 논쟁은 1920년대, 1950년대, 1970년대에 벌어진 논쟁과 유사할 것이다. 비록 이러한 논쟁은 공공에 더 나은 서비스를 제공하기 위한 것으로 규정될 것이지만, 이 논쟁의 가장 큰 이해당사자는 미디어 기업들일 것이다. 이러한 논의에서 미디어 이론과 연구가 중요한 역할을 수행하는 것이 필요하며, 이 논의는 매스 커뮤니케이션 이론이 제공하는 미디어에 대한 이해를 기반으로 이루어져야 한다.

이번 판은 지난 판의 기본 구조를 따르고 있다. 우리는 최신 연구를 반영하고, 특정 이론 혹은 이론 체계들이 어떻게 발전하고 있는지를 설명하기 위해 일부 장들에서 대대적인 수정을 가했다. 이제는 연구자들이 불과 몇 년 전만 해도 불가능했던 방식으로 미디어 콘텐츠에 접근하고 분석할 수 있도록 해주는 인터넷 기반 도구들을 활용할 수 있게 되면서, 연구 방식 또한 변화하고 있다. 빅 데이터는 산업 및 정치 분야뿐 아니라 학계에서도 그 활용 가치를 입증하고 있다. 지금은 미디어 이론의 발전 과정을 지켜보고 미디어 연구를 수행하기에 매우 흥미로운 시점이라 할 수 있겠다.

## 독특한 접근 방식

이 책의 특징 중 하나는 현재 이 분야에서 지배적인 두 부류의 이론인 사회/행동주의 이론과 문화/비판 이론에 대해 균형감 있고 포괄적으로 소개하고 있다는 점이다. 우리는 이 두 부류의 이론이 가지는 장점과 단점에 대해 알아야 한다. 그 이론들이 과거에 어떻게 발전했는지, 현재 어떻게 발전하고 있는지, 그리고 앞으로 어떤 새로운 개념들을 만들 수 있을지 알아둘 필요가 있는데, 이는 이 학문적 관점들이 오늘날 사용되는 매스 커뮤니케이션 이론을 잘 설명할 뿐만 아니라 매스 커뮤니케이션에 대한 우리의 이해를 증진하는 데 기여할 것으로 예상되기 때문이다. 많은 학자들이 이 이론들을 통합할 것을 요구하는 가운데 이와 같이 균형 잡힌 접근 방식이 한층 더 유용해지고 있다(Potter, 2009; Delli Carpini, 2013; Jensen & Neuman, 2013).

미국에서 출판된 많은 책들이 사회/행동주의 이론은 강조하고 문화/비판 이론은 간과한다. 유럽의 책들은 그 반대이다. 문화/비판 이론이 미국에서 인기를 얻기 시작하면서 이 이론들에 대해 설명하는 몇몇 책들이 나왔지만 이러한 책들은 사회/행동주의 이론의 가치를 인정하지 않았다. 따라서 모든 유형의 미디어 이론을 다루기 원하는 교수자와 학생은 두 권 이상의 교재를 사용할 수밖에 없었고, 그 책들이 제시하는 대립되는 내용을 따로 정리해야 했다. 이 문제를 해결하기 위해(그리고 모든 매스 커뮤니케이션 이론에 대해 잘 이해할 수 있게 되기를 바라며) 우리는 이 두 부류의 이론들과 그 이론들을 토대로 한 연구들 간에 어떤 차이점이 있는지 체계적으로 설명하고자 한다. 또한 이론들 사이의 조화와 협업 가능성도 제시한다. 이번 개정판에서는 특히 대규모 소셜 미디어의 발전과 더불어 그와 같은 가능성에 대해 보다 심도 있게 고찰할 것이다. 이러한 이론 체계들이 서로 보완되고 있고, 또한 그것이 미디어에 대한 사고와 연구 수행에 훨씬 더 폭넓고 유용한 기반을 제공하고 있다는 것이 점점 더 분명해지고 있다.

## 역사적 흐름과 이론의 발전 과정

이 책을 집필하면서 우리는 매스 커뮤니케이션 이론을 공부하는 사람들이 그 역사적 발달 과정에 대한 기초 지식을 탄탄히 하는 것이 중요하다고 생각했다. 따라서 이 책에서는 매스 커뮤니케이션 이론의 역사를 명확하고 간결하게 기술할 것이다. 이 책의 제1판부터 다루었던 주제 중 하나는 이론이 필연적으로 시간의 부산물이라는 것이다. 이번 판에서는 최근의 대통령 및 의회 선거, 도널드 트럼프 행정부, 대규모 사회 운동, 그리고 미디어 자체의 지속적인 제도적 격변 속에서 미디어가 어떤 역할을 수행했는지를 보여주는 다양한 사례들이 풍부하게 제시되어 있다. 동시에 매스 커뮤니케이션 이론에 대한 많은 개별적인 개념들 자체도 다시 활력을 얻거나 도전받거나 재고되거나 혹은 다른 방식으로 변화되고 있음을 확인할 수 있을 것이다.

우리는 사회/행동주의 이론과 문화/비판 이론이 어떻게 등장하게 되었는지 논하는 데 있어서도 중요한 변화를 주었다. 이론의 발달 과정에 관해 설명할 때 더 이상 시기를 명확하게 구분하지 않으며 이를 지칭하는 '패러다임'이라는 용어도 사용하지 않는다. 그 대신 미디어 이론이 어떻게 발전해왔는지 그 전체적인 흐름에 대해 논할 것이다. 우리는 '미디어 이론의 트렌드'라는 개념이 이 분야가 진화해온 방식을 더 잘 표현한다고 생각한다. 이 책에서는 이론의 발달과 관련해 네 가지 트렌드를 소개한다. 먼저 대중사회와 대중문화 트렌드는 1920년대부터 1940년대까지 우위를 차지했다가 점차 미디어 효과 트렌드에 자리를 내주었다. 1950년대부터 1980년대까지 미디어 연구에서 지배적이었던 미디어 효과 트렌드는 비판적 문화 트렌드의 도전을 받았다. 그리고 이후 이 학문의 주된 초점은 매스 커뮤니케이션을 통해 사람들이 어떻게 의미를 생성하는가의 질문으로 옮겨가게 되었다.

## 이번 개정판에 새롭게 보완된 내용

지난 개정판과 마찬가지로 이번 개정판에서도 모든 통계와 예들을 업데이트했으며, 현재의 미디어 현상을 이해하는 데 활용되기 어려운 오래된 이론들에 대한 논의는 상당히 많이 줄였다. 그럼에도 불구하고 이 책에 나타난 매스 커뮤니케이션 이론의 역사는 다른 책들에 비해 훨씬 더 폭넓은 관점에서 자세하게 설명되어 있으며, 바로 이러한 점이 매스 커뮤니케이션 이론에 대해 새롭고 다양한 사고를 할 수 있도록 해준다. 이번 개정판에서 새로 보완된 내용의 일부를 소개하면 다음과 같다.

- 새로운 대규모 소셜 미디어를 포함한 매스 커뮤니케이션의 재정의
- 미디어타이제이션 이론
- 심층 미디어타이제이션
- 비판 연구와 이론에서의 교차성
- 빅 데이터
- 수정헌법 제1조의 시대적 부적합성
- 주목 시장
- 미디어 소비에서의 자동성
- 트럼프 시대의 선전에 대한 관심과 연구의 재부상
- 선전과 선동 정치의 약화
- 트럼프 시대에 도전받은 저널리즘 규범과 저널리즘에 대한 존중의 저하
- 포획된 기관과 미디어 규제
- 탈중개화(게이트키퍼의 상실)
- 무지의 구체화
- 비판적 페미니즘 이론에 대한 집중 증가
- 미디어와 강간 문화
- 미디어와 마음 이론
- 자기 범위 모델
- 정화 이론에 대한 최근의 반박
- 스크립트 이론
- 노모포비아(휴대전화 부재 공포증)
- 두뇌 소모 가설
- 사회적 비교 이론
- 선택적 자기 노출 및 정서 조절 모델SESAM
- 자기 경계의 일시적 확장 관점
- 소셜 미디어 중독
- 페이스북 우울증
- 감정 예측 오류
- 문제적 SNS 사용의 사회적 기술 모델

- 정보 처리의 충분성 원칙
- 디지털 불평등
- OMA(기회-동기-능력) 모델
- 지방 광대역망
- 사회적 자본 이론
- 뉴스 사막
- 미디어 간 의제 설정
- 특정 장르 배양 이론
- 디지털 미디어에 대한 부모 중재 이론
- 촉진적 중재
- 뉴스 미디어 리터러시
- 비판적 미디어 교육
- 헬스 커뮤니케이션
- 헬스 리터러시
- 의제 추종
- 뉴스 선택에서의 이념 기반 양극화

## 비판적 사고를 위한 이 책의 활용

연구자들이 미디어의 역할에 대한 중요한 질문들을 다루기 위해 이론을 발전시킨다는 사실을 학생들이 아는 것 역시 중요하다. 이러한 질문들은 새로운 미디어가 계속해서 도입되는 가운데 현재진행형인 테러와의 전쟁, 구조적 빈곤, 정치적 · 문화적 분열 등으로 인해 재배열된 세상을 마주하는 한 지속적으로 제기될 것이다. 우리는 과거 미디어에 발생했던 급진적인 변화들이 오늘날 미디어에 일어나고 있는 변화들과 어떤 관련이 있는지 알아야 할 필요가 있다.

이 책은 매스 커뮤니케이션 이론에 대한 이해를 돕기 위해 다음과 같이 구성되었다. 각 장은 학습 목표로 시작해서 생각해볼 문제로 끝을 맺고 있다. 생각해볼 문제는 그 장에서 소개된 이론들이 과거에 어떻게 적용되었는지, 현재에는 어떻게 적용되고 있는지 등을 생각해봄으로써 비판적인 사고를 촉진할 수 있도록 구성되었다.

또한 각 장에서 논한 주요 이론들의 장점과 단점을 한눈에 파악할 수 있도록 'Instant

Access' 박스 안에 정리해 넣었다. 장점은 이론의 지지자들의 관점을, 단점은 비판자들의 관점을 대표한다. 이론의 장단점에 대해서는 간명하게 설명되어 있으므로 관련 내용에 대해 보다 깊이 있게 이해하기 위해서는 장 전체를 읽고 제시된 이론에 대해 충분히 숙고해보아야 한다. 이 외에도 중요한 용어들의 경우 그 정의를 페이지 가장자리에 다시 제시했으며, 각 장의 뒷부분에는 학습한 내용을 정리하면서 학습 목표를 확인해볼 수 있게 '학습 목표 확인' 섹션을 넣었다. 또한 책의 끝부분에는 참고문헌과 함께 핵심 단어들을 쉽게 찾아볼 수 있도록 색인을 넣었다.

## 이 책의 총괄적 관점

이 책은 매스 커뮤니케이션 이론을 총망라해 체계적으로 소개하고 있다. 또한 적절한 예시, 도표 등을 통해 미디어의 핵심 이론을 이해하기 쉽게 설명하고자 했다. 이 책에서는 대중사회와 대중문화 트렌드, 미디어 효과 트렌드, 비판적 문화 트렌드, 의미 구성 트렌드 등 미디어 이론의 네 가지 트렌드의 등장에 대해 기술한다. 이어서 그 이론들을 미디어와 인간 발달, 수용자의 미디어 이용, 미디어가 인지에 미치는 영향, 사회 안에서 미디어의 역할, 미디어와 문화 사이의 관련성 등의 다양한 측면에서 논한다. 또한 사회/행동주의 이론과 문화/비판 이론의 여러 사례와 더불어 그 장점과 단점에 관해 상세하게 논한다. 이 책에서는 미디어 이론들이 보통 특정한 문제나 사안을 다루기 위한 의도로 사람이 만든 것임을 강조했다. 따라서 우리는 이론가의 목적, 그들이 다루고자 했던 문제들을 함께 살펴볼 때 이론에 대한 학습이 용이해진다고 믿는다.

매스 미디어 산업이 빠르게 변화하고 미디어를 이용하는 방식이 계속 진화함에 따라, 앞으로 미디어 이론을 이해하는 것은 훨씬 더 필요하고 보편적인 일이 될 것이다. 우리는 이번 개정판에서도 새롭게 관찰되는 현상과 관련해서 문화, 사회, 그리고 사람들의 일상 속에서의 미디어의 역할에 대해 오래전에 제기되었던 질문들이 다시 논의될 필요성이 있음을 주장했다. 이 책은 연구자들과 이론가들이 전통적으로 이러한 질문들에 어떻게 대응했는지 알아봄으로써 앞으로 우리가 어떻게 대응해나가야 하는지에 대한 통찰을 제공할 것이다.

## 이 책의 기반이 되는 철학

이 책의 기반을 이루는 철학은 비교적 간단하다. 오늘날 미디어 기술은 새로워졌지만 일상생활에 미치는 영향력은 과거의 영향력과 그렇게 다르지 않다. 미디어의 변화는 언제나 도전을 가져왔지만 이와 동시에 새로운 기회를 만들어주기도 했다. 우리는 미디어를 사용해 삶의 질을 향상시킬 수도 있고, 혹은 우리의 일상이 심각한 방해를 받도록 내버려둘 수도 있다. 사회적 차원에서 미디어를 현명하게 사용할 수도 있고, 혹은 어리석게 사용할 수도 있다. 이와 같은 선택을 하기 위해서 이론이 필요하다. 이론은 개인으로서의 우리에게 미디어의 역할에 대해 설명해주고 사회적 차원에서는 미디어 산업의 발전을 이끄는 길잡이가 된다. 이 책을 통해 매스 커뮤니케이션 이론에 대해 깊이 있게 이해하게 됨으로써 우리는 미디어를 보다 현명하게 사용하고 새로운 미디어 산업의 발전에도 이바지할 수 있을 것이다.

## 감사의 말

이 책의 제8개정판을 준비하면서 많은 분들의 도움을 받았다. 무엇보다도, 우리는 여러 세대에 걸친 사회 및 문화 이론가들의 학문적 성과에 기반하여 이 책을 집필했다. 이들의 사상은 동시대 연구에 영감을 주고 방향을 제시해왔다. 지금은 커뮤니케이션 학자가 되기에 대단히 흥미로운 시점이다. 우리는 비록 혼란 속에 있을지라도 활기차고 상호 지지적인 연구 공동체 속에서 일하고 있다. 이 책의 여러 장을 통해 우리는 미국은 물론 전 세계의 수많은 동료 학자들이 매스 커뮤니케이션 이론에 기여한 바를 인정하고 설명하고자 한다. 불가피한 오류나 누락에 대해서는 유감을 표하며, 그 책임은 전적으로 우리에게 있다.

우리에게 귀중한 피드백을 제공해준 서평자들은 다음과 같다. 베스 브래드퍼드Beth Bradford, La Salle University, 킴 월시-차일더스Kim Walsh, Childers, University of Florida, 매기 코거Maggie Cogar, Ashland University, 카미 다나이Kami Danaei, Western Wyoming Community College, 트레이시 길리그Traci Gillig, University of Southern California, 메건 호퍼Megan Hopper, Illinois State University, 멜리사 야노스키Melissa Janoske, University of Memphis, 티아 스미스Tia Smith, Xavier University of Louisiana. 이 서평자들은 일부 오류와 누락을 방지하는 데 큰 도움을 주었다. 우리는 또한 옥스퍼드대학교 출판부의 동료들에게도 감사의 인사를 전하고자 한다. 그들의 격려와 조언은

우리에게 큰 힘이 되었다. 이 서문을 읽고 있는 독자라면, 아마도 현재 교재 출판 산업에서 벌어지고 있는 일들에 대해 어느 정도 알고 있을 것이다. 그 현실은 썩 아름답지 않다. 그러나 다른 어떤 출판사보다도 옥스퍼드는 책이라는 오래된 매체가 담고 창출하는 사상과 가치를 지속적으로 옹호하고 있다. 우리의 첫 번째 편집자였던 베키 헤이든Becky Hayden과 초판의 편집자였던 크리스 클러킨Chris Clerkin의 도움 덕분에, 우리는 초보 저자들이 저지르기 쉬운 실수들을 피할 수 있었다. 특히 알리사 키뇨네스Alyssa Quinones를 포함한 옥스퍼드 팀은 지금까지 우리가 함께 일한 어느 팀보다도 뛰어나며, 이 책의 편집 과정을 섬세하고 능숙하게 이끌어주었다.

가족들에게도 감사의 마음을 전한다. 데이비스의 자녀들, 제니퍼, 케리, 앤디, 마이크는 이제 노먼, 링컨, 내슈빌, 시카고 등 중서부 지방에 흩어져 살고 있지만 멀리서나마 역사학, 철학, 아시아학, 마케팅, 컴퓨터 공학 등 그들의 전문 분야로부터 나오는 통찰을 제공함으로써 도움을 주었다. 바란의 자녀인 조던과 맷 다우드 역시 멀리 떨어져 살지만 '최신' 기술에 대한 대화가 필요할 때면 인터넷과 전화를 통해 도움을 주었다. 그들은 우리의 질문을 호의와 사랑으로 받아주었다.

이 책이 완성되기까지 아내들로부터 아낌없는 지원을 받았다. 낸시 데이비스Nancy Davis는 우리가 미디어 이론에 대해 숙고하고 현상을 이론에 대입하기 위해 고민하는 과정을 지켜보며 늘 옆에서 이야기를 들어주었다. 그 자신이 미디어 리터러시 전문가인 수잔 바란Susan Baran은 가장 이론적인 것에서 실용적인 것을 찾아내는 놀라운 능력을 지녔다. 이 책에 소개된 아이디어들과 사례들은 그녀의 도움으로 예리하고 정교하게 다듬어졌다.

이 책은 50년 이상 진행된 협업의 결과물이다. 우리는 1973년 클리블랜드주립대학교 커뮤니케이션학과에서 함께 경력을 쌓기 시작했다. 당시 시드니 크라우스Sidney Kraus 교수가 학과를 이끌었는데, 그는 우리를 비롯한 젊은 교수진들이 보다 생산적인 연구자가 될 수 있도록 격려했다. 오늘날 활동적인 커뮤니케이션 학자들의 상당수가 클리블랜드주립대학교의 프로그램과 직간접적으로 관련되어 있다. 애석하게도 2014년에 작고한 크라우스 교수는 한 사람이 어떻게 특정한 학문 분야에서 강력한 영향을 미칠 수 있는지 다양한 방식으로 입증했다. 그는 자신의 학식, 멘토로서의 역할, 그리고 우정을 통해 지워지지 않을 발자취를 남겼다.

스탠리 J. 바란 · 데니스 K. 데이비스

## 옮긴이의 글

미국의 커뮤니케이션 학자이자 교육자인 스탠리 J. 바란Stanley J. Baran과 데니스 K. 데이비스Dennis K. Davis가 저술한 이 책은 매스 커뮤니케이션 분야의 대표적인 이론서로 꼽힌다. 1994년 초판이 출간된 이래 여러 언어로 번역되어 영어권 국가뿐만 아니라 번역서가 출간된 다수의 국가들에서 커뮤니케이션과 미디어 교육 및 연구에 활용되어 왔다. 이 책에서는 초기의 대중사회 이론에서부터 최근의 의미 구성 이론에 이르기까지 매스 커뮤니케이션 이론을 총망라해 소개하고 있다. 각각의 이론이 어떻게 등장하게 되었는지 그 발생 배경을 살펴보고, 어떤 과정을 거쳐 정립되고 발전해왔는지 다양한 연구 사례와 결과를 통해 면밀하게 고찰한다.

이 책을 우리말로 번역해 소개하고자 한 것은 커뮤니케이션과 미디어를 전공하는 대학생 및 대학원생, 매스 커뮤니케이션 이론을 보다 체계적으로 고찰하고자 하는 연구자, 나아가 미디어와 관련된 현상에 이론적으로 접근하려고 하는 학문 후속 세대에게 이 책이 큰 도움이 될 것이라고 판단했기 때문이다. 그렇게 생각하게 된 이유를 구체적으로 설명하면 다음과 같다.

첫째, 이 책은 미디어 이론을 통합적으로 고찰한다는 점에서 의미가 있다. 기존의 커뮤니케이션 이론서들은 주로 신문방송학 분야에 초점을 맞추고 몇몇 이론들을 중심으로 집필되었으며 각 이론과 관련된 연구의 주요 결과를 기술하는 데 중점을 두었다. 그 과정에서 이러한 이론들이 어떻게 만들어지게 되었는지, 어떻게 진화해왔는지 그 전체적인 흐름은 생략되는 경우가 대부분이었고, 결과적으로 여러 사회과학 분야의 영향을 받은 이론들이 파편화된 형태로 소개되었다. 이에 따라 양적 접근법을 사용해 미디어 효과를 검증하는 이론을 중심으로 구성된 책들과, 질적 접근법에 기반한 문화 이론 및 비판 이론을 주로 설명하는 책들이 따로 소개되었다. 실용적인 측면에서 볼 때 이러한 이론서의 양분화 현상으로 인해 학생들은 여러 권의 책을 비교하며 공부할 수밖에 없었고 그렇게 습득한 지식이 체계적으로 통합되는 것은 어려운 일이었다. 이 책은 커뮤니케이션과 미디어 이론의 근간이 되는 두 가지 흐름, 즉 사회/행동주의 이론의 전통과 문화/비판 이론의 전통을 모두 아울러 한 권 안에 엮어냄으로써 커뮤니케이션 및 미디어 관련 이론과 현상을 통합적인 시각에서 고찰할 수 있도록 구성되었다.

둘째, 이 책은 미디어 이론의 연구 동향을 이론이 등장한 당시의 역사적·사회적 배경과 연결 지어 통시적으로 설명하고 있다. 이에 따라 크게 대중사회와 대중문화 트렌드, 제한 효과 트렌드, 비판적 문화 트렌드, 의미 구성 트렌드로 구분하고 사회적 차원에서 미디어의 역할은 어떻게 변화해왔는지, 그리고 각 이론이 당시의 미디어 환경에서 직면한 문제들에 대해 어떤 해결책을 제시해왔는지 자세하게 살펴본다.

셋째, 이 책은 저자들의 전문성을 토대로 미디어 이론과 관련해 최근에 논의되고 있는 내용들을 많이 반영하고 있다는 점에서 유용하다. 바란과 데이비스는 1973년 미국 클리블랜드주립대학교 커뮤니케이션학과에서 동료 교수로 처음 만났다. 그들은 40년이 넘게 학생들을 가르치면서 미디어 관련 연구에 매진해왔으며 매스 커뮤니케이션 이론에 대한 책의 집필에도 힘써왔다. 바란과 데이비스는 이 책에서 소셜 미디어의 발전으로 매스 커뮤니케이션의 의미가 희석된 이 시대에 미디어와 관련된 현상을 설명할 수 있는 새로운 개념으로 매개 커뮤니케이션mediated communication, 더 나아가 미디어타이제이션mediatization 이론을 소개한다. 또한 최근 부각되고 있는 미디어 리터러시media literacy에 대한 고찰을 통해 현명한 미디어 소비자가 되는 방법을 제시하고 있으며, 아울러 사회의 공익을 실현하기 위해 저널리즘이 어떻게 개혁되어야 하는지에 대해서도 제안한다. 이와 같이 이 책에서는 현재의 미디어 현상을 이해하는 데 활용되기 어려운 오래된 이론들에 대한 설명은 줄이고 새롭게 논의되고 있는 이론적 주제들을 추가함으로써 실용성을 높였다.

번역을 끝내고 나니 아쉬움이 남는다. 영어와 우리말 표현의 차이, 한국과는 다른 미국의 상황 등 여러 요인으로 인해 번역을 하는 데 어려움이 있었으나 저자가 설명하고자 하는 바를 충실히 전달하기 위해 노력했다. 이 책이 매스 커뮤니케이션 이론을 체계적으로 공부하는 데 조금이라도 도움이 되기를 바란다.

김훈순 · 김경희 · 정선호

## 차례

# 매스 커뮤니케이션 이론에 대한 이해와 평가

1장

**학습 목표**

- 전통 미디어, 대규모 소셜 미디어, 매스 커뮤니케이션을 정의한다.
- 자연과학과 사회과학의 작동 방식 차이에 대해 알아본다.
- 과학적 방법과 인과성의 관계를 설명한다.
- 이론을 정의한다.
- 매스 커뮤니케이션 이론의 네 가지 범주인 후기실증주의 이론, 문화 이론, 비판 이론, 규범 이론이 존재론, 인식론, 가치론적 측면에서 각각 어떻게 다른지 살펴본다.
- 이론에 관한 평가 기준을 확립한다.
- 미디어 이론의 네 가지 트렌드인 대중사회와 대중문화 트렌드, 미디어 효과 트렌드, 비판적 문화 트렌드, 의미 구성 트렌드를 구분한다.

## 개요

이 장에서는 매스 커뮤니케이션을 정의하고 1990년대에 소셜 미디어가 출현한 이래로 그 정의가 어떻게 변화해왔는지 살펴볼 것이다. 또한 이론이 아이디어나 신념, 가정과 어떻게 구별되는지 알아볼 것이다. 사회과학자와 인문학자가 만든 매스 커뮤니케이션 이론과 미디어 이론에 대해서도 검토할 것이다. 인간의 행동을 체계적으로 연구하고 이해하려는 사람들이 직면하는 어려움에 관해 살펴보고, 그중에서도 인간의 행동과 더불어 미디어에 연구의 초점을 맞출 경우 부딪히게 되는 문제들에 대해서도 알아본다. 또한 사회과학의 개념을 규정하기가 상당히 어렵다는 사실도 확인하게 될 것이다. 이론이 무엇인지 정의를 내리고 커뮤니케이션 이론, 매스 커뮤니케이션 이론의 몇 가지 범주를 제시할 것이며, 아울러 매스 커뮤니케이션 이론들이 어떻게 정립되었으며 어떤 목적에 사용되는지도 알아볼 것이다. 무엇보다도 매스 커뮤니케이션 이론 및 그 발전에 관한 연구가 어렵게 느껴질 수도 있으나 결코 어렵고 힘들기만 한 연구는 아니라는 확신을 독자들에게 주고자 한다. 어려움이 있기 때문에 오히려 매스 커뮤니케이션 이론에 대해 도전 의식을 가지고 흥미롭게 공부할 수 있을 것이다.

## 매스 커뮤니케이션의 정의와 재정의

최근 몇십 년간 매스 커뮤니케이션 이론의 수가 꾸준히 늘어났고 그 종류도 다양해졌다. 미디어 기술의 발전은 미디어의 사용 방식을 근본적으로 변화시켰으며, 이는 기존 이론의 수정과 새로운 이론의 발전을 촉진했다. 매스 커뮤니케이션 이론은 사회과학과 인문학 양 분야에서 비교적 독립적인 사상 체계로 자리매김했다. 이 책은 각양각색이며 때로는 서로 모순되어 보이는 이론적 견해들에 대한 안내서가 되고자 한다. 이를 위해 커뮤니케이션학과 사회과학의 각 분야, 즉 역사학, 인류학에서부터 사회학, 심리학에 이르기까지 각 분야의 학자들이 발전시킨 아이디어들을 소개한다. 또한 인문학, 특히 철학과 문학 분석으로부터 나온 발상에 대해서도 소개할 것이다. 이렇게 모인 다양한 견해들이 경합하며 새로운 도전을 불러일으키고 새로운 발견을 할 수 있도록 돕는다. 이러한 견해들은 더욱 유용하고 강력한 이론적 관점을 확립하는 데 필요한 원료를 제공한다.

이 책은 이론에 관해 간명하고 확정적인 정의를 제시하지는 않는다. 이론에 대한 협소한 정의를 피하고 대신 이론에 보다 포괄적으로 접근함으로써 체계적으로 수행된 대부분의 학문적 성과에서 가치를 찾고 미디어와 그 사회적 역할을 설명하고자 했다. 이에 따라 논쟁적이거나 비판을 받는 이론들도 포함시켰다. 이 책에서 다루고 있는 이론 중 일부는 **거대 이론**grand theory으로, 미디어 시스템 전체와 그 사회적 역할에 대해 설명한다. 그 외 나머지 이론들은 미시적인 관점에서 구체적인 미디어의 이용 양상과 효과에 관한 통찰을 제공한다. 이 책에 포함된 이론의 선택 기준은 역사적으로 그 중요성이 지속되어왔는지, 향후 학문적 기여 가능성이 있는지에 두었다. 이 과정에서 어쩔 수 없이 필자의 주관이 개입되었으며, 미디어와 매스 커뮤니케이션에 대한 필자의 이해가 바탕이 되었다. 비교적 최근에 등장한 이론일 경우에는 개념화에 있어서 지속성과 혁신성을 보여주는 이론들에 중점을 두었다. 이에 관해 논하기에 앞서 몇몇 중요한 개념에 대한 정의를 먼저 제시하고자 한다.

**거대 이론**
주어진 현상의 모든 측면을 묘사하고 설명하기 위해 고안된 이론.

첫째, 우리는 두 가지 유형의 매스 미디어인 **전통 미디어**legacy media와 **대규모 소셜 미디어**large-scale social media를 정의하고 구분할 필요가 있다. 전통 미디어는 신문, 잡지, 라디오, 영화, 그리고 가장 중요한 텔레비전과 같은 오래된 형태의 매스 미디어를 가리킨다. 이러한 미디어는 콘텐츠를 제작하고 미디어 기술을 통해 유통하는 데 직접적으로 책임을 지는 크고 복잡한 조직에 의해 운영된다. 지난 200년 동안 발전해온 전통 미디어는 대량의 메시지를 저렴하고 쉽게 복제 및 유통시켜 대중에게 전달하는 데 중요한 역할을 해왔다.

**전통 미디어**
신문, 라디오, 영화, 텔레비전과 같이 옛날 기술을 사용하는 대중 매체로, 특정 서비스를 제공함으로써 대규모 수용자를 일상적으로 끌어들이는 미디어.

**대규모 소셜 미디어**
인터넷 기술을 활용하여 다양한 서비스를 제공하고 사용자 정보를 수집하면서 대규모 수용자를 일상적으로 끌어들이는 디디어.

가장 최근의 매스 미디어 형태는 대규모 소셜 미디어이다. 전통 미디어와 달리, 대규모 소셜 미디어는 메시지 유통을 위해 인터넷 기술에 의존한다. 사용자는 컴퓨터나 모바일 기기를 통해 인터넷에 접속해야 한다. 하지만 전통 미디어와 마찬가지로, 대규모 소셜 미디어 역시 복잡한 조직에 의해 개발되고 통제된다. 이러한 조직들은 다양한 전략을 통해 대중의 주의를 끌고자 하며, 일부 전략은 전통 미디어와 유사하지만, 상당수는 매우 다르다. 소셜 미디어는 사용자들이 여러 방식으로 미디어에 참여할 수 있게 한다. 사용자는 메시지를 일상적으로 접근하고, 제작하고, 공유할 수 있으며, 다양한 출처에서 생산된 흥미로운 콘텐츠에 접근하고, 다양한 요구를 충족시킬 수 있다. 전통 미디어와 마찬가지로, 이들의 주요 기능은 오락과 정보 제공이다. 페이스북과 유튜브 같은 초기 소셜 미디어는 개인이 콘텐츠를 제작하는 방식에 의존했지만, 성공 이후에는 게임 개발자나 독립 영상 제작자 같은 외부 콘텐츠 공급자에게 의존하기 시작했다. 페이스북, 유튜브, 트위터 같은 대규모 소셜 미디어 조직은 전통 미디어와 유사한 방식으로 운영된다. 이들은 광고 수익에 크게 의존하며, 제공 서비스의 유용성을 감소시키거나 공동체에 해가 되더라도 수익을 극대화할 수 있는 정책과 전략을 우선시한다. 최악의 경우, 이러한 서비스는 개인과 공공 전체의 안녕에 위협이 될 수 있는 방식으로 운영되기도 한다. 전통 미디어와 달리, 대규모 소셜 미디어는 대부분 규제를 받지 않으며, 사회적 또는 전문적 규범에 얽매이지 않는다. 존재하는 규제조차도 종종 무시되는데, 그 이유는 규제 당국이 해당 기업들로부터 정책 및 활동에 관한 정보를 제공받는 데 의존하기 때문이다. 특히 페이스북은 자사 활동에 대한 정보를 공유하는 데 매우 비협조적이다.

**매스 커뮤니케이션**
정보원인 어떤 조직이 기술을 매개로 많은 수용자와 소통하는 것.

둘째, 우리는 전통 미디어와 대규모 소셜 미디어 모두에 적용될 수 있는 **매스 커뮤니케이션**의 재정의된 개념을 채택하고자 한다. 기존의 정의는 비교적 단순했다. 매스 커뮤니케이션은 대규모 조직이 기술을 매개로 하여 지리적으로 광범위한 대중에게 메시지를 전달할 때 발생한다고 여겨졌다. 이 정의는 100년 넘게 사용되어 왔지만, 소셜 미디어의 등장으로 재고가 필요하게 되었다. 제임스 포터James Potter는 다음과 같은 현대적 정의를 제안했다.

> 매스 커뮤니케이션에서 발신자는 복잡한 조직이며, 이 조직은 표준화된 절차를 사용해 메시지를 전파하고, 최대한 많은 수신자를 유치하며, 반복적인 노출을 유도하기 위해 적극적으로 자신을 홍보한다. 수신자는 지리적으로 널리 분산되어 있으며, 자신이 접하는 메시지가 공적인 성격을 띤다는 사실을 인식하고 다양한 노출 상태에서 메시지를 접하지만, 대부분은 자동성 상태에서 메시지를 수용한다. 메시지 채널들은 메시지를 공적으로 만들고, 시공간적으로 접근 가능하게 하며, 비교적 짧은 시간 안에 대중에게 도달할 수 있게 하는 기술 장치이다(Potter, 2013: 1).

이 정의에 포함된 몇몇 개념들은 간략히 설명할 것이며, 이후 장에서 더 자세히 다룰 예정이다. 매스 커뮤니케이션은 전통 미디어이든 소셜 미디어이든 간에, 대규모 조직이 미디어 기술을 활용하여 다수의 사람을 유인하고 이들이 정기적이고 반복적으로 메시지를 소비하도록 훈련하거나 조건화할 때 발생한다. 이들은 메시지를 사용자에게 직접 판매하거나, 사용자의 주목attention을 광고주에게 판매함으로써 수익을 얻고자 한다. 매스 미디어 조직은 일반적으로 수용자가 별 생각 없이 사용할 수 있도록 메시지를 구성한다. 이들은 수용자가 메시지를 비판적으로 성찰하지 않고 자동적으로 수용하고 반응하게 되는 인지 상태인 **자동성**automaticity을 의도적으로 유도한다. 당신이 텔레비전이나 유튜브를 시청하거나 페이스북을 스크롤하며 멍하니 있을 때, 당신은 바로 이 자동성 상태에 있는 것이다. 우리는 이후 장에서 자동성이 갖는 중요한 결과에 대한 연구들을 살펴볼 것이다. 예를 들어, 메시지를 비판 없이 수용할 경우 그 메시지에 더 쉽게 설득될 수 있다.

**자동성**
미디어를 접할 때 미디어 콘텐츠를 비판적 인식이나 성찰 없이 거의 자동적으로 처리하는 상태.

이제 매스 커뮤니케이션의 범주를 어떻게 규정할 수 있는지에 대해 몇 가지 질문을 던져보자. 당신이 유튜브에 귀여운 고양이 영상을 올렸고 그것이 바이럴이 되어 어느 정도의 명성과 약간의 수익까지 얻었다면, 이는 당신이 매스 커뮤니케이터가 된다는 것을 의미할까? 포터의 정의에 따르면, 이 경우 당신은 매스 커뮤니케이터가 아니다. 왜냐하면 당신은 복잡한 조직이 아니기 때문이다. 매스 커뮤니케이터는 유튜브이다. 당신은 유튜브의 정책에 동의함으로써 영상을 게시할 수 있게 되고, 그 매체에 접근할 수 있는 유튜브의 일원이 되는 것이다. 전통 매스 미디어에서 일하는 사람들과 달리, 당신에게는 직함도, 사무실도, 정기적인 급여도 없다. 당신의 콘텐츠가 적절히 홍보되고 정당하게 수익을 분배받기 위해서는 전적으로 유튜브의 정책과 절차에 의존해야 한다. 유튜브의 정책은 광고주들이 당신의 고양이 영상에 광고를 게재하여 수익을 극대화할 수 있도록 설계되어 있다.

소셜 미디어가 처음 개발되었을 때에는, 이들이 개인에게 힘을 실어주고 전통 미디어가 사람들의 주의와 흥미를 독점하는 능력을 약화시킬 것이라 여겨졌다. 뉴 미디어는 시간을 더 유익하게 사용할 수 있는 수단이 될 것이며, 개인의 창의성을 꽃피우고 사람들을 새롭고 유익한 방식으로 연결해줄 것이라 기대되었다. 가상 공동체는 소득, 사회 계층, 국적, 인종의 장벽 없이 사람들이 의미 있게 참여할 수 있는 공간이 될 것으로 전망되었다. 그러나 지난 10여 년간 대규모 소셜 미디어가 부상하면서 이러한 가능성은 상당 부분 사라졌다. 우리는 기술 중심의 소수 '괴짜들'이 운영하던 소셜 미디어 조직이, 이제는 전 세계를 아우르며 수백만 명의 사용자를 정기적으로 유입시키고 엄청난 수익을 창출하는 복잡한 조직으로 변모한 모습을 목격했다. 1995년에는 소셜 미디어가 수익을 창출할 수 있으리라 예측한 이가 거의 없었다. 당시 대부분의 사람은 인터넷에 접근할 수 없었으며, 접근 가능하더라도 타인과 온라인으로 소통하려 하지는 않았다. 전화와 이메일이 있었기에, 굳이 소셜 미디어가 필요하지 않았던 것이다. 소셜 미디어는 광고 매체로서의 유용성을 입증한 후에야 비로소 성공을 거두었다. 광고 수익을 올리기 시작한 소셜 미디어 조직들은 더 많은 수익을 올리기 위해 정책과 운영 방식을 변경했다. 사용자들의 시간과 주의를 끌기 위한 애플리케이션(앱)을 설치했고, 사용자 데이터를 수집해 광고주와 앱 개발자에게 판매했다. 무엇보다도, 이들은 성장에 집중했으며, 더 많은 사용자들이 더 많은 시간을 해당 플랫폼에 머무르도록 유도했다. 이와 같은 변화는 소셜 미디어의 '대중화massification'를 초래했다. 개인에게 유익한 플랫폼이라기보다는, 소셜 미디어 조직과 그들의 주주 및 투자자에게 이익을 주는 플랫폼으로 변모한 것이다. 소셜 미디어 기술은 신문, 라디오, 영화, 텔레비전이 그러했듯, 강력한 미디어 기업의 수익 창출 도구로 활용되었다. 소셜 미디어가 변화함에 따라, 그 사회적 역할과 효과는 전통 미디어와 유사해졌다.

**주목 시장**
미디어가 수용자의 주목을 끌고 유지하여 광고주에게 이 주목을 판매하는 시장.

제임스 웹스터James Webster는 대규모 소셜 미디어가 운영되는 방식을 **주목 시장**marketplace of attention이라는 개념을 통해 통찰력 있게 설명한다. 이 시장에서 소셜 미디어는 서로, 그리고 전통 미디어와 경쟁하면서 사람들의 주목을 끌고 유지하려 한다. 사용자들은 소셜 미디어에서 자신이 원하는 것을 선택하고, 창작하고, 공유하는 자유를 누릴 수 있다고 믿는다. 그러나 웹스터는 이러한 능력들이 실제로는 소셜 미디어에 의해 약화되고 제한되었으며, 그러한 자유는 신화에 불과하다고 주장한다. 그는 "오늘날 웹사이트는 사용자의 존재를 즉시 인식하고, 광고주에게 그들의 주목을 경매에 부친 후, 타겟 광고를 전달한다. 이 모든 과정은 단 몇 초 안에 일어난다"고 말한다(Webster, 2017: 354). 사용자들은 의미 있는 선택을 할 수 있는 능력이 제한되어 있어 합리적인 판단을 내릴 수 없으며, 너무 많은 콘텐츠 속에서 무엇을 선택할지 결정하기 위해 알고리즘에 의존한다. 그 결과, 소셜 미디어 사용자는 스스로에게는 큰 도움이 되지 않지만 광고주에게는 유용한 대중적 행동에 참여하게 된다. 이 같은 대중 행동은 전통적인 3대 방송사 시절의 텔레비전 시청자보다 훨씬 복잡하지만, 콘텐츠를 전달하는 소셜 미디어 컴퓨터에 의해 측정되고 분석될 수 있다. 이 측정값은 거대한 데이터셋, 즉 **빅 데이터**big data를 생성하며, 이는 사용자 행동에 대한 강력한 통찰을 제공함으로써 대규모 소셜 미디어가 사용자에 대한 통제력을 더욱 강화하도록 만든다. 이후 장에서 확인할 수 있

**빅 데이터**
소셜 미디어 사용자의 온라인 행동을 측정하여 생성된 방대한 양의 데이터.

듯이, 빅 데이터는 미디어 연구자들에게도 점점 더 중요한 도구가 되고 있다(Neuman, Guggenheim, Mo Jang, & Bae, 2014).

이 책 전반에 걸쳐 우리는 전통 미디어를 이해하기 위해 개발된 이론들이 소셜 미디어의 등장 이후에도 여전히 유용함을 논의한다. 대부분의 기존 이론은 대규모 소셜 미디어를 포함한 다양한 매스 미디어에 적용될 수 있도록 조정 가능하다. '대중화된' 소셜 미디어는 근본적이고 유익한 변화를 만들어내는 변혁적 힘이라기보다 또 다른 형태의 매스 미디어로서 연구하는 것이 바람직하다. 하지만 당신은 아마도 이렇게 반문할 수 있을 것이다. "내가 부모 세대와 전혀 다른 방식으로 미디어를 사용하는데, 어떻게 이것이 사실일 수 있는가?" 당신은 아마도 소파에 앉아 화면을 바라보며 보내는 시간이 줄었고, 미디어가 당신에게 하는 역할도 달라졌다고 느낄 것이다. 그러나 과연 당신의 미디어 사용은 그렇게까지 다른가? 당신이 커뮤니케이션에 사용하는 대부분의 시간이 전통적 매스 미디어와 대규모 소셜 미디어에 소비되고 있다면, 그것이 수행하는 목적이나 그 효과는 그렇게까지 다르지 않을 가능성이 높다. 당신의 미디어 콘텐츠 선택은 통제되고 유도되고 있다. 당신은 광고주에게 팔 수 있는 대중 행동에 참여하고 있는 것이다. 특히 당신이 텔레비전 쇼, 페이스북, 스냅챗, 유튜브 등에서 수동적으로 오락이나 정보를 소비하는 데 미디어를 주로 사용하는 경우라면 더욱 그러하다.

미디어를 사용하는 방식이 다른지 아닌지를 어떻게 평가할 수 있을까? 유용한 판단 방법 중 하나는 **대인 커뮤니케이션**interpersonal communication과 매스 커뮤니케이션을 양 끝으로 하는 연속선 위에 **매개 커뮤니케이션**mediated communication이 위치한다고 생각하는 것이다. 각 미디어가 이 연속선의 어디쯤에 있는지는 사람들이 커뮤니케이션 과정에 개입하고 이를 통제하는 정도에 따라 결정된다. 예를 들어 전화(인터넷, GPS, 500여 개의 '끝내주는' 애플리케이션을 갖춘 스마트폰이 아닌 일반 전화)는 이 연속선의 한쪽 끝에 위치한다. 전화를 통해 이루어지는 커뮤니케이션은 기술을 사용하지만 전형적인 대인 커뮤니케이션의 사례에 해당하는데, 언제든 소수의 인원만 커뮤니케이션에 참여할 수 있으며 사람들이 커뮤니케이션 과정에 개입하고 이를 통제하는 정도가 높은 편이다. 대화는 그들이 만들어가고 대화의 내용도 그들이 직접 결정한다. 이 연속선의 반대 지점에는 고예산 할리우드 영화나 슈퍼볼 경기를 중계하는 텔레비전이 위치하며, 이때 커뮤니케이션 과정에 대한 관객과 시청자

**대인 커뮤니케이션**
두 명 이상의 사람들이 소통하는 것으로 일반적으로는 면대면 커뮤니케이션을 말함.

**매개 커뮤니케이션**
몇몇 사람들 또는 많은 사람들이 기술을 매개로 소통하는 것.

의 통제력은 제한된다. 물론 그들은 콘텐츠에 특유의 해석을 적용할 수 있고, 화면에 얼마나 집중할 것인지도 스스로 결정할 수 있다. 또한 보다 적극적으로 미디어 콘텐츠에서 의미를 찾을 수도 있고, 아니면 그저 그 내용을 수동적으로 받아들일 수도 있다. 하지만 그들이 이렇듯 개입과 통제를 한다고 해서 전달되는 메시지의 내용을 직접 바꿔놓을 수는 없다. 메시지의 내용은 전적으로 미디어 조직이 통제하고, 이 미디어 조직은 이익을 최대한으로 추구한다.

소셜 미디어가 처음 등장했을 때, 그 다양한 형태와 기술은 대인 커뮤니케이션과 매스 커뮤니케이션 사이의 중간 지점에 위치하는 듯 보였다. 이러한 뉴 미디어의 지지자들은 몇몇 기능들이 일반 대중이 창의적인 방식으로 매스 커뮤니케이션에 효과적으로 참여할 수 있도록 해주며, 또 다른 기능들은 사람들을 친구 및 가족과 더 효율적이고 효과적으로 연결해줄 수 있다고 주장했다. 새로운 커뮤니케이션 기술이 전화와 텔레비전 사이의 중간 지대를 채울 수 있을 것 같았다. 미디어 수용자들은 시간과 필요한 기술 및 자원을 투자할 의지가 있다면 메시지 내용을 바꿀 수 있는 권한을 가질 수 있게 되고, 사람들은 미디어와 더 적극적으로 상호작용할 수 있으며, 그것은 자신과 친구, 공동체에 유익한 결과를 가져올 수 있으리라 생각되었다.

이 책의 이전 판들에서 우리는 소셜 미디어의 발전 방향에 대해 낙관적이었다. 우리는 일부 새로운 미디어 기업들이 제공하는 메시지 통제 기능을 미디어 사용자들이 실제로 활용하고 있다는 징후를 보았다. 구글, 페이스북, 애플과 같은 점점 더 성공적이고 강력해지는 소셜 미디어 기업들이 개인에게 실질적인 권한을 부여하는 방향으로 소셜 미디어를 발전시켜 나갈 것이라는 희망을 가졌다. 이들은 새로운 공동체를 창출하고 기존 공동체를 강화하는 데 기여할 수 있으리라 생각했다. 그러나 30년 가까운 시간이 흐른 지금, 대규모 소셜 미디어는 결국 또 하나의 매스 커뮤니케이션 형태를 제공하고 있을 뿐임이 분명해졌다. 이들은 더 다양하고 개인의 관심에 맞춰진 듯 보이지만, 메시지 생산에 대한 개인의 통제권이나 참여는 매우 제한적이다.

페이스북은 소셜 미디어가 문제적으로 발전한 전형적인 사례이다. 초기의 페이스북은 개인이 제작한 콘텐츠를 생성하고 공유하는 것을 용이하게 했으며, 자신들이 그룹이나 심지어 공동체를 형성하고 유지시킬 능력이 있다고 주장했다. 그러나 현재 페이스북에서 개인이 제작한 콘텐츠는 주로 사용자를 플랫폼에 유입시키기 위한 수단이 되었으며, 사용자는 더 매력적인 콘텐츠에 머무르는 동안 광고에 노출된다. 페이스북은 주목의 시장에서 가장 성공적인 경쟁자 중 하나가 되었으며, 사용자들의 주목을 끌고 유지함으로써 이들이 광고에 영향을 받을 가능성을 높인다는 점을 광고주에게 자랑스럽게 홍보한다. 페이스북은 광고주가 광고 메시지에 쉽게 반응하고 행동할 가능성이 높은 사용자들을 표적화할 수 있도록 사용자에 대한 정보를 판매한다.

대규모 소셜 미디어는 진정한 의미에서 혁신적인 무언가를 거의 제공하지 않는다. 소셜 미디어 기업들은 기존의 전통 미디어가 제공하던 기본 콘텐츠를 새로운 방식으로 포장하고, 더 쉽게 접근할 수 있게 만들었을 뿐이다. 예를 들어, 트위터는 월트디즈니, ESPN, 바이아컴, 바이스 뉴스와 같은 제작사들의 프로그램을 방영하며, 스냅챗은 '스냅Snap'이라는 자체 오리지널 영상 채널을 운영하고, 여러 '인플루언서'들에게 온라인 명성을 스폰서에게 판매할 수 있는 '수익화 기회'를 유료로 제공한다(Sloane, 2018). 유튜브에는 수천 개의 전문 채널(단순한 아마추어나 약간의 수익을 바라는 아마추어들과 구분되는)이 존재한다. 그리고 페이스북은 단독으로만 해도, 페이스북 워치Facebook Watch라는 주문형 영상 서비스를 위해 ABC, CNN, 폭스, 유니비전 등 전통 미디어 기업들이 제작한 오락, 뉴스, 스포츠 프로그램에 연간 10억 달러를 지출하고 있다(Spangler, 2018).

## 과학과 인간 행동

이 책은 사회과학 교재이다. 이 책은 매스 커뮤니케이션을 과학적으로 탐구하고, 기술하며, 설명하는 데 사용할 수 있는 이론들을 제시한다. 우리는 이러한 이론들의 유용성을 평가할 수 있으며, 더 유용하게 만들기 위해 그것들을 조정할 수도 있다. 이를 위해 우리는 수세기에 걸쳐 발전해온 과학적 방법을 사용해야 한다. 아마도 여러분은 이러한 방법에 대한 기초적인 이해를 가지고 있을 것이며, 과학 이론과 연구가 물리적 세계에 미친 엄청난 영향력에 대해서도 알고 있을 것이다. 아인슈타인, 뉴턴, 다윈, 파스퇴르와 같은 물리과학 이론가와 연구자들은 널리 알려져 있으며 존경받고 있다. 과학은 우리가 오늘날 누리고 있는 훌륭한 생활 수준과 주변 세계에 대한 이해의 증진을 가능하게 한 핵심 요소 중 하나이다. 그러나 모든 과학자와 그들이 수행하는 과학

이 동일하게 이해되거나 존중받는 것은 아니다. 국가가 어려운 문제에 직면할 때, 과학이 쉽게 해결책을 제공하지 못하면 좌절감이 생긴다. 더욱이 과학과 그것이 탄생시킨 산업이 문제를 해결하기는커녕 새로운 문제를 낳는 것처럼 보일 때에는 더욱 큰 좌절이 따른다.

자연과학에 관련된 문제들에 대해 의문이 제기된다면, 사회과학에 대해서는 더욱 많은 회의가 존재한다. 사회과학은 최근 우리에게 무엇을 해주었는가? 사회과학 덕분에 우리의 사회는 더 나아졌는가? 우리는 우리 자신과 타인을 더 잘 이해하게 되었는가? 원자핵 분열이나 달 착륙과 비교할 만한 놀라운 성과가 있는가? 자연과학에 비해 사회과학은 훨씬 덜 유용해 보이고, 그 이론들은 실용성이 떨어지며 더 많은 논란을 야기하는 것처럼 보인다.

**사회과학자**
사회에서 일어나는 현상들의 관계를 연구하는 과학자.

우리 사회는 왜 **사회과학자**social scientists의 이론과 연구 결과를 받아들이는 일을 더 어려워할까? 사회과학자들은 논리와 관찰, 즉 과학을 통해 물질계 대신 사회를 이해한다. 우주의 넓이를 파악하기 위해 망원경을 사용하고 인간의 조직 세포를 관찰하기 위해 현미경을 사용하는 사람들은 신뢰하면서도, 왜 사회의 넓이와 인간의 경험을 연구하는 사회 관찰자들과 그들이 사용하는 도구는 의심하는가?

**인과성**
어떤 요인이 또 다른 요인에 영향을 미치는 것. 매개 변수를 통하는 경우도 해당됨.

**인과 관계**
정해진 조건 아래 특정한 변수에 변화를 주었을 때 또 다른 변수에 항상 같은 효과가 발생하는 것.

**과학적 방법**
현상에 대해 정확하게 관찰하고 해석함으로써 진실을 탐색하는 것.

우리 사회가 사회과학자들의 연구 결과를 받아들이는 것을 주저하게 만드는 중요한 이유 중 하나로 **인과성**causality의 논리를 들 수 있다. 우리는 이러한 논리를 쉽게 이해한다. 고등학교 물리나 화학 시간에 배웠던 물이 끓는 원리를 예로 들어 생각해보자. 만약 우리(혹은 우리의 대표인 과학자)가 독립 변인(열)을 조정해 같은 조건(해수면)에서 동일한 효과(섭씨 100도에서 끓는)를 매번 얻을 수 있다면, **인과 관계**causal relationship가 성립하는 것이다. 해수면에서 물에 100도까지 열을 가하면 물이 끓을 것이다. 해수면의 높이에서 여러 비커의 물에 열을 가할 경우 100도가 되면 매번 모든 비커의 물이 끓을 것이다. 온도를 낮추면 물은 끓지 않는다. 에베레스트산 꼭대기에서 열을 가하면 이보다 낮은 온도에서 물이 끓기 시작한다. 그러나 해수면으로 돌아가면(혹은 실험실에서 기압에 변화를 주면) 다시 100도에서 끓는다. 이와 같은 결과는 통제된 조건에서 반복적으로 관찰된 것이다. 이를 일컫는 용어가 있는데, 바로 **과학적 방법**scientific method이며 이 용어에 대해서는 다양한 정의가 존재한다. 몇몇 정의를 소개하면 다음과 같다.

1. "발견하지 못한 진실에 대해 통찰을 얻기 위한 방법으로 (1) 탐구의 목표를 규정하는 문제를 찾아내고, (2) 문제 해결을 목적으로 데이터를 수집하고, (3) 데이터 탐색을 위한 논리적 수단이자 문제 해결을 보조하는 가설hypothesis을 설정한 후, (4) 데이터의 분석과 해석을 통해 그 가설을 경험적으로 검증함으로써 그 해석이 연구를 시작하게 한 질문에 답을 제시하는지 확인하게 된다"(Leedy, 1997: 94-95).
2. "현상을 설명하고 예측하려는 목적으로 변수들 간의 관계를 구체화함으로써 현상에 대한 체계적인 관점을 제시하는 연관된 구성(개념), 정의, 명제의 집합"(Kerlinger, 1986: 9).
3. "인간에 속한 것이 아닌 외부의 영구적인 것, 즉 우리의 생각이 영향을 미치지 않는 것으로부터 확신을 얻는 방법이다. 이 방법은 모든 사람을 동일한 결론으로 이끄는 것이어야 한다. 이것이 과학적 방법이다. 그 근본적인 가설은…… 다음과 같다. 실재하는 것들은 우리의 생각에 영향을 받지 않는다"(Peirce, 1955: 18).

**가설**
어떤 사건에 대한 검증 가능한 예측.

지난 세기부터 현재에 이르기까지 일부 사회 연구자들은 인간의 행동과 사회에 대한 연구에 과학적 방법을 적용하고자 했다. 이 장에서 자세히 다루겠지만 오스트리아 출신 미국 이민자인 폴 라자스펠드Paul Lazarsfeld는 매스미디어 연구에 과학적 연구 방법을 적용해야 한다고 주장한 대표적인 학자이다. 그러나 과학적 방법의 핵심 논리가 상당히 간단하기는 해도 이 방법을 사회에 적용하는 일은 (물질계에 적용하는 것에 비해) 더 복잡할 수밖에 없다. 1934년 과학적 방법의 기초를 제공한 것으로 평가되는 저서『과학적 발견의 논리*The Logic of Scientific Discovery*』를 출간한 철학자 칼 포퍼Karl Popper는 "조건부의 과학적 예측을 통해 장기적 예언이 가능한 경우는 고립되고 변하지 않으며 반복되는 특성을 가진 시스템에 적용한 경우이다. 사실상 이러한 시스템은 매우 드물고, 현대 사회 역시 여기에 포함되지 않는다"라고 설명했다(Stevens, 2012 재인용).

예를 들어 자주 논의되는 주제인 정치 캠페인에 대한 언론 보도가 투표율에 미치는 영향에 관해 생각해보자. 혹은 2016년 대통령 선거에서 소셜 미디어상의 가짜 뉴스가 얼마나 선거에 영향을 미쳤는지를 떠올려보자. 미디어는 그 어느 때보다 선거에 큰 관심을 보이고 있다. 오늘날 텔레비전은 후보자의 일거수일투족을 주시하며 보도한다. 이동 차량이 후보자를 따라다니며 취재한 영상을 위성을 통해 전송함으로써 지역 방송국들이 자체적으로 방송할 수 있도록 한다. 인터넷과 웹은 후보자와 그의 의견, 상대편에 대한 정보에 즉각적으로 접근할 수 있게 한다. 트위터와 유튜브는 우리가 그들의 모든 움직임을 추적할 수 있도록 해준다. 그러나 미디어 기술이 발전하고 선거 캠페인 보도 방식이 혁신적으로 변화했음에도 불구하고 지난 30년 동안 대통령 선거 투표율은 평균 60%를 밑돌았다. 버락 오바마와 존 매케인의 2008년 선거전은 "미국 정치 역사상 가장 혁신적인 기술을 사용했고 기업가적 투지가 넘치는 캠페인"으로 여겨졌지만, 선거 가능한 총 유권자(VEP)의 61.6%만이 투표에 참여했다(US Election Project, 2018b). 그렇다면 미디어의 캠페인 보도가 투표율을 억제한다고 생각해야 할까? 매스 커뮤니케이션을 연구하는 사람들 중에는 이처럼 속단하는 경우도 있을 것이다. 그러나 그것이 사실일까? 이러한 주장이 타당한지 검증할 수 있는 방법은 무엇이며, 어떻게 확인해야 할까?

매스 커뮤니케이션 연구의 선구자들은 1930년대에 이러한 상황을 직면했다. 매스 미디어의 부정적 효과에 관한 과학적 연구는 극소수에 불과했지만 대담한 주장은 수없이 많았다. 소수의 사회과학자들은 그런 주장들에 대해 **경험적**empirical 관찰을 통해서 이를 지지할지 아니면 거부할지 결정하기 전에 받아들여서는 안 된다고 설득하기 시작했다. 초기 연구자들은 대다수의 사람들과 마찬가지로 미디어가 강력하다는 관점에 동조하면서도 과학적 방법을 통해 미디어의 힘을 잘 이용하면 미성년 범죄와 같은 부정적인 영향을 피할 수 있을 것이라고 생각했다. 연구자들은 이러한 미디어의 힘을 이용해 미국의 민주적 정치 시스템에 대한 국민의 신뢰를 증진시키고 전체주의 선전propaganda의 영향력은 와해시키는 등 긍정적인 효과를 끌어내기 바랐다. 그와 같은 방식으로 과학적 연구를 통해 미디어가 이 사회를 형성하는 데 긍정적인 영향력을 발휘할 수 있으리라 생각했던 것이다. 그들의 이러한 바람이 이루어졌다면 우리는 지금 전혀 다른 사회에서 살고 있을 것이다. 자연과학자들이 고층 건물을 만들고 화성 탐사 로봇을 제작하는 것처럼 사회과학자들은 사회 기관을 세우고 있을 것이다. 하지만 이와 같은 일은 일어나지 않았다. 그 이유는 무엇일까?

**경험적**
관찰을 통해 주장하는 바가 확인되거나 반증될 수 있다는 의미.

연구자들은 과학적 방법을 사회에 대한 연구에 적용하는 데 많은 어려움을 겪었다. 정치 뉴스나 정치 광고의 효과를 반복적으로 관찰할 수 있는 방법에는 무엇이 있을까? 뉴스 기사를 보는 각각의 독자는 다르다. 각각의 선거도 모두 다르다. 뉴스 기사는 내용과 구조에 있어서 매우 다양하다. 어느 과학자가 동일한 사람들을 대상으로 같은 실험을 반복적으로 행했다고 할지라도(예를 들어 동일한 기사 발췌분을 보여주고 투표 여부와 투표할 대상을 묻는 방식으로), 그 사람들은 이미 이전의 실험에 노출됨으로써 경험치가 달라져 매번 다른 상태가 된다. 대부분의 사람들은 같은 기사를 반복해서 보아야 하는 것에 대해 불평할 것이다. 실험에서 벗어나기 위해서 연구자가 듣고 싶어할 것이라고 생각하는 말을 할 수도 있다.

관찰하려는 효과에 영향을 미칠 수 있는 조건은 어떻게 통제 가능한가? 투표와 시민의 책임에 관해 학교, 가정, 교회에서 배우는 내용은 말할 나위도 없거니와 사람들이 보고, 읽고, 듣는 것, 이야기하는 상대를 그 누가 통제할 수 있겠는가? 한 가지 해법이라면 실험실 환경에서 사람들이 보거나 학습하는 내용을 제한하는 것이다. 그러나 사람들은 실험실에서 성장하는 것이 아니며 실험 연구에서 만난 낯선 사람들과 함께 텔레비전을 시청하지 않는다. 미디어 메시지를 소비할 때에도 전기 피부 반응 기기나 아이트래킹 기기를 부착하지 않는다. 원자가 연구 대상일 때와는 달라서 사람들은 때로는 사회과학자의 연구 결과에 따라 행동을 바꾸기도 하는데, 그런 일이 발생하는 경우 인과성에 관한 주장에 더 큰 혼란이 생긴다. 또 다른 문제도 있다. 단기간에 걸쳐 단순히 몇몇 메시지에 노출되었다고 해서 미디어 강효과가 일어나는 경우는 매우 드물다는 점이다. 효과는 천천히, 장기간에 걸쳐 발생한다. 그래서 언제라도 아무 일이 일어나지 않는 것처럼 보일 수 있다. 그 결과 사회를 연구하는 사람들이 과학적 방법을 적용하는 데 어려움을 겪는 이유는 다음과 같다.

1. **인간의 행동 중 중요하고 흥미로운 측면은 대부분 측정이 어렵다.** 물이 끓는 온도는 쉽게 측정할 수 있다. 기발하고 정교한 기술 덕분에 우리는 원자의 무게, 우주의 팽창 속도까지도 측정할 수 있게 되었다. 하지만 시민의 의무는 어떻게 측정할 수 있는가? 투표 횟수를 세어보면 되는가? 어떤 사람에게는 투표를 하지 않기로 한 결정이 바로 그 의무와 관련된 개인의 표현 방식일 수도 있다. 텔레비전이 폭력성에 미치는 영향에 관한 연구에서 공격성을 측정하는 것처럼 조금 더 쉬운 일에 대해서도 생각해보자. 어린이가 고무 인형을 때리는 횟수를 통해 공격성을 측정할 수 있는가? 이웃

에 관한 험담을 늘어놓는 것은 공격적인 행동인가? (관찰 가능한 행동이 아니라 어떤 행동을 하고자 하는 성향인) 태도는 어떻게 측정할 수 있는가? 정치적으로 보수적인 관점을 가질 수 있는 성향이나 애국심을 나타내는 지표에는 어떤 것들이 있는가?

2. **인간의 행동은 대단히 복잡하다.** 인간의 행동은 인과 관계로 설명하기에 적합하지 않다. 물을 끓게 만드는 한 가지 요인을 파악하기는 쉽다. 그러나 인간의 행동을 유발하는 주요 원인을 단일 요인으로 한정하기란 불가능하다는 것이 입증되었다. 인간의 행동은 무척 복잡해서 관찰되는 행위가 어떤 요인들의 조합으로 이루어진 것인지 과학자들이 완전히 밝혀내기 어려울 수도 있다. 물을 가열하는 실험에서는 열이나 기압과 같은 환경적인 요소들을 쉽게 통제할 수 있다. 화학 실험에서도 비교적 쉽게 관련 요인을 통제할 수 있다. 그러나 매개 커뮤니케이션이 정치 캠페인에 미치는 영향에 관한 이론을 발전시키고자 하는 경우, 사람들이 이용하는 미디어의 유형을 어떻게 통제할 수 있는가? 특정한 종류의 뉴스에 대한 사람들의 주목도를 어떻게 통제할 수 있는가? 그들이 소비하는 뉴스를 얼마나 잘 이해하는지 혹은 잘못 이해하는지는 어떻게 측정할 수 있는가? 연구를 시작하기 훨씬 전에 이들이 받은 영향에 대해서는 어떻게 고려해야 하는가? 예를 들어 부모, 학교, 또래로부터 조성된 정치적 사회화의 유형과 양은 어떻게 측정할 수 있는가? 이 모든 것들이 사람들의 미디어 이용과 선거에서의 행동 간의 관계에 영향을 미친다. 무엇이 원인이고 결과인지 어떻게 확신할 수 있는가? 어떤 사람을 투표장으로 이끈 바로 그 요인이 다른 사람에게는 집에 그냥 있게 만든 요인이 될 수도 있다.
3. **인간은 목표가 있고 자기 성찰적이다.** 우리는 이미 발생한 일에 대한 반응으로 행동하기도 하지만 늘 그런 것은 아니며, 종종 일어나기를 바라거나 예상하는 바에 따라 행동하기도 한다. 나아가 우리는 우리의 목표를 계속 수정하는 가운데 그 성공 혹은 실패 가능성에 대해 매우 주관적인 판단을 내린다. 물은 열이 가해진 후에야 끓는다. 물은 끓어야 할지 끓지 않아야 할지에 관해 전혀 생각하지 않는다. 그러나 우리는 어떤 행동을 할지 하지 않을지에 대해 생각하며 자신의 가치, 신념, 태도를 되돌아본다. 열 공급이 중단되면 물은 더 이상 끓지 않는다. 물은 끓는 것을 중단할지에 대해 고민하지 않는다. 그러나 우리는 물과 달리 자신의 행동에 관해 생각

하며, 그 행동의 결과로 어떤 일이 생길 것이라는 예상에 따라 실행을 결정하는 경우가 많다. 인지심리학자 앨버트 반두라Albert Bandura는 "인간은 오로지 외부의 힘에 의해 나아가는 당구공과 같은 존재가 아니다"라고 설명했다. "당구공은 당구대의 모양, 구멍의 크기에 변화를 주거나, 이동 방향에 개입하거나, 심지어 게임을 할지 안 할지조차 결정할 수가 없다. 이에 반해서 인간은 개인적으로 혹은 집단적으로, 외부의 영향력이 어떤 형태를 띠게 될지 나아가 그 힘의 영향을 받을지 안 받을지 생각할 뿐만 아니라 이에 대한 결정을 내린다. 노벨 물리학상 수상자인 머리 겔만Murray Gell-Mann은 개인적 결정 요인의 영향력에 관해 다음과 같이 강조했다. '입자가 생각할 수 있다면 물리학이 얼마나 어려울지 상상해보라'"(Bandura, 2008: 95-96).

4. 인과성과 같이 단순한 개념을 인간에게 적용하기 어려울 때가 있다. 해수면에서 섭씨 100도까지 열이 가해지면 물이 끓는다는 사실을 받아들이는 것은 어렵지 않다. 물질계에 관해서는 이와 같은 인과적 진술을 즐겨 사용한다. 우리는 세상이 어떻게 돌아가는지, 그 원인은 무엇인지 알고자 한다. 공포 영화나 공상과학 영화에서와 같이 물리적인 법칙이 지속적으로 위배되는 상황을 통해 스릴을 즐기는 만큼, 우리의 일상에서 그 법칙들이 작동하고 있음을 믿는다. 그러나 이러한 인과적 진술이 우리 자신에게 적용될 때는 종종 분개한다. 우리는 우주가 팽창되는 것이나 비등점에서 물분자가 분해되는 것을 눈으로 직접 볼 수 없기 때문에 차선책으로 객관적 전문가인 과학자의 말을 받아들인다. 그러나 케이블 방송의 뉴스를 시청하고, 투표하지 않고, 영화를 관람하고, 유명 상표가 붙은 청바지를 구입하고, 가본 적이 없는 나라의 사람들에 대해 배우는 자신의 모습은 직접 볼 수 있다. 자신에 대해 알려주거나 우리의 행동에 대해 설명해주는 전문가가 왜 필요하겠는가? 우리는 미디어의 영향을 그렇게 쉽게 받지는 않는다고 스스로 생각한다. 그러나 역설적으로 대부분의 사람들은 내가 아닌 다른 사람들의 경우 미디어의 영향을 받을 확률이 훨씬 높다고 생각한다(제3자 효과third-person effect). 따라서 나 자신은 미디어의 영향으로부터 보호받을 필요가 없지만 다른 사람들은 나처럼 영리하지 못하기 때문에 보호받을 필요가 있다고 생각한다(Grier & Brumbaugh, 2007). 우리는 스스로를 독립적이고 자유롭게 사유하는 개인이라고 여긴다. 우리는

**제3자 효과**
'미디어가 다른 사람들에게는 영향을 주지만 나에게는 아닐 것'이라는 인식.

맥도날드 광고의 영향을 받지 않지만, 빅맥과 감자튀김, 콜라를 구입했다면 오늘 그냥 휴식이 필요했을 뿐이다. 어차피 식사는 해야 했고 기숙사로 가는 바로 그 길에 맥도날드 매장이 있었기 때문이다.

## 이론의 정의

**이론**
인간의 경험과 관련된 개념, 설명, 원칙에 대한 체계적인 정리.

과학자는 자연과학 분야이든 사회과학 분야이든 상관없이 이론theory을 다룬다. "이론은 어떤 사건이 어떻게 그리고 왜 발생하는지에 관한 이야기이다…… 과학의 이론은, 행동하는 인간이 만들어낸 사회를 포함한 이 세상이 어떤 기초적이고 근본적인 속성과 작용을 드러내 보여주며 이를 통해 반복해서 발생하는 특정한 현상에 대한 설명이 가능해진다는 가정에서 시작한다"(Turner, 1998: 1). 스티븐 커스Stephen Kearse는 좋은 이론은 사태를 명확히 해주고, 우리의 이해를 돕는다고 말한다. "좋은 이론은 우리가 그것을 검토하고 점검하며 설명력을 시험할 수 있도록 준비되어 있다. 가장 강력한 이론은 끊임없이 정제되며, 그 주장이 설득력 있을 뿐 아니라 탄탄해질 때까지 다듬어진 것이다"(Kearse, 2018: 9). 이론에 관해서는 이 밖에도 다양한 정의가 있다. 존 바워스John Bowers와 존 코트라이트John Courtright는 전통적인 과학적 정의를 제시했는데, 즉 "이론은…… 다양한 차원의 변수들 간의 관계를 나타내는 진술의 집합이다"라고 했다(Bowers & Courtright, 1984: 13). 찰스 버거Charles Berger는 다음과 같이 말했다. "이론은 서로 관련이 있는 명제의 집합으로 구성되는데, 그 명제들은 이론적 개념 간의 관계를 규정한다. 이론은 그렇게 규정된 관계를 설명하는 단수 혹은 복수의 메커니즘으로 이루어진다"(Berger, 2005: 417). 케네스 베일리Kenneth Bailey가 제시하는 이론의 개념은 사회를 이해하기 위한 다수의 방식들을 포괄한다. 그는 이론을 "사회 현상에 대한 설명과 예측으로…… 관심 주제를…… 다른 현상과 관련짓는 일"이라고 했다(Bailey, 1982: 39).

그러나 우리가 이 책에서 사용하는 정의는 이론을 보다 넓은 의미에서 본 두 가지의 관점을 종합해 도출한 것이다. 복잡한 사회에서 커뮤니케이션이 어떻게 기능하는지 이해할 수 있는 방식은 다양하다는 전제 아래 스티븐 리틀존Stephen Littlejohn과 캐런 포스Karen Foss는 "인간의 경험과 관련된 개념,

설명, 원칙을 체계적으로 정리한 것"으로 이론을 정의했다(Littlejohn & Foss, 2011: 19). 에모리 그리핀Emory Griffin 역시 이들처럼 넓은 관점에서 이론이 "사건이나 행동을 설명"하며 "복잡한 상황을 명확하게 하고, 혼란 속에 질서를 가져온다…… [이는] 데이터를 종합하고, 우리가 핵심에 집중할 수 있게 하며, 크게 중요하지 않는 부분에 대해서는 배제할 수 있도록 돕는다"고 정의했다(Griffin, 1994: 34). 리틀존과 포스, 그리핀은 커뮤니케이션 이론 및 매스 커뮤니케이션 이론이 직면한 현실을 인정하고 있다. 수많은 이론들이 존재하는 가운데, 이론들이 제시하는 질문에 대한 검증 가능성에는 정도의 차이가 있고, 이론들은 상황에 기초하는 경향이 있으며, 때에 따라서는 모순적으로 보이는 경우도 있다. 커뮤니케이션 이론가 캐서린 밀러Katherine Miller가 설명했듯이 "각 학파는 이론가의 필요, 사회와 지식의 본질에 대해 가지고 있는 신념에 따라 이론을 다르게 정의할 것이다"(Miller, 2005: 22-23). 그리하여 학자들은 매스 커뮤니케이션 이론을 (1) 후기실증주의 이론, (2) 문화 이론, (3) 비판 이론, (4) 규범 이론의 네 가지 범주로 나누어 이야기한다. 이 이론들은 "사회적 · 소통적 삶에 대한 이해를 증진하고 수준 높은 학문적 가치를 추구할 책무를 공유"하고 있지만(Miller, 2005: 32) 다음과 같은 측면에서 차이가 있다.

- 목표
- 현실의 본질에 대한 관점, 즉 알 수 있는 것은 무엇이고 알 가치가 있는 것은 무엇인지와 관련된 **존재론**ontology
- 지식의 창출과 확장에 사용되는 방법에 대한 관점, 즉 **인식론**epistemology
- 연구와 이론 정립에 있어서 인간의 가치 판단이 담당하는 적절한 역할에 대한 관점, 즉 **가치론**axiology

**존재론**
현실의 본질에 대한 관점으로 무엇을 알 수 있는가에 관한 것.

**인식론**
지식이 어떻게 창출되고 확장되는지에 대한 관점.

**가치론**
연구와 이론 정립에 있어서 가치의 적절한 역할에 대한 관점.

이러한 차이점들이 각 이론을 규정할 뿐만 아니라 매스 커뮤니케이션 이론을 논하는 데 있어서도 보다 폭넓은 관점에서 사회과학에 접근하는 것이 유용한 이유를 분명하게 보여준다.

### 후기실증주의 이론

1930년대에 사회에서의 매스 미디어의 역할에 대한 체계적인 연구를 처음으로 시작하고자 했을 때 몇몇 연구자들은 자연과학에서 모델을 찾으려고 했다. 자연과학(물리학, 화학, 천문학 등) 분야의 연구자들은 지식이 오직 경험적이고 관찰 및 측정 가능한 현상에 대해 과학적인 방법으로 연구했을 때에만 습득될 수 있다고 생각하는 실증주의적 성향을 가지고 있었다. 그러나 앞서 살펴보았듯이 사회는 물질계와 매우 다르다. 사회에서의 인과성은 다른 방식으로 이해되고 적용되어야 한다. 반 세기 동안 시도와 실패를 거듭한 끝에 과학적 방법을 추종한 사회과학자들은 **후기실증주의 이론**postpositivist theory을 발전시켰다. 이 이론은 과학적 방법을 이용한 경험적 관찰에 기반을 두고 있지만, 인간과 인간의 행동이 물질계의 요소들처럼 변함없이 일정하게 유지되지는 않는다는 사실을 인식하고 있다.

**후기실증주의 이론**
과학적 방법을 이용한 경험적 관찰에 기반을 둔 이론.

후기실증주의 이론과 자연과학자들의 이론은 그 목표가 같다. 즉 설명, 예측, 통제이다. 예를 들어 정치 광고의 작동 원리를 설명하고, 어떤 광고가 가장 효과적일지 예측하고, 특정 시민층의 투표 행위를 통제하고자 하는 학자들은 필연적으로 후기실증주의 이론을 활용할 것이다. 존재론적 측면에서 후기실증주의 이론은 세계, 심지어 사회 세계조차도 우리의 인식과는 무관하게 존재한다는 점을 인정하면서도, 인간 행동이 충분히 예측 가능하므로 체계적으로 연구될 수 있다고 본다. 후기실증주의자들은 사회 세계가 물리 세계보다 더 많은 변동이 발생함을 인정하며, 이것이 바로 실증주의 이후post, '후기실증주의postpositivism'라는 명칭의 근거이다. 인식론적 측면에서 후기실증주의 이론은 과학적 방법을 통해 규칙성과 인과 관계에 대한 체계적이고 논리적인 탐색이 이루어졌을 때 지식이 발전한다고 주장한다. 그리고 지식의 발전은 어떤 특정한 현상을 공부하는 학자들 사이에 **상호 주관적 동의**intersubjective agreement가 있을 때 이루어진다고 본다. 즉 후기실증주의자들은 "사회과학자 개인 아무나"가 아닌 "사회 연구자들의 공동체"에서 확신을 찾는다(Schutt, 2009: 89). 이처럼 과학적 방법에 신중하게 의지하는 것이 후기실증주의자들의 가치론을 규정하는데, 과학적 방법에 내재되어 있는 객관성은 연구자와 이론가의 가치관을 지식에 대한 탐색 과정에서 (가능한 한) 배제시킨다. 후기실증주의자들은 연구자들의 개인적인 가치관이 연구 방법을 선택하고 적용하는 데 영향을 미쳐서 그들이 원하는(즉 그들의 가치관에 부합하는) 연구 결과를 가져오게끔 편향된 상황이 벌어지게 될 것을 우려한다. 따라서 후기실증주의 커뮤니케이션 이론은 우리가 전통적으로 과학이라고 이해하는 분야의 규칙과 실천 사항을 최대한 반영한 연구 방법을 통해 발전해온

**상호 주관적 동의**
어떤 특정한 사회 현상과 관련해 연구 공동체의 구성원들이 유사한 결론에 이르는 것.

이론이라고 할 수 있다.

## 문화 이론

커뮤니케이션 이론가 중에는 사회적 행동을 설명, 예측, 통제하는 것을 원하지 않는 이들도 많다. 그들의 목표는 사회에서 그러한 행동이 어떻게 그리고 왜 발생하는지를 이해하는 데 있다. **문화 이론**cultural theory은 커뮤니케이션의 구조와 내용을 분석함으로써 이 시대의 문화를 이해하고자 한다. 문화 이론의 기원은 **해석 이론**hermeneutic theory, 다시 말해 특히 행동과 텍스트에 대한 체계적인 해석을 통해 이해를 얻고자 하던 이론에 있다. 해석학은 본래 성경과 그 밖의 종교적 텍스트에 대한 연구와 해석에서 시작되었다. 지난 200여 년간의 발전 과정에서 이 분야는 '정신의 객관화objectifications of the mind'에 중점을 두었고(Burrell & Morgan, 1979: 236), 밀러는 이를 '사회적 창조물social creations'이라고 부르기도 했다(Miller, 2005: 52). 초기 기독교 문화가 '객관화'된 것이 성경이며 그 문화를 이해하고자 하는 사람은 성경의 텍스트를 연구해야 하는 것과 마찬가지로, 현대에 이르러 해석학을 적용한 대부분의 연구는 특정한 텍스트를 사용하는 사람들의 문화를 이해하는 데 중점을 두었다.

**문화 이론**
커뮤니케이션의 구조와 내용을 분석함으로써 이 시대의 문화를 이해하고자 하는 이론.

**해석 이론**
특히 행동과 텍스트에 대한 해석을 통해 이해를 얻고자 하는 이론.

문화 이론은 또 다른 형태로도 존재한다. 예를 들어 **사회 해석학**social hermeneutics은 어떤 사회적 상황에서 관찰된 이들이 그 상황 속에서 자신들의 위치에 대해 어떻게 해석하는지 이해하는 것을 목표로 한다. 민속지학자 마이클 모어맨Michael Moerman은 사회 해석학 이론이 어떻게 외국의 문화나 혹은 잘 알려지지 않은 문화에 대한 이해를 돕는지 설명한 바 있다. 사회 해석학 이론은 어떻게 "외국에서 일어나는 일들이 그 나라 사람들에게는 이해되는지, 즉 그들의 삶의 방식이 어떤 일관성을 가지고 있으며 그들에게 어떤 의미와 가치가 있는지"에 대한 이해를 돕고자 했다(Moerman, 1992: 23). 문화 이론의 또 다른 분야는 상징 체계—예를 들어 미디어 텍스트—에 대한 사람들의 해석에 깃든 숨은 의미와 그 깊이를 살펴보고 있다. 지금까지의 설명으로 예상할 수 있듯이 문화 이론은 '해석적 이론interpretive theory'으로 불리기도 한다. 이 이론은 텍스트의 생산자와 이를 소비하는 수용자를 위해 텍스트의 의미를 해석하려고 시도한다. 이와 같은 설명에 내재된 또 한 가지 중요한 개념이라면 어떤 **텍스트**text이든, 즉 사회적 상호작용의 결과물이라면 무엇이든—영화, 대통령의 연두교서, 트위터상의 트윗, 드라마 남녀 주인공의 대화

**사회 해석학**
어떤 사회적 상황에서 관찰된 이들이 그 상황 속에서 자신들의 위치에 대해 어떻게 해석하는지를 이해하고자 하는 이론.

**텍스트**
사회적 상호작용의 결과물로 이해나 의미를 얻기 위한 자료로 사용되는 것.

등—이해를 위한 자료가 될 수 있다는 점이다. 그리고 이해는 결과적으로 행동의 지침이 될 수 있다.

존재론적 측면에서 문화 이론은 진정으로 '실재'하는, 측정할 수 있는 사회 현실은 없다고 간주한다. 그 대신 "사람들은 그들이 선호하는 바와 편견, 타인과의 상호작용에 기초해 현실에 대한 이미지를 구성하며, 이는 사회의 모든 사람과 마찬가지로 과학자에게도 적용된다"(Schutt, 2009: 92). 이와 마찬가지로 인식론적 측면에서 문화 이론은 지식 발전에 대한 관점은 관찰자(연구자나 이론가)와 그가 속해 있는 공동체 사이의 주관적인 상호작용에 달려 있다고 본다. 다시 말해 지식은 특정한 것으로, 아는 주체와 아는 대상의 상호작용에 한정된다. 자연히 가치론적 측면에서 문화 이론은 연구자와 이론가의 가치관의 영향을 제한하기보다 받아들인다. 밀러에 따르면 개인적 · 전문적 가치관은 "사회 현상이 관찰되는 렌즈와 같다"(Miller, 2005: 58). 인스타그램과 같은 소셜 네트워킹 웹 사이트에 대한 십 대의 해석을 이해하는 데 관심이 있거나, 온라인 시뮬레이션 게임의 십 대 팬들 간 정보 교환 과정에서 일어나는 의미 구성meaning-making에 관심이 있는 연구자라면 문화 이론을 활용할 것이다.

### 비판 이론

사회에 대한 설명, 예측, 통제를 원하지 않는 또 다른 부류의 학자들이 있다. 이 학자들은 사회에 대해 이해하는 것을 궁극적인 목표로 하지 않는다. 그들은 사회가 어떤 면에서는 큰 결함이 있어 변화가 필요하다는 가정으로부터 학문적 탐구를 시작한다. 그들이 목표하는 바는 사회에 대한 지식을 얻어 변화를 이끌어내는 데 있다. 이러한 목표는 내재적으로—그리고 의도적으로—정치적이라고 볼 수 있는데, 사회를 조직하는 기존의 방식과 더불어 그 안에서 권력을 행사하는 사람과 제도에 도전하기 때문이다. **비판 이론**critical theory은 공공연하게 정치적이다(따라서 가치론적 측면에서 대단히 가치 판단적이다). 이 이론은 사회를 재편함으로써 가장 중요한 인간의 가치가 우선될 수 있다고 본다. 비판 이론가들은 불평등과 억압에 관해 연구한다. 그들의 이론은 관찰, 설명, 해석에서 더 나아가 비판을 한다. 비판 이론은 "미디어를 사회적, 경제적, 상징적, 정치적 권력(을 비롯해 미디어 자체에 대한 통제권과 접근권)을 얻기 위한 투쟁의 장소(이자 무기)"로 여긴다(Meyrowitz, 2008: 642). 인식론적 측면에서 비판 이론은 지식을 통해 인간과 공동체가 그들보다 더 큰 권력

**비판 이론**
지배적 사회 질서의 변화를 통해 원하는 가치를 얻고자 하는 이론.

을 가진 자들의 영향으로부터 자유로워질 때에만 지식의 발전이 일어난다고 보았다. 비판 이론가들은 이를 해방의 지식이라 일컫는다. 존재론적 측면에서 비판 이론은 이보다 조금 더 복잡한 요소들을 포함하고 있다.

비판 이론에 따르면, 사회에서 실존하는 것과 인식할 수 있는 것은 **구조**structure(사회의 규칙, 규범, 신념)와 **에이전시**agency(인간이 그 사회에서 행동하고 상호작용하는 방식)가 영향을 주고받은 결과물이다. 이때 현실은 그 둘 사이의 **변증법**dialectic(지속적인 투쟁이나 토론)에 의해 끊임없이 형성되고 재형성된다. 엘리트가 이 투쟁을 통제할 때에는 그들이 현실을 규정한다(다시 말해 구조에 대한 엘리트의 통제가 보통 사람들의 현실을 규정한다). 보통 사람들이 해방되었을 때에는 그들이 행동과 상호작용(에이전시)을 통해 현실을 규정한다. 산업화 사회에서 노동 운동의 영향력이 줄어들고 (그리고 회복되고) 있는 데 관심이 있거나, 점차 확산되고 있는 소비지상주의적인 어린이 대상 광고를 제한하는 데 관심이 있는 연구자와 이론가들은 비판 이론에 의지할 것이다. 일부 비판 이론가들은 전 세계적으로 자본주의 기업들의 권력 행사가 통제되지 않는다고 보고 크게 우려한다. 그들은 기업 엘리트가 미디어를 필수적인 도구로 사용해 사람들이 사회를 바라보는 관점을 제약하고 에이전시를 제한한다고 여긴다. 또한 자본주의에 지배된 미디어가 전 세계적으로 셀러브리티 문화와 소비지상주의를 조장한다고 생각하며 그러한 확산에 대해 우려를 표하고 있다.

**구조**
비판 이론에서 말하는 사회의 규칙, 규범, 신념.

**에이전시**
비판 이론에서 말하는 인간이 구조 안에서 행동하고 상호작용하는 방식.

**변증법**
비판 이론에서 말하는 에이전시와 구조 사이의 지속적인 투쟁.

## 규범 이론

사회 이론가들은 후기실증주의 이론과 문화 이론이 재현적이라고 생각한다. 즉 그 이론들을 어떤 다른 현실에 대한 표현, 그림을 보는 듯한 서술이라고 여기는 것이다(후기실증주의자들에게 이와 같은 재현은 비슷한 현실을 일반화한 것이며, 해석적 이론가들에게 이러한 재현은 특정적이고 구체적인 것이다). 비판 이론은 재현적이지 않으며, 그 목표는 기존의 현실을 변화시키는 데 있다.

그런데 또 다른 유형의 이론이 있다. 이 이론은 어떤 종류의 사회 제도에도 적용될 수 있지만 이 책에서는 미디어 제도에 초점을 맞추고자 한다. 이 이론의 목표는 현실을 재현하거나 개혁하는 것이 아니다. 주어진 미디어 시스템의 운영을 평가할 수 있도록 이상적인 기준을 제시하는 것이 그 목표이다. **규범적 미디어 이론**normative media theory은 이상적인 사회적 가치를 따르고 실현하기 위해서는 미디어 시스템이 어떻게 운영되어야 하는지에 관해 설명한다. 따

**규범적 미디어 이론**
이상적인 사회적 가치를 따르거나 실현하기 위해 미디어 시스템이 어떤 구조로 이루어지고 운영되어야 하는지에 관해 설명하는 이론.

라서 존재론적 측면에서 규범 이론은 인식의 대상이 상황적(혹은 해석적 이론에서와 같이 특정적)이라고 주장한다. 다시 말해 어떤 미디어 시스템에 대한 진실과 이 시스템에 대해 알 수 있는 바는 해당 미디어 시스템이 존재하는 사회 시스템 안에서만 진실이고 알 수 있는 것이라는 의미이다. 인식론적 측면, 즉 지식이 어떤 방식으로 발달하는지에 관해 규범 이론은 비교 분석에 바탕을 둔다. 주어진 미디어 시스템에 대한 가치를 판단(하고 이해)하는 것은 그것이 운영되는 해당 사회 시스템 안에서 이상적이라고 여기는 기준과의 비교를 통해서만 가능하다. 가치론적 측면에서 규범 이론은 그 의미 그대로 가치 판단적이다. 미디어 시스템에 관한 연구는 이보다 더 큰 사회 시스템의 가치에 기반한 이상적인 운영 방식이 존재한다는 분명한 믿음에서 수행된다. 민주주의 사회에서의 언론의 역할에 관심이 있거나 이슬람 공화국이나 권위주의 국가의 미디어 운영에 대해 연구하고자 하는 이론가들은 규범 이론을 사용할 것이다. 만약 어느 한 가지 규범 이론에 기반한 미디어 시스템을 또 다른 규범 이론의 기준에 맞추어 평가할 경우에는 문제가 생긴다. 규범 이론에 대해서는 3장에서 더 자세히 알아볼 것이다.

## 이론에 대한 평가

프랑스의 철학자 앙드레 지드Andre Gide는 "가장 위대한 업적이 가능하도록 하는 이론만이 좋은 이론이다. 이론은 현재를 넘어서는 데 이용될 때만 바람직하다"라고 했다(Andrews, Biggs, & Seidel, 1996: 66 재인용). 다시 말해 좋은 이론은 사회를 확장시키고 발전시키며 향상시킨다. 이 책에서 살펴볼 수많은 이론의 가치를 판단할 수 있는 구체적인 방법을 소개하면 다음과 같다.

후기실증주의 이론을 평가할 때 우리는 다음과 같은 질문을 해야 한다.

1. 이 이론은 우리가 관심을 가지고 있는 사건, 행동, 관계에 대해 얼마나 잘 설명하는가?
2. 이 이론은 미래의 사건, 행동, 관계에 대해 얼마나 잘 예측하는가?
3. 이 이론의 검증 가능성은 어떠한가? 경험적 관찰에 기반해 그 가설을 체계적으로 지지하거나 기각할 수 있을 만큼 주장하는 바가 구체적인가?

4. 이 이론은 얼마나 간명한가? 논의되는 현상에 대한 가장 간단한 설명인가? 어떤 이들은 이를 간결성으로 표현하기도 한다. 커뮤니케이션 이론은 대체적으로 간명함이 부족하다는 점을 기억하라. 사실 많은 사회과학자들이 커뮤니케이션 연구를 기피하는 이유 중 하나가 커뮤니케이션 현상은 간명하게 설명하기 어렵다는 점으로부터 기인한다.
5. 이 이론은 얼마나 실용적이고 유용한가? 후기실증주의 이론의 목표가 사회를 설명하고 예측하고 통제하는 것에 있다는 점을 고려할 때, 이러한 목표를 성취하는 데 있어서 평가 대상이 되는 이론은 얼마나 많은 도움을 줄 수 있는가?

문화 이론을 평가할 때 우리는 다음과 같은 질문을 해야 한다.

1. 이 이론은 우리가 관심을 가지고 있는 사건, 행동, 관계에 대해 새롭고 신선한 통찰을 제공하는가? 즉 우리의 이해를 얼마나 증진시키는가?
2. 이 이론은 해석에 내재되어 있는 가치를 얼마나 명확히 보여주는가? 여기에는 관심의 대상이 된 현상에 내재된 가치뿐만 아니라 연구자나 이론가의 가치도 포함된다.
3. 이 이론은 우리가 관심을 가지고 있는 현상을 연구하고 있는 학문 공동체의 구성원들로부터 얼마나 많은 지지를 이끌어내는가?
4. 이 이론은 심미적 매력이 있는가? 지지자들에게 열의나 영감을 불러일으키는가?

비판 이론을 평가할 때 우리는 문화 이론을 평가할 때 제기했던 질문과 더불어 한 가지 질문을 더 해야 한다.

5. 현재의 상황에 대한 비평은 얼마나 유용한가? 즉 이러한 비평은 엘리트의 권력에 대해 충분히 이해하도록 함으로써 그러한 권력에 효율적으로 저항할 수 있게 하는가? 이 이론은 사회에 대해 엘리트가 내린 정의에 사람들이 반대할 수 있도록 하는가?

규범 이론을 평가할 때 우리는 다음과 같은 질문을 해야 한다.

1. 연구 대상이 되는 미디어 시스템(혹은 그 시스템의 일부분)을 평가하는 이상적인 운영 기준은 얼마나 안정적이고 명확한가?

2. 시스템(혹은 그 시스템의 일부분)의 수행 능력을 평가하는 데 반드시 고려해야 하는 사항으로서, 시스템의 실제 운영을 둘러싼 경제적 · 사회적 · 문화적 · 정치적 현실은 무엇이며 얼마나 큰 영향력을 가지고 있는가?
3. 이 이론은 특정한 미디어 시스템(혹은 그 시스템의 일부분)을 연구하고 있는 학문 공동체의 구성원들로부터 얼마나 많은 지지를 이끌어내는가?

## 사회과학의 유연성

지금까지 사회과학 이론의 네 가지 범주에 관해 살펴보는 가운데 아마 여러분은 사회를 연구하는 사람들이 물질계를 연구하는 그들의 동료들에 비해 상대적으로 존중받지 못하는 이유에는 또 무엇이 있는지 생각해보았을 수 있을 것이다. 사회학자 케네스 베일리는 "오늘날까지 사회과학 분야에는 자신을 엄밀한 의미에서 과학자로 생각하는 사람들과, 사회에 대한 연구에 보다 주관적으로 접근하며 자신을 과학자라기보다는 인문학자로 여기는 사람들이 있다"고 말했다(Bailey, 1982: 5). 다시 말해 지금까지 살펴본 바와 같이 자신을 사회과학자라고 칭하는 사람들 모두가 연구를 수행하고 증거를 받아들이는 데 있어서 동일한 기준을 고수하는 것은 아니다. 이러한 상황을 보다 더 복잡하게 만드는 것은 사회과학 연구자들과 이론가들이 그들의 작업에서 종종 이러한 범주를 혼합한다는 사실이다(Bennett & Holbert, 2008). 어떤 관찰자들, 특히 충실한 후기실증주의자들이 볼 때 이와 같은 방식은 체계적이지 못하다. 이는 또한 사회과학자들 사이에서 폭력적인 내용의 비디오가 아동의 행동에 미치는 영향과 같은 연구 주제가 아닌, 연구 방법의 적절성, 수집한 증거의 가치, 연구에 반영된 가치관의 영향력 등과 관련해 의견의 차이(즉 존재론, 인식론, 가치론에 대한 논쟁)를 만들기도 한다.

## 매스 커뮤니케이션 이론

미디어 이론을 공부하기 위한 방법의 하나는 지난 두 세기 동안 이론이 어떻게 발전해왔는지를 살펴보는 것이다. 당연하게도 이론의 발전은 어느 정도 매스 미디어 기술의 변화와 그러한 기술을 이용했던 새로운 매스 미디어 조직의 등장에 대한 반응으로 이루어졌다. 네 가지 매스 커뮤니케이션 이론의 지지자들은 각각 다른 이론을 개발하는 가운데 때로는 서로 관련된 이론을 만들기도 했다. 폭력적인 콘텐츠의 영향, 엘리트의 미디어 통제와 같은 구체적인 쟁점이나 우려는 이론을 개발하고 발전시키는 동기가 되었다. 새로운 형태의 미디어가 등장할 때마다 어떤 이들에게는 찬사를, 또 다른 이들에게는 비난을 받아왔다. 새롭게 등장한 미디어의 유용성에 대한 논쟁은 수많은 이론을 탄생시켰다.

## 미디어 이론의 네 가지 트렌드

매스 커뮤니케이션 이론이 역사적으로 어떻게 변화해왔는지 연구한 사람들은 한동안 대규모 패러다임의 전환, 즉 어느 시대에 널리 사용된 개념들이 그다음 시대에는 매우 다른 관점들로 대체되는 현상에 관해 이야기했다. 한편에서는 미디어 이론을 이와 같은 방식으로 바라보는 것에 대해 비판하기도 했는데, 그들은 돌이켜보았을 때 그러한 포괄적인 관점들이 생각만큼 통합적이거나 지배적이지 않았다고 주장했다(예를 들면 Neuman & Guggenheim, 2011). 이러한 전환 과정이 예상처럼 명확하게 이루어지는 경우는 드물고, 각 이론을 지지하는 사람들의 상호작용에 대한 이후의 진술은 그들 사이의 갈등 상황을 말하는 데 그칠 뿐 협업이나 이론적 확증의 가능성에 대해서는 간과했다. 우리는 매스 커뮤니케이션 이론이 발전해온 과정을 시대적으로 명확하게 구분하기보다는 이론적 발전의 트렌드를 확인하고자 한다. 여기서 트렌드는 매스 커뮤니케이션에 관한 비교적 안정적인 관점의 발전 과정을 추적한다는 점, 시간의 흐름에 따라 기존의 트렌드에서 다음 트렌드로의 전환이 일어났다는 점에서 어느 정도 시대적 구분과 비슷하다고 볼 수 있다. 그러나 어느 시점에 이르렀을 때 트렌드는 서로 겹치기도 하고 어느 정도 영향을 주고받기도 한다.

### 대중사회와 대중문화 트렌드

미디어에 대한 초기 의견들을 살펴봄으로써 매스 커뮤니케이션 이론의 시대적 구분에 대한 설명을 시작하려고 한다. 이러한 의견들은 19세기 후반부터 나오기 시작했는데, 이때는 도시에 대규모 공장들이 급속히 들어서면서 많은 사람들을 시외에서 도시로 끌어들인 시기이다. 이와 동시에 그 어느 때보다 강력한 인쇄기로 신문을 찍어내 낮은 가격으로 빠르게 늘어나는 독자층에 제공했다. 일부 이론가들은 산업화, 도시의 확장, 인쇄 미디어의 부상이 예고한 미래를 긍정적으로 바라보았지만 대부분이 매우 비관적이었다(Brantlinger, 1983). 그들은 산업화로 인해 평화로운 농촌 사회가 파괴되었고 사람들은 도시에 거주하도록 강요받았으며 그렇게 대형 공장, 광산, 관료제 아래 손쉽게 노동력을 제공하는 노동자의 역할을 맡게 되었을 뿐이라고 비판했다. 그들이 도시에 대해 우려한 것은 범죄, 문화적 다양성, 그리고 불안정한 정치 시스템 때문이었다. 이 사상가들에게 매스 미디어는 19세기 도시 생활에서 잘못된 모든 것을 상징했다. 그들은 미디어를 지목해 맹렬히 비판하면서 미디어가 하위 계층의 취향에 영합하고 정치적 불안을 조성하며 중요한 문화적 규범을 무너뜨렸다고 비난했다. 대부분의 이론가들은 교육을 받은 **엘리트**elites였고, 이들은 스스로 이해할 수 없는 현상들에 대해 우려했다. 기존의 사회 질서는 무너지고 있었고 문화와 정치도 마찬가지였다. 이에 대해 미디어에 책임이 있는가, 아니면 미디어는 단순히 이와 같은 변화를 가속화하거나 악화시켰을 뿐인가?

**엘리트**
사회 시스템 안에서 높은 위치에 있거나 특권을 가진 사람들.

이 시기에 부상한 미디어와 사회에 대한 지배적인 관점을 **대중사회 이론**mass society theory이라고 부른다. 이 이론은 존재한 적이 없는 '황금시대'에 대한 향수로부터 기인했다는 점에서 본질적인 모순이 있으며, 사회 질서가 무너지고 무자비한 엘리트가 권력을 잡고 개인의 자유가 없는 악몽과 같은 미래가 올 것이라고 예상한다. 대중사회 이론은 변형된 형태로 모든 세대에 반복적으로 등장하는 것으로 보이는데, 우리가 개인과 국가의 차원에서 삶의 질적 향상을 위한 수단으로 기술에 의지하는 가운데 우리의 현재와 미래를 재평가할 때 되살아난다. 새롭게 등장하는 대중사회 이론마다 동시대의 미디어에 대해 비평한다. 초기에 등장한 대중사회 이론은 대부분 사라졌지만 이와 같은 미디어 이론의 트렌드가 오늘날 여전히 발견된다.

**대중사회 이론**
산업화된 서구 사회에 대한 관점으로 미디어가 강력하지만 부정적인 역할을 한다고 봄.

대중사회 이론은 대규모의 사회 변화 혹은 파괴적인 사회 변화 가운데 어떤 일이 발생하는지 이해하기 위해 고안된 상충되는 개념의 집합체로 볼 수 있다. 대중사회의 개념은 정치적 스펙트럼의 양단 모두에서 올 수 있다. 일부는 현존하는 정치적 질서를 유지하고자 하는 사람들에 의해 고안되었고, 또 다른 일부는 급진적인 변화를 원하는 혁명가들에 의해 만들어졌다. 그러나 이처럼 이념적으로 정반대의 위치에 있는 사람들도 대부분의 경우 최소한 한 가지 전제를 공유하는데, 바로 매스 미디어가 대단히 위험한 것까지는 아니더라도 골칫거리라고는 생각한다는 점이다. 일반적으로 대중사회 사상은 변화로 인해 권력을 위협받는 사회의 엘리트에게 강한 호소력을 갖는다. 1830년대의 **페니 프레스**penny press, 1890년대의 **황색 저널리즘**yellow journalism, 1920년대의 영화, 1930년대의 라디오, 1950년대의 텔레비전과 같은 미디어 산업은 엘리트의 손쉬운 비판 대상이었다. 이러한 미디어는 단순하고 대개는 선정적인 내용으로 사회의 중간 계층 및 하위 계층 독자와 시청자들의 취향을 만족시켰다. 그 내용은 교육적이라거나 정보를 제공한다기보다는 대부분 오락거리에 지나지 않았다. 미디어 산업은 병든 사회의 증상으로 치부되어 쉽게 공격받았으며, 그 사회는 전통적·근본적 가치로 돌아가거나 미디어가 조성하는 아주 새로운 가치를 채택해야 한다고 여겨졌다. 여러 극심한 정치적 갈등 사안들이 매스 미디어에 대한 사상에 영향을 미쳤고, 바로 그러한 갈등 사안들이 다양한 형태의 대중사회 이론의 발달 과정을 형성했다.

**페니 프레스**
1페니에 판매되던 신문으로 신문 가판대의 매출과 광고를 통해 수익을 창출함.

**황색 저널리즘**
노동 계층을 비롯해 낮은 사회 계층의 독자들에게 맞춘 뉴스 보도로 단순하고 대개는 선정적인 내용을 담고 있음.

대중사회 이론의 핵심적인 주장은 미디어가 기존의 사회 질서를 무너뜨리고 파괴한다는 것이다. 그러나 미디어는 스스로가 불러일으킨 혼란에 대한 해법으로 여겨지기도 한다. 미디어는 기존의 질서를 회복하거나 새로운 질서를 도입하는 데 강력한 도구로 사용될 수 있다. 그러나 이 도구를 누구에게 맡겨 사용하도록 할 것인가? 정부 관계 부처가 미디어를 통제해 콘텐츠를 생산하고 검열하도록 해야 하는가? 이윤 추구가 주목적인 민간 기업인이 미디어를 자유롭게 운영하도록 해야 하는가? 급진적·혁명적 단체에게 미디어에 대한 통제권을 주고 그들이 바라는 이상적인 사회 질서를 확립하도록 해야 하겠는가? 19세기 말과 20세기 초에 이르러 이와 같은 질문을 둘러싸고 격렬한 논쟁이 벌어졌다. 이러한 갈등은 농경 사회를 기반으로 권력을 형성한 전통적인 엘리트와 산업화와 도시화를 바탕으로 권력을 형성한 도시의 엘리트 사이에서 일어났다.

보다 오래된 미디어 기술에 대한 혹평가와 지지자의 견해에 포함된 오류는 오늘날에 이르러 분명하게 드러난다. 초기 대중사회 개념은 미디어의 능력을 과장해 사회 질서를 빠른 속도로 약화시킬 것이라고 보았고, 미디어 지지자들도 이상적인 사회 질서를 확립하는 데 있어서 미디어의 역할을 과대평가했다. 그들은 미디어의 힘이 결국 수용자의 자유롭고 선택적인 활용에 달려 있다는 점을 간과한 것이다. 대부분의 대중사회 사상가들은 보통 사람을 바라보는 관점과 미디어가 그들에게 강력한 영향을 미칠 것이라고 생각하는 점에 있어서 지나치게 온정주의적이며 엘리트주의적이다. 미디어에 관해 우려를 표했던 이들은 미디어가 대중을 조종하는 힘을 가지고 있으며, 필연적으로 사회적·문화적 붕괴를 가져올 것이라는 점을 지나치게 강조했다. 기술을 지지하는 이들 역시 잘못된 인식을 가지고 있었으며 기술의 도입으로 예상되는 결과를 충분히 고려하지 못해 발생한 불필요하고 부정적인 영향에 대해 인식하지 못했다.

### 미디어 효과 트렌드

1930년대 후반과 1940년대 초반에 이르러 대중사회 개념에 대한 경험적 연구가 폴 라자스펠드에 의해 시작되었고 결국 기본적인 가정의 일부는 뒤집히게 되었다. 심리 측정 분야의 교육과 훈련을 받은 라자스펠드는 포드재단의 장학금으로 나치 치하의 오스트리아를 떠나 미국으로 갔다(Lazarsfeld, 1969). 당시 떠오르는 분야였던 매스 커뮤니케이션 연구에 있어서 그는 중요한 사상가이자 연구자였다. 학계 동료들과 마찬가지로 라자스펠드는 새롭게 도입된 설문 조사나 현장 실험 등 사회과학 방법의 가능성을 탐색해 사회 문제에 대한 이해를 높이고 이를 해결하는 데 관심을 가지고 있었다. 그는 학문적으로 단련되어 있었을 뿐만 아니라 상당한 기업가적 능력도 갖추고 있었다. 미국에 도착해 몇 년이 지난 후 라자스펠드는 매우 활발한 연구 활동을 펼치는 성공적인 사회 연구소를 설립하게 되는데 바로 컬럼비아대학교의 응용사회연구소이다.

라자스펠드는 매스 커뮤니케이션 이론의 발전에 있어서 과도기적 인물의 전형적인 예를 보여주는데, 그는 이전의 이론에 관한 기초가 튼튼했지만 새로운 아이디어를 평가하기 위해 다른 개념과 방법을 고려할 만큼 혁신적이기도 했다. 라자스펠드는 대중사회의 개념에 관해 잘 알고 있었고 공감했지만(Lazarsfeld, 1941), 이론의 타당성을 확립하기 위해 경험적 사회 연구 방법을 활용하는 데 열중했다. 그는 후기실증주의가 이론을 발전시키기 위한 기초가 된다는 점을 강력히 주장했다. 또한 단순히 미디어의 사회적 영향력을 예상하는 것만으로는 충분하지 않다고 강조했다. 그 대신 신중하게 계획된 구체적인 설문 조사, 더 나아가 현장 실험을 통해 미디어의 영향력을 관찰하고 그 크기를 측정할 수 있다고 주장했다. 정치적 선전의 효과가 크다는 가정만으로는 충분하지 않고 그러한 효과가 존재한다는 것을 입증하는 실질적인 증거가 필요했다(Lazarsfeld, Berelson, & Gaudet, 1944). 라자스펠드의 연구 중 가장 잘 알려진 '미국 유권자 연구'는 선거 캠페인 기간 동안 미디어의 영향력을 기록하고자 했던 시도였지만, 결과적으로 미디어의 영향력에 대한 답을 제시하기보다는 이보다 더 많은 질문을 제기했다.

1950년대 중반에 이르러 라자스펠드와 경험적 미디어 연구자들의 작업은 (컴퓨터 이전 시대의 기준에서) 엄청난 양의 데이터를 생성했다. 데이터에 대한 해석 과정을 통해 라자스펠드와 그의 동료들은 미디어의 힘이 그동안의 우려나 기대만큼 강력하지는 않다는 결론에 이르렀다. 연구자들이 발견한 바에 의하면, 사람들은 미디어의 영향력에 저항하는 여러 방식을 가지고 있으며 그들의 태도는 가족, 친구, 종교 공동체 등 여러 경쟁 요인들에 의해 형성되었다. 미디어는 대개 사회를 파괴하는 힘으로 작용한다기보다 기존의 사회적 동향을 강화하고, 현재의 상황을 위협한다기보다 견고히 하는 것으로 나타났다. 대중사회 이론가들이 우려하던 최악의 상황을 뒷받침하는 증거는 거의 발견하지 못했다. 라자스펠드와 그의 동료들이 이러한 이론에 이름을 붙인 적은 없지만, 이는 제한 효과 이론limited-effects theory으로 불리게 되었다.

**제한 효과 이론**
미디어가 사람들에게 직접적인 영향을 줄 수 있는 역량이 거의 없다는 관점. 미디어의 주된 효과는 기존의 사회적 동향을 강화하고 현재의 상황을 견고히 하는 것이라고 봄.

미디어의 제한 효과 개념은 1950년대 학계에 지속적으로 받아들여졌다. 이는 1950년대와 1960년대에 새롭게 정립되어가던 매스 커뮤니케이션 연구 분야에서 가장 지배적인 개념이었다. 제한 효과 이론의 지지자들과 대중사회 이론을 지지하던 사람들 사이에 주목할 만한 충돌이 몇 번 발생했다(Bauer & Bauer, 1960). 그도 그럴 것이 동유럽권 전역에 걸친 공산주의의 부상은 미디어가 강력한 도구로 사용될 때 점점 더 많은 사람들을 역사적으로 가장 강력한 전체주의 국가로 귀속시킬 수 있음을 증명하는 것처럼 보였다. 매스 미디어를 이용해서 소련에 맞서고 이를 정복하는 방법 외에 어떻게 미국이 냉전에서 승리를 기대할 수 있겠는가?

1960년에 발표된 미디어 효과에 대한 몇몇 대표적인 연구는 제한 효과 관점에 대한 결정적인 증거를 제공했다(Campbell, Converse, Miller, & Stokes,

1960; Deutschmann & Danielson, 1960; Klapper, 1960). 매스 커뮤니케이션 이론에 대한 제한 효과 개념은 10여 년간의 후기실증주의 연구로 뒷받침되었다. 이와 대조적으로 대중사회 개념의 지지자들은 더 많은 공격을 받게 되어 '과학적 연구 결과'에 대해 의문을 제기했다는 이유로 '비과학적' 혹은 '비이성적'이라고 여겨졌다. 대중사회 개념은 1950년대 초반 조지프 매카시Joseph McCarthy가 주장한 반공산주의 **적색 공포**Red Scare와 관련되면서 학계에서 신빙성을 잃게 되었다. 매카시와 그와 뜻을 같이하는 이들은 공산주의자라고 의심이 가는 사람들을 미디어 업계에서 몰아내기 위해 상당한 노력을 기울였다. 그리고 이를 합리화하기 위해 보통 사람들이 미디어의 조작으로부터 보호받아야 한다는 대중사회 개념을 이용했다. 제한 효과 이론가들은 보통 사람들이 미디어의 영향으로부터 잘 보호받고 있는데, 그 이유는 공산주의 선전이 사람들에게 도달하기 전에 의견 선도자들에 의해 미리 걸러지기 때문이라는 연구 결과를 내놓았다.

**적색 공포**
미국 역사 중 1950년대 후반부터 1960년대 초반에 '적군', 즉 공산주의자에 대한 수색이 미디어 업계와 정부 안에서 이루어지는 가운데 기본적인 자유가 위협을 받은 시기.

1960년대 중반에 이르러 대중사회 지지자들과 제한 효과 지지자들 사이의 논쟁이—최소한 후기실증주의 연구 공동체 안에서는—끝난 것처럼 보였다. 경험적 연구의 결과들은 늘어났고, 대부분이 제한 효과 관점과 일치했다. 대중사회 관점을 뒷받침하는 경험적 연구는 아예 없거나 거의 없었다. 대부분의 후기실증주의 연구자들은 미디어의 강효과를 살펴보는 것을 중단하고 대신 최소한의 효과, 제한된 효과에 대한 증거를 제공하는 데 집중했다. 일부 독창적인 미디어 연구자들은 미디어 연구에서 더 이상 중요하거나 새로운 결과가 나오지 않을 것으로 생각해 정치학 및 사회학 분야로 돌아갔다. 폴 라자스펠드와 긴밀하게 협력한 바 있는 버나드 베렐슨Bernard Berelson은 에세이를 통해 커뮤니케이션 연구는 "낡고, 참신한 아이디어가 고갈되었다"고 선언해 논란이 되기도 했다(Berelson, 1959: 6). 매스 미디어에 관해서는 더 이상 연구할 것이 남아 있지 않았다.

역설적으로 베렐슨의 에세이는 미디어에 대한 연구가 폭발적으로 증가하기 직전에 출판되었다. 사회학, 심리학 분야의 후기실증주의 연구자들이 미디어 연구에서 손을 뗀 후 그 자리는 급속히 늘고 있던 미디어와 커뮤니케이션 관련 프로그램에 참여한 교수진들이 바로 대신했다. 이러한 프로그램들이 증가하는 가운데 미디어에 대한 후기실증주의 연구도 늘었다. 초기에는 사회학자와 심리학자의 논문에 대한 반복 연구가 대부분이었지만, 1970년대에 이르러 미디어 연구자들은 미디어를 이해하는 데 중요하고 새로운 방식으로 기여하기 시작했다.

### 비판적 문화 트렌드

1970년대와 1980년대에 후기실증주의적 관점에서 미디어 연구가 활발하게 수행되는 가운데 이에 대한 유럽권 연구자들의 비판이 늘어났다. 유럽에서는 좌익과 우익 학자들 모두 미디어의 영향력에 대한 우려가 높았는데, 이는 제2차 세계대전 당시 선전, 정부의 미디어 통제와 관련된 경험과 깊이 연관되어 있었다. 유럽의 학자들은 후기실증주의자들이 사용하는 양적 사회 연구 방법이 사회 이론을 검증하고 발전시킬 수 있을지에 대해서도 회의적이었다(그들은 연구에 대한 이와 같은 접근이 환원주의적—복잡한 커뮤니케이션 과정과 사회 현상을 소규모 연구에 기반한 미시적 명제로 축소시키는 것—이라고 보았다). **환원주의**reductionism는 미국 고유의 집착처럼 간주되었다. 유럽의 일부 학자들은 제2차 세계대전 이후 미국인들이 지니게 된 영향력에 대해 분개했다. 그들은 미국의 경험주의에 대해 단순하고 지적으로 척박하다고 주장했다. 일부 유럽 학자들이 미국에서 나온 미디어 효과에 대한 개념을 환영하고 옹호했지만, 또 다른 학자들은 이를 강하게 거부하며 제약을 덜 받는 유럽의 전통적인 접근법을 유지해야 한다고 주장했다.

**환원주의**
복잡한 커뮤니케이션 과정과 사회 현상을 소규모 연구에 기반한 미시적 명제로 축소시키는 경향.

전후 미국의 영향력에 격렬하게 저항한 유럽의 사회 이론가 집단 중에는 **신마르크스주의자**neo-Marxists들이 있다(Hall, 1982). 카를 마르크스Karl Marx가 처음 만든 공산주의 이론과 일관되게, 이 좌익 사회 이론가들은 미디어가 지배적인 사회 엘리트의 경제적 권력을 견고히 하고 유지되게 한다고 주장했다. 신마르크스주의 이론은 비판 이론의 한 유형이다. 미디어는 엘리트가 자신들의 이익을 도모하는 데 유리한 세계관을 고취시킬 수 있도록 편리하고 감지하기 힘들지만 매우 효과적인 수단을 제공한다. 그들은 매스 미디어를 문화적인 투쟁이 일어나는 가운데 우세한 혹은 지배적인 문화가 구축되고 고취되는 공적인 장으로 볼 수 있다고 주장했다. 이 투쟁을 엘리트가 지배하는 것은 그들이 중요한 이점을 가지고 시작하기 때문이다. 그 상대는 소외되고 현재의 상황은 사회를 구성하는 데 있어서 유일하게 논리적이고 이성적인 방법으로 비춰지게 된다. 엘리트가 선호하는 가치는 인기 프로그램 속 이야기에 감춰져 교묘하게 전해지는데 어린이 만화 영화도 예외는 아니다. 신마르르

**신마르크스주의**
미디어가 지배적인 사회 엘리트의 권력이 유지되게 한다는 사회 이론.

크스주의 이론에서는 미디어 기관을 조사하고 미디어 콘텐츠를 해석하려는 시도가 무엇보다 우선시되는 사항이었다. 이 이론은 문화가 정치 투쟁의 중요한 장이라고 보았기 때문에 이전의 마르크스주의 이론과는 차별된다. 엘리트는 거리의 도전뿐 아니라 미디어의 도전도 받을 수 있다는 것이다.

**영국 문화 연구**
매스 미디어의 문화 집단 안에서의 역할, 그리고 사회의 정의에 대해 협의하기 위한 공적 토론을 촉진하는 역할에 중점을 두는 관점.

**비판적 문화 이론**
영국 문화 연구자들이 최초로 시도한 이론으로 비판 이론과 문화 이론을 결합한 것.

1960년대에 영국의 일부 신마르크스주의자들은 **영국 문화 연구**British cultural studies로 불리는 사회 이론 학파를 만들었다. 이들은 매스 미디어를 비롯해 사회의 다양한 하위 집단에서 지배적인 세계관과 문화를 고취하는 매스 미디어의 역할에 관해 집중적으로 살펴보았다. 영국 문화 연구는 비판 이론과 문화 이론을 바탕으로 **비판적 문화 이론**critical cultural theory을 만들었다. 연구자들은 하위 집단의 구성원들이 어떻게 미디어를 사용하는지 조사하고, 그러한 미디어의 사용이 어떻게 집단의 관심을 충족시킬 수 있는지(문화 이론), 혹은 어떻게 지배 계층의 엘리트를 지지하는 사고를 갖도록 할 수 있는지(비판 이론) 탐구했다. 이 연구는 결과적으로 매우 중대한 발견으로 이어졌다. 수용자에 대한 연구를 진행하는 가운데 버밍엄대학교의 사회과학자들은 사람들이 종종 지배적인 아이디어를 거부하고 사회에 관해 새롭고 대안적인 해석을 전한다는 것을 발견했다(Mosco & Herman, 1981). 영국 문화 연구는 미디어의 영향력에 관한(미디어가 강력하고 직접적인 효과가 있다는) **결정론적 추정**deterministic assumptions에서 시작되었지만, 그들의 이와 같은 작업은 수용자에 대한 연구로 이어져 특정한 상황에서 미디어가 가진 잠재적인 영향력과 능동적인 수용자가 미디어의 영향력에 저항하는 능력에 관한 중요한 질문들이 다시 활발하게 제기되도록 했다. 이 질문들은 1960년대 후기실증주의 미디어 학자들이 간과한 바 있는데, 이는 그들이 미디어의 영향력에 대해 회의적이었으며 수용자를 수동적이라고 가정했기 때문이었다.

**결정론적 추정**
미디어가 강력하고 직접적인 효과를 가진다는 추정.

1970년대에 미국의 대학들에서는 미디어 강효과의 가능성에 관한 의문이 다시 제기되었다. 이러한 의문은 인문학자들 사이에서 처음 제기되었는데, 그들은 제한 효과 관점에 대한 지식이 없었고 후기실증주의에 관해 회의적이었으며 문화 이론 분야에서 충분한 교육과 훈련을 받은 학자들이었다. 그들의 주장은 '과학적 증거'로 뒷받침되지 않는다는 이유로 사회과학자들에게 계속 무시되고 진지하게 받아들여지지 않았다. 이 학자들 가운데 일부는 유럽의 비판적 문화 이론에 관심을 가지게 되었다(Newcomb, 1974). 다른 이들은 '정통' 미국 문화 연구 학파를 형성하고자 했는데, 캐나다 학자들인 해럴드 이니스Harold Innis와 마셜 매클루언Marshall McLuhan의 영향도 많이 받았다 (Carey, 1977). 이와 같은 과정을 거쳐 형성된 **문화 비평**cultural criticism이 초반에는 주류 연구 경향을 따르는 효과 연구자들에게 상당히 회의적으로 받아들여졌지만 점차 신빙성과 가치를 인정받아 제한 효과 개념에 대한 대안으로 자리 잡게 되었다.

**문화 비평**
문화적 논쟁을 비롯해 커뮤니케이션이 한 집단의 다른 집단에 대한 지배를 영구화하는 방식에 대해 우려하는 여러 관점.

## 의미 구성 트렌드

1970년대와 1980년대에는 미국과 유럽에서 후기실증주의 학자들과 비판적 문화 학자들 사이에 경쟁이 심화되었다. 이 기간의 대부분에 걸쳐 후기실증주의 학자들은 불리한 입장이었는데, 이는 제한 효과 이론이 당시 사회를 분명하게 변화시키고 있었던 사회 운동(시민의 평등권, 반전 및 페미니스트와 관련된 사회 운동)과 관련해 미디어가 어떤 역할을 하고 있는지 설명하지 못했기 때문이다. 게다가 (텔레비전 폭력물과 같은) 대중적인 미디어 콘텐츠나 광고에 지속적으로 노출됨으로써 나타나는 결과에 대한 검토 역시 이루어지지 않았다. 점차 제한 효과 개념은 변화했는데, 그 이유는 부분적으로는 비판적 문화 연구로부터의 압력에 있었지만 그 밖에도 새로운 커뮤니케이션 기술이 등장함으로써 사람들의 미디어 이용 방식(그리고 사람들이 미디어에 의해 이용되는 방식)에 관한 전통적 견해에 대해 재고해보도록 만들었기 때문이다. 지난 30년 동안 연구자들은 다시 한번 새롭고 강력한 미디어의 도전을 경험해왔는데, 대부분의 사람들의 삶의 방식과 타인과 관계를 맺는 방식이 그로 인해 변화하는 시대를 살고 있다. 후기실증주의자들은 새로운 연구 전략과 방법을 개발해(이에 관해서는 이후의 장들에서 자세히 설명할 것이다) 미디어의 영향력을 더 정확하게 측정하려고 했으며 이를 통해 미디어가 강력한 효과를 가지는 몇 가지 상황에 대해 알 수 있게 되었다(예: Scheufele, 2000; Holbert, Garrett, & Gleason, 2010; Gurevitch, Coleman, & Blumler, 2010; Knobloch-Westerwick, 2015).

후기실증주의 연구자들이 미디어 효과보다 미디어 이용에 관심을 기울이는 가운데 비판적 문화 학자들도 이와 유사하지만 조금 다른 면에 중점을 두게 되었다. 그들은 개인이 아닌 문화 집단들이 집단의 목적을 성취하기 위해 미디어를 이용하는 방식을 살펴보았다. 그리고 음악에서 뉴스에 이르는 다양한 미디어 콘텐츠를 그 집단들이 어떻게 이용하고 있는지를 연구했다. 연구 결과 그들은 집단의 구성원들이 종종 미디어를 통해 고취되는 아이디어를 비판하거나 이에 저항하기 위해서 뭉친다는 사실을 알게 되었다(Alasuutari, 1999).

의미 구성 트렌드의 중심에는 의미 있는 경험을 만들어내기 위해 미디어 콘텐츠를 이용하는 능동적인 수용자에 대한 관심이 존재한다. 이론가들은 중요한 미디어 효과가 종종 장기간에 걸쳐 일어나며 그러한 효과를 이용자가 의도할 수 있다는 점을 알고 있다. 사람들은 개인적으로 혹은 집단적으로 미디어를 특정한 목적을 위해 이용하기도 하는데, 예를 들면 정보 습득, 기분 전환, 집단 정체성의 고취, 흥분된 감정의 경험 등이 있다. 수용자가 미디어를 이러한 목적을 위해 이용할 때 그들은 의미 있는 경험을 이끌어내고자 의도한 것이다. 의미 구성의 다양한 관점에 따르면 사람들이 의미를 만들어내기 위해 미디어를 이용할 때—그들이 원하는 경험을 일부러 유도하는 데 성공했을 때—의도적일 수도 있고 비의도적일 수도 있는 중요한 결과가 나타나게 된다. 젊은 세대가 기분을 전환하기 위해 인터넷에서 수십억 개의 음악 파일을 스트리밍한다면 그 결과로 얻는 무언가가 있을 것이다. 혹은 스릴을 느끼기 위해 공포 영화를 관람했다가 충격적인 장면들로 인해서 곤란을 겪을 수도 있을 것이다. 의미 구성에 개입하거나 지장을 주는 이와 같은 요인들은 예상 밖의 결과로 이어질 수 있다. 의미 구성 이론의 트렌드는 후속 연구에서 미디어를 이용해 의미를 구성하려는 사람들의 성공과 실패, 그리고 의미를 구성하기 위해 미디어를 이용할 때 나타나는 의도적·비의도적인 결과에 초점을 맞추게 될 것임을 시사한다. 그리고 이와 같은 결과는 개인적 차원 및 집단적·사회적 차원의 관점에서 모두 다루어져야 한다.

## 효과 연구의 재부상

비판적 문화 연구의 인기와 새로운 후기실증주의 연구 방법, 의미 구성 이론의 부상은 다양한 유형의 미디어 효과에 대한 연구를 심화시키고 새로운 발전을 가져왔다. 후기실증주의 학자들과 비판적 문화 학자들은 이러한 미디어 효과에 대해 다양하고 중요한 연구 문제들을 제기하고 있다. 이 책에서 다루게 될 몇몇 문제들을 소개하면 다음과 같다. 비디오 게임을 통해 폭력적 이미지와 성적 행위에 일상적으로 노출될 때 나타나는 단기적 결과와 장기적 결과는 무엇인가? 이와 같은 결과는 텔레비전 폭력물의 영향으로 나타나는 결과와 유사한가 아니면 주목할 만한 차이가 있는가? 텔레비전의 패스트푸드 광고, 그리고 블록버스터 영화에 정크푸드를 끼워 파는 것은 비만 확산에 얼마나 영향을 미치는가? 전쟁, 선거, 경제와 같은 중요한 이슈에 관한 보도는 공중의 이해와 민주적 담론에 기여하는가 아니면 이를 약화시키는가? 소셜 미디어는 민주적 담론을 촉진했는가, 아니면 이를 훼손했는가? 정치적 양극화와 정치적 무례함에 대해 미디어는 어느 정도까지 책임이 있는가? 아동의 소셜 미디어 및 비디오 게임 이용과 학업 부진 사이에 연관성이 있는가? 도발적인 텔레비전 쇼나 인터넷상의 포르노는 청소년 임신 증가의 원인이 되는가? 지역 신문사가 감원을 하고 폐간을 해야만 하는 경우 정치적 부패가 증가하고 사회적 갈등이 증가하는가? 젊은 여성들이 자신의 신체에 대해 느끼는 불만족에 청소년 잡지와 패션 잡지, 유튜브 동영상은 어느 정도의 책임이 있는가? 소셜 미디어는 사이버불링의 증가에 책임이 있는가? 소셜 미디어가 사회적 고립이나 청소년의 자기 비하를 증가시키는가? 언론의 자유는 얼마나 주어질 때 지나친 것이 되는가, 그리고 이에 관해서는 누구에게 결정권이 있는가?

이와 같은 수많은 질문들은 연구 활동을 촉진하고 이론의 발전에 기여하는 동시에 미디어의 역할에 관한 새로운 논란을 불러일으킨다. 미디어에 대해 비판적인 이들은 연구 결과를 이용해 공정하지 못한 방식으로 미디어를 공격하는 반면, 옹호자들은 문제가 있는 연구 결과를 해명하려고 한다. 대규모 소셜 미디어는 1960년대에 텔레비전이 비판받았던 것과 매우 유사한 이유들로 비난받고 있다. 이들은 플러그가 없는 '플러그인 마약'과도 같다. 미디어의 영향력을 명확하게 이해하는 것이 왜 그토록 어려웠는지, 그리고 미디어와 관련한 잘못된 생각을 널리 알리는 것이 왜 그렇게 쉬웠는지에 대한 성찰이 필요하다. 미디어는 이윤을 창출해내고 공공의 이익에도 이바지할 수 있는 강력한 도구이다. 우리는 이 도구를 지혜롭게 사용할 수 있도록 돕는 이론과 연구를 필요로 한다.

## 학습 목표 확인

- **전통 미디어, 대규모 소셜 미디어, 매스 커뮤니케이션을 정의한다.**

전통 미디어는 신문, 잡지, 라디오, 영화, 텔레비전과 같은 오래된 형태의 매스 미디어를 말한다. 이들은 콘텐츠의 제작 및 유통을 미디어 기술을 통해 직접 수행하는 크고 복잡한 조직에 의해 운영된다. 대규모 소셜 미디어 또한 복잡한 조직에 의해 개발되고 통제된다는 점에서는 전통 미디어와 유사하지만, 메시지 유통에 있어서는 인터넷 기술에 의존한다는 점에서 다르다. 매스 커뮤니케이션에서는 전통 미디어든 대규모 소셜 미디어든 간에 발신자는 표준화된 절차를 통해 메시지를 유통하며, 가능한 한 많은 수용자를 끌어들이기 위해 스스로를 적극적으로 홍보하고, 반복적 노출을 유도한다. 이들은 '주목 시장'에서 경쟁한다. 빅 데이터는 수용자 행동을 이해하고 통제하기 위해 사용된다. 수용자는 지리적으로 분산되어 있으며, 자신 외에도 많은 사람들이 동일한 메시지를 소비하고 있음을 인식하고, 다양한 방식으로 콘텐츠에 노출되지만 대부분은 자동성 상태에서 노출된다. 미디어 사용자는 콘텐츠 제작과 유통에 대해 제한적으로 관여하거나 전혀 통제할 수 없다.

- **자연과학과 사회과학의 작동 방식의 차이에 대해 알아본다.**

사회과학은 종종 논란의 대상이 되는데, 그 이유는 사회 세계의 현상과 사람들의 태도, 가치, 행동 간의 인과 관계를 제시하기 때문이다. 자연과학에서는 인과 관계가 비교적 명확하고 측정 가능하지만, 인간 행동을 연구할 때는 그렇지 않다. 인간 행동은 계량화하기 어렵고, 매우 복잡하며, 목적 지향적인 경우가 많다. 사회과학과 인간 행동은 서로 어울리기 까다로운 조합이다. 사회과학 자체가 다양한 형태를 지니며 매우 다른 목적을 지닐 수 있기 때문에 상황은 더더욱 복잡하다.

- **과학적 방법과 인과성의 관계를 설명한다.**

인과 관계는 특정 요인이 다른 요인에 영향을 미칠 때 발생하며, 경우에 따라 매개 변수를 통해 간접적으로 영향을 줄 수 있다. 일부 과학자들에 따르면 인과 관계를 입증할 수 있는 가장 좋은 방법, 어쩌면 유일한 방법은 전통적으로 문제를 정의하고, 데이터를 수집하여 문제 해결을 모색하고, 가설을 설정한 후 그 가설을 검증하는 절차로 구성된 과학적 방법을 적용하는 것이다.

● 이론을 정의한다.

복잡한 세계에서 커뮤니케이션이 어떻게 작동하는지를 이해하기 위한 다양한 접근 방식이 존재하므로, 이론은 인간의 사건이나 행동을 설명하기 위해 사회생활의 특정 측면에 관한 개념, 설명, 원칙을 조직화한 체계라 할 수 있다. 미디어 이론은 미디어가 개인에게 미치는 영향과 매스 커뮤니케이션이 개인의 삶과 사회 전반에서 수행하는 역할을 이해하기 위해 만들어졌다.

● 매스 커뮤니케이션 이론의 네 가지 범주인 후기실증주의 이론, 문화 이론, 비판 이론, 규범 이론이 존재론, 인식론, 가치론적 측면에서 각각 어떻게 다른지 살펴본다.

후기실증주의 이론은 전통적으로 사회과학적 성격을 띠는데 존재론적 측면에서 후기실증주의 이론은 세계를 인식 가능하고 측정 가능한 실체라고 간주한다. 인식론적 측면에서는 규칙성과 인과 관계를 체계적이고 논리적인 탐색을 통해 지식을 진전시킬 수 있다고 보고, 가치론적 측면에서는 객관성을 지향한다. 문화 이론은 텍스트의 해석에 기반하며, 존재론적 측면에서는 '실재'하는 사회적 현실은 없다고 보고, 인식론적 측면에서는 관찰자와 공동체 간의 주관적 상호작용에 의존한다. 그리고 가치론적 측면에서는 연구자와 이론가의 가치 영향을 인정한다. 비판 이론은 기존 질서를 문제 삼고, 사회 구조와 개인의 행위 간의 투쟁을 연구한다. 비판 이론을 존재론적 측면에서 보면 이 사회 구조와 개인의 행위 간의 투쟁에서 끊임없이 형성되는 결과물을 중요시한다고 할 수 있고, 인식론적 측면에서는 권력으로부터 인간을 해방시키는 지식을 중요시하며, 가치론적 측면에서는 정치적이고 가치 편향적이다. 규범 이론은 특정 사회 체계의 규범이나 이상을 기준으로 미디어 시스템의 작동을 평가하고, 이러한 가치를 실현하려는 목적을 가진다. 존재론적 측면에서 규범 이론은 인식이 상황에 따라 달라진다고 보고, 인식론적 측면에서는 비교 분석에 기반하며, 가치론적 측면에서는 명백히 가치 중심적이다.

● 이론에 관한 평가 기준을 확립한다.

후기실증주의 이론을 평가할 때는, 그것이 특정 사건, 행동, 관계를 얼마나 잘 설명하는가? 미래의 사건, 행동, 관계를 얼마나 잘 예측하는가? 검증 가능성은 얼마나 높은가? 설명이 간결한가? 실용적이고 유용한가? 등의 질문을 던진다. 문화 이론의 경우, 얼마나 새로운 통찰을 제공하는가? 해석에 내재된 가치를 얼마나 명확히 보여주는가? 연구자 공동체 내에서 어느 정도의 지지를 받는가? 심미적 매력은 얼마나 되는가? 등을 평가 기준으로 삼는다. 비판 이론은 문화 이론과 동일한 질문에 더하여, "현재 상황에 대한 비판이 얼마나 유용한가?"를 고려해야 한다. 규범 이론을 평가할 때는, 미디어 시스템의 운영을 평가하기 위한 이상적 기준이 얼마나 안정적이고 명확한가? 이 시스템의 실제 운영과 관련된 경제적·사회적·문화적·정치적 현실은 무엇이며 그것들은 얼마나 강력한가? 해당 미디어 시스템을 연구하는 학문 공동체 내에서 어느 정도의 지지를 받는가? 등을 살펴보아야 한다.

- **미디어 이론의 네 가지 트렌드인 대중사회와 대중문화 트렌드, 미디어 효과 트렌드, 비판적 문화 트렌드, 의미 구성 트렌드를 구분한다.**

대중사회와 대중문화 트렌드는 매스 커뮤니케이션의 초기 시기에 등장했다. 종종 결코 존재하지 않았던 '황금시대'에 대한 향수에 기반한 이 트렌드는 사회 질서가 붕괴되고, 냉혹한 엘리트들이 권력을 장악하며, 개인의 자유가 상실되는 악몽 같은 미래를 예견했다. 1930년대 후반과 1940년대에는 미디어 효과 트렌드가 등장했다. 이 트렌드는 미디어가 사람들에게 직접적으로 영향을 미칠 수 있는 힘은 거의 없다고 보았으며, 미디어의 주된 효과는 기존의 사회적 경향을 강화하고 현 체제status quo를 지지하는 데 있다고 보았다.

1970~1980년대에 등장한 비판적 문화 트렌드는 다양한 하위 집단의 구성원들이 미디어를 어떻게 사용하는지를 연구하고, 이러한 사용이 집단의 이익에 어떻게 기여하는지(문화 이론) 혹은 지배 엘리트를 지지하는 사고를 유도하는 방식으로 기능하는지(비판 이론)를 평가했다.

현재의 의미 구성 트렌드는 미디어 콘텐츠를 사용하여 의미 있는 경험을 창출하는 보다 능동적인 수용자에 주목한다. 또한 중요한 미디어 효과는 종종 장기적인 기간에 걸쳐 나타나며, 그러한 효과는 사용자에 의해 의도된 것일 수도 있음을 인식한다.

## 생각해볼 문제

1. 미디어에 관한 사회과학 연구의 결과 중 쉽게 받아들일 수 없는 것이 있는가? 어떤 연구 결과인가? 그러한 결과에 대해 회의적인 태도를 갖게 된 이유는 무엇인가? 사회과학적 증거에 대한 판단을 내리는 데 있어서 자신의 개인적 경험을 배제할 수 있는가?

2. 전통 미디어와 대규모 소셜 미디어를 어떻게 이용하는가? 미디어 이용의 결과로 발생하는 효과에 대해 알고 있는가? 소셜 미디어에서 가짜 뉴스를 접한 적이 있는가? 그렇다면 어떻게 대응했는가? 다른 뉴스 출처를 확인하거나 친구들에게 경고한 적이 있는가? 여러분의 미디어 사용이 가져온 긍정적인 효과를 상쇄할 수 있는 부정적 효과로 무엇이 있을 수 있는가?

3. 미디어 콘텐츠로부터 의미를 구성하는 데 얼마나 능숙한가? 자신의 미디어 리터러시를 어떻게 평가하는가? 콘텐츠로부터 의미를 구성하는 데 있어서 친구들과 현저한 차이를 보이는 경우가 종종 있는가, 아니면 친구들과 비슷한 방식으로 미디어를 경험하고 해석하는 편인가? 왜 그와 같은 현상이 일어난다고 생각하는가?

# 대중사회 이론과 선전 이론

2장

**학습 목표**

- 대중사회 이론과 선전 이론의 발달을 이끈 사회적·문화적·정치적 배경에 대해 설명한다.
- 대중사회 이론과 선전 이론에서 학자들이 생각하는 매스 미디어의 역할은 무엇이었는지 살펴본다.
- 대중사회 이론가와 선전 이론가들이 수용자에 대해, 그리고 매스 미디어와 상호작용하는 수용자의 능력에 대해 어떻게 인식했는지 이해한다.
- 현대에도 대중사회 이론과 선전 이론에 해당하는 이론들이 존재하는 이유와 그 유형에 대해 설명한다.
- 대중사회 이론이 제시하는 미디어와 수용자에 대한 가정에는 어떤 것들이 있는지 알아본다.
- 대중사회 이론의 초기 사례를 자세히 살펴본다.
- 행동주의, 프로이트 학설, 해럴드 라스웰과 월터 리프먼의 선전 이론, 존 듀이의 대안적 관점에 대해 자세히 살펴본다.

## 개요

미디어의 역할에 대해 논의하고 그러한 논의에 지침이 될 수 있는 이론을 개발, 검증하는 일에는 위험이 따른다. 미디어의 영향력에 대한 논란은 사회와 미디어 제도에 지대한 영향을 미칠 결과를 초래할 수 있다. 이 장에서는 대중사회 이론이 부상하게 된 과정에 대해 살펴보고자 한다. 사회를 바라보는 하나의 관점인 대중사회 이론은 19세기 말에 시작되어 특히 20세기 전반에 걸쳐 큰 영향력을 발휘했다. 이 이론은 서구 산업 사회에 대한 모든 것을 아우르는 관점으로, 미디어가 큰 영향력을 가지며 대체로 부정적인 역할을 수행한다고 본다. 그리고 미디어가 사회에 대한 우리의 인식을 형성하는 데 깊이 관여하고 행동을 조종할 만한 힘을 가지며, 이러한 일이 종종 우리가 의식하지 못한 상태에서 일어난다고 간주한다. 대중사회 이론은 미디어의 영향력이 반드시 통제되어야 한다고 주장한다. 그러나 통제의 전략은 이를 제안하는 이론가들만큼이나 다양하다.

이 장에서는 제1차 세계대전 이후에 발달한 **선전**propaganda 이론에 대해 살펴보고, 대중사회 이론에서 우려하고 가정한 점은 무엇인지에 관해 알아볼 것이다. 선전 이론과 대중사회 이론은 이 책에서 미디어 이론의 대중사회/대중문화 트렌드로 분류한 예들이다. 여기에서는 정치 선전이 처음에 어떻게 일반 대중을 조종하는 데 사용되었는지 알아보고, 이를 이해하고 통제하기 위해 고안된 이론들을 검토할 것이다. 이 이론들은 3장에서 논의할 규범 이론과 함께 진정한 의미에서 최초의 매스 커뮤니케이션 이론들이었다. 대중사회 이론은 미디어를 파괴적인 영향력을 가진 수많은 대상들 중 하나로만 보았으나 선전 이론은 미디어에 관심을 집중했다. 선전 이론가들은 특히 미디어의 내용을 분석하고 그 내용이 사람들의 사고와 행동에 미치는 영향력에 대해 추측했다. 그들은 수많은 사람들을 설득해 극단적인 관점으로 전향하게 하고 비이성적으로 보이는 행동에 관여하게 하는 메시지의 힘에 대해 이해하고 설명하고자 했다.

**선전**
특정한 신념과 사상을 전파하기 위해 커뮤니케이션을 전면적으로 이용하는 것.

선전이 초기 미디어 이론가들의 주의를 끌게 된 이유는 미국의 정치 시스템을 비롯해 그 어디에 있는 민주주의 정부라도 기반을 약화시킬 만큼 위협적이었기 때문이다. 1930년대 후반 미국 지도자의 대부분은 아닐지라도 다수는 극단적 정치 선전이 자유롭게 전파되도록 허용한다면 민주주의가 존속하지 못할 것이라고 확신했다. 그러나 선전에 대한 검열은 서구 민주주의의 핵심적인 원칙인 커뮤니케이션의 자유에 상당한 제약을 가하는 일이었다. 선전과 마찬가지로 엄격한 검열은 민주주의를 심각하게 약화시킬 수도 있었다.

선전의 엄청난 위협에도 일부 선전 이론가들은 긍정적인 측면이 있다고 믿었다. 선전의 영향력을 활용해 선하고 정의로운 이상을 고취시킬 수 있다면,

**백색선전**

유해할 수 있는 정보와 아이디어는 의도적으로 억제하고, 긍정적인 정보와 아이디어를 의도적으로 고취함으로써 문제 있는 사상으로부터 주의를 분산시킴.

그 위협을 극복할 수 있을 뿐만 아니라 더 나은 사회 질서의 확립을 돕는 수단을 가진다는 것이었다. 이러한 전략을 일컫는 **백색선전**white propaganda은 '나쁜' 선전에 대항하고 엘리트가 선하다고 판단한 목표를 알리기 위해 선전 기술을 사용하는 하향식 커뮤니케이션 방법이다. 제2차 세계대전 이후 이 백색선전 전략은 오늘날 광고, 정치 커뮤니케이션, PR 분야에서 널리 사용되는 전략적 (홍보) 커뮤니케이션 방법의 기반을 제공했다. 최근 들어 선전 이론에 대한 관심이 되살아나고 있는 이유도 바로 여기에 있다. 현대의 관찰자들은 근대에 사용된 홍보의 기법이 오늘날과 같은 인터넷 시대, 기업형 미디어 시대에 더욱 효과적이라고 주장한다(Laitinen & Rakos, 1997). 비판자들은 현대의 새로운 포퓰리즘의 부상이 선전과 그것을 유통하는 새로운 형태의 미디어와 연결되어 있는 것으로 보인다고 주장하기도 한다(Mudde & Kaltwaser, 2017; Moffitt, 2016).

선전이 널리 사용되고 선전 이론이 발달했던 사회는 특히 격동적이었다. 당시 산업화와 도시화는 유럽과 미국을 새롭게 형성해가고 있었다. 이 시대의 중요한 저서들은 다음과 같은 제목으로 출판되었다. 1930년 호세 오르테가 이 가세트José Ortega y Gasset의 『대중의 반란*The Revolt of the Masses*』, 1933년 엘턴 메이오Elton Mayo의 『산업 문명에서의 인간 문제*Human Problems of an Industrial Civilization*』, 1941년 에리히 프롬Erich Fromm의 『자유로부터의 도피*Escape from Freedom*』 등이다. 이 시대에는 새로운 형태의 기술이 개발되고 빠르게 전파되었다. 전기 공급이 도시에서 시작해 교외로 이어졌고, 이는 수많은 전기 제품이 확산되는 계기가 되었다. 그러나 이와 같은 기술적 변화는 환경적 · 사회적 · 심리적 영향을 염두에 두지 않은 채 이루어졌다. 사회 변화를 발전이라고 합리화할 수 있었지만 비싼 대가를 치러야 했다. 노동자들은 혹사당했고, 도시에는 빈민 지역이 넓게 형성되었으며, 많은 초목이 베어져 나갔다.

미디어는 이 시대를 형성하고 또 이 시대에 의해 형성된 다양한 기술 중 하나였다. 산업화된 사회에서 정보는 빠르고 효율적으로 전달되어야 했다. 대륙 전체에 널리 퍼져 있는 기업체와 공장들에 대한 지시와 통제가 필요했다. 전신기와 전화와 같은 새로운 미디어의 이점이 곧 알려졌고 새로운 커뮤니케이션 기술은 가장 먼저 사업체에 의해, 그다음으로는 대중에 의해 빠르게 채택되었다.

19세기 중반에서 후반에 이르기까지 거대한 도시 인구에 의해 값싼 미디어 콘텐츠에 대한 수요가 증가했는데 이는 몇몇 새로운 미디어의 발달로 이어졌다. 바로 페니penny 신문, 니켈nickel 잡지, 다임dime 소설 등이다. 고속 인쇄기와 식자기는 인쇄물을 낮은 비용에 대량 생산할 수 있도록 만들었다. 미국 동부 해안을 따라 위치한 도시들과 무역의 중심지에서는 신문이 호황을 누렸다. 많은 대도시에서 신문 판매 경쟁이 치열해지면서 선정적인 저널리즘이 등장했는데, 이는 대다수 독자들의 규범과 가치관을 심각하게 위협하는 것이었다. 그러나 오늘날의 인터넷, 소셜 미디어, 가상현실, 강한 편향을 지닌 뉴스 매체들을 전통 미디어의 자리에 대입하고, 노동자 착취와 빈민가 확산 대신 신뢰할 수 있는 제조업 일자리의 상실(Guilford, 2018), 중산층의 쇠퇴(Krause & Sawhill, 2018), 사회의 기득권과 비기득권 간 심각한 소득 격차(Galbraith, 2019), 끊임없는 전쟁과 정치적 혼란 및 그로 인한 수백만 명의 이주(Lind, 2018)를 대응시키면, 선전 이론이 다시금 사회과학자들의 관심을 받게 된 두 번째 이유를 이해할 수 있을 것이다.

## 대중사회 비평가와 미디어에 대한 논의

미디어 산업의 변화는 종종 다른 사회 제도들이 변화하도록 압력을 가한다. 우리의 일상적인 커뮤니케이션 방식이 불안정할 때 다른 제도들을 동요하게 만드는 결과를 가져올 수 있다. 그 제도의 지도자들 중에는 외부의 압력을 불쾌하게 생각하고 자신들이 일하는 방식을 바꾸는 것을 달가워하지 않는 경우도 있다. 인터넷과 스마트폰의 확산이 어떻게 일상적인 일과 중요한 일을 처리하는 방식에 변화를 가져왔는지 생각해보라. 20세기 전반에 등장한 새로운 미디어와 관련된 변화는 이보다 훨씬 더 파괴적이었는데, 이는 사람들이 커뮤니케이션의 변화를 겪어본 경험이 거의 없었기 때문이다. 당연히 사회 비평가들은 미디어 산업의 부상이 사회 제도, 즉 정치, 종교, 경제, 군사, 교육 제도를 하나 걸러 하나씩 전복시킬 정도로 위협적이라고 해석했다. 비평가들은 심지어 미디어가 가장 기본적인 사회 제도인 가족에 심각한 변화를 가져온다고 비판했다. 이와 같은 우려 섞인 관점들 가운데 다수가 대중사회 이론과 일치한다. 대중사회 이론은 길고 파란만장한 역사를 지닌다. 이 이론은 미디어와 사회의 역할에 대해 공통적인 가정을 하는 여러 이론들로 이루어져 있다.

### 대중사회 이론의 가정

대중사회 이론은 전통적인 사회 엘리트들이 근대화의 결과로 나타난 혼란에 대해 이해하려고 노력하던 시기인 19세기 후반에 처음 등장했다. 엘리트들 중 일부(토지 소유 귀족, 소도시 소매 상인, 교사, 성직자, 상류 계급 정치인)는 권력을 잃거나 사회 문제를 해결하기 위한 노력에 압도된 이들이었다. 그들에게 매스 미디어는 근대 사회의 모든 잘못된 것들을 상징했다. 황색 저널리즘 시대의 대중 신문은 읽고 쓰기를 잘하지 못하는 대중에게 영합하기 위해 비윤리적으로 행동하는 거대한 독점 기업으로 비춰졌다. 교육계와 종교계 지도자들은 매우 저속하고 심지어 죄가 되는 내용을 이용해 독자의 이목을 끄는 미디어의 영향력에 불만을 표했다(Brantlinger, 1983). 1937년『퍼블릭 오피니언 쿼털리*Public Opinion Quarterly*』의 편집 위원들은 "전 세계에 새로운 상황이 발생"했다고 하면서 "이는 사람들이 글을 읽고 쓸 줄 알게 되고 커뮤니케이션의 수단이 놀랍도록 개선되어 가능해진 일이다. 정치 분야에 있어서 지금까지 항상 상대적으로 소수에 해당하는 이들의 의견이 주요한 영향을 미쳐왔지만, 오늘날 우리는 역사상 처음으로 대중의 의견이 거의 모든 곳에서 정치적·경제적 행동에 대한 최종 결정 요인으로 작용하는 상황에 당면해 있다"라고 기술했다(Beniger, 1987: S46-S47 재인용).

대중사회 사상의 뿌리에는 종종 시기, 불만, 노골적인 두려움이 있었다. "우리는…… 당면해 있다We are confronted"라는 표현에 주목하자. 대중사회 이론의 비평가 에드워드 실즈Edward Shils는 위협받는 엘리트들의 사고방식을 조롱하듯 다음과 같이 말했다. "이 사회에서 권력은 집중되어 있으며, 그 권력의 상당 부분은 매스 커뮤니케이션 매체를 통한 대중 조작의 형태를 띤다. 시민 정신은 결여되어 있고, 지역적 충성심은 드물며, 원초적 연대는 사실상 존재하지 않는다. 개성은 없고, 오직 불안하고 좌절된 에고이즘만이 존재한다"(Shils, 1962: 46). 실즈의 경멸에도 불구하고, 이러한 현대 세계에 대한 이해는 급진적 보수주의적이면서도 동시에 잠재적으로 혁명적인 이론 발전의 토대를 제공했다. 이 이론은 새로운 형태의 사회 질서, 즉 사회 세계를 근본적이고 비극적으로 변화시킬 대중사회mass society의 출현을 두려워한다. 이를 막기 위해서는 기술의 변화, 더 구체적으로는 미디어의 변화가 반드시 통제되고 심지어 변화가 있기 전의 상태로 되돌려져야 했다. 이상화된 과거의 사회 질서를 회복하기 위해 신중한 노력이 반드시 필요했고, 기술과 미디어가 엘리트의 통제권 아래 놓여 새롭고 더 좋은 사회 질서를 구축하는 데 사용되도록 혁명적 행동이 꼭 필요했다.

지난 세기에 발달했던 대중사회 이론들은 개인, 미디어의 역할, 사회 변화의 속성에 관해 몇 가지 기본적인 가정을 한다. 이 가정들을 읽어보면서 최근에 이와 비슷한 주장을 들은 적이 있는지 생각해보기 바란다. 기존의 가정들이 현대 사회에 적합하게 바뀌었을 수는 있지만 여전히 존재할 것이다. 여기에 그 가정들을 먼저 나열한 후 각각에 대해 자세히 논하고자 한다.

1. 미디어는 사회의 핵심적인 규범과 가치를 와해시킬 수 있는 영향력을 가지고 있으며 따라서 사회 질서를 약화시킬 수 있다. 이와 같은 위협에 대처하기 위해서는 반드시 미디어가 엘리트의 통제 아래 있어야 한다.
2. 미디어는 보통 사람들의 사고에 직접적인 영향을 미치며 사회에 대한 그들의 관점을 변화시킨다.
3. 미디어에 의해 사람들의 사고방식이 일단 변화한 후에는 여러 가지 부정적인 결과가 장기간에 걸쳐 나타날 가능성이 높은데, 이는 개인의 삶을 와해하는 데 그치지 않고 광범위하게는 사회 문제도 야기한다.
4. 보통 사람들이 미디어에 취약한 것은 대중사회 안에서 그들이 미디어에 의해 조종당하지 않도록 보호해주던 전통적인 사회 제도로부터 단절되어 고립되었기 때문이다.
5. 미디어에 의해 촉발된 사회적 혼란은 전체주의 사회 질서를 확립함으로써 해결될 가능성이 있다.
6. 매스 미디어는 필연적으로 고급문화의 가치를 떨어뜨려 전반적인 문명의 쇠퇴를 초래한다.

첫 번째 가정은 미디어가 핵심적인 규범과 가치를 전복시키고 사회 질서를 위협하기 때문에 엘리트에 의한 미디어 통제가 필요하다는 것이다. 새로운 미디어에 반대하는 이들은 엘리트에게 미디어에 대한 통제권이 주어져야 한다고 끊임없이 제안했고, 그들이 사회 질서를 유지하거나 바꿔놓을 것으로 보았다. 유럽에서는 1920년대에 이러한 주장이 실현되어 방송 미디어가 정부 기관의 통제 아래 놓여 있었다. 그리고 이는 몇몇 나라에서는 훌륭한 결과를 만들어냈지만—예컨대 영국의 BBC 설립—, 다른 곳에서는—예컨대 히틀러가 독일의 선거에서 가까스로 이겼을 때—재앙과 같은 결과를 가져왔다. 나치당은 라디오를 효율적인 선전 도구로 재빨리 전환해 히틀러의 위세를 강화하는 데 활용했다. 미국에서는 1920년대에 방송에 대한 통제권을 교회, 학교, 정부 기관 등에 넘기고자 하는 여러 계획들이 제안되었다. 결국 절충안으로 정부 기관이 주시하는 가운데 자유 기업 방송 산업이 조성되었다. 이 정부 기관은 당시에 연방라디오위원회라고 불리었는데 추후 연방통신위원회로 발전했다.

그런데 미디어가 사회에 이토록 위험한 이유는 무엇인가? 무엇이 미디어를 위협적으로 만드는가? 미디어가 어떻게 전통적인 규범과 가치를 전복시킬 수 있는가? 두 번째 가정은 미디어가 보통 사람들의 사고에 직접적인 영향력을 미칠 수 있으며, 결과적으로 그들의 사고가 변화한다는 것이다(Davis, 1976). 이때 미디어는 사람들에게 영향을 미치는 일상 속 다른 모든 요소들과 별개로 작용한다. 이는 **직접 효과 가정**direct-effects assumption으로도 알려져 있는데, 1940년대 이후로 뜨거운 논쟁의 대상이 되어왔다. 사회학자 제임스 캐리James Carey는 매스 커뮤니케이션의 영향에 대한 대중사회 이론의 관점과 관련해 다음과 같이 명확히 정리했다. "전반적으로 미디어는, 특히 최근에 등장한 비문자 매체인 라디오나 영화는 일반적인 남성과 여성의 신념과 행동에 영향을 미칠 수 있는 대단한 힘을 소유했다"(Carey, 1996: 22). 대중사회 이론마다 각각의 미디어가 지니는 직접적인 영향에 대해 나름의 관점이 있지만, 모든 이론이 미디어가 미치는 영향이 위험할 수 있다는 것과 미디어가 유도하는 즉각적인 변화에 보통 사람들이 무척 취약하다는 것을 강조한다.

**직접 효과 가정**
미디어 자체가 직접적인 효과를 발생시킨다는 가정.

세 번째 가정은 미디어가 사람들의 사고방식을 일단 변화시키면 온갖 부정적인 결과가 장기적으로 나타나는데, 이는 개인의 삶을 와해시킬 뿐만 아니라 광범위하게는 사회 문제를 야기한다는 것이다(Marcuse, 1941). 그동안 우리가 직면했던 사실상 주요한 사회 문제들은 거의 모두 어떤 형태로든 미디어와 연결되어 있었다. 성매매에서부터 비행, 도시 폭동, 마약, 미국에서의 백인우월주의의 재부상, 유럽의 초국수주의와 외국인 혐오에 이르기까지 말이다. 십 대 비행 청소년들은 갱 영화를 너무 많이 보았다. 불만이 많은 가정주부는 연속극을 너무 많이 보았고, 십 대 소녀들은 미용 잡지의 영향으로 자신의 몸매를 싫어했으며, 마약 중독자들은 대부분의 광고가 전달하고자 했던 메시지, 즉 좋은 인생은 열심히 일해 성취되는 것이 아니라 제품의 소비를 통해 이루어진다는 내용을 너무 진지하게 받아들였다.

대중사회 이론의 네 번째 가정은 보통 사람들이 미디어에 취약한 이유가 그들이 조종당하지 않도록 보호해주던 전통적인 사회 제도로부터 단절되어 고립되었기 때문이라는 것이다. 드와이트 맥도널드Dwight Macdonald는 1953년에 "대중은 고립된 원자이며, 수천 수백만의 다른 원자들과 동일하고 구별되지 않는 존재로서, 데이비드 리스먼이 정확히 지적한 바와 같이 '고독한 군중'을 이루는 미국 사회의 일부"라고 말했다(Macdonald, 1953: 14). 대중사회 이론가들은 과거를 이상화해서 중세 유럽의 작은 마을 혹은 미국 개척지 시골 마을에서의 삶이 어떠했을지에 대해 낭만적으로 상상하는 경향이 있다. 그들은 과거의 사회 질서가 사람들을 공동체 안에서 보살피고 보호했으며, 공동체의 문화가 개인의 삶에 의미를 부여했다고 생각한다. 이러한 관점은 일면 타당하기는 하지만(대부분의 사회 질서는 결점을 보충할 만한 특성을 가지고 있기에), 그들은 전통적인 사회 질서가 갖는 심각한 제약을 생각지 못했다. 근대 이전의 사회 질서 대부분은 여러 공동체 구성원들의 발전과 창의력을 제한했다. 조부모와 부모가 했었던 일을 그 자손들도 하도록 통상적으로 강요했다. 언제, 어떤 장소에서 태어났는가 하는 우연에 따라 특정한 사회적 역할을 습득하게 되는 것이다. 사람들이 무언가에 의미를 발견하고 이에 따라 성장할 수 있는 자유는 주어지지 않았다.

그러나 대중 사회 이론가들이 믿었던 것처럼 대중이 실제로 그렇게 고립되고 원자화되어 있지 않았다는 증거가 있음에도 불구하고(Lang & Lang, 2009), 고립된 개인이 조작에 취약하다는 이러한 주장들은 여전히 설득력을 지닌다. 이 논리는 미디어 기술의 혁신이 일어날 때마다 무수히 다양한 방식으로 반복되어 왔다. 그들은 사람들이 전통적인 공동체로부터 더 이상 보호를 받지 못하게 되면 공동체가 제공하던 지침과 위안을 필연적으로 미디어로부터 구하게 된다고 주장한다. 따라서 사람들이 시골 공동체의 보호를 뒤로 하고 대도시로 이주할 때, 그들이 떠난 사회 제도의 메시지를 대신하는 커뮤니케이션을 미디어가 제공하게 되는 것이다. 미디어는 정치, 연예, 종교, 교육 등 많은 분야에 걸쳐 신뢰받는 귀중한 정보원이 된다. 이와 같은 상황에서 사람들은 새로운 정보를 접하고 사고방식이 변화하게 된다. 하지만 농촌 공동체에서 떨어져 나온 사람들이 정말 그렇게 미디어에 취약했을까? 4장에서 보게 되겠지만, 미국이 제2차 세계대전에 참전하면서 징집된 젊은이들은 그들의 확고한 신념을 뒤집으려는 선전물에 대해 저항감을 보였다.

다섯 번째 가정은 미디어가 만들어낸 혼란이 전체주의 사회 질서를 확립함으로써 해결되리라는 것이다(Davis, 1976). 이 가정은 1930년대에 시작되어 파시즘에 대항하던 시기에 번성했고, 1950년대에 정부와 미디어 업계의 공산주의자들을 마녀사냥하던 미국에서 그 인기가 최고조에 이르렀다. 대중사회는 본질적으로 혼란스럽고 매우 불안정한 형태의 사회 질서로 결국 붕괴되어 전체주의로 대체될 것으로 여겨졌다. 고립된 개인이 무리를 지어 바글거리는 대중사회를 그보다 못한 형태의 사회, 곧 엄격히 조직화된 중앙 통제형 전체주의 사회가 대신하게 되는 것이었다. 따라서 미디어가 대중사회의 부상을 촉진하는 경우 이는 곧 전체주의 사회 질서의 확립을 용이하게 하는 일이다.

20세기에는 대부분의 민주주의 사회에서 전체주의 확산에 대한 우려가 높아졌다. 많은 이들에게 전체주의는 혐오스럽고 악한 것을 상징했지만 어떤 이들에게는 '앞으로의 동향'으로 여겨지기도 했다. 전체주의를 지지한 파시스트와 공산주의자들의 경우, 보통 사람들이 지나치게 무관심하고 무지해 효율적인 자치가 절대 불가능하기 때문에 민주주의는 그 의도는 좋으나 현실적이지 못하다고 일축했다. 정치적으로 적극적이고자 하는 사람일지라도 매일매일 정치에 참여할 수 있는 시간과 에너지를 가지고 있지는 않았다. 대중은 그들을 강력한 집단으로 결합시켜 위대한 일을 성취하도록 할 수 있는 전체주의 지도자의 지휘 아래 있어야 했다. 개성의 함양은 비효율성, 시기, 갈등으로 이어진다고 여겨졌다. 민주주의는 본질적으로 약하기 때문에 카리스마를 지닌 강력하고 결단력 있는 지도자의 필연적인 등장에 저항할 수 없다고 간주되었다. 유럽, 라틴 아메리카, 아시아의 신생 민주주의 국가들은 경제 대공황이 깊어지자 흔들리고 무너졌다. 독일의 파시즘과 러시아의 공산주의는 전체주의 지배 아래 성취될 수 있는 것이 무엇인지에 관한 좋은 예시를 제공했다. 민중은 패전의 후유증을 극복하고 경제 공황의 늪으로부터 빠져나와 겉보기에 풍족하고 생산성 높은 사회 질서를 구축할 수 있었다. 미국도 전체주의의 영향을 받지 않은 것은 아니었다. 급진적인 정치 운동이 일어났고 그 영향력은 급속히 퍼져나갔다. 몇몇 주에서는 우익 극단주의자들이 공직에 선출되었으며, 파시즘을 지지하는 단체들이 대규모 집회를 열어 히틀러에 대한 지지를 표명했다. 자동차 제조업자 헨리 포드Henry Ford가 쓴 우월주의적이고 반유대주의적인 글이 나치 독일에서 번역, 출판되었다. 또한 찰스 코플린Charles Coughlin 신부와 같은 라디오 선전원들이 악명을 떨쳤으며, 급진주의자들은 노동조합을 통제하기 위해 싸웠다. 히틀러가 계획했던 천년 제국을 실현하는 것이 근대 국가에서 민주주의가 살아남는 것보다 더 현실적인 결과로 보였다.

전체주의가 이처럼 성공적이었던 이유는 무엇인가? 라디오, 영화와 같은 새로운 매스 미디어가 점점 주목을 끄는 가운데 전체주의가 세계를 휩쓴 이유는 무엇인가? 이 둘 사이에 연결점이 있는가? 라디오와 영화에 책임이 있는가? 대다수의 대중사회 이론가들은 그렇다고 생각했다. 만약 미디어가 없었다면 독재자들이 인기를 얻을 수 없었을 것이며 그들의 영향력을 견고히 할 수도 없었을 것이라고 생각했다. 대중사회 이론가들은 각 가정에 보급된 라디오와 텔레비전이 사람들을 설득하는 데 아주 적절한 수단이었으며, 그 결과 많은 사람들을 결집시켜 엄격히 통제되고 단결된 사회를 만들 수 있었다고 주장했다. 영화는 강력한 이미지를 전달함으로써 독재자들이 원하는 긍정적·부정적 사상을 서서히 주입시켰다.

이 비평가들이 간과한 것이 있다면 나치나 공산주의자들이 성공 가도를 달리고 있을 당시 보통 사람들에게는 일자리와 개인의 안전에 대한 극단주의자들의 약속을 믿고 싶었던 확실한 이유가 있었다는 점이다. 굶주리는 가운데 손수레에 가득한 돈으로도 빵 한 조각 구할 수 없는 상황에서 개인적인 자유는 크게 가치 있는 것이 아니었다. 또한 나치나 공산주의 선전이 성공한 것은 이를 비판하는 사람들을 침묵하게 하고 대립되는 관점을 제시하는 미디어는 통제했기 때문에 가능했다. 히틀러의 인기는 빠르게 얻어진 것이 아니었다. 히틀러는 경쟁 구도에 있었던 개인과 집단을 몇 년에 걸쳐 체계적으로 진압했다. 그는 라디오와 영화를 효과적으로 활용했고, 무자비한 선동 정치가가 이용할 수 있을 만한 모든 진압 무기 역시 마음대로 사용했다. 그러나 대서양의 건너편에서 히틀러를 바라보았던 미국 엘리트들의 눈에는 그들이 가장 우려했던 것만 보였는데, 바로 권력을 획득하고 유지하기 위해 주로 미디어에 의존했던 선동가의 모습이다.

대중사회 이론가들이 가장 우려했던 것은 전체주의였지만 그들은 보다 미묘한 형태로 나타나는 사회적 타락의 결과물인 대중문화에도 관심을 기울였

**계몽주의**
18세기 유럽에서 일어난 사회적·철학적 운동으로 이성적 사고와 과학을 통한 진보를 강조함.

다. 대중사회 이론의 여섯 번째이자 마지막 가정은 매스 미디어가 필연적으로 고급문화의 가치를 떨어뜨려 전반적인 문명의 쇠퇴를 초래한다는 것이다(Davis, 1976). 이와 같은 비평을 이해하기 위해서는 지난 두 세기 동안 서구의 문화계·교육계 엘리트들이 가지고 있었던 관점에 대해 먼저 이해하는 것이 필수적이다. **계몽주의**Enlightenment(18세기 유럽에서 일어난 사회적·철학적 운동으로 이성적 사고와 과학을 통한 진보를 강조함) 시대 이후 수십 년간 엘리트들은 고급 형태의 문화, 즉 고급문화를 육성하고 널리 알려야 하는 책임이 자신들에게 있다고 여겼고, 이는 자신이 속한 사회뿐만 아니라 전 세계에 해당하는 일이라고 생각했다. 예를 들어 영국을 비롯한 식민 지배 국가의 엘리트들은 자신들이 문명의 빛을 식민지 사람들에게 전하고 있다고 생각했는데, 이는 미국 엘리트들의 아메리카 원주민 '계몽'에 대한 관점과 비슷했다.

고급문화를 옹호하는 관점은 심각한 한계를 가지고 있다. 고급문화를 촉진하는 수단 중 하나인 문학 정전은 주로 백인, 남성, 서구 앵글로색슨족, 개신교도 저자의 작품으로 구성되어 있었다. 교향곡, 발레, 오페라는 도시의 상류층 문화에서 형성되어 그 밖의 영역에서는 효율적으로 소통되지 못했다. 그리고 식민 지배를 받은 사람들은 그들 고유의 문화가 정복자들에 의해 대체되는 데 대해 어떤 의견도 제시할 수 없었다. 고급문화를 옹호하는 사람들에게 매스 미디어는 사회에 은밀히 퍼지는 유해한 세력을 대표했고, 이 세력은 그들이 하찮고 품위를 떨어뜨린다고 여기는 사상과 활동을 대중화해 그들의 영향력에 위협을 가하는 것으로 생각되었다. (1930년대 영화에서처럼) 폭력배를 미화하기보다 위대한 교육자나 종교 지도자들을 칭송하는 것이 낫지 않은가? 대중적인 취향에 영합하기보다 그러한 취향을 높은 수준으로 끌어올리는 것이 어떨까? 수용자에게는 찰리 채플린보다 셰익스피어가 필요하다. 왜 사람들에게 필요한 것을 주지 않고 그들이 원하는 것을 제공하는가? (1930년대에 디즈니가 그랬던 것처럼) 위대한 예술품을 만화로 만들어 격을 떨어뜨릴 이유가 있는가? 대중사회 이론가들은 이와 같은 의문을 제기했다. 그리고 이에 대해 길고 지나치게 추상적인 답변을 제시했다.

## 초기 대중사회 이론의 예

이제 초기 대중사회 이론의 예를 몇 가지 간단하게 살펴보고자 한다. 이 이론들은 결코 완전하지 않다. 우리가 여기에서 설명하고 논하고자 하는 견해들은 글로 발표될 당시에 영향력이 있었고 후대 이론가들에게 중요한 참고 자료가 되었다. 이와 더불어 구체적으로 언급되지는 않았더라도 대부분의 초기 대중사회 이론의 예에 당시 새롭게 등장한 매스 미디어가 관련되어 있음을 기억하는 것이 중요하다.

이후의 장들에서는 대중문화에 대한 혁신적인 사상을 설명하는 최신 이론들 가운데 중요한 이론들에 대해 살펴보고자 하는데, 그중에는 미국식 대중오락이 다른 나라에 끼친 영향에 대한 내용도 포함되어 있다. 이 이론들은 대중사회와 대중문화에 관한 오래된 개념들을 사용하고 있지만 대부분이 초창기의 단순한 가정과 비판은 수용하지 않고 있다. 이 새로운 이론들은 더 이상 엘리트의 고급문화를 그 밖의 다른 문화들을 비교·평가하는 기준으로 받아들이지 않는다. 현재의 비평은 새로운 형태의 문화를 발전시키는 데 있어서 미디어가 가지는 본질적 편향에 집중하는 경향을 보인다. 미디어는 더 이상 고급문화와 관련지어져 이를 변질시키거나 훼손시키는 것으로 받아들여지지 않는다. 이제 미디어는 새로운 문화의 발달을 제한하거나 방해하는 것으로 여겨진다. 미디어는 주목을 끄는 형태의 문화를 확산시켜 그 주목을 광고주에게 팔 수 있도록 한다. 미디어는 문화를 전복시키지 않지만 문화의 변동에 있어서 중요한 역할을 하며 때로는 역효과를 가져오기도 한다. 페이스북을 비판하는 사람들은 페이스북이 문화의 품위를 손상시키고 있다고 주장하는 것이 아니라 손상시킬 가능성이 농후함을 보여주는 증거들을 제시하고 있는 것이다.

### 게마인샤프트와 게젤샤프트

대중사회 개념을 처음 제시했던 이들 중에는 독일의 사회학자 페르디난트 퇴니에스Ferdinand Tönnies가 있다. 퇴니에스는 초기 형태의 사회 조직과 19세기 후반 유럽 사회의 주요한 차이점을 설명했다. 1887년에 출간된 저서『공동 사회와 이익 사회*Gemeinschaft und Gesellschaft*』에서 그는 아주 간단한 분류를 제안했는데, 바로 **게마인샤프트**gemeinschaft(민속 공동체)와 **게젤샤프트**gesellschaft(근대 산업 사회)이다. 민속 공동체 안에서 사람들은 가족, 전

**게마인샤프트**
퇴니에스가 제시한 개념으로, 전통적인 민속 공동체를 의미함.

**게젤샤프트**
퇴니에스가 제시한 개념으로, 근대 산업 사회를 의미함.

통, 그리고 엄격한 사회적 역할이 부여하는 끈끈한 유대 관계에 의해 긴밀하게 연결되어 있었다. 당시의 사회 제도는 큰 영향력을 지니고 있었다. 게마인샤프트는 "개인적인 관계로 이루어진 매우 촘촘한 연결망으로 구성되었으며, 이 관계는 혈연이나 작고 폐쇄적인 마을 안에서의 직접적인 면대면 접촉에 의해 형성된다. 규범은 성문화되지 않은 경우가 대부분이었고 사람들은 일상생활의 모든 측면에 영향을 주는 상호 의존적인 망으로 연결되어 있었다"(Fukuyama, 1999: 57). 또한 "구성원들이 어떤 집단을 초자연적인 뜻에 의해 만들어진 자연의 선물로 생각하는 경우 그 집단은 게마인샤프트의 특성을 지닌다"(Martindale, 1960: 83). 민속 공동체는 중요한 장점을 지닌 동시에 심각한 한계점도 가지고 있었는데 퇴니에스는 전자를 강조했다. 그는 대부분의 사람들이 민속 공동체가 제공하는 질서와 의미를 동경한다고 주장했다. 사람들은 종종 근대 사회에서의 삶이 힘들고 무의미하다고 여겼다. 퇴니에스에 따르면, 게젤샤프트는 "서로 인접한 곳에 평화롭게 거주하는 사람들의 공동체이지만, 본질적으로 연결되지 않고 실질적으로는 분리되어 있으며, 한편으로는 분리된 상태에서도 연결되어 있고, 다른 한편으로는 연결된 상태에서도 분리되어 있는 사람들의 집단이다"(Tönnies, 1887/1922: 39).

게젤샤프트가 대표하는 것은 "대도시 산업 사회의 특징이 되는 법과 그 밖의 공식적인 규정들의 체계이다. 사회적 관계는 보다 공식적이고 비개인적이었다. 사람들은 서로의 도움에 의지하지 않았고…… 그래서 서로에 대한 도덕적 의무가 적었다"(Fukuyama, 1999: 57-58). 게젤샤프트에서 사람들은 전통보다는 합리적인 선택에 기반을 둔 상대적으로 약한 사회 제도에 의해 결속되었다. 자연히 안정된 엘리트(전통적으로 권력을 행사하던 자들로 대중사회 이론의 가장 강력한 대변자)들이 게마인샤프트에서 게젤샤프트로의 전환 과정에서 가장 권력을 많이 잃는 형국이었는데, 이는 '보통' 사람들이 그들의 영향력보다도 공식적이고 객관적으로 적용된 규칙과 법에 더 의지하게 되었기 때문이었다. 예를 들어 일자리를 수락할 때 우리는 개인적인 결정에 따라 공식적인 계약서에 서명한다. 특정한 고용주를 위해 일해야 하는 집안의 전통에 매여서 서명하는 것이 아니다. 우리는 보다 합리적인 선택을 하게 된 것이다.

그동안 미디어는 민속 공동체(게마인샤프트)를 무너뜨리고 도덕적 관념이 없는 취약한 사회 체제(게젤샤프트)를 장려했다는 비난을 끊임없이 받아왔다. 도덕적 다수파의 창시자인 제리 폴웰Jerry Falwell 목사와 그의 동료 텔레비전 전도사인 팻 로버트슨Pat Robertson이 지난 2001년 세계무역센터와 미 국방부 건물에 대한 9·11 테러 공격을 두고 이슬람 급진주의가 아닌 '미국 문화 엘리트'가 전통적 가족과 사회 가치를 조직적으로 파괴한 결과라고 비난하는 가운데 이와 같은 관점을 드러냈다(Adbusters, 2002). 2016년 플로리다주 올랜도에 위치한 펄스 나이트클럽에서 벌어진 50명의 대규모 살해 사건은, 총기의 손쉬운 접근성이나 정신 질환에 대한 사회적 무관심 때문이 아니라, 미국이 동성애를 수용했기 때문이라는 주장을 테네시 주 목사 제시 프라이스가 펼쳤고(Howard, 2016), 오하이오주 하원의원 캔디스 켈러는 2019년 8월 엘패소와 데이튼에서 불과 13시간 차이로 벌어진 대량 총기 난사 사건(총 31명 사망)이 백인우월주의나 총기의 손쉬운 접근성 때문이 아니라 "드래그 퀸 옹호자들," "전통적인 미국 가정의 해체," 그리고 "기호용 마리화나의 수용" 때문이라고 주장하기도 했다(Vaglanos, 2019, para. 4). 또한 인기 텔레비전 프로그램에서는 혼전 동거, 동성 결혼, 미혼모 출산 등을 비중 있게 다루고 있는데, 이 프로그램들은 단순히 사회적 변화를 반영할 뿐인가? 아니면 이러한 사회적 변화를 야기한 어떤 책임이 이 프로그램들에 있는가? 앞으로 이 책을 통해 확인하게 되겠지만 이러한 질문에 대한 답변은 간단하지 않다.

### 기계적 연대와 유기적 연대

프랑스의 사회학자 에밀 뒤르켐Émile Durkheim은 1893년 출간되고 1933년 영어로 소개된 『사회 분업론*Division of Labor in Society*』에서 퇴니에스가 제안한 이분법을 수용하고 있으나 근대 사회 질서에 대해 근본적으로 다르게 해석하는 이론을 제안했다. 뒤르켐은 민속 공동체를 기계와 비교하면서 사람들이 그 속의 톱니에 지나지 않는다고 생각했다. 그 기계들은 질서 정연하고 내구성이 있지만, 사람들은 집단적 합의에 의해 전통적인 사회적 역할을 수행할 것을 강요받았다. 오늘날 사용되는 성 중에서 직업으로부터 기인한 파머Farmer, 테일러Taylor, 헌터Hunter, 골드스미스Goldsmith, 포레스터Forester, 퇴퍼Toepfer(독일어로 옹기장이의 의미), 슈마허Shumacher(독일어로 제화공의 의미) 등을 생각해보자. 이 성들은 말 그대로 그 사람이 누구인지 설명하는 것이었다. 예를 들어 '존 스미스John Smith'는 '존John'이라는 이름을 가진 '대장장이Smith'이다. 'son'이나 'sen'으로 끝나는 성을 가진 사람들의 경우 그들의 아버지의 이름으로 신원이 확인되었는데, '피터슨Peterson'은 '피터Peter'의 '아들son'이라는 뜻이다. 이와 같이 사람들은 합의에 의해 서로에게 결속되었는데, 이는 마치 거대한 엔진의 부품이 된 것과 같다는 의미에서 **기계적 연대** mechanical solidarity로 칭했다.

**기계적 연대**
뒤르켐이 제시한 개념으로, 집단적 합의와 전통적 사회 역할로 묶인 민속 문화를 의미함.

뒤르켐은 근대의 사회 질서를 기계보다는 동물에 비유했다. 동물은 성장하면서 외형에 큰 변화를 겪는다. 동물은 새끼로 인생을 시작해 몇 번의 발달 단계를 거쳐 성년기와 노년기에 도달한다. 동물의 몸은 다양한 종류의 세포—피부, 뼈, 피—로 이루어지는데 이 세포들은 서로 다른 목적을 수행한다. 이와 유사한 방식으로 근대 사회 질서는 엄청난 변화를 겪을 수 있으며, 그렇기 때문에 그 안에 있는 사람들도 사회와 함께 성장하고 변화하는 것이다. 뒤르켐의 이론에서 사람은 신체의 특화된 세포와 같아서 사실상 기계의 톱니와는 다르다. 사람들은 특별한 업무를 수행하며 그들 개인의 생존은 전신의 건강에 달려 있다. 기계와 달리 동물은 질병과 신체적 위협에 노출되어 있다. 그렇지만 정신 작용을 이용해 위협을 예상하고 극복할 수 있다. 뒤르켐은 **유기적 연대**organic solidarity라는 용어를 사용해 근대 사회 질서를 하나로 묶는 사회적 유대를 설명했다. 유기적 연대의 사회 질서는 전문화, 분업, 상호 의존의 특징을 지닌다(Martindale, 1960: 87). 여기서 유의할 점은 뒤르켐이 분류한 기계적 연대와 유기적 연대를 혼동하기 쉽다는 것인데, 이는 우리가 자연스럽게 근대화를 기계와 관련지어 생각하기 때문이다. 그가 기계의 비유를 사용해 설명한 것은 민속 문화이지 근대 사회가 아님을 기억하자.

**유기적 연대**
뒤르켐이 제시한 개념으로, 문화적으로 협의된 사회적 유대로 묶인 근대 사회 질서를 의미함.

주요 대중사회 사상가로 꼽히는 드와이트 맥도널드Dwight Macdonald와 에드워드 쉴즈Edward Shils의 글에서 전통 사회와 근대 사회에 대한 우려와 희망을 찾아볼 수 있는데, 이 두 사람은 근대성에 관해 매우 다른 관점을 가지고 있었다. 퇴니에스가 근대 대중사회(게젤샤프트)에 대해 부정적으로 생각했다는 것은 맥도널드의 글 「대중문화 이론A Theory of Mass Culture」(1953)에서 볼 수 있다.

> 사람들이 대중으로 조직화되면서(엄격히 말해 조직이 와해되면서) 인간으로서의 정체성과 우수성을 잃어버렸다. 대중은 역사적 시점 안에 있고, 군중은 공간 안에 있다. 대중은 인간으로서 자신을 표현하지 못하는 사람들인데, 이는 그들이 개인적으로도 혹은 공동체의 구성원으로서도 서로 관계가 없기 때문이다. 그들은 서로 관련이 전혀 없으며 오직 거리감, 추상적인 것, 비인간적인 것과

관련이 있다(Macdonald, 1953: 14).

뒤르켐이 유기적 연대에 대해 긍정적으로 생각했음을 쉴즈의 글 「대중사회 이론The Theory of Mass Society」(1962)에서 엿볼 수 있다.

> 모든 내부적인 갈등에도 불구하고…… 이전의 어떤 사회와 비교해도 대중사회에서는 사회 전반에 대한 애착, 동료들과의 친밀감, 관대한 이해, 그리고 다른 사람들에게 이해를 구하려고 하는 시도가 더 많이 발견된다…… 대중사회가 역사상 가장 평화롭거나 '질서 있는' 사회는 아닐지라도 가장 합의가 잘 이루어지는 사회이다…… 대중사회에서는 인간의 가치에 대한 재해석이 이루어졌다. 그 사회 안에서 자격을 갖추고 있다거나 구성원이라는 이유만으로도 인간은 최소한의 존엄성을 갖는다(Shils, 1962: 53, 62).

### 현대의 대중사회 이론

대중사회 이론이 현대의 매스 커뮤니케이션 연구자들과 이론가들에게 거의 지지를 못 받고 있지만, 부패한 미디어와 무력한 수용자에 대한 그 기본 가정은 계속 존재해왔다. 만연한 미디어의 역기능에 대한 비난은 끊이지 않고 있으며, 이와 같은 현상은 지배 엘리트가 그들의 권력이 미디어의 도전을 받는다고 생각하는 한, 그리고 민간 소유의 미디어가 사회 규범과 가치에 반하는 콘텐츠를 생산하고 배포하는 것이 수익성이 있다고 판단하는 한 계속될 것이다. 대중사회의 흔적은 오늘날 고급문화를 지지하는 이들, 미디어 소유가 집중되는 것을 반대하는 이들, 그리고 강력한 매스 미디어의 기능과 사회에 점점 더 무관심해지고 관여하지 않는 시민을 결부시켜 생각하는 사회과학 분야의 연구자들을 통해 다시 발견된다.

고급문화의 정전에 대한 가장 영향력 있는 현대의 대변자는 영국의 사회 비평가이자 철학자, 지식인으로 알려진 로저 스크러턴Roger Scruton이다. 그는 『지성인의 현대 문화 길잡이*An Intelligent Person's Guide to Modern Culture*』(2000)에서 "현대 사회에서 새로운 일이 일어나는 것으로 보인다. 이는 사회생활의 심장부를 갉아먹는 과정이다. 이러한 변화는 단순히 이윤 추구의 정신이 도덕적 덕목을 대신했기 때문에 일어난 것이 아니라, 이윤을 추구하기 위해 덕목을 포함한 모든 것들을 다 내던졌기 때문에 일어난 일이다"라고 기술했다(Scruton, 2000: 55). 대중사회의 엘리트주의와 엘리트 문화에 대한 지지는 다음 글에서도 분명히 나타난다.

> 이 책은 현대 문화에 대한 이론을 소개하고, 비평적인 형태의 고급문화를 옹호한다. 고급문화를 가지고 있지 않은 사람에게 그 유용함에 대해 설득하기란 거의 불가능하다. 따라서 나는 독자들이 지성과 교양을 가지고 있다고 가정하겠다. 음악적·예술적 명작이나 그러한 작품들이 불러온 비평적 감상 등 서양 문학 정전과 관련해 전부를 알고 있어야 하는 것은 아니다. 그런 사람이 어디 있겠는가? 그러나 보들레르의 『악의 꽃*Les fleurs du mal*』과 T. S. 엘리엇의 『황무지*Waste Land*』를 읽었다면 도움이 될 것이다. 또한 나는 독자들이 모차르트, 바그너, 마네, 푸생, 테니슨, 쇤베르크, 조지 허버트, 괴테, 마르크스, 니체에 대해서도 어느 정도 친숙할 것이라고 생각하도록 하겠다(Scruton, 2000: x).

**집중화**
다수의 미디어 기업의 소유권이 소수의 기업에 집중되는 것.

현대에도 대중사회 이론이 거론되는 또 다른 요인은 다양한 미디어 기업의 소유권이 점차 소수에게 **집중화**concentration되는 것과 관련이 있다. 기자이자 미디어 비평가인 벤 바그디키언Ben Bagdikian에 따르면, 미국의 신문, 잡지, 라디오와 텔레비전 방송국, 출판사, 영화사의 대부분을 관할하고 있는 기업의 수는 1992년 50개에서 2004년 기준 10개가 되었다(Bagdikian, 2004). 오늘날 네 개의 기업—컴캐스트Comcast(세계 최대의 미디어 및 엔터테인먼트 기업인 AT&T 소유), 뉴스 코프News Corp., 디즈니Disney, 영화관 및 매스 미디어 지주회사 내셔널 어뮤즈먼트National Amusements(바이아컴과 CBS의 소유주)—이 미국인들이 소비하는 미디어 콘텐츠의 90%를 관장하고 있다(Molla & Kafka, 2018; Corcoran, 2016).

그는 미디어 산업의 소유 집중화 현상에 관해 다음과 같이 말했다.

> 영향력 있는 소수의 기업이 자신들의 뜻에 따라 그 나라의 신문 및 방송 뉴스와 엔터테인먼트에 대한 통제권을 가져갔다. 그 기업들은 고유한 통제 방식을 가지고 있는데, 이는 곧 공식적인 포고나 국가 주도의 테러 등을 통해서가 아닌 일관된 경제적·정치적 목표를 통해서 통제하는 방식이다. 그들은 정치적·문화적 다양성을 자신만의 방식으로 좁히는데, 이는 공식적인 정론을 알리는 방식에 의해서가 아니라 은밀하게 그들의 이익과 정치적 성향에 부합하는 아이디

Instant Access

### 대중사회 이론 Mass Society Theory

**장점**

1. 중요한 미디어 효과에 관해 예측한다.
2. 현대 문화에서의 중요한 구조적 변동과 갈등에 관해 강조한다.
3. 미디어 소유와 윤리에 관한 문제에 주목하도록 한다.
4. 사회 질서에 대한 거시 미디어의 영향에 주목하도록 한다.

**단점**

1. 비과학적이다.
2. 비체계적이다.
3. 권력을 유지하는 데 관심이 있는 엘리트에 의해 널리 알려진다.
4. '보통 사람들'의 지성과 능력을 과소평가한다.
5. 미디어의 직접적인 영향력에 대한 개인적, 사회적, 문화적 장벽에 관해 과소평가한다.

> 어와 정보를 강조하는 방식에 의한 것이다. 그러한 기업들은 그 나라의 공식적인 정치 기관이 아님에도 정치권력과 공공 정책에 대해 어울리지 않을 만큼의 사적 영향력을 지닌다(Bagdikian, 1992: 239-240).

바그디키언은 미디어의 자유를 강력하게 지지하는 사람이었고 대중사회 이론가는 아니었다. 그러나 참여적 대중이 다양한 오락, 뉴스, 여론을 이용하는 것에 대해 전통적인 견해를 고수하는 많은 사람들과 비슷한 우려를 했다. 그들은 미디어 소유의 집중화는 사람들에게 선택권에 대해 착각하게 할 뿐이라고 주장했다.

결국 오늘날 사회 연구자들이 대중사회 이론의 일부 주제를 재고하자고 제안하게 된 배경에는, 포퓰리즘 정치인들과 그들의 반엘리트적 수사학을 미디어가 홍보한다는 점이 자리하고 있다. 예를 들어 벤자민 모피트Benjamin Moffitt는 포퓰리즘populism을 미디어의 변화와 연결지으며 다음과 같이 말했다.

> 오늘날과 같은 글로벌 환경에서, 포퓰리즘을 지도자와 '대중' 사이의 직접적이고 비매개적인 현상으로 이상화하는 관점은 이제 폐기되어야 하며, 그것의 철저히 매개된 성격을 탐색해야 할 필요가 있다. 이제 비누상자 위에서 '대중'에게 직접 연설하는 낭만적인 포퓰리즘 개념은 더 이상 존재하지 않는다. 대신, 새로운 유형의 영리한 포퓰리즘 지도자들이 나타났으며, 이들은 새로운 미디어 기술을 자신들의 이익에 맞게 활용하는 방법을 알고 있다. 정치의 미디어화의 증가는 포퓰리즘에 어떤 영향을 주었는가? 포퓰리즘 행위자들은 '대중'에게 도달하기 위해 미디어의 다양한 측면들과 어떻게 관계 맺고 있는가? 그리고 인터넷과 소셜 네트워크의 등장은 현대 포퓰리즘을 어떻게 변화시켰는가?(Moffitt, 2016: 3)

제임스 베니거James Beniger는 높은 평가를 받고 있는 미디어 영향력에 관한 현대 이론들 가운데, 다양한 엘리트들에 의한 대규모 통제 혹은 대중 통제를 상상했던 이론들에 관해 언급했다(Beniger, 1987). 이 이론들에 대해서는 다시 자세히 살펴볼 것이다. 이들 중 의제 설정 이론(미디어는 우리가 무엇을 생각해야 하는지는 알려주지 않을지 모르지만 무엇에 대해 생각해야 하는지는 알려준다), 침묵의 나선(미디어를 통해서 압도적으로 드러나는 어떤 지배적인 관점 앞에서 이에 대립되는 관점은 나선과 같은 진행 과정을 통해 침묵으로 이어진다), 배양cultivation 분석(반복적이고 산업적으로 생산되어 매체를 지배하는 이야기들은 텔레비전 중시청자들 사이에 거짓 '현실'을 배양한다), 프레이밍(뉴스 관행은 사건과 정책을 이해하고 해석하는 데 이용되는 지배적인 배경을 제공한다) 등은 미디어는 강력하며 공적 담론을 형성한다고 주장한다. 이와 같은 미디어 소유 집중화와 그 효과와 관련된 이론들은 미디어가 전능하다고 보았던 또 하나의 초창기 개념인 선전 이론에 새로운 생명을 불어넣었다.

## 선전의 기원

20세기 전반기에 걸쳐 사회 엘리트들은 선전propaganda의 의미에 관해 논했다. 사실 "선전은 커뮤니케이션 학문 분야의 토대였다"(Curnalia, 2005: 237). 그리고 당대 연구자들이 던졌던 질문과 그들이 해답을 찾으려 했던 문제들은 서구 민주주의에 매우 중대한 사안이었다. 선전은 그 자체로 나쁜 것인가 아니면 커뮤니케이션의 좋은 형태이지만 변질될 수 있는 것인가? 다양한 형태의 커뮤니케이션이 사람들을 설득하려고 시도하는데 그렇다면 이들은 모두 선전에 해당하는가? 점차 선전이라는 용어는 특정한 커뮤니케이션 전략을 지칭하게 되었다. 여기에는 특정한 신념이나 사상을 전파하기 위해 커뮤니케이션을 전면적으로 이용하는 것도 포함된다. 선전원들의 궁극적인 목표는 사람들의 행동 방식을 바꾸고 그러한 행동이 자발적인 것이라고 믿게 하는 것, 아울러 새롭게 받아들인 행동과 그 기저에 있는 의견이 자신의 것이라고 믿게 하는 것이다(Pratkanis & Aronson, 1992: 9). 그러나 이와 같은 목표를 성취하게 위해 선전원들은 우선 사람들이 자신과 사회에 대해 이해하는 방식을 바꿔놓아야 한다. 그들은 다양한 커뮤니케이션 기술을 사용해 사람들의 신념을 변화시킨다. 1930년대에는 새로운 미디어인 라디오와 영화가 등장해 선전원들에게 강력한 도구를 제공했다.

나치 독일의 영화 선전부 수장이었던 프리츠 히플러Fritz Hippler는 효율적인 선전의 비결이 1) 복잡한 이슈의 단순화, 2) 이러한 단순화의 끝없는 반복에 있다고 말했다(*World War II*, 1984). J. 마이클 스프라울J. Michael Sproule은 효과적인 선전은 은밀하게 진행된다고 주장했다. 즉 선전은 "그렇지 않은 것처럼 보이지만 사람들을 설득하고"(Sproule, 1994: 3), "커뮤니케이션의 거대한 조직화"를 특징으로 하며(Sproule, 1994: 4), "반성적 사고를 막기 위해 고안된 교묘한 언어"를 강조한다(Sproule, 1994: 5). 선전원들은 목표가 수단을 정당화한다고 믿었다. 이에 따라 사람들이 '잘못된' 사상을 버리고 선전원들이 좋아하는 사상을 받아들이도록 설득하기 위해서는 절반의 진실이나 심지어 완전한 거짓을 이용하는 것이 옳을 뿐만 아니라 필요하다고 여겼다. 선전원들은 또한 **허위 정보**disinformation를 이용해 그들과 반대되는 입장을 가진 사람들에 대한 신뢰를 떨어뜨렸다. 그들은 반대 집단과 그들의 목표에 관해 허위 정보를 유포했다. 이와 같은 거짓 정보의 출처는 그것이 선전원들로부터 나온 것임이 알려질 수 없도록 종종 감춰진다. 오늘날 허위 정보는 **가짜 뉴스**fake news라는 새로운 형태를 띠고 있다. 온라인상에 고의적으로 가짜 뉴스를 올리고 퍼뜨린다.

**허위 정보**
상대방에 대한 신뢰를 떨어뜨리기 위해 유포하는 거짓 정보.

**가짜 뉴스**
고의적으로 인터넷에 게시되고 유포되는 허위 뉴스 기사.

미국의 이론가들은 선전을 연구하면서 흑색선전, 백색선전, 회색선전을 구분하게 되었는데, 각 선전의 정의는 다양했다(Snowball, 1999; Becker, 1949).

오늘날에는 '흑색'과 '백색'과 같은 속성을 나쁜 선전과 좋은 선전에 대한 개념에 부여하는 것이 불쾌하게 여겨질 수 있다. 그러나 이 책의 주제를 기억하자. 이러한 사상과 표현은 그 시대의 산물이다. 백색선전은 지금까지 살펴본 바에 의하면 대체로 모순되는 정보와 사상을 의도적으로 억제하는 동시에, 선전원의 목적을 매우 일관되게 뒷받침하는 정보와 사상을 의도적으로 홍보하는 선전으로 규정된다. 때때로 백색선전은 문제 있는 사건으로부터 주의를 돌리거나 선전원에게 유용한 사안에 대한 해석을 제공하는 데 사용되었다. 하워드 베커Howard Becker는 백색선전이 되기 위해서는 정보가 선전의 대상과 가까운 관계에 있지 않은 '외부' 정보원으로부터 온 것임을 공개적으로 밝혀야 한다고 주장했다.

**회색선전**

거짓일 수도 있고 아닐 수도 있는 정보나 사상을 전달하며, 그 내용의 타당성을 판단하기 위한 노력은 하지 않음.

**회색선전**gray propaganda은 거짓일 수도 있고 아닐 수도 있는 정보나 사상을 전달한다. 선전원은 전달되는 내용의 타당성을 판단하기 위한 노력을 하지 않았으며 사실상 확인을 피했는데, 그러한 내용의 전파가 자신의 이익과 연결될 경우 특히 그러했다. 베커는 선전의 진실과 거짓을 밝혀내기란 종종 어렵다고 주장하면서, 그렇기 때문에 진실성을 선전의 유형을 구분하는 기준으로 사용하는 것은 알맞지 않다고 했다. 가짜 뉴스는 일반적으로 회색선전 범주에 해당한다. 가짜 뉴스는  오늘날의 포퓰리즘 지도자들이 자신들의 이익을 추구하기 위한 도구로 사용하고 있다.

**흑색선전**

의도적이고 전략적으로 거짓을 전달하는 것.

**흑색선전**black propaganda은 의도적이고 전략적으로 거짓을 전달하는 선전으로, 흑색선전이 어떻게 사용되었는지는 나치, 소련, 그 외 다른 독재 국가를 통해 잘 알려져 있다. 이것이 오늘날 우리가 선전에 대해 일반적으로 떠올리는 이미지이며, 그 목적은 단순히 거짓을 퍼뜨리는 것이 아니라, 훨씬 더 교묘하게 '객관적 진리'를 완전히 말살하는 데 있다. 20세기 독재에 대한 연구에서 역사학자 티머시 스나이더Timothy Snyder는 진리에 대한 전체주의적 통제를 향한 첫 번째 단계는 "검증 가능한 현실에 대한 노골적인 적대감으로, 이는 허위와 조작을 사실인 양 제시하는 방식으로 나타난다"고 지적했다(Snyder, 2017: 66). 이는 젊은 시절 독일에서 나치 선전을 직접 목격한 철학자이자 정치이론가 한나 아렌트Hannah Arendt의 관찰과 일치한다.

> 끊임없이 변화하며 이해하기 어려운 세계에서 대중은 동시에 모든 것을 믿고 아무것도 믿지 않게 되었으며, 모든 것이 가능하다고 생각하면서도 아무것도

진실이 아니라고 믿게 되었다…… 전체주의적 대중 지도자들은 이러한 조건 아래에서, 사람들이 어느 날 가장 환상적인 주장을 믿도록 만들고, 다음 날 그것이 거짓이라는 반박 불가능한 증거를 제시하더라도 사람들은 냉소주의 속으로 도피할 것이라는 심리적 전제에 기반하여 선전을 펼쳤다. 사람들은 자신들에게 거짓말을 했던 지도자들을 외면하는 대신, 처음부터 그 말이 거짓임을 알고 있었다고 주장하며 그 지도자들의 전략적 교활함을 찬양하게 된다"(Arendt, 1951: 382).

현대 선전 이론은 특히 철학자 제이슨 스탠리Jason Stanley의 저술에서, 흑색선전의 개념을 확대하여 '객관적 진리의 말살'뿐 아니라 '진리가 대표하는 이상의 훼손'까지 인정한다. 스탠리는 흑색선전을 **훼손적 선전**undermining propaganda이라 정의하며, "공적 담론에 대한 기여로 포장되어 특정한 이상을 구현하는 듯하지만, 실제로는 그 이상 자체를 훼손하는 종류의 담론"이라고 설명한다(Stanley, 2015: 53). 그리고 훼손적 선전은 **훼손적 선동**undermining demagoguery을 통해 가장 효과적으로 실현된다. 이는 "정치적·경제적·합리적 이상을 구현하는 듯하지만, 그 이상을 파괴하는 목표를 위해 작동하는 담론"이다(Stanley, 2015: 69). 즉 선동가의 메시지는 이렇다. 우리가 자유를 유지하기 위해서는 자유에 대한 제한을 받아들여야 한다. 투표의 신성함을 지키기 위해 투표권에 제한을 두어야 한다. 평화를 위해서는 지속적인 전쟁을 감수해야 한다.

**훼손적 선전**
이상을 구현한 것처럼 보이지만 그 이상을 훼손시키는 공적 담론.

**훼손적 선동**
정치적·경제적·합리적 이상을 표방하지만 실제로는 그 이상을 훼손하는 목적을 지닌 공적 담론.

그 당시나 지금이나 선전원들은 양자택일의 세상, 선악의 세상에 살고 있기 때문에 이 주요 이상의 훼손은 용인할 수 있다. 1930년대 미국의 선전원들에게는 두 가지 확실한 대안이 있었다. 한편에는 진실과 정의, 자유, 즉 미국적인 방식이 있었고, 또 다른 한편에는 거짓과 악, 굴종, 즉 전체주의가 있었다. 물론 공산주의자들과 나치 선전원들은 그들만의 진실, 정의, 자유를 가지고 있었다. 그들에게 미국인들의 유토피아는 좋게 말해 순진하고 나쁘게 말하면 인종적 모독과 문화적 비하로 이어질 수 있는 것이었다.

따라서 전체주의 선전원들에게 매스 미디어는 대중 조작에 사용되는 매우 실용적인 수단이었으며, 많은 사람들을 통제하기에 효율적인 메커니즘이었다. 기존의 관점을 버리고 선전이 홍보한 관점을 취함으로써 선전원들과 같은 관점을 공유하게 되는 사람들은 전향자로 불리었다. 일단 사람들과의 의견 일치에 이르게 되면 엘리트들은 허용되거나 지시된 바를 이행할 수 있었다. 즉 '국민의 의사'를 이행할 수 있게 된 것인데, 저널리즘 비평가이자 사회 비평가인 토드 기틀린Todd Gitlin의 표현에 따르면 그들은 "속임수에 대한 전문가"(Gitlin, 1991)가 된 것이다.

선전원들은 대체로 수용자를 엘리트주의적 · 온정주의적 관점으로 바라보았다. 그들은 사람들이—선전원의 이익에 기여하기 위해서만이 아니라—'스스로를 위해' 전향되어야 한다고 믿었다. 선전원들은 종종 사람들이 거짓과 조작에 노출될 필요가 있다고 말했다. 그리고 사람들이 지나치게 비이성적이고 무지하고 주의를 집중하지 않기 때문에 이들이 약간의 허위 정보를 접하도록 강제하고 유혹하고 속일 필요가 있다고 주장했다. 선전원들의 주장은 매우 간단했다. 사람들이 조금만 더 이성적이고 지적이라면 대면해서 그들에게 설명해주면 된다. 그러나 대부분, 특히 가장 많은 도움이 필요한 이들은 그렇지 않다. 대부분의 사람들은 정치와 같이 중요한 사안에 관해서는 어린아이와 같다. 어떻게 그들이 이성을 따를 것이라고 기대할 수 있겠는가? 불가능한 일이다.

**동의의 책략**
'선한' 목표를 달성하기 위한 커뮤니케이션 캠페인의 공식적인 활용.

제1차 세계대전 이후 미국에서 선전 이론이 발전하기 시작했을 당시 선전의 유용한 활용 방법은 **동의의 책략**engineering of consent으로 알려졌는데, 이는 '근대 PR의 아버지'라고 불리는 에드워드 L. 버네이스Edward L. Bernays가 만든 용어이다. 앤드류 마셜Andrew Marshall은 버네이스가 쓴 선전에 대한 글을 다음과 같이 인용했다. "대중의 조직화된 습관과 의견을 의식적이고 영리하게 조작하는 일은 민주주의 사회의 중요한 요소이다. 이러한 사회의 보이지 않는 메커니즘을 조작하는 이들은 보이지 않는 정부가 되어 우리나라의 참된 통치 권력이 된다"(Marshall, 2013). 결과적으로 버네이스는 전통적인 민주주의적 개념인 언론 · 출판의 자유가 확장되어 정부의 '설득의 자유'를 포함해야 한다고 믿었다. "현대 민주주의라는 방대한 복합체에서는 커뮤니케이션 기법의 숙달을 통해서만 지도력의 행사가 결실을 맺을 수 있다." 버네이스는 왜 선전과 민주주의가 잘 맞는다고 생각했을까? 민주주의 사회에서 결과는 "그냥 일어나지 않기" 때문이다(Sproule, 1997: 213).

선전원들이 상대편의 메시지를 통제할 때에도 비슷한 논거를 사용하는데, 이는 곧 보통 사람들이 지나치게 남을 잘 믿는다는 것이다. 사람들은 타인의 거짓말과 속임수에 현혹된다. 만약 상대편이 자신의 메시지를 자유롭게 전할 수 있다면 어떤 변화나 진전도 없는 교착 상태에 이르게 될 것이다. 그러므로 선전원들은 자신들이 하는 일이 타당한 명분을 가지고 있다고 확신하면서 이를 방해하려는 자들을 막으려고 한다.

### 선전, 미국에 이르다

미국인들은 제1차 세계대전 이후 몇 년간 선전의 힘에 관해 처음으로 진지하게 고려하기 시작했다. 전쟁은 근대 선전 기법을 사용하는 것이 막대한 병력을 모으고 긴 전투 기간 동안 민간인의 사기를 유지하는 데 놀랄 만큼 효과적임을 입증했다. 그때까지 그토록 많은 사람들이 전쟁에 동원된 적이 없었다. 또한 그토록 많은 사람들이 목숨을 걸고 싸웠음에도 이렇다 할 성과를 보지 못한 채 긴 시간 동안 가혹한 상태를 견뎌야 했던 적이 없었다. 이전의 전쟁들의 경우 결정적인 전투에 의해 신속히 끝났다. 그러나 제1차 세계대전에서는 대규모의 군대가 대립했고 그 대열은 수백 마일에 이르렀다. 참호에서 서로를 향해 폭격을 퍼부었으며 우발적인 공격은 무의미하게 끝났다.

미디어에 관한 여러 초기 이론을 발전시킨 정치학자 해럴드 라스웰Harold Lasswell은 제1차 세계대전을 위해 동원된 선전의 성과에 경의를 표했다.

> 모든 것을 감안하고 낭비되는 추정액을 더 이상 줄일 수 없을 정도가 되었을 때, 선전이 근대 사회에 있어서 가장 강력한 수단의 하나라는 사실만이 남는다…… 위대한 사회[근대 산업 사회]에서는 더 이상 변덕스러운 개인들을 전쟁이라는 용광로에서 녹여내 하나로 만들 수 없다. 더 새롭고 미묘한 도구가 수천, 수백만의 사람들을 결집시켜 하나로 연합된, 증오와 의지와 희망을 가진 대중으로 만들어야 한다. 반드시 새로운 불꽃이 타올라 반대 의견의 병폐를 소진하고 호전적인 열의의 쇠를 단련해야 한다. 사회적 연대를 위한 이 새로운 망치와 모루는 바로 선전이다(Lasswell, 1927a: 220-221).

1920년대와 1930년대 많은 사회 연구자들이 이와 같은 시각을 가지고 있었다. 선전은 근대 사회 질서를 효율적으로 관리하기 위해 반드시 사용해야 하는 필수적인 도구였다. 특히 생명을 담보로 경쟁하는 와중에 다른 국가들이 선전에 의존해 대중을 동원하는 경우에는 더욱 그러했다.

제1차 세계대전 이후 선전 싸움은 계속되었는데, 국가마다 영향력을 확대하고자 하고 새로운 정치 운동이 구성원들을 끌어들이는 가운데 유럽 이외의 지역으로까지 확산되는 것은 필연적인 일이었다. 1920년대 라디오와 영화는 선전 메시지를 전달할 수 있는 강력하고 새로운 매체였다. 독일에서의 히틀러의 집권은 모든 형태의 미디어—라디오에서부터 영화 산업, 신문에 이르기까지—에 대한 통제권 강화를 동반했다. 미국에서는 선전 싸움의 전선이 빠르게 형성되었다. 한편에는 주요 정당, 기업, 학교, 대학과 같은 사회 기관과 조직을 지배한 엘리트가 있었다. 다른 한편에는 광범위한 사회 운동과 소규모 극단주의 정치 단체가 있었다. 이러한 단체들 중 다수는 유럽에서 중요하게 여겨졌던 대규모의 파시스트, 사회주의, 공산주의 집단이 미국식으로 변형된 것이었다. 보수적인 엘리트의 관점에서 보았을 때 이 단체들은 매우 의심스러웠다. 당시 외국에 의해 국가가 전복되는 데 대한 공포가 고조되고 있었다. 엘리트들은 '우리'의 삶의 방식이 훼손되기 전에 이와 같은 운동과 단체의 영향력이 제어되어야 한다고 믿었다.

1930년대에 이르러 극단주의적 선전원들은 그들이 외국에 기반을 두었든 국내에서 성장했든 상관없이 수용자에게 접근해 설득하는 일이 점점 쉬워진다고 느꼈다. 그러나 이와 같은 성공에 당시 새롭게 등장한 미디어가 직접적으로 기여한 바는 일부분에 불과했다. 미국에서는 주요 신문, 영화, 라디오가 주로 기존의 엘리트들에 의해 통제되었다. 극단주의자들은 종종 팸플릿, 광고 전단, 정치 집회 등과 같은 이전의 미디어에 의존할 수밖에 없었다. 그러나 사회적 상황이 잘 맞고 사람들이 선전 메시지를 잘 받아들이는 경우 이처럼 오래된 미디어도 꽤 효과적일 수 있었다. 그리고 당시 상황은 잘 들어맞았다(이 장의 초반에 논했던 게마인샤프트와 게젤샤프트를 생각해보라). 대중사회 이론가들과 그들이 지지한 엘리트들은 '보통 사람들'이 특히 선동적인 선전에 좌우되기 쉽다고 믿었다. 이는 그 '불행한 사람들'이 급속히 산업화되고 있는 사회에 살고 있기 때문인데, 이 사회는 사람들이 심리적·문화적으로 고립되어 있으며 한때는 구속력 있는 전통적이고 비공식적인 사회 규칙과 책임으로 유지되었던 안전이 상실된 사회이다. 1930년대에 경제 공황이 심화되면서 많은 사람들이 일자리를 잃었고 가족을 부양할 소득이 없었으며 다른 사람들과의 관계도 단절되었다.

유럽에서 극단적 정치 단체들이 권력을 강화해 전체주의 정부를 세우고 많은 사람들에게 엄청난 통제력을 행사하는 것을 지켜보면서 미국 엘리트들 사이에서는 공포감이 고조되었다. 나치 독일의 선전 장관인 요제프 괴벨스Joseph Goebbels와 같은 미치광이가 "충분한 반복과 심리적 이해가 동반된다면, 정사각형이 사실은 동그라미임을 입증하는 것도 불가능하지 않을 것이다"(Thomson, 1977: 111 재인용)라고 하면서 반민주적인 사상을 공개적으로 지지하는데 어떻게 안일하게 있을 수 있단 말인가?

이 장에서는 당시 가장 왕성하게 활동했으며 창의적이고 복합적인 사고를 했던 세 명의 사상가인 해럴드 라스웰, 월터 리프먼Walter Lippmann, 존 듀이John Dewey의 이론을 살펴보고자 한다. 이들이 집필한 책의 수를 고려할 때 이들의 연구에 대해 완전하게 설명하는 것은 불가능한 일이다. 여기에서는 가장 영향력 있고 널리 알려진 이들의 아이디어를 소개할 것이다. 이들은 시간이 흐른 뒤 자신들의 아이디어 중 일부를 수정하거나 심지어 철회하기도 했다.

1930년대에 발전한 대부분의 선전 이론은 두 가지 이론의 영향을 받았는데, 바로 행동주의와 프로이트 학설이다. 어떤 선전 이론들은 이 두 이론의 영향을 모두 받기도 했다. 주요 선전 이론가들의 사상을 살펴보기 전에 그들의 사고를 이끌었던 이 두 이론에 대해 먼저 알아보고자 한다.

### 행동주의

동물 실험가 존 B. 왓슨John B. Watson은 인간의 모든 행동이 외부 환경의 자극에 대한 조건 반응일 뿐이라고 주장했으며, 처음으로 자극-반응 심리학을 대중화했다. 왓슨의 이론은 **행동주의**behaviorism로 알려졌는데, 이는 연구의 범위를 좁혀 단지 인간의 행동에만 집중한 것을 고려한 명칭이었다. 행동주의자들은 심리학에서 널리 알려진 높은 수준의 정신적 과정(즉 의식적인 사고나 성찰)이 대개 인간의 행동을 통제한다는 가정에 반대 의견을 내놓았다. 이러한 '유심론자'의 관점 대신 행동주의 학자들은 의식에 의해 달성되는 유일한 목적은 외부 자극에 의해 행동이 촉발된 후에 이를 합리화하기 위한 것일 뿐이라고 주장했다. 행동주의 학자들은 그들의 이론에서 유심론적 용어를 모두 없애고 관찰 가능한 변수인 환경 자극과 행동만을 다루고자 했다. 특정한 자극과 행동 사이의 관계를 연구하는 가운데 그들은 아직 알려지지 않은 행동의 원인을 발견하기를 원했다. 행동주의의 중심 개념 중 하나는 조건화였다. 행동주의 학자들은 인간 행동의 대부분이 외부 환경에 의한 조건화의 결

**행동주의**
인간의 모든 행동은 외부 환경의 자극에 대한 조건 반응이라는 개념.

과라고 주장했다. 우리는 긍정적이거나 부정적인 자극에 의해 특정한 방식으로 반응하도록 조건화되는데, 즉 보상을 얻거나 처벌을 피하기 위해 행동하게 된다.

초기 매스 커뮤니케이션 이론가들은 미디어가 외부에서 자극을 가함으로써 즉각적인 반응을 촉발했다고 보았으며 행동주의 개념들을 자주 사용했다. 예를 들어 이와 같은 아이디어는 프리츠 히플러의 악명 높은 나치 선전 영화인 <영원한 유대인The Eternal Jew>을 분석하는 데 적용될 수 있다. 유대인을 강력하고 그로테스크하게 표현한 연출은 그들을 질병을 퍼뜨리는 쥐와 동일시하는데, 이는 독일 관객들로부터 유대인에 대한 부정적인 반응을 이끌어낼 것으로 예상되었다. 이와 같은 이미지에 대한 반복적인 노출을 통해 이들은 유대교에 대한 믿음을 가진 사람을 보거나 생각할 때마다 부정적인 반응을 일으키도록 조건화되는 것이다.

### 프로이트 학설

지그문트 프로이트Sigmund Freud도 왓슨과 마찬가지로 인간이 자신의 행동을 효과적이고 이성적으로 통제할 수 있는 능력을 가지고 있다는 데 대해 회의적이었기는 했지만 **프로이트 학설**Freudianism은 행동주의와는 매우 달랐다. 프로이트는 히스테리로 고통받는 중산층 여성들을 상담하는 데 상당한 시간을 보냈다. 히스테리 발작이 일어나면 평범해 보였던 이들은 급작스럽게 '감정을 주체하지 못하고' 통제되지 않는 과도하게 감정적인 행동을 보였다. 조용하고 수동적인 여성도 공개적인 자리에서 '감정을 주체하지 못하는' 일이 흔히 일어났다. 그들은 소리를 지르고 발작적으로 울거나 폭력적이 되었다. 이와 같은 감정의 분출은 그들 자신이나 타인이 난처해지거나 곤경에 처할 가능성이 가장 높을 때 종종 발생했다. 이처럼 비이성적인 행동을 하게 되는 원인은 무엇일까?

**프로이트 학설**
인간의 행동은 개인의 이드, 자아, 초자아 간의 갈등의 산물이라는 프로이트의 이론.

히스테리를 설명하기 위해서 프로이트는 행동을 이끄는 자기self가 충돌하는 여러 부분들로 이루어져 있을 것이라고 생각했다. 보통 한 부분, 즉 이성적인 마음인 **자아**ego가 통제를 하는데 어떤 경우에는 다른 부분들이 지배하기도 한다. 프로이트는 인간의 행동이 종종 자기의 또 다른 부분, 즉 어두운 측면인 **이드**id의 산물일 것이라고 예상했다. 이드는 자아 중심적이며 쾌락을 추구하는 우리 안의 부분으로 이를 통제하기 위해서 자아가 씨름하게 된다. 자

**자아**
프로이트 학설에서, 이성적 마음.

**이드**
프로이트 학설에서, 자아 중심적이고 쾌락을 추구하는 마음.

아는 내면화된 문화적 규칙들(초자아superego)을 따른다. 원초적인 이드와 과도하게 엄격한 초자아 사이에 낀 자아는 승산 없는 싸움을 한다. 자아가 이드에게 통제력을 빼앗겼을 때, 히스테리 혹은 이보다 더 부정적인 결과에 이르게 된다. 초자아가 지배하고 이드가 완전히 제압되면, 사람들은 감정을 드러내지 않고 활기 없이 기계적으로 행동하는 존재가 되어 단순히 남들이 요구하는 일을 하게 된다.

**초자아**
프로이트 학설에서, 마음으로 내면화된 문화적 규칙들.

선전 이론가들은 프로이트 학설의 이론적 개념을 사용해서 미디어의 영향력을 매우 비관적으로 해석했다. 예를 들어 선전이 가장 효과적이려면 이드에 직접적으로 영향을 주고 자아는 무시하면 될 것이다. 또 다른 방법은 효과적인 선전을 통해 문화적 규칙(초자아)이 자기self를 이드의 방향으로 움직이도록 해서 사람들의 어두운 충동이 정상으로 여겨지게끔 하는 것인데, 일부 선전 이론가들은 나치가 이와 같은 전략을 매우 교묘하게 사용했다고 믿었다.

행동주의와 프로이트 학설이 결합되어 보통 사람은 이성적인 자기 통제를 할 수 없다고 보는 선전 이론들이 만들어졌다. 이 이론들은 선전을 통한 미디어의 조작에 사람들이 매우 취약하다고 보았는데, 미디어에 의한 자극과 이드가 촉발하는 행동 중에서 자아와 초자아가 중단시킬 수 없는 것들도 있다고 보았다. 이후 자아는 통제할 수 없었던 행동을 단지 합리화하며 통제할 수 없었다는 사실에 죄책감을 느끼게 된다. 이러한 개념에 따르면 미디어는 사회 전반에 걸쳐 즉각적으로 영향을 미칠 수 있는데, 심지어 교육을 많이 받은 사려 깊은 사람들의 경우에도 적용된다.

### 해럴드 라스웰의 선전 이론

해럴드 라스웰의 선전 이론은 행동주의와 프로이트 학설에서 가져온 아이디어들을 혼합한 것으로, 미디어와 근대 사회 질서를 구축하기 위한 미디어의 역할에 대해 특히 비관적인 전망을 제시했다. 라스웰은 정치학자들 중에서 거의 처음으로 다양한 심리학 이론들의 유용성을 발견해 정치에 대한 이해와 통제에 이 이론들을 어떻게 적용할 수 있을지 보여주었다. 그는 선전의 영향력이 특정한 메시지나 메시지가 지닌 호소력으로 인해 나타난 결과라기보다는 보통 사람들의 마음이 취약한 상태에 있기 때문에 나타난 결과라고 보았다. 라스웰은 경제 공황과 정치적 갈등 상황이 심화되면서 정신병을 널리 퍼뜨려, 아주 대충 만든 선전에도 대부분의 사람들이 영향을 받기 쉬워졌다고 주장했다. 보통 사람들이 매일의 삶에서 위협에 직면할 때 그들은 선전에 의지해 안정감을 되찾고 그 위협을 극복할 방법을 찾으려고 한다. 사람들이 실직 상태이며 집은 압류되어 있을 때, 선전은 이와 같이 이용하기 쉬운 수용자를 찾아 그들의 관심을 끈다. 2008년 금융위기와 세계 각지에서 대중주의가 부상한 것 사이의 연관성에 대해서도 유사한 주장들이 제기되어 왔다(Moffitt, 2016).

라스웰이 보기에 민주주의는 치명적인 결함을 가지고 있었다. 민주주의는 진실을 추구하고, 사안에 대한 공개적인 토론을 통해 의사 결정을 한다. 그러나 이와 같은 토론이 서로 다른 의견을 가진 이들 사이의 언어적·물리적 갈등으로 치닫는다면 결과적으로 정신병이 널리 퍼지게 될 것이다. 그리고 이와 같은 갈등을 바라보는 사람들은 정신적 충격을 받을 것이다. 라스웰은 상대적으로 그리 심하지 않은 정치적 갈등조차도 본질적으로는 병적이라고 결론지었다. 이와 같은 갈등이 경제 공황 시기의 독일의 경우와 같은 수준으로 심화된다면, 나라 전체가 심리적으로 불안정하고 조작에 취약해진다. 라스웰은 이에 대한 해결책으로 사회 연구자들이 '갈등을 제거'하기 위한 방법을 찾아야 한다고 주장했다. 따라서 갈등으로 이어지는 형태의 정치 커뮤니케이션에 대한 통제가 필요하다. 라스웰은 일상적인 유형의 정치 토론조차도 사회 질서를 위협하는 갈등으로 발전할 수 있다고 보았다. 라스웰에 대해 비평한 플로이드 맷슨Floyd Matson은 "간단히 말해서 라스웰이 제시한 정치의 정신병리학에 따르면 어떤 경우라도 정치적인 행동은 조절이 불가능하고, 정치적인 참여는 비이성적이며, 정치적인 표현은 부적절하다고 추정된다"(Matson, 1964: 91)고 했다. 그러나 어떤 형태의 정치 토론이나 집회도 문제가 된다면 민주주의 사회 질서를 유지할 수 있는 방법은 무엇이 있겠는가? 라스웰은 이에 대한 해답을 가지고 있었는데, 바로 공적 담론을 민주주의적 선전으로 대체하는 것이었다.

라스웰은 선전의 효과를 지나치게 단순화했던 행동주의자들의 개념을 거부했다. 다음은 라스웰이 선전원의 일에 대해 설명한 1927년의 글에서 인용한 부분이다.

> 문화적인 용어로 표현되었던 선전의 전략은 자극-반응의 언어로 쉽게 설명할 수 있다. 이와 같은 언어로 설명하자면, 선전원들은 원하는 반응을 일으키도

록 계산된 자극은 늘리고 원하지 않는 반응을 부추길 가능성이 있는 자극은 무효화하는 데 관심이 있는 것으로 알려져 있다. 이를 사회적인 제안과 관련된 용어로 설명하자면, 선전원들이 지닌 문제점은 그들이 원하는 태도를 유발하거나 강화하는 데 호의적인 제안을 늘리고 그들에게 호의적이지 않은 제안은 제한한다는 것이다(Lasswell, 1927b: 620).

다시 말해 목표에 잘 맞춘 메시지 몇 개가 민주주의 사회 질서를 무너뜨리지는 않으리라는 것이다. 라스웰은 선전이 단순히 미디어를 이용해 사람들에게 거짓말을 해서 일시적으로 그들을 통제하고자 하는 것 이상의 영향력을 지닌다고 주장했다. 사람들이 근본적으로 다른 아이디어와 행동을 받아들이기 위해서는 서서히 준비를 할 필요가 있다. 커뮤니케이터는 새로운 아이디어와 이미지를 소개하고 배양하기 위한 잘 개발된 장기적인 캠페인 전략('자극의 증가')이 필요하다. 또한 상징들이 만들어져야 하며 사람들은 사랑이나 증오와 같은 특정한 감정을 그 상징들과 연관 지을 수 있도록 서서히 배워나가야 한다. 이러한 배양 전략이 성공하는 경우, 이는 라스웰이 언급한 **주요 (혹은 집단적) 상징** master (or collective) symbols을 만들어낸 것이다(Lasswell, 1934). 주요 상징은 강렬한 감정과 관련이 있으며 현명하게 사용되었을 경우 대규모의 유익한 대중 행동을 자극하는 영향력을 가진다. 행동주의 개념과는 대조적으로 라스웰의 이론의 경우 조건화가 장기간에 걸쳐 꽤 복잡한 과정으로 일어난다고 보았다. 그리고 극단적인 메시지 한두 개에 노출되었다고 해서 어떤 큰 효과가 나타나지는 않을 것이라고 여겼다. 선전 메시지는 라디오나 신문 외에도 다양한 미디어를 통한 전달할 수 있다. 라스웰은 다음과 같이 말했다. "중요한 상징들이 대중에게 도달하기 위해 구현되는 형태는 말, 글, 그림, 음악 등이고 자극의 매개체는 무한히 많은데…… 잠시 전차에 탑승하는 사람들을 떠올려보자. 전차 안에 부착된 플래카드, 선로 옆 게시판의 포스터, 그들이 읽는 신문, 옆에서 들리는 대화, 그들의 손에 공개적으로 혹은 슬그머니 쥐어지는 전단, 휴게소에서의 시위, 그리고 여러 다른 수단을 통해 [상징들은] 그들에게 도달할 수 있다. 가능한 방법은 무한히 많다"(Lasswell, 1927b: 631).

**주요 (혹은 집단적) 상징**
강력한 감정과 관련이 있는 상징으로, 대규모의 집단 행동을 자극하는 영향력을 가짐.

라스웰은 성공적인 사회 운동의 경우 몇 달 또는 몇 년에 걸쳐 다양한 미디어를 통해 주요 상징을 전파함으로써 힘을 얻게 된다고 주장했다. 예를 들어 우리가 미국 국기를 보거나 국가를 들을 때 느끼는 감정은 단 한 번의 노출의 결과로 이루어진 것이 아니다. 우리는 과거에 수없이 많은 상황에서 국기를 보고 국가를 들어왔으며 그 가운데 한정된 감정이 유도되고 경험되었다. 그 모든 과거의 경험으로 인해 국기와 국가는 감정적 의미를 가지게 된 것이다. 텔레비전에 국기가 등장하고 국가가 배경에서 들릴 때, 그러한 감정의 일부가 자극되고 강화된다. 일단 정립된 주요 상징은 다양한 유형의 선전에서 이용될 수 있다. 국기는 정치 캠페인에서 후보자들이 애국심이 강하고 국가 보안과 관련해 신뢰할 수 있다는 인상을 주기 위해 지속적으로 사용되는 수단이다.

라스웰은 과거에 이루어진 주요 상징의 전파가 대부분 계획 없이 거의 되는 대로 이루어졌다고 생각했다. 성공한 선전원 한 명당 실패한 이들 수백 명이 있었다. 라스웰은 나치의 교묘한 선전 방식에 주의를 기울였지만 그들 자신이 무슨 일을 하고 있는지 제대로 이해했다고 생각하지는 않았다. 히틀러는 사악한 책략가였지만 과학자는 아니었다. 라스웰은 선전이라는 새로운 과학으로 히틀러에 맞서 싸워야 한다고 제안했다. 매스 미디어를 통해 선전이 전달되는 것을 통제할 수 있는 힘은 새로운 엘리트들의 손에 주어졌다. 이들 엘리트는 **과학적 테크노크라시**scientific technocracy로서, 자신들의 지식을 악이 아닌 선을 위해, 즉 민주주의를 파괴하는 데 사용하는 것이 아니라 구하는 데 사용한다. 라스웰과 그의 동료들은 선전을 사용하기 위한 이러한 전략을 지칭하는 용어를 개발해 이를 '민주주의의 과학'으로 불렀다(Smith, 1941). 그러나 민주주의 사회 질서가 선전에 의해 구축될 수 있을까? 민주주의의 기본 원칙이 희생되지는 않을까? 자유롭고 공개적인 공적 담론이 없이 민주주의를 실현하는 것이 가능할까? 이러한 질문들은 대중주의의 부상, 가짜 뉴스, 러시아가 서구 정치 질서를 고의적으로 훼손하려 한 행위들(Jamieson, 2018; Nyhan, 2019)로 인해 더욱 중요해졌다.

**과학적 테크노크라시**
사회과학을 기반으로 한 교육을 받은 엘리트로, 유해한 선전에 취약한 보통 사람들을 보호하기 위한 책임이 주어진 자들.

라스웰은 이 세상에서 이성적인 정치 토론은 불가능한데 이는 보통 사람들이 그들만의 조건화와 정신병에 갇혀 있어(행동주의와 프로이트 학설을 기억하라) 선전원들이 그들을 속일 수 있기 때문이며, 국민으로서 우리에게 유일한 희망은 선전의 힘을 악이 아닌 선을 위해 사용할 수 있는 사회과학자들에게 달려 있다고 주장했다. 초기 미디어 연구자들 대부분이 그들의 일을 매우 진지하게 받아들인 것은 당연했다. 그들은 그야말로 이 세상의 운명이 자신들에게 달려 있다고 믿었다.

### 월터 리프먼의 여론 형성 이론

1930년대 많은 사회 엘리트들, 특히 주요 대학들에 있던 이들이 선의의 사회과학이 주도하는 테크노크라시에 대한 라스웰의 관점을 공유했다. 그들은 자연과학과 사회과학이 전체주의에 대항하고 민주주의를 수호하는 열쇠를 쥐고 있다고 믿었다. 이처럼 라스웰의 연구는 당시의 앞서가는 학자들과 여론 주도자들의 주의를 끌었는데, 그중에는 그 시대의 가장 영향력 있는 여론 형성자 중 한 명인 『뉴욕 타임스』의 칼럼니스트 월터 리프먼이 있었다.

리프먼은 라스웰과 마찬가지로 보통 사람들이 사회를 이해하고 그들의 행동에 관해 이성적인 판단을 내리는 능력이 있다는 주장에 대해서 회의적이었다. 그는 『여론*Public Opinion*』(1922)에서 "외부의 세계와 우리 머릿속의 상" 사이에 필연적으로 존재하는 불일치에 대해 지적했다. 리프먼은 이와 같은 차이가 불가피하기 때문에 고전적 민주주의 이론이 가정했던 보통 사람의 자치 능력에 의문을 제기했다. 1930년대의 세상은 특히 복잡했고 정치권력은 매우 위협적이었다. 이러한 상황에서 사람들이 미디어를 통해 충분히 배우고 모든 것을 다 이해하기란 불가능했다. 그는 1925년에 출간된 저서 『유령 공중*The Phantom Public*』에서 시민들에 대해 "무지하고 간섭하기 좋아하는 아웃사이더"로 이루어진 "갈피를 못 잡는 무리"로 묘사하며, 이들이 열외로 취급해야만 하는 "구경꾼" 그 이상은 될 수 없다고 보았다(Marshall, 2013 재인용). 기자들이 자신들의 책임을 진지하게 받아들인다고 해도 그들은 보통 사람들의 머릿속에 유익한 상을 발전시키는 것을 방해하는 심리적·사회적 장애물을 극복할 수 없었다. 정치 에세이를 쓰는 에릭 앨터먼Eric Alterman은 리프먼의 의견을 다음과 같이 요약했다.

> 20세기 초에 리프먼은 보통 시민을 청각 장애를 가진 뒷자리의 관중과 비교한 글을 쓴 것으로 유명하다. 그 사람은 무슨 일이 일어나는지, 왜 그런 일이 일어나는지, 이제 어떤 일이 일어날지에 관해 알지 못한다. "그는 직접 볼 수 없고 이해할 수 없으며 지휘할 수 없는 세상에 살고 있다." 저널리즘은 선정주의에 취약해 이 상황을 악화시켰다. 통치는 내부 정보를 가진 "전문화된 계층의 남성"에게 맡기는 편이 나았다. 그 누구도 철강 노동자가 물리학을 이해하기를 바라지 않는데, 그가 정치를 이해하기를 바랄 이유는 없지 않는가? (Alterman, 2008: 10)

이와 같은 견해는 민주주의 실행 가능성과 그 안에서 자유 언론의 역할에 관해 심각한 질문을 제기했다. 민주주의 사회에서 사람들이 후보자에 대해 잘 알고 투표하는지 신뢰할 수 없다면 어떻게 해야 하는가? 필수적인 정보가 공중에게 필요한 만큼 효율적으로 전달되는 것이 불가능하다면 자유 언론의 유용성은 어디에 있는가? 사람들이 일상적인 문제를 처리하느라 국제적인 사안에 관해 생각하거나 깊이 이해할 시간이 없다면 어떻게 하겠는가? 리프먼의 본업이 신문 칼럼니스트라는 점은 이처럼 비관적인 그의 생각들에 신빙성을 부여했다. 이와 같은 주장을 발전시켜나가는 가운데 그는 미국 미디어 시스템의 지적 토대인 자유지상주의 가정(언론 · 출판의 자유. 3장 참조)을 직접적으로 반박했다.

라스웰과 마찬가지로 리프먼은 선전이 심각한 도전을 제기하고 있으며 그렇기 때문에 우리의 정치 시스템에 과감한 변화가 요구된다고 믿었다. 그리고 공중이 선전에 취약하므로 그들을 보호해줄 어떤 방법이나 기관이 필요하다고 보았다. 과격하지는 않으나 막대한 영향력을 미칠 수 있는 미디어 통제 방식이 필요하다고 생각했는데, 미디어의 자기 검열로는 충분하지 못할 것이라고 보았다. 리프먼은 라스웰의 결론, 즉 이와 같은 문제들에 대한 최선의 해결 방안은 정보 수집과 배포에 대한 통제권을 박애주의적인 테크노크라시—과학기술 분야의 엘리트—에게 둔다는 관점을 공유했다. 그들은 과학적인 방법을 사용해 사실을 허구로부터 구분하고 다양한 메시지를 누가 받아보아야 하는지에 대한 현명한 결정을 내리는 데 있어서 신뢰할 만한 이들이었다. 이를 위해 리프먼은 준정부 기관으로서 정보국의 설립을 제안했는데, 이 기관의 역할은 정보를 주의 깊게 살펴본 후 의사 결정을 위해 이를 다른 엘리트들에게 공급하는 것이었다. 이 정보국은 또한 어떤 정보가 매스 미디어를 통해 전송되어야 할지, 그리고 사람들이 모르는 것이 나을 정보는 어떤 것인지에 대한 결정도 내리게 된다. 리프먼은 사회공학자들과 사회과학자들이 "기밀과 정보의 통제"를 통해 "근대 국가에 새로운 안정이 이루어질 수 있는 토대를 제공"할 것이라고 믿었다(Marshall, 2013 재인용). 비록 이러한 기관이 설립되지는 않았지만 문제가 있는 정보에 대한 게이트키퍼 역할을 정부가 수행해야 한다는 관점은 제2차 세계대전과 냉전 시기를 거쳐 수많은 국지전이 발생하는 현대에 이르기까지 미국의 엘리트들에게 널리 받아들여졌다(Mathis-Lilly, 2018; Nordland, Ngu, & Abed, 2018). 핵무기와 원자력 관련 정보를 신중하게 통제함으로써 냉전 시기 동안에 공중의 부정적인 반응을 최소화시킨 것이 그 좋은 예가 된다(Davies, 1997).

### 초기 선전 이론에 대한 반발

라스웰과 리프먼의 선전 이론은 현실의 증거와 같은 무게감을 지닌 것으로 보였다. 당시 지구상은 세계대전이라는 전쟁의 소용돌이에 휩싸여 있었다. '모든 전쟁을 끝내기 위한 전쟁'을 하는 가운데 전 세계가 극심한 혼란에 빠져 있었다. 이러한 갈등 상황에는 선전이 정교하게 주입되었고 그 성과는 누가 보아도 성공적이었다. 그러나 선전을 이용하는 것에 대해 반대하는 의견도 있었다. 철학자인 존 듀이는 선전 이론에 대한 혹평가로 잘 알려져 있다. 몇 차례에 걸친 강연을 통해(Dewey, 1927) 그는 리프먼의 견해에 반대하는 이유를 대략적으로 제시했다. 듀이는 전체주의에 대항해 민주주의를 지킬 수 있는 가장 효과적인 수단은 공교육이라는 점을 많은 저서를 통해 끊임없이 설파했다. 그는 과학적 방법을 사용해 사람들을 보호하고자 하는 테크노크라시가 필요하다는 의견을 받아들이지 않았다. 그 대신 사람들에게 올바른 방어 수단을 가르쳐주기만 한다면 그들이 스스로를 지키는 법을 배울 수 있을 것이라고 주장했다. 또한 아주 기본적인 공교육만으로도 사람들이 선전 기법에 저항할 수 있게 한다고 단언했다. 앨터먼에 의하면, 리프먼이 언급한 "엘리트의 선행에 대한 신뢰"에 관해 듀이는 "강력하게 이의를 제기"했는데, "듀이는 '전문가 계층'의 경우 '사적 이익과 사적 지식의 계층이 되기에는 필연적으로 공동의 이해관심으로부터 너무 동떨어져 있다'고 주장했다…… 그는 민주주의를 정보에 대한 것이라기보다 대화와 관련이 있는 것이라고 여겼다. 듀이의 개념에 따르면 미디어의 역할은 '공익에 관해 공중이 관심을 갖게 하는 것'이었다"(Alterman, 2008: 10).

듀이에 대해서 혹평을 하는 이들은 그를 교육 개혁에 관해 말만 많을 뿐 구체적인 개혁을 시행하는 데 있어서 정작 별로 하는 일도 없는 이상주의자로 보았다(Altschull, 1990: 230). 듀이는 미디어 개혁에 있어서도 마찬가지였다. 그는 신문이 단순히 현재 일어나고 있는 일들에 대한 정보를 제공하는 게시판과 같은 역할에서 더 나아가야 한다고 주장했다. 그는 기자들에게 정치와 세계정세에 관해 공중의 관심을 불러일으키기 위해서 더 노력할 것, 사람들이 적극적으로 정보를 찾아내고 이에 대해 다른 사람들과 이야기할 수 있도록 동기를 부여할 것 등 도전이 되는 제안을 했다. 신문은 공교육과 공적 토론을 위한 수단으로서의 역할을 해야 한다. 사상과 철학에 더 초점을 맞추고 개별 사건에 대한 기술은 줄여야 한다. 또한 비판적 사고를 위한 기술을 가르치고 중요한 이슈에 관한 공적인 논의를 해야 한다. 그러나 이를 위한 신문사를 설립하고자 했던 듀이의 노력은 결실을 보지 못했다. 그럼에도 불구하고, 공중과 저널리즘 간의 상호 유익한 관계에 대한 철학은 최근 언론에 대한 존중과 신뢰가 급격히 하락한 상황 속에서 재정의되고 있다(예: Blatchford, 2018; Rosenstiel & Elizabeth, 2018). 언론에 동조적인 일부 비평가들은 언론이 보다 명확하고 효과적으로 공동체에 봉사함으로써 대중의 신뢰를 회복할 수 있을 것이라고 주장한다.

**프래그머티즘**
철학 이론의 학설로, 현실에 적응하고 현실을 통제하기 위한 도구로서 지식의 실용적인 기능을 강조함.

듀이의 주장은 **프래그머티즘**pragmatism를 바탕으로 했는데, 프래그머티즘은 철학 이론의 학설로 현실에 적응하고 현실을 통제하기 위한 도구로서 지식의 실용적인 기능을 강조했다. 프래그머티즘에 관해서는 13장에서 더 자세히 살펴볼 것이다. 제임스 캐리는 듀이의 아이디어가 지속적인 가치를 지닌다고 주장했다(Carey, 1989: 83-84). 그는 오늘날 문화 연구 이론에서 제기하는 우려의 상당 부분을 듀이가 예상했다고 주장했다. 9장에서 살펴보겠지만 듀이가 가진 신념이었던 미디어 콘텐츠에 대한 비판적 사고와 그 활용에 대한 교육은 미디어 리터러시 운동과 공교육 및 공적 담론에 대한 최근 논의의 중심에 있다(예를 들어 Wineburg, McGrew, Breakstone, & Ortega, 2016; Hobbs & McGee, 2014).

듀이는 고립된 개인이 아닌 공동체가 자신들을 결속하고 지속하게 하는 문화를 만들고 유지하기 위해 커뮤니케이션(그리고 커뮤니케이션 미디어)을 이용한다고 믿었다. 미디어가 외부 동인의 역할을 맡아 '사람들의 머릿속에 있는 상'을 조작하고자 할 때, 미디어는 공적인 토론을 위해 신뢰할 수 있는 조력자이자 후견인으로서의 힘을 잃어버리고 우리의 관심을 얻으려고 하는 또 하나의 경쟁자가 될 뿐이다. 또한 공동체와 미디어 사이의 생산적일 수 있었던 상호 의존성은 깨지고 미디어의 공론장으로서의 역할은 더 이상 수행되지 못할 가능성이 높다.

Instant Access

### 선전 이론 Propaganda Theory

**장점**

1. 최초의 체계적인 매스 커뮤니케이션 이론이다.
2. 미디어가 강력한 효과를 가질 만한 이유에 초점을 둔다.
3. 미디어의 효과를 높이는 개인적, 사회적, 문화적 요인을 파악한다.
4. 캠페인을 이용한 상징의 배양에 초점을 둔다.

**단점**

1. 보통 사람들의 메시지 평가 능력에 대해 과소평가한다.
2. 미디어의 효과를 제한하는 개인적, 사회적, 문화적 요인을 간과한다.
3. 미디어 효과의 속도와 범위를 과대평가한다.

## 현대의 선전 이론

앞서 히플러와 스프라울이 제시했던 선전의 특성—복잡한 이슈의 단순화 및 그러한 단순화의 반복, 은밀하고 대규모로 조직된 커뮤니케이션의 사용, 반성적 사고를 막기 위해 고안된 교묘한 언어의 활용—에 대해 생각해보자. 또한 경제적 어려움과 정치적 분열의 시기에 사람들은 선전에 쉽게 휘둘릴 수 있다는 라스웰의 주장도 기억하자. 그리고 훼손적 선전의 궁극적인 목표는 '진리'라는 개념 자체를 무의미하게 만드는 데 있다는 점도 상기하자. 이를 통해 왜 현대의 비판 이론가들이 선전이 오늘날에도 건재하며 과거와는 견줄 수 없을 정도로 은밀하고 정교하고 효과적으로 행해진다고 주장하고 있는지를 이해할 수 있을 것이다. 그들은 선전을 통해 제대로 전파되어 '당연해진 신념'들에 관해 언급하며 이에 대한 의미 있는 공적 담론이 이루어지는 것은 불가능하지는 않더라도 어려워졌다고 말한다. 이 당연해진 신념에 대안이 제시되는 경우에 이를 언급한 사람들이 급진적이거나 비주류에 속하거나 혹은 특이한 존재처럼 여겨진다. 더 나아가 대안을 고려하는 것이 실패로 돌아갈 경우, 대안을 위한 사고와 성찰을 제한하는 데 가장 큰 책임이 있는 경제 분야 엘리트들이 혜택을 보게 된다. 이렇게 정치 담론과 광고는 현대 선전과 관련해 자주 연구되는 분야이며, 현대 선전 이론의 중심 주장은 권력을 가진 엘리트가 매스 미디어와 그 내용을 철저하게 통제하기 때문에 그들이 말하고자 하는 '진실'을 그 문화에 강요하는 데 어려움이 거의 없다는 것이다. 스프라울은 선전으로서의 광고에 대해 『선전의 채널*Channels of Propaganda*』(1994)과 『선전과 민주주의: 미디어와 대중 설득에 관한 미국의 경험*Propaganda and Democracy: The American Experience of Media and Mass Persuasion*』(1997)에서 매우 설득력 있게 기술했다. 철학자 제이슨 스탠리는 광고 역시 선전의 일종이라고 보며, 그 이유는 광고가 겉으로는 어떤 이상을 구현하는 것처럼 보이지만 실제로는 그 이상과 무관한 목적에 봉사하기 때문이라고 말한다. 그는 광고를 "특정한 이상을 구현하는 것처럼 제시되지만, 그 이상과는 무관한 목표에 봉사하는 공적 담론에 대한 기여"라고 정의한다(Stanley, 2015: 56). 광고주는 이윤 극대화를 목적으로 하며, 이를 위해 중요한 문화적 가치를 변형시킨다. 자유는 탄산음료의 다양한 맛 중 하나를 선택하는 것으로 전락하고, 사랑은 자녀에게 최신 장난감을 사주거나 연인에게 최신 자동차를 선물하는 것으로 표현되며, 행복은 더 많은 물건을 소유하는 것으로 환원된다.

이처럼 공적 담론과 토론의 관점이 편협해지는 현상을 고찰한 책으로는 역사학자 허브 실러Herb Schiller의 『문화: 공공 의사 표현의 사유화*Culture, Inc.: The Corporate Takeover of Public Expression*』(1989), 커뮤니케이션 이론가 로버트 맥체스니Robert McChesney의 『기업 미디어와 민주주의에의 위협*Corporate Media and the Threat to Democracy*』(1997)과 『미디어의 문제*The Problem of the Media*』(2004), 매스 커뮤니케이션 연구자 캐슬린 홀 제이미슨Kathleen Hall Jamieson과 폴 왈드먼Paul Waldman의 『언론의 효과*The Press Effect*』(2003), 언어학자 노암 촘스키Noam Chomsky의 『미국의 힘과 신관료들*American Power and the New Mandarins*』(1969)과 『민주주의 단념시키기*Deterring Democracy*』(1991), 그리고 촘스키와 에드워드 S. 허먼Edward S. Herman이 함께 집필한 『여론 조작*Manufacturing Consent*』(1988) 등이 있다(Herman & Chomsky, 1988). 이 책들은 모두 공통적인 관점을 제시한다. 제이미슨과 왈드먼의 표현에 따르면, "대중에게는 '사실fact'을 구분하고 자신과 관련짓는 일이 어려울 수 있는데, 특히 뉴스가 정보의 일부를 선택적으로 제공하고 나머지 정보는 숨기는 정치인들과 그 밖의 이해관계자들의 영향을 받을 때 그렇다"(Jamieson & Waldman, 2003: xiii).

선전 이론에 대해 현재 진행되고 있는 이러한 재평가는 주로 비판 이론가들로부터 제시되었고 그 결과 좌익 성향을 띠고 있었다. 행동주의 학자 리처드 라이티넨Richard Laitinen과 리처드 라코스Richard Rakos는 현대의 선전에 대해 또 하나의 비판적 관점을 제시한다(Laitinen & Rakos, 1997). 그들은 현대의 선전을 "미디어 조작에 의한 행동의 통제"(Laitinen & Rakos, 1997: 237)로 정의하고 그것이 세 가지 요인에 의해 촉진된다고 주장했다. 대중이 "몹시 팍팍한 생활에 갇혀 식견이 없고 정치적인 참여도가 낮은 경우…… 복잡한 여론 조사와 설문 조사의 결과가 선전원들의 영향력을 높이기 위해서 사용되는 경우…… 미디어 기업이 거대한 복합 기업으로 통합되는 경우"이다(Laitinen & Rakos, 1997: 238-239). 이와 같은 요인들이 결합해 대중이 의식하지 못하는 사이에 실로 엄청난 영향력을 힘 있는 기업과 정부 엘리트들에게 제공한다. 라이티넨과 라코스는 다음과 같이 기술했다.

> 현대 민주주의 사회에서 정보에 대한 정부의 억압적인 통제가 부재한 것은 대체적으로 '자유 사회'의 근본적인 특성으로 여겨진다. 그러나 유해한 통제가 없다고 해서 정보가 통제로부터 '자유롭다'는 의미는 아니다. 오히려 직접적인 경제적 우연성과 간접적인 정치적 우연성에 의해 영향을 받는 지금의 메커니즘은 과거의 압제적인 형태보다도 행동의 다양성에 더 큰 위협을 가한다. 오늘날의 정보는 보다 체계적이고 지속적이고 일관적이며, 주제넘지 않으며, 본질적으로 강력하다(Laitinen & Rakos, 1997: 237).

정치적인 우파 역시 선전 이론에 대해 새로운 관심을 표하고 있다. 선전에 대한 이와 같은 보수적인 관심은 진보적 미디어 편향에 대한 비평의 형태를 띠고 있다(Coulter, 2006; Goldberg, 2003, 2009; Morris & McGann, 2008; Shapiro, 2011 참조). 대다수의 기자가 민주당에 투표한다는 설문 조사 결과 외에 이와 같은 주장을 뒷받침하는 진지한 연구 결과는 거의 없다. 우선 미디어 비평가 에릭 알터먼Eric Alterman은 "기자의 당파적 성향은 뉴스 콘텐츠 자체에 대해 아무것도 알려주지 않는다"고 주장한다(Alterman, 2017). 실제로 미국 내 대다수 언론사 임원진 및 소유주가 공화당에 투표하고, 대다수의 신문 칼럼니스트들이 보수적인 성향의 칼럼을 쓰며, 방송 및 케이블 시사 프로그램에 출연하는 '뉴스메이커'들은 거의 다 중도 우파이다. 시청자 수 기준으로 보면 보수 성향의 폭스 뉴스Fox News는 케이블 뉴스 네트워크 중 시청률 1위를 차지하고 있으며, 그 시청자 수는 진보적 성향의 MSNBC의 두 배가 넘는다. 케이블 뉴스 시청률 상위 10개 프로그램은 모두 폭스 뉴스 소속이고, 상위 6개 소셜 미디어 뉴스 사이트 중 5개가 우파 성향이며, 라디오 뉴스 오피니언 쇼 상위 5개도 극우 성향을 띤다(The Right, 2017). 맥체스니는 미디어 소유권에 대한 추가적인 관점을 제시했는데, 그는 "'진보적' 미디어에 대한 보수적인 개념이 가지는 근본적인 오류는 편집인과 기자가 뉴스에 들어가는 내용에 대해 거의 완전한 통제권을 가지고 있다고 여기는 데 있다…… 보수적인 '분석'에서, 제도적 요인들인 기업의 소유권, 수익 지향성, 광고 지원 등은 미디어의 내용에 아무런 영향력도 미치지 못한다…… 저널리즘이 미디어 소유주와 광고주의 이익에 반하는 생산물을 정기적으로 제작할 수 있으며 큰 어려움 없이 이 일을 하는 것이 가능하다는 생각을 뒷받침하는 증거는 없다"고 말한다(McChesney, 1997: 60). 미디어 법 전문가 찰스 틸링하스트Charles Tillinghast 역시 같은 견해를 밝히며 다음과 같이 말한다. "기자도 인간이기에 자신의 이해관계를 판단할 수 있으며, 가족을 부양하고 생계를 유지해야 한다는 점에서 어떤 위험은 감수할 만하고 어떤 위험은 피해야 할지를 알 수 있다…… '먹여 살리는 손을 물지 않는다'는 점을 이해하는 데 대단한 머리는 필요 없다"(Tillinghast, 2000: 145-146). 예를 들어, 미국에서 가장 많은 지역 방송국을 소유한 싱클레어 방송 그룹Sinclair Broadcasting은 미국 전역 81개 방송 시장에서 173개의 방송국을 보유하고 있으며, 보수적 성향의 논평을 제작해 지역 앵커들에게 이를 그대로 방송에서 낭독하게 하고, 마치 자신의 견해인 것처럼 시청자에게 전달하도록 지시한다(Rosenberg, 2018).

대중사회 이론에 대한 현대의 관심을 통해 살펴본 바와 같이 일부 후기실증주의자들은 선전 이론을 다시 검토하고 있으며, 이는 의제 설정, 프레이밍, 침묵의 나선과 같은 효과 이론을 고려한 것이다. 레베카 커날리아Rebecca Curnalia는 다음과 같이 말했다.

> 선전에는 (a) 태도 대상attitude object을 프레이밍하기 위한 수사적 장치를 사용하는 것, (b) 공중 의제에 영향을 줄 만큼 널리 메시지를 유포하는 것, 이슈

> 에 대한 (c) 접근성을 높여 사람들에게 더 확실하게 받아들여질 수 있도록 하는 것, 그렇게 함으로써 (d) 이슈가 널리 받아들여지고 있는 관점에 따라 전해지도록 영향을 미치는 것이 포함된다. 이 과정에서 사람들은 (e) 다수의 의견이 태도 대상에 대해 더 호의적이라고 인식하고 이에 동의하거나 침묵하라는 규범적 압력을 경험하게 된다. 선전의 과정과 효과에 대한 이 설명은 선전 분석가의 정의 및 미디어 효과에 대한 경험적 연구 결과가 제시한 바와 동일하다 (Curnalia, 2005: 253).

엘리트들이 여전히 자신들의 목적을 위해 선전을 활용하고 있다는 주장을 뒷받침하기 위해, 현대 선전 이론가들은 미국이 거짓된 전제에 기반해 이라크 침공에 나선 사건(Suskind, 2004)과, 2008년 세계 경제를 마비시키고 대공황을 초래한 경제 상황과 관행을 은폐하는 데 언론이 가담한 점(Mitchell, 2009)을 예로 든다. 더욱 최근에는, 경제적 우려가 심화되고 정치적 분열이 역사적으로 가장 극심해진 시점(Jones, 2019)에, 도널드 트럼프 대통령의 집권으로 인해 그동안 다른 나라의 일로만 여겨졌던 '훼손적 선전'에 대해 미국 학자들의 관심이 되살아났다. 집권하고 2년이 채 지나기도 전에 트럼프 대통령은 허위 혹은 오해를 불러일으키는 주장을 7,645회나 했는데, 이는 하루 10회 이상에 해당하는 수치이다(Bunch, 2019). 이에 대해 대통령의 수석참모 켈리앤 콘웨이Kellyanne Conway는 해당 발언들이 허위나 오해의 소지가 있는 것이 아니라 단지 '대안적 사실alternative facts'일 뿐이라고 설명했다(Meet the Press, 2017). 이후 같은 프로그램에서 대통령의 변호사 루디 줄리아니Rudy Giuliani는 트럼프 대통령과 러시아 정부 간의 선거 개입 공모 의혹과 관련해 "진실은 진실이 아니다"라고 주장했다(Gomez, 2018). 한편 트럼프 대통령 본인은 언론을 "부정직하다", "쓰레기다", "국민의 적이다", "가짜 뉴스다"(Williams, 2017)라고 규정하며, 미주리주 캔자스시티 집회에서는 "당신들이 보고 있는 것, 뉴스에서 읽고 있는 것은 실제로 벌어지는 일이 아니다"라고 발언했다(Wise, 2018). 『워싱턴 포스트』의 편집장 마티 배런Marty Baron은 이러한 현상을 선전 이론을 통해 설명하며, 대통령이 "언론을 사실의 독립적 판단자로서의 언론의 자격을 박탈하려 한다"고 주장했다. "그는 언론이 판단자의 역할을 맡기를 바라지 않고, 과학자도, 법원도, 정보기관도 원하지 않는다. 오직 자신과 백악관만이 사실을 판단하는 주체가 되길 원한다"(Institute of

Politics & David Axelrod, 2018). 퓰리처상을 수상한 탐사보도 기자 제임스 라이즌James Risen은 대통령이 "미국 언론의 정당성을 무너뜨리려는 것"이라고 경고했다(Risen, 2018, para. 13). 보수적 작가이자 사회비평가인 앤드루 설리번Andrew Sullivan은 "이 같은 객관적 진리를 중심으로 한 공적 담론의 해체가 최고위층의 명백한 거짓말이 편향적 소셜 미디어, 더욱 극단화된 토크 라디오, 그리고 사실상 국영 선전 채널인 폭스 뉴스에 의해 끊임없이 유포되면서 이루어지고 있다"고 지적했다(Andrew Sullivan, 2018: 1). 팩트체크 전문 기관 폴리티팩트Politifact의 분석에 따르면, 폭스 뉴스, 폭스 비즈니스 등 폭스 계열 방송의 진행자들과 그 방송에 출연한 평론가들이 방송 중에 한 발언 중 완전히 사실로 인정된 비율은 단 10%에 불과했다(FOX's File, 2018).

당시의 연구는 이러한 '가짜 물대포firehose of falsehood' 전략의 효과를 확인한 듯하다. 탐사 저널리스트 모니카 바우어라인Monika Bauerlein의 표현을 빌리자면, 2018년의 유권자 연구 그룹 조사에서 미국인의 40%가 자국 민주주의의 작동 방식에 불만을 표했고, 거의 4분의 1이 "의회나 선거에 구애받지 않는 강력한 지도자"를 "꽤 좋거나 매우 좋다"고 평가했다(Drutman, Diamond, & Goldman, 2018). 또 다른 조사에서는 트럼프 지지자 중 43%가 '나쁜 행동'을 한다고 판단되는 뉴스 매체를 대통령이 폐쇄할 권한을 가져야 한다고 답했으며, 절반에 가까운 응답자가 "뉴스 미디어는 국민의 적"이라고 믿는다고 응답했다(Stein, 2018). 어떻게 그럴 수 있을까? 사람들은 더 잘 알고 있지 않을까? 꼭 그렇지는 않다. 인지심리학 연구에 따르면, 반복된 거짓 주장은 실제로 사람들이 이미 알고 있는 사실보다 인지적으로 처리하기 쉽기 때문에 더 진실처럼 인식된다고 한다(Fazio, Brashier, Payne, & Marsh, 2015).

### 자유지상주의의 부활과 문제점

1930년대 후반에 이르러 민주주의의 미래에 대한 비관적 평가가 널리 확산되었다. 보수적인 엘리트들 대부분은 전체주의를 막을 수 없을 것이라고 확신했다. 그들은 라스웰이나 리프먼의 이론을 보통 사람들은 신뢰할 수 없다는 주장의 증거로 삼았다. 미래에 대한 희망은 테크노크라시와 과학에 달려 있었다.

3장에서 우리는 이와 같은 기술 관료주의적 관점에 저항해 나타난 이론의 발달에 관해 살펴볼 것이다. 이러한 새로운 사상을 지지하는 사람들은 사회과학에 기반해 미디어를 바라보지 않았으며 민주주의와 미디어에 대한 예전의 개념들을 회복시키고자 했다. 만약 근대 민주주의가 위협받고 있었다면 아마 그 위협은 과거의 가치와 이상으로부터 너무 많이 멀어진 결과로 인해 나타났을 것이다. 어쩌면 이러한 점들은 개선될 수 있으며 현대 사회 제도는 정화되고 재개될 수 있을 것이다. 이론가들은 미국 헌법 제정자들이 주장했던 자유지상주의libertarianism를 다시 한번 민주주의와 관련짓고자 했다. 그러는 가운데 그들은 지금까지도 유지되고 있는 미디어에 대한 관점을 정립했다.

**자유지상주의**
인간을 선하고 이성적이며 선과 악을 분별할 수 있는 존재로 보는 규범 이론.

대중사회 이론, 선전 이론, 그리고 3장에서 논의할 개념들은 모두 이 분야의 역사에서 옳건 그르건 초기 매스 커뮤니케이션 연구와 이론의 발달 과정을 형성했다(Jowett & O'Donnell, 1999; Sproule, 1987). 미디어 이론에 대한 이러한 접근 방식을 일컫는 대중사회 트렌드는 여전히 중요하다. 지금까지 살펴본 바와 같이 현대의 학자들 중 일부는 대중사회 트렌드가 여전히 영향을 미치고 있다고 주장한다. 게다가 미디어의 영향력에 대한 이와 같은 초기의 이해를 바탕으로 미디어에 대한 본격적인 논의가 시작되었다. 예를 들면 미디어는 중요한 영향력을 미치는지 그렇지 않은지, 사람들에게 미디어의 영향력에 저항할 능력이 있는지 없는지, 미디어가 부정적인 영향력을 제한하고 전사회적 이익을 위해 기여해야 하는 책임이 있는지 없는지에 관한 것도 이와 같은 사항에 포함된다. 미디어의 사회적 책임과 관련된 내용은 바로 다음 장에서 자세히 살펴볼 것이다.

## 학습 목표 확인

- **대중사회 이론과 선전 이론의 발달을 이끈 사회적 · 문화적 · 정치적 배경에 대해 설명한다.**

대중사회 이론과 선전 이론이 처음 등장했을 당시의 사회는 매우 격동적이었다. 산업화와 도시화가 유럽과 미국 사회를 빠르게 재편하고 있었으며, 이러한 기술 변화는 그것이 미치는 사회적·문화적 영향에 대한 충분한 고려 없이 진행되었다. 사회적 변화는 '진보'라는 명분으로 합리화되었지만, 그 대가는 특히 보통 사람들에게 매우 컸다. 미디어는 이러한 근대화 시대를 형성하고 또 그로부터 영향을 받은 기술 중 하나였다. 산업 사회는 빠르고 효율적인 정보 전달을 필요로 했고, 19세기 중후반 대도시 인구의 성장과 값싼 콘텐츠에 대한 수요는 새로운 미디어의 발전을 촉진시켰다. 고속 인쇄기와 식자기는 저렴한 비용으로 대량 인쇄를 가능하게 했다. 미국 동부 및 무역 중심지에서 신문이 급성장했고, 대도시의 신문 판매 전쟁은 독자의 규범과 가치를 심각하게 위협하는 선정적 저널리즘의 확산으로 이어졌다. 한편 세계적으로는 전체주의 지도자들이 당시의 혼란과 기술을 이용해 대중을 자신들의 권위주의적 시각으로 포섭하려 했다.

- **대중사회 이론과 선전 이론에서 학자들이 생각하는 매스 미디어의 역할을 파악한다.**

미디어 산업의 변화는 종종 다른 사회 제도들에 변화를 요구하며, 의사소통 방식의 변화는 다른 제도들에 불안정을 초래할 수 있다. 기존 제도의 지도자들은 외부로부터의 변화 압력을 싫어하며, 기존 방식을 바꾸는 데 저항한다. 20세기 전반의 새로운 미디어 기술 도입은 대중이 이를 다루는 데 미숙했기 때문에 특히 혼란스러웠다. 보수적 비평가들은 새로운 미디어의 부상을 가족, 종교, 정치, 군대, 교육 등 기존 제도를 위협하는 것으로 간주했다.

- **대중사회 이론가와 선전 이론가들이 대중, 그리고 대중의 미디어와의 상호작용 능력을 어떻게 인식했는지를 이해한다.**

대중사회 이론가들은 사람들이 전통적 제도로부터 단절되어 고립된 존재라고 보았다. 많은 선전 이론가들은 대중을 엘리트주의적 · 가부장적 시선으로 바라보았으며, 사람들을 '그들의 이익을 위해' 설득해야 한다고 생각했다. 이들은 대중이 비합리적이고 문맹률이 높으며 관심이 부족하다고 보았기 때문에, 강제로든, 유혹으로든, 속여서든 일정한 메시지를 전달해야 한다고 보았다. 그러나 일부 이론가들은 교육을 통해 대중이 열린 담론에 참여할 수 있으며, 그렇게 되면 선전 효과가 약화될 수 있다고 믿었다.

- **현대 사회에서 대중사회 이론과 선전 이론이 어떤 유형으로 존재하는지 설명한다.**

대중사회 이론의 핵심 가정인 '타락한 미디어'와 '무기력한 대중'이라는 관점은 사라지지 않았다. 미디어가 지배 엘리트의 권력을 위협하거나, 기업 미디어가 널리 퍼진 사회 규범과 가치를 위협하는 콘텐츠를 유통하는 한, 미디어의 위험성을 경고하는 목소리는 계속될 것이다. 오늘날 이 이론은 고급문화를 옹호하는 이들, 미디어 독점을 반대하는 이들, 그리고 포퓰리즘과 가짜 뉴스 확산을 미디어와 연결짓는 사회과학자들에 의해 여전히 지지받고 있다. 현대의 선전 이론은 정치 담론과 광고에 중심을 두며, 엘리트들이 미디어를 철저히 통제하고 자신들의 '진실'을 대중문화에 주입하고 있다고 주장한다.

- 대중사회 이론이 제시하는 미디어와 수용자에 대한 가정에는 어떤 것들이 있는지 알아본다.

미디어는 사회의 필수 규범과 가치를 와해시켜 사회 질서를 위협할 수 있는 막대한 영향력을 지닌 존재이다. 그러므로 엘리트의 통제가 필요하다. 미디어는 일반인의 사고방식을 직접적으로 바꿀 수 있으며, 이로 인해 개인뿐 아니라 사회 전반에 부정적 결과를 초래할 수 있다. 현대 사회에서 사람들은 전통적 사회 제도에서 단절되어 있기 때문에 미디어 조작에 취약하다. 미디어로 인한 혼란은 전체주의적 질서의 수립으로만 해소될 수 있다. 매스 미디어는 고급문화를 저하시키며 문명의 쇠퇴를 가져온다.

- 대중사회 이론의 초기 사례를 살펴본다.

페르디난트 퇴니에스는 게젤샤프트와 게마인샤프트의 이분법을 통해 전통 사회(민속 공동체)와 근대 사회(근대 산업 사회)를 구분했다. 전통 사회는 가족, 전통, 엄격한 사회적 역할에 의해 강하게 결속되어 있었지만, 근대 사회는 인간관계가 형식적이며 도덕적 의무가 약화되었다. 에밀 뒤르켐은 이분법을 받아들이면서도 다른 해석을 제시했다. 그는 전통 사회를 기계적 연대로, 근대 사회를 유기적 연대로 보았다. 근대 사회는 사람들이 전문화된 역할을 수행하며 상호 의존성을 갖는 구조이다.

- 행동주의, 프로이트 학설, 해럴드 라스웰과 월터 리프먼의 선전 이론, 존 듀이의 대안적 관점을 설명한다.

행동주의는 인간의 모든 행동이 외부 자극에 대한 조건 반응이라는 관점이며, 프로이트 학설은 인간 행동이 이드, 자아, 초자아 간의 갈등에서 비롯된다고 본다. 이러한 '인간의 약점'은 선전에 의해 쉽게 이용될 수 있다. 해럴드 라스웰은 선전이 상징을 통해 사람들의 사고와 행동을 유도하며, 대중은 수동적으로 영향을 받는다고 보았다. 월터 리프먼도 대중이 자율적으로 판단할 능력에 회의적이었으며, 불완전한 인지적 이미지가 민주주의에 위협이 된다고 주장했다. 이에 반해 존 듀이는 대중이 합리적이라는 전제 아래, 선전에 대한 해법은 미디어를 엘리트가 통제하는 것이 아니라 대중 교육 확대에 있다고 보았다.

## 생각해볼 문제

1. 로저 스크러턴은 우리에게 지성인이 된다는 것이 어떤 의미인지 알려주고자 했다. 그는 우리가 고전에 대해 기본적인 이해를 갖추고 있어야만 지성인이 될 수 있다고 생각했다. 그는 "보들레르의 『악의 꽃』과 T. S. 엘리엇의 『황무지』를 읽었다면 도움이 될 것"이며, 또한 "모차르트, 바그너, 마네, 푸생, 테니슨, 쇤베르크, 조지 허버트, 괴테, 마르크스, 니체에 대해서도 어느 정도 알고 있을 것"으로 간주했다. 여러분은 이 중에서 잘 알고 있는 대가와 작품이 얼마나 되는가? 만약 여러분이 이 중 대부분의 대가와 작품에 대해 잘 모른다면, 이는 여러분이 지성인이 아니라는 것을 의미하는가? 지성에 대해 다른 정의를 내릴 수 있는가? 캠퍼스에서 스크러턴을 만나게 된다면 지성인에 대한 그의 정의에 관해 어떤 이야기를 나누겠는가?

2. 미국 건국의 아버지 벤저민 프랭클린은 안보를 얻기 위해 자유를 이와 바꾸는 미국인이 있다면 그는 자유도, 안보도 누릴 자격이 없다고 말했다. 그가 말하고자 했던 것은 무엇인가? 이와 같은 정서를 민주주의 사회에서의 선전의 역할에 대한 논쟁과 결부시킬 수 있는가? 이 주제에 관한 프랭클린의 입장은 무엇이었겠는가?

3. 기업 소유 구조와 광고 수익에 의존하는 수익 구조를 감안한다면 전통 뉴스 미디어가 과연 진정으로 '진보적'일 수 있을까? 수많은 성공적인 보수 미디어가 존재하는 현실을 고려할 때, "미디어가 너무 진보적이다"라는 주장은 단지 특정 비평가들이 싫어하는 매체에만 해당되는 것이 아닐까? 이익을 추구하는 뉴스 미디어를 공익 중심의 비영리 미디어로 대체해야만 할 것인가?

# 매스 커뮤니케이션의 규범 이론

3장

### 학습 목표

- 미디어의 규범 이론과 그 기원에 대해 살펴본다.
- 자유지상주의가 매스 미디어 운영의 원칙으로 활용되기에 적합한지 평가해본다.
- 미디어 자유에 대한 '사상의 시장' 접근법의 장점과 단점에 관해 알아본다.
- 사회적 책임 이론의 유용성에 대해 고찰하고, 앞으로, 특히 이 인터넷 시대에 미디어 업계에서 담당할 수 있는 역할이 있을지 생각해본다.

## 개요

황색 저널리즘 시대에는 미디어 종사자 대부분이 기사의 정확성, 객관성, 공적 감수성에 대해 세심한 주의를 기울이지 않았다. 그러나 20세기 초에 이르러 미디어 종사자들과 사회 엘리트들 사이에서 미디어에 대한 신뢰를 높이기 위해 정화 운동이 시작되었다. 이 운동이 추구한 것은 '전문직주의professionalism'였고, 그 목표는 조잡하고 무책임한 미디어 콘텐츠를 걸어내는 것이었다.

미디어 개혁을 위한 이 임무를 수행하기 위해서는 이론이 필요했다. 그리고 이 이론의 목표는 다음 질문에 대한 답을 찾는 것이었다.

- 미디어는 최단 시간에 가장 많은 수익을 가져다주는 콘텐츠를 배포하는 것 외에 그 이상의 무언가를 해야 하는가?
- 바로 수익이 나지는 않더라도 미디어가 제공해야 하는 필수적인 공공서비스가 있는가?
- 사회 문제를 파악하고 해결하는 데 미디어가 개입해야 하는가?
- 미디어가 감시견의 역할을 통해 영업 사기와 부패한 관료로부터 시민을 보호하는 일은 필요하며 권장할 사항인가?
- 위기 상황에서 미디어는 우리를 위해 무엇을 해줄 수 있는가?

미디어의 역할에 관한 이 광범위한 질문들은 미디어의 운영과 관련이 있다. 미디어의 경영 관리 직무와 취재 및 제작 직무는 어떻게 조직되어야 하는가? 미디어 종사자들은 어떤 도덕적·윤리적 기준에 따라 움직여야 하는가? 그들에게 개인적·직업적 이익 추구 외에 다른 의무가 있는가? 기자가 된다는 것은 정확히 어떤 의미가 있는가? 개인의 사생활을 침해하거나 명성을 잃게 할 수도 있는 일이 용인되거나 심지어 필요한 상황이 있는가? 어떤 사람이 텔레비전 카메라 앞에서 자살하겠다고 위협하는 경우 기자는 어떻게 해야 하는가? 이를 카메라에 담아야 하는가 아니면 자살을 막아야 하는가? 신문사는 비윤리적인 사업 관행에 대한 기사에 자사의 주요 광고주가 연루되어 있어도 보도해야 하는가? 텔레비전 방송국은 높은 시청률의 프로그램이 일상적으로 수위 높은 폭력 장면을 담고 있는 경우에도 방송해야 하는가?

이와 같은 질문에 대한 답은 규범 이론에서 찾을 수 있다. 이 이론은 미디어 시스템의 이상적인 구조와 운영 방법에 관해 설명한다. 규범 이론은 이 책에서 소개하는 대부분의 이론들과 달리 미디어와 관련된 사항을 현상 그대로 기술하지 않으며 과학적으로 설명하거나 예측하지도 않는다. 그 대신 어떤 이상적인 가치나 원칙을 실현하기 위해서 미디어가 어떻게 운영되어야 하는지를 제시한다. 규범 이론은 다양한 방식으로 정립되었다. 미디어 종사자들이 개발한 이론도 있고 사회 비평가나 학자들이 만든 이론도 있다. 대부분의 규범 이론은 오랜 시간에 걸쳐 발전하면서 기존의 이론들에서 가져온 요소들을 내포하게 된다. 특히 현재 미국에서 매스 미디어 운영의 원칙과 같은 역할을 하는 규범 이론의 경우가 그러한데, 이는 지난 3세기에 걸쳐 발전된 아이디어를 종합한 것이다.

이 장에서는 다양한 규범 이론에 대해 검토하고자 하는데, 그중에는 논란의 대상이 되는 것들도 있다. 여기에서는 초기의 규범 이론에서 시작해 최근의 규범 이론까지 다룰 것이다. 특히 미국에서 미디어 운영의 원칙과 같이 여겨지는 규범 이론인 **사회적 책임 이론**social responsibility theory에 초점을 맞춰 살펴보고자 한다. 사회적 책임 이론이 등장한 이후로 미국 내에서 규범 이론에 대한 논의는 거의 이루어지지 않았다. 사회적 책임 이론이 미디어에 대해 이상적인 기준을 제시함으로써 그 이상의 논의는 그저 불필요한 것처럼 보였다. 그러나 지난 50여 년 동안 미디어 산업은 전례 없이 성장했고 미디어 소유는 소수 기업에 집중되었으며, 그 결과 사회적 책임을 다하기보다 순이익을 올리는 데 더 열성적인 거대 복합 기업이 미디어 콘텐츠의 제작과 배포를 거의 독점하다시피 했다. 또한 인터넷으로 인해 미디어의 수와 종류가 다양해졌는데, 각 미디어가 전통적인 규범인 사회적 책임을 이행하는 정도는 다 달랐다. 뉴스 사이트 폴리티코Politico의 내셔널 에디터 마이클 허쉬Michael Hirsh는 오늘날 저널리즘이 "어떤 면에서는 오랜 역사적 흐름의 끝자락에 있다"고 설명한다. "우리는 소수의 공인된 매체들로부터 출발했고, 이들은 정말로 권위 있게 말할 수 있었다. 그러나 이제 그것들은 대부분 사라져 버렸다. 『뉴욕 타임스』나 『워싱턴 포스트』는 여전히 존재하지만, 예전처럼 의제를 좌우할 수 있는가는 의문이다. 그 사이에, 인터넷에서는 1만 개의 '잡초'가 자라났다. 사람들이 생각을 같이하는 이들과 모여 정보를 얻는 사이트들인데, 그 정보들 중 많은 부분은 단순한 쓰레기다. 중심이 없다"(Chait, 2016 재인용).

**사회적 책임 이론**
규범 이론의 하나로, 미디어 산업과 그 공적 책임을 우선시하여 완전한 미디어 자유를 선호하는 입장과 정부의 미디어 통제를 선호하는 입장 사이의 절충안을 제시함.

이 장에서는 사회적 책임 이론이 어떻게 미국의 미디어 종사자들에게 지속적인 관심을 받을 수 있었는지에 대해 알아볼 것이다. 그리고 사회적 책임 이론의 기본 가정이 지속적으로 발달하고 있는 미디어와 더불어 콘텐츠 창작자, 공급자, 수용자 간에 새롭게 형성되는 관계에 영향을 받는다는 점을 고려해 앞으로의 전망에 대해서도 살펴보고자 한다. 또한 이 이론을 다른 국가에서 널리 사용되는 다른 이론들과 대조해볼 것이다. 인터넷 기반 미디어가 뉴스 배포에서 압도적 우위를 점하게 된 상황(Newman, 2019)에서 사회적 책임 이론은 계속해서 이들의 원칙이 될 것인가 아니면 대안이 나올 것인가? 사회적 책임 이론은 국가 발전 과정에서의 특정한 시기, 특정한 미디어 유형에 맞춰져 있기 때문에 미디어 산업이 변화하는 현 상황을 고려해 상당한 수정을 거치거나 대체되어야 할 필요가 있어 보인다.

## 미디어의 규범 이론과 그 기원

**급진적 자유지상주의**
자유지상주의의 선하고 이성적인 공중과 전적으로 규제되지 않은 미디어에 대해 절대적으로 신뢰하는 사상.

**수정헌법 제1조 절대론자**
엄밀한 의미로 미디어는 결코 규제되어서는 안 된다고 믿는 사람들.

지난 세기 초부터 지금까지 미국 사회에서는 매스 미디어의 역할에 관해 열띤 논쟁이 계속되어왔다. 논쟁의 한 끝에는 **급진적 자유지상주의**radical libertarianism 이상을 주장하는 사람들이 있는데, 그들은 미디어 운영을 규제하는 법은 존재하지 않아야 한다고 믿는다. 바로 **수정헌법 제1조 절대론자**First Amendment absolutist로 '자유 언론'의 개념을 문자 그대로 모든 형태의 미디어가 결코 규제되어서는 안 된다는 의미로 받아들인다. 이 사람들이 절대적인 진리로 받아들이는 것은 수정헌법 제1조가 "의회는 언론과 출판의 자유를 제한하는…… 법을 만들지 않는다"는 표현 그대로를 의미한다는 것이다. 미 연방 대법관 휴고 블랙Hugo Black의 명료한 진술처럼 "법이 없다는 말의 의미는 법이 없다는 것이다"(New York Times Co. v. United States, 1971).

**기술 관료적 통제**
미디어에 대한 직접적인 규제로 대부분 정부 기관이나 위원회에 의해 이루어짐.

논쟁의 또 다른 극단에는 미디어에 대한 직접적인 규제, 즉 정부 기관이나 위원회에 의한 규제가 정당하다고 믿는 사람들이 있다. 여기에는 **기술 관료적 통제**technocratic control를 지지하는 해럴드 라스웰이나 월터 리프먼과 같은 학자들이 포함된다. 그들은 미디어 종사자들에게 책임감 있는 전달자의 역할이나 공공의 필요를 만족시키는 역할을 기대할 수 없다고 주장했다. 특히 위기 상황이나 사회적 대변동의 시기에는 더욱 그렇다는 것이다. 따라서 미디어가 중요한 공공의 필요를 반드시 충족시킬 수 있도록 어떤 감시나 통제가 필요하다고 주장했다.

2장에서 살펴본 바와 같이 미디어에 대한 통제를 지지하는 사람들의 주장은 선전 이론에 기초하고 있었다. 그들은 치명적인 선전의 위협으로부터 자유로워지기 위해서는 정보의 수집과 전송이 현명한 사람들의 통제 아래 있어야 한다고 믿었다. 바로 공공의 이익을 위한 직무를 맡길 수 있는 기술 관료들이다. 이 기술 관료들이 지닌 직업의식과 노련함이 미디어 콘텐츠가 사회적으로 가치 있는 목적에 사용되는 데 큰 역할을 할 것이라고 여겨졌다. 예를 들어 테러의 확산을 막거나 사람들에게 자연 재해에 관한 정보를 전하거나 다가오는 재앙에 관해 주의를 주는 것 등이다. 미디어에 대한 규제를 지지했던 또 다른 이들의 견해는 대중사회 이론에 근거를 두고 있었다. 그들은 미디어가 제공하는 하찮은 엔터테인먼트 콘텐츠가 고급문화의 기반을 약화시킨다고 우려했다. 그들은 특히 미디어가 섹스와 폭력을 보여주는 방식에 대해 비판했다. 미디어에 대한 규제를 지지했던 사람들은 또한 미디어의 영향으로 인해 도덕적 가치가 그 중요성을 잃어가는 것에 반감을 표했다.

이와 같이 선전 이론과 대중사회 이론 모두 미디어 규제의 필요성을 제기하는 데 사용될 수 있다. 두 관점 모두 미디어를 강력하고 파괴적인 영향력을 지닌 대상으로 보았으며 미디어가 반드시 공공의 이익을 위한 직무를 맡길 수 있는 현명한 사람들의 통제 아래 있어야 한다고 생각했다. 그러나 미디어를 검열하는 일을 누구에게 맡길 수 있는가? 사회과학자? 종교 지도자? 군대? 경찰? 의회? 연방통신위원회에 맡길 수 있는가? 권력을 가진 사람들 대부분이 미디어에 대한 통제가 필요하다고 믿었지만 이 역할을 누가 수행해야 할지에 대해서는 합의에 이르지 못했다. 그 사이 미디어 종사자들은 규제의 위험성에 대해 지적하고 자율 규제self-regulation를 제안함으로써 절충안을 마련했다. 바로 사회적인 책임감을 더하는 방법이다.

결국 이와 같은 논쟁을 거쳐 사회적 책임 이론이 그 모습을 드러냈다. 이 이론은 정부의 미디어 규제에 찬성하는 입장과 완전한 언론의 자유를 선호하는 입장 사이의 절충안으로 볼 수 있다. 사회적 책임 이론이 모든 사람을 만족시킨 것은 아니었지만 많은 이들에게 설득력 있게 다가갔는데, 특히 미디어 업계로부터 크게 주목받았다. 오늘날에도 미디어 종사자들 대부분은 사회적 책임 이론에 근거해 그들의 직무에 정당성을 부여한다. 사회적 책임 이론을 온전히 이해하기 위해서는 이 이론의 발전에 기여한 사상과 사건에 대해 살펴볼 필요가 있다.

## 커뮤니케이션에 대한 자유지상주의 사상의 기원

커뮤니케이션에 대한 근대 자유지상주의 사상의 기원은 16세기 유럽으로 거슬러 올라간다. 이 시기는 봉건 귀족들이 사람들의 삶에 자의적으로 권력을 행사하던 때이다. 또한 격변으로 사회가 흔들리던 때이기도 하다. 국제 무역과 도시화로 인해 지방 귀족들의 세력은 약해졌고 다양한 사회적·정치적 움직임도 일어났는데, 그중에서 특히 종교 개혁은 개인의 삶과 사상에 더 큰 자유를 부여할 것을 요구했다(Altschull, 1990).

커뮤니케이션 분야에서 자유지상주의 이론은 권위주의 이론authoritarian theory에 반대해 일어났다. 권위주의 이론은 모든 유형의 커뮤니케이션을 통치 엘리트와 정부 당국의 통제 아래 두었다(Siebert, Peterson, & Schramm,

**권위주의 이론**
규범 이론의 하나로 모든 유형의 커뮤니케이션을 통치 엘리트와 정부 당국의 통제 아래 두는 이론.

1956). 정부 당국은 그들의 권력을 두고 신이 부여한 사회 체제를 보호하는 수단이라고 정당화했다. 당시 대부분의 국가에서 이와 같은 통제권은 국왕이 미디어 종사자에게 칙허장을 수여하거나 면허를 승인하는 방식으로 행사되었다. 규정을 위반한 출판인들은 징역에 처해질 수 있었으며 칙허장이나 면허는 취소될 수 있었다. 따라서 모든 유형의 검열이 비교적 쉽게 이루어졌다. 권위주의적 통제는 독단적이고 일정하지 않은 방식으로 이루어지는 경향을 보였다. 때로는 소수 집단의 관점이나 문화가 반영된 저작물을 출판할 수 있는 자유가 주어지기도 했는데, 이는 정부 당국이 판단하기에 그들의 권력을 직접적으로 위협하지 않는다고 여겨지는 경우에 한했다. 전체주의와 달리 권위주의 이론은 단일한 국가 문화의 배양을 우선시하지 않는다. 단지 통치 엘리트를 묵묵히 따를 것을 요구할 뿐이다.

권위주의 이론에 반대했던 초기 자유지상주의자들은 교회와 국가가 커뮤니케이션에 행사하는 독단적인 규제로부터 개인이 자유로워질 수만 있다면, 그들이 '자연스럽게' 양심이 말하는 바를 따르고 진실을 찾고 공적 토론에 참여하며, 궁극적으로는 그들 자신과 타인을 위해 더 나은 삶을 만들어나갈 것이라고 주장했다(McQuail, 1987; Siebert, Peterson, & Schramm, 1956). 자유지상주의자들은 정부 당국이 부자연스럽고 독단적인 사회 질서를 유지하려 한다고 비난했다. 그들은 규제받지 않는 공적 토론과 논의를 통해 보다 자연스러운 방식으로 사회가 세워질 것이라고 믿었다. 초기 자유지상주의자 대부분은 당시 커뮤니케이션 자유를 규제했던 교회에 대항한 개신교도들이었다. 그들은 교회의 규제로부터 자유로울 때 사람들이 양심을 따르고 소통하는 가운데 궁극적으로 '진리the Truth'를 알게 될 것이라고 믿었다.

1644년에 출간된 『아레오파지티카*Areopagitica*』에서 존 밀턴John Milton은 커뮤니케이션의 자유를 자유지상주의적 관점에서 기술했는데, 그는 공정한 토론에서 선하고 진실한 주장은 언제나 거짓과 속임수에 승리할 것이라고 주장했다. 그리고 이와 같은 그의 주장이 맞을 경우 새롭고 더 나은 사회 체제가 공적 토론을 통해 구축될 것이라고 했다. 이러한 그의 견해는 밀턴의 **자기 조정의 원리**self-righting principle로 불리게 되었는데, 현대의 미디어 종사자들이 미디어의 자유를 보호하기 위한 근거로 이를 널리 인용하고 있다(Altschull, 1990). 이것이 사회적 책임 이론의 근본 원리이다. 그러나 애석하게도 초기 자유지상주의자 대부분은 '진리'를 찾고 이상적인 사회 체제를 성

**자기 조정의 원리**
공정한 토론, 선하고 진실한 논쟁이 거짓과 속임수를 이길 것이라는 밀턴의 사상.

립하는 데 시간이 얼마나 걸릴 것인지에 관해 비현실적인 견해를 가지고 있었다. 이 이상적인 체제는 반드시 민주주의를 의미하는 것은 아니었고, 커뮤니케이션의 자유를 항상 허용하는 것도 아니었다. 예를 들어 밀턴은 올리버 크롬웰Oliver Cromwell이 '진리'를 찾았다고 주장했다. 결국 이 청교도 지도자가 전쟁에서 승리한 것은 신이 인도했기 때문이라고 생각했다. 그 결과로 주어진 사회 체제를 이상적인 것이라고 믿었기에 밀턴은 기꺼이 크롬웰 정권의 최고위 검열관으로 활동했다. 그는 가톨릭 지도자들의 커뮤니케이션을 제한하는 데 대해서는 그다지 유감을 표하지 않았다(Altschuall, 1990). 밀턴에게 있어서 가톨릭 사상은 거짓된 것으로 입증되었고, 따라서 그는 올바른 생각을 지닌 사람이 그로 인해 혼란스러워하지 않도록 검열해야 한다고 생각했다.

18세기에 이르러 '진리'가 생각보다 쉽게 확립될 수 없다는 사실을 깨닫고 일부 자유지상주의자들은 낙심하기도 했다. 그들은 자유지상주의와 권위주의 관점 사이를 표류했다. 독립 선언문을 작성한 토머스 제퍼슨Thomas Jefferson마저도 언론의 자유에 대한 책무와 자기 조정의 원리에 관한 믿음이 흔들렸다. 제퍼슨은 친구에게 보낸 서신에서 밀턴의 자기 조정의 원리를 지지한 것으로 유명했지만—"언론이 없는 정부와 정부가 없는 언론 중 하나를 결정할 권리가 내게 있다면, 나는 망설임 없이 후자를 선택하겠다"(Altschull, 1990: 117 재인용)—두 번째 대통령 임기 동안 신문의 악의적인 비판에 대해 깊은 불만을 토로했다. 그럼에도 불구하고 그는 미국의 민주주의 자치에 대한 장기적인 실험을 수행하면서 그 핵심에 자유지상주의 이상을 두었다. 영국에 대항한 미국의 독립 혁명은 이와 같은 이상에 의해 정당화되었다. 제퍼슨이 1779년에 기술했듯이, "진리는 위대해서 홀로 내버려두어도 승리한다. 진리는 오류에 적절하게 대응한다. 갈등에 대해서는 조금도 우려할 것이 없다. 인간이 개입해 진리의 본래 무기인 자유로운 논쟁과 토론을 가로막지 않는 한 말이다"(Packer, 2006b: 59 재인용).

존 킨John Keane은 건국자들의 언론의 자유에 대한 신념을 뒷받침하는 세 가지 기본 개념을 소개했다(Keane, 1991).

1. 신학: 미디어는 사람들이 선과 악에 대한 연역적인 추론을 가능하게 하는 장의 역할을 해야 한다.
2. 개인의 권리: 언론의 자유는 정치 엘리트로부터의 자유를 유일하게는

아니더라도 가장 강력하게 보장한다.

3. 진리의 획득: 거짓은 반드시 반박되어야 한다. 사상은 반드시 의심하고 시험해보아야 하며 그렇지 않으면 도그마가 될 것이다.

**권리 장전**
미국 헌법 중 첫 10개의 수정 조항.

새롭게 건국된 미국은 자유지상주의 원리를 명시적으로 채택한 초기 국가들 중 하나였는데, 이는 독립 선언문과 **권리 장전**Bill of Rights에 나타난다. 권리 장전에 따르면 모든 개인은 자연권을 가지며, 그 어떤 정부나 공동체, 집단도 이를 과도하게 침해하거나 빼앗을 수 없다. 다양한 형태의 커뮤니케이션의 자유—언론, 출판, 집회의 자유—는 이 권리들 가운데 가장 중요한 것들에 해당한다. 권리 장전은 반대 의사를 표현하고, 그릇된 법에 저항하기 위해 단결하며, 사상, 의견, 신념을 출판이나 방송을 통해 표명하는 것 등의 권리가 민주주의 자치의 중심에 있다고 선언했다.

커뮤니케이션의 자유가 우선 사항이 되었지만 커뮤니케이션에 대한 여러 규제(미디어 종사자와 미디어 소비자 둘 다 받아들이는 규제)도 분명 존재한다. 명예훼손법은 평판을 손상시키는 정보가 실린 저작물이 출판되지 않게 함으로써 우리를 보호한다. 판사는 보도금지령을 내려 공정한 재판을 받을 피고의 권리에 지장을 주는 출판을 막을 수 있다. 그 밖에 다른 법과 규정은 허위 광고, 아동 포르노, 폭력적인 언어로부터 우리를 보호한다. 커뮤니케이션의 자유에 대한 한계는 끊임없이 재조정되고 있다.

어떤 시대에는 커뮤니케이션의 자유가 확대되는 방향으로, 또 다른 시기, 특히 전쟁 중에는 자유가 축소되는 방향으로 균형의 이동이 이루어진다. 예를 들어 2001년 9월 11일 테러리스트의 공격 이후 의회는 미국인들의 커뮤니케이션의 자유에 여러 가지 제한을 두는 애국자법Patriot Act을 통과시켰다. 새로운 미디어 기술이 개발될 때마다 이에 대한 규제 방침 역시 정해져야 한다. 커뮤니케이션의 자유에 대한 논의는 끝이 없는데, 이는 오늘날 인터넷상의 음악과 비디오 파일 공유, 저속한 미디어 콘텐츠, 무력 분쟁 시기 군사 활동에 대한 언론의 접근, 국가 안보에 대한 위협이 우려되는 활동에 국내 이슬람 집단이 참여할 권리 등에 대한 열띤 토론이 계속되고 있다는 사실을 통해서도 확인할 수 있다.

커뮤니케이션의 자유에 한계를 두는 일은 왜 필요한가? 커뮤니케이션의 자유를 제한하는 가장 일반적인 이유는 기본권을 둘러싼 충돌 때문이다. 권리 장전은 시민들에게 커뮤니케이션의 자유와 더불어 다양한 권리를 보장한다. 그러나 어느 지점에서 당신에게 보장된 그 권리가 끝나고 다른 사람의 권리가 시작되는가? 불이 나지 않았음에도 사람들로 꽉 찬 영화관에서 "불이야!"라고 외칠 수 있는 권리가 당신에게 있는가? 미국 대법원의 판결에 따르면 당신에게는 그럴 권리가 없다. 만약 그런 일을 한다면 많은 사람들이 다칠 것이다. 그들에게는 당신의 무책임한 행동으로부터 보호받을 권리가 있지 않은가? 어떤 집단들이 인종적 · 민족적 소수자를 향한 혐오와 분노를 불러일으키려고 하는 경우에도 비슷한 의문이 생긴다. 2018년, 인터넷 자유와 표현의 자유를 옹호하는 단체들의 반발을 무릅쓰고, 미국 내 주요 소셜 네트워크 사이트 대부분은 음모론자로 유명한 알렉스 존스Alex Jones를 '폭력적 행위'—예를 들어 비평가들을 위협하고, 추종자들에게 그들을 괴롭히라고 독려한 행위—를 이유로 사이트에서 '강퇴'했다(Grothaus, 2018b). 여기서 도덕적 우위는 어느 쪽에 있는가? 유튜브는 폭력이나 거식증, 심지어 자살을 유발한다고 생각되는 영상을 내려야 하는가? 홀로코스트를 부정하는 나치주의적 소셜 미디어 글들을 검열해야 하는가? 근본주의 종교 집단에게는 거대한 옥외 광고판을 세워 미국의 대통령이 반기독교인이라고 비난하고 시민들에게 그가 지옥 불에 떨어지도록 기도하라고 권할 권리가 있는가? 이처럼 무책임한 유형의 커뮤니케이션은 통제되어야 하지 않은가? 수년간 미국 의회, 주 의회, 그리고 지방 자치 당국도 이와 같은 질문을 제기했다. 그들은 커뮤니케이션의 자유를 제한할 수 있는 법안을 작성함으로써 중요한 권리가 보장되도록 했다. 법원은 이러한 법안의 다수는 유지한 반면, 나머지는 커뮤니케이션의 자유가 더 중요하다는 판단 아래 폐지했다.

### 사상의 시장: 급진적 자유지상주의의 새로운 형태

미국에서 자유지상주의 사상은 건국 이래 시작되어 다양한 변화를 겪어왔는데, 특히 1800년대 페니 프레스penny press와 황색 저널리즘의 시대에 매우 중요한 변화가 일어났다. 이 시기에는 되풀이되는 경제 침체, 만연한 부패 및 불평등으로 기업과 정부에 대한 대중의 신뢰가 흔들렸다. 2장에서 살펴본 바와 같이 악덕 자본가가 이끄는 대기업은—특히 석유, 철도, 철강 산업에서—부당한 비용을 청구하고 막대한 수익을 올리기 위해 전국적인 독점을 이루어냈다. 노동자들은 낮은 임금을 받았고 힘들고 위험한 환경에서 일하도록 강요받았다. 그러나 신문 발행인들이 이윤 추구 및 판매를 목적으로 뉴스를 만들게 되면서 악덕 자본가의 학대에 대한 뉴스를 못 본 척하거나 숨겼고, 신문에 대한 공중의 관심 역시 줄어들었다. 이를 배경으로 사회 운동, 특히 포퓰리스트 운동과 혁신주의 운동이 일어나 새로운 법과 보다 강력한 정부의 규제를 요구했다(Altschull, 1990; Brownell, 1983). 이러한 사회 운동은 효과적이었으며, 결국 의회는 거대 독점 기업을 해체하기 위해 독점금지법을 제정했다.

그러나 자유지상주의자들은 이와 같은 법과 규제가 과도해질 것을 우려했다. 자유지상주의 이상이 다시 공중의 지지를 받기 원했던 미디어 종사자들은 포퓰리스트 운동과 혁신주의 운동의 비판에 대해 설득력 있는 답변을 제시했다. 그들의 주장에 따르면 미디어는 스스로를 규제하는 **사상의 시장**marketplace of ideas으로 간주되어야 했다. 이 이론은 자본주의의 근본 원리인 자율 규제 시장의 개념을 변형한 것이다. 애덤 스미스Adam Smith의 고전적인 자본주의 이론에서는 정부가 시장을 규제할 필요가 거의 없다. 개방된 경쟁 시장은 스스로를 규제해야 한다. 어떤 제품에 대한 수요가 많으면 가격이 '자연스럽게' 상승하는데, 이는 소비자가 이 제품을 구입하기 위해 경쟁하기 때문이다. 바로 이 점이 다른 제조사들도 그 제품을 생산하도록 만드는 것이다. 그렇게 생산이 늘어나 수요가 충족되면 가격은 하락한다. 만약 어떤 제조사가 제품의 가격을 지나치게 높게 책정할 경우 경쟁사들은 구매자를 끌어들이기 위해 가격을 낮출 것이다. 따라서 정부가 나서서 소비자를 보호하거나 제조사가 소비자의 필요를 충족시키도록 개입할 필요가 없다. 이와 같은 개념을 지칭하는 또 다른 용어로는 **자유방임주의**laissez-faire doctrine가 있다.

**사상의 시장**
자유지상주의에서 모든 사상은 공중을 우선시해야 하며, 공중이 그 '시장'에서 가장 좋은 것을 선택할 것이라는 개념.

**자유방임주의**
정부는 기업이 자유롭게, 공적 간섭 없이 운영되도록 해야 한다는 사상.

사상의 시장 이론에 따르면 매스 미디어에 자유방임주의가 적용되어야 한다. 사람들 사이에서 사상이 자유롭게 '교환'되는 경우에 옳은 사상 또는 가장 좋은 사상이 우세해질 것이라는 주장이다. 사상이 자유롭게 경쟁하는 가운데 가장 좋은 사상이 '채택'될 것이다. 이처럼 좋은 사상을 제공하는 일이 수익으로 이어지는 환경에서는 좋은 사상이 시장에 나와 경쟁하게 된다. 아무도 채택하지 않는 나쁜 사상을 생산하고 시장에 내놓도록 하는 유인incentive은 없다. 하지만 이런 논리를 현대의 거대한 미디어에 적용하기에는 어려운 측면도 있다. 미디어 콘텐츠는 다른 소비재와 비교했을 때 훨씬 덜 실재적이다. 미디어 콘텐츠에 내포된 메시지가 가지는 의미는 사람에 따라 크게 다를 수 있다. 뉴스 보도나 텔레비전 드라마가 '구매'되고 '판매'될 때 정확히 무엇이 교환되고 있는 것인가? 신문을 구입할 때 우리는 기사를 개별적으로 구입하지 않는다. 여러 기사의 묶음과 더불어 제공되는 만화, 별자리 운세까지 함께 구입하게 된다. 그 묶음 안에서 발견되는 어떤 것이 불쾌하게 다가온다면 무시해버리면 그만이다. 우리가 신문을 구입하는 일과 그 안에서 유익한 내용을 찾아볼 수 있는지의 여부는 별개의 일이다. 우리는 민영 방송을 시청하기 위해 방송국에 수신료를 지불하지는 않는다. 그럼에도 불구하고 민영 방송의 프로그램은 분명히 사고팔기를 수반하고 있다. 광고주들은 자신들의 메시지를 전하는 수단으로 프로그램을 이용한다. 그들이 광고 시간을 구입하는 것은 프로그램 시청자들에 대한 접근권을 사는 것이고, 프로그램이 담고 있는 올바른 사상이나 정확한 정보를 사는 것이라고 할 수는 없다. 광고주들은 많은 시청자 혹은 인구통계학적 관점에서 매력적인 시청자를 보유한 프로그램의 시간대에 광고하기 위해서는 더 많은 비용을 지불하지만, 더 좋은 사상을 담고 있는 프로그램에 그런 비용을 지불하지는 않는다. 우리는 알고리즘에 대해 잘 알지 못하기 때문에, 그것이 진지한 뉴스보다 선정적이거나 오락적인 뉴스를 우선시하고 있을 가능성을 배제할 수 없다. 페이스북이 공공 서비스를 극대화하려 한다는 증거는 거의 없다.

미국의 미디어 시스템에서 사상의 시장은 다음과 같이 작동해야 했다. 어떤 사람이 좋은 사상을 매스 미디어를 통해 전송한다. 그의 사상이 마음에 드는 사람들은 그 사상이 담긴 메시지를 구입한다. 메시지를 구입하는 것은 메시지의 생산과 배포에 대한 비용을 지불하는 일이다. 그 비용이 충당되고 나면 메시지의 생산자는 수익을 얻는다. 그러나 사람들이 그 메시지를 좋아하지 않는 경우 그들은 메시지를 구입하지 않을 것이고 이를 생산하고 배포하는 생산자는 파산할 것이다. 만약 사람들이 현명한 메시지 소비자라면 가장 유용하고 좋은 메시지를 생산하는 이들은 부자가 되어 거대한 미디어 기업을 키우게 되고 나쁜 메시지를 생산하는 이들은 파산할 것이다. 경쟁력 없는 미디어 기업은 문을 닫을 것이다. 좋은 사상을 공급하는 이들이 성공하면 그들의 사상을 더 낮은 비용으로 쉽게 입수할 수 있게 된다. 생산자들은 좋은 사상을 공급하기 위해 경쟁할 것이다. 반면 나쁜 사상은 높은 비용으로 입수할 수 있게 되면서 그 수요는 줄어들 것이다. 초기 자유지상주의자들은 진리가 공공의 장에서 승리할 것이라고 상상했고 이와 마찬가지로 진리는 사상의 시장에서 승리할 것이라고 여겼다. 사상의 시장 이론에 따르면 자기 조정의 원리는 공적 토론과 더불어 매스 미디어 콘텐츠에도 적용되어야 한다. 하지만 광고주의 후원으로 나쁜 메시지가 무료로 배포되는 것이 허용된다면 어떤 일이 발생할까? 비용 지불의 부담 없이 메시지를 받을 수 있다면 사람들이 이를 식별할 수 있는 능력이 떨어지게 될까? 만약 그들이 받아보는 메시지의 묶음(예를 들면 신문이나 텔레비전 뉴스 프로그램, 케이블 텔레비전 채널 묶음)에 나쁜 메시지가 섞여 배포된다면 어떻게 되겠는가? 이 경우 좋은 메시지를 받아보기 원하는 수용자는 나쁜 메시지에 대한 보조금도 함께 지불하게 된다. 물론 당신에게 나쁜 것이 다른 사람에게는 좋은 것일 수 있다. 당신은 별자리 운세나 드라마를 좋아하지 않을 수 있지만 그것들을 좋아하는 친구들도 있지 않은가.

사상의 시장 이론은 얼마나 유용한가? 소비자 시장에 대한 정부의 규제는 이제 필요한 것으로 받아들여지고 있다. 소비자보호법이나 불공정한 사업 관행을 규제하기 위한 규정의 필요성에 의문을 제기하는 사람은 거의 없다. 그렇다면 소비자 시장이 규제로 인해 혜택을 받았으니 사상의 시장도 규제하는 것은 어떤가? 1930년 이후로 미디어 비평가들이 이러한 질문을 점점 더 자주 하고 있는 가운데, 최근 횡행하고 있는 미디어 기업의 소유 집중화와 디지털 기술의 빠른 확산으로 인해 정부 개입의 필요성이 새롭게 제기되고 있다.

그럼에도 불구하고 사상의 시장 이론은 여전히 미디어 업계에서 상당한 지지를 받고 있다. 그러한 지지는 사상의 시장 철학에 내재된 '이중성'으로부터 기인하는데, 이러한 이중성은 "다양한 해석을 허용해 메타포metaphor가 발전할 수 있도록 했다"(Napoli, 1999: 151). 미디어 정책 연구자 필립 나폴리Philip Napoli는 사상의 시장에 대해 다음과 같이 두 가지 해석을 내놓았다.

> 경제 이론에 기반한 사상의 시장에 대한 해석은 효율, 소비자 만족, 경쟁을 강조한다. 반면에 민주주의 이론에 기반한 해석은 시민의 지식, 정보에 근거한 의사 결정, 효과적인 자치를 강조한다. 사상의 시장 메타포에 대한 논의 가운데 경제 이론에 기반한 해석은 보통 커뮤니케이션 산업에 대한 정부의 규제에 반하는 주장을 뒷받침하는 데 사용되었고, 민주주의 이론에 기반한 해석은 보통 그러한 규제에 대한 요구를 뒷받침하는 데 사용되었다(Napoli, 1999: 151-152).

이러한 해석은 특히 미디어 종사자들의 관심을 끌었는데, 그 이유는 수많

## Instant Access

### 사상의 시장 이론 Marketplace-of-Ideas Theory

**장점**

1. 정부의 통제를 제한한다.
2. 취향, 이상, 담론에 있어서 '자연적인' 변동을 허용한다.
3. 수용자를 신뢰한다.
4. 결국 '좋은' 콘텐츠가 우세해질 것이라고 여긴다.

**단점**

1. 미디어 콘텐츠를 그보다 실재적인 소비재와 동일하게 취급하는 실수를 범한다.
2. 이윤이 동기가 되는 미디어 기업을 지나치게 신뢰한다.
3. 의도적으로 '구입'한 콘텐츠에 종종 다른 콘텐츠, 때로는 원하지 않는 콘텐츠가 따라온다는 사실을 간과한다.
4. 수용자의 미디어 소비 기술에 대해 지나치게 낙관적인 관점을 지닌다.
5. 광고주의 소비자 역할은 간과하고 수용자만이 소비자라고 가정하는 실수를 범한다.
6. '좋다'의 정의는 만인에게 공통된 것이 아니다(예를 들면 다수에게 좋은 것이 소수에게는 나쁠 수 있다).

은 연구자들이 입증한 바와 같이(예를 들면 Lavey, 1993; Simon, Atwater, & Alexander, 1988), 정부가—특히 연방통신위원회와 연방통상위원회처럼 광고를 규제하는 기관이—"역사적으로 정책의 사회적·정치적 효과보다 경제적 효과에 중점을 두고 경험적 연구를 수행했기 때문이다"(Napoli, 1999: 165). 그러나 미디어 비평가들은 이러한 규제 기관들을 '포획된 기관captured agencies'으로 간주했다. 이들은 규제해야 할 산업에 의해 통제되고 있다는 것이다(Alster, 2015). 예를 들어, 이들은 2017년 연방통신위원회FCC가 오바마 행정부 시절 확립된 **망 중립성 원칙**net neutrality을 폐지하기로 표결한 사례를 지적한다. 이 원칙은 모든 인터넷 데이터, 사이트, 서비스를 평등하게 다루어야 한다는 규제 원칙이었다. 해당 규칙 아래에서는 사용자가 원하는 웹사이트나 서비스를 인터넷 제공업체의 차단이나 간섭 없이 자유롭게 이용할 수 있었고—예를 들어 다운로드 속도를 늦추거나, 접근 수준에 따라 추가 요금을 부과하는 것—, 자사 사이트와 서비스를 판촉해서 타사에 손해가 가게

**망 중립성 원칙**
모든 인터넷 데이터, 사이트, 서비스가 동등하게 다뤄져야 한다는 규제 원칙.

할 수도 없었다. FCC의 망 중립성 폐지 결정은 분명히 인터넷 서비스 제공업체와 케이블 TV 사업자에게 유리하게 작용했다. 이 조치는 일반적인 공청회 절차 없이 시행되었으며, 전체 미국인의 83%, 공화당원의 75%, 민주당원의 89%, 무당파 유권자의 86%가 현행 망 중립성 유지를 지지했다는 사실에도 불구하고 강행되었다(Neidig, 2017).

## 정부의 미디어 규제

1920년대와 1930년대에 등장한 매스 커뮤니케이션에 대한 새로운 규범 이론은 급진적 자유지상주의와 기술 관료적 통제를 모두 거부했다. 이 이론이 시작된 계기가 된 일 중 하나는 정부의 라디오 규제에 대한 의회의 청문회였다. 이에 대한 논의는 1927년 연방통신위원회FCC의 전신인 연방라디오위원회FRC의 설립으로 이어졌다. 논의가 격렬해지면서 어떤 이들—특히 포퓰리스트 및 혁신주의 정치인들—은 황색 저널리즘이 팽배한 상황을 고려해볼 때 자율 규제만으로는 충분하지 않다는 점이 판명되었다고 주장했다. 과도하게 각색된 허구적인 뉴스는 수익성이 높아서 신문사와 방송사는 이를 제작하는 일을 그만두지 못했다. 규제 없이는 라디오도 공익을 추구하기 어려워 보였다. 그럼에도 불구하고 혁신주의자들은 라디오에 대한 규제권을 정부의 기술 관료에게 돌리는 일에 신중했다. 절충안이 필요했다.

1920년대에 이르러 미국인들은 공공사업에 대한 정부의 규제를 소모적인 경쟁을 끝내고 사기업을 보호하는 수단으로 받아들이게 되었다. 전력 회사와 전화 회사에 대해 정부가 규제하기 이전에 도시는 서로 경쟁하는 전력 회사들의 전선망으로 뒤덮여 있었다. 다른 망을 사용하는 사람과 통화하려면 다른 회사의 전화를 구입해야 했다. 완전히 독립된 망을 만드는 데 필요한 경비는 전화 서비스와 전기 비용의 증가로 이어졌다. 이와 같은 문제에 대한 해결책은 하나의 기업이 필요한 서비스의 공급을 독점할 수 있도록 허용하는 것이었다. 독점을 승인받은 대신 그 회사는 가격과 서비스에 대한 정부의 규제를 받아들였다. 이와 같은 방식으로 공공사업은 그 운영을 감독하는 정부 위원회의 설립과 함께 시작되었다. 정부 위원회가 라디오를 공공사업으로서 규제하는 역할을 할 수 있을까? 대답은 '그렇다'이다. 사실 상무 장관(이후 대통령이 된) 허버트 후버Herbert Hoover는 이를 두고 한 나라가—산업계와 대중 역시 마찬가지로—만장일치로 더 많은 규제를 바랐던, 역사상 거의 전례가 없는 경우라고 말하며 스스로 감격하기도 했다(Barnouw, 1966).

연방라디오위원회의 설립에 대해 논의하는 과정에서 후버는 특히 한 가지 중요한 철학을 주장했는데, 이는 전파가 국민의 소유라는 것이었다. 전파가 그 밖의 다른 국가 자원(예를 들면 국유림)과 마찬가지로 공공의 재산이라면 개인이 운영하는 방송국의 소유가 될 수는 없었다. 전파를 사용하려면 그들은 국민의 허가를 받고 이를 공익을 위해 써야 하는 것이다. 인가를 받은 이가 공중의 신뢰를 깨뜨리는 경우에는 인가가 취소될 수 있었다. 연방라디오위원회는 공중을 대리하기 위해 설립되었다. 그러나 일부 역사학자들은 자유에 대한 포퓰리스트의 요구와 규제에 대한 기술 관료의 요구 사이의 이 '절충안'이 '공익'의 정의를 다소 제한했다고 주장했다. 그들은 연방라디오위원회의 설립을 위해 1927년에 제정된 라디오법Radio Act의 의도가 사실은 공적 토론을 위한 장을 장려하지 않는 데 있었고, 이는 그와 같은 자유로운 토론이 의회가 방송국이 제공해주기 바랐던 '공익, 편의, 필요'에 대한 위협으로 여겨졌기 때문이라고 주장했다. 의회는 라디오법을 "노조, 사회주의자, 공산주의자, 진화론자, 부도덕한 사상가, 비기독교인, 이민자와 같은 적들의 사상에 대중의 접근을 허용하지 않기" 위해서라는 구체적인 목적을 가지고 만들었고, "방송국들은 [의회가] 규정한 공익을 추구하지 않는 연사의 출연을 거부하는 등의 방식으로 공익을 추구할 경우 언론의 자유를 가질 수 있었다"(Goodman, 2001).

그럼에도 불구하고 연방라디오위원회의 상대적인 성공은 다른 미디어 산업에 대한 규제를 촉진했다. 정부의 영화 검열은 폭넓은 지지를 받았는데, 특히 종교 단체로부터 많은 지지를 받았다. 시간이 지나면서 영화 산업은 정부의 규제를 피하기 위해 다양한 형태의 자기 검열을 채택했다. 선전에 대한 위협이 커지면서 심지어 신문에 대한 규제마저 진지하게 고려되었다. 실례로 1942년에는 '허친스 언론자유위원회Hutchins Commission on Freedom of the Press'가 신문 규제의 장점과 필요성을 조사하기 위해 설립되었다.

### 저널리즘의 전문직화

1920년대에 미디어에 대한 정부의 규제를 요구하는 압력이 높아지자 관련 업계에서는 전문직화professionalization를 위한 노력으로 이에 답했다. 신문

업계에서는 실무자 훈련을 위해 전문적인 교육 기관의 설립을 추진하는 로비 활동을 했고 보조금을 지급하기도 했다. 미디어 경영자들은 미디어에 대한 규제를 정부에 이양하지 않고 그 대신 공중의 필요를 충족시키는 데 기여하겠다고 공식적으로 선언했다. 1923년 미국신문편집인협회ASNE는 '저널리즘 규범The Canons of Journalism'이라는 직업 규범을 채택했다(이는 1975년에 '활동 원칙Statement of Principles'으로 대체되었다). 그 이후로 사실상 거의 모든 미디어 종사자 협회가 비슷한 규범을 채택해왔다. 그렇게 함으로써 법조계, 의학계 등의 전문 분야를 따라가고 있었다. 대개 이러한 규범들은 미디어 종사자들이 가능한 한 효과적으로 공중을 위한 봉사에 이바지하도록 한다.

업계의 윤리 강령은 미디어의 역할에 대한 또 하나의 중요한 개념을 공식화하기 시작했는데, 바로 공중의 안녕을 지키는 감시견의 역할이다. 미디어는 사회를 계속해서 살피고 문제가 있을 경우 공중에게 알려야 한다. 이는 20세기로의 전환기에 **추문 폭로자**muckrakers—일반적으로 힘을 덜 가진 이들을 대신해 권력자에게 도전하는 운동을 벌이는 기자들—가 생겨나게 하는 결과를 낳았다. 당시 부패와 관련된 탐사 보도가 매우 인기를 끌어 이를 전문으로 하는 신문들이 몇몇 대도시에서 시장을 지배할 정도였다. 신문사 체인인 '스크립스 하워드Scripps Howard'는 등대를 그들의 상징으로 사용하고, "빛을 비추라, 그러면 시민들은 스스로 그들의 길을 찾을 것이다"라는 표현을 좌우명으로 선택했다. 현재 『워싱턴 포스트』의 슬로건은 "민주주의는 어둠 속에서는 죽는다"이다. 점차 감시견 역할은 뉴스 미디어에 필요하고 적절한 임무로 받아들여지게 되었다.

**추문 폭로자**
일반적으로 힘을 덜 가진 이들을 대신해 권력자들에게 도전하는 운동을 벌이는 기자들.

이와 같은 역할을 야심차게 공식화함으로써 미디어는 다른 기관들—정부의 3부, 기업, 종교 및 교육 기관, 가족 등—이 공중을 위해 확실하게 봉사하도록 하는 독립적인 감시견, 사회 기관, 정부의 **제4부**Fourth Estate로 구상되었다. 사회 비평가이자 베테랑 기자인 빌 모이어스Bill Moyers의 표현에 따르면, "우리의 지도자들로 하여금 정직함을 유지하게 하고, 권력자들의 정치적 혹은 상업적 압제로부터 스스로를 보호하는 데 필요한 정보로 힘없는 자들을 무장"(Moyers, 2001: 13)시키기 위해서는 적절히 기능하는 미디어가 필요하다. 이 관점은 사람들이 범법 행위, 무능력, 비능률 등에 대해 알게 되면 그에 대해 조치를 취할 것이라고 가정한다. 그러나 이 감시견이 권력자들에 의해 타락하고 그들의 애완견이 될 수 있을 것이라는 우려가 항상 있었다. 혹은 그

**제4부**
다른 기관들이 공중에 확실히 봉사하도록 하는 임무를 맡은 독립적인 기관으로서의 미디어.

감시견이 무책임해져서 구독자를 늘리기 위해 정부나 기업에 대해 과장된 비판을 할 수도 있다. 대부분의 미디어가 그들이 감시할 것으로 기대되는 바로 그 기업들의 소유인 상황에서 우리는 미디어로부터 어떤 형태의 감시견 보도를 기대해야 하는가? 그리고 미디어가 그들의 수익에 영향을 미치는 결정을 내릴 수 있는 정부를 비판할 가능성은 얼마나 되는가? 수익 지향적인 신문이 괴로워하는 사람을 편안하게, 편안한 사람을 괴롭게 하리라는 기대를 하는 것이 여전히 타당한가? 결국 일부 비판적 학자들은 저널리즘의 문제점이 민주주의 자체와 자본주의 간의 근본적인 비호환성에 기인한다고 본다(Jensen, 2010; Stoll & McManus, 2005). 이와 같은 질문들이 오늘날 시의적절한 것과 마찬가지로, 80여 년 전 당시 성장하고 있던 미국 매스 미디어 시스템의 운영, 그리고 매스 미디어와 늘어나는 수용자와의 상호작용에 대한 원칙이 될 수 있는 이론을 탐색할 때에도 중요하게 제기되었다. 그리고 그 결과물로 나온 것이 사회적 책임 이론이었다.

## 언론의 사회적 책임 이론: 전후 절충안

전문직화와 자율 규제를 향한 움직임에도 불구하고 정부가 미디어를 더 강력하게 규제해야 한다는 주장은 제2차 세계대전 기간 동안 증가했고 이후 반공산주의 운동이 활발히 진행되는 가운데 계속되었다. 이에 대응해 타임Time Inc.의 CEO 헨리 루스Henry Luce는 자금을 제공해 독자적인 위원회를 설립함으로써 언론의 역할에 대한 권고를 받고자 했다. 이에 따라 1942년에 설립된 허친스 언론자유위원회(이후 허친스 위원회로 표기함)는 1947년에 그동안 진행했던 조사 및 연구 결과를 담은 보고서를 발표했다(Davis, 1990; McIntyre, 1987). 위원은 학자, 정치인, 사회단체 지도자 등 다양한 사회 분야의 지도자들로 구성되었다.

위원회 구성원들은 자유지상주의 관점을 확고히 고수했던 이들과 일정한 형태의 언론 규제가 필요하다고 생각하는 이들로 나뉘어졌다. 규제에 찬성했던 이들의 경우 사상의 시장이 반민주주의 세력에 의한 전복에 취약할 것이라고 우려했다. 이와 같이 규제를 지지했던 이들 중 일부는 시카고대학교의 사회 연구자들이 발전시킨 공공 커뮤니케이션 철학의 사상을 따랐다. 시카고

**시카고학파**
1940년대 시카고대학교 사회 연구자들의 집단으로, 현대 도시를 서로 관련된 수백 개의 작은 사회 집단으로 이루어진 '위대한 공동체'로 상상함.

학파Chicago School는 현대 도시를 수백 개의 작은 사회 집단—지역의 사회 단체에서부터 도시의 공동 단체에 이르기까지—으로 구성된 '위대한 공동체 Great Community'로 상상했다. 위대한 공동체가 발달하려면 모든 주민 집단이 협력해야 했다. 이 집단들은 문화적 · 인종적 다양성으로 인해 **다원적 집단** pluralitic groups으로 불리었다(Davis, 1990).

**다원적 집단**
위대한 공동체에 속해 있는 다양한 집단들로, 각각은 하나로 통합되는 특징을 지님.

시카고학파는 사상의 시장 개념에 반대했고, 규제받지 않는 매스 미디어는 다수로 이루어진 집단 혹은 사회적으로 지배적인 집단의 이익과 기호를 위해 기여하는 것이 불가피하다고 주장했다. 그들이 보기에 표현의 권리를 '보호'하는 것은 표현의 권리를 '제공'하는 것에 상응하는 것이 아니었다. 그들은 정부의 규제가 긍정적인 역할을 하기 바랐는데, 이는 곧 "건전한 공론장을 가능하게 하는 체계를 제공하는 중재적 역할"이었다(Pickard, 2010: 394). 시카고학파는 당시 미디어에 자주 나오는 내용에 영향을 받아 소규모의 힘없는 다원적 집단이 방치되거나 폄하될 것을 우려했다. 또한 무자비한 엘리트가 미디어를 개인의 정치권력을 획득하는 수단으로 사용할 것을 우려했다. 이와 같은 선동 정치가들은 미디어를 조작해서 선전을 전송, 다수 집단들 사이에 혐오감과 공포감을 조성함으로써 그들로 하여금 소수 집단에 대항해 연합하도록 할 수 있었다. 이에 대한 주요 사례로 히틀러가 유대인들에 대한 혐오를 불러일으키기 위해 미디어를 이용한 것을 들 수 있다.

이러한 다수에 의한 압제를 막고 다원적 집단을 지지하기 위해 일부 위원들은 그들과 비슷한 생각을 가진 사람들로 구성되고 혐오적인 선전의 출판을 막을 수 있는 권력을 가진 공적 기관, 즉 언론 위원회의 설립을 장려했다. 허친스 위원회 위원들은 이 "새롭고 독립적인 기관은 언론의 수행 성과를 매년 평가, 보고"할 것이라고 보았다. 이러한 평가는 "언론의 수행 성과와 사람들이 언론에 대해 가지는 기대"와의 비교에 근거할 것이다(Bates, 2001 재인용). 예를 들어 언론 위원회는 신문과 라디오 방송국에 보도의 일정한 비율을 소수 집단에 할당하도록 요구할 수 있었다. 혹은 소수 집단이 원하는 바가 무엇이든 이를 표현할 수 있도록 정기적으로 칼럼이나 프로그램을 제공하도록 요구할 수도 있었다.

위원들은 이와 같은 규제가 미디어에 추가적인 비용을 부가할 수 있다는 것을 인식하고 있었다. 그런 경우에는 정부 보조금으로 그 비용을 부담할 수 있을 것이다. 다원적 집단은 미디어의 도움으로 힘을 길러 위대한 공동체의 발전에 기여할 수 있을 것이다. 이처럼 다원성을 조성하고 선전을 제지하는 일은 미국 내에서 전체주의가 확산되는 것을 방지하는 데 핵심적인 조치로 생각되었다.

허친스 위원회의 구성원 대다수는 시카고학파의 사상을 어느 정도 지지했지만 언론에 대한 직접적인 형태의 규제에 대해서는 반대했다(Davis, 1990; McIntyre, 1987). 이는 그들이 심각한 딜레마에 직면했음을 의미한다. 그들은 한편으로는 사상의 시장이 자율 규제적이 아니라는 것, 그리고 미디어가 소수 집단을 위해 일하는 데 있어서 그들이 할 수 있는 일보다 덜 하고 있다는 것을 알았다. 그러나 어떠한 형태의 언론 규제라도 미디어에 대한 공식적인 통제—그들이 방지하고자 했던 바로 그것—로의 문을 여는 것일 수 있음을 우려했다. 결국 허친스 위원회 위원들은 미디어 종사자들을 신뢰하기로 결정하고 그들에게 공중을 위해 일하는 노력을 강화할 것을 요청했다.

> [그들이] 지지한 직업적 책임은…… 시장의 결함을 미디어의 민주적 역할에 대한 전통적 개념을 통해 조정하기 위한 하나의 방책이었다. [허친스 위원회 보고서는] 기자들에게 더 높은 목표—중립성, 객관성, 진실에의 헌신—에 대한 책무를 강조했다. 여기에는 사실 확인, 다양한 취재원을 통한 확인, 반대 해석의 제시 등을 위한 구체적인 절차를 채택할 것이 요구되었다. 이와 같은 방식을 이용함으로써 한때 자유 시장에서 상대방과의 충돌을 통해 확보했던 의견과 정보의 다양성이 독점적 미디어 '내부의 다양성'을 통해 되살아날 수 있었다. 뉴스를 선정적이고 가볍게 보도하게 만들었던 시장의 압력은 정보를 제공하는 책무에 의해 상쇄될 수 있었다(Curran, 1991: 98).

허친스 위원회 보고서가 제언한 내용은 언론의 사회적 책임 이론으로 알려지게 되었다(Siebert, Peterson, & Schramm, 1956). 이 이론은 다른 사회 제도들을 면밀히 조사하고 객관적이면서 정확한 뉴스를 보도하는 독립적인 언론의 필요성을 강조했다. 사회적 책임 이론의 가장 혁신적인 특징은 생산적이고 창의적인 '위대한 공동체'를 조성하는 데 있어서 미디어의 책임을 요구했다는 점이다. 이 이론은 미디어가 문화적 다원성을 우선시함으로써—모든 사람의 목소리를 대변하는 방식으로—이를 이행해야 하며, 엘리트 집단이나 국가나 지방, 지역의 문화를 지배했던 집단에 한정되어서는 안 된다고 보았다.

어떤 측면에서 보면 사회적 책임 이론은 급진적인 주장이다. 사회적 책임 이론은 미디어 소유주가 원하는 어떤 것이든 자유롭게 인쇄 혹은 전송할 수 있도록 요구하지 않고, 대신 실무자에게 짐을 지운다. 위원회가 주장한 바와 같이 "언론의 자유가 공중으로 하여금 주목하게 한 의견들에 대해 언론 종사자들이 귀를 기울이지 않을 수 있는 특권을 부여받은 것처럼 행동한다면 언론은 자유롭지 않다"(언론자유위원회, 1947: 9).

사회적 책임 이론은 많은 미디어 종사자의 이상주의와 전문직주의에 호소했고, 그들을 문화적 다원성을 위한 일을 하는 데 협력시키고자 했다. 그로 인해 수익이 줄거나 기존의 사회 엘리트의 적대감을 불러일으킬지라도 말이다. 사회적 책임 이론은 미디어 종사자들의 독창성을 자극해 그들로 하여금 공동체에 이바지하기 위한 새로운 방법을 개발하도록 했다. 그리고 전체주의를 향해 가는 세상에서 민주주의를 수호하기 위한 전쟁의 최전선에 선 참여자들로 스스로를 볼 수 있도록 했다. 다원적 집단에 도움을 제공함으로써 미디어는 외부와 내부의 적으로부터 민주주의를 보호하기 위한 벽을 쌓고 있었다. 데니스 맥퀘일Denis McQuail은 사회적 책임 이론의 기본 원칙을 다음과 같이 요약했다(McQuail, 2010: 171).

- 미디어는 사회에 대한 책무를 지니며, 미디어 소유는 공적 신탁이다.
- 뉴스 미디어는 진실하고 정확하며 공정하고 객관적이며 적절해야 한다.
- 미디어는 자유로워야 하지만 자율 규제를 해야 한다.
- 미디어는 합의된 윤리 강령과 직업적 규범에 따라야 한다.
- 특정 상황에서는 공익을 보호하기 위해 정부가 개입할 수도 있다.

### 사회적 책임 이론의 저널리즘 실무에의 적용

현장의 기자들이 사회적 책임 이론이 가지는 의미를 이해하는 경우는 드물었지만 이 이론의 이상은 오랫동안 수용되어왔다. 사실 여러 학자들이 주장한 것처럼 "사회적 책임주의는 언제나 저널리즘 교육과 뉴스룸의 주변부로 밀려나 있었다. 허친스 위원회 보고서가 나온 지 60년이 넘었음에도, 뉴스 종사자들은 대개 사회적 책임 이론이 공익과 중요한 사건에 관한 포괄적인 보도에 초점을 두고 있는 데 대해 여전히 반감을 가지고 있다"(Christians, Ferre, & Fackler, 1993: 38). 게다가 "비즈니스로서의 뉴스와 사회적 책임이 있는 제도로서의 뉴스"가 경합하는 가운데, 사회적 책임은 종종 2등이 된다(Lind & Rockier, 2001: 119). 대형 미디어 기업의 시대라고 할 수 있는 오늘날 "'언론의 자유'를 지지하는 이들은 커뮤니케이션 시장이 커뮤니케이션의 자유를 제한하며, 이러한 제한은 진입 장벽, 독점, 규제를 통해서, 그리고 정보의 일반적인 정의를 공공재의 의미에서 개인용 상품의 의미로 변경함으로써 발생한다는 것을 반드시 알아야 한다"(Keane, 1991: 88-89).

따라서 사회적 책임 이론이 실용적인 규범 이론으로 남기 위해서는 이를 실행에 옮기는 데 더 많은 노력이 필요할 수도 있다. 미디어 효과에 대한 연구가 활발하게 이루어진 것과 비교해볼 때, 기존의 뉴스 생산 관행이 의도한 대로 사회적 목표를 이루는 데 실제로 기여했는지에 대한 연구는 상대적으로 적었다. 예를 들어 그 주된 목표 중 하나는 중요한 사안에 대한 정확한 정보를 공중에게 전달하는 것이었다. 이 목표와 관련된 연구 결과는 엇갈렸다. 증거가 보여주는 바에 따르면 사람들은 뉴스 보도를 통해 배우는 것이 별로 없으며 배우는 것이 있어도 빨리 잊는다(Graber, 1987). 사람들은 형편없는 짜임새의 기사 혹은 극적이지만 내용과는 무관한 그림 및 사진을 사용한 기사를 보고 혼란스러워 한다. 이러한 연구가 저널리즘의 실무에 미친 영향은 적거나 전혀 없었다. 연구의 결과는 미디어 종사자들에 의해 대체로 무시되거나 잘못 해석되었다(Davis & Robinson, 1989).

1970년대와 1980년대에 사회학자들은 관행적인 뉴스 제작 실무가 지니는 가치에 중요한 문제점을 제기하는 연구에 관한 책을 연달아 출판했다(Bennett, 1988; Epstein, 1973; Fishman, 1980; Gans, 1979; Glasgow University Media Group, 1976, 1980; Tuchman, 1978). 기자들은 한결같이 이러한 연구의 대부분이 편향되고 타당하지 않으며 잘못 이해된 것이라고 무시했다. 그러나 보다 주의 깊게 읽어볼 가치가 있었다. 예를 들어 게이 터크만Gaye Tuchman은 사회 운동을 발견하고 발전시키는 데 있어서 미디어가 어떤 역할을 하는지에 대해 설득력 있는 주장을 제시했다. 그는 뉴스 제작이 '전략적 의례strategic rituals'에 묶여 있다고 보았으며, 이와 같은 관행이 사회적 책임 규범이 부여한 요구 사항을 만족시키는 것처럼 보이지만 사회적 책임 규범의 목적을 달성하는 데에는 한참 못 미친다고 주장했다. 예를 들어 기자들은 관례적으로 '균형 맞춘' 기사를 구성해 상반되는 의견을 대비시킨다. 그러나 이와 같은 관례가 실제로는 다원성의 발전을 가져오기보다는 오히려 약화시킬 수 있다. 터크만은 소수 집단에 대한 '균형 맞춘' 기사에 종종 미묘하게 혹은 노골적으로 소수 집단과 그 사상을 폄하하는 사회적·정치적 지도자들의 진술이 포함된다고 주장했다. 잘 알려지지 않은 단체의 지도자들이 감정에 북받쳐 제시하는 의견은, 잘 알려진 신뢰할 수 있는 공직자들의 논리 정연한 성명과 대비된다. 기자들은 새로운 집단의 목표나 문화에 대한 맥락을 제시하려는 노력을 거의 하지 않는다. 그 대신 그들의 기사는 고립된 집단의 구성원들이 연출한 극적인 사건에 집중하는 경향을 보인다. 관행적인 뉴스 생산의 영향에 대해서는 6장과 13장에서 더 자세히 알아볼 것이다.

### 전문직화의 한계

현대 저널리즘을 실천하는 데 있어서 사회적 책임 이론이 제시하는 직업 규범을 따르고자 할 때 또 다른 어려움에 직면하게 된다. 전문직화를 향한 움직임 가운데 미디어 종사자들은 그들보다 먼저 의사와 변호사가 그러했듯이 직업 규범을 지키겠다고 맹세한다. 그리고 무책임한 이들은 제외하고 뛰어난 이들을 인정하겠다고 약속한다. 규범을 위반하는 이들은 견책되어야 한다. 심각한 경우 그들은 업무를 수행하는 것이 금지될 수 있다. 정부의 직접적인 규제에 대한 대안으로서 미디어의 전문직화는 그 역할을 비교적 잘 담당해왔다. 그러나 어떤 한계점들은 반복되는 문제로 이어지기도 하는데, 특히 미디어 산업에서 기술적·경제적으로 극적인 변화가 이루어지고 있는 이 시대에는 더욱 그렇다.

1. 저널리즘을 포함한 모든 분야의 전문직 종사자들은 직업 규범을 위반하는 동료를 찾아 견책하기를 주저한다. 그렇게 하는 것이 흔히 자신이 몸담고 있는 분야에 문제가 있음을 인정하는 것이라고 생각하기 때문이다. 만약 미디어 분야에서 너무나 많은 사람들이 견책을 받고 직무를 수행하지 못하게 된다면 미디어 종사자들에 대한 공중의 신뢰가 흔들릴 것이다. 전문직 협회들은 통상 폐쇄적으로 운영되며 그 구성원들은 외부의 위협이나 비판으로부터 보호받는다. 외부인으로부터의 공격은 보통 부당한 것으로 여겨져 묵살되는데, 이는 실무자에게 불리한 증거가 쌓여갈 때도 마찬가지이다. 수년간, 독일의 주요 시사 주간지 『슈피겔Der Spiegel』은 자사 기자가 뉴스를 조작하고 있다는 신뢰할 만한 문제 제기를 무시했다(Noack &

Beck, 2018). 종종 『슈피겔』 사례처럼, 극단적인 상황이 발생해 더는 외면할 수 없을 때에야 비로소 조치가 취해진다. 그마저도 언론은 해당 사안을 보도하지 않거나, 짧고 피상적인 보도만 한다. 당신은 『슈피겔』 사건이나, 조작된 기사로 상을 받았던 기자 클라스 렐로티우스Claas Relotius의 이름을 들어본 적이 있는가? 그의 조작 기사 중 다수가 미국을 다루며 미국인들에 대한 고정관념을 부추겼음에도, 미국 언론에서는 거의 보도되지 않았다.

2. 직업 규범은 지나치게 추상적이거나 모호할 수 있다. 이에 따라 실행이 어려울 수 있다. 사명 선언과 광범위한 윤리 강령은 모호하기로 악명이 높다. 예를 들어 라디오·텔레비전뉴스제작자협회The Radio-Television News Directors Association의 「윤리 강령과 직무 규범Code of Ethics and Professional Conduct」(2000)은 그 구성원들에게 "진실을 추구하고, 지체 없이 보도하라"고 권고한다. 그러나 뉴스 제작자들은 자원의 배분과 관련된 선택을 해야 한다. 만약 독립적인 탐사 보도가 대형 광고주의 광고 철회를 초래한다면 어떻게 될까? 특정 인물이나 조직에게 난처함을 줄 수 있는 기사를 굳이 생산할 필요가 있을까? 뉴스 산업에서는 진실을 보도하는 것이 때로는 매우 어렵고 비용도 많이 든다. 실제로 텔레비전의 경우, '권력의 압력'(경영진 및 소유주의 영향)과 '재정적 고려'(경제적 압력)는 뉴스 편집에 실질적으로 영향을 미치며, 특정 보도를 주요 뉴스에서 제외하는 의제 제외agenda cutting 현상을 유발한다는 연구 결과가 있다 (Colistra, 2018). 국제 뉴스는 의제가 축소될 때 가장 먼저 제외되는 주제 중 하나이다. 이러한 과정은 모든 뉴 미디어에서 나타나고 있으며(Stoll & McManus, 2005), 소셜 미디어의 뉴스 피드를 생성하는 알고리즘 또한 사용자가 흥미를 느끼지 않을 법한 주제나 이용 시간을 늘릴 가능성이 적은 뉴스를 제외하거나 주변화함으로써 매우 제한적인 의제를 형성하고 있을 가능성이 높다.

**의제 제외**
특정 이슈 보도를 뉴스나 주요 뉴스 의제에서 의도적으로 제외하는 편집 결정.

3. 의학계나 법조계와 달리 미디어 업계는 전문직화를 위한 훈련이나 면허에 대한 규범을 가지고 있지 않다. 다른 전문 직업군은 실무자들이 장기간 가까이에서 감독이 필요한 전문적인 훈련을 받도록 필수적으로 요구한다. 예를 들어 의사와 변호사는 대학 교육 기간 4년에 더해 추가로 4년에서 10년에 걸쳐 전문적인 훈련을 받는다. 그러나 미디어 종사자들의 경우 전문

적인 훈련에 대한 요건을 정하려고 하지 않았고 기자들에게 면허를 부여하는 것을 거부해왔다. 그들은 이와 같은 요구 사항이 정부가 언론을 통제하는 데 필연적으로 사용될 것이라고 주장했다. 만약 언론이 통제로부터 자유로우려면, 누구든 자유롭게 고용할 수 있어야 한다. 훈련이나 자격이 조금 부족하더라도 말이다. 누구라도 기자라는 이름을 갖고, 신문을 발행하고, 언론의 자유에 대한 권리를 행사할 수 있어야 한다. 어떤 정부 기관도 어느 기자나 편집인이 면허가 없다는 이유만으로 신문사를 폐업시킬 수는 없다.

그러나 베테랑 기자인 데이비드 마시David Marsh가 질문한 바와 같이 "무엇이 사람을 기자로 만드는가? 10년 전까지만 하더라도 대답은 간단했다. 기자들은 편집된 자료(문자나 기타 형태)의 생산을 생업으로 삼았고, 그 자료들은 출판이나 방송을 통해 독자, 청취자, 시청자에게 전해졌다. 그러나 웹과 소셜 미디어의 새로운 디지털 시대에는 상황이 더 복잡해졌다. 만약 내가 뉴스 현장에서(예를 들면 '아랍의 봄') 트위터에 글을 올린다면 내가 한 일은 저널리즘인가? 만약 내가 정치 블로그를 만들어 운영한다면 나는 기자가 되는 것인가? 만약 내가 교사의 신분이지만 신문에 글을 기고한다면 나는 '시민 기자'인가? 사람들이 이런 일을 수행하는 대가로 비용을 지급받는지 지급받지 않는지의 여부가 차이를 만드는가? 블로거bloggers, 트위터 사용자, '시민 기자'는 보다 전통적인 기자 역할을 하는 사람들과 동일한 규범을 지켜야 하며, 그런 기자에게 적용되는 기준에 맞춰 평가받아야 하는가(Marsh, 2012)?"

**블로거**
뉴스와 의견이 정기적으로 업데이트되는 온라인 저널인 블로그를 운영하며 글을 쓰는 사람들.

4. **다른 직종의 종사자들과 달리 미디어 종사자들은 업무에 대한 독립적인 통제력이 약하다.** 미디어 종사자들은 자율적으로 실무에 임하지 않으며, 이에 따라 그들의 일에 대한 책임을 맡는 데 어려움이 있다. 그들은 위계적으로 구성된 거대한 관료 조직에서 일한다. 기자, 편집인, 프로듀서, 제작자 개인은 그들이 하는 일에 관해 제한된 통제력을 가진다. 기자는 편집인으로부터 기사 배정을 받고, 광고 디자이너는 영업 담당 이사를 위해 일하고, 텔레비전 뉴스 진행자와 촬영 기사는 뉴스 제작자의 지시에 따른다. 편집인, 영업 담당 이사, 뉴스 제작자는 모두 고위 경영진에게 보고를 한다. 이처럼 거대한 관료 조직에서는 책임을 맡기기가 어렵다. 하위직에 있는 이들은 단지 '지시에 따를 뿐'이라고 주장할 수 있고, 고위직에 있는 이들

은 하위직에 있는 직원들 사이에서 일어난 일에 관해 그저 알지 못했다고 부인할 수 있다.

5. 미디어 업계에서 일어나는 직업 규범에 대한 위반은 즉각적이고 직접적으로 관찰할 수 있는 결과를 가져오는 경우가 거의 없다. 그렇기 때문에 비평가들이 위반 사례를 들거나 그로 인한 피해를 발견하기 어렵다. 의사가 자신의 업무를 제대로 수행하지 못하면 사람이 죽게 된다. 변호사의 경우 형무소에 가지 않아도 될 사람이 가게 된다. 그러나 비윤리적이고 부적합한 미디어의 보도가 초래하는 결과는 직접 확인하기 어렵다.

### 이중 책임 모델

커뮤니케이션 연구자 테리 애덤스-블룸Terry Adams-Bloom과 요한나 클리어리Johanna Cleary는 기자들의 전문직화에 대한 요구가 거세어지고 있다는 점에 주목하고, "사회적 책임 이론의 높은 이상과 수정헌법 제1조의 중요성을 유지하는 동시에 오늘날 거대 기업 환경의 경제적 현실에 대해 인식하도록"(Adams-Bloom & Cleary, 2009: 2) 사회적 책임 이론을 갱신할 것을 제안했다. 그들의 수정안인 **이중 책임 이론**dual responsibility theory은 "실리적인 고려가 필요한 현실을 인식하고…… 24시간 뉴스가 방송되는 세상에서 뉴스에 대한 의사 결정을 내리는 데 있어 사회적 책임과 더불어 재정적 책임에 대한 고려가 필요함을 설명한다…… 이러한 방향성 자체가 형편없는 품질의 콘텐츠 생산으로 이어지는 것은 아니다. 이는 오늘날 뉴스 미디어에서 볼 수 있는, 연관성이 높은 질문에 대한 콘텐츠를 우선시하는 변화를 보여준다"(Adams-Bloom & Cleary, 2009: 6). 그들이 제안하는 변화는 <그림 3.1>에서 확인할 수 있다.

**이중 책임 이론**
사회적 책임 이론을 수정한 것으로, 뉴스에 대한 의사 결정을 내리는 데 있어서 고려하게 되는 사회적 책임과 재정적 책임에 대해 설명함.

그들의 수정안은 **이해관계자 이론**stakeholder theory에 기초하고 있는데, 이해관계자 이론은 기업이 단지 재정적인 혜택을 보는 사람들만을 위해서가 아니라 기업에 의존하는 모든 이해관계자에게 최고의 이익을 줄 수 있도록 운영되어야 한다는 개념의 이론이다. 수익의 극대화 자체가 기업의 주요 목표가 되어서는 안 된다. 애덤스-블룸과 클리어리에 따르면 이와 같은 방향성이 "윤리적 사업 관행과 올바른 기업 시민 의식을 정착시키고 순수 자본주의의 중요성은 줄인다"(Adams-Bloom & Cleary, 2009: 3).

**이해관계자 이론**
기업은 그에 의존하는 모든 사람, 즉 이해관계자에게 최고의 이익을 줄 수 있도록 운영되어야 한다는 개념의 이론.

사회적 책임 이론에 대해 혹평하는 이들은(Altschull, 1995; McQuail, 2005;

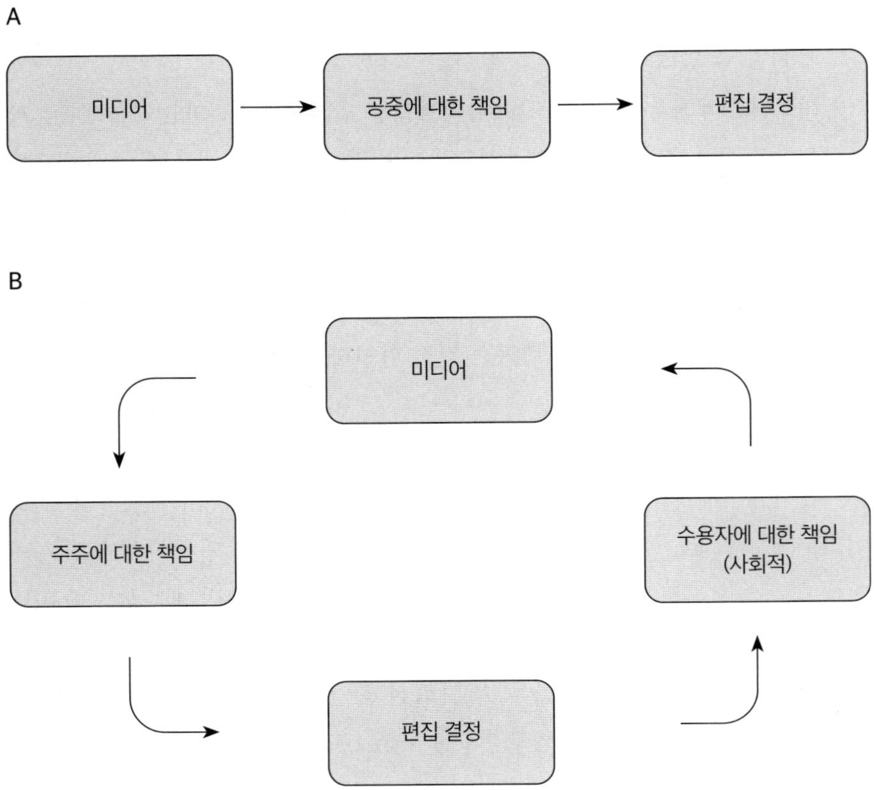


<그림 3.1> 전통적인 사회적 책임 모델(A)과 이중 책임 모델(B)

Pickard, 2010) 수익을 더 많이 고려할 수 있도록 하는 이중 책임 이론 없이도 대부분의 미디어 조직에서 이미 오랫동안 책임보다는 수익을 우선시해왔다고 주장할 것이다. 애덤스-블룸과 클리어리가 지칭한 오늘날의 "거대 기업 환경"이 "규제 완화와 전면적인 정책 변화"(Adams-Bloom & Cleary, 2009: 2)로 인해 활기를 띠는 가운데, 현대 미디어 기업에게 수익 추구는 더 분명한 목표가 되었는지도 모른다. 그럼에도 불구하고 이 연구자들은 미국의 미디어 실무를 반세기 이상 이끌어온 것으로 보이는 규범 이론에 대해 진지하게 재검토하는 몇 안 되는 연구 중 하나를 수행했다.

## 오늘날에도 사회적 책임 이론의 역할은 유지되는가

미국의 미디어가 사회적 책임 이론의 이상에 따르기 위해 다양한 직무 실행 방식을 개발했지만 장기적인 목표—'위대한 공동체'의 조성—는 그 어느 때보다도 달성하기 어려워 보인다. 도시는 수십 년간 재개발되어 왔지만 여전히 빈민가는 남아 있고 일부 도시에서는 계속해서 확장되고 있다. 사회적 불평등은 지난 100년간 가장 최악의 수준에 다다랐다. 전국적으로 가난, 범죄, 공해, 질병, 마약 등과 싸우기 위한 '전쟁'이 진행되어 왔지만 대다수 미국인들의 삶의 질은 그다지 향상되지 않았다. 많은 사람들이 2008년 금융 위기 때 손실을 보고 아직까지 회복하지 못했으며 마약성 진통제의 과다 처방이 미국 전역에 걸쳐 많은 지역 사회를 파괴했다. 영향력이 없는 민족과 인종의 문화는 아직도 널리 인정받지 못하고 있다. 소수 집단의 구성원들은 계속해서 차별과 괴롭힘의 대상이 되고 있다. 수백만 불법 이민자들의 노동은 미국 경제에 꼭 필요하지만 대부분의 미국인들은 그들을 불신하고 가능하다면 추방하기를 바란다. 또한 혐오 단체의 규모가 커지고 있다는 것과 그들의 선전이 더 많은 이들에게 효과적으로 전해지고 있다는 것도 입증되었다(Heim, 2018). 정치인들은 여전히 '타자들'에 대한 대중의 공포를 불러일으킴으로써 선거에서 승리하는 것이 가능한 일임을 확인한다.

이는 사회적 책임 이론이 잘못된 이론임을 의미하는가? 그동안 사회적 책임 이론은 잘못 이행되었는가? 미디어 종사자들은 그들의 봉사 대상인 위대한 공동체를 대신해 어떤 책임을 맡을 수 있으며 맡아야 하는가? 보다 중요하게는, 이 책임이 어떻게 이행되어야 하는가? 폭동 현장에 뉴스 헬기를 띄워 취재함으로써 이행되어야 하는 것인가? 혐오 단체에 대해 분노를 유발하는 보도로? 지역 협회의 일상적인 업무에 대한 지루한 보도로? 아니면 소수자를 비하하고 그들에 대한 고정 관념을 형성하는 정치 후보자에 대한 선정적인 보도를 통해서 이행되어야 하는 것인가? 다원적 집단에 대한 보도에 관해 시카고학파가 주장한 바는 가치가 있는가? 만약 그렇다면 그러한 보도는 어떤 형태로 이루어지겠는가? 집단의 구성원들에게 자신들에 관한 신문 기사 및 텔레비전 방송 보도를 직접적으로 통제할 수 있는 권리가 허용되어야 하는가?

케이블 텔레비전의 지역 접근 채널과 관련해 경험한 바에 따르면 다원적 집단을 위해 미디어를 이용하기란 쉽지 않다. 1972년에 연방통신위원회는 처

**지역 기점 (혹은 필수 접근) 규정**
지역 케이블 방송사로 하여금 지역 기반 접근 채널을 보유하도록 요구하는 규정.

**저출력 FM 라디오**
지역 사회 기반의 비상업적 방송국으로 보통 3마일에서 7마일에 걸친 좁은 지역에 방송함.

음으로 다원적 집단을 위해 지역 케이블 방송사에 지역 접근 채널을 제공하도록 요구했는데, 이와 같은 **지역 기점 (혹은 필수 접근) 규정**local origination (or mandatory access) rule이 지난 60여 년간 바뀌거나 유예되고, 그렇지 않으면 어설프게 수정되는 가운데 대체적으로 의도한 목적을 달성하는 데에는 실패했다. 극히 일부 사람들만이 지역 접근 채널을 시청했고 그 외에는 이 채널을 이용하는 집단이 거의 없었다. 소셜 미디어가 처음 등장했을 때, 사람들은 그것이 공동체를 형성할 수 있으리라 기대했다. 페이스북 CEO 마크 저커버그는 현재 막대한 수익을 창출하는 페이스북이 이제는 글로벌 공동체를 구축하는 데 집중하고 있다고 주장했다. 당신은 대규모 소셜 미디어가 실제로 이러한 목적을 달성하고 있다는 증거를 본 적이 있는가?

이를 지켜본 많은 사람들은 최근에 등장한 기술로 인해 지역 사회가 정보의 전파에 더 큰 영향력을 가질 것이며, 이에 따라 사회적 책임 이론이 새로운 힘을 얻을 것이라고 믿는다. 연방통신위원회는 보통 5킬로미터에서 10킬로미터에 이르는 좁은 지역을 대상으로 하는 비상업적 방송국인 **저출력 FM 라디오**low power FM (LPFM) radio 방송국에 허가를 내준다. 현재 50개주 전체에서 2,500개에 육박하는 방송국이 방송에서 소외되고 있는 지역 사회 단

## Instant Access

### 자유지상주의Libertarianism

**장점**

1. 미디어의 자유를 중시한다.
2. 미국의 미디어 전통과 조화를 이룬다.
3. 개인을 중시한다.
4. 미디어에 대한 정부의 규제를 배제한다.

**단점**

1. 미디어가 자발적으로 책임을 다할 것이라고 지나치게 낙관한다.
2. 개인의 윤리와 이성에 대해 지나치게 낙관적이다.
3. 미디어에 대한 합리적인 규제의 필요성을 간과한다.
4. 대치되는 자유(예를 들면 자유 언론 대 개인의 사생활)에 의해 야기되는 딜레마를 간과한다.

Instant Access

### 사회적 책임 이론Social Responsibility Theory

**장점**

1. 미디어의 책임을 중시한다.
2. 수용자의 책임을 중시한다.
3. 미디어 운영에 대한 정부의 개입을 제한한다.
4. 미디어에 대한 정부의 합리적인 규제를 허용한다.
5. 다양성과 다원성을 중시한다.
6. '힘없는 자'를 돕는다.
7. 미디어 종사자와 수용자에게 최선의 역할을 기대한다.
8. 미국의 법 전통과 조화를 이룬다.

**단점**

1. 미디어가 자발적으로 책임을 다할 것이라고 지나치게 낙관한다.
2. 개인의 책임에 대해 지나치게 낙관적이다.
3. 수익 창출 동기와 경쟁이 지니는 영향력을 간과한다.
4. 현재의 상황을 정당화한다.
5. 다원주의 혹은 '약자'를 돕기 위한 적극적인 노력으로 이어지는 경우가 드물다.

체, 노동조합, 교회, 그 밖의 비영리 단체들에 의해 운영된다(Johnson, 2018). 케이블 텔레비전은 1960년대에 예측했던 것처럼 공중에게 권력을 재위임하는 혁명을 이루지는 못했어도 최소한 수백 개의 채널을 이용 가능하게 만들었고, 그중 다수가 민족 공동체와 특별 이익 공동체에 제공되었다. 이제 인터넷과 웹이 거의 전 세계로 확산되면서 수용자의 수와 수익성은 수백만의 '목소리'에게 더 이상 우려할 만한 사항은 아니다. 예를 들어 컴퓨터상에서 북미 원주민 부족을 위한 웹 사이트는 영향력 있는 미디어 조직들의 웹 사이트와 나란히 있다. 그러나 많은 이론가들이 우려하는 바는 이와 같은 의견의 다양성이—각각 자신의 공동체를 향해 이야기하는 가운데—미국 문화의 발칸화Balkanize로 이어질 것이라는 점이다. 즉 미국인들이 이 나라를 다양하고 다원적으로 만드는 모든 위대한 공동체에 관한 콘텐츠를 읽고 시청하는 것이

**발칸화**
국가나 문화, 사회를 적대적인 소집단들로 나누는 것.

아니라 자신의 공동체 안에 거주하는 사람들에게만 이야기를 하게 되는 것이다. 이러한 과정에서 타인의 가치, 궁핍, 필요, 사상은 간과될 것이다. 예를 들어 기자인 브리 노덴슨Bree Nordenson의 주장에 따르면 "우리의 신념과 상반되는 신념을 접하게 될 가능성이 줄고 있는 것처럼 공중이 공유하는 지식은 희미해지고 있다. 개인화된 홈페이지, 이메일 알림, 특수 목적의 출판물 등은 우리로 하여금 사회학자 토드 기틀린Todd Gitlin이 비난조로 지칭했던 '나의 뉴스, 나의 세상'을 만들도록 한다. 뜻밖의 뉴스—우연히 접한 정보—는 티보TiVo와 개인 맞춤형 온라인 도구의 세상에서 이전에 비해 접하기가 어려워졌다"(Nordenson, 2008: 37). 『뉴로맨서*Neuromancer*』의 저자이자 사이버 세대 전문가인 윌리엄 깁슨William Gibson은 위대한 공동체는 확실히 존재할 것이지만, 그 공동체는 공통의 가치와 열망보다는 브랜드—나이키 행성과 펩시 월드—를 중심으로 건설될 것이라고 예상했다(Trench, 1990).

## 인터넷 시대의 공익

**필터 버블**
온라인 개인화 툴로 인해 사람들이 자신이 동의하는 정보만 접하게 되어, 정치적 편향이 심해지고 다른 견해에 덜 개방적으로 되는 현상.

인터넷 시대에 "나의 뉴스, 나의 세계"는 일반적으로 **필터 버블**filter bubble의 개념으로 논의된다. 이 개념은 페이스북과 구글이 사용하는 온라인 개인화 도구와 컴퓨터 알고리즘이 사용자를 자신이 이미 동의하거나 선호하는 뉴스와 정보에만 노출시킴으로써, 사람들이 보다 편향되고 이견에 대해 폐쇄적으로 변하게 만든다는 주장이다. 지난 15년간 2,100개 지역 신문이 폐간되고("Sizing up," 2019), 라디오를 제외한 대부분의 전통 뉴스 미디어의 이용자 수가 지속적으로 감소하는 상황에서(Barthel, 2018), 우리는 분명히 인터넷 시대를 살고 있다. 북미 인구의 89%에 해당하는 3억 2,700만 명 이상이 인터넷을 사용하며, 전 세계적으로는 43억 명, 즉 전 세계 인구의 56%가 온라인에 접속하고 있다. 이는 2000년 대비 1,104% 증가한 수치다(Internet Users, 2019). 미국 성인은 하루 평균 11시간 6분을 미디어와 함께 보내며, 그중 4시간 23분을 온라인에서 소비한다(Katsingris, 2018). 미국인의 4분의 1은 "거의 항상" 온라인 상태라고 응답했으며(Perrin & Jiang, 2018), 10대만 따로 보면 이 비율은 절반에 육박한다(Anderson & Jiang, 2018). 이들은 뉴스 이용에도 인터넷을 적극 활용한다. 미국 성인의 43%는 "종종" 온라인에서 뉴스를 접한다고 응답했으며, 이는 텔레비전을 통한 뉴스 이용(50%)보다 불과 7% 포인트 낮은 수치이다(Gottfried & Shearer, 2017). 또한 3분의 2는 페이스북, 트위터 같은 소셜 미디어 사이트에서 “가끔이라도” 뉴스를 본다고 답했다(Shearer & Matsa, 2018).

뉴스는 인터넷의 다른 공간에도 존재한다. 많은 사람들은 **팟캐스트**podcasts에서 뉴스를 접한다. 팟캐스트는 컴퓨터나 모바일 기기에 다운로드하거나 스트리밍하는 디지털 오디오 파일로, 보통 구독자에게 자동으로 전송된다. 팟캐스트는 대중문화 중심이나 팬 기반의 콘텐츠가 많지만, 수십만 개의 활성 팟캐스트 중 상당수가 뉴스와 정보를 다루며(Apple Podcasts에만 55만 개 이상 등록됨; Quah, 2018), 미국인 7,300만 명은 최소 한 달에 한 번 이상 팟캐스트를 청취한다(Bromwich, 2018). 앞서 본 것처럼 사람들은 블로그를 통해서도 뉴스를 자주 접하는데, 미국 내에 활성 블로그는 3,100만 개가 넘는다(Number of Blogs, 2019). 블로그 다수가 개인적인 일상을 기록하거나 가족 간 친목을 다지기 위한 목적으로 운영되지만, 많은 수의 블로그가 의미 있는 저널리즘을 실천하는 ‘시민 발행인’, ‘프리랜서 기자’, ‘아마추어 네트워크’로서의 역할을 하고 있다(Stepp, 2006: 62). 저널리즘 학자 앤 쿠퍼Ann Cooper의 표현대로 “언론의 자유는 더 이상 인쇄기를 소유한 사람들만의 것이 아니며”, “휴대폰, 비디오카메라, 블로그 운영 소프트웨어, 그 밖의 다른 기술을 사용해 뉴스와 자신의 견해를 세상에 전달하는 모든 이들의 것이다”(Cooper, 2008: 45). 이와 더불어 블로그 활동 자체도 전문직화되고 있다. 전문적인 훈련을 거쳐 보수를 받고 일하는 많은 기자들이 수준 높고 광고료로 운영되는 블로그 뉴스 미디어에서 일한다. ‘폴리티코Politico’, ‘허핑턴 포스트Huffington Post’, ‘토킹포인츠메모Talking Points Memo’가 그 예이다. 또한 지역 신문사에서부터 전국 텔레비전 방송국에 이르기까지 사실상 모든 주류 언론 기관이 소속 기자들에게 언론사 웹 사이트상의 블로그에 정기적으로 글을 올리고 트위터와 페이스북 등을 통해 독자들과 소통할 것을 요구한다. 실례로 『뉴욕 타임스』의 웹 사이트에는 뉴스를 전달하고 의견을 교환하는 블로그가 50개 이상 있다. 이처럼 인터넷 뉴스 사이트들은 우리 사회에서 뉴스를 수집, 배포하는 기능을 수행하고 있으며 이와 더불어 민주주의 공적 담론의 장으로서의 중심적 역할을 맡고 있다.

**팟캐스트**
인터넷 스트리밍 방식의 디지털 오디오 파일로, 일반적으로 구독자에게 자동으로 전송되어 컴퓨터나 모바일 기기에 다운로드됨.

예를 들어 블로거들에게는 보통 대통령 기자회견, 대법원 공판과 같은 주요 뉴스 현장에 대한 공식적인 접근권이 주어진다. 그들을 대상으로 하는 온라인뉴스협회(https://journalists.org)와 윤리 강령도 존재한다. 온라인 기자들도 퓰리처상을 수상할 자격이 있으며, 2009년에는 온라인 기자들을 구성원에 포함하기 위해 라디오·텔레비전뉴스제작자협회RTNDA와 미국신문편집인협회ASNE가 명칭을 변경했다. 라디오·텔레비전뉴스제작자협회는 라디오·텔레비전디지털뉴스협회RTDNA로, 미국신문편집인협회는 그 이름에서 '신문'을 빼고 미국뉴스편집인협회가 되었고, 2019년에 언론미디어편집인협회Associated Press Media Editors와 합하여 신문대표협회News Leaders Association가 되었다.

이에 따라 인터넷 뉴스 사이트들은 저널리즘의 실천에서 더 나아가 사회적 책임의 실천, 공익의 실천에 대해 재고할 것이 요구된다. 예를 들어 인터넷이 공적 담론에 더 다양한 정보와 의견이 유입될 수 있는 공간을 제공할 것이라는 점에서 일정한 낙관론이 존재했던 시기가 있었다(예: Goode, 2009; Papacharissi, 2002). 오랫동안 활동한 기자이자 컬럼비아저널리즘스쿨의 학장을 지냈던 니컬러스 레만Nicholas Lemann이 디지털 미디어 환경을 살펴보고 "지금이 뉴스 소비자에게 최상의 시기"(Moynihan, 2012 재인용)라고 선언한 것과 관련해, 사회학자이자 역사학자인 폴 스타Paul Starr는 디지털 기술의 시대에 있어서 미디어의 사회적 책임에 대해 언급하며 우려를 표했다.

> 디지털 혁명은 표현의 자유 측면에서 바람직했는데, 이는 공론장의 목소리에 다양성을 더했기 때문이다. 정보의 자유 측면에서도 바람직했는데, 이는 더 많은 사람들이 정부의 문서와 데이터에 직접 접근할 수 있도록 하고 권력을 가진 기관에 투명성을 요구하는 문화를 조성했기 때문이다. 그러나 디지털 혁명은 언론의 자유 측면에서는 엇갈린 효과를 가져왔다. 새롭게 합류하는 미디어가 있도록 허용했고 저널리즘 분야에서 혁신을 이룬 것도 사실이다. 그러나 전문적인 저널리즘의 경제적 기반을 약화시키고 공중을 파편화함으로써 공공의 책무를 위한 효과적인 동인으로서 언론의 역량을 약화시켰다(Starr, 2012: 234).

뉴저널리즘 이론가인 제이 로젠Jay Rosen은 사회적 책임과 관련된 전통 미디어의 역할이 확실히 약화되었음을 인정하면서도 그것이 의미하는 바에 대해서는 보다 낙관적인 관점을 제시했다. 그의 입장은 인터넷이 더 많은 사람들에게 보다 다양한 의견을 제공함으로써 정보와 사상을 중심으로 건설되는

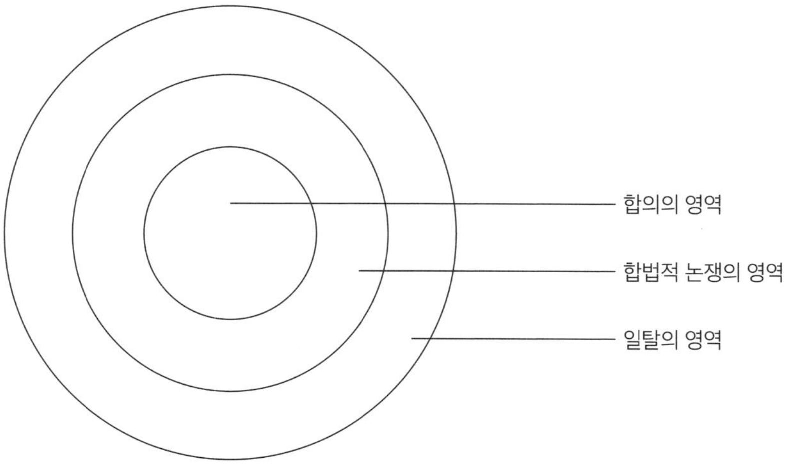


<그림 3.2> 합의, 합법적 논쟁, 일탈의 영역(Hallin, 1986)

'위대한 공동체'가 만들어진다는 것이다. 로젠에 따르면 "매스 미디어의 시대에는 언론이 합법적 논쟁의 영역을 비교적 쉽게 규정할 수 있었는데, 이는 받아들이는 위치에 있는 사람들이 원자화되어 있었기 때문이다. 즉 그들은 '거대한 미디어'에 연결되어 있었지만 서로가 연결되어 있지는 않았다. 그러나 오늘날 이 세상을 변화시키는 가장 큰 요인 중 하나는 비슷한 생각을 가진 사람들이 서로를 찾아내 정보를 공유하고, 감상을 교환하고, 자신들과 같은 사람들이 얼마나 있는지 인식하는 데 드는 비용이 절감되었다는 점이다"(Rosen, 2009). 로젠은 "거대한 미디어가 국가적 차원의 토론에 어떤 주제가 합법적으로 속하는지 혹은 속하지 않는지에 대해 결정함으로써" 공적 담론의 범위를 제한한다고 주장했다. 그는 정치학자 다니엘 핼린Daniel Hallin이 제시한 영향의 영역 모델sphere-of-influence model(Hallin, 1986)을 약간 수정해서 자기 이익만을 도모하는 선택이 어떻게 중요한 사안들에 대한 공적 토론을 약화시키는지 설명했다(<그림 3.2>).

로젠과 핼린에 따르면 민주적인 공적 담론은 주류 전통 미디어 기자들의 엄격한 감시가 이루어지는 다음 세 개의 영역으로 구성된다.

1. 합법적 논쟁의 영역: 기자들이 "정상적이고 일상적인 현실의 환경으로 인식하는 영역이다. 그들은 기자 업무의 대부분이 이 영역 안에서 이루어진다고 생각한다…… 핼린에 따르면 '이 영역은 선거전과 입법 토론,

곧 미국 정치 과정의 주요 관계자들이 인식하는 쟁점에 대한 영역이다.'"

2. 합의의 영역: "정치에 있어서의 '어머니와 애플파이'로 모든 사람이 그 가치와 중요성에 동의할 것으로 여겨지는 사안과 관련된 영역이다. 이 영역은 논쟁의 여지가 없어 지루하게 느껴질 정도이고, 진실함에 있어서는 자명할 정도이며, 널리 받아들여져 보편적인 거짓처럼 여겨질 정도의 주장들을 포함한다. 핼린에 따르면 이 영역에서 '기자들은 대립되는 관점을 제시해야 한다거나, 반대로 무관심한 감시자로 머물러야 한다고 느끼지 않는다.'"
3. 일탈의 영역: 이 영역에서 "우리는 '기자들과 정치적 주류가 판단하기에 알려질 가치가 없다고 여겨 거부하는 정치 관계자들 및 관점들을 발견할 수 있다.'" 기자들은 일탈적인 관점을 뉴스에서 완전히 배제하는 방법, 혹은 그러한 관점을 뉴스 프레임 안에서 용납이 어렵거나 극단적이거나 실현 불가능한 것으로 취급하는 방법을 통해 질서를 유지한다. 핼린은 언론이 '일탈적인 관점을 폭로하고, 비난하고, 공적 의제에서 배제하는 역할을 한다'고 말한다. 언론이 '용인할 수 있는 정치적 대립의 한계를 정하는' 역할을 하는 것이다"(Rosen, 2009: 3-7).

첫째, 합법적 논쟁은 미국 신문의 1면, 오피니언 면, 그리고 일요일 아침에 방영되는 텔레비전 토론회 등에 나타난다. 이 영역에서는 객관성과 균형성이 지배적인 규범으로 작용한다. 둘째, 합의는 '미국적 신조'와 관련지어 생각해볼 수 있다. 이를테면 지본주의는 선하고 시장은 모든 미국인들을 만족시킬 것이라고 기대하며, 미국의 국제 사회에서의 행보는 언제나 옳고 정당하다고 여긴다. 셋째, 일탈은 미국의 두 주요 정당과 의견이 충돌하거나, 월가에 이로운 것이 미국의 중산층에게도 이로우리라는 점을 믿지 않는 등 뉴스에 결코 반영되지 않는 관점을 일컫는다. 로젠에 따르면 "일탈의 영역에 해당하는 관점에 대한 논쟁은 편파적이기보다 아예 논쟁 자체가 이루어지지 않는다…… 기성 언론은…… 수동적인 행위자가 아니다. 기성 언론은 합의에 찬성하고 '일탈'에는 반대하는 경향이 있다. 이는 곧 언론이 도넛의 구멍(공적 토론에서 논의되지 않는 영역)이 가능한 한 크기를 바라는 동시에 '합법적' 논쟁의 영역으로 일탈이 진입하지 못하도록 일탈을 가능한 한 배제하기를 원한다는 의미이다…… 대안적—혹은 그보다 못하게 여겨지는 급진적—관점은 '합법적' 논쟁의 영역을 활기 있게 만들 수 있기 때문에 지속적으로 배제된다"(Rosen, 2009: 8-32).

새로운 온라인 저널리즘에 관한 로젠의 요점은 보다 다양한 의견들을 접할 수 있을 뿐만 아니라 인터넷으로 인해 사람들은 특정한 사안과 사상을 중심으로 하는 공동체에 연결된다는 것이다. 그들은 더 이상 원자화되어 있지 않다. 로젠은 글렌 그린월드Glenn Greenwald에게 다음과 같이 말했다. 인터넷은 "뉴스를 시청하는 동안 비슷한 감정을 느끼는 사람들을 서로 연결해준다. 그들은 각자 마음속으로 이렇게 말했을 것이다. '잠깐, 토론의 범위는 저게 아닌데. 잠깐만, 저 생각은 별로 일탈적인 의견이 아닌데도 그렇게 그려지고 있잖아'"(Rosen, 2009). 그리고 합법적 논쟁의 영역을 규정하는 주류 미디어의 권위가 약해지면 더 많은 사안들이 공적 담론에서 다루어지게 될 것이며 보다 다양한 관점에서 논의될 것이다. 이는 민주주의를 풍요롭게 하는데, 저널리즘 학자인 스테판 콜맨Stephan Coleman과 제이 블럼러Jay Blumler의 표현에 따르면 이는 "숙의의 부족"으로 인해 잘 이루어지지 않고 있다. 그들은 "가장 흥미진진하고 획기적인 참여적 실천들은 공적 토론을 촉진하고 활용해 공중이 합의할 만한 가치가 있는 정책 결정을 집단의 차원에서 이루기 위한 수단으로 삼고자 한다"고 말한다(Coleman & Blumler, 2009: 15). 다시 말해서 인터넷은 모든 이들에게 의견을 낼 수 있는 목소리를 부여하고 공동체를 조성하고자 하는 사회적 책임 이론의 목표에 더 다가가게 한다. 블로그, 팟캐스트, 쇼셜 미디어, 뉴스 피드, 그 밖의 인터넷 뉴스 미디어에 제시해야 하는 질문은 더 이상 그들이 저널리즘을 실천하고 있는가에 대한 것이 아니다. 그들이 사회적 책임 이론이 상정한 더 큰 언론적 목표를 실현할 수 있을 것인가 아니면 그들의 다양한 목소리가 마이클 허쉬의 '만 개의 잡초'처럼 그 약속을 깨트릴 것인가 하는 것이다.

이 질문은 미디어 종사자의 전문성에 대한 이론적 전제에서 비롯된다. 기자, 편집자, 기타 뉴스 수집 및 배포자는 전통적으로 신문사, 잡지사, 방송국과 같은 대규모 기관에 소속되어 활동했으며, 이러한 소속은 일정한 저널리즘적 책무를 수반했다. 앞서 살펴보았듯이 전문성의 영향력에 한계가 있긴 했지만, 그 영향은 분명히 존재했다. 그러나 인터넷 시대에는 누구나 글을 쓰고, 게시하고, 유포할 수 있기 때문에 이를 제한할 수 있는 권위도, 기관에 대한 충성심도, 조직의 명예(또는 이익)를 지키려는 의무도 존재하지 않는다. 인터넷은 콘텐츠(이 경우 뉴스)의 생산자와 수용자 사이에 존재하던 게이트키퍼

**탈중개화**
콘텐츠 제작자와 수용자 사이의 게이트키퍼를 제거하는 과정.

를 제거하는 **탈중개화**disintermediation를 가능하게 했으며, 이는 장점이자 동시에 단점이 되었다. 목소리는 더 많아졌고, 허용된 일탈의 범위도 크게 넓어진 게 사실이다. 그러나 그것이 저널리즘과 민주주의적 역할에 어떤 대가를 초래했는가? 만약 그 목소리들이 고의로 거짓을 말한다면? 혹은 민주주의를 훼손하려는 악의적 행위자들에게 속한 것이라면 어떻게 되는가? 2장에서 본 것처럼, 러시아 정부 요원들은 미국 민주주의를 약화시키고 자국이 선호하는 후보의 당선을 돕기 위해 2016년 미국 대선 기간 동안 의도적으로 소셜 미디어 게시물을 통해 혼란과 인종적 · 사회적 분열을 조장했다(Apuzzo & LaFraniere, 2018; Wu, 2017). 소셜 미디어 사이트, 팟캐스트, 유튜브 영상, 스트리밍 오디오 및 비디오는 다음과 같은 형태의 '뉴스'를 제공하기도 한다. 워싱턴 D.C.의 피자 가게에서 아동 성매매 조직이 운영된다는 이야기, 코네티컷주 뉴타운의 샌디훅 초등학교에서 살해된 6세와 7세 아동 20명이 실제로는 존재하지 않았다는 주장, 플로리다 파크랜드의 마조리 스톤맨 더글러스 고등학교에서 총격으로 사망한 17명의 십대와 교직원이 모두 배우였다는 보도, 북한 최고지도자 김정은이 미국 중앙정보국(CIA)이 앉혀놓은 꼭두각시라는 추측 등이 그것이다. 문제를 더욱 악화시키는 것은, 이러한 이야기들이 소셜 미디어에서 수십만 건 이상 공유된다는 사실이다. 이러한 확산은 종종 사람들에 의해 이루어지는데, 실제로 사람은 진실한 이야기보다 거짓된 이야기를 퍼뜨릴 가능성이 훨씬 더 높다는 연구 결과도 있다(Vosoughi, Roy, & Aral, 2018). 이 밖에도 **봇**bot, 즉 사람의 직접적인 개입 없이 콘텐츠를 게시하거나 다른 사용자와 상호작용하는 자동화된 소셜 미디어 계정에 의해 퍼지는 경우도 많다. 2018년 5월과 6월, 단 두 달 사이에 트위터는 7천만 개 이상의 봇 또는 가짜 계정을 정지시켰으며(Timberg & Dwoskin, 2018), 퓨리서치센터 분석에 따르면 트위터에서 뉴스 및 시사 관련 게시물에 달린 반응의 66%는 봇에 의해 생성된 것이다(Wojcik, Messing, Smith, Rainie, & Hitkin, 2018). 이러한 현상은 공적 담론을 무의미하게 만들거나, 심지어 이해 불가능한 수준으로 전락시킨다. 미디어 비평가 에릭 올터먼Eric Alterman은 "우리 공적 삶의 지적 정직성 문제는 이제 거의 회복 불가능한 수준에 이르렀다"고 하면서 다음과 같은 연구 결과를 인용했다. "대다수 미국인들은 현재 잘못된 정보에 휘둘리지 않고 현명하게 판단하는 것이 더 어려워졌다고 믿는다. 사람들은 언론을 점점 더 편향된 것으로 인식하며, 객관적인 뉴스 출처를 식별하는 데 어려움을

**봇**
자동화된 소셜 미디어 계정으로, 인간의 직접 개입 없이 콘텐츠를 게시하거나 다른 사용자와 상호작용함.

겪는다. 언론이 민주주의에 있어 여전히 중요한 역할을 수행하고 있다고 생각하면서도, 그 역할을 얼마나 제대로 수행하고 있는지에 대해서는 별로 긍정적으로 평가하지 않는다"(Eric Alterman, 2018, para. 4).

인터넷에서 발언의 수가 증가한 것은 사회적 책임 이론에 또 하나의 도전 과제를 던져준다. 이 이론의 영향력은 미디어 시스템이 수정헌법 제1조의 보호를 받고 있다는 전제에 기반하고 있기 때문이다. 하지만 만약 수정헌법 제1조 자체가 절대적인 것이라면 어떨까? 법학자 팀 우가 제기한 이 질문은, 이제 부족한 것은 발언이 아니라 청자의 '주의attention'라는 사실에 기반하고 있다. 그는 다음과 같이 말한다.

> 수정헌법 제1조는 정보가 부족하던 세상을 전제로 하며, 화자가 정부로부터 보호받아야 할 희귀하고 연약한 나비처럼 존재한다고 가정하고 있다. 그러나 오늘날 화자는 나방과도 같고, 그 수는 사실상 무한하다. 출판 장벽이 낮아지면서 정보는 넘쳐나게 되었고, 특히 화자들이 대중적 논쟁이 벌어지는 이슈에 몰리면서 이 현상은 더욱 심화되었다. 발언 비용이 지나치게 낮아진 결과, 아이러니하게도 발언이 통제를 위한 도구로 전락하는 일이 쉬워졌다. 유감스럽게도, 값싼 발언은 토론이나 계몽에 사용되기보다는 공격, 괴롭힘, 침묵 강요의 수단으로 더 자주 이용된다(Wu, 2017: 2-3).

우는 인터넷이 공적 담론을 확장하기보다는 오히려 억압하고 있다고 주장한다. 그는 그 근거로 이른바 '트롤 부대troll armies'를 들며, 이들은 "비판적인 콘텐츠를 쓰려는 화자들을 지치게 만들어 다시 생각하게 만들고, 그 결과 정치 저널리즘의 매력을 떨어뜨리는 온라인 폭력 집단"이라 정의한다. 이 집단은 정부나 특정 정치인에게 직접 고용되었든, 느슨하게 연계되어 있든, 혹은 단지 목표를 공유하고 있을 뿐이든, 모두 말의 낮은 비용을 이용하여 화자들을 처벌하는 방식으로 작동한다(Wu, 2017: 11). 소셜 네트워크 사이트 레딧Reddit의 법률 고문 멜리사 티드웰Melissa Tidwell의 표현에 따르면, 이들은 "수천 명이 동시에 '꺼져, 불타 죽어, 너 어디 사는지 안다'라고 소리치는 상황"과 같다(Marantz, 2018: 66 재인용).

우는 또한 '역검열reverse censorship' 혹은 '정보 범람flooding' 현상도 지적하는데, 이는 특정 발언을 묻어버리거나 정보 환경 자체를 왜곡할 만큼 충분한 양의 콘텐츠를 투입하는 것을 말한다. 정치적으로 동기화된 역검열은 종종 가짜 뉴스(또는 잔혹 선전물)를 유포하는 방식으로 이루어지며, 이는 여론을 분산시키고 특정 발언의 신뢰성을 떨어뜨리는 데 사용된다. 또한 봇이 대규모로 동원되어 중요한 사건의 전후에 가짜 뉴스를 퍼뜨리는 데 활용되기도 한다(Wu, 2017: 15-16).

수정헌법 제1조가 대부분의 콘텐츠 검열을 금지하고 있다는 점을 인정하면서, 우는 여러 가지 대안을 제시했고, 그중에는 발언의 질을 저하시킬 수 있는 콘텐츠를 포함하는 인터넷 사이트를 규제하는 방안도 포함되었다. 구글, 페이스북, 트위터 같은 플랫폼들은 오랫동안 자신들이 신문사나 방송국과 같은 '발행인publisher'이 아니라, 전화회사처럼 단순한 서비스 제공자에 불과하다고 주장해왔다. 그들은 "누구도 전화 통화에서 위협적인 발언이 오갔다고 해서 전화회사를 고소하지는 않는다"고 말한다. 그러나 실제로 이들 사이트는 전통 미디어처럼 어떤 콘텐츠가 사용자에게 도달할지를 선별하거나 편집하는 역할을 수행한다. 온라인상에서는 이러한 편집 결정이 때로는 사람(모니터)에 의해, 때로는 알고리즘에 의해 이루어지지만, 어쨌든 이는 편집적 판단이다.

두 번째 방안은 수정헌법 제1조가 실제로 무엇을 허용하는지를 재검토하는 데 있다. 우는 "이미 연방 사이버스토킹 법은 심각한 트롤링과 괴롭힘으로부터 개인을 보호하고 있으며, 수정헌법 제1조는 수용자의 권익을 증진시키는 새로운 조치들—특정 화자로부터 다른 화자를 보호하는 조치 등을 포함하여—에 광범위한 해석의 여지를 두어야 한다"고 주장한다(Wu, 2017: 23). 우를 포함한 여러 비평가들이 수정헌법 제1조 해석에서 간과된 측면, 즉 정부가 자유로운 의사 표현 환경을 조성하고 보호할 의무를 지닌다는 점을 강조한다. 반 세기 전 수정헌법 학자 알렉산더 매클론Alexander Meiklejohn은 "정부가 일반 지성을 함양하는 긍정적 노력을 해야 하며, 자치정부의 성공은 바로 여기에 달렸다. 반면에 미국 의회는 그 긍정적 영역에서 표현의 자유를 증진시킬 '무겁고도 근본적인 책임'을 갖는다"고 주장한다(Meiklejohn, 1960: 19-20).

이처럼 인터넷 기반 미디어는 향후 수년간 미디어의 사회적 책임과 커뮤니케이션의 자유를 둘러싼 논쟁의 중심에 설 것이 분명하다. 새로운 규범 이론이 창안될 가능성도 있지만, 기존 이론의 재해석과 재활용이 훨씬 더 유력하다. 대규모 소셜 미디어 기업의 경영진이 미디어 통제권을 옹호하는 발언을 살펴보면, 커뮤니케이션의 자유에 대한 주장과 함께 사회적 책임의 필요성을 인정하는 경우가 많다. 그들은 실수를 인정하면서도, 공공의 이익을 위해 최선을 다하고 있다고 주장한다. 하지만 정치인들과 정부 기관은 이러한 주장에 점점 더 인내심을 잃어가고 있다. 이러한 우려는 영국 하원의 가짜 뉴스와 허위 정보에 관한 보고서에서도 드러난다. "우리는 몇몇 강력한 기술 기업의 지배력이 특정 영역에서 독점적 지위로 이어졌으며, 그 서비스들이 기반하고 있는 데이터에 대해 검토해볼 필요가 있다. 정부는 이러한 독점이 정치 및 민주주의에 미치는 영향을 심각하게 고려해야 한다"(House of Commons Digital, Culture, Media, and Sport Committee, 2019: 91).

## 그 밖의 규범 이론

미디어 시스템은 그것이 작동되는 사회적·정치적·경제적 현실에 기반하고 있기 때문에, 당연히 사회적 책임 이론 외에도 다양한 규범 이론들이 존재한다. 윌리엄 해츠텐William Hachten은 다양한 정치 시스템을 가진 다양한 나라에서 미디어 시스템에 대한 원칙으로 활용되고 있는 규범 이론들에 대해 오늘날 고전으로 여겨지는 관점을 제시했다(Hachten, 1992). 그는 다섯 개의 '개념'을 발견했는데, 이는 (1) 서구적 개념, (2) 개발적 개념, (3) 혁명적 개념, (4) 권위주의적 개념, (5) 공산주의적 개념이다. **서구적 개념**Western concept에 해당하는 전형적인 예로는 미국, 영국을 비롯해 발달한 산업 국가들 대부분을 들 수 있다. 서구적 개념은 자유지상주의와 사회적 책임 이론의 요소들을 부분적으로 갖추고 있다. 이 개념은 완전히 자유로운 미디어 시스템은 존재하지 않는다는 사실을 인식하는 가운데, 가장 수익 지향적인 시스템에서조차 봉사와 책임에 대한 공중의 기대가 존재할 뿐만 아니라 '커뮤니케이션과 관련된 정부의 중요한 활동'으로 일컬어지는 '규제'에 대한 정부 관계자의 기대 또한 존재한다는 점을 인식한다.

**서구적 개념**
규범 이론으로, 자유지상주의와 사회적 책임 이론의 요소들의 조합.

**개발적 개념**development concept은 정부와의 협력을 통해 국가가 계획하고 있는 개발을 미디어가 지원하도록 하는 시스템을 말한다. 이 개념에 해당하는 전형적인 예로 아프리카, 아시아, 구 동유럽, 라틴 아메리카에 속하는 대부

**개발적 개념**
규범 이론으로, 정부와의 협력을 통해 국가가 계획하고 있는 개발을 미디어가 지원하도록 하는 시스템.

분의 개발 도상국의 미디어 시스템을 들 수 있다. 미디어와 정부 관계자들이 협력해 질병 근절이나 최신 농업 기술의 확산 등과 같은 특정한 문화적·사회적 필요를 충족시키는 콘텐츠를 생산한다. 서구적 개념과 비교할 때 미디어의 운영에 있어서 정부가 개입을 많이 하는 편이나 공식적인 검열이나 통제는 거의 없다.

**혁명적 개념**
규범 이론으로, 혁명을 위해 미디어가 사용되는 시스템을 묘사함.

혁명적 개념revolutionary concept은 혁명을 위해 미디어가 사용되는 시스템을 말한다. 공식적으로 이와 같은 개념을 받아들인 나라는 없지만, 그렇다고 해서 국민과 미디어 종사자들이 국가의 커뮤니케이션 기술을 사용해 정부를 전복시킬 수 없다는 것은 아니다. 혁명적 개념에서 미디어의 목표는 정부의 정보 독점을 척결하고, 기존의 정부에 반대하는 세력을 키우며, 기존 정부의 합법성을 부정하고, 그 정부를 무너뜨리는 것이다(Stevenson, 1994). 혁명적 개념은 폴란드의 민주주의 운동('솔리데리티Solidarity')과 이를 통해 그 나라의 미디어 시스템을 능숙하게 조작해 1989년 공산주의 정권을 타도하는 가운데 분명히 입증되었다.

최근에는 중동과 아프리카 국가들에서 일어난 민주주의 운동('아랍의 봄')의 시작과 성공을 통해 인터넷이 사회적 책임 이론에 대한 새로운 사고를 불러온 것과 마찬가지로 혁명적 개념에 대해서 어떻게 재고하도록 하는지 볼 수 있다. 혁명적 미디어의 도구는 오랜 시간 동안 팸플릿과 신문, 확성기를 단 트럭, 국경 주변에서의 비밀 라디오 및 텔레비전 방송, 심지어 정부가 통제하는 미디어에 대한 게릴라식 인수 등이었다. 이와 같은 방식은 대개 체포, 무력 진압, 방송 신호의 전파 방해 등으로 좌절되곤 했는데 인터넷, 특히 소셜 미디어가 이를 바꿔놓았다. 커뮤니케이션 연구자 필립 하워드Philip Howard와 그의 동료들에 따르면 "아랍의 봄이 발생한 원인은 다양했다…… 그중 하나는 소셜 미디어를 통해 정치적 억압 가운데 있는 실제 인물을 만날 수 있었던 점이다. [튀니지의 채소 상인 모하메드] 부아지지가 [부패한 정부에 항의하는 과정에서] 보여주었던 자기희생은 페이스북, 트위터, 유튜브에서 반복되며 전해지는 이야기 중 하나이다. 정부에 반대하는 이들이 그의 이야기에서 영감을 얻어 시위를 조직하고 정부를 비판하며 민주주의 사상을 확산시켰다"(Howard et al., 2011). 이는 인근의 몇몇 국가에도 전해졌는데 여기에는 이집트, 리비아, 알제리, 모로코, 시리아, 예멘이 포함된다. 불행하게도, 팀 우의 예측대로, 기존 권력자들은 자신들이 활용했던 바로 그 혁신적 기술들을 다시 자유 운동에 역

이용하는 법을 빠르게 터득했다. 그들은 자유 운동 지도자들을 실각시키기 위해 허위 정보를 유포하고, 논평가들을 향해 트롤 부대를 동원했으며, 소셜 네트워크 사이트를 폐쇄하고, 사용자 및 사이트 운영자들을 체포하거나 고문했다. 이집트의 독재자 대통령 압델 파타 엘시시Abdel Fattah el-Sisi는 다음과 같이 자랑했다. "웹 여단 두 개만 있으면, 페이지를 닫고, 장악하고, 내 것으로 만들 수 있다"(Grothaus, 2018a).

현재 남아 있는 공산주의 국가는 3개국(북한, 중국, 쿠바)뿐이기 때문에 **권위주의적 개념**authoritarian concept과 **공산주의적 개념**communism concept은 보통 하나의 개념으로 논의된다. 두 개념 모두 정부가 미디어를 완전히 지배하는 것을 지지하는데 그 목적은 권위주의적 개념에서는 미디어가 정부를 위해 일하도록, 공산주의적 개념에서는 미디어가 공산당을 위해 일하도록 하는 데 있었다.

**권위주의적 개념**
규범 이론으로, 미디어에 대한 정부의 완전한 지배를 지지하며, 그 목적은 미디어가 정부를 위해 일하도록 하는 데 있음.

**공산주의적 개념**
규범 이론으로, 미디어에 대한 공산주의 정부의 완전한 지배를 지지하며, 그 목적은 미디어가 공산당을 위해 일하도록 하는 데 있음.

그러나 최근 들어 일부 학자들은 범주에 기반하기보다는 보다 유연한 접근 방식으로 규범 이론에 접근할 것을 주장하고 있다. 예를 들어 청주 황Chengju Huang은 **과도기적 미디어 접근법**transitional media approach으로 특정한 미디어 시스템들을 평가할 것을 주장했는데, 이는 "정보화 시대의 탈냉전 시기는 전 세계적으로 가속화된 사회적 변화와 미디어 변화를 목격하고" 있기 때문이었다. 이와 같이 미디어 연구자들은 "다양한 규범적 모델이 묘사했던 표준화된 시스템과 비교했을 때보다 혼합된 형태의 사회 시스템과 미디어 시스템에 직면하게 된다"(Huang, 2003: 456). 과도기적 미디어 접근법은 비규범적이며, 미디어 시스템에 "변화를 가져오고 그 변화에 적응하도록 하는 것에 주된 목적을 둔다." 이러한 접근법은 변화와 적응을 "혁명과 진화를 통한 역사적인 과정"으로 받아들인다. 그리고 "다양한 사회에서 미디어의 전환은 정치적, 문화적, 사회 경제적 맥락에 따라 다른 방향을 향할 수 있는데, 그 결과 상이하고 복잡한 미디어 시스템에 이르게 될 수도 있다"는 점을 받아들인다(Huang, 2003: 455-456). 변화하는 세계의 정치 환경, 커뮤니케이션 기술(특히 인공위성, 인터넷과 같은 '국경 없는' 기술)의 발전, 급속한 세계화 등으로 인해 주어진 미디어 시스템을 그 사회가 지니는 가상적 이상(규범 이론의 기반)에 따라 평가하는 데 있어서 보다 더 유연한 접근 방식을 권장하게 되었다.

**과도기적 미디어 접근법**
전통적인 규범 이론에 비해 범주에 기반하기보다는 보다 유연한 접근 방식으로 미디어 시스템을 평가함.

## 학습 목표 확인

● **미디어의 규범 이론의 기원에 대해 살펴본다.**

규범 이론은 미디어 시스템의 이상적인 구조와 운영 방식에 관해 설명한다. 규범 이론은 현실을 기술하거나, 과학적인 설명이나 예측을 제공하지 않는다. 오히려 실현되어야 할 이상적 가치나 원칙이 존재할 경우, 미디어는 어떻게 기능해야 하는지를 제시한다. 미디어의 부정적 영향력을 억제하려는 이들이나, 자유롭고 개방된 미디어 체계를 지지하는 이들 모두, 서로 다른 수준의 정부 개입을 주장하며 규범 이론을 근거로 삼는다.

● **매스 미디어 운영의 원칙으로서 자유지상주의를 평가한다.**

현대 커뮤니케이션에 대한 자유지상주의적 사고는 16세기 유럽으로 거슬러 올라가는데, 이 시기는 봉건 귀족 계급이 대다수 사람들의 삶에 자의적 권력을 휘둘렀던 시기이다. 이 이론의 기본 전제는 공정한 논쟁 속에서는 진실하고 타당한 주장이 거짓과 기만을 항상 이길 것이라는 믿음이다. 만약 이것이 사실이라면, 공개적인 토론을 통해 더 나은 사회 질서를 이룰 수 있다는 논리로 이어진다. 이는 흔히 '자기 조정의 원리self-righting principle'라 불리며, 오늘날에도 미디어 자유를 옹호하는 이들이 자주 인용하는 논거이다. 그러나 현대 사회는 커뮤니케이션의 자유가 때로는 제약되어야 할 필요가 있음을 인식하고 있다. 특히 표현의 자유가 사생활 보호나 공정한 재판과 같은 다른 중요한 권리와 충돌할 때 그렇다.

● **'사상의 시장' 접근법의 장점과 단점을 파악한다.**

자율적으로 운영되는 사상의 시장은 자본주의의 근본 원칙 중 하나를 변형한 것이다. 이 이론은 개방적이고 경쟁적인 시장이 스스로를 조절할 수 있으므로, 정부의 개입은 거의 필요 없다고 본다. 어떤 상품이 수요가 많으면 소비자들이 서로 경쟁하면서 가격은 자연스럽게 올라간다는 것이다. 사상의 시장 이론에 따르면, 이러한 자유방임주의 원칙이 매스 미디어에도 적용되어야 하며, 사람들이 자유롭게 생각을 주고받으면 최선의 생각이 살아남게 된다고 본다. 그러나 미디어 콘텐츠는 일반 소비재처럼 명확하지 않다. 개별 메시지의 의미는 수용자에 따라 크게 달라질 수 있다. 뉴스 보도나 드라마가 '거래'된다는 것은 구체적으로 무엇을 의미하는가? 광고주는 더 좋은 사상이 담긴 프로그램보다는 더 많은 사람들, 혹은 더 매력적인 인구통계적 집단이 시청하는 프로그램에 광고비를 지불한다. 대규모 소셜 미디어의 광고주들 역시 사용자의 주의를 끌어 그들에게 광고를 노출시킬 수 있는 능력에만 관심을 둘 뿐, 사용자의 주의를 끌기 위해 어떤 방식이 사용되었는지는 크게 중요하게 여기지 않는다.

- **사회적 책임 이론의 유용성과 특히 이 이론이 인터넷 시대에 미디어 업계에서 담당할 역할에 대해 생각해본다.**

사회적 책임 이론은 1940년대 미국에서 미디어 운영의 대표적인 규범 이론으로 자리 잡았으며, 급진적 자유지상주의와 기술 관료적 통제를 주장하는 시각 사이의 타협안으로 나타났다. 이 이론은 미디어 콘텐츠에 대한 통제권을 미디어 실무자에게 부여하면서도, 이들이 공공의 이익을 위해 행동할 것을 기대했다. 그러나 이들이 실제로 공공에 봉사하도록 강제할 수 있는 수단은 존재하지 않았다. 그들은 어떤 서비스가 필요한지, 그 효과를 어떻게 평가할지는 스스로 결정할 수 있었다. 사회적 책임 이론은 그동안 크게 수정되거나 재검토되지 않았지만, 오늘날에도 미국 내 대부분의 미디어 운영을 뒷받침하는 규범 이론으로 남아 있다. 그러나 최근 미디어 기술과 세계 정세의 변화로 인해 이 이론의 유용성을 다시 평가해야 할 필요성이 제기되었다. 틈새 케이블 채널이나 저출력 FM 라디오(LPFM)와 같은 새로운 미디어는 이민자나 소수 집단에게 저렴한 비용으로 접근 가능해졌으며, 인터넷은 매우 소규모 집단조차 사상의 시장에 참여할 수 있도록 만들어, 기존 미디어가 외면하던 이슈를 공적 담론의 중심에 놓을 수 있게 했다. 어떤 이들은 인터넷이 더 많은 사람들에게 의견을 확장할 기회를 제공한다고 보며, 이는 전통 미디어를 통해 '위로' 연결되던 관계 대신 '옆으로' 연결되는 네트워크를 가능케 한다고 주장한다. 반면 또 다른 시각에서는, 이러한 새로운 소규모의 목소리들이 공적 담론을 해칠 수 있다고 본다. 보호해야 할 것은 '발언' 자체가 아니라, 그 발언을 '들을 수 있는 능력'이라는 것이다. 대규모 소셜 미디어는 여러 측면에서 공익을 훼손하거나 무시하는 방식으로 작동하는 것으로 드러나고 있으며, 비평가들은 이들이 보다 책임 있게 행동하도록 하기 위해 정부의 규제가 필요하다고 본다.

## 생각해볼 문제

1. 자유지상주의는 자기 조정의 원리를 바탕으로 한다. 제공된 모든 정보 가운데 좋은 사상은 살아남고 나쁜 사상은 사라진다. 그러나 자유지상주의는 사상들 간의 경쟁 역시 공정하게 이루어질 것이라고 가정한다. 현대 매스 미디어에서 공정성이 지켜질 수 있다고 생각하는가? 자유지상주의는 사람이 선하고 이성적이며 좋은 사상과 나쁜 사상을 구별할 수 있다고 가정한다. 여러분도 다른 사람들에 대해 이처럼 높이 평가하는가? 그렇다면 혹은 그렇지 않다면 그 이유는 무엇인가?

2. 인터넷이 공적 담론에서 목소리의 수를 확장시켰다는 점은 논쟁의 여지가 없다. 그러나 여러분은 '잡초' 대 '다양한 표현의 확장' 논쟁에서 어느 쪽 입장에 서는가? 여러분의 입장을 옹호하라.

3. 소셜 미디어가 더 책임감 있게 행동할 필요가 있다고 생각하는가? 그렇다면 어떤 구체적인 행동들이 바뀌어야 하며, 어떻게 실행될 수 있을까? 대규모 소셜 미디어가 실질적인 자율 규제를 시행할 것이라 낙관하는가? 그 이유는 무엇인가? 만약 그들이 그렇게 하지 않는다면, 무엇이 이루어져야 한다고 생각하는가?

# 미디어 효과 트렌드의 출현

4장

## 학습 목표

- 매스 커뮤니케이션 이론에서 후기실증주의 효과 트렌드의 발전상을 살펴본다.
- 폴 라자스펠드와 칼 호블랜드가 사회과학 분야, 특히 매스 커뮤니케이션 이론의 발전에 기여한 바를 알아본다.
- 제한 효과 이론 혹은 최소 효과 이론을 설명한다.
- 선택적 과정, 인지 일관성, 태도 변화 간 관계를 설명한다.

## 개요

이 장에서는 미디어를 개념화하는 새로운 방식, 즉 **미디어 효과 트렌드**media-effects trend가 어떻게 나타나게 되었는지 살펴보고자 한다. 이 트렌드는 20세기 후반 미디어 이론 및 연구 분야에서 수많은 미국 학자들의 연구 방식과 사고에 큰 영향을 미쳤다. 1920년대 미디어 연구가 처음 시작되었을 때에는 여러 분야의 학자들이 다양한 연구 방법을 사용해 미디어를 연구했다. 당시 질적 방법은 사회과학 분야에서도 널리 사용되고 있었다. 심리학, 사회심

**미디어 효과 트렌드**
개개인에게 미치는 미디어 효과는 중요하므로 연구의 중심이 되어야 한다는 것. 후기실증주의 연구 방법론은 미디어 효과를 탐구하는 데 최선의 연구 방식을 제공함.

리학, 사회학은 비교적 새로운 분야였고 경험적 연구 방법의 잠재력은 여전히 불분명했다. 따라서 이미 정립된 인문학 분야의 학자들이 미디어 연구를 지배하는 경향이 있었다. 미디어, 특히 신문, 영화, 라디오는 사회에서 중요한 영향력을 갖는 것으로 인식되었지만, 미디어를 탐구하고 이해하는 데 있어서 최선의 방법이 무엇인가에 대해서는 의견이 엇갈리고 있었다. 그러나 50여 년이 흐른 후 미디어의 효과에 대한 경험적 연구 방법은 매우 일반적인 것으로 받아들여져서 미디어를 연구하는 유일한 방법은 아닐지라도 적어도 최선의 방법이라고 생각되는 등 '지배적인 패러다임'이라고 여겨졌다(Tuchman & Farberman, 1980).

이러한 효과 연구가 어떻게 지배적인 패러다임으로 자리 잡게 되었는지 이해하려면 후기실증주의 미디어 연구에 있어서 폴 라자스펠드Paul Lazarsfeld와 칼 호블랜드Carl Hovland가 담당한 역할을 살펴보아야 한다. 라자스펠드는 사람들의 생각과 행동에 미디어가 미치는 영향력을 측정하는 설문 조사 연구survey research의 선구자였다. 1940년대 라자스펠드의 조사는 미디어가 사람들에게 직접적인 영향을 미치는 경우는 매우 드물다는 결과를 계속 생산해냈다. 조사를 통해 알게 된 미디어의 효과는 범위가 매우 제한되어 소수의 사람들에게만 영향을 미치거나 그다지 중요하지 않은 생각이나 행동에만 영향을 미치는 것으로 나타났다. 그보다는 정치적 정당에의 소속 여부, 종교, 사회적 지위와 같은 다른 요인들이 더 중요했다.

호블랜드의 방법론도 혁신적이었다. 호블랜드는 실험 방법론을 사용해 미디어의 영향력을 가늠하는 방법을 보여주었다. 또한 그는 미디어가 사람들이 가지고 있는 확신을 즉시 바꿔놓을 만한 영향력이 없다는 사실도 발견했다. 미디어의 영향력을 크게 부풀렸던 실험실 상황에서조차도 그 효과는 제한적이었다. 미디어의 효과는 메시지 구성과 내용, 출처, 사전 지식이나 기존의 태도 등 다양한 요인에 따라 차이가 있었다.

## 후기실증주의 효과 트렌드의 발전

1940년대와 1950년대 미디어 효과 이론과 연구를 발전시킨 당사자는 이론가들이 아닌 방법론자들이었다. 이 장에서는 폴 라자스펠드와 칼 호블랜드,

두 학자에게 초점을 맞추고자 한다. 이 두 사회과학자는 객관적·경험적 연구 방법을 적용할 때 미디어의 영향력을 가장 잘 평가할 수 있다고 확신했다. 그리고 실험, 설문 등과 같은 새로운 연구 방법을 통해 미디어의 효과에 대한 객관적인 결론을 도출할 수 있다고 주장했다. 이런 결론을 도출하려면 마구잡이식 추론이 아닌 체계적인 관찰에 기반을 둔 좀 더 유용한 이론을 구성할 필요가 있었다.

라자스펠드와 호블랜드는 모두 심리학에서 발달한 경험적 연구 방법론으로 교육을 받았다. 게다가 라자스펠드는 오스트리아에서 사회통계학자로서 일한 바 있어 설문 조사 방법에 익숙했다. 두 학자는 각자 연구를 수행하면서 자신들의 연구 방법이 미디어 효과 연구에 어떻게 적용될 수 있는지 보여주었다. 페인 펀드Payne Fund 연구자들과는 달리 두 사람은 자신들의 접근 방식이 유용하고 타당하다는 것을 확신시키는 데 성공했다. 라자스펠드는 록펠러재단의 지원을 계속 받는 한편 정부 및 민간 기금을 확보했고, 이를 통해 컬럼비아대학교에서 비용이 많이 드는 대규모 미디어 영향에 대한 연구를 수행할 수 있었다. 호블랜드는 제2차 세계대전 중에 전시정보국을 위해 선전propaganda 활동과 관련된 연구를 수행했으며, 이후 예일대학교에 연구소를 설립해서 10여 년 이상 설득에 관한 수백 가지의 실험을 계속했다. 컬럼비아대학교와 예일대학교의 연구소는 매우 영향력 있는 연구소가 되었고, 당시 가장 뛰어난 사회과학자들을 이끌고 교육시켰다. 이 연구자들은 미국 전역으로 퍼져 나가 여러 주요 대학들에 유사한 연구소를 설립했다.

라자스펠드도 호블랜드도 매스 커뮤니케이션을 이해하는 방식을 변화시키려고 하지 않았다. 그들은 더 큰 목표를 가지고 있었다. 전쟁 기간 동안 다른 수많은 후기실증주의 학자들과 마찬가지로 그들은 미디어 연구에 매료되었는데, 미디어 연구는 보다 넓은 범위에서 보면 선전의 위력을 이해하려는 연구의 일부였다. 미국 정부는 그들에게 나치의 선전을 통제하고 독일과 일본에 맞서 싸우도록 미국인들을 동원하는 방법에 대한 조언을 구했다. 미디어의 위력이 대단할 것이라고 기계적으로 추측한 대부분의 학자들과는 달리 라자스펠드와 호블랜드는 미디어가 어떻게 효과를 발휘하는지 밝혀주는 경험적 연구를 수행하고자 했다. 그들은 미디어의 힘을 제대로 이해해서 이를 더 잘 통제하고 보다 좋은 목적으로 사용할 수 있기를 희망했다.

라자스펠드와 호블랜드는 경험적 사회과학 연구를 신봉하는 새로운 세대였는데, 그 세대는 과학적 연구 방법이야말로 사회를 이해하고 미디어의 사회적 영향력을 제어하는 데 필수적인 수단을 제공한다고 주장했다. 이 연구자들은 학문 체계를 완전히 새롭게 만들고자 했다. 사회학, 심리학, 정치학, 심지어 역사학조차도 그들이 생각하는 진정한 사회과학, 즉 경험적 연구에 근거를 둔 학문으로 바꿔놓으려고 했다. 그들은 자연과학이 이루어놓은 엄청난 성과를 예로 들었다. 물리학이나 화학 같은 분야는 물리적 세계를 이해하고 통제하는 과학의 능력을 생생하게 보여준다는 것이었다. 그중에서도 가장 놀랄 만한 사례는 새로운 군사 기술, 즉 뛰어난 성능의 항공기, 엄청난 파괴력을 지닌 폭탄, 무적의 탱크 등에서 볼 수 있었다. 이러한 무기는 선을 위해서 쓸 수도 있고 악을 위해서 쓸 수도 있다. 또 민주주의를 지키는 데 쓸 수도 있고 전체주의를 한층 견고하게 만드는 데 쓸 수도 있다. 해럴드 라스웰을 포함한 이 야심찬 신진 사회과학자들은 민주주의의 존속을 위해서는 최고의 사회과학자들을 양성해야 하고 정치 이데올로기의 발전을 위해서는 과학기술을 더 제대로 활용할 수 있어야 한다고 보았다.

신세대 사회과학자들은 연구를 수행하면서 대중사회 이론이나 선전 이론이 시사했던 것과는 달리 미디어의 효과가 그리 강력하지 않음을 발견했다. 미디어가 여론이나 대중의 태도에 미치는 영향은 찾아내기 어려운 경우가 많았고, 사회적 신분이나 교육 같은 변인보다 중요하지 않았다. 그나마 미디어의 효과로 밝혀져도 사회적 영향과는 무관하거나 이치에 맞지 않는 것으로 보이기도 했다. 연구에서 밝혀진 결과들은 미미했지만 차츰 연구가 쌓이면서 미디어의 위력이 제한적이라는 통찰력 있는 관점이 형성되었다. 후속 연구를 위한 자금도 쉽게 확보할 수 있었다. 이러한 연구에 대한 지원의 상당 부분은 정부가 제공했는데, 정부는 공산주의 이데올로기와 핵무기의 위협에 맞서 통제권을 유지하기를 원했다. 이런 위협에 비하면 오늘날 무국적 이슬람 급진주의자들이나 러시아 트롤들의 가짜 뉴스 유포의 위협은 별것 아닐 수도 있다(Pooley, 2008).

## 선전 연구에서 태도 변화 이론으로

설득과 태도 변화에 대한 사유는 이미 오래전부터 시작되었고 거의 역사 시대 이래 계속되어왔지만 체계적인 연구는 20세기에 비로소 시작되었다. 제2차 세계대전은 태도 변화, 더 나아가 미디어와 태도 변화의 관계에 대한 체계적인 사고가 발달할 수 있는 모종의 '실험실'을 제공했다고 할 수 있다. 2장에서 살펴보았듯이 미국은 전쟁이 무력전이었을 뿐만 아니라 선전전이기도 했다고 확신했다. 나치는 과대 선전의 위력을 보여주었으며, 미국은 효과적인 반격을 할 수 있어야 했다. 그러나 미국은 전쟁터에서 일본인과 독일인을 대면하기에 앞서 우선 국내에서 여론 자체를 바꾸어야 했다. 1930년대 미국은 고립주의와 평화주의 정서가 강하게 자리 잡고 있었다. 이러한 경향이 매우 강했기 때문에 1940년 선거 기간 중에 루즈벨트는 나치가 서유럽을 빠르게 정복하고 일본이 일부 아시아를 침탈해가고 있음에도 불구하고 미국은 전쟁에 개입하지 않을 것이라고 공약했다. 영국에 대한 지원은 비밀리에 이루어졌다. 진주만 폭격 전까지는 미국 외교관들과 일본 외교관들이 평화 협상에 참여했다.

따라서 전쟁은 이른바 태도 변화 연구에 관심 있는 사람들에게 세 가지 중요한 동기를 제공했다. 첫째, 유럽에서 나치의 선전이 성공한 것은 미디어 콘텐츠를 기반으로 정보를 충분히 습득해 현명한 결정을 내릴 수 있다는 민주적이고 지극히 미국적인 개념에 위협이 되었다. 악하지만 강력한 의견이 선하지만 제대로 옹호받지 못하는 의견을 압도할 수 있을 것으로 보였다. 나치의 선동을 막고 미국적인 가치를 지키기 위한 전략이 필요했다. 둘째, 전쟁은 한층 절박한 연구 동기를 부여했다. 1940년 전쟁 발발 이후 미국 전역에서 다양한 배경을 가진 수많은 남녀가 신속히 모집되어 훈련되고 군대에 보내졌다. 군대는 이 병사들이 무슨 생각을 하는지 알아내야 했으며 북부 사람과 남부 사람, 동부 사람과 서부 사람, 도시 소년과 시골 소녀를 지적 · 정서적으로 묶어 하나의 공동 목적을 지향하고 전쟁에 이길 방법을 찾아내야 했다. 세 번째는 무엇보다도 편리함이라는 동기였다. 군대에는 훈련 중인 병사들이 있었고 심리학자에게 그들은 좋은 연구 대상이었다. 다양한 배경을 지닌 사람들을 많이 구할 수 있다는 것만으로도 현재 태도 변화 이론이라고 불리는 연구 쪽으로 방향을 잡게 하는 데 중요한 역할을 했다.

### 칼 호블랜드와 실험연구부서

군 정보교육부에는 연구분과가 있었는데 연구분과 내에는 심리학자 칼 호블랜드가 이끄는 실험연구부서가 있었다. 실험연구부서의 최우선 임무는 "군 정보교육부가 시행하는 다양한 프로그램의 효과성을 실험적으로 평가하는 것"이었다(Hovland, Lumsdaine, & Sheffield, 1949: v). 처음에 실험연구부서는 다큐멘터리 영화와 할리우드 영화감독 프랭크 캐프라Frank Capra가 만든 국방부의 교육용 영화 시리즈 <우리가 싸우는 이유Why We Fight>에 초점을 맞추었다. 그러나 군대에서 미디어 이용이 증가함에 따라 실험연구부서는 "특성이 매우 다양한…… 다른 미디어"에 대해서도 연구를 수행했다(Hovland, Lumsdaine, & Sheffield, 1949: vi). 연구자들 스스로 밝혔듯이 "실험연구부서가 다루는 주제가 다양해짐으로써 모든 연구에 대해 일관성 있는 하나의 설명을 제시하는 것이 어려워졌다. 그러나 영화, 필름 스트립, 라디오 프로그램의 효과에 관한 일련의 연구물들을 종합해 이로부터 매스 커뮤니케이션 미디어의 효과에 관한 체계적인 이론을 도출해내는 것은 가능한 것으로 보였다"(Hovland, Lumsdaine, & Sheffield, 1949: vii). 이 연구자들은 '매스 커뮤니케이션에서의 실험 연구'라는 영역을 만들었으며 호블랜드가 이를 이끌었다.

**통제된 변이**
실험 연구에서 이루어지는 구성 요소의 체계적인 분리와 조작.

호블랜드는 행동주의 및 학습 이론과 관련된 이력을 활용했다. 그의 강점은 태도에 영향을 주는 미디어 콘텐츠의 요인들을 밝혀내고, **통제된 변이** controlled variation를 포함한 실험 설계를 통해 이러한 요인들의 영향력을 평가하는 데 있었다. 호블랜드는 자극 자료(예를 들어 영화)를 이용해 체계적으로 도출한 독립 변인들이나 중요한 잠재성을 지닌 변인들이 각각 혹은 함께 미치는 영향을 조사했다.

호블랜드의 실험연구부서는 군대의 즉각적인 필요에 따라 영화 시리즈 <우리가 싸우는 이유>가 교화라는 목적을 달성하는지 파악함으로써 미디어 효과에 대한 평가 연구를 시작했다. 선전의 위력에 대한 당시의 지배적인 관념대로라면 영화를 본 사람들의 태도에는 극적인 변화가 있어야 했다. 대중사회 이론 또는 선전 이론대로라면 모든 병사는 자신의 배경이나 성격에 관계없이 영화의 메시지에 쉽게 조종당해야 했다. 그리고 군사 훈련은 이상적인 형태의 대중사회 경험을 유도했어야 했다. 병사들 개개인은 자신의 가족, 직업, 속해 있는 사회 집단 등과는 관계없이 각자 고립된 개인으로서 선전에 매우 취약했어야 했다.

그러나 호블랜드가 이끄는 연구진은 군대의 선전이 생각처럼 강력하지 못하다는 것을 발견했다. 그들이 발견한 바에 따르면, 영화는 주제에 관한 지식을 넓혀주는 데는 성공했지만 태도와 동기를 변화(영화의 가장 주요한 기능. 군인들에게 영화를 보여준 이유는 태도를 변화시키고 전쟁에 적극적으로 참여하도록 동기를 유발하는 것이었다—역주)시키는 데에는 크게 영향을 주지 못했다. 효과적인 선전 영화조차도 기존의 태도를 더 확고하게 만들었을 뿐이었고 태도가 바뀌는 일은 거의 없었다. 일반적으로 영화가 특별히 목표로 삼았던 부분에 있어서만 군인들의 태도에 변화가 있었다. 그러나 보다 광범위한 태도, 즉 전쟁에 대한 낙관론이나 비관론 등은 변하지 않았다.

영화로 인한 태도 변화가 거의 없다는 점, 변화가 일어났다면 그것은 각자 지닌 개인차의 영향이라는 점은 대중사회 이론의 기본 가정, 즉 미디어는 사람들의 확신이나 태도를 극적으로 바꿔놓을 것이라는 가정에 정면으로 위배되는 것이었다. 만일 전쟁을 위해 서둘러 준비시킨 병사들도 매우 정교한 선전에 휘둘리지 않는다면, 보통 사람들은 더 어려운 게 아닐까? 경험적으로 밝혀진 이와 같은 사실들은 당시의 지배적인 학설과는 반대되는 것이었고, 기존의 관념을 근본적으로 수정할 필요가 있음을 시사했다.

미디어 효과에 대한 초기 평가 연구의 또 다른 결과는 그 이후 태도 변화 이론의 방향을 결정하는 데 매우 중요한 역할을 했다. 3부작 영화 가운데 하나로 영국의 전투에 관한 50분짜리 영화를 연구하면서, 호블랜드 연구진은 처음에는 영화가 영국에 대한 태도를 변화시키는 것보다 사실 정보를 전달해주는 데 더 효과적이었으나 시간이 흐를수록 사실 정보의 전달은 감소한 반면에 영국에 대한 태도는 더 긍정적으로 바뀌었음을 발견했다. 연구자들에 따르면 태도 변화의 핵심 변인은 시간이었다. 선전 효과는 대중사회 이론이나 행동주의자들이 시사했던 것처럼 즉각적으로 나타나는 것이 아닐 수도 있었다. 호블랜드 연구진은 이러한 느린 태도 변화에 대해 다양한 방식으로 설명했다. 그러나 영화가 원래 의도했던 방향으로의 태도 변화가 왜 시간이 흐르면서 나타나는지에 대해 과학적으로 명확하게 설명할 수 없었기 때문에 변인을 통제한 새로운 연구 방법을 고안해 "보다 광범위하게 일반화할 수 있는 연구 결과를 얻고자" 했다. 그들이 사용한 방법은 특정 요인을 체계적으로 다양화하는 반면, 다른 요인은 통제하는 것이었다. 이 방법은 다양하게 설계한 특정 요인의 효과를 파악할 수 있게 해준다(Hovland, Lumsdaine, & Sheffield, 1949: 179).

연구자들이 조사한 가장 중요한 변인들 중 하나는 한 가지 단면만 보여주는 논증 방식이나 두 가지 단면을 보여주는 논증 방식을 제시하는 것이었다. 예를 들어 한 라디오 프로그램의 두 가지 버전을 사용해 연구자들은 일방적인 논증(전쟁이 길어질 것이라는 주장)과 양면을 모두 보여주는 논증(전쟁이 길어질 수도 있지만, 곧 끝날 수도 있다는 대안도 보여주는 주장)을 제시했다. 물론 이런 논증을 들은 사람들은 아예 듣지 않았던 사람들에 비해서는 태도에 변화가 있었지만, 두 가지 버전의 논증을 각각 들은 두 그룹 사이의 태도 변화에는 차이가 없었다. 호블랜드는 이러한 결과를 예측했다. 그는 설문을 통해 방송을 듣기 전 참여자가 원래 가지고 있던 관점을 파악했다. 그 결과 라디오 프로그램을 들은 후 참여자의 태도에 변화가 생겼음을 발견했다. 일방적인 메시지는 그 메시지에 대해 우호적이었던 사람들에게 더 효과가 있었고, 양면을 보여주는 메시지는 다양한 관점을 가지고 있었던 사람들에게 더 효과가 있었다. 호블랜드는 또한 사람들의 교육 수준을 살펴보았는데, 양면을 보여주는 메시지가 학력이 높은 사람들에게 더 효과적이라는 점을 발견했다.

따라서 이 심리학자들은 태도 변화란 매우 복잡한 현상으로서 메시지 자체의 특징이 메시지 수용자의 특징과 상호작용할 수 있고 또 실제로 상호작용한다는 결론을 내렸다. 이로부터 수많은 연구 문제가 제기될 수 있다. 예컨대 양쪽 시각이 모두 포함된 메시지가 원래 어떤 특정 입장을 가지고 있었으나 교육 수준은 낮은 사람들에게 직접 제시된다면 어떻게 될까? 이런 의문들이 이후 수십 년간 설득에 대한 연구를 진행할 수 있는 힘을 실어주었으며 두 세대에 걸친 연구자들에게 도전 과제를 던졌다.

### 커뮤니케이션 연구 프로그램

태도 변화라는 개념은 매우 복잡해서 호블랜드는 전후 여러 해 동안 체계적인 연구 프로그램을 만들 것을 제안하고 이에 매진했다. 그는 록펠러재단의 지원을 받아 예일대학교에서 커뮤니케이션 연구 프로그램을 개발했다. 이 프로그램 개발 작업은 호블랜드가 태도 변화의 핵심이라고 생각했던 변인들을 중심으로 이루어졌다. 호블랜드 연구진은 커뮤니케이터communicator와 메시지 특성이 어떻게 태도 변화를 일으키는 원인이 되는지에 대해 체계적으로 연구했다. 그리고 수용자 특성이 어떻게 이러한 효과를 매개하는지(효과가 더 일어나게 하거나 덜 일어나게 하는지)에 대한 연구도 수행했다. 이 연구 작업은 태도 변화에 관한 학술서와 학술 논문을 다수 생산해냈다. 그중에서도 가장 획기적인 저술은 1953년에 출간된『커뮤니케이션과 설득*Communication and Persuasion*』이다. 원서를 꼼꼼하게 읽는 것이 연구 결과를 제대로 파악하는 최선의 방법이겠으나 이 중요한 연구의 개요만 살펴보더라도 설득과 태도 변화의 복잡성에 대해 몇 가지 중요한 시사점을 파악할 수 있다.

호블랜드 연구진은 커뮤니케이터에 대해 연구하면서 정보원 신뢰도의 힘에 대해 조사했다. 그들은 정보원 신뢰도의 힘을 신빙성trustworthiness와 전문성expertness으로 분류했다. 예상대로 높은 신뢰도를 가진 커뮤니케이터가 태도 변화를 많이 일으켰고, 낮은 신뢰도를 가진 커뮤니케이터는 태도 변화를 적게 일으켰음을 발견했다.

커뮤니케이션 콘텐츠를 조사함에 있어서 호블랜드 연구진은 콘텐츠의 두 가지 일반적 측면, 즉 전달하려는 콘텐츠 자체의 본질과 콘텐츠의 구조를 탐구했다. 연구진은 특히 두려움을 유발하는 콘텐츠에 초점을 맞추고, 좀 더 강렬하게 두려움을 자아내는 콘텐츠가 태도에 더 큰 변화를 일으킬 것이라는 논리적 가정을 실험했다. 이 상관관계는 어느 정도 사실로 판명되었지만 위협적 상황에 대한 묘사의 생생함, 수용자가 느끼는 공포, 메시지 생산자에 대한 평가, 해당 주제에 대한 사전 지식 등의 변인이 태도 변화를 약화시키기도 하고 강화시키기도 했다.

전달하려는 콘텐츠의 구조에 대한 호블랜드 연구진의 결론은 좀 더 단순했다. 커뮤니케이터는 주장하려는 결론을 명백하게 언급해야 하는가, 아니면 암시하는 수준에 그쳐야 하는가? 일반적으로는 주장하려는 결론에 대해 명시적으로 진술하는 것이 더 효과적이지만 반드시 그런 것은 아니다. 커뮤니케이터의 신뢰도, 수용자의 지적 수준, 해당 문제의 본질과 이에 대해 수용자가 느끼는 중요도, 커뮤니케이션 시작 단계에서 커뮤니케이터와 수용자 간 의견의 일치 정도가 모두 메시지의 설득력에 영향을 미쳤다.

설득 메시지가 얼마나 잘 만들어졌는지에 상관없이 모든 사람이 항상 같은 정도로 영향을 받는 것은 아니기 때문에 연구진은 수용자 특성이 효과에 어떤 영향을 미치는지도 탐구했다. 연구의 초점은 수용자가 설득을 받아들이거나 거부하는 데 있어서 개인적으로 부여하는 집단 구성원으로서의 중요성과 개인적 특성의 차이가 미치는 영향에 있었다.

호블랜드 연구진은 그들이 '반규범적 커뮤니케이션counternorm communication'이라고 불렀던 것의 힘을 검증하면서 사람들이 자신이 속해 있는 집단에 대한 소속감을 중요하게 여기면 여길수록 그 집단에서 장려되는 태도에 부합하는 태도를 가지고 있으며, 따라서 그런 태도를 변화시키려고 하는 것에 대해 저항적임을 증명했다. 만일 '빅 텐Big Ten' 대학교 출신이고 자신의 학교 스포츠팀을 열정적으로 응원하는 사람이 있다면, 그런 사람에게 동부 쪽의 학교들이 더 우수한 선수들을 보유하고 있다고 설득할 수 있을 가능성은 거의 없다. 만일 '빅 텐' 대학교 출신이지만 스포츠팀에 별로 관심이 없는 사람이라면 태도 변화를 일으킬 수도 있다. 특히 그의 모교가 동부 쪽 학교에 매년 분패했다면 더욱더 그럴 것이다.

설득을 받아들이는 데 있어서 개인차 문제는 어느 한 개인이 특정 주제에 대해 기꺼이 설득당하느냐 설득당하지 않느냐의 문제가 아니다. 설득에 관한 연구에서 말하는 개인차란 일반적으로 영향을 받아들이는 개인의 특성이나 변인을 말한다. 지능이 좋은 예이다. 지능이 높은 사람은 자신을 설득하려는 타인의 주장을 덜 받아들일 것이라고 생각하기 쉽지만 사실 그렇지 않다. 이런 사람들은 받은 메시지가 믿을 만한 출처에서 나온 것이고 논리적인 주장에 근거를 둔 것이라면 설득당할 가능성이 크다. 자부심, 공격성, 사회적 위축은 호블랜드 연구진이 실험한 개인적 특성 중 몇 가지이다. 그러나 지능과 마찬가지로 그 어떤 변인에 대한 검증도 상식적으로 기대되는 미디어 효과와의 상관관계를 모호함 없이 직접적으로 보여주는 데에는 실패했다. 왜 실패했을까? 한 개인의 특성은 커뮤니케이터에 대한 평가, 메시지에 대한 판단, 어떤 태도를 수용하거나 거부할 경우 따라오는 사회적 보상 및 처벌에 대한 인식 등과는 별개로 작용한다. 이제 살펴보겠지만 이 연구진이 제시한 연구 결과와 태도 변화에 대한 시각은 수십 년 동안 미디어 이론과 미디어 효과에 대한 생각에 영향을 미쳤다.

### 매스 미디어가 투표에 영향을 미치는가

라자스펠드는 이론가가 아니었다. 그러나 그는 경험적 연구를 수행함으로써 그 누구보다도 사회 이론 및 미디어 이론을 바꿔놓는 데 큰 역할을 했다. 라자스펠드는 이론이 경험적 사실에 근거하고 있어야 한다고 믿었다. 그가 우려한 점은 대중사회 이론 및 선전 이론을 포함한 거시적 사회 이론이 지나치게 사유적이라는 것이었다. 그는 이론을 정립하는 데 있어서 귀납적 접근법inductive approach을 선호했다. 즉 연구는 안락의자에 앉아 생각하는 데서

**귀납적 접근법**
이론을 구축하는 데 있어서 사유보다는 경험적 관찰에서 시작하는 연구를 지향하는 접근법.

시작할 것이 아니라 중요한 사회 현상을 경험적으로 관찰하는 데서 시작해야 한다고 보았다. 사실들을 모은 후 걸러내는 과정을 거쳐 가장 중요한 정보들을 선택해야 한다. 연구자는 이러한 정보를 이용해 경험적 일반화—즉 변인들 사이의 관계에 대한 주장—를 구성한다. 그다음 이 일반화가 타당한지 확인하기 위해 더 많은 데이터를 수집한다.

이 연구법은 신중하고 본질적으로 보수적이다. 따라서 경험적 관찰을 건너뛰어 일반화하는 것을 꺼린다. 이론이 정립되려면 데이터 수집과 분석을 통해서 "검증받아야 한다"(관찰은 연구에서 연구로 이어지고, 보다 많은 연구가 수행되면 이론의 정립에 이르게 된다). 그러므로 이론은 그 이론이 근거로 삼는 데이터와 분리될 수 없다. 연구 절차는 데이터를 하나씩 수집하는 과정을 거쳐 단계적으로 이루어진다. 이것이 후기실증주의 인식론에서 가장 기본이 된다. 궁극적으로 연구자들은 경험적 데이터에 근거한 일반화를 발견하고 검증한다. 이런 일반화가 '더해지고 더해지면' 이를 사용해 로버트 머튼Robert Merton이 **중범위 이론**middle-range theory(Merton, 1967)이라고 불렀던 이론을 구성할 수 있다(중범위 이론에 대해서는 5장에서 더 자세히 설명할 것이다).

**중범위 이론**
경험적 사실에 근거를 둔 경험적 일반화로 구성된 이론.

1940년에 실시된 미국 대통령 선거에서 프랭클린 델러노 루스벨트Franklin Delano Roosevelt가 공화당의 웬들 윌키Wendell Willkie에게 승리할 무렵, 라자스펠드는 자신의 연구 방법이 타당한지 시험할 수 있는 첫 번째 중요한 기회를 얻었다. 그는 당시로서는 가장 정교한 매스 커뮤니케이션 실험을 설계·수행했다. 1940년 5월, 그는 대규모 연구팀을 조직해 오하이오주 이리 카운티로 보냈다. 이 지역은 이리호를 따라 펼쳐진 클리블랜드 서쪽의 샌더스키Sandusky 마을이 속해 있는 외진 곳이었다. 이 지역의 인구는 43,000명이었는데, 라자스펠드는 이곳을 미국에서 평균적인 지역이라고 보았기 때문에 선택한 것이었다. 샌더스키 주민들은 민주당에 투표하는 경향이 있었지만, 주변 지역의 주민들은 대부분 공화당을 열렬히 지지했다. 연구팀은 11월에 이 지역을 떠날 때까지 약 3,000명이 넘는 주민들을 대상으로 각자의 집에서 개별적으로 인터뷰했다. 또한 600명의 주민들을 패널로 선정했으며, 5월부터 11월까지 매달 한 번씩 인터뷰했다. 연구자들은 인터뷰어 한 명이 이 지역의 3가구당 1가구를 방문했다고 추산했다(Lazarsfeld, Berelson, & Gaudet, 1944).

데이터 분석에서 라자스펠드가 주목한 것은 사람들이 투표할 후보자를 결정하는 데서 보였던 변화였다. 매달 인터뷰가 진행됨에 따라 주민들이 선택한 후보자를 이전 달에 선택한 후보자와 비교했다. 6개월 동안 몇 가지 변화 유형을 볼 수 있었는데 라자스펠드는 그 각각의 유형에 명칭을 붙였다. '조기 결정자early decider'는 5월에 투표할 후보자를 선택한 다음 이후 선거 기간 내내 결정에 변함이 없었다. '판단 보류자waverer'는 한 후보자를 선택한 후 확실히 마음을 정하지 못하고 중간에 다른 후보자로 바꾸기도 했지만 결국에는 처음에 선택한 후보자에게 투표했다. '지지 전환자convert'는 한 후보자를 선택했지만 나중에는 다른 후보자에게 투표했다. 그들의 정치 이념도 바뀌었다. '후기 결정자crystallizer'는 5월에는 한 후보자를 선택하지 않았지만 11월에는 선택을 했다. 그들의 선택은 정당 가입 여부, 사회적 지위, 거주 지역의 유형(농촌인지 혹은 도시인지) 등에 따라 예측 가능했다. 라자스펠드의 추론에 의하면, 이런 사람들에게 매스 미디어란 자신의 사회 조건에 따라 이미 어느 정도 정해져 있는 선택을 더 확고히 하는 데 도움을 주는 수단에 지나지 않았다.

라자스펠드는 매우 길고 상세한 설문지를 사용했는데, 이 설문지는 특정 매스 미디어의 내용, 예컨대 특정 후보자의 라디오 연설 등을 광범위하게 다루었다. 선전 이론이 예측했던 것처럼 선전이 강력한 힘을 갖는다면, 그의 연구는 미디어의 영향력을 정확하게 예측할 수 있어야 했다. 이런 구상이 타당하다면, 유권자 대부분이 지지 전환자이거나 판단 보류자라는 연구 결과를 얻었어야 했다. 그리고 사람들이 가장 최근에 소비한 미디어 메시지에 따라 투표할 대상을 바꾸는 것이 관찰되어야 했다. 또한 가장 크게 변화한 사람은 미디어를 가장 많이 이용한 사람이어야 했다. 왜냐하면 그들이 상충되는 메시지를 가장 많이 접했을 것이기 때문이다.

그러나 라자스펠드의 연구 결과는 선전 이론이 예측한 것과는 정반대였다. 투표자의 53%는 조기 결정자였다. 그들은 5월에 투표할 후보자를 정했고 그 뒤로 변하지 않았다. 또 투표자의 28%는 후기 결정자로, 그들은 자신의 사회적 지위에 부합하는 선택을 했고 그 선택을 고수했다. 그 외에 15%가 판단 보류자였고 8%만이 지지 전환자였다. 라자스펠드는 미디어가 후기 결정자, 판단 보류자, 지지 전환자들에게 중요한 역할을 했다는 증거를 거의 찾을 수 없었다. 판단 보류자, 지지 전환자 그룹에 속하는 사람들은 미디어 이용률이 평균보다 낮았고, 특히 미디어 메시지의 영향을 받았다고 보고된 사람들은 거의 없었다. 그 대신 이 두 그룹의 투표자들은 다른 사람들의 영향을 받았다고 할 수 있다. 그들 대부분이 정치에 관심이 없었으며, 그렇기 때문에 투표에 관한 결정을 명확하게 내릴 수 없었다. 그들은 라디오 연설이나 신문 사설에서 투표하라고 한 사람을 뽑지 않고 대개는 자신과 가장 가까운 사람이 투표한 사람에게 투표하기로 결정했다.

라자스펠드는 매스 미디어가 미치는 영향 중에서 가장 중요한 것은 투표에 있어서 이미 내린 선택을 더 확고하게 만드는 것이라고 결론 내렸다. 미디어는 사람들(그리고 그 주변 사람들)이 이미 선호하는 후보자를 선택하는 데 더 많은 이유를 제공할 따름이었다. 예를 들어 미디어는 후기 결정자가 이미 가지고 있던 특정 정당에 대한 충성도를 한층 더 높이는 데 도움을 주었으며 그들 자신과 비슷한 사람들이 어떻게 투표하는지에 대해 상기시켜주었다. 윌키에 대해 들어본 적이 없는 공화당 지지자들은 미디어를 통해 적어도 윌키라는 이름과 그가 좋은 대통령이 될 수 있는 이유 몇 가지는 알 수 있게 되었다. 반면에 라자스펠드는 매스 미디어가 사람들의 태도를 바꿔놓았다는 증거는 거의 발견하지 못했다. 지지 전환자들은 대개 분산된 충성도를 가진 사람들이었다. 라자스펠드는 이 상황을 그들이 '교차 압력'을 받고 있다고 묘사했다. 그들이 속한 사회 집단이나 사회적 지위는 그들을 서로 다른 후보들을 지지하도록 이끌었다. 가톨릭 신자였던 윌키는 종교 때문에 일부 사람들을 끌어당기기도 했지만, 그 이유 때문에 그를 거부하는 사람들도 있었다. 공화당을 지지하는 투표자들은 대부분 농촌 출신의 개신교도였다. 윌키에게 투표하려면 그의 종교적 배경을 무시할 수 있어야 했다. 도시 출신의 가톨릭 신자인 민주당 지지자들의 경우도 마찬가지였고, 개신교 신자인 루스벨트에게 투표하려면 그의 종교적 배경을 무시해야만 했다.

1945년 무렵까지 라자스펠드는 미디어가 선거 운동에 그리 중요하지 않다고 확신한 듯했다. 사람들의 정치적 행동을 예측하는 미국 대통령 선거 관련 논문에서 그는 어떤 형태의 매스 커뮤니케이션도 언급하지 않았다(Lazarsfeld & Franzen, 1945). 투표에 관한 결정이 변하느냐는 미디어에 노출되느냐보다 사회적 · 심리적 변인에서 기인한다. 그러나 미디어가 투표에 관한 결정에 직접적으로 영향을 미치지 않았다면 미디어의 역할은 무엇이었을까? 라자스펠드는 자신이 수집한 데이터를 가지고 하나의 경험적 일반화를 이끌어내기 시작했다. 경험적 일반화는 미디어 이론에서 매우 중요해졌다. 그는 확고한 조기 결정자들 중 일부는 미디어를 가장 많이 이용하는 사람이기도 하다는 점을 파악했다. 그들은 반대편 후보자의 연설을 듣고 그 취지를 이해하려고 노력하기조차 했다. 반대로 미디어를 가장 적게 이용하는 사람들은 투표에 관한 결정을 내리기 위해 다른 사람들에게 의존하는 경향이 있다고 보고되었다. 라자스펠드의 추론에 의하면, "미디어를 많이 이용하는 조기 결정자"들은 다른 무관심한 유권자들이 조언을 구하고자 하는 사람들일 수도 있다. 그들은 확고한 정치적 견해를 지니고 있고 미디어를 현명하게 비판적으로 이용할 줄 아는 세련된 미디어 이용자들일 수도 있다. 그들은 반대편 후보자의 연설을 듣고 평가할 줄 아는 능력이 있을 수 있다. 그리고 정보를 수집해 다른 사람들에게 조언을 할 수 있다. 따라서 이처럼 미디어를 많이 이용하는 사람은 **게이트키퍼**gatekeepers의 역할을 한다고 할 수 있는데, 즉 정보를 걸러내서 다른 사람들에게 전달함으로써 그들도 자신이 가진 생각을 공유하도록 할 수 있다. 라자스펠드는 이런 사람들을 지칭하기 위해 **오피니언 리더**opinion leaders라는 말을 선택했다. 또한 오피니언 리더에게 조언을 구하는 사람들을 가리켜 **오피니언 팔로어**opinion followers(의견 추종자)라고 명명했다. 라자스펠드의 후속 연구에 관해서는 5장에서 더 살펴볼 것이다.

**게이트키퍼**
2단계 유통 이론에서 미디어 메시지를 걸러내 다른 사람들에게 전달함으로써 그들도 자신의 생각을 공유하도록 돕는 사람.

**오피니언 리더**
2단계 유통 이론에서 오피니언 팔로어에게 정보를 전달하는 사람.

**오피니언 팔로어**
2단계 유통 이론에서 오피니언 리더에게서 정보를 전달받는 사람.

### 미디어 효과 트렌드 연구의 장점과 단점

1950년대에서 1990년대까지 설득에 대한 연구는 미디어 연구에 있어서 지배적인 틀이었다. 이 시기가 지난 후에도 연구자들은 그 연구 모델을 미디어 효과 실험에 계속 적용했다. 예를 들어, 오늘날 많은 연구자들은 통제된 조건하에서 실험 참가자들이 정교하게 구성된 콘텐츠에 노출되도록 하여 소셜 미디어 효과에 관한 실험을 실험실에서 수행하고 있다. 설득에 대한 연구는 중요한 전환점을 맞이했는데, 즉 사회에서 선전이 어떤 역할을 하는지에 관심을 두었다가 차츰 사람들이 다양한 종류의 미디어 콘텐츠에 노출될 때 어떤 일이 일어나는지에 초점을 맞추는 쪽으로 바뀌었다. 마찬가지로 미디어에 대한 조사 연구의 초점도 사람들이 폭력적인 만화에서 정치 광고에 이르기까지 다양한 형태의 미디어 콘텐츠에 노출된 결과에 맞춰졌다. 라자스펠드가 이끄는 연구진이 제시한 연구 모델은 물론이고 설득에 대한 초기 연구의 모델들을 따라서 경험적 미디어 연구의 초점은 미디어 효과에 집중되었고, 따라서 미디어 효과 트렌드는 미디어 연구의 지배적인 흐름이 되었다. 멜빈 드플레르Melvin DeFleur는 다음과 같이 기술했다. "매스 미디어 분야에서 연구를 지배하고 이론을 정립하는 데 영향을 준 모든 문제는 다음과 같이 간단하게 요약할 수 있다. '미디어의 효과는 무엇인가?' 다시 말해 설득이라는 점에서 볼 때 미디어가 개인에게 어떤 영향을 미쳤는가 하는 것이다"(DeFleur, 1970: 118).

미디어 효과 연구는 분명히 연구 자체로는 가치가 있었지만 그것이 과연 주도적인 핵심 연구가 될 만했던 것인가? 미디어가 영향을 미치는 과정에 대한 통찰력 있는 시각을 추구하면서 연구자들은 '미디어의 사회적 역할'이라는 보다 큰 연구 문제에 대한 관심에서 벗어났다. 그들은 결정적인 문제보다는 행정적인 문제에 초점을 맞추었다. 일부 연구자들은 '미디어의 사회적 역할'과 같은 큰 문제는 경험적 연구로는 답할 수 없다고 주장하면서 효과 연구에 초점을 맞추는 것을 옹호했다. 다른 연구자들은 미디어 효과를 근간으로 하는 기본적인 과정을 철저히 이해한 다음이라야 좀 더 큰 문제를 다룰 수 있다고 주장하기도 했다. 이러한 경향은 지난 90여 년 동안 수많은 매스 커뮤니케이션 연구자들을 사로잡았다. 미디어 효과에 대한 연구 논문은 지금도 매스 커뮤니케이션 분야 주요 학술지의 대부분을 차지한다. 새로운 형태의 미디어가 나타나면서 그것이 기존의 미디어와는 다른 효과를 가지고 있는지 확인하는 연구로 또 다른 장이 시작되기도 했다. 새롭고 강력한 데이터 분석 방법이 생기면서 실험 연구 및 조사 연구 방법도 개선되었고 이는 수많은 새로운 시각을 만들어냈다. 인터넷 기반 미디어는 종종 사용자들의 온라인 행동을 기록한 방대한 데이터를 생성하며, 이는 미디어 효과를 평가하는 데 활용될 수 있다. 이러한 연구에 대해서는 이 책의 뒷부분에서 살펴볼 것이다.

미디어 효과 연구들로부터 나온 결과가 매우 다양하고 심지어 서로 모순되기도 하지만, 적어도 초기 연구들에서 다음과 같은 두 가지 연관된 경험적 일반화를 볼 수 있다. (1) 매스 미디어의 영향이 직접적인 경우는 거의 없다. 왜냐하면 매스 미디어는 거의 언제나 '개인차'에 의해 매개되기 때문이다. (2) 매스 미디어의 영향이 직접적인 경우는 거의 없다. 왜냐하면 매스 미디어는 거의 언제나 '소속'이나 '관계'에 의해 매개되기 때문이다. 이러한 일반화는 실험 연구와 조사 연구 양쪽에서 모두 나타났다. 연구에 의해 미디어가 영향을 미치는 데 장애가 되는 두 가지 요인이 밝혀졌는데, 이 요인들은 동시에 미디어의 영향력을 높이기도 한다. 초기 미디어 효과 연구로부터 도출된 이러한 일반화는 효과를 제한적으로 보는 관점과 일치하고 또 그 관점을 뒷받침하기도 한다. 이후 수많은 연구가 효과를 매개하는 변인의 존재를 확인하고, 그 변인이 어떻게 작동하는지에 대한 이해의 폭을 넓혀주기도 했다. 이후 중범위 이론이 정립되

**제한 효과 이론 또는 최소 효과 이론**
미디어 효과는 다양한 매개 변인이나 중개 변인에 의해 약화되기 때문에, 미디어는 제한적인 효과, 혹은 최소한의 효과만 있을 뿐이라는 이론.

는 데 이러한 일반화가 큰 영향을 미쳤다. 중범위 이론은 넓게 보면 **제한 효과 이론**limited-effects theory 또는 **최소 효과 이론**minimal-effects theory이라고 말할 수 있다. 미디어 효과는 다양한 종류의 매개 변인이나 중개 변인에 의해 약화되므로 미디어는 최소한의 효과 혹은 기껏해야 제한적인 효과를 미친다고 이론적으로 가정하고 있기 때문이다. 중범위 이론은 이 장에서 살펴볼 다른 이론들과 마찬가지로 구체적으로 보면 다음과 같은 이론을 포함한다.

**개인차**
개인별로 심리적 특성이 다르기 때문에 미디어 효과가 사람마다 다르게 나타나는 것.

1. **개인차**individual differences 이론에 따르면, 사람들의 심리적 특성과 사물을 지각하는 능력은 차이가 많이 나므로 미디어 효과는 사람마다 다르게 나타난다. 보다 구체적으로 말하자면 "미디어 메시지는 수용자 각자의 개인적 특성에 따라 다르게 상호작용할 수 있는 독특한 자극들을 포함한다"(DeFleur, 1970: 122).

**사회 범주**
어떤 집단이나 단체의 구성원들은 미디어 자극에 대해 다소 획일적인 방식으로 반응한다는 개념.

2. **사회 범주**social categories 이론에 따르면, "도시·산업 사회에는 그 구성원들이 어떤 자극을 접했을 때 다소 일정한 행동을 보이는 집단, 집합체, 또는 사회 범주가 있다고 가정한다"(DeFleur, 1970: 122-123). 그리고 유사한 배경(예를 들면 나이, 성별, 소득 수준, 종교 등)을 가진 사람들은 미디어에의 노출 방식에 있어서나 노출에 대한 반응에 있어서나 유사함을 보인다.

## 선택적 과정

**인지 일관성**
사람들은 의식적, 무의식적으로 자신의 기존 관점을 유지하고자 한다는 개념.

매스 커뮤니케이션 이론가들 대부분이 받아들이는 태도 변화 이론의 핵심을 꼽자면, **인지 일관성**cognitive consistency이라는 개념이다. 앞서 언급했듯이 라자스펠드의 연구에 따르면 사람들은 자신의 주변 사람들이 지닌 가치관과 신념에 부합하는 미디어 메시지를 추구하는 것으로 보인다. 이러한 연구 결과는 사람들이 자신에게 도전적인 메시지를 회피함으로써 자신의 기존 관점을 유지하려고 한다는 점을 시사한다. 설득 연구를 진행하면서 연구자들은 기존 관점을 유지하려는 사람들의 경향에 대한 좀 더 직접적인 증거를 찾아냈다. 랄프 로스노우Ralph Rosnow와 에드워드 로빈슨Edward Robinson에 따르면, 인지 일관성은 "(개인의 입장에서는) 인지적 균형 상태를 유지하거나 회복하려는 경향이다…… 이처럼 균형을 추구하는 경향에 따라 개인이 수용할 수 있는 설득 커뮤니케이션의 종류가 정해진다"(Rosnow & Robinson, 1967: 299). 그들은 또한 다음과 같이 주장했다. "비록 일관성 가설이 수많은 이론적 공식의 기초를 이루고 있으나…… 모든 일관성 관련 공식 중에서 레온 페스팅거Leon Festinger의 **인지 부조화**cognitive dissonance 이론이 가장 큰 관심과 논쟁의 대상이 되어왔다(Rosnow & Robinson, 1967: 299-300).

**인지 부조화**
사람들이 기존에 가지고 있는 태도에 부합하지 않는 정보는 심리적 불편함, 즉 심리적 부조화를 유발한다는 개념.

페스팅거의 설명에 따르면, 부조화 이론의 전제는 사람들이 가진 기존의 가치관과 신념에 부합하지 않는 정보는 심리적 불편함(부조화)을 유발하는데 이는 해소되어야만 한다는 것이다. 사람들은 자신이 알고 있는 자신과 세상에 대한 지식을 어느 정도 일관되게 유지하고자 한다(Festinger, 1957). 페스팅거는 이후에 좀 더 구체적으로 "만일 어떤 사람이 여러 다양한 것들을 알고 있는데 그것들이 심리적으로 일관성이 없다면, 그는 그것들을 보다 일관되게 만들기 위해 여러 방식으로 노력할 것"이라고 주장했다(Festinger, 1962: 93). 여기서 말하는 '방식'은 **선택적 과정**selective processes이라고 알려져 있다. 일부 심리학자들은 선택적 과정이 우리가 우리 자신(그리고 우리의 자아)을 위협적인 정보로부터 지키는 데 사용하는 방어 메커니즘이라고 생각한다. 또 어떤 심리학자들은 선택적 과정이 우리에게 끊임없이 쏟아지는 막대한 양의 감각 정보를 다루기 위한 일상화된 절차라고 주장한다. 어느 쪽이든 선택적 과정은 복잡하고 고도로 정교한 필터링 메커니즘의 기능을 한다. 즉 쓸모없는 감각 자료를 걸러내면서 이 자료들 가운데 가장 유용한 패턴을 신속하게 식별하고 강조한다.

**선택적 과정**
노출(관심), 저장, 지각 등 부조화를 감소시키기 위한 심리적 과정.

태도 변화 연구자들은 세 가지 선택의 유형에 대해 연구했다. (1) 노출, (2) 저장, (3) 지각이 그것이다. 이 개념들에 대해서는 많은 비판이 쏟아졌으며 따라서 신중하게 해석해야 한다. 이제 하나씩 살펴보면서 한계점을 지적할 것이다. 중요한 것은 수많은 현대 미디어 연구자들이 전통 미디어와 인터넷에서 새로운 형태의 극단적 정치 콘텐츠가 나타남으로써 선택에 대한 연구의 중요성이 새삼 부각되었다고 생각한다는 점이다.

**선택적 노출**selective exposure은 사람들이 자신의 기존 태도와 관심사에 부합한다고 느끼는 미디어 메시지에는 관심을 기울이지만(스스로를 노출시키지만) 부조화를 유발한다고 느끼는 미디어 메시지는 회피하려는 경향이 있다고 보는 개념이다. 민주당 지지자는 TV로 중계되는 민주당 전당대회를 지켜보겠지만 공화당 전당대회가 방영될 때에는 볼링이나 치러 갈 것이다. 폴 라자스펠드와 버나드 베럴슨Bernard Berelson, 헤이즐 가우뎃Hazel Gaudet은 이리 카운티 투표자를 대상으로 한 연구에서 "(공화당이든 민주당이든) 하나의 정

**선택적 노출**
사람들은 자신이 이미 가지고 있는 태도와 신념 등에 부합되는 메시지에 스스로를 노출시키는 경향이 있다고 보는 것.

당을 꾸준히 지지한 사람들 가운데 3분의 2는 자신이 지지하는 정당의 선거 유세를 상대 정당의 선거 유세보다 더 많이 보거나 들었다⋯⋯ 그러나 중요한 점은 어느 한 정당을 강력하게 지지하는 사람일수록 그 사람은 상대 정당의 관점으로부터 스스로를 차단시킬 가능성이 더 높다"(Lazarsfeld, Berelson, & Gaudet, 1944 : 89)는 것을 발견했다.

돌이켜보면 1940년대 사람들은 일반적으로 자신의 사회적 지위나 자신이 속한 집단과 밀접하게 관련된 미디어를 사용하는 패턴을 가지고 있음을 알 수 있다. 신문에는 분명히 정당과의 관련성이 존재했는데 당시에는 공화당 성향의 신문이 대부분이었다. 따라서 공화당 지지자는 공화당 성향의 신문을 읽었고, 민주당 지지자는 민주당 성향의 신문을 읽거나 공화당에 우호적인 기사를 체계적으로 걸러내면서 읽었다. 라디오 방송국은 정치적 콘텐츠를 되도록 피하려고 했으나 때로는 매우 중요한 정치 연설을 내보내기도 했다. 연설자의 정치적 성향이 마음에 들지 않는다면 이를 듣지 않는 것이 어렵지 않았다. 이 시기에는 노조의 영향력이 컸고 노조원들의 미디어 이용 방식도 잘 짜여 있었다.

**선택적 기억**
사람들은 자신에게 가장 의미 있다고 생각하는 메시지를 가장 잘 기억하고 또 가장 오래 기억하는 경향이 있다고 보는 것.

**선택적 기억**selective retention은 사람들이 자신의 기존 태도와 관심사에 부합하는 정보를 가장 잘 기억하며 또한 가장 오래 기억하는 경향이 있다고 보는 개념이다. 예를 들어보자. 학창 시절 A를 받았던 강좌명을 모두 말해보라. 또 C를 받았던 강좌명을 모두 말해보라. 이중에 어떤 강좌가 더 기억나는가? 물론 A를 받았던 수업이 더 잘 기억날 것이다. 그러나 위협적이거나 혼란스러웠던 정보를 기억하는 일도 종종 있다. 거의 낙제점을 받을 뻔했던 강좌명을 말해보라. 어떤 수업이었는지, 담당 교수는 누구였는지 잊었는가? 아니면 지우고 싶지만 지워지지 않는 기억으로 남아 있는가? 만일 좋지 않은 기억으로부터 벗어나기 위한 선택적 기억이 항상 잘 작동된다면, 나쁜 경험을 잊어버리는 것은 어렵지 않을 것이다. 그러나 어떤 사람들은 그렇게 하는 것이 쉬운 듯하나 어떤 사람들은 혼란스러운 정보를 계속 기억하고 있기도 한다. 선택적 기억에 대한 오늘날의 관점은 기억의 저장은 개인이 기억하는 현상의 중요도에 따라—그것이 좋건 나쁘건 간에—이루어진다고 보는 것이다. 어떤 것이 중요하다고 생각되면 괴롭더라도 그것을 기억하게 된다.

**선택적 지각**
사람들은 자신이 이미 가지고 있는 태도와 신념에 부합되도록 메시지의 의미를 변형한다고 보는 것.

이러한 과정들은 별개가 아님을 명심해야 한다(노출된 적이 없는 것을 저장할 수는 없다). **선택적 지각**selective perception은 어떤 메시지를 정신적 · 심리적으로 계속 재구성해봄으로써 메시지의 의미를 자신의 태도와 신념에 부

<그림 4.1> 올포트와 포스트맨의 실험에 사용된 그림

합되게 만드는 과정이다. 고든 올포트Gordon Allport와 레오 포스트맨Leo Postman이 1945년에 수행했던 소문rumor에 대한 연구는 선택적 지각에 대한 가장 초기의 연구이자 가장 우수한 연구라고 할 수 있다. 그들은 여러 그룹에게 기차 안에서 사람들이 싸우고 있는 그림을 보여주었다(<그림 4.1>). 싸우는 두 사람 가운데 한 사람은 면도칼을 든 백인 남성이었고, 다른 한 사람은 아무 무기도 없는 흑인 남성이었다. 연구자들은 사람들에게 이 그림을 보여준 후에 다음 사람에게 이 그림에 대해 묘사하게 하고, 그 사람은 또 다음 사람에게 묘사하도록 하면서 이어가게 했다. 1945년 당시 미국의 상황에서 이 이야기를 전달한 사람들은 인종과 연령에 상관없이 혼동을 일으켰고 면도칼은 백인이 아니라 흑인이 들고 있었다고 말했다. 올포트와 포스트맨은 "외부가 내부가 되었고, 객관적인 것은 주관적으로 바뀌었다"라고 결론을 내렸다(Allport & Postman, 1945: 81).

선택적 과정을 풀어냈던 태도 연구자들은 훌륭한 학자들이었다. 그렇지만 그들의 연구 결과는 오늘날 우리가 아는 것과는 전혀 다른 미디어와 미디어 콘텐츠의 사용에 기반을 둔 것이다. 1940년대와 1950년대 영화는 주로 오

**Instant Access**

### 태도 변화 이론 Attitude-Change Theory

**장점**

1. 메시지가 영향을 미치기도 하고 미치지 못하기도 하는 과정에 관심을 깊이 기울인다.
2. 미디어의 영향력을 형성하는 데 있어서 개인차, 소속 등이 어떤 역할을 하는지에 대해 통찰력 있는 시각을 제시한다.
3. 개인이 정보를 처리하는 과정을 명료화하는 선택적 과정에 주목한다.

**단점**

1. 변인에 대한 실험 조작의 힘을 과대평가하고 미디어의 힘은 과소평가한다.
2. 미디어 메시지의 정보에 집중하는 대신 최근의 상징적 미디어에는 관심을 기울이지 않는다.
3. 태도 변화를 오로지 미디어 효과를 측정하기 위한 수단으로서만 이용하며, 미디어 영향력이 서서히 강화되는 것은 간과한다.

락 매체였다. 라디오는 상당한 양의 뉴스를 전달했지만 간결한 라디오 보도에 정치적 입장은 드러내지 않는 것이 일반적이었다. 신문이 뉴스를 주로 전달하는 미디어였고 TV는 존재하지 않았다. TV는 모든 미디어를 바꿔놓았다. 즉 미디어는 정보의 전파에서 이미지와 기호의 표현으로 옮겨갔다. 오늘날 영화는 흥미진진하고 재미있는 영상을 위해 줄거리와 캐릭터를 희생하기도 한다. 라디오 방송국은 뉴스를 전달하기는 하지만 최소한에 불과하다. 신문의 기사는—온라인에서나 지면 신문에서나—점점 짧아지고 그래픽은 한층 다채롭고 재미있게 바뀌었으며 TV 화면이나 인터넷에서 캡처한 사진을 싣기도 한다. 소셜 미디어는 우리에게 모든 유형의 메시지를 제공하며, 우리가 직접 메시지를 제작하고 유포할 수 있도록 해준다. 1940년대 우리 조부모 세대와는 다른 방식으로 우리가 정보를 처리한다고 해도 전혀 놀랄 일이 아니다.

올포트와 포스트맨의 실험을 우리 시대로 옮겨서 수행한다고 가정해보자. 그리고 태도 연구자들이 분류했고 매스 커뮤니케이션 학자들이 곧바로 적용했던 선택적 과정이 왜 현대 미디어의 영향력을 설명하는 데는 그리 유용하지 못한지를 생각해보자. 만일 어느 연사가 TV에 출연해서 각종 차트와 '사실'을 제시하며 나름의 주장을 펼치면서 특정 인종이나 집단이 선천적으로 매우 위험하고 폭력적인 범죄를 저지를 성향이 높다거나 다른 인종이나 집단보다 유난히 열등하다는 말로 마무리했다고 하자. 그렇다면 당연히 선택적 과정 이론이 적용될 것이다. 일부 인종주의자들은 그런 프로그램을 좋아할 수도 있다. 하지만 대부분의 사람들은 그런 프로그램을 보지 않을 것이다. 어쩌다 보게 된 사람들은 당연히 선택적으로 지각해서 그 출연자를 멍청하고 이상한 사람으로 생각하고 심지어 경멸할 수도 있다. 3주가 지난 후 시청자들에게 그 출연자는 아예 세상에 존재하지 않는 사람이거나 잘 기억도 나지 않는 사람이 될 것이다.

그러나 만일 TV가 폭력 범죄를 뉴스로 내보내는 것이 화이트칼라 범죄를 보도하는 것보다 더 쉽고 비용은 더 적게 들며 광고를 안정적으로 끌어올 수 있다는 이유로, 또한 금융업계의 스캔들을 다루는 것보다는 방송국 인근 시내 한복판에서 일어난 폭력 범죄를 내보내는 편이 그림이 더 좋기 때문에 다른 범죄는 배제하고 폭력 범죄만 다룬다면 어떻게 될까? 만일 오락 프로그램이 시간이나 구성 방식, 기타 압력 때문에(Gerbner, 1990) 악당을 어둡고 신비롭고 뭔가 다른 존재로만 계속 그려낸다면 어떻게 될까? 그런데도 선택적 과정 이론이 여전히 타당할까? 우리가 의존하고 있는 매스 미디어가 늘 동질적이고 편향된 메시지만 내보낸다면, 우리의 방어 기제를 깨우는 불협화음 정보를 어디에서 얻을 수 있으며 기존과는 다른 견해를 어디에서 접할 수 있을까? 이런 상황이 오늘날 미국에 존재할까? 주류 미디어 대부분은 본질적으로 편향된 메시지를 계속 제공하고 있을까? 이후의 장들에서 이와 같은 질문들에 대해 다룰 것이다.

올포트와 포스트맨의 연구가 나온 지 80여 년이 지난 오늘날에도 여전히 칼이 백인 남자의 손에서 흑인 남자의 손으로 옮겨지는 현상을 볼 수 있을까? 시민운동을 다루거나 아프리카계 미국인이 출연하는 수많은 TV 프로그램이나 영화 덕분에 뭔가 달라졌을까? 아니면 아직도 폭력 범죄 뉴스가 우리의 불안을 가중하고 편견을 부추기고 있을까? 이후의 장들에서는 커뮤니케이션을 보다 상징적인 것으로 다루는 이론들을 살펴보고자 하는데, 그런 이론들이 이 질문들에 제대로 답해줄 수 있을 것이다.

## 학습 목표 확인

● **매스 커뮤니케이션 이론에서 후기실증주의 효과 트렌드의 발전상을 살펴본다.**

1933년 페인 펀드Payne Fund 연구는 후기실증주의 미디어 효과 트렌드의 시작을 알렸으며, 이 연구는 특정 유형의 콘텐츠에 노출됨으로써 개인에게 야기되는 구체적인 효과를 탐색하는 데 초점을 맞추었다. 이후 연구자들은 실증적 연구 방법의 정교화, 대중사회론자들과 선전 이론가들이 자신들의 주장을 뒷받침할 실증적 증거를 제시하지 못한 점, 정부 기관과 민간 재단 및 기업의 지원을 받은 새로운 연구 방법의 상업적 성격, 그리고 이러한 방법이 다양한 학문 분야에 확산된 점 등의 덕을 봤다.

● **사회과학 전반과 매스 커뮤니케이션 이론의 발전에 기여한 폴 라자스펠드와 칼 호블랜드의 업적을 알아본다.**

라자스펠드는 이론 구축에서 귀납적 접근법을 옹호했고, 미디어 영향력의 2단계 유통two-step flow 개념을 발전시켰다. 이는 미디어 영향에 관한 중요한 일반화를 낳았다. 즉 미디어는 직접적인 영향을 거의 미치지 않으며, 미디어의 영향력은 미디어에서 오피니언 리더를 거쳐 오피니언 팔로어에게 전달된다. 집단적 소속감은 미디어의 영향으로부터 사람들을 보호하고, 실제로 효과가 발생하더라도 그것은 미미하고 제한적이라는 것이다. 호블랜드와 다른 심리학자들은 통제된 변인을 사용하여 개인의 차이와 집단 소속이 태도 변화에 대한 미디어의 영향을 제약한다는 증거를 제시했다.

● **제한 효과 이론 또는 최소 효과 이론을 설명한다.**

사람들이 무엇을 생각하고, 말하며, 행동하는지에 영향을 미치는 요소가 매우 많기 때문에 미디어의 영향력은 제한적이거나 최소화된다. 아동은 주로 부모, 교회, 학교, 또래 집단을 통해 사회화되고, 성인의 신념과 행동은 직장, 종교, 가족, 사회적 집단에 의해 지배된다.

● **선택적 과정, 인지 일관성, 태도 변화 간의 관계를 설명한다.**

사람들은 인지 일관성을 추구한다. 이미 지니고 있는 가치관 및 신념과 모순되는 정보를 접하면 심리적 불편함, 즉 인지 부조화가 발생한다. 이에 따라 사람들은 의식적 또는 무의식적으로 그러한 메시지의 영향을 줄이기 위해 노력한다. 이러한 부조화 축소는 선택적 노출, 선택적 기억, 선택적 지각의 과정을 통해 작동한다.

### 생각해볼 문제

1. 여러분이 1940~1950년대의 미디어 연구자였다면, 미디어 효과 연구에 집중했을 것이라고 생각하는가? 그렇게 생각한 이유는 무엇인가? 어떤 유형의 미디어 이론이나 연구는 피했을 것인가? 그 이유는 무엇인가?

2. 여러분은 폴 라자스펠드와 칼 호블랜드를 어떻게 평가하는가? 이들은 미디어 연구와 실증적 연구 전반을 이끌었던 성공적인 개척자였다. 그들의 연구는 공적·사적 기관의 충분한 재정 지원을 받았다. 그러나 돌이켜보면 그들은 미디어 연구의 초점을 좁히고 이론 발전의 방향을 제한하는 데 중요한 역할을 했다는 평가도 있다. 그들이 다른 방향으로 리더십을 발휘할 수도 있었을까?

3. 오늘날 미디어 효과 트렌드를 비판하는 연구자들은, 이 트렌드가 우리가 2장에서 소개한 시카고학파의 미디어 관점을 주변화시켰다고 주장한다. 이 관점은 미디어가 '위대한 공동체Great Communities' 형성에 중요한 역할을 한다고 보았다. 이 관점은 더 많은 주목을 받을 가치가 있었는가? 미국이라는 국가가 각기 다른 공동체의 가치에 더 큰 관심을 기울였더라면 얼마나 다른 모습이 되었을까?

# 미디어 효과 트렌드의 확립

5장

**학습 목표**

- 미디어 효과 트렌드가 어떻게 미디어 연구의 지배적 접근법이 되었는지를 설명한다.
- 로버트 머튼이 중범위 이론의 발전에 기여한 바와 그것이 미디어 효과 연구에서 갖는 중요성을 알아본다.
- 정보 유통 이론, 2단계 유통 이론, 현상학적 이론, 매스 엔터테인먼트 이론 등 기초적이지만 여전히 중요한 매스 커뮤니케이션 이론들의 강점과 약점을 알아본다.
- 중범위 이론, 기능주의, 시스템 이론을 미디어 영향력 설명에 적용할 때의 장점과 한계에 대해 알아본다.

## 개요

1950년대에서 1970년대 초까지 제한 효과 이론이 미국의 매스 커뮤니케이션 연구를 지배했다. 앞 장에서 언급했듯이, 새로운 이론들은 폴 라자스펠드와 칼 호블랜드 같은 핵심 인물들로부터 영감을 받은 느슨하게 구성된 연구 공동체들에 의해 창출되었다. 이 공동체들은 소수의 대학을 중심으로 형성되었고, 그 영향력은 점차 외부로 확산되었다. 구성원들은 공동 연구와 대학원 교육을 통해 공통된 시각을 공유하게 되었고, 신진 연구자들은 특정 이론과 연구 방법을 사용하는 훈련을 받았다. 이 연구 공동체들이 발전함에 따라, 그들이 기반한 이론 체계 또한 점차 성숙해졌다. 공동체가 성장하고, 광범위하게 수용된 연구 성과를 산출하는 가운데 특정한 기준점이 되는 연구들이 발표되었다. 이 장에서는 이 30년 동안에 발표된 여러 '고전적' 연구들을 살펴보면서, 제한 효과 이론이 어떻게 중요성과 실용성을 획득했는지를 검토해볼 것이다. 이러한 연구들은 미디어의 역할에 대한 중요한 질문들에 응답했으며, 제한 효과 이론의 실제적 효용을 입증하는 데 기여했다. 우리는 기능 분석functional analysis, 정보 유통 이론information-flow theory, 정보 확산 이론information diffusion theory, 현상학적 이론phenomenistic theory, 매스 엔터테인먼트 이론mass entertainment theory, 시스템 이론systems theory 등을 역사적 맥락에서 고찰하고, 그것들이 커뮤니케이션 연구에 미친 지속적 영향을 평가할 것이다.

또한 이 장에서는 다양한 실증 연구들에서 수집된 방대한 데이터가 어떻게 하나의 보고서로 통합되어, 여전히 일부 후기실증주의 연구자들에게는 정전canon으로 간주되는지를 살펴볼 것이다(Bauer & Bauer, 1960; Campbell, Converse, Miller, & Stokes, 1960; Klapper, 1960; DeFleur & Larsen, 1958; Katz & Lazarsfeld, 1955). 이 연구들을 면밀히 읽어보면, 매스 미디어에 대해 놀라울 정도로 일관되고 대부분 긍정적인 관점이 나타난다. 이들 대부분은 미디어를 사회가 작동하는 여러 요인 중 하나로 간주하는 기능주의 이론에 기반해 있으며, 미디어의 부정적 기능은 긍정적 기능과 균형을 이루거나 긍정적 기능에 의해 상쇄된다고 본다. 즉 미디어는 사회 질서를 위협하거나 해치는 데 있어 매우 제한된 힘만을 갖는 것으로 간주되었다.

우리는 기능주의functionalism가 후기실증주의적 사회과학자들 사이에서 어떻게 지배적 시각이 되었는지도 고찰할 것이다. 그들이 볼 때 미국의 기술적 전문성은 제2차 세계대전을 승리로 이끄는 데 기여했으며, 1950년대에는 시민들에게 편안하고 독립적인 생활방식을 제공했다. 이러한 성공의 중심에는 점점 더 복잡해지는 대규모의 사회·경제·기술 시스템이 존재했다. 새로운 커뮤니케이션 기술, 고속도로, 대중 주택 보급, 고등교육 확대, 교외로의 인구 이동, 폭발적인 광고 산업, 여성의 노동시장 진입 확대, 여가시간의 증가, 군 제대 후 재정착하는 수백만 명의 군인, 그리고 핵전쟁 위협을 동반한 냉전과 같은 요인들이 결합되어 작동했으며, 이는 풍요로우면서도 동시에 불안을 야

**기능주의**
사회 시스템을 살아 있는 유기체로 간주하고, 그 각 구성 요소들이 필수 기능을 수행하며 전체 유지에 기여한다고 보는 이론적 접근.

기하는 미국 사회를 형성하는 데 기여했다.

이렇게 기능주의는 "1950~1960년대 미국의 사회 이론을 지배하게 되었다. 기능주의 이론의 핵심 은유는 살아 있는 유기체로, 신체의 기관들이 서로 연결되어 시스템을 이루고 있으며, 이 기관들이 유기체의 필수적 생명 활동을 유지하기 위해 기능한다. 이와 유사하게, 사회 구성원들은 세포, 사회 제도들은 기관으로 간주될 수 있으며, 이들의 기능은 통합된 전체를 유지하고 시스템의 항상성을 뒷받침한다"(Bryant & Miron, 2004: 677). 기능주의를 통해 매스 커뮤니케이션이 사회에 미치는 명백한 영향은 설명되고 이해될 수 있었고, 동시에 이러한 영향은 시스템 내 다른 요소들에 의해 '제한되는' 것으로 간주되었다.

1950년대에는 미디어 효과 트렌드가 주도적인 연구 트렌드가 되면서 컬럼비아대학교 및 예일대학교의 연구소를 모델로 삼는 연구소들이 미국 전역에 개설되었다. 이 분야에서 초기에 두각을 나타낸 인물은 윌버 슈람Wilbur Schramm이다. 그는 일리노이대학교, 스탠퍼드대학교, 하와이대학교 등의 커뮤니케이션 연구소 설립 책임자였다. 1960년경에 이르러서는 미디어 효과에 대한 '고전적 연구' 관련 논문들이 다수 학술지에 게재되었고 이는 매스 커뮤니케이션 연구라는 새로운 분야의 박사과정 1세대에게는 필독서가 되었다.

미디어 효과 관점의 창시자들은 미디어의 힘을 어떻게 보았을까? 초기 연구들이 시사하는 바에 의하면, 극히 일부 상황을 제외하고는 미디어의 영향은 지극히 미미하다고 보는 경우가 대부분이었다. 초기 연구를 검토하면서 미디어 효과 트렌드를 이끌었던 요인이 무엇이었는지 여기서는 간단하게 제시하고 보다 자세한 설명은 뒷부분에서 하고자 한다.

1. **경험적 사회과학 연구 방법의 발달과 폭넓은 수용이 미디어 효과 트렌드가 등장하는 데 필수 요인이었다.** 당시에는 경험적 연구 방법이야말로 효과적으로 사회 현상을 탐구하고, 기술하고, 설명하는 궁극의 수단이라고 여겨졌다. 경험적 사회과학 세대에 속하는 여러 학문 분야의 학자들은 이 방법이야말로 사회 현상을 다루는 유일한 '과학적' 방법이라고 단언했다. 그들은 다른 접근 방법은 지나치게 사유에 의존하는 비체계적인 방법이라거나 주관적인 방법이라고 일축했다.
2. **경험주의 사회과학자들은 대중사회와 선전과 같은 개념을 지지하는 일련의 사람들을 '비과학적'이라고 몰아붙였다.** 그들은 대중사회 이론가들을 비판하며

애매모호한 휴머니스트, 광신론자, 운명론자, 정치 이데올로기 신봉자, 언론에 편견을 가진 자라고 평했다. 1950년대 말에서 1960년대에 걸쳐 대중 선동의 위협이 사라지면서 대중사회와 선전이라는 개념은 호소력을 잃기 시작했다.

3. **사회과학자들은 새로운 연구 방법의 상업적인 가능성을 백분 활용했고 사기업의 지원을 받기 시작했다.** 라자스펠드가 미국에 도착한 후 처음으로 쓴 논문은 광고주가 설문 조사를 도구로 활용하는 방법에 관한 것이었다 (Kornhauser & Lazarsfeld, 1935). 사회과학자들은 미디어 수용자를 탐구하는 수단, 그리고 소비자의 태도와 행동을 해석하는 수단으로서 설문 조사 및 실험을 개발했다. 라자스펠드는 이런 응용 연구를 지칭하는 **행정학적 연구**administrative research라는 용어를 만들었다. 그는 경험적 연구를 활용해서 행정적인 의사 결정을 하도록 이끄는 방법에 대해 설득력 있는 주장을 내놓았다.

> **행정학적 연구**
> 소비자의 태도와 행동을 해석하기 위한 수용자 연구. 경험적 연구를 활용해 실제 행정적인 결정을 내리는 데 도움을 주고자 함.

4. **경험적 사회과학 연구는 다양한 사설 재단 및 정부 재단, 특히 록펠러재단과 국립과학재단의 강력한 지원을 받아 발전하게 되었다.** 이전의 사회 연구에 비해 대규모 경험적 연구를 진행하는 데에는 훨씬 더 많은 자금이 필요했기 때문에 초기 단계에서는 특히 이러한 지원이 매우 중요했다. 록펠러재단의 지원이 없었다면 라자스펠드는 미국에 가지도 않았거나 자신의 접근법이 타당함을 증명할 수 없었을 것이다. 호블랜드의 연구에는 제2차 세계대전 기간 중 정부의 자금 지원이 중요한 역할을 했다. 냉전 기간 동안 정부의 지원이 없었다면 대규모 매스 커뮤니케이션 연구소를 주요 대학들에 설립할 수 없었을 것이다.

5. **경험적 연구의 유용성이 입증됨에 따라 미디어 기업들은 자체적으로 경험적 연구를 지원하고 수행하기에 이르렀다.** CBS와 NBC는 회사 내에 사회 조사 부서를 만들고 많은 외부 연구자들을 자문 위원으로 고용했다. 초기 미디어 연구자들 가운데 가장 영향력 있는 두 사람은 프랭크 스탠턴Frank Stanton과 조셉 클래퍼Joseph Klapper였다. 스탠턴은 1940년대에 라자스펠드와 공동 연구를 수없이 진행했고, 클래퍼는 라자스펠드의 학생이었다. 스탠턴과 클래퍼는 모두 CBS 임원이 되었다. 미디어 기업들이 성장하고 수익도 커지자 경험적 연구에 자금을 투자할 여력이 생겼다. 특히 그 연구가 미디어 기업들의 일을 통제하는 움직임을 저지하고 현상 유

지를 정당화하는 데 도움이 되는 것이라면 더욱 그러했다. 미디어 기업의 후원과 지지는 닐슨Nielsen이나 아비트론Arbitron과 같은 시청률 조사 회사가 성장하는 데 결정적인 역할을 했다. 이들 회사는 설문 조사 방법을 사용해 시청자의 규모를 알아보고 광고 및 마케팅과 같은 영역에서 행정적인 의사 결정을 유도했다. 또한 미디어 기업의 후원과 지지는 갤럽Gallup, 해리스Harris, 로퍼Roper와 같은 다양한 여론 조사 기관이 발달하는 데도 중요한 역할을 했다. 여론 조사 및 시청률 조사 자료 등이 미디어를 통해 보도되는 것은 널리 퍼져 있는 상식 수준의 비판에 맞서 스스로의 신뢰성을 확립하는 데 도움이 되었다.

6. 경험적 사회과학자들은 정치학, 역사학, 사회심리학, 사회학, 경제학 등 다양한 사회과학 분야에서 접근 방법을 확립하는 데 성공했다. 그다음에는 이러한 분야가 커뮤니케이션 연구의 발달을 이끌어냈다. 1960년대와 1970년대에는 커뮤니케이션 관련 직업을 준비하는 학생들의 관심이 증가하면서 광고 및 저널리즘 등 몇몇 커뮤니케이션 분야들이 급속도로 확대되었다. 이러한 분야들이 발전함에 따라 이미 기반을 확보한 경험적 사회과학 연구자들이 선도적 역할을 했다. 기존에 확립된 학문 영역에서 차용한 사회과학 이론과 연구 방법론은 대학에서 저널리즘, 광고, 스피치 커뮤니케이션, 방송에 관한 연구를 설계할 때 매우 중요한 역할을 했으며, 때로는 주도적인 역할을 하기도 했다. 경험적 연구는 비록 미디어의 영향력을 보여주는 결정적인 증거를 거의 발견하지 못했음에도 불구하고 커뮤니케이션을 연구하는 가장 과학적인 방법으로 널리 받아들여졌다.

## 중범위 이론과 기능주의적 분석 접근

1940년대와 1950년대 가장 영향력 있었던 사회과학자는 로버트 머튼Robert Merton이었다. 머튼은 컬럼비아대학교에서 라자스펠드와 함께 연구했다. 그는 사회 이론가로서 교육을 받았지만 라자스펠드의 경험적 연구에 호기심을 느꼈다. 라자스펠드의 연구는 사회 이론에 거의 의존하지 않았다. 라자스펠드는 설문 조사를 통해서 호기심을 느꼈던 주제, 예컨대 오피니언 리더에 대해 연구했다. 그는 자신이 '자연 현장 실험'이라고 명명한 것, 즉 중요한 결정을 내리거나 사회적 변화를 실천해야 하는 상황을 추구했다. 그의 연구에서 선거는 논리적 귀결이었다. 라자스펠드는 설문 조사를 통해 수많은 결과를 생성했다. 그러나 이런 연구 결과는 어떻게 해석해야 하는가? 이 연구 결과를 이론을 도출하는 데 활용할 수 있는가? 이런 연구 결과를 통합해서 그 저변에 있는 사회 구조를 드러나게 만드는 전략이 있는가?

라자스펠드의 연구 결과가 제기하는 문제들이 독특한 것은 아니었다. 경험적 연구에 대한 지원과 찬사가 커질수록 연구 결과도 기하급수적으로 불어났다. 컴퓨터가 데이터 분석을 혁명적으로 바꿔놓기까지는 설문지를 담은 상자들과 일일이 도표에 숫자를 입력하는 사람들에 의해 연구 결과가 생성되었다. 설문지 수백 장을 합해서 결과를 도출해내야 하는 경우에는 표 하나를 만들거나 상관계수 하나를 계산하는 데 몇 주가 걸리기도 했다. 일단 결과가 나온 다음에는 어떻게 해석해야 할까? 경험적 연구 대부분은 이론에 근거하지 않았다. 기껏해야 연구자들은 연구 대상의 특징을 개념화해서 설문지 문항을 통해 이를 측정할 수 있도록 할 뿐이었다. 일부 특징이 다른 특징과 연결되어 있음을 보여줄 수는 있지만 어떻게, 왜 이런 관계가 이루어지는지 설명할 수는 없었다. 이런 연구 결과에 근거해 귀납적으로 설명할 수 있는 방법이 필요했고, 머튼이 해결책을 내놓았다.

1949년 머튼은『사회 이론과 사회 구조*Social Theory and Social Structure*』를 저술했다. 이 책으로 머튼은 사회학자로서 명성을 얻었고, 경험적 사회과학자 1세대가 되었다. 그는 생각을 계속 발전시켜나갔고 마침내 1967년『이론적 사회학*On Theoretical Sociology*』이라는 책을 출간했다. 20년 이상 머튼은 사려 깊고 사유할 줄 아는 경험적 연구자들을 많이 길러냈다. 그는 연구자들에게 연구를 어떻게 계획해야 하는지, 연구 결과를 어떻게 해석해야 하는지에 대한 시각을 제시했으며, 연역법과 귀납법을 결합하는 실제적인 방법도 가르쳤다.

연구 결과가 주체할 수 없이 많아지면서 생긴 딜레마에 대해 머튼이 제시한 해결책은 '중범위 이론'이었다. 거대 사회 이론(예를 들면 대중사회 이론)이 광범위한 영역이나 범위의 사회적 행위를 설명하려고 했던 것과는 달리, 중범위 이론은 경험적 연구를 활용해서 탐구할 수 있는 제한된 영역이나 범위의 사회적 행위만을 설명하도록 설계되었다. 이 이론은 경험적 연구 결과를 주의 깊게 해석함으로써 도출할 수 있었다. 머튼은 다음과 같이 기술했다.

> 일부 사회학자들은 여전히 지금 당장 적용 가능한 일반화된 사회 이론의 공식을 기대하는 것처럼 글을 쓴다. 즉 사회 이론은 정확하게 관찰된 사회적 행동, 조직, 변화를 다 포함할 정도로 충분히 포괄적이며, 연구자들의 주의를 경험적 연구에 대한 문제로 돌리게 한다. 이것은 미숙하고 종말론적인 신념이다. 우리는 준비가 되어 있지 않다. 준비 작업을 충분히 하지 못했다(Merton, 1967: 45).

머튼은 중범위 이론을 다음과 같이 설명했다(Merton, 1967: 68).

1. 중범위 이론은 논리적으로 추론한 가설들을 경험적 조사를 통해서 확인해 도출한, 일련의 제한된 가정들로 구성된다.
2. 이 이론들은 서로 분리되어 있는 것이 아니라 더 넓은 이론의 네트워크로 통합된다.
3. 중범위 이론은 충분히 추상적이어서 다른 사회적 행동과 사회 구조를 다룰 수 있고, 따라서 단순한 기술이나 경험적 일반화 수준을 넘어선다.
4. 이러한 종류의 이론은 미시사회학적 문제들 사이의 차이점을 뛰어넘는다.
5. 중범위 이론은 그동안 **무지했던 영역을 구체화**specification of ignorance하는 데 관여한다. 사실 아무것도 없었는데도 마치 알고 있었던 척하기보다는 앞으로 지식의 기초를 쌓기 위해서는 더 밝혀내야 할 것이 있음을 명확하게 인정한다.

**무지의 구체화**
모든 대답은 새로운 질문들을 낳는다는 과학적 개념.

중범위 이론은 미디어 연구자를 포함한 경험적 연구자들 대부분이 이미 하고 있었던 일에 의미 있는 존재 이유를 마련해주었다. 많은 연구자들이 불필요하다고 생각되는 이론에는 신경 쓰지 않고 경험적 연구 방법을 개발, 적용하는 데 집중하기로 결심했다. 그들은 사회과학의 미래는 경험적 일반화를 생산해내는 데 있다고 믿었다. 라자스펠드와 호블랜드의 전례를 따라 연구자들은 설문 조사, 현장 실험을 무수히 수행했고, 개별적인 일반화를 지지하거나 거부하는 데이터를 수집했으며, 더 많은 경험적 연구를 필요로 하는 새로운 주제를 계속 발견해냈다. 머튼의 주장에 의하면, 이 모든 연구가 중범위 이론들을 만들어내고 그다음에는 물리학 분야의 이론처럼 위력을 갖추고 보다 넓은 영역에 적용될 수 있는 종합적인 이론을 구성해낸다는 것이다. 더구나 마침내 이론이 구성되면 그 이론은 경험적 근거가 없는 이전의 사회 이론보다 훨씬 우수하다는 것이다.

따라서 중범위 이론은 제한 효과와 관련된 주제를 다루는 소규모의 연구들에 완벽한 존재 이유와 정당화의 근거를 제공했다. 이는 결국 효과 연구 하나하나가 쌓여 미디어의 역할에 대한 폭넓은 시각을 구축할 수 있음을 함의했다. 그러나 중범위 이론에는 당장 드러나지는 않았지만 중요한 단점이 있었다. 경험적 일반화를 위한 연구가 셀 수 없이 많이 이루어졌으나 연구 결과들을 통합해 그로부터 포괄적인 이론을 도출하는 것은 생각보다 어려웠다. 이 장과 이후의 장들에서 흥미롭고 유용한 중범위 이론을 다수 살펴볼 것이다. 이러한 중범위 개념에 기초해서 보다 포괄적인 이론을 이끌어냈을 때 거기에는 결정적인 한계가 있었다. 1세대 경험적 연구자들은 경험적 일반화를 더 넓은 이론으로 통합하는 데 성공하지 못했다. 그러나 상황은 바뀔 수도 있다. 지난 10여 년간 미디어 학자들은 연구 결과를 통합해서 광범위한 이론을 만들어내기 위해 노력했다(Potter, 2009). 불행히도 이 시기는 미디어 환경에 있어 전례 없는 변화가 동반되던 시기였기 때문에, 새로운 중범위 이론들이 기반한 기존 연구들의 상당 부분은 오늘날 이미 시대에 뒤떨어졌을 수 있다.

머튼은 『사회 이론과 사회 구조』에서 '기능 분석 패러다임paradigm for functional analysis'이라고 명명한 것을 제안했다. 그는 사회적 구성물(예를 들면 매스 미디어의 활용) 연구를 중심으로 하는 귀납적 전략이 궁극적으로는 어떻게 이러한 구성물의 '기능'을 설명해주는 이론들을 구성하는 데 이르게 되는지 제시했다. 머튼은 인류학과 사회학 분야의 연구를 면밀하게 검토함으로써 기능 분석에 대한 자신의 관점을 끌어냈다. 이미 살펴보았듯이 기능주의는 사회를 '균형을 유지하려는 체제'라고 가정한다. 즉 사회는 서로 관련 있는 활동의 복합체이며, 각 활동은 서로를 뒷받침한다. 모든 사회 활동은 체제를 하나의 전체로서 유지하기 위해 부분적으로 역할을 맡는다. 그러한 체제의 다양한 부분들이 하는 기능을 연구함으로써 그보다 더 큰 체제에 관한 이론을 개발할 수 있다. 이것이 중범위 이론이다. 체제를 구성하는 여러 부분들을 조사해 나온 연구 결과를 통합하기 때문이다.

머튼과 그의 추종자들에게 기능 분석이 특히 호소력이 있었던 이유는 가치중립적으로 보였기 때문이었다. 그 이전의 사회 이론은 사회의 여러 부분들을 '선'이나 '악'으로 규정했다. 예를 들어 대중사회 이론은 미디어를 본질적으로 혼란스럽고 체제 전복적인 것으로 보았고, 어떤 식으로든 통제해야만 하는 부정적인 힘이라고 간주했다. 기능주의자들은 그런 생각을 거부했다. 그 대신 경험적 연구를 통해서 미디어의 순기능과 역기능을 모두 조사해야 한다고 주장했다. 그런 식으로 미디어를 활용한 결과의 유용성을 평가함으로써 미디어 효과 전반에 대해 체계적으로 평가할 수 있다고 보았다. 기능주의자들의 주장에 따르면, 사회과학은 어떤 전제도 없고 미디어에 대한 가치 판단도 필요하지 않았다. 그보다는 특정한 미디어가 특정한 사회적 기능을 수행하는지 파악하기 위해 경험적 조사가 필요했다. 머튼은 **명시적 기능**manifest functions과 **잠재적 기능**latent functions을 구분했다. 명시적 기능은 의도되고 쉽게 관찰 가능한 결과를 말하고, 잠재적 기능은 의도되지 않고 쉽게 관찰하기 어려운 결과를 말한다.

**명시적 기능**
의도되고 관찰된 미디어 이용의 결과.

**잠재적 기능**
의도되지 않고 쉽게 관찰하기 어려운 미디어 이용의 결과.

1950년대 후반과 1960년대에 수행되었던 수많은 매스 미디어 연구는 기능 분석을 근거로 삼았다. 연구자들은 특정 미디어의 순기능과 역기능, 또는 미디어 콘텐츠의 순기능과 역기능을 파악하고자 했다. 그들은 미디어의 명시적 기능과 잠재적 기능도 조사했다. 찰스 라이트Charles Wright는 1959년에 출간된 고전 『매스 커뮤니케이션: 사회학적 관점*Mass Communication: A Sociological Perspective*』에서 **미디어의 네 가지 고전적 기능**classic four functions of the media을 분석했다. 라이트에 의하면 "해럴드 라스웰은 선구적인 매스 커뮤니케이션 연구를 수행한 정치학자로 커뮤니케이션 전문가의 세 가지 활동에 대해 논한 바 있다. (1) 환경 감시, (2) 환경에 반응하는 사회 부분들의 상관관계 조정, (3) 한 세대에서 다음 세대로 사회적 유산의 전달"(Wright, 1959: 16)이 그것이다. 라이트는 여기에 네 번째로 오락을 추가했다. 이 기능들은 어느 것이나 긍정적인 영향도 부정적인 영향도 미칠 수 있으며 명시적 기능도 잠재적 기능도 수행할 수 있기 때문에 기능 분석은 미디어의 역할에 대해 매우 복잡한 평가를 내놓을 수 있음이 분명하다.

**미디어의 네 가지 고전적 기능**
환경 감시, 사회 부분들의 상관관계 조정, 사회적 유산 전달, 오락.

예를 들어 미디어 콘텐츠에는 다양한 유형이 있으며 사회에 순기능적일 수도 역기능적일 수도 있다. 또한 어느 특정 개인이나 다양한 하위 집단, 문화에 대해 순기능적일 수도 역기능적일 수도 있다. 패스트푸드 체인점을 위한 미디어 광고는 기업, 주주, 경제 전반에 효과적일 수도 있지만 그 광고 음악과 이미지에 끌려 비만 아동이 증가하는 역기능도 있다(Kunkel et al., 2004). 또한 비만 관련 건강 문제가 확대되는 것은 일하는 부모들에게는 보험료가 증가해 역기능적이지만 체중 감량 프로그램이나 피트니스 센터를 운영하는 사람들에게는 순기능적일 수도 있다. 따라서 사회에는 순기능이 되는 것이 특정 개인이나 집단에게는 역기능이 되면서 서로 상쇄될 수도 있다.

랜스 홀버트Lance Holbert, 켈리 가레트Kelly Garrett, 라우렐 글리슨Laurel Gleason은 요즘 시대의 사례를 보여준다. 케이블 TV, 토크 라디오, 소셜 미디어를 갖춘 미디어 소비를 역기능으로 볼 수도 있다. 왜냐하면 이런 미디어를 소비하는 것은 상대 정당과 정치 체제 전반에 대한 반목을 조장할 수 있기 때문이다. 이러한 시각은 정치 체제에서 '신뢰와 확신'은 '부적절한 상품'이라고 가정한다. 그러나 이 연구자들의 주장에 따르면, "신뢰와 확신은 부적절한 상품이 아니라 반드시 획득해야 하거나 보증되어야 하는 상품이다"(Holbert, Garrett, & Gleason, 2010: 29). 신뢰를 잃는 것은 개인으로서는 역기능이라고 할 수 있으며 또한 그를 지지하기 위해 만들어진 체제에 대한 확신을 잃는 것도 마찬가지이다(미시적 관점에서의 평가). 그러나 이는 체제를 개선하도록 만든다는 점에서 궁극적으로는 유익한 기능일 수도 있다(거시적 관점에서의 평가).

이러한 사고는 기능주의의 중요한 문제와 연결된다. 즉 이런 식으로 사고하다 보면 미디어의 전반적인 순기능이나 역기능에 대해 확고한 결론을 내리기 어렵다. 예를 들어 기능 분석을 활용한 초기 미디어 효과에 대한 연구 중에는 미디어가 **마취 효과에 의한 역기능**narcotizing dysfunction을 한다고 밝힌 것이 있다. 즉 어떤 이슈에 대한 뉴스가 넘쳐나면 사람들이 무감각해져서 그 이슈에 대해 알고만 있을 뿐 어떤 행동을 취하지는 않는다는 것이다(Lazarsfeld & Merton, 1948). 마취 효과에 의한 역기능은 1950년 조직 범죄에 대한 의회 청문회를 뉴스에서 대대적으로, 종종 극적으로 다루었음에도 불구하고 왜 사람들이 정부의 대처를 강력하게 요구하지 못했는지를 설명하는 데 활용되었다. 청문회는 800명 이상의 증인으로 구성되었으며 15개월 동안 14개 도시에서 진행되었는데, 언론에 집중 보도되었음에도 불구하고 연구 결과 미국인들은 조직 범죄 퇴치를 위해 할 수 있는 일은 없다고 생각하는 것으로 드러났다. 이 연구 결과는 미디어가 상황을 파악하고 사회 문제에 대한 관심을 불러 모으는 데 효과적일지라도 대중은 아무 일도 하지 않을 수 있다는 것을 시사한다. 언론 보도가 사람들을 고무시켜서 문제에 대한 해결책을 강력하게 요구하게 만드는 대신, 오히려 사람들을 '마취시켜서' 무감각하게 만들고 아무것도 할 수 없는 무력한 존재라고 생각하게끔 만들 수도 있다는 것이다. 말하자면

**마취 효과에 의한 역기능**
어떤 이슈에 대한 뉴스가 쇄도하면, 사람들은 거기에 무감각해지고 그 이슈에 대해 알고만 있을 뿐 어떤 행동을 취하지는 않는다는 이론.

## Instant Access

### 기능주의 Functionalism

**장점**

1. 미디어와 미디어의 영향을 사회 체제 전반에 놓고 본다.
2. 미디어의 사회적 역할에 대한 균형 있는 시각을 제공한다.
3. 경험적 연구에 기반을 두고 있으며, 경험적 연구에 대한 지침을 제공한다.

**단점**

1. 지나치게 현상 유지적이다.
2. 역기능은 순기능에 의해 보완됨으로써 '균형'이 이루어진다고 주장한다.
3. 부정적인 잠재적 기능은 긍정적인 명시적 기능에 의해 보완됨으로써 '균형'이 이루어진다고 주장한다.
4. 미디어의 사회적 역할에 대해 확고한 결론을 내리는 경우가 거의 없다.

잠재적인 역기능이다. 하지만 이 마취 효과는 어떻게 설명할 수 있을까? 연구자들의 주장에 따르면 대중은 극적이며 부정적인 뉴스에 매일 노출될 때 마취된다. 부정적인 뉴스는 어떤 문제에서 제기되는 위협에 관해 다루고 그러한 위협이 해결되기 어렵다고 강조한다. 이와 같은 연구는 미디어가 중요한 기능을 수행하는 데 실패할 수 있음을 시사했던 초기 연구 가운데 하나였다. 연구에 따르면 미디어는 특히 담당자들이 자신의 직무에 따라 사회적으로 책임 있는 일을 수행하고 있을 때조차도 실패할 수 있다는 것이다. '마취 효과에 의한 역기능' 개념은 여전히 미디어 효과를 설명하는 데 유용한 관점일까? 최근 여론 조사에 따르면, 다수의 미국인은 개인 정보 유출과 무단 활용에 대한 뉴스 보도를 광범위하게 접하고 있음에도 불구하고, 대규모 소셜 미디어 기업들이 사생활을 침해하고 사용자 데이터를 광고주에게 판매하는 방식에 대해서는 상대적으로 무관심한 태도를 보이고 있다(Castro & McQuinn, 2018).

## 정보 유통 이론

1950년대 사회과학자들은 정보가 미디어에서 일반 대중으로 어떻게 흘러가는지 파악하기 위해 설문 조사와 현장 실험 연구를 다수 수행했다. 그중에는 사람들이 얼마나 빨리 개별 뉴스 기사를 파악하는지에 관한 연구도 있었다(Funkhouser & McCombs, 1971). 이러한 연구의 목적은 일반 대중에게 정보를 전달하는 데 있어서 미디어의 효율성을 측정하는 것이었다. 설득에 대한 연구 이후에 이 연구는 패턴화되었지만, 대중의 태도 변화를 측정하는 것이 아니라 정보가 습득되는지를 탐구했다. 연구자들은 데이터를 수집하기 위해서 통제된 실험 연구보다는 설문 조사 연구를 활용했다. 이런 작업은 라자스펠드와 호블랜드가 개척했던 연구 방법에서 나온 것이다. 즉 그들의 연구로부터 나온 경험적 일반화를 기반으로 그와 유사한 경험적 일반화를 도출했다.

정보 유통 연구는 연구자들이 매우 중요하게 생각했던 문제들을 다루었다. 많은 사람들이 민주주의가 냉전이라는 도전 속에서도 존속하기 위해서는 미국인들에게 다양한 문제에 관한 정보가 충분히 있어야 한다고 믿었다. 예를 들어 미국인들은 핵 공격이 벌어지면 어떻게 해야 하는지 알아야 했다. 또한 미국 지도자들이 국제 사회의 위협에 대처하기 위해 어떤 일을 하고 있는지도 알아야 했다. 고전적 민주주의 이론은 훌륭한 정치적 결정을 내리기 위해서는 사람들에게 정보가 충분히 있어야 한다는 가정을 가지고 있다. 따라서 미국이 공산주의의 위협에 맞서거나 핵전쟁의 위험을 관리하기 위해서는 정치 엘리트로부터 일반 대중에 이르기까지 정보를 효과적으로 전달하는 것이 필수적이었다. 일부 사람들은 민주주의의 힘은 핵전쟁 같은 불가피해 보이는 위협으로부터 살아남고 회복하는 능력으로 증명될 것이라고 믿었다.

설득 연구는 설득을 가로막는 수많은 장애가 무엇인지 밝혀냈다. 뉴스 유통 연구는 이와 유사한 장애가 미디어에서 일반 수용자로 전달되는 정보 유통 과정에 존재하는지 밝히는 데 초점을 맞추었다. 실험실에서 수행한 태도 변화 연구를 통해서 일반화를 도출한 다음, 실제 상황과 실제 문제를 이해하는 데 그러한 일반화가 유용한지를 탐구했다. 정보 유통의 장애로 연구된 것으로는 교육 수준, 뉴스를 접하기 위한 미디어 이용량, 뉴스에 대한 관심, 뉴스와 관련해 다른 사람들과 나누는 대화 등이 포함되어 있었다. 연구자들은 '딱딱한(경성)' 뉴스와 '말랑한(연성)' 뉴스를 구분했다. 경성 뉴스는 일반적으로 정치, 과학, 국제 상황, 지역 사회 조직 등에 관한 뉴스이다. 연성 뉴스는 스포츠, 연예인 가십, 흥미를 끄는 보통 사람들의 이야기 등을 다루는 뉴스이다.

정보 유통 연구에 따르면 대다수 사람들이 경성 뉴스에 대해서는 잘 알지 못했다. 왜냐하면 교육 수준이 낮았고, 경성 뉴스를 알기 위해 미디어를 이용하는 일은 거의 없었으며, 경성 뉴스에 관심도 없었고, 다른 사람들과 그에 관해 이야기를 나누지도 않았기 때문이다(Davis, 1990). 아이젠하워 대통령의 심장마비, 존 F. 케네디 대통령 암살과 같은 중요한 뉴스를 제외하고는, 사람들은 대부분 국가적 사건에 대해 잘 알지 못했고 신경도 쓰지 않았다. 연성 뉴스는 경성 뉴스보다는 더 많이 알려질 가능성이 있었으나 그조차도 기대했던 정도는 아니었다. 뉴스 유통을 가속화하거나 강화하는 가장 중요한 요소는 사람들이 뉴스에 대해 다른 사람들과 이야기를 나누는 정도였다. 케네디 대통령 암살에 관한 뉴스는 사람들이 일상생활을 멈추고 다른 사람들과 이에 관한 이야기를 나누었기 때문에 대다수 사람들에게 신속하게 퍼져나갔다(Greenberg & Parker, 1965). 대화가 없다면 경성 뉴스에서 다룬 사건들에 대해 사람들이 알게 되는 비율은 대부분 10%에서 20%에 불과했다. 그리고 며칠 또는 몇 주 내에 이 사건들은 잊혔다.

민방위 정보 유통 연구도 이와 유사한 장애물이 있음을 확인했다. 대부분의 경우 일반 대중은 정치보다 평범한 주제인 민방위 정보에 관심이 적었다. 이와 관련해 워싱턴주에 위치한 외딴 작은 마을들에 전단지 수십만 장을 떨어뜨리는 현장 실험 연구가 수행된 바 있다(DeFleur & Larsen, 1958). 연구자들은 이 연구의 중요성을 알리기 위해서 폴 리비어Paul Revere의 이름을 따서 '리비어 프로젝트'라는 이름을 붙였다. 그들은 공격이 임박했을 때 이에 대한 정보를 알릴 수 있는 방법을 모색하고 있었다. 멜빈 드플레르Melvin DeFleur와 오토 라르센Otto Larsen은 소련의 공격이 임박했음을 사람들에게 알리는데 전단지가 얼마나 효과적인지 알아보고자 했다. 예를 들어 한 묶음의 전단지에는 민방위 테스트를 실시한다고 써놓았다. 그리고 전단지를 발견한 사람은 누구든지 다른 사람들에게 그 이야기를 전하고, 연구자들에게 다시 돌아올 수 있도록 전단지를 우편함에 넣어놓으라고 적었다.

연구자들은 전단지를 읽거나 반납한 사람들이 거의 없다는 사실에 크게 실망했다. 아이들이 진지하게 받아들일 가능성이 가장 컸다. 효과가 가장 좋은 방법은 마을의 거주자 1명당 전단지 8장을 주는 것이었다. 연구자들이 생각

**Instant Access**

### 정보 유통 이론 Information-Flow Theory

**장점**

1. 실제 상황에서 매스 커뮤니케이션이 이루어지는 과정을 살펴본다.
2. 성공적인 대중 정보 캠페인을 위한 이론적 기초를 제공한다.
3. 정보 유통을 가로막는 장애를 파악한다.
4. 위기 상황에서의 정보 유통을 이해하는 데 도움이 된다.

**단점**

1. 단순하고 선형적이며 정보원에 의존한다.
2. 대중은 무지하고 무심하다고 가정한다.
3. 수용자를 위한 정보의 유용성이나 가치를 고려하지 못한다.
4. 지나치게 현상 유지적이다.

하기에 사람들이 가상의 공격에 대한 경고만 받으면 전단지를 무시해버릴 것이고 실제로 공격해서 사람들을 위협하는 것은 비윤리적이었다. 그래서 그들은 또 다른 현장 실험 연구를 설계했는데, 이는 사람들로 하여금 새로 나온 커피 브랜드의 슬로건에 대해서 이웃 사람들에게 이야기하도록 하는 연구였다. 설문 조사팀은 작은 마을을 방문해 이웃 사람들에게 커피 브랜드의 슬로건을 알려주면 무료로 커피 1파운드를 얻을 수 있다고 사람들에게 말했다. 설문 조사팀은 일주일 후에 돌아올 것이며 만일 이웃 사람들이 슬로건을 알고 있으면 이를 전달한 가정과 전달받은 가정 모두 커피를 무료로 받을 수 있다고 말했다. 실험 물품으로 커피를 선택한 것은 당시 전쟁 중이라 커피 공급이 극히 제한되어 있어서 가치가 높았기 때문이다. 실험 결과는 혼합되어 나타났다. 거의 모든 사람들이 커피 슬로건에 대해 들어보았고 그것을 전달하려 했으나 안타깝게도 슬로건의 일부만 기억하거나 슬로건을 잘못 말하는 사람들이 많았다. 이 연구를 통해 사람들에게 정보를 전달하고자 하는 동기를 부여하는 것이 중요하다는 사실을 확인할 수 있었다. 다른 한편으로는 무료 상품만으로는 정보가 정확하게 유통되도록 보장할 수 없음을 알 수 있었다. 입소문이 정보의 유통에 있어서 결정적인 역할을 한다면 왜곡과 오해가 일어날 가능성도 높다. 미디어가 정확한 정보를 제공하더라도 사람들은 잘못된 뉴스를 전달받을 수도 있는 것이다. 이러한 결과는 실망스러운 것이었다. 왜냐하면 이는 매우 광범위하고 비용이 많이 드는 선전 캠페인조차도 대부분의 미국인들이 핵전쟁의 결과에 대비하도록 만드는 데에는 효과가 없을 가능성이 높다는 것을 시사했기 때문이다. 이러한 결과들은 오늘날에도 여전히 유효할까? 당신은 다른 사람들로부터 전달받은 정보의 정확성을 신뢰하는가? 광고 슬로건에 대한 자신의 기억은 어떠한가? 경쟁 제품의 슬로건을 혼동한 적은 없는가? 당신의 슬로건 지식이 단편적이진 않은가? 트위터나 기타 소셜 미디어를 통해 전달되는 정보의 정확성은 어떠한가?

**정보 유통 이론**

의도된 어떤 특정한 효과가 나타나는 데 있어서 어떻게 정보가 미디어에서 수용자로 이동하는지를 다룬 이론(오늘날에는 정보 혹은 혁신 확산 이론Information or Innovation diffusion theory으로 알려져 있음).

**정보원 지배적 이론**

일부 엘리트 메시지 정보원의 관점에서 커뮤니케이션 과정을 검토하는 이론.

이러한 **정보 유통 이론**information-flow theory이 갖는 가장 큰 한계점은 단순하고 선형적이며 정보원에 의존하는 **정보원 지배적 이론**source-dominated theory이라는 것이다. 또한 정보는 권위가 있거나 엘리트인 정보원(예를 들면 체계적인 미디어, 정부 등)에게서 유래해 '무지한' 개인에게 흘러간다고 보았다. 정보 유통 이론은 정보 유통을 방해하는 장애는 파악될 수 있고 극복될 수도 있다고 가정한다. 그러나 그 정보가 평범한 수용자에게 어떤 가치가 있는지, 또한 어떤 유용성이 있는지를 밝히는 것은 거의 고려하지 않았다. 메시지에 대한 수용자의 반응은, 그것이 정보 유통을 방해하는 장애가 되지 않는 한 대체로 무시되었다. 그때 그런 장애에 대한 연구가 이루어졌다면 이는 극복될 수 있었을 것이다. 대부분의 제한 효과 이론과 마찬가지로 정보 유통 이론은 현재의 상황이 수용 가능하다고 가정했다. 엘리트와 권위자들이 특정 형태의 정보를 보급하는 것이 정당하다고 간주되었고, 평범한 사람들은 그 정보를 수용하고 습득하면 상황이나 형편이 더 나아질 것이라고 보았다. 또한 정보 유통을 방해하는 장애물은 나쁜 것이며 가능한 한 제거해야 하는 것으로 가정했다. 정보 유통 이론은 중범위 이론의 한 예이기도 하다. 이는 다수의 경험적 일반화를 통해서 사람들이 언제, 왜 미디어 정보에 관심을 기울이는지, 그 결과 어떤 학습이 이루어지는지에 대해 어느 정도 일관성 있는 설명 체계로 요약하는 데 도움이 된다.

## 개인적 영향: 2단계 유통 이론

4장에서 라자스펠드가 1940년 이리 카운티 연구를 토대로 유용한 일반화를 몇 가지 도출했다고 언급했다. 1945년 그는 오피니언 리더와 오피니언 팔로어와 관련해 이러한 경험적 일반화를 연구하는 작업을 수행했다(Katz & Lazarsfeld, 1955). 라자스펠드는 오피니언 리더의 특징이나 그들의 역할에 대해 단지 생각만 해보는 것은 거부했다. 그는 경험적 사실을 원했다(Summers, 2006). 이를 파악하고자 그는 일리노이주 디케이터Decatur에 연구팀을 파견해 800명이 넘는 여성들을 대상으로 패션, 상품 브랜드, 영화, 정치와 관련된 결정은 어떻게 내리는지 인터뷰했다. 왜 여성만을 대상으로 연구했을까? 왜 패션이나 영화에 관한 질문을 던졌을까? 이 연구는 주로 하위 중산층 여성을 대상으로 한 잡지들(*True Story, True Confessions, True Romance, True Love, Motion Picture*)을 발행하던 맥패든 출판사로부터 자금을 지원받았다. 이 회사는 남성에 대해서는 아무 관심이 없었다. 그들은 고객들이 패션이나 영화 같은 주제에서 또래 집단 내에서 오피니언 리더 역할을 할 수 있는지를—당시 대부분의 광고주들은 이 점을 미심쩍어했다—알고자 했다. 만약 이 여성들이 오피니언 리더라면, 맥패든 잡지를 통해 이들을 타겟팅할 수 있고, 광고 수익을 더 많이 얻을 수 있기 때문이다. 맥패든 출판사는 이 여성들이 정치적 이슈에서 리더 역할을 하는지 여부에는 관심이 없었지만, 라자스펠드는 관심을 가졌다. 오늘날 미디어 연구 역사상 가장 영향력 있는 연구 중 하나로 평가되는 이 연구는 사실상 다소 불안정한 기초 위에 세워졌던 셈이다.

미국 중부에 위치한 디케이터는 중소 도시의 전형처럼 여겨졌다. 라자스펠드 연구진은 '눈덩이 표집' 방법을 활용했고 표집 집단에 포함된 여성들과 접촉했다. 인터뷰하는 동안 연구자들은 이 여성들에게 국제 사건, 국내 사건, 지역 사건, 또는 뉴스에 나온 사건 등에 대해 생각하는 과정에서 다른 사람들로부터 영향을 받거나 다른 사람들에게 영향을 준 일이 있는지 질문했다. 그런 다음에 연구자들은 다른 사람들에게 영향을 준 것으로 확인된 사람들을 인터뷰했다. 이런 식으로 라자스펠드는 오피니언 리더의 역할을 한 여성들을 경험적으로 찾아내고자 했다. 자기 자신이 지목했든 남들이 지목했든 오피니언 리더로 지목되었다는 사실을 오피니언 리더의 위치를 획득한 사실적 증거로 보았다.

디케이터 연구가 발표되기까지 10년이 넘는 시간이 걸렸다. 그 이유 중 일부는 연구 책임자였던 C. 라이트 밀스C. Wright Mills와 라자스펠드 사이의 해석 차이에서 비롯되었다. 밀스는 연구 결과에 대한 수용 가능한 요약본을 작성하지 못했고, 결국 컬럼비아대학교를 떠나 나중에 비판 이론의 영향력 있는 사상가가 되었다. 그의 저서 『화이트 칼라*White Collar*』(1951)는 이 디케이터 프로젝트 경험에서 영감을 받은 것으로 보이며, 그는 이후 후기실증주의를 '추상적 경험주의abstracted empiricism'라 명명하며 비판했다(Mills, 1959). 라자스펠드는 결국 1955년 자신이 가르치던 대학원생 엘리후 카츠Elihu Katz와 함께 디케이터 연구를 토대로 『개인적 영향*Personal Influence*』이라는 제목의 책을 출간했다. 그들의 연구는 **2단계 유통 이론**two-step flow theory을 도출하는 결과를 낳았고, 이 이론은 이후 20년 이상 커뮤니케이션 연구에 영향을 미친 중범위 이론이 되었다.

**2단계 유통 이론**
메시지는 미디어에서 오피니언 리더를 거쳐 오피니언 팔로어에게 전해진다고 보는 이론.

카츠와 라자스펠드는 그들의 저서에서 미국 사회를 매우 긍정적으로 묘사했으며 미디어의 역할은 제한적이고 온화하게 파악했다. 그들의 연구 보고에 따르면, 사회의 각계각층마다 오피니언 리더가 존재하며 그 영향력은 수직적

**Instant Access**

### 2단계 유통 이론Two-Step Flow Theory

**장점**

1. 효과가 일어날 수 있는 환경과 일어날 수 없는 환경 모두에 초점을 맞춘다.
2. 여론을 형성하는 데 있어서 오피니언 리더의 중요성을 강조한다.
3. 연역적 추론보다는 귀납적 논리에 기반을 둔다.
4. 직접 효과라는 단순한 개념에 도전한다.

**단점**

1. 연구 당시의 시점(1940년대)과 미디어 환경(TV가 없는 환경)에 국한된다.
2. 보고된 행동(투표)을 미디어 효과를 보여주는 유일한 테스트로 이용한다.
3. 강화reinforcement를 중요한 미디어 효과라고 보지 않고 과소평가한다.
4. 미디어의 영향력을 과소평가하는 설문 조사 방법을 사용한다.
5. 후기 연구는 미디어 영향력의 흐름이 다단계임을 보여준다.

이 아니라 수평적으로 흐르는 경향이 있었다. 오피니언 리더는 사회 체제에서 자신의 위나 아래에 있는 사람들보다는 자신과 같은 위치에 있는 사람들에게 영향을 주었다. 오피니언 리더는 개인적 특징에 있어서 오피니언 팔로어와는 여러모로 달랐다. 즉 오피니언 리더는 더 사교적이었고 미디어를 더 많이 사용했으며 사회적으로 보다 활동적이었다. 그러나 오피니언 리더와 팔로어의 사회적 지위가 같은 경우도 흔히 있었다.

제퍼슨 풀리Jefferson Pooley의 주장에 의하면, 『개인적 영향』은 미디어의 영향력이 왜 제한적인지를 설명하는 데 있어서 혁신적인 방법을 소개한 것 이상의 의의가 있다(Pooley, 2006). 이 책을 보면 처음 열다섯 페이지에 걸쳐 선전 연구의 역사를 요약해놓았는데, 이는 이후 50년 이상 미디어 이론 교재에 으레 실리는 내용이 되었다. 그 요약 내용에 따르면 제2차 세계대전 이전의 이론과 연구는 너무 안일하고 미디어의 영향력을 지나치게 확대해 생각하고 있다며 일축해버린다. 카츠와 라자스펠드는 경험적 후기실증주의 연구야말로 보다 정확한 결과를 제공할 수 있다고 보았고, 미디어 영향력에 대해 더욱 회의감을 가지게 만들고 제한 효과 트렌드가 매스 커뮤니케이션 이론의 근간으로서 그 입지를 더 공고히 하게 만들었다.

## 조셉 클래퍼의 현상론적 이론

1960년 조셉 클래퍼Joseph Klapper는 원래 컬럼비아대학교 박사학위 과정을 마치기 위해 작성했던 연구 논문을 학술지에 게재하고 CBS에서 연구원으로 일하고 있었다. 「매스 커뮤니케이션의 효과The Effects of Mass Communication」라는 이 논문은 1950년대 중반까지 나온 모든 중요한 미디어 효과 연구의 결과를 총망라한 것이었고 학자들과 학식 있는 일반인들 모두를 위한 것이었다. 클래퍼는 보통 사람들이 미디어의 힘을 과장했다고 우려했다. 비록 학계(예를 들면 경험적 연구자들)는 대중사회 이론을 거부하고 있었으나 그럼에도 불구하고 미디어가 막강한 위력을 가지고 있다고 믿는 사람들이 여전히 너무 많았다. 그는 미디어가 사람들에게 미치는 영향력을 실제로 보여줌으로써 그러한 우려를 가라앉히고자 했다.

클래퍼는 미디어 중범위 이론에 해당하는 훌륭한 예를 하나 소개했는데, 그

**현상론적 이론**
미디어가 어떤 효과의 유일한 원인이 되는 경우는 극히 드물며, 다른 사회적 요인과 비교해볼 때 미디어는 상대적으로 무력하다고 보는 이론.

**강화 이론**
현상론적 이론의 보다 일반적인 이름으로, 미디어 효과 가운데 가장 흔한 것은 강화라는 관점을 강조한 것.

자신은 이를 **현상론적 이론**phenomenistic theory이라고 불렀으나 이후 일반적으로는 **강화 이론**reinforcement theory이라고 불리었다. 현상론적 이론은 미디어가 사람들에게 미치는 직접적인 영향을 다른 사회적·심리적 요소, 예컨대 사회적 지위, 소속 집단, 태도, 교육 배경과 같은 요소에 비교해본다면 상대적으로 강력하지 못하다고 보았다. 클래퍼의 주장을 정리하면 다음과 같다. (1) 매스 커뮤니케이션은 대개 필요 충분한 영향력을 행사하지 못하며, 매개 요인을 통해서 작용한다(Klapper, 1960: 8). (2) 이런 매개 요인은 매스 커뮤니케이션을 원인으로 간주하지만, 기존 조건을 강화하는 과정에서 유일한 원인이 되지는 않는다(Klapper, 1960: 8). 미디어에 대한 이러한 일반화가 그리 독창적이지는 않았지만 클래퍼는 이에 대해 강력하게 주장하고 이를 뒷받침하는 연구 결과를 수없이 내놓았다. 그의 글은 미디어 효과에 대한 확실한 주장이라고 여겨졌는데, 특히 후기실증주의 연구자들과 미디어 연구자 외의 사람들이 그렇게 생각했다.

클래퍼의 이론은 이제 강화 이론이라고 불린다. 그 이론의 핵심 주장이 미디어의 가장 중요한 영향력은 기존의 태도와 행동을 (변화시키는 것이 아니라) 강화한다는 것이기 때문이다. 미디어는 사회를 혼란에 빠뜨리거나 예상치 못한 변화를 일으키는 것이 아니라 현 상황을 유지하는 역할을 하며, 사람들이 이미 믿고 있거나 행동하던 방식을 계속할 만한 이유를 제시해준다. 클래퍼의 주장은 극히 예외적인 상황을 제외하고 미디어가 극적인 변화를 일으킬 정도의 영향을 미치기에는 너무 많은 장벽이 존재한다는 것이다.

강화 이론이 나온 지 60년이 지난 지금까지도 미디어 효과에 의구심을 갖는 사람들은 이 이론을 언급한다. 그러나 시간이 지나고 보니 이제는 이 이론의 단점도 쉽게 발견할 수 있다. 1960년에 클래퍼가 「매스 커뮤니케이션의 효과」를 발표했을 때 그는 TV, 재구성된 신문, 라디오 그리고 TV에 대응해 바뀐 영화 산업 등의 미디어 환경은 고려하지 않은 연구(라자스펠드, 호블랜드 및 그들이 활동했던 시기의 연구자들에 의해 수행된 연구)에 주로 의존해서 결론을 도출했다. 물론 클래퍼의 연구는 인터넷 혹은 유튜브, 페이스북, 트위터, 구글과 같은 대규모 소셜 미디어의 세계는 전혀 상상도 하지 못했다. 그가 인용한 연구의 대부분은 선택적 과정을 다루었으나 TV가 등장하면서 미디어는 정보를 전달하기보다는 상징을 전달하는 쪽으로 바뀌었고 그렇기 때문에 결론을 잘못 내릴 가능성을 많이 안고 있었다. 게다가 제2차 세계대전 이후의 미국은

Instant Access

### 현상론적 이론 Phenomenistic Theory

**장점**

1. 상당한 분량의 연구를 종합해서 하나의 설득력 있는 이론으로 구성한다.
2. 매스 커뮤니케이션 과정에서 매개 변인의 역할을 강조한다.
3. 대중사회와 선전이라는 관점에 얽매이는 것을 거부한다.

**단점**

1. 매개 요인의 영향력을 과장한다.
2. 지나치게 현상 유지적이다.
3. 중요한 미디어 효과로서의 강화를 과소평가한다.
4. 특정 시대(1960년대 이전)와 특정 미디어 환경(TV가 나오기 이전 환경)을 위주로 한다.

그 이전의 미국과는 달랐다. 이후의 장들에서도 살펴보겠지만 클래퍼가 주목한 매개 변인들, 즉 교회, 가족, 학교 등이 사회화에 미치는 영향력은 축소되기 시작했다.

결과적으로 클래퍼는 영향을 미치지 않는 것과 강화를 동일시하는 오류를 범했다. 대부분의 미디어가 기존의 태도와 신념을 강화하는 것이 사실이라고 해도 이는 미디어의 효과가 없다는 의미는 아니다. 다음 6장에서는 현대 비판 이론가들이 미디어의 부정적인 영향력을 어떻게 보고 있는지를 다루고자 한다.

## 매스 미디어의 엔터테인먼트 기능

일반적으로 기능 분석은 현재 상태를 정당화하거나 합리화하는 결론을 내리는 경향이 있다. 기능 분석이 어떻게 현상 유지라는 결론에 이르게 되는지에 관한 고전적인 예는 해럴드 멘델존Harold Mendelsohn의 연구(Mendelsohn, 1966)에서 찾아볼 수 있다. 멘델존은 당대에 강력한 뉴 미디어로 여겨지던 텔레비전의 영향에 대해 사람들이 크게 오해하고 있음을 우려했다. 그는 텔레비전의 엔터테인먼트 기능에 대한 오해를 조장하는 데 미디어에 대한 엘리트 비판자들(주로 대중사회 이론가들)의 역할이 컸다고 비난했다. 그리고 이 비판자들이 자신들의 입장을 고수하면서 경험적 연구 결과를 무시하고 있다고 주장했다. 그는 대부분의 비판을 실증적 자료에 모순되는 편견을 가진 추측이라고 여기고 일축했다.

멘델존에 따르면 대중사회 비평가들은 가부장적이고 엘리트주의적이었다. 그들이 화가 났던 이유는 텔레비전 엔터테인먼트가 자신들이 장려하고자 했던 지루한 교육, 정치, 종교 등으로부터 사람들의 시선을 돌리게 만들었기 때문이다. 멘델존은 텔레비전이 제공하는 휴식과 적절한 현실 도피가 사람들에게 필요하다고 주장했다. 텔레비전에 이러한 엔터테인먼트 기능이 없다면 사람들은 일상의 긴장에서 벗어날 다른 방법을 찾았을 것이다. 텔레비전은 이런 요구에 대해 다른 어떤 대안보다 훨씬 쉽고 강력하며 효율적으로 부응했다.

멘델존은 비판자들이 텔레비전을 비난하는 대신에 그것이 극히 적은 비용으로 제 기능을 매우 잘 수행하고 있음을 인정해야 한다고 강조했다. 그는 비판자들이 텔레비전 엔터테인먼트의 중요성과 장기적인 효과를 크게 과장했다는 점에 우려를 표했으며, 텔레비전의 사회적 역할이 제한적이며 결국에는 소소한 편에 지나지 않는다고 주장했다. 텔레비전 엔터테인먼트는 고급문화에 혼란을 초래하거나 이를 저급하게 만들지 않았으며, 오페라나 심포니 콘서트와 같은 고급 엔터테인먼트에 대한 매력적인 대안을 보통 사람들에게 제공해주었다. 그것은 종교 및 정치 활동, 또는 가정생활에서 이루어지는 중요한 활동을 방해하지 않았고 오히려 사람들이 적절히 긴장을 풀 수 있도록 해줌으로써 에너지를 새롭게 충전해서 그런 활동에 집중할 수 있게 해주었다.

**매스 엔터테인먼트 이론**
TV를 비롯한 매스 미디어는 사람들의 긴장을 풀어주거나 그들에게 오락을 제공하기 때문에 중요한 사회적 기능을 한다고 주장하는 이론.

멘델존은 **매스 엔터테인먼트 이론**mass entertainment theory을 뒷받침하기 위해 수많은 심리학 연구를 인용했다. 그는 텔레비전 엔터테인먼트에 중독되어 고통을 겪는 사람도 소수 있을 수 있다고 시인했다. 그러나 만일 TV가 없었다면 그 사람들은 다른 것에 중독될 가능성이 컸을 것이다. 늘 앉아서 TV만 보는 사람이 만약 TV에 빠지지 않았다면 여자만 쫓아다니거나 연애 소설이나 읽어댈 수도 있었을 것이다. 멘델존은 TV 중독이 다른 중독에 비해 차라리 낫다고 보았다. 다른 사람들을 해치지도 않고 TV 시청이 약간은 교육적일 수도 있기 때문이다. 소셜 미디어의 엔터테인먼트 기능에 대해서도 이와 유사한 옹호가 가능하다(9장).

기능주의자들의 주장은 오늘날 미디어 효과에 대한 논쟁에서 여전히 위력을 떨치고 있다. 예를 들어 개발경제학자 찰스 케니Charles Kenny는 전 세계 10억 가구가 텔레비전을 소유하고 있고 1인당 하루 4시간 이상 텔레비전을 시청한다는 사실이 미치는 영향에 관심을 가지고 있었다(Kenny, 2009). 그는 이렇게 묻는다. "그렇다면 비판자들이 우려하는 것처럼 전 세계 구석구석까지 TV와 디지털 채널, 위성 채널이 빠르게 퍼져나가는 것이 세계 붕괴의 원인이 될 것인가?" 그는 이에 대해 거의 완벽한 기능주의적인 대답을 내놓는다. "그렇다. 디지털 기기 앞에 죽치고 앉아 있는 사람의 세계는 문제점이 있다. 그는 볼링장에 직접 가서 볼링을 치는 대신 위Wii 볼링을 하는 일이 많을 것이다. 비만 인구가 더 많아질 수도 있고 더 적어질 수도 있다…… 그러나 또한 여성을 위해서는 더 평등하고, 더 건전하고, 더 제대로 규율이 지켜지는 세상일 수도 있다. 비극적인 일이 발생했을 때 전 세계적으로 단합이 더 잘되고, 총을 쏘기보다는 <아메리칸 아이돌>에 한 표를 던지는 일이 더 많은 그런 세상일 수도 있는 것이다"(Kenny, 2009: 68).

매스 엔터테인먼트 이론, 그리고 마취 효과에 의한 역기능은 기능 분석과 그 연구 결과가 어떻게 현상 유지를 정당화하는지를 보여주는 좋은 예이다. 유해 효과와 긍정적 효과는 균형을 이룬다. 유해한 것이 변화를 일으킬지 일으키지 않을지 누가 판단할 수 있는가? 국회? 법원? 아니면 대중이 판단할 수

**Instant Access**

### 매스 엔터테인먼트 이론 Mass Entertainment Theory

**장점**

1. 미디어의 친사회적 영향력을 강조한다.
2. 왜 사람들이 미디어에서 오락을 찾는지에 대해 설득력 있게 설명한다.

**단점**

1. 지나치게 현상 유지적이다.
2. 보통 사람들의 이익을 대변한다고 주장하지만 그들의 미디어 이용을 부정적으로 묘사한다.

있는가? 지지하는 증거와 반박하는 증거가 모두 있을 때 최선의 행동은 아무 행동도 하지 않는 것이다. 특히 건국자들이 수정 헌법 제1조를 작성한 지 2세기 반이 흐르는 동안 잘 유지된 것으로 보이는 민주주의 체제에서는 더욱 그렇다.

기능주의 덕분에 연구자들과 이론가들은 그저 순기능과 역기능이 균형을 이룬다는 점을 인식하는 것만으로도 논란의 여지가 있는 결론을 피할 수 있게 되었다. 어쨌든 마취 효과가 어느 정도 있다고 해도 사람들은 미디어가 조직 범죄 관련 보도를 회피하는 것은 원하지 않을 것이다. 물론 소수는 매스 엔터테인먼트를 남용할 수도 있다. 그러나 엔터테인먼트를 통해 얻게 되는 기분 전환 등의 장점은 소소한 문제를 능가한다. 이와 같은 주장은 본질적으로 보수적인 논리를 내포한다. 이러한 주장에 따르면, 사회가 길거리로 뛰쳐나온 폭도들로 인해 말 그대로 무너져 내리는 상황만 아니라면 모든 것은 '균형'을 이루기 마련이다. 미디어의 역기능은 분명히 다른 기능과 균형을 이룬다. 사회가 균형을 이루고 있다면 미디어 같은 여러 요소들의 효과는 전반적으로 긍정적이거나 아니면 조금 부정적이라고 추론할 수 있다. 분명히 부정적인 효과는 긍정적인 효과에 의해 상쇄된다. 만일 부정적인 효과를 제거해 버린다면, 그것과 균형을 이루는 긍정적인 효과도 제거하는 것일 수 있다. 정말 그런 대가를 치루기를 원하는가?

기능 분석, 중범위 이론, 제한 효과 등의 개념은 잘 맞아떨어진다. 만일 미디어 효과가 크지 않다면 미디어가 너무 역기능적일 수는 없다. 미디어 효과에 대한 연구 결과를 종합해서 중범위 이론을 만들 수 있다. 예를 들어 윌버 슈람Wilbur Schramm, 잭 라일Jack Lyle, 에드윈 파커Edwin Parker는 1961년에 출간된 영향력 있는 저작 『우리 자녀들 삶에 있어서의 텔레비전*Television in the Lives of Our Children*』에서 폭력적인 TV 콘텐츠는 일부 아동에게 영향을 미쳐 공격적인 태도를 보이게 만들기도 했지만 대부분의 아동에게 있어서는 효과가 거의 없거나 전혀 없었다고 기술했다. 중요한 긍정적인 기능도 있었다. TV를 보는 아동은 폭력적인 만화책을 덜 보았다. 또한 또래 친구들 중에서 공격적인 아이들을 미리 알아보고 대처하는 방법을 배울 수도 있었다. 따라서 슈람과 라일, 파커는 사회 전반적으로 폭력적인 TV 콘텐츠가 일부 아동(말하자면 '나쁜' 부모가 TV 폭력성에 조종당하도록 내버려둔 아이들)에게는 역기능이 있기도 했지만 거의 영향력을 미치지 않는다고 결론을 내렸다. 이와는 대조적으로 슈람과 라일, 파커가 TV의 영향력을 균형 있게 설명했던 때와 거의 같은 시기에 심리학계 연구자들은 기능주의에도, 제한 효과에도 얽매이지 않고 매개된 폭력의 유해 효과에 대해 매우 중요하고도 설득력 있는 주장을 내놓았는데 이는 7장에서 살펴보도록 하겠다.

## 커뮤니케이션 과정에 대한 시스템 이론

미디어 효과의 '균형'을 그리 낙관하지 않았던 연구자들도 있었다. 시스템 엔지니어들은 그러한 연구자들에게 사회적 혹은 거시적 수준에서 총체적으로 효과를 설명할 수 있음을 상기시켰다. 시스템 엔지니어들의 관심은 계속 복잡해지는 기계 및 전기 시스템을 고안하고 분석하는 데 있었다. 그들은 제2차 세계대전 중 이와 관련해 큰 성과를 이루었으며, 전쟁 이후 방송과 컴퓨터에서 이루어진 놀라운 기술 혁신의 기반을 마련했다. 그러므로 가장 복잡한 시스템이라고 할 수 있는 사회를 연구하는 데 관심이 있는 학자들에게 그들의 접근 방식이 매력적이었다는 점은 당연한 일이다.

**시스템**system은 부분들로 이루어진 집합이며, 각 부분은 서로 긴밀하게 연결되어 있다. 따라서 한 부분의 변화는 다른 부분의 변화를 이끌어낸다. 시스템의 부분들은 기계를 통해 직접적으로 연결되거나 커뮤니케이션 기술을 통해 간접적으로 연결되기도 한다. 모든 부분들이 연결되어 있기 때문에 어느 하나의 요소만 바뀌어도 전체 시스템이 달라질 수 있다. 시스템은 장기 목표를 달성하도록 설계된 경우 목표 지향적일 수도 있다. 어떤 시스템은 환경을 모니터링하고 환경의 변화에 대응하기 위해 운영 방식을 바꿀 수도 있다.

**시스템**
긴밀하게 연결된 부분들의 집합으로, 각 부분들은 커뮤니케이션과 피드백 회로를 통해서 서로 영향을 주거나 통제할 수 있음.

제2차 세계대전 중 전기 엔지니어들이 목표를 추구하고 환경을 모니터링하며 목표 달성을 위해 작동을 조정할 수 있는 시스템을 개발하기 시작했다. 일례를 들자면, 유도 미사일은 내외 변화를 모니터링해서 중간에 작동을 조정할 수 있다. 엔지니어들의 관심은 커뮤니케이션 링크link가 효율적으로 기능하고 정보를 정확하게 전송하는 시스템을 설계하는 데 있었다. 커뮤니케이션은 목적을 위한 수단이었다. 커뮤니케이션 링크가 제대로 기능하지 않는다면 해결책은 분명했다. 즉 커뮤니케이션 기술을 개선해서 원하는 수준의 효율성과 정확성에 도달해야 하는 것이다. 따라서 이러한 종류의 시스템을 설계하고 제작하는 데 있어서 커뮤니케이션의 문제는 기술을 바꾸면 해결할 수 있다.

그렇다면 사회에서의 커뮤니케이션 문제도 같은 방식으로 해결할 수 있을까? 커뮤니케이션의 정확도, 신뢰도, 범위 등을 개선하면 사회 문제도 해결할 수 있을까? 전화선으로 연결된 국가는 지역 분쟁 문제로 인한 어려움을 덜 겪을까? 아니면 위성 통신으로 연결된 세계는 전쟁의 고통을 덜 겪을까? 1950년대와 1960년대에는 메시지 전송의 정확성을 향상시킴으로써 사회적 수준의 중요한 커뮤니케이션 문제를 해결할 수 있다는 낙관론이 대두했다.

### 시스템 이론의 부상

제2차 세계대전 중에 시스템 엔지니어들이 이룬 성과를 목도한 사회 이론가들은 시스템이라는 개념이 거시적 · 미시적 현상을 개념화하는 하나의 방법이라고 생각해 흥미를 갖기 시작했다. 일부 학자들은 시스템 커뮤니케이션을 포함해 다양한 사회 과정을 나타내는 모델의 구성에 유용한 수단이라고 확신했다. 이러한 모델들은 변인 몇 개를 더하는 수준에 그치기보다는 변인들의 관계를 이해하는 방식 자체를 바꿔놓았다. 이 모델들을 개발할 때 이론가들은 다양한 자료를 사용했다. 그러나 1960년대 사회 시스템 이론가들 대부분이 인정하는 바는, 시스템 이론의 발전을 추진했던 가장 중요한 최근의 계기는 **사이버네틱스**cybernetics라는 것이다. 사이버네틱스는 복잡한 기계의 조절과 통제를 연구하는 공학의 한 분야이다. 구체적으로는 기계의 다양한 부분들 사이의 커뮤니케이션 링크가 어떻게 복잡한 작업을 수행하고 외부 환경에서 일어나는 변화에 적응할 수 있는지 연구한다.

**사이버네틱스**
복잡한 시스템 내의 조절과 통제에 대한 연구.

사이버네틱스는 제2차 세계대전 중에 새로운 중요한 분야로 부상했는데, 그 이유 중 하나는 사이버네틱스가 정교한 무기를 설계하는 데 이용되었기 때문이다(Wiener, 1954, 1961). 특히 커뮤니케이션 엔지니어링, 즉 레이더 및 유도 미사일과 같은 군사 목적에 부합하는 새로운 커뮤니케이션 시스템의 설계에 유용함을 증명했다. 1940년대에 이르렀을 때 커뮤니케이션 엔지니어들은 커뮤니케이션 과정을 설명하는 단순한 선형적 모델을 폐기 처분했다. 그들은 순환하면서도 진화하는 커뮤니케이션 과정을 개념화했다. 이 과정에서는 수용자(수신자)에게 영향을 준 메시지가 정보원(송신자)에게 되돌아가서 메시지를 바꿔놓는다. 그들은 이러한 순환 과정을 **피드백 회로**feedback loops라고 불렀다. 이와 같은 시스템에서는 지속적인 상호 적응이 가능해서 궁극적

**피드백 회로**
시스템 안에서 상호 적응의 과정을 계속하는 것.

으로는 장기 목표를 달성하거나 기능을 수행하게 된다.

피드백 회로는 메시지 정보원으로 하여금 메시지가 수용자에게 어떻게 영향을 미치는지 모니터할 수 있게 해준다. 그러나 이와 마찬가지로 중요한 점은 수용자가 정보원에게 영향을 줄 수 있다는 것이다. 효과가 기대한 바가 아니거나 원하는 바가 아닌 경우에는 원하는 피드백을 얻을 때까지 메시지를 계속 변경할 수 있다. 제2차 세계대전 중에 레이더와 텔레비전 카메라와 같이 보다 강력한 유형의 커뮤니케이션 기술을 활용해 환경을 모니터하는 기계가 개발되었다. 이 기계는 무기 시스템이 목표를 달성하도록 미세한 변화도 감지할 수 있는 정교한 수단을 제공했다. 그 기능이 주로 커뮤니케이션을 촉진하는 데 있다면 이러한 기계는 **커뮤니케이션 시스템**communication systems이라고 할 수 있다. 이 정의에 따르면 유도 미사일은 커뮤니케이션 시스템이 아니라 커뮤니케이션 하위 시스템을 포함한 무기 시스템이다.

**커뮤니케이션 시스템**
커뮤니케이션을 촉진하는 기능을 주로 수행하는 시스템.

## 모델링 시스템

시스템을 재현하는 것은 언어로 표현하든 도식으로 표현하든 하나의 **모델**model이다. 시스템이라는 용어는 커뮤니케이션 엔지니어링과 사이버네틱스에서 커뮤니케이션 및 피드백 회로를 통해 서로 영향을 주거나 통제할 수 있는, 긴밀하게 연결된 부분들의 집합을 나타낸다. 서로 연결된 부분들로 구성된 시스템에서는, 어느 한 부분의 변화는 다른 부분에도 영향을 미친다. 모든 부분들이 경로를 통해 서로 이어져 있기 때문이다. 상호 의존성과 자율 규제는 그러한 시스템의 핵심 속성이다. 부분들은 각각 구체적인 역할이나 기능을 가지되, 전체 시스템이 적절하게 작동하고 목표를 달성할 수 있도록 조직적·체계적으로 상호 연관되어야 한다. 시스템은 다소 단순할 수도 있고 매우 복잡할 수도 있다. 그것은 내부 조직력의 수준이 높거나 낮은 정도를 나타낼 수 있다. 그리고 정적인 방식으로 작동할 수도 있고, 시간이 지나면서 진화하고 큰 변화를 겪을 수도 있다. 또한 단독으로 작동할 수도 있고 일련의 다른 기계와 상호 연결됨으로써 더 큰 시스템을 형성할 수도 있다.

**모델**
언어로든 도식으로든 시스템을 재현한 것.

시스템의 또 다른 핵심 속성은 **목표 지향적**goal-oriented이라는 것이다. 즉 시스템은 특정한 전체 목적 또는 장기 목적을 지속적으로 추구한다. 일반적으로 목표는 사고 및 계획과 연관이 있는 것으로 여겨진다. 그러나 물론 기계는 사고할 수 없다. 기계의 목표 지향성은 내장되어 있거나 프로그래밍되어

**목표 지향적**
어떤 특정한 전체 목적 또는 장기 목적을 위해 기능하는 시스템의 특징.

있다. 일단 기계가 작동하기 시작하면 목표가 잘못되었거나 이를 달성할 수 없을지라도 기계는 주어진 목표를 추구한다. 공상 과학 영화에 나오는 로봇처럼 기계는 아무 의미가 없더라도 임무를 수행한다.

복잡한 시스템은 설명하기도 어렵고 이해하기도 어렵지만, 자율 통제 시스템의 기본 원리는 집에서 쓰는 난방 장치의 작동 방식으로 설명할 수 있다. 난방 장치는 단순한 피드백 회로를 사용해 외부 환경에 적응하는 자율 통제 시스템의 일부이다. 난방 장치는 환경을 모니터링하는 온도 조절기와 커뮤니케이션하면서 켜야 할 때와 꺼야 할 때를 알려준다. 집 안의 온도가 원하는 범위 내에서 유지되는 한 난방 장치는 비활성 상태를 유지한다. 온도 조절기가 원하는 온도보다 낮은 온도임을 감지하면 난방을 하라는 전자 메시지를 전달한다. 난방 장치는 집 안의 공기를 가열함으로써 온도 조절기와 커뮤니케이션한다. 온도 조절기는 온도를 모니터하고 원하는 온도에 도달하면 난방 장치에 끄라는 메시지를 전송한다. 이 단순한 시스템에서 난방 장치와 온도 조절기는 함께 작동하면서 온도를 균형 있게 유지한다. 난방 장치와 온도 조절기를 연결하는 단순한 피드백 회로 형태의 커뮤니케이션으로 시스템은 효과적으로 작동할 수 있다,

### 시스템 모델, 인간 커뮤니케이션에 적용하다

아주 단순한 시스템 모델이라도 일부 인간 커뮤니케이션human communication 유형을 나타내는 데 사용할 수 있다. 예를 들어 당신과 당신의 친구는 일종의 시스템을 형성하고 그 안에서 친구가 '온도 조절기'의 역할을 할 수 있다. 친구와 계속 의사소통함으로써 당신은 당신의 행동이 적절한지 아닌지 알 수 있는 것이다. 이 옷이 지금 입기에 맞는 옷일까? 춤을 추러 갈까 아니면 영화를 보러 갈까? 이런 대화를 나누면서 당신은 친구에게 영향을 미치려고 하지 않고 오히려 친구가 당신을 이끌어주기를 원할 수도 있다. 또는 친구의 피드백을 받아서 당신의 행동을 조정하기를 원할 수도 있다.

이 예는 시스템 모델을 이용해 인간 커뮤니케이션을 표현할 때 생기는 중요한 한계를 잘 보여준다. 시스템 모델은 만들어내기는 아주 쉽지만 너무 단순하고 정적인 경향이 있다. 당신과 친구가 유난히 특이한 관계가 아니라면 당신은 수많은 다른 종류의 역할을 할 것이고 매우 다양한 주제에 대해 친구와 의사소통할 것이다. 당신의 친구가 당신에게 하는 유일한 기능이 온도 조절

기와 같은 기능이라면, 그 친구와의 관계는 재고해보아야 할 것이다. 만일 당신이 친구와 좀 더 복잡한 관계에 있다고 가정하면, 그런 복잡한 상호 관계를 시스템 모델로 그려내려면 시간이 꽤 오래 걸릴 것이다. 그리고 모델을 완성할 무렵이 되면 이미 관계가 상당히 변해 있어서 그 시스템 모델이 더 이상 정확하지 않을 수도 있다. 단순한 커뮤니케이션 형태로 연결된 기계 부품들과는 달리 당신과 친구의 관계에서는 당신의 역할, 커뮤니케이션 링크, 메시지의 목적이나 내용이 쉽게 달라질 수 있다. 다시 말해서 사람들이 서로 연결되는 시스템은 정기적으로, 일상적으로 달라지곤 한다. 오래된 피드백 회로가 사라지는 동안에 새로운 피드백 회로가 생겨나기도 한다. 또한 새로운 목적이 생겨나기도 하고 이전의 목적은 잊히기도 한다.

### 매스 커뮤니케이션 이론가들의 시스템 모델 채택

매스 커뮤니케이션 학자들은 다른 사회과학 분야의 학자들과 마찬가지로 시스템 모델에 매료되었다. 그들이 보기에는 다소 복잡한 시스템 모델이 커뮤니케이션 과정을 재현하는 이상적인 수단이었다. 시스템 모델은 1960년대 이전의 단순한 선형적 커뮤니케이션 모델보다는 크게 발전된 것이었다. 차츰 시스템 모델은 대부분의 초기 효과 연구에 있어서 **전달 모델**transmissional model을 대체하기에 이르렀다. 라스웰은 시스템 모델을 간결한 형태로 바꾸어 제시했다(Lasswell, 1949). 그는 커뮤니케이션 과정을 파악할 때 누가 누구에게 무엇을 어떤 매체를 통해 말하며 어떤 효과를 미치는지를 살펴보았다. 이 모델의 기본 가정에 의하면, 메시지의 정보원(송신자)이 커뮤니케이션 과정을 지배하고 그 주요 결과가 수용자(일반적으로 메시지 정보원이 의도한 대상. 수신자)에게 영향을 미친다. 이 모델에서는 메시지 정보원에게서 수용자에게로 영향은 일직선상으로 움직이거나 혹은 흘러간다. 또한 이 모델은 메시지 수용자도 메시지 정보원에게 영향을 미칠 수 있다는 가능성을 무시한다. 메시지 정보원이 의도한 효과가 나타나는지의 여부, 의도하지 않았던 부작용이 나타나는지의 여부에 관심을 집중하며 서로 영향을 주고받는지는 고려하지 않는다.

**전달 모델**
매스 미디어를 오로지 정보의 전달자, 또는 송신자로만 보는 관점.

커뮤니케이션 학자들은 커뮤니케이션 과정에 대한 새로운 모델을 제안했다. 이 모델은 메시지 수용자가 정보원에게 영향을 미칠 수도 있고 또 서로 영향을 주고받을 수도 있는 피드백 회로를 포함시켰다. 서로 영향을 주고받을 수 있는 모델의 잠재적 가능성은 대인 관계 커뮤니케이션을 연구하는 학자들에게는 특히 매력적이었다. 대화는 거의 언제나 상호 영향을 포함한다. 대화에 참여하는 사람은 메시지를 내보내고 피드백을 받은 후 거기에 맞춰 행동을 조정하기 때문이다. 일상생활에서 사람들은 끊임없이 서로에게 맞춰 적응한다. 사회 환경은 전반적으로 행위자들 사이에 오가는 끊임없는 협상으로 만들어진다고 할 수 있다.

매스 커뮤니케이션 과정을 재현하는 데 있어서 시스템 모델이 얼마나 유용한지는 확실하지 않다. 전통적인 형태의 매스 미디어에는 메시지 수용자에서 정보원으로 향하는 직접적인 커뮤니케이션 링크가 거의 없다. 메시지 정보원은 메시지의 영향에 대해 알지 못할 수도 있고 며칠 후, 심지어 몇 주가 지나야 그 영향을 파악할 수 있는 경우도 있다. 그러나 1960년대에는 미디어 이용량을 측정하는 방법이 정교해지고 여론 조사 방법도 개선되고 구체화되면서 메시지 정보원과 수용자 사이를 잇는 간접적인 커뮤니케이션 링크가 마련되었다. 시청률이나 여론 조사 결과는 메시지 생산자에게 메시지에 대한 수용자의 피드백을 전달해주었다. 그러나 텔레비전 시청률의 경우에는 시청하거

**Instant Access**

### 시스템 이론 Systems Theory

**장점**

1. 거시 이론이나 미시 이론으로 개념화할 수 있다.
2. 커뮤니케이션을 하나의 과정으로 재현한다.
3. 커뮤니케이션 과정을 제한 없이 다양하게 나타내는 모델로 사용할 수 있다.
4. 매스 커뮤니케이션 이론을 단순한 선형적 효과 개념의 이론 그 이상으로 진전시킨다.

**단점**

1. 인과 관계를 파악하기 어렵다.
2. 복합적인 커뮤니케이션 패턴을 나타내기에는 너무 단순한 경우가 많다.
3. 지나치게 기계적이고 비인간적인 것으로 여겨지기도 한다.
4. 관찰 가능한 구조에 초점을 맞추고 커뮤니케이션의 본질은 간과한다.
5. 간단명료하지 못할 때가 있다.

나 시청하지 않거나 둘 중의 하나만 전달했으므로 피드백이 정밀하지는 않았다. 만일 피드백이 주어지지 않는다면 생산자들은 사람들이 무엇을 원하는지 알지 못하고 메시지를 바꿀 것이다. 만일 시청률이 높으면 생산자들은 시청자들이 싫증나서 채널을 다른 데로 돌릴 때까지 똑같은 메시지를 더 많이 제공할 것이다. 여론 조사의 경우 메시지 정보원에게 조금 더 많은 정보를 제공하는 피드백을 줄 수는 있지만, 그리 많은 정보는 아니다. 예를 들어 정치인들은 어떻게 하면 유권자의 생각을 바꾸거나 자신에 대한 호의적인 평가를 이끌어낼 수 있을지 메시지를 가지고 끊임없이 실험한다.

### 기능주의가 지키지 못한 약속

기능주의와 시스템 이론은 매스 커뮤니케이션 이론이 진일보하여 제한 효과와 중범위 이론을 넘어서도록 하는 데 도움을 준 것이 사실이다. 그럼에도 불구하고 많은 비판을 받았으며 오늘날 미디어 이론에 있어서 중심적인 위치를 차지하지는 못하고 있다. 그러나 이들은 몇몇 중요한 이론이 발달하는 데 영향을 미쳤다. 이론에 대한 이와 같은 접근은 후기실증주의 이론이나 해석학적 이론을 다루는 학자들이 보기에는 치명적인 한계가 있었기 때문에 더 이상 큰 영향을 미치지는 못했다.

해석학적 이론을 발달시킨 인본주의 학자들은 기능주의와 시스템 모델에 내재한 기계론적 비유나 생물학적 비유를 거부하는 경향이 있다. 학자들이 기능 분석과 시스템 모델을 사용하는 데 대해 반대하는 근본적인 이유는 그것들이 비인간적이고 지나치게 단순하다고 생각하기 때문이다. 학자들의 주장에 따르면 시스템 모델이 정교한 은유, 즉 기술적인 유추의 집합에 불과한 경우가 흔히 있다. 그들은 기능 분석이나 시스템 모델이 복잡한 인간의 상호 관계 또는 사회적 상호 관계를 제대로 나타내지 못한다고 불만을 토로한다. 어쨌든 사람은 기계의 일부가 아니다. 가족 관계만 보더라도 회중시계의 메커니즘과는 다르다. 아무리 복잡한 기계 시스템이라도 가족 간 인간관계에 비하면 단순한 편이다. 인본주의자들은 기능적 유추나 기계적 유추를 적용함으로써 인간의 존재와 경험을 비하하거나 사소한 것으로 치부해 버릴 것을 우려한다.

후기실증주의 이론을 개발한 사회과학자들은 인과 관계를 설명하고 예측하는 데 연구의 초점을 맞춰야 한다고 주장한다. 그들은 복잡한 시스템 모델은 거부한다. 인과 관계에 대한 평가는 허용하지 않기 때문이다. 앞서 언급했던 난방 시스템 모델을 예로 들어 살펴보자. 난방 장치와 온도 조절기 중 어느 쪽이 원인이 되는 쪽이고 어느 쪽이 영향을 받는 쪽인가? 난방 장치가 온도 조절기를 작동시키는가? 그렇다. 온도 조절기가 난방 장치를 작동하게 만드는 원인인가? 그렇다. 그렇다면 이 관계를 지배하는 것은 어느 쪽인가? 어느 쪽이 어느 쪽을 통제하는가? 이 모델에서는 어느 쪽이 원인이라고 분명하게 말할 수 없다. 서로가 서로를 변화시키기 때문이다. 피드백이 포함되어 있는 이렇게 단순한 과정에서도 인과 관계를 평가하기란 매우 어렵다. 만일 난방 장치와 온도 조절기를 어느 한 시점에서만 측정한다면 그 관계에 대해 완전히 잘못 알게 될 수도 있다. 이러한 과정에 더 많은 행위자, 더 많은 피드백 회로가 더해져서 한층 복잡해진다면 그런 영향력의 흐름을 파악하기 위해서는 체계적인 도식이 필요하다. 원인과 결과를 정하려는 시도는 곧 부질없는 수고가 된다. 예컨대 사람들이 상호작용할 때 만들어지는 시스템의 복잡성을 고려해본다면 그 인과 관계를 확인하기란 말 그대로 불가능하다. 시스템의 정의를 지극히 단순하고 좁은 범위로 한정해서 보거나, 아니면 시스템의 일부만 보는 경우를 제외하고는 말이다.

시스템 모델에서 인과 관계를 지정하는 것이 얼마나 어려운지 계속 우려해야 할까? 진정한 의미의 과학적 이론을 찾기 위해서 반드시 인과 관계를 지정해야 할까? 아니면 우리의 이론들이 다른 목적을 위해서는 유용하다는 것으로 만족해야 할까? 만일 제한된 시간에 어떤 특정 상황에서 특정 역할을 하는 사람들에 대해 통찰을 제공하는 일련의 상호 관계를 시뮬레이션할 수 있다면 그것으로도 충분할까? 역할 X를 하는 사람이 역할 Y를 하는 사람보다 인과 관계에서 0.23 정도 더 우위에 있는지, 아니면 역할 Y를 하는 사람이 역할 X를 하는 사람보다 0.35 정도 더 우위에 있는지 말할 수 있어야 하는 것일까? 이러한 상호 관계에 대한 이해도가 가치 있는 것이 되려면 얼마나 정밀해야 할까? 필요한 시간과 노력을 감안할 때 이런 시뮬레이션을 얼마나 정밀하게 해낼 수 있을까?

인과 관계를 파악하는 것이 중요하다고 주장하는 학자들은 인과 관계에 대한 관심을 게을리한다면 그저 좀 신중한 추측보다 나을 게 없는 근거를 가지고 시스템 모델을 만들고 사용하게 되리라고 말한다. 정교한 시스템 모델로 매혹적인 컴퓨터 시뮬레이션을 구성할 수는 있지만 그러한 시뮬레이션이 실제 목적을 위해서도 사용할 만할까? 만일 인과 관계를 설명의 기준으로 삼지 않는다면 이런 모델의 유용성은 어떻게 평가할 수 있을까? 어떤 모델이 특정 관계들에는 잘 맞는 것 같고 특정 부분들 간의 상호 관계에 대해 통찰력 있는 시각을 제공하는 것처럼 보인다고 해도 인과 관계를 어떻게 확신할 수 있을까? 특정한 관계들을 똑같이 잘 나타내는 것으로 보이는 두 개의 모델이 있다면 어떻게 하나를 선택해야 할까? 이와 같은 비판을 제기하는 학자들은 행위자 사이의 복잡한 상호 관계를 내포한 모델을 구성하는 것이 과연 가치가 있을지에 대해 회의적이다. 이런 비판자들은 시스템 모델이 간단명료하지 못하다고 본다. 불필요한 변인, 지나치게 복잡한 상호 관계를 너무 많이 포함하고 있다고 생각하기 때문이다.

앞서 언급했듯이 기능주의와 시스템 이론은 많은 사람들이 지적하는 또 다른 한계가 있는데, 바로 지나치게 현상을 유지하려고 한다는 점이다. 기능주의와 시스템 이론은 관찰 가능한 구조(예를 들면 유기체나 기계에서 기능하는 부분들)에 관심을 집중시키는 경향이 있기 때문에 이러한 구조의 일차적인 기능 혹은 일차적인 역할은 전체 시스템을 유지하는 데 있다는 가정에 도달하는 경우가 흔히 있다. 그러나 복잡계 이론complex systems models은 향후 매스 커뮤니케이션을 포함한 여러 사회과학 분야에서 점점 더 중요해질 가능성이 높다. 컴퓨터는 우리가 매우 복잡한 모형을 구성하고 분석할 수 있도록 해준다. 만약 우리가 날씨 시스템을 시뮬레이션하고 그에 대한 정확한 예측을 할 수 있다면, 매스 커뮤니케이션 영역에서는 무엇을 할 수 있을까?

## 학습 목표 확인

● 미디어 효과 트렌드가 어떻게 미디어 연구의 지배적 접근법이 되었는지를 설명한다.

1950년대에서 1970년대 초까지 제한 효과 이론은 미국의 매스 커뮤니케이션 연구를 지배했다. 라자스펠드와 호블랜드와 같은 핵심 인물들로부터 영감을 받은 연구 공동체들은 새로운 이론 체계를 창출했다. 이들 공동체의 구성원들은 공동 연구 및 대학원 교육을 통해 공통된 시각을 공유하게 되었으며, 신진 연구자들은 특정 이론과 연구 방법을 사용하는 훈련을 받았다. 연구 공동체가 발전함에 따라, 그들이 기반한 이론 체계 또한 점차 성숙해졌고, 공동체가 성장하고 널리 수용된 연구를 산출하게 되면서 기준점이 되는 주요 연구들이 발표되었다. 이 연구들은 제한 효과 이론이 실질적이고 즉각적인 가치가 있는 결과들을 산출할 수 있는 힘을 지녔음을 입증했다. 이들 연구는 매스 미디어에 대해 일관되면서도 온건한 관점을 보여주었으며, 미디어를 사회 기능을 형성하는 많은 힘들 중 하나로 보는 기능주의 이론들을 제시했다. 미디어의 문제적 기능은 긍정적 기능에 의해 균형을 이루는 것으로 간주되었고, 따라서 미디어는 사회 질서를 위협하거나 해칠 수 있는 힘이 매우 제한적인 것으로 평가되었다.

● 로버트 머튼의 중범위 이론 발전에 대한 기여와 그것이 미디어 효과 연구에서 갖는 중요성을 알아본다.

거대 사회 이론들이 사회적 행위의 광범위한 범주를 설명하고자 했던 것과는 달리, 중범위 이론은 실증적 연구를 통해 탐색된, 혹은 탐색 가능한 제한된 영역이나 범위의 행위만을 설명한다. 중범위 이론은 구체적인 가설들을 논리적으로 도출하고 실증적 조사를 통해 검증할 수 있는 제한된 전제들로 구성된다. 이러한 이론들은 개별적으로 존재하는 것이 아니라, 서로 다른 사회적 행위 및 사회 구조 영역을 다룰 수 있을 만큼 추상화된 광범위한 이론망으로 통합된다. 중범위 이론은 미시사회학적 문제와 거시 구조 간의 경계를 넘나들며, 동시에 '무지의 구체화'라는 과정을 포함한다.

● 정보 유통 이론, 2단계 유통 이론, 현상학적 이론, 매스 엔터테인먼트 이론 등

기초적이지만 여전히 중요한 매스 커뮤니케이션 이론들의 강점과 약점을 알아본다.

정보 유통 이론은 효과적인 정보 캠페인의 기반이 되며 정보 전달의 장애물을 식별할 수 있다는 장점이 있지만, 커뮤니케이션 과정을 선형적이며 발신자 중심적으로 바라보며 수용자는 수동적인 존재로 가정한다. 2단계 유통 이론은 미디어 효과가 발생할 수 있는 환경에 주목하게 하고, 오피니언 리더의 중요성을 강조하지만, 텔레비전 이전 시대의 산물이기 때문에 '강화'라는 중요한 효과를 간과한다. 현상학적(또는 강화) 이론은 매스 커뮤니케이션 과정에서 매개 요인의 역할을 강조하지만, 그 요인들의 영향력을 과장하고 있으며, 마찬가지로 시대적 산물이며 '강화 효과'를 무시한다. 매스 엔터테인먼트 이론은 매체의 친사회적 가치를 강조하고 사람들이 왜 오락을 추구하는지를 설명하는 데 도움이 되지만, 지나치게 현상 유지적이며 일반 대중을 다소 부정적으로 바라보는 경향이 있다.

- 중범위 이론, 기능주의, 시스템 이론을 미디어 영향력 설명에 적용할 때의 장점과 한계를 알아본다.

중범위 이론은 사회 세계에 대한 과학적 탐구를 수행 가능하게 만들었고, 개별적인 효과 연구들이 축적됨으로써 미디어의 역할에 대한 광범위한 관점을 형성할 수 있으리라는 희망을 제공했다. 그러나 이러한 중범위 이론들을 하나의 포괄적 이론으로 통합하는 노력은 기대보다 훨씬 어려웠다. 기능주의는 미디어와 그 영향력을 더 큰 사회 시스템 속에 위치시키며 미디어의 역할에 대한 균형 잡힌 시각을 제공했지만, 현 체제를 지나치게 수용하는 경향이 있으며, 기능이 역기능을 상쇄하고 부정적인 잠재 기능은 긍정적인 명시적 기능에 의해 보완된다는 가정을 전제로 한다. 시스템 이론은 미디어 이론이 제한 효과 이론을 넘어서도록 돕고, 수용자와 발신자 간에 직접적 연결이 거의 없는 기존 미디어 시스템을 설명하는 데 유용했지만, 인간을 지나치게 기계적으로 바라보며 인과 관계를 규명하지 못한다는 점에서 인문학자와 후기실증주의자들 모두에게 비판을 받았다.

### 생각해볼 문제

1. 여러분은 오피니언 리더인가, 아니면 오피니언 팔로어인가? 여러분이 오피니언 리더나 팔로어가 되는 특정한 주제가 있는가? 여러분이 어떤 주제(영화, 음악, 스포츠, 패션, 정치 등)에 대해 자주 의견을 구하는 사람이 있는지 떠올려보라. 2단계 유통 이론의 오피니언 리더에 대한 묘사가 그 사람에게 잘 들어맞는가? 여러분이 SNS에 가입되어 있다고 생각해보자. 페이스북이나 트위터 등이 여러분의 역할을 오피니언 리더 혹은 팔로어의 역할로 바꾸었다고 생각하는가? 어떻게 바꾸었는가? 여러분과 여러분 주변 사람들 사이에 어떤 유형의 정보가 유통되는가? 그 정보는 얼마나 정확한가?

2. 클래퍼의 현상론적 이론에 따르면 미디어가 지닌 가장 큰 위력은 기존의 태도와 가치관을 강화한다는 것이다. 이는 그 당시에 미디어가 제한적인 범위에서 효과를 지녔다는 증거로 미디어 효과는 강화에 국한되었다. 그러나 오늘날에 와서는 강화를 제한적인 효과로 보지 않는다. 이 견해를 뒷받침할 근거를 제시할 수 있는가? 정치적 무관심 성향을 강화하는 것이 선거 결과에 영향을 미칠 수 있을까? 어떤 방식으로 가능하다고 보는가?

3. 자신의 커뮤니케이션 연결망을 보여주는 시스템 모델을 만들 수 있을까? 그 모델은 얼마나 복잡할까? 여러분의 모델에는 어떤 형태의 커뮤니케이션이 연결을 제공하는가? 소셜 미디어가 제공하는 연결은 얼마나 중요한가? 그 모델은 얼마나 유용한가? 그리고 그 모델의 타당성을 평가하기 위해 어떤 방식의 연구를 수행할 수 있을까?

# 비판적 문화 트렌드의 출현

6장

학습 목표

- 미디어의 비판적 문화 트렌드를 설명하고, 이를 미디어 효과 트렌드와 대조해본다. 각각의 트렌드가 답할 수 있는 연구 문제의 유형들을 구분해본다.
- 거시적 매스 커뮤니케이션 이론과 미시적 매스 커뮤니케이션 이론의 차이, 비판적 문화 이론과 경험적 연구 기반 이론의 차이, 매스 커뮤니케이션에 대한 전달적 관점과 의례적 관점의 차이에 대해 알아본다.
- 비판/문화 이론의 토대를 마르크스주의, 신마르크주의, 프랑크푸르트학파, 텍스트 분석과 문학 비평, 정치경제학 이론, 비판적 페미니스트 학파 등에서 찾아본다.
- 정치경제학 이론과 문화 연구 간의 차이점과 유사점을 알아본다.

## 개요

매스 커뮤니케이션의 문화 이론들이 관심을 끌기 시작한 것은 1950년대와 1960년대였다. 처음에는 유럽, 그다음은 캐나다와 다른 영연방 국가들, 그리고 마침내 미국에까지 그 장악력을 넓혀갔다. 앞 장들에서 언급했듯이 미디어 효과 트렌드의 몇몇 가정들은 의문의 여지가 있었고 여러 한계들을 가지고 있었다. 이 트렌드는 특정 유형의 미디어 콘텐츠가 개인의 특정 생각과 행동에 즉각적이고 직접적인 영향을 미칠 수 있는지에 초점을 맞추었다. 연구자들은 일반적으로 전통적인 후기실증주의 접근법, 즉 고도의 구조화된 계량적 실험이나 조사를 이용해 이러한 영향의 증거를 찾았다. 그러나 결국 매스 커뮤니케이션을 다른 방법으로, 즉 문화 연구와 비판 이론을 통해 연구할 수 있다는 것이 명백해졌다. 조슈아 메이로위츠Joshua Meyrowitz는 "자극-반응 개념이 미디어와의 상호작용의 복잡성을 충분히 설명하지 못했다는 점이 분명해짐으로써 이러한 새로운 모델들이 등장할 여지를 제공했다"고 설명했다(Meyrowitz, 2008: 642). 그 결과 1970년대에 미디어 학자인 제퍼슨 풀리Jefferson Pooley는 다음과 같은 글을 남겼다.

> 모든 사회과학 분야는 전후 수십 년간 확신에 찬 과학주의에 대해 다소 강하게 저항했는데, 이는 자연과학에 대한 선망과 양적 방법에 대한 맹목적인 믿음에 대한 반작용이었다. 각 분야에서 반란자들은 불변의 법칙에 대한 추구와 설명보다는 역사와 특수성을 중요시했다. 그들은 상대편에게 '실증주의자'와 '행동주의자'와 같은 경멸적인 꼬리표를 붙였다. 보다 인본주의적이고 해석적인 새로운 사회과학은 지식과 흥미가 서로 얽혀 있는 많은 분야들에 대한 더 폭넓은 인식을 이끌어내는 데 기여했다(Pooley, 2007: 469).

이제 이론은 개인에 대한 구체적이고 측정 가능한 영향에 초점을 맞추는 대신 문화적 변화, 즉 공유된 이해와 사회적 규범이 어떻게 변하는지에 초점을 맞출 수 있게 되었다. 그리고 연구자들은 수많은 미미한 영향들을 찾아내 그것들을 모두 통합하려고 애쓰는 대신에, 사람들이 문화를 만들고 공유하고 배우고 적용하는 방식에 매스 미디어의 발달이 심오한 영향을 미치는지 질문할 수 있게 되었다.

이 장에서는 비판적 문화 트렌드가 어떻게 출현하게 되었는지 추적하고자 한다. 이 트렌드는 미디어가 일상생활의 토대를 형성하는 무수한 사회적 실천에 섬세한 영향을 미침으로써 사회생활에서 심오한 변화를 초래할 수 있는 방식에 대한 문제들을 다룬다. 비판적 문화 트렌드는 우리가 우리 자신 및 사회를 이해하는 방식에 미디어가 개입해서 이를 변화시키는 힘을 가질 수 있다고 주장한다. 미디어는 우리가 우리 자신, 타인들과의 관계, 심지어 우리 몸에 대한 이미지를 바라보는 방식에도 영향을 끼칠 수 있다. 미디어 제도들이 현대 사회에서 점점 더 중요한 역할을 하고 있기 때문에 정치, 경제, 교육 제도를 포함한 사회 제도들은 방해받고 변화될 수 있다. 1941년 미디어 효과 트렌드가 과학적 확실성의 정점에 달했을 때 '미국 사회과학의 아버지' 폴 라자스펠드는 동료들에게 이러한 더 큰 사회 문제들을 다룰 것을 제안했다.

> 오늘날 우리는 초고층 빌딩이 급속히 늘어가고 고가 철도(통근 열차)가 하룻밤 사이에 사라지는 환경, 충격적인 뉴스가 몇 시간마다 전해지고 이전 뉴스에 관해 자세한 내용을 파악하기도 전에 새로운 뉴스 프로그램들이 끊임없이 이어지는 환경, 그리고 자연은 우리가 운전할 때 빠르게 변하는 섬광으로 인지하며 스쳐 지나가는 것이 되고, 장대한 산맥도 영화의 한 장면처럼 순간적인 인상으로 인지되는 환경에서 살고 있다. 이제 우리가 수십 년 전과 같은 방식으로 경험을 쌓는 것은 불가능해진 것이 아닐까?(Lazarsfeld, 1941: 12)

그러나 미디어 효과 트렌드는 이러한 문제들을 다룰 수 있는 연구를 수행하거나 이론을 생산할 수 없었으며, 따라서 연구를 수행하고 이론을 구축하기 위한 다른 접근법이 필요했다. 이와 같은 문제를 해결하기 위해 개발된 이론들은 매우 다양하며 사회생활에서 미디어의 역할에 관한 질문에 대해 상당히 다른 답변을 제시한다. 이 모든 이론에서 핵심은 문화culture 개념이다. 문화 이론가 제프 루이스Jeff Lewis가 설명한 것처럼, "미디어 텍스트(음악, TV, 영화, 인쇄물, 인터넷)는 시스템과 개인적인 상상력의 복잡한 교차점에서 수용자들을 만난다. 그렇기 때문에 이 세계가 하나의 글로벌 미디어 영역으로 변모된 것은 거시적 과정(역사, 경제, 기술, 정치, 그리고 사회 조직의 유형)과 개인의 삶의 매우 친밀하고 복잡한 소우주(개인 주체의 영역인) 사이의 역동적인 상호작용의 결과이다. 매우 심오한 의미에서 문화는 이러한 과정을 통해 형성된다. 문화는 개별 주체들과 그 개별 주체들이 필수적으로 참여하는 의미 구성 시스템에 영향을 주는 역동적인 활동들의 집합체인 것이다"(Lewis, 2008: 1-2).

**문화**
특정한 사회 집단 구성원들의 학습된 행동.

문화 이론들은 어떻게 미디어가 문화에 영향을 미칠 수 있는지에 대해서 광범위한 흥미로운 아이디어를 제안하고, 미디어가 영향을 끼친 문화적 변화의 장기적 결과에 관한 많은 다른 관점을 제공한다. 이 장에 소개된 이론들은 개인 및 사회를 위한 미디어의 역할과 관련된 문제들을 제기하는 데 매우 유용한 것으로 증명되었고 이러한 문제들에 대한 흥미롭고 설득력 있는 답변을 제공한다.

## 변화의 시대

현대의 매스 미디어는 일상의 의사소통을 지배한다. 아이들은 말을 배울 때부터 <세서미 스트리트Sesame Street>의 소리와 동영상에 매료된다. 세 살배기 아이들의 약 3분의 1은 자신의 방에 텔레비전이 있다(Kelman, 2018). 십 대 청소년들에게 미디어는 또래 집단의 문화를 비롯해, 가장 중요한 관심사인 이성과 관련된 필수적인 정보를 제공한다. 가족을 부양하는 중년의 경우에는 편리하게 오락을 즐길 수 있도록 다양한 기술에 기반한 비디오를 보게 되고 십 대 자녀의 양육에 관한 조언을 얻기 위해 잡지와 인터넷을 보기 시작한다. 신체적인 이동성이 감소되는 노년에는 적적함을 달래고 조언을 얻기 위해 텔레비전에 의지한다. 미디어 콘텐츠를 제공하는 스크린이 증가하고 계속 변화하는 콘텐츠가 제공됨에 따라 우리의 전반적인 미디어 사용은 지속적으로 늘어가고 있다. 스크린 이용 시간은 점점 증가해 현재 우리가 깨어 있는 시간의 70%에 이르고 있으며(Mandese, 2018), 이는 중요한 많은 일상적 활동을 대체하고 우리가 거의 의식하지 못하는 방식으로 우리의 삶을 방해한다.

미디어는 우리 주변의 세계를 경험하거나 배우는 주요한 수단이 되었다. 세상에 대한 경험의 원천으로서 미디어의 중요성은 계속해서 높아지고 있다. 스크린 앞에서 더 많은 시간을 보낼수록 우리가 무언가를 직접 경험할 시간은 점점 더 줄어든다. 미디어에서 직접 배우지 않을 때조차도 우리는 미디어를 통해 세상을 경험하는 다른 사람들로부터 배우게 된다. 매스 미디어의 출현과 함께 많은 민속 문화가 급격히 쇠퇴했다. 그리고 일상의 의사소통은 근본적으로 바뀌었다. 이야기하기, 게임하기, 음악 연주 등은 대가족들에게 더 이상 중요하지 않게 되었다. 그 대신에 핵가족들은 매혹적인 전자 이야기꾼 앞에 모여 다른 사람들이 게임을 하고 음악을 연주하는 것을 지켜보았다. 보드빌vaudeville과 밴드 공연이 그랬듯이 문화의 풍요로움에 헌신하던 비공식적인 사회 집단들은 사라졌다. 노인들과 그들의 지혜를 존중하던 우리의 문화가 미디어 시대에 점점 사라지고 있는 것은 우연의 일치가 아니다. 조슈아 메이로위츠와 로버트 맥체스니Robert McChesney와 같은 존경받는 이론가들이 옳다면, 우리는 지역 기반의 문화와 접촉이 끊기고 미디어 기반의 글로벌 문화 환경으로 옮겨가고 있는 것이다(Meyrowitz, 1985; McChesney, 2004; Giroux, 2011). 그웬 슈르긴 오키프Gwenn Schurgin O'Keeffe와 캐슬린 클라크-피어슨Kathleen Clarke-Pearson, 스콧 캐플런Scott Caplan과 같은 뉴 미디어 연구자들이 옳다면, 사회성이 부족하고 대면 커뮤니케이션에 어려움을 겪는 젊은이들은 사회관계를 발전시키거나 유지하기 위한 보다 편리한 방법으로 이메일, 문자 메시지, 인스턴트 메시징을 하게 될 것이다(O'Keeffe & Clarke-Pearson, 2011; Caplan, 2005).

대중사회 이론(2장)은 비슷한 유형의 사회적 변화를 경각심을 가지고 보았다. 이 이론은 매개된 문화를 엘리트 문화보다 열등하다고 여겼다. 대중사회 이론가들은 확산되는 대중문화가 사회 질서를 훼손하고 혼란을 야기할 것이라고 우려했다. 사람들의 삶이 와해될 수도 있다고 걱정했다. 1930년대 전체주의적 사회 체제의 갑작스러운 부상은 이러한 예언을 충족시키는 것처럼 보였다. 파시스트 국가와 공산주의 국가 모두에서 미디어는 새롭고 의심스러운 형태의 전체주의 문화를 선전하는 데 이용되었다. 그러나 미디어가 이러한 형태의 정부의 탄생과 홍보에 궁극적으로 책임이 있는 것인가? 새로운 형태의 미디어들과 그 국가들의 메시지와의 결합력이 너무 대단해서 전체주의로의 이동이 불가피했는가? 아니면 미디어가 집단주의와 독재 국가를 촉진했던 것처럼 개인주의와 민주주의도 쉽게 촉진할 수 있는가? 우리는 한 세기 넘게 매스 커뮤니케이션 이론에서 이 질문들과 씨름해왔다. 이 장과 14장에서 소개된 이론들은 서로 다른 답을 제시하는데, 일부는 조심스럽게 낙관적인 반면, 다른 일부는 매우 비관적이다.

1960년대와 1970년대에 미국과 세계에 대한 전체주의의 공공연한 위협이 줄어들면서 대중사회 이론은 전체주의 문화와의 관련성을 잃었다. 1960년까지 미디어 효과 트렌드를 따르는 연구는 매스 미디어가 사람들의 생각과 행동에 중요하고 광범위하며 장기적인 변화를 거의 만들어내지 못한다는 결론을 내렸다. 미디어 효과 트렌드를 연구하는 학자들은 더 이상 매개된 대중문화가 본질적으로 반민주적이라고 생각하지 않았다. 미국의 미디어는 자본주의, 개인주의, 자유 기업의 매우 효과적인 옹호자가 되었다. 오늘날 일부 비평가들은 소셜 미디어, 인터넷, 스마트폰과 같은 새로운 미디어 기술이 본질적으로 집단주의와 국가 통제보다는 개인주의와 시장 경제에 경도된 '개인적 미디어'라고 주장한다. 그래서 문화에서 미디어의 역할은 판가름이 난 것처럼 보인다. 그렇지 않은가? 마침내 서구는 냉전에서 승리했으니 미디어는 무해하다고 결론지어야 하지 않는가? 『1984』와 『멋진 신세계*Brave New World*』와 같은 책들의 경고를 안심하고 무시할 수 있지 않을까? 『1984』에서 TV에 장착된 카메라는 빅 브라더Big Brother가 사람들을 끊임없이 감시하고 선전에 의심스럽게 반응하는 사람들을 찾아낼 수 있게 했다. 오늘날의 디지털 미디어는 훨씬 더 교묘한 방식으로 우리를 감시한다. 과연 우리는 페이스북과 구글이 수집한 데이터를 그들의 이익뿐만 아니라 우리의 이익에도 도움이 되는 방식으로 이용한다고 믿어야만 할까?

## 비판적 문화 이론 트렌드

미디어에 대한 다양한 문화 이론들은 몇몇 방식으로 식별할 수 있다. 이 장에서는 이 이론들의 학문적 영역을 구분하기 위해 문화 이론가들이 광범위하게 이용하는 이분법을 사용할 것이다(Garnham, 1995). 미시적 해석 이론microscopic interpretive theory은 개인과 사회 집단이 어떻게 미디어를 이용해 일상생활을 구성하는 문화를 만들고 발전시키는가에 초점을 맞춘다. 그래서 이 이론은 "텍스트 연구와 사회 연구 사이의 경계 구역"에 있다(Jensen, 1991: 27). 미시적 해석 이론은 보통 **문화 연구**cultural studies 이론으로 불린다. 반면 거시적 구조 이론macroscopic structural theory은 미디어 제도가 자본주의 경제 내에서 어떻게 구조화되는가에 초점을 맞춘다. 이 이론은 엘리트들이 사회에서 이익을 얻고 영향력을 행사하기 위해 어떻게 미디어를 운영하는가에 주목한다. 거시적 구조 이론에 따르면 엘리트들은 사회 질서에서의 우월한 위치를 유지하기 위한 수단으로서 **패권 문화**hegemonic culture를 선전하는 데 매스 미디어를 사용한다. 그리하여 "종속된 집단들이 그들에게 딱히 도움이 되는 것은 아닌—실제로는 그들의 이익에 반할 수도 있는—신념 체계와 권력 관계의 질서에 적극적으로 동의하고 지지하도록 부추긴다"(Mumbry, 1997: 344). 그러나 이 이론은 또한 엘리트들이 겉으로 보기에는 비정치적이지만 실제로는 자신들의 이윤 창출에 기여하는 문화 상품을 만

**문화 연구**
일상생활을 구성하는 문화를 만들기 위한 미디어 활용에 집중함.

**패권 문화**
지배적인 사회적 지위에 있는 사람들의 이익을 위해 위에서나 밖에서 강요된 문화.

들고 판매하기 위해 미디어를 사용한다고 주장한다. 거시적 구조 이론은 어떻게 경제력이 이념과 정치적 권력의 기반을 제공하는지를 이해하는 데 우선순위를 두기 때문에 **정치경제학 이론**political economy theories이라고 불린다. 일부 연구자들은 대안적인 문화 형식과 혁신적인 미디어 사용이 어떻게 체계적으로 억제되는지에 대해 추정한다. 거시적 구조 이론은 엘리트들의 미디어 조작을 폭로하고 패권 문화와 문화 상품을 비판함으로써 현 체제에 직접적으로 도전한다. 엘리트의 미디어 지배에 대한 우려는 대규모 소셜 미디어의 부상과 함께 더욱 커지고 있다. 거대 기업들이 경쟁 미디어를 억제하고 혁신적 사용을 차단하면서, 한때 소셜 미디어가 지닌 것으로 기대되던 가능성의 상당 부분이 잠식되고 있다.

**정치경제학 이론**
미디어 제도를 이용하기 위한 사회 엘리트들의 경제력 활용에 초점을 맞춘 이론.

## 거시적 이론과 미시적 이론

문화 연구 이론들은 사회 질서에 대한 미디어의 장기적인 영향에 대해서는 덜 집중하고, 미디어가 문화를 공유하는 집단의 삶에 어떤 영향을 미치는지를 살피는 것에 더 관심을 갖는다. 이 이론들은 평범한 집단의 일상생활과 관련된 질문들을 선호하고 사회 질서와 관련된 거대 이슈들은 강조하지 않기 때문에 미시적이다. 반면에 정치경제학 이론들은 거시적 문화 이론이다. 이 이론들은 개인이나 집단이 미디어에 의해 어떻게 영향을 받는지 상세히 설명하는 것에는 관심이 적고, 사회 질서가 전체적으로 어떻게 영향을 받는지에 더 많은 흥미를 갖는다. 이상적으로는 이 이론들은 상호 보완적이어야 한다. 미디어가 사람들에게 어떤 일을 하는지(또는 사람들이 미디어를 가지고 무엇을 하는지)에 대한 개인 또는 집단 차원의 설명은 사회 차원의 이론과 연결되어야 한다. 그러나 최근까지 거시적 문화 이론과 미시적 문화 이론은 각자 고립되어 발전했다. 이론가들은 지리적 · 정치적 차이를 비롯해 분과 학문, 연구 목적 등의 차이로 인해 분리되어 있다. 일부 이론가들은 다른 이론가들의 접근 방식에 대해 비판적이었다. 미시적 문화 이론은 엘리트들이 미디어를 활용하여 일상 문화를 지배하는 힘을 간과한다는 비판을 받았고, 거시적 문화 이론은 개인이 미디어에 대한 통찰을 얻고 일상 문화를 통제할 수 있는 능력을 과소평가한다는 비판을 받았다.

미시적 문화 연구자들은 그들 주변의 세상에서 바로 일어나는 일을 해석하는 것을 선호한다. 그들 대부분은 사회가 한없이 매혹적인 곳이라고 생각한다.

그들은 평범해 보이는 사소하고 일상적인 일들에 흥미를 느낀다. 그리고 우리가 일상생활과 현실 속에서 겪는 경험을 때때로 사소한 좌절이 있기는 하지만 어떻게든 우리가 유지하는 인위적인 사회적 구성물이라고 본다. 미시적 문화 연구자들은 매스 미디어가 일상생활 속에서 전유되고incorporated 우리의 사회 경험을 형성하는 데 필수적인 역할을 할 때 어떤 일이 일어나는지 알고 싶어한다. 즉 심각한 혼란이 발생하는가 아니면 미디어가 일상의 경험을 강화하는가? 미디어가 어떤 식으로든 보상받거나 은폐되는 문제들의 원인이 될 수 있는가? 만약 그렇다면 어떻게 그런 일이 일어나는가? 결국에는 우리가 체계적으로 둔감화되고 공격적이 되도록 훈련되는 좌절이 일어날 것인가? 아니면 일상생활이 우리가 더 친절하고 온화한 사람이 되는 유용한 방식으로 변화하고 있는 것인가?

거시적 연구자들은 미시적 이론의 좁은 시각을 비판한다. 사람들이 특정한 방법으로 일상생활을 경험하는 게 뭐 그리 큰 문제인가? 미디어가 일상 문화를 향상시키는 것을 왜 걱정하는가? 이 연구자들은 더 큰 질문에 대한 대답을 요구한다. 그들은 문화를 상품으로 만들어 이윤을 얻는 산업으로 미디어를 보며, 이러한 산업들이 국가 경제의 주요 부분이 될 때 사회 질서에 미치는 전반적인 영향을 평가하기를 원한다. 미디어는 정치가 수행되는 방식, 국가 경제가 운영되는 방식, 중요한 사회 서비스가 전달되는 방식에 어떻게 영향을 미치는가? 거시적 연구자들은 미디어가 중요한 사회적 과정을 침범하는지 또는 방해하는지 알고 싶어한다. 예를 들어 미디어가 국가 정치의 수행을 방해해서 열등한 정치인들이 선출될 가능성을 증가시켰는가? 초등학생들이 오락과 스크린에 너무 중독되어서 교실에서의 일상적인 교육 활동에 적응하지 못하게 된 것은 아닐까? 거시적 연구자들은 개인과 미디어의 관계에 초점을 맞춘다면 이러한 거시적 질문에는 대답할 수 없다고 믿는다.

### 비판 이론

**비판 이론**
매스 미디어의 사회적 역할을 해석할 수 있는 대안적인 방법을 제공하면서, 특정 가치를 공개적으로 지지하고 이러한 가치를 사용해 현 상황을 평가하고 비판하는 이론.

일부 문화 연구와 정치경제학 이론도 비판적 관점에서 특정 가치를 공개적으로 지지하고 이러한 특정 가치를 현 상황을 평가하고 비판하는 데 사용하기 때문에 **비판 이론**critical theories이라고도 불린다. 비판 이론을 발전시킨 사람들은 그 가치를 구현할 사회적 변화를 추구한다. 정치경제학 이론은 본질적으로 비판적이지만, 많은 문화 연구 이론은 그렇지 않다. 비판 이론은 현재의 상황에 대해 의문을 제기하고 매스 미디어의 사회적 역할을 해석하는 대안적 방법을 제공한다. 예를 들어 일부 비판 이론가들은 미디어가 일반적으로 현 상황을 유지한다고 주장한다. 특히 현 상황이 압박을 받거나 붕괴될 때조차도 말이다. 비판 이론은 일관성 있게 현재의 상황을 유지하는 미디어의 성향에 대해 복합적인 설명을 제공한다. 일부 비판 이론가들은 확립된 권위에 도전하는 미디어 종사자들의 능력을 제한하는 한계가 있음을 지적한다. 그들은 미디어 전문가들이 그러한 제약과 더불어 더 심각한 문제를 극복하도록 독려하는 인센티브가 거의 없으며, 보다 큰 문제는 미디어 종사자들은 그러한 사실조차 알지 못하고 있다고 비판한다.

비판 이론은 보통 특정 사회 제도들을 분석해 가치 있는 목표가 추구되고 달성되는 정도를 조사한다. 당연히 매스 미디어와 대중문화는 비판 이론의 중요한 초점이 되었다. 비판 연구자들은 매스 미디어와 대중문화를 다양한 사회 문제와 연결시킨다. 매스 미디어를 특정 문제의 근원으로 보지 않을 때도 미디어가 문제를 악화시키거나 문제를 찾아내 해결하는 것을 방해한다고 비난한다. 어떤 이론가는 미디어 종사자들의 콘텐츠 제작 관행이 특정 문제를 초래하거나 영구화한다고 주장할 수도 있다. 예를 들어, TV 드라마 제작자는 영웅과 대립하는 악당을 설정해야 하지만, 그 악당 역할에 반복적으로 이탈리아인, 무슬림, 중국인 캐릭터를 배치하게 되면, 문제적인 고정관념을 영구화할 위험이 있다. 미디어 비판 이론들의 공통적인 주제는 콘텐츠 생산이 너무 제한되어 있어서 현 체제를 불가피하게 강화하고 건설적인 사회 변화를 일으키기 위한 유용한 노력을 저해한다는 것이다.

예를 들어 당신이 현 체제에 강력하게 도전하는 미국 사회 운동의 운동원들에 대한 보도 기사를 마지막으로 읽었을 때를 떠올려보자. 그들의 행동은 어떻게 묘사되었는가? 운동원들과 그들의 지도자들은 어떻게 묘사되었는가? 시민권 운동에 대한 미디어 보도와 관련해서 베테랑 기자 다니엘 쇼르Daniel Schorr가 말하는 다음의 이야기에 대해 생각해보자.

> (1960년대 중반) 나는 '태워버려!'라는 말을 외치는 흑인 과격분자와 함께라면 CBS 저녁 뉴스에 나올 가능성이 더 많다는 것을 알게 되었다…… [그 후] 1968년 2월 초에 마틴 루터 킹 목사가 워싱턴에 왔다…… 나는 TV 리포터가 뭘 하든 만반의 준비가 된 CBS 촬영팀과 함께 저녁 뉴스에 확실히 나올 수 있도록

Instant Access

## 비판 이론 Critical Theory

**장점**

1. 정치적 기반을 두고 있으며, 행동 지향적이다.
2. 현실 세계의 변화를 계획하기 위해 이론과 연구를 활용한다.
3. 미디어 통제와 소유권에 관해 중요한 질문을 제기한다.

**단점**

1. 너무 정치적이고 행동 지침은 매우 주관적이다.
2. 일반적으로 과학적 검증이 부족하고 주관적인 관찰에 근거한다.
3. 과학적 타당성 문제에서 종종 혁신적이지만 논란이 많은 연구 방법을 이용한다.

내가 할 수 있는 한 가장 위협적인 말을 끌어내기 위해 그의 기자회견장에 갔다. 그리고 나는 그가 존슨 행정부와 의회를 겨냥한 '파괴적인 시위'의 가능성을 언급하도록 하는 데 성공했다. 나는 촬영팀이 짐을 싸는 걸 기다리면서 텅 빈 방의 테이블 뒤에 우울한 표정으로 앉아 있는 킹 목사를 보았다. 그에게 다가가서 나는 왜 그렇게 침울하게 보이는지 물었다. 그는 "당신 때문이오, 그리고 당신의 텔레비전 방송 동료들 때문이오"라고 말했다. "당신은 폭력적인 조짐을 보이도록 나를 도발했소. 만약 내가 그렇게 하지 않았다면 폭력을 행사할 다른 누군가를 방송에 내보냈겠죠. 그리고 그들을 텔레비전에 내보냄으로써 당신은 그들을 우리의 리더로 선택하겠죠. 만약 폭력적인 일이 벌어진다면 그 폭력 사태를 초래하는 데 당신이 어떤 역할을 했는지 생각해보겠습니까?"(Schorr, 1992: 5C)

사회 운동에 대한 이야기는 보통 현 체제의 문제들을 시사한다. 전형적으로 이러한 운동은 해결되지 않은 사회 문제를 파악하고 사회 변화를 요구하기 때문에 발생한다. 미디어 전문가들은 이러한 대립의 한가운데에 있다. 사회 운동 지도자들은 자신들이 항의하는 바를 보도할 것을 요구하며, 자신들이 관심 있는 문제에 대해 대중의 주목을 이끌어내기 위해서 시위를 벌인다. 엘리트들은 보도를 축소하거나 '정보 조작'을 해서 보도가 자신들의 입장에 호의적이기를 원한다. 기자들은 이를 어떻게 다루는가? 그들은 이를 어떻게 다루어야 하는가? 기존의 연구에 따르면 이러한 보도는 거의 언제나 사회 운동을 폄하하고 엘리트들을 지지한다(Duncon-Shippy, Murphy, & Purdy, 2017; Cissel, 2012; Goodman, 2004). 보도는 일부 운동원들의 일탈 행동에 초점을 맞추고 사회 운동이 문제를 확인하고 해결책을 제안하는 방식은 무시한다.

## 미디어 이론 트렌드들 비교하기

미디어 이론의 트렌드들을 비교하기 위해서는 이 장에 소개된 이론들의 강점과 한계를 모두 유념할 필요가 있다. 우리가 논하는 많은 이론가들은 미디어가 현대 사회 질서와 우리의 일상생활에서 중심적인 역할을 한다고 믿는다. 그들은 우리에게 미디어 효과 트렌드의 지지자들이 선호하는 경험적 증거를 제시하기보다는, 논리와 논거 그리고 우리의 관찰 능력을 이용해 미디어의 영향에 대한 자신들의 견해를 수용할 것을 요구한다. 어떤 사람들은 자신들의 논거를 설명하기 위해 설득력 있는 예를 제시한다. 다른 이들은 강력한 미디어에 대한 자신들의 신념과 관련된 경험적 증거를 제시하지만 혁신적인 연구 방법을 사용하기 때문에 그들의 연구는 전통적인 후기실증주의 연구자들에 의해 도전받고 의문시된다. 1970년대와 1980년대에 미디어 효과 트렌드 지지자들은 특히 비판적 문화 트렌드가 부상함에 따라 애를 먹었다. 그들은 즉시 비판적 문화 이론가들이 제시한 증거에 대해 의문을 제기했다. 그들은 문화 이론을 1950년대와 1960년대에 자신들이 매우 효과적으로 틀렸음을 밝혀냈다고 생각했던 대중사회 이론의 새로운 변주로 보았다. 효과 연구자들은 문화 이론이 너무 추측에 근거하고 있고 이러한 이론으로부터 도출되는 실증적 연구는 매우 느슨하게 구조화되어 있으며 본질적으로 편향되었다고 믿었다.

문화 연구 이론가들과 정치경제학 이론가들은 광범위한 연구 방법과 이론의 일반화 전략을 채택한다. 그중에는 비체계적이고 선별적인 연구도 포함되어 있다. 결과적으로 비판자들은 개인적인 편견과 관심이 필연적으로 문화 연구자들에게 동기를 부여하고 연구 결과에 영향을 미친다고 믿는다. 그러나 문화 이론 옹호자들은 연구자들이 공개적으로 이러한 편견이나 관심을 인정하는 한 이를 수용할 수 있다고 주장한다. 그들은 미디어 효과 연구 자체도 특정한 편향을 지니고 있으며, 후기실증주의자들은 이 점을 제대로 인식하거나 인정하려 하지 않는다고 지적한다.

**질적 연구 방법**
현상의 본질적 차이(변별적 특성)를 강조하는 연구 방법.

앞의 장들에서 설명한 양적 경험 연구 방법과 대조적으로, 비판 연구자 및 문화 연구자 대부분이 사용하는 기법은 **질적 연구 방법**qualitative methods이다. 질적 연구 방법은 현상의 본질적 차이(변별적 특성)를 강조한다. 인식론적으로 지식은 이론적 입장들을 비교하거나 반대하는 지지자들이 참여하는 담론(논쟁과 토론)을 통해 생성되고 발전된다. 이론은 특정 이론의 타당성에 대해 합의를 이룬 학파의 형성을 통해 발전된다. 흔히 경쟁적인 이론 학파들이 그 자신의 이론을 개발하고 옹호하고 기존의 이론에 도전하며 등장한다. 이론의 힘은 대개 지지자들을 끌어들이고 반대자들의 공격을 방어하는 능력에 의해 입증된다.

후기실증주의 접근법을 채택한 연구자들은 당연히 문화 이론을 수용하기 어렵다. 그들은 경험적 연구에 의해 평가되는 것이 아니라 담론을 통해 평가되는 이론에 대해 회의적이다. 후기실증주의 미디어 연구자들은 이론의 개발이나 비평에 크게 중점을 두지 않는다. 그들의 연구 방법은 질적인 차이를 만드는 수단으로 사용되기보다는 이론을 만들고 시험하는 데 사용된다. 그들은 경험적 연구가 지배적인 기준에 따라 수행된다면 연구 공동체에서 쉽게 연구 결과를 받아들일 수 있다고 주장한다. 경쟁적인 이론 학파는 불필요하다. 다른 연구자들이 특정 연구 결과의 타당성을 의심한다면, 그들은 연구를 반복 실험해서 상충되는 결과를 발표할 수 있다. 그러나 실제로 이러한 상충되는 연구 보고는 매우 드물며 그러한 연구 보고가 발표될 때는 상당한 논란을 불러일으킨다. 상충되는 경험적 이론을 옹호하는 사람들 사이에 언쟁이 있기는 하지만 이러한 의견의 차이가 지면에 실려 알려지는 경우는 드물다. 그들이 논쟁할 때 양측은 자신들의 입장을 뒷받침하기 위해서 경험적인 발견을 제시한다. 이론적 명제의 강점보다는 연구 결과의 신뢰성과 타당성에 대한 방법론적 논쟁에 초점이 맞춰지는 경우가 많다. 즉 연구자들은 적절한 방법이 사용되었는지 안 되었는지에 대해 의견이 다르거나, 특정 방법을 적용한 것에 의문을 제기하거나, 데이터가 부적절하게 분석되거나 해석되었다고 주장한다. 이론적 명제의 구성과 일관성에 대해서는 관심이 훨씬 더 적다. 이론이 개발될 때 그것은 중범위 이론의 형태를 취한다. 중범위 이론은 경험적 일반화를 요약하고, 일반적으로 문화나 사회 제도 발전에 있어서 미디어의 역할에 대한 강력한 주장이나 가정은 하지 않는다.

## 유럽에서의 문화 이론의 부상

미국 사회과학 분야에서의 인기에도 불구하고 미디어 효과 트렌드는 유럽의 사회 연구자들에 의해 널리 수용되지는 않았다. 그 대신 유럽의 사회 연구는 미국의 논평자들이 **거대 사회 이론**grand social theories이라고 부르는 것으로 특징지어지는데, 거대 사회 이론은 문화와 사회의 중요한 경향을 이해하고 예측하려는 매우 야심 차고 거시적이며 추론적인 이론이다. 대중사회 이론은 19세기 유럽형 거대 사회 이론의 한 사례였다. 대중사회 이론은 이러한 유형의 이론이 갖는 강점과 한계를 모두 보여주었다. 이러한 한계에 만족하지 못한 미국의 사회 연구자들, 특히 경험적 사회 연구의 중심인 컬럼비아학파의 연구자들은 좀 더 소박한 중범위 이론을 구성하기로 했다.

**거대 사회 이론**
문화와 사회의 중요한 경향을 이해하고 예측하려는 매우 야심 차고 거시적이며 추론적인 이론.

제2차 세계대전 이후에도 유럽에서 거대 사회 이론의 발전은 여전히 사회과학과 인문학 분야의 주된 관심사였다. 대중사회 이론은 계속해서 대안적 학파들에 자리를 양보했다. 대중사회 이론들 중 일부는 특정 국가나 학문 분야 또는 심지어 특정 대학으로 국한되었다. 다른 대중사회 이론들은 널리 관심과 인정을 받았는데, 대부분은 미디어 이론이 아니었고 미디어를 비롯해 사회 또는 개인의 삶에서 미디어의 위상에 대한 성찰을 제공하는 사회 이론이었다. 가장 널리 받아들여진 이론들 중 일부는 카를 마르크스Karl Marx의 저작에 토대를 두고 있다. **마르크스주의 이론**Marxist theory은 그것에 대항해 만들어진 이론들에도 영향을 미쳤다. 마르크스의 사상은 제2차 세계대전 이후 유럽의 많은 사회 이론의 토대 및 시금석이 되었다. 그러나 냉전 시대의 정치는 그의 사상을 미국에서 상당한 논쟁거리로 만들었다. 프랑스나 독일에서 발전된 이론들은 유럽에서 유행한 후에도 몇 년이 지나도록 영어로 번역되지 않았다. 영국에서 개발된 이론들조차도 미국에서는 회의적이고 의심스러운 것으로 여겨졌다.

**마르크스주의 이론**
위계적 계급 제도가 모든 사회 문제의 근원이며 이는 프롤레타리아 혁명에 의해 종식되어야 한다고 주장하는 이론.

1970년대와 1980년대 마르크스주의 자체가 유럽 전역에서 정치와 경제의 실천적 지침으로서 거부당하던 바로 그 시기에, 일부 마르크스주의자들의 사상에 바탕을 둔 거대 사회 이론은 미국에서 점점 더 입지를 넓혀갔다(Grossberg & Nelson, 1988). 이 장에서는 마르크스주의 관점의 주요 주장들을 간략히 요약하고자 한다. 특히 미디어에 대한 생각들에 주의를 기울일 것이다. 그리고 이 생각들을 바탕으로 한 좀 더 최근의 이론들을 살펴볼 것이다.

### 마르크스주의 이론

카를 마르크스는 19세기 후반에 그의 이론을 발전시켰다. 이때는 유럽에서 사회 변화가 가장 극심하게 이루어지던 시기 중 하나였다. 어떤 면에서 그의 이론은 여전히 대중사회 이론의 또 다른 버전이라고 할 수 있지만, 대중사회 이론과 비교해볼 때 몇 가지 매우 중요한 개선 및 보완이 이루어졌다. 마르크스는 자기 시대의 거대 사회 이론에 익숙했다. 그는 독일 관념론을 대표하는 철학자인 게오르크 빌헬름 프리드리히 헤겔Georg Wilhelm Friedrich Hegel의 제자였다. 초기에 마르크스는 헤겔의 사상을 따랐지만, 후에 헤겔과 반대되는 자신만의 사상을 구축했다. 그는 헤겔로부터 사회와 인간의 이성 자체는 인간에 의해 구축된다는 통찰을 얻었다. 그러나 헤겔은 사회적 변화가 형이상학적 힘, 즉 '세계정신World Spirit'에 기인한다고 보았던 반면, 마르크스는 결국 인간은 이용 가능한 기술과 자원을 이용해 세계를 형성한다는 유물론적 입장을 취했다. 사람들이 무엇을 성취할 수 있는지를 제한하고 결정하는 것은 기술과 자원에 대한 가용성과 통제력이다.

일부 대중사회 이론가들과 마찬가지로 마르크스는 강력한 엘리트들에 의해 초래된 산업화와 도시화와 관련된 무수한 문제들을 파악했다. 산업화와 도시화가 본질적으로 나쁜 것은 아니었다. 비윤리적인 자본가들이 노동자들을 착취해 개인의 이익을 극대화하려고 시도했을 때 문제가 불거진다. 유사한 분석에 기초해서 보수적인 대중사회 이론가들은 전통적인 사회 질서의 회복을 요구했지만, 마르크스는 모든 사회 계급의 차별이 철폐되는 완전히 새로운 사회 질서의 창조를 요구하는 이상주의자였다. 노동자들은 자본가들에게 맞서서 착취의 종식을 요구해야 하고, 생산 수단(노동, 공장, 토지)을 장악하기 위해 함께 뭉쳐야 한다. 그래야 평등한 민주적 사회 질서, 즉 공산주의communism를 구축할 수 있을 것이다. 마르크스의 이론에서 미디어는 공산주의를 발전시키기 위해 통제되고 이용되어야 하는 많은 현대 기술들 중 하나이다.

마르크스는 위계적 계급 제도가 모든 사회 문제의 근원이며 노동자 또는 프롤레타리아 혁명으로 종식되어야만 한다고 주장했다. 그는 엘리트들이 주로 **사회의 토대(혹은 하부 구조)**base (or substructure) of society인 생산 수단을 직접 통제함으로써 사회를 지배한다고 믿었다. 엘리트들은 또한 문화(미디어, 종교, 교육 등)나 사회의 **상부 구조**superstructure를 통해 권력을 유지했다. 마르크스는 엘리트들이 보통 사람들을 오도하고 그들의 이익에 반하는 행동을 하

**사회의 토대(혹은 하부 구조)**
마르크스주의 이론에서 생산 수단.

**상부 구조**
마르크스주의 이론에서 한 사회의 문화.

도록 문화를 자유롭게 조종한다고 보았다. 그는 이러한 형태의 문화에 대해 이데올로기ideology라는 용어를 사용했다. 이데올로기는 보통 사람들의 마음 속에 '허위의식false consciousness'을 키워주고 그래서 그들은 자신들의 이익이 아니라 엘리트들의 이익을 지지하게 된다는 것이다. 마르크스는 이데올로기가 마약처럼 작용한다고 믿었다. 그 영향하에 있는 사람들은 이데올로기에 의해 시야가 가려지거나 방해를 받게 되어 자신들이 어떻게 착취당하고 있는지를 알지 못한다. 최악의 경우 그들은 실제로 자신들의 이익을 해치고 엘리트들의 권력을 증가시키는 동시에 자신들의 삶을 더 악화시키는 일을 하게 될 정도로 속게 되는 것이다. 철학자 제이슨 스탠리는 이러한 아이디어를 확장했다. 그는 "시민 사회 내의 엘리트는 부당하게 많은 사회적 자원을 소유한 자신들의 상황을 설명하기 위해, 필연적으로 결함 있는 이데올로기를 형성하게 된다"고 주장한다. "이 결함 있는 이데올로기의 목적은 본질적으로 부정의한 사회 자원의 분배를 겉보기에 사실적인(가장 좋은 경우에는 과학적인 것처럼 보이는) 방식으로 정당화하는 것이다. 이러한 '허위의식'은 곧 강력한 사회 통제의 수단이 되며, 사회에서 부정적인 특권을 지닌 집단들이, 그들을 억압하는 사회 구조적 요소들을 정당화하는 믿음을 스스로 내면화하게 만든다"(Stanley, 2015: 269).

**이데올로기**
마르크스주의 이론에서 보통 사람들을 오도하고 그들이 자신들의 이익에 반하는 행동을 하도록 부추기는 문화에 존재하는 이념.

**Instant Access**

### 문화 연구 이론Cultural Studies Theory

**장점**

1. 개인이 사회에 대한 이해를 어떻게 발전시키는가에 초점을 맞춘다.
2. 개인에 대한 미디어의 역할에 관해 중요한 질문을 제기한다.
3. 미디어 이용자의 콘텐츠 소비 및 공유를 존중한다.

**단점**

1. 거시적 차원에서는 설명력이 부족하다.
2. 미디어의 사회적 역할과 비교하면 너무 편협하게 개인에게 초점을 맞춘다.
3. 전형적으로 질적 연구에 의존한다. 즉 비체계적인 주관적 관찰에 근거한다.

마르크스는 사회 변화에 대한 유일한 현실적인 희망은 대중이 토대, 즉 생산 수단을 장악하는 혁명이라고 결론지었다. 그러면 상부 구조, 즉 이데올로기의 장악은 자연히 따라올 것이라고 생각했다. 마르크스는 상부 구조의 개혁이 사회의 발전을 이끌 가능성은 거의 없으며, 설사 있다고 해도 그 결과로 인한 변화는 매우 천천히 나타날 것이라고 보았다. 이러한 견해는 부분적으로 그가 독일 관념론 철학을 거부한 데서 비롯되었다. 이데올로기는 끝없는 논쟁의 대상이 될 수 있고 기존의 엘리트들은 항상 그들의 생각을 확실히 지배적인 것으로 만들 수 있는 방법을 가지고 있었다. 혁명은 필요한 변화를 가져오는 가장 빠르고 확실한 방법이었다. 엘리트들은 결코 자발적으로 권력을 포기하지 않을 것이다. 그들로부터 권력을 빼앗아야 한다. 생산 수단을 지배하지 않고 이데올로기를 조금 변화시키는 것은 별로 소용이 없을 것이다. 그러나 하부 구조를 바꾸면서 상부 구조를 간과할 경우 문제가 발생한다는 점이 드러났다. 혁명은 문화를 자신들의 이익에 맞게 조작하는 새로운 엘리트를 탄생시킬 뿐일 수도 있는 것이다.

### 신마르크스주의

대부분의 유럽 문화 연구는 신마르크스주의 이론neo-Marxist theories이라고 불린다. 그 이유는 한 가지 중요한 측면, 즉 토대보다는 이데올로기와 문화의 상부 구조 문제에 관심을 집중시킨다는 면에서 전통적인 마르크스주의 이론에서 벗어나 있기 때문이다. 많은 신마르크스주의자들이 유용한 변화가 폭력적인 혁명이 아니라 이데올로기적 투쟁, 즉 공공 부문에서의 담론을 통해 이루어질 수 있다고 생각한다. 일부 신마르크스주의자들은 상부 구조의 급진적인 변화를 요구하는 문화 비평을 발전시켰으나 그 외 다른 신마르크스주의자들은 온건한 개혁이 유용한 변화를 가져올 수 있다고 주장한다. 마르크스주의 학자들 사이에서 다양한 신마르크스주의 학파에 의해 수행된 연구의 가치를 둘러싸고 갈등이 고조되었다. 그럼에도 불구하고 냉전이 끝난 이후에 신마르크스주의 입장은 사회과학 분야 전반에서, 특히 미디어 연구에서 큰 인기를 얻었고 광범위하게 수용되었다.

### 텍스트 분석과 문학 비평

현대 유럽의 문화 연구는 신마르크스주의와 비교해볼 때 매우 다른 두 번째 원천을 가지고 있는데, 바로 해석학에 바탕을 둔 종교 및 문학 텍스트에 대한 인문주의적 비평 전통이다.

인문주의자들은 르네상스 이후 문헌 분석을 전문적으로 해왔다. 그들의 공통된 목표는 위대한 문화적 가치를 지닌 텍스트를 확인하고 해석해 다른 사람들이 그 가치를 인정하고 이해할 수 있도록 하는 것이었다. 이들 인문주의자들은 텍스트를 사회의 문명화 세력으로 보았고(Bloom, 1987), 해석학은 세력 강화에 사용될 수 있는 학문적 도구로 여겨졌다. 인문주의자들은 성경이나 위대한 신학자들의 저서에 연구의 초점을 맞춘 종교적 인문주의자에서부터 위대한 문학의 중심인 '문학 정전literary canon'으로 알려진 것을 확인하고 보존하기 위해 노력하는 세속적 인문주의자까지 다양했다. 문학 정전은 이론가들이 칭하는 **고급문화**high culture의 일부이다. 고급문화란 인문주의자들이 최고의 가치를 가지고 있다고 평가하는 음악, 예술, 문학, 시를 포함하는 문화적 인공 산물이다. 이러한 중요한 텍스트를 확인하고 설명함으로써 인문주의자들은 더 많은 사람들이 더 쉽게 접근할 수 있도록 했다. 그들의 장기적인 목표는 문화 수준을 유지하면서 점진적으로 높이는 것이었다. 즉 훨씬 더 많은 사람들이 인간적이 되고 문명화되게 하는 것이었다. 이런 식으로 유럽과 그 식민지에서 문명을 발전시키는 것이 가능할 것이라고 믿었다.

**고급문화**
인문주의자들이 최고의 가치를 가지고 있다고 평가하는 음악, 예술, 문학, 시를 포함한 문화적 인공 산물의 집합.

수년에 걸쳐 문헌을 분석하는 다양한 방법들이 해석학 이론에서 유래되었다. 그 방법들은 현재 미디어 콘텐츠를 포함한 많은 다른 형태의 문화에 적용되고 있다. 그들은 공통의 목적을 가진다. 즉 오래된 문화적 관행 및 새로운 문화적 관행을 비평함으로써 가장 주목할 가치가 있는 것들은 인정받고 해석되게 하고, 주목받을 가치가 적은 것들은 묵살되게 하는 것이다. 이러한 과업은 우리에게 어떤 영화가 좋은지 혹은 나쁜지 말해주고 어떤 영화가 볼 만한지 또는 그렇지 않은지를 판단하는 데 도움을 주는 영화 평론가들의 일과 비교할 수 있다. 하지만 일반적으로 영화 평론가들은 더 높은 문화적 가치를 고취하기 위해 영화평을 쓰는 것이 아니다. 그들 대부분은 우리가 어떤 영화를 재미있게 볼 수 있는지를 설명하고 싶을 뿐이다.

현대 비판 이론은 신마르크스주의적 접근과 해석학적 접근을 모두 포함한다. 혼합 이론들hybrid theories은 이 두 가지 접근법을 결합한다. 이에 대해 검토하기 전에 여전히 영향력 있는 연구 작업을 해온 역사적으로 중요한 몇몇 비판 이론 학파들을 살펴보도록 하자.

## 프랑크푸르트학파

1920년대와 1930년대에 일찍이 프랑크푸르트대학교에서 발전했던 유명한 신마르크스주의 학파는 **프랑크푸르트학파**Frankfurt School로 알려지게 되었다. 이 학파에서 가장 유명한 두 사람은, 오랜 기간 학파를 이끈 막스 호르크하이머Max Horkheimer와 많은 책을 펴낸 설득력 있는 이론가인 테오도어 아도르노Theodor Adorno였다. 이후의 일부 신마르크스주의 학파와는 대조적으로 프랑크푸르트학파는 마르크스주의 비판 이론과 해석학 이론을 결합했다. 대부분의 프랑크푸르트학파 이론가들은 인문학을 공부했지만 마르크스주의 이론을 문화와 사회를 분석하는 근거로 채택했다. 프랑크푸르트학파의 저술들은 교향곡, 위대한 문학, 예술과 같은 다양한 형태의 고급문화를 찾아내고 권장했다. 대부분의 세속적인 인문주의자들처럼 프랑크푸르트학파 학자들은 고급문화가 그 자체의 완전성과 고유한 가치를 가지고 있다고 보았고, 엘리트들의 개인 권력을 강화하는 데 사용되어서는 안 된다고 생각했다. 오스카 네그트Oskar Negt의 주장에 따르면, 프랑크푸르트학파의 저술들은 "국민들의 필요, 이익, 자치 투쟁을 대변하고, 이러한 것들을 현실로 만들기 위한 실천적 조치를 양심적으로 취하는" 정치적 입장에서 가장 잘 이해될 수 있다(Negt, 1978: 62).

**프랑크푸르트학파**
1920-1930년대 프랑크푸르트대학교에서 함께 연구했던 신마르크스주의 학자들의 집단.

프랑크푸르트학파는 대중문화를 폄하하면서 고급문화를 찬양했다(Arato & Gebhardt, 1978). 호르크하이머와 아도르노는 가장 영향력 있는 그들의 후기 저서들 중 하나에서 매스 미디어를 **문화 산업**culture industries이라고 비난했다. 문화 산업은 고급문화와 민속 문화를 이윤을 얻기 위해 판매되는 상품으로 바꾸었다. 그러한 상품화의 목표는 "속이고 오도하는 것이며…… 자본주의 문화의 가치를 끊임없이 재생산하는 것만이 유일한 실제 기능이다"(O'Brien & Szeman, 2004: 105). 그들은 미국의 문화 산업이 대중에게 "항상 똑같은 것을 선택할 자유"(in Ross, 2014: 88)라는 무의미한 선택지만을 제공하는 '잠재적 전체주의' 양상을 보인다고 말한다. 호르크하이머와 아도르노는 다음과 같이 자신들의 견해를 밝혔다.

**문화 산업**
고급문화와 민속 문화를 이윤을 얻기 위해 판매되는 상품으로 바꾸는 매스 미디어.

> 독점하에 있는 모든 대중문화는 동일하며, 그것의 인위적인 틀의 노선이 드러나기 시작한다. 최상위에 있는 사람들은 더 이상 독점을 숨기는 데 관심이 없다. 독점의 폭력은 더욱더 공개적이 되고, 그러면 폭력의 힘은 커진다. 영화와

> 라디오는 더 이상 예술인 척할 필요가 없다. 영화와 라디오가 단지 사업일 뿐이라는 사실은 하나의 이데올로기가 되어 그것들이 의도적으로 생산하는 쓰레기를 정당화한다. 영화와 라디오는 자신들을 산업이라고 부른다. 그리고 영화 및 라디오 감독들의 수입이 공개되면, 완성된 상품의 사회적 유용성에 대한 어떠한 의심도 사라진다(Adorno & Horkheimer, 1972: 121).

대중문화에 대해 프랑크푸르트학파 이론가들이 구체적으로 비판했던 점들 중 다수는 보수적인 인문주의자들이 비판했던 점들과 크게 다르지 않았다. 그러나 인문주의 비평가들은 특정 미디어 콘텐츠에 집중하는 경향이 있었던 반면, 호르크하이머와 아도르노는 그러한 콘텐츠를 생산하는 보다 큰 규모의 산업에 대해 의문을 제기하기 시작했다.

나치의 득세로 인해 유대인 학자들이 강제로 추방됨에 따라 프랑크푸르트학파는 미국의 사회 연구에 직접적인 영향을 미치게 되었다. 호르크하이머는 뉴욕시에 소재한 '사회 연구를 위한 뉴 스쿨New School for Social Research'의 정규 연구원이 되었고, 아도르노는 컬럼비아대학교의 폴 라자스펠드 밑에서 일을 했다. 이 망명 기간 동안에도 프랑크푸르트학파 이론가들은 왕성하게 활동했다. 예를 들어 그들은 나치 문화와, 나치 문화가 고급문화를 훼손하고 왜곡시키는 방식을 비판적으로 분석하는 데 상당한 노력을 기울였다. 그들의 견해에 따르면 민속 문화는 히틀러와 그의 당원들에 의해 만들어지고 조작되었는데, 나치즘은 이렇듯 날조되고 인위적으로 구축된 민속 문화에 바탕을 두고 있었다. 그러나 이들은 또한 자본주의 미디어가 문제적인 형태의 대중문화를 조장한다는 점을 비판했다. 이러한 비판은 심각한 논쟁으로 이어졌고, 특히 냉전 시대의 정치적 분위기 속에서 모든 형태의 마르크스주의 사상에 대한 의심이 제기되면서, 프랑크푸르트학파 이론은 미국에서 점차 주변화되었다.

### 영국에서의 신마르크스주의 이론의 발전

1960년대와 1970년대에 영국에서는 두 개의 중요한 신마르크스주의 이론이 등장했다. 바로 영국 문화 연구와 정치경제학 이론이다. 영국 문화 연구는 신마르크스주의 이론과 문학 비평, 언어학, 인류학, 역사학을 포함한 다양한 학문에서 파생된 아이디어와 연구 방법을 결합했다(Hall, 1980a). 이 연구는 엘리트가 문화를 지배해온 역사를 추적하고, 이러한 지배의 사회적 결과를 비판하며, 엘리트의 문화 지배가 어떻게 특정 소수 집단과 하위문화들에서 계속하여 행사되는지를 밝히고자 했다. 영국 문화 연구는 고급문화를 포함한 엘리트 문화를 비판하고 이를 소수 집단과 다른 하위문화들에 의해 행해지는 대중적인 일상문화와 대조한다. 그리고 고급문화를 포함한 모든 형태의 엘리트 문화의 우월성에 의문을 제기하고 그것을 유용하고 의미 있는 대중문화들과 비교한다. 해석학적 관심은 엘리트 문화에 대한 연구로부터 소수 집단의 '살아 있는 문화lived culture'에 대한 연구 그리고 집단들이 그들의 삶을 향상시키기 위해 미디어를 사용하는 방식으로 옮겨진다.

그레이엄 머독Graham Murdock은 1950년대와 1960년대에 영국 문화 연구가 부상한 과정을 추적했다(Murdock, 1989b). 대부분의 중요한 이론가들은 하류 계층 출신이었다. 그들은 대중문화의 토착적인 형태를 소수 집단의 정당한 표현이라고 옹호했다. 레이먼드 윌리엄스Raymond Williams는 뛰어난 초기 이론가였고 영국 문화 발전에 대한 재평가로 악명을 얻은 학자였다. 윌리엄스는 문학 이론, 언어학, 신마르크스주의 등 여러 학문에서 얻은 아이디어에 기초해 어떻게 문화가 발전하는지에 대한 매우 독창적인 관점을 제시했다. 그는 고급문화의 중요성에 대해 의문을 제기했고, 민속 문화의 역할을 진지하게 받아들였다. 당연히 케임브리지대학교의 많은 동료들은 그의 생각에 대해 회의적인 태도를 보였다. 윌리엄스는 자신의 대학에서는 상대적으로 주목을 받지 못했지만 다른 영국 학계와 미디어계의 좌파 지식인들 사이에서는 그 명성이 점점 높아졌다.

1960년대 말에서 1970년대까지 윌리엄스는 매스 미디어로 눈을 돌렸다(Williams, 1967, 1974). 비록 미디어가 그의 연구의 주요 초점은 아니었지만 그는 현대 사회에서 매스 미디어의 역할에 대한 혁신적이고 비관적인 관점을 발전시켰다. 그의 아이디어는 젊은 세대의 영국 문화 연구자들을 고무시켰는데 처음에는 버밍엄대학교의 현대문화연구소, 다음으로는 영국과 유럽의 다른 대학들의 학자들에게 영감을 주었다. 윌리엄스는 엘리트들의 문화 지배에 관한 문제뿐만 아니라 문화적 변화와 발전의 문제에까지 보다 광범위하게 관심을 가졌다. 그는 문화적 다원주의와 평등주의를 포함한 기본적인 인본주의적 가치를 중시하며 매스 미디어가 가치 있는 문화 발전에 위협이 된다고 주장했다. 그 당시 대부분의 인문주의자들과는 대조적으로 윌리엄스는 기준으로서 문학 정전과 고급문화에 대한 전통적 관념을 거부했다. 그러나 또한 민속 문화를 받아들이고 찬양하는 것을 꺼렸는데, 특히 민속 문화가 매스 미디어 콘텐츠로 재포장되었을 때 그러했다. 그는 진정한 진보를 이루기 위해서는 사회 제도의 대폭적인 개혁이 이루어져야 한다고 생각했다.

중요한 첫 문화 연구 학파는 1960년대 버밍엄대학교에서 형성되었고 처음에는 리처드 호가트Richard Hoggart가, 그다음에는 스튜어트 홀Stuart Hall이 이끌었다. 홀은 특히 제한 효과 개념에 직접적으로 의문을 제기하면서 미디어 연구에 혁신적인 대안을 제시했다(Hall, 1982). 프랑크푸르트학파의 위르겐 하버마스(Jurgen Habermas, 1971, 1989)와 윌리엄스가 발전시킨 사상을 바탕으로 홀은 이데올로기를 "우리가 사회적 존재의 어떤 측면을 재현, 해석, 이해 및 인정하는 데 필요한 틀을 제공하는 이미지, 개념, 전제"(Hall, 1981b: 31)로 이해했다. 그래서 그는 자유민주주의에서 매스 미디어는 사회적 존재에 대한 대중적 관념을 형성하기 위해 다양한 세력이 투쟁하는 **다원적 공론장** pluralistic public forum으로 가장 잘 이해될 수 있다고 주장했다. 다원적 공론장에서는 사회적 현실의 새로운 개념들이 협상되고 다양한 사회들 사이에 새로운 경계선이 그어진다. 그러나 전통적인 신마르크스주의자들과 달리 홀은 엘리트들이 이 공론장에 대한 완전한 통제권을 유지할 수 있다고 주장하지는 않았다. 그의 견해에 따르면 엘리트들은 자신들의 이익을 증진시키기 위해 완전한 통제권을 필요로 하지 않는다. 이 공론장에서 표현된 문화는 상부 구조의 단순한 표면적인 반영이 아니라 반대 세력의 역동적인 창안물이다. 홀에게 대중문화는 "변화가 이루어지는 기반"이다(Hall, 1981a: 228). 그러나 엘리트들은 사회 현실을 정의하기 위한 투쟁에서 많은 이점을 가지고 있다. 신흥 엘리트(대항 엘리트) 집단은 기존의 엘리트를 극복하기 위해 열심히 노력해야 한다. 홀은 이데올로기를 고취하려는 엘리트들의 강압적인 노력은 실패할 수 있으며, 대안적인 관점을 고취하기 위해 잘 계획된 노력은 큰 어려움에도 불구하고 성공할 수 있다고 인정했다. 그럼에도 엘리트들이 누리는 이점은 그들이 장기간 권력을 유지할 수 있게 한다.

**다원적 공론장**
비판 이론에서 미디어는 지배적인 엘리트들의 힘이 도전받을 수 있는 장소를 제공할 수 있다는 개념.

이데올로기의 불변성에 대한 이견, 미디어 이론가 클라우스 브룬 젠센Klaus Bruhn Jensen의 표현으로 "산업자본주의하에서 사회생활과 문화 형태의 상대적 결정성"은 문화에 대한 전통적 마르크스주의자들의 **구조주의적 관점**structuralist view과 홀의 **문화적 관점**culturalist view의 차이를 강조한다(Jensen, 1991: 28). 홀은 문화를 사회적 투쟁의 장소, 변화가 일어날 수 있

**구조주의적 관점**
억압적·이데올로기적 국가 기구를 통해 이루어지는 상부 구조에 대한 엘리트의 통제.

**문화적 관점**
문화는 사회적 투쟁의 장소이고 변화가 일어날 수 있는 장소라는 관점.

는 장소로 본 반면, 루이 알튀세르Louis Althusser 같은 이론가들은 엘리트가 상부 구조를 거의 다 통제하기 때문에 자유가 훨씬 더 적은 곳으로 보았다(Althusser, 1970). 문화가 너무 자유로워지면 엘리트들은 '억압적인 국가 기구'라고 불렀던 일부 상부 구조, 예를 들면 경찰, 입법 및 집행 기관 등을 통해 자신들의 이데올로기를 강화한다. 그러나 미디어, 학교, 종교 같은 '이데올로기적 국가 기구'의 패권을 장악하고 있는 엘리트들의 통제로 인해 이러한 일은 일반적으로 불필요하다.

몇몇 영국 문화 연구 이론가들의 핵심적인 강점과 한계는 그들이 다양한 급진적 사회 운동에 직접 관여한다는 것이다. 비판 이론을 탐구하는 데 계속 전념하면서 그들은 운동을 연구할 뿐만 아니라 운동에 참여하고 심지어 이를 이끌기까지 한다. 일부 문화 연구 옹호자들은 변화를 가져오는 데 직접 참여하지 않는 한 훌륭한 사회 이론가가 될 수 없다고 주장한다(O'Connor, 1989). 문화 연구 이론가들은 페미니즘, 청년 운동, 소수 인종 및 소수 민족 운동, 영국 노동당 당쟁 등 광범위한 영국 사회 운동에 적극적이었다. 그러나 이러한 적극적인 참여는 운동과 운동 문화에 대한 객관적인 분석을 어렵게 만들 수

**Instant Access**

### 영국 문화 연구 British Cultural Studies

**장점**

1. 대중문화의 가치를 주장한다.
2. '일반' 사람들에게 권한을 부여한다.
3. 소수 민족에게 권한을 부여하고 그 문화를 중시한다.
4. 문화적 다원주의와 평등주의를 강조한다.
5. 미디어의 영향력을 이해하는 방법으로 수용자 연구를 발전시켰다.

**단점**

1. 너무 정치적이다. 행동 지침은 너무 가치 판단적이다.
2. 일반적으로 질적 연구에 의존하며 비체계적인 주관적 관찰에 기초한다.
3. 엘리트들이 미디어와 수용자의 수용을 통제하는 교묘하고 간접적인 방식을 간과할 수 있다.

있다. 문화 연구 이론가들은 대개 이에 대해 우려하지 않는다. 왜냐하면 그들은 객관성의 가능성을 거부하고 사회 연구에 대한 그 유용성을 인정하지 않기 때문이다. 그들이 의도하는 바는 학문이나 과학의 전통적인 목적에 기여하는 연구를 수행하는 것보다 운동의 목표를 달성하도록 돕는 연구를 하는 것이다. 제프리 주리스Jeffrey Juris는 활동가-연구자는 "권력의 복잡한 관계 속으로 얽혀들고, 직접 행동 조직과 활동가 네트워크와 관련된 감정들을 실제로 살아내야 한다"고 설명한다(Juris, 2017: 165).

영국 문화 연구는 많은 의문을 제기하며 매스 미디어 콘텐츠와 특정 사회 집단의 콘텐츠 이용에 대한 다양한 연구를 수행했다. 이러한 콘텐츠는 사람들을 착취하고 오도하는가, 아니면 그들로 하여금 의미 있는 정체성과 경험을 구축할 수 있게 하는가? 사람들은 모호한 콘텐츠를 가지고 자신을 위해 그 콘텐츠의 목적을 근본적으로 바꾸는 새로운 방법으로 해석할 수 있는가? 유용한 사회 변화가 사회 혁명이 아닌 문화 개혁을 통해 이루어질 수 있는가?

미국에서 영국 문화 연구는 초기에 많은 분야의 학자들, 특히 페미니스트들의 작업과(Long, 1989) 대중문화 연구자들에게(Grossberg, 1989) 영향을 미쳤다. 그들은 문화 연구가 후기실증주의 제한 효과 이론에 기반한 접근법보다 많은 장점을 가지고 미디어 수용자 연구에 혁신적인 방법을 제공하는 것으로 보았다.

## 정치경제학 이론

정치경제학 이론가들은 은행과 주식 시장과 같은 경제 제도에 대한 엘리트의 지배력을 연구하며, 이러한 지배력이 매스 미디어를 포함한 다른 많은 사회 제도에 어떤 영향을 미치는지 보여준다(Murdock, 1989a). 어떤 면에서는 정치경제학자들은 토대가 상부 구조를 지배한다는 고전적 마르크스주의의 가정을 받아들인다. 경제 제도가 그 이익과 목적에 부합하게 미디어를 형성한다는 것을 알아내고자 정치경제학자들은 경제 제도를 조사해 생산 수단을 연구한다. 예를 들어 "가장 널리 인정받고 영향력 있는 커뮤니케이션 분야의 정치경제학자 중 한 명인"(Gerbner, 2001: 187) 허브 쉴러Herb Schiller는 수십 년 동안 "기업의 영향력이 사회의 거의 모든 부문에 퍼져 있다. 우리가 먹는 음식, 입는 옷과 같이 단순한 것에서부터 우리가 서로 의사소통하는 방식과 같이 더 큰 규모의 문제에 이르기까지 말이다"고 말했다(Schiller, 2000: 101).

정치경제학자들은 경제적 제약이 미디어를 통해 생산되고 유통되는 대중문화의 형태를 어떻게 제한하거나 편향시키는지를 연구해왔다. 앞서 언급했듯이 프랑크푸르트학파 이론가들도 비슷한 우려를 표했다. 정치경제학자들은 대중문화가 어떻게 특정 집단이나 하위문화에 영향을 미치는지를 조사하는 데 관심이 없다. 그들은 콘텐츠 생산과 유통의 과정이 어떻게 경제적, 산업적으로 제약을 받는지에 초점을 맞춘다. 왜 어떤 형태의 문화는 텔레비전 방송의 황금 시간대를 점령하는 반면 다른 형태의 문화는 그렇지 못한가? 수용자의 취향만으로 그러한 차이를 설명할 수 있는가 아니면 경제 제도의 이익과 연결된 다른 분명치 않은 이유들에 의해서 그런 것인가? 서트 잘리Sut Jhally는 이러한 질문에 대한 거의 완벽한 예로 정치경제학적 대답을 제시한다.

> 모든 상품에는 두 가지 기본적인 특징이 있다. 즉 교환 가치(모든 상품은 가치 있는 어떤 것이며 시장에서 교환될 수 있다)와 사용 가치(모든 상품은 인간에게 유용한 어떤 일을 한다)가 있다. 문화 상품의 사용 가치는 무엇인가? 문화 상품의 기능과 중요성은 그러한 상품이 만들어내는 의미에서 비롯된다. 레코드, 영화, 신

**Instant Access**

### 정치경제학 이론 Political Economy Theory

**장점**

1. 미디어가 어떻게 구조화되고 통제되는지에 중점을 둔다.
2. 미디어 재정 및 산업 구조에 대해 실증적인 조사를 제공한다.
3. 미디어 콘텐츠 제작, 미디어 구조, 미디어 재정 간의 연계를 모색한다.

**단점**

1. 미시적 차원에서는 설명력이 부족하다.
2. 인과 관계적 설명에는 관심이 없고, 산업 구조와 재정에 대한 주관적 분석에 근거한다.
3. 수용자의 수용이나 미디어 사용에는 관심이 없다.

문 등은 소비자들에게 의미를 제공한다. 만약 문화 상품이 의미를 제공하지 않는다면, 그것은 팔릴 수 없을 것이다. 사람들은 사용 가치가 있기 때문에 물건을 구매한다. 문화 상품은 또한 시장 내에서 교환가치를 가지고 있다. 즉 문화 상품을 만들어내는 사람들이 이윤을 창출할 수 있다…… 문화 상품은 똑같이 중요한가 아니면 어떤 다른 것보다 중요한가? …… 미국 내에서 교환 가치가 사용 가치를 압도하는 것에 대해 어떠한 의문도 제기된 적이 없었다…… 미국에서 우리는 정부의 개입을 지배로, 시장의 관리를 자유라고 칭한다. 우리는 시장이 자동적으로 다양성을 보장하지는 않는다는 것을 인정해야 한다. 그러나…… 시장은 또한 자유에 대한 심각한 제약으로 작용할 수 있다(Jhally, 1989: 80-81).

지난 40여 년 동안 문화 연구 이론가들과 비교했을 때 정치경제학 이론가들은 상대적으로 조용히 연구해왔다. 비록 정치경제학 이론이 유럽과 캐나다에서 높이 평가되었지만 미국에서는 대부분 무시되었다. 이 장의 후반부에서 캐나다에서 정치경제학 연구 분야를 개척한 캐나다 경제학자 해럴드 이니스 Harold Innis의 연구를 검토할 것이다. 미국의 커뮤니케이션 이론가들이 문화 연구 이론에 흥미를 가졌음에도 불구하고 이 장의 후반부에서 볼 수 있듯이, 상당히 최근까지 정치경제학자들의 견해가 흥미롭다거나 설득력이 있다고 생각한 사람은 거의 없었다.

### 문화 연구와 정치경제학 이론의 경쟁

신마르크주의 이론의 두 학파인 영국 문화 연구와 정치경제학 이론은 상호 보완적인 것으로 보이지만 실제로는 치열한 경쟁 관계에 있었다(Murdock, 1989b). 이 두 학파는 이론적인 측면에서 본질적인 차이가 있으며, 또한 연구 방법과 학문 분야에서도 차이가 있다. 정치경제학자들은 거시적 관점에서 경제에 집중했으며 경제적 지배가 문화적 지배를 가져오거나 지속시킨다고 가정했는데, 이로 인해 문화적 변화가 경제에 영향을 미칠 수 있다는 것을 뒤늦게 인식했다. 또한 그들은 대중문화의 다양성이나 사람들이 문화를 이해하는 다양한 방법을 인식하지 못했다. 머독은 두 학파가 경쟁하기보다는 협력해야 한다고 주장했다. 그러나 이러한 일이 일어나려면 양측의 연구자들은 그들의 가정 중 일부를 포기하고 상부 구조와 토대(문화와 미디어 산업)가 서로에게 영향을 미칠 수 있다는 점을 인정해야 할 것이다. 두 학파 모두 미디어의 역할에 대한 완전한 평가를 위해 필요하다.

문화 이론의 이 두 주요 학파 사이에 심각한 논쟁을 불러일으킨 차이들은 또 있었다. 문화 연구 이론가들은 미디어가 운영되는 보다 넓은 사회적·정치적 배경을 무시하는 경향이 있다. 대신 그들은 개인과 집단이 대중적인 문화 콘텐츠를 어떻게 소비하는지에 초점을 맞춘다. 그들은 헤게모니 형태의 문화를 고취하는 엘리트들의 권력에 대해 점점 더 회의적이 되었다. 대신에 보통 사람들은 대체로 엘리트들에게 이익이 되는 방식으로 미디어 콘텐츠를 해석하는 것을 거부한다는 사실을 발견했다(7장의 대항적 해독에 대한 논의 참조). 일부 문화 연구 이론가들은 사회 정책을 만들거나 이에 영향을 주는 것에 관심이 적었고, 그들의 연구는 종종 현 상황을 비판하는 명확한 근거를 제시하지 못했다. 정치경제학 이론가들은 일부 문화 연구 이론가들이 대중문화에 대한 무비판적인 찬양을 위해 비판 이론의 역사적 임무를 포기했다고 비난한다. 그들은 이론가들이 사회 변화를 위해 적극적으로 일하는 것이 중요하다고 주장한다.

정치경제학 이론가들은 주로 더 큰 사회 질서와 엘리트들의 미디어 소유권에 대해 관심을 가져왔다. 그들은 유럽 미디어의 민영화 증가, 유럽의 공공 서비스 미디어 기관의 감소, 전 세계 미디어 소유의 민영화와 집중화 증가 등에 대해 비판했다. 그들은 정치적 활동을 계속하고 사회 정책을 형성하려고 노력함으로써 비판론자의 사명을 충실히 지키는 것에 자부심을 느낀다. 그리고 사회 운동을 조직하고 리더 역할을 한다. 무엇보다도 정치경제학 이론가들은 비판적이다. 그들은 현 상황을 평가할 수 있는 토대를 제공한다는 확고한 가치관을 가지고 있다.

## 문화 연구: 전달적 관점과 의례적 관점

미국의 대표적인 문화 연구 옹호자 제임스 캐리James Carey는 지난 30여 년간 많은 글을 쓰고 강연을 했다. 미국의 미디어 연구자들이 대부분의 문화 연구를 의심하고 회의적으로 바라보던 시기에, 캐리는 일련의 탁월한 글들을 통해 문화 연구를 옹호하고 이를 미디어 효과 트렌드와 대비시켰다(Carey,

1989). 그가 발견한 기본적인 차이점 중 하나는 효과 이론이 지배적인 정보원으로부터 수동적인 수용자에게 정확한 정보를 전달하는 것에 초점을 맞추는 반면, 문화 연구는 사람들이 그들의 경험을 구조화하고 해석하게 해주는 일상적 의례에 관심이 있다는 것이다. 캐리는 제한 효과의 관점은 **전달적 관점**transmissional perspective과 관련이 있다고 주장했다. 즉 매스 커뮤니케이션은 "통제의 목적으로 먼 거리에서 메시지를 전송하는 과정"이라는 것이다. 전형적인 경우는…… 설득, 태도 변화, 행동 수정, 정보 전달을 통한 사회화, 영향, 조건화이다(Newcomb & Hirsch, 1983: 46). 전달적 관점에서 보면, 자동차 광고는 우리가 특정한 자동차를 사도록 설득하려 하고 정치 캠페인은 단순히 우리가 어떤 식으로든 투표하도록 유도하기 위해 고안된 메시지이다. 이러한 광고나 캠페인 등은 우리로 하여금 그것들이 의도하는 대로 행동하도록 하는 데 효과적일 수도 있고 그렇지 않을 수도 있다.

**전달적 관점**
매스 커뮤니케이션을 단지 통제의 목적으로 멀리서 메시지를 전송하는 과정으로 보는 관점.

반면 **의례적 관점**ritual perspective에서는 커뮤니케이션이 '공유', '참여', '유대', '동료애', '공통된 믿음의 소유'와 연관된다. 이들은 "공통commonness, 교감communion, 공동체community…… 등의 단어와 같은 뿌리를 가지고 있다. 커뮤니케이션의 의례적 관점은 공간적 차원에서 메시지의 확대가 아니라 시간적 차원에서 사회의 유지를 지향한다. 또한 정보를 전달하는 행위가 아니라 공유된 신념을 재현하는 것을 지향한다"(Carey, 1989: 18-19). 다시 말해서 캐리는 "커뮤니케이션은 현실이 생산되고, 유지되고, 수정되고, 변형되는 상징적인 과정"이라고 믿었다(Carey, 1975a: 177). 캐리에 따르면 자동차 광고는 차량 이상의 것을 판다. 실제 콘텐츠를 보면 그것은 미국 독립 의식을 재확인하고("쉐비, 미국의 혁명Chevy, the American Revolution!"), 남성과 여성의 매력에 대한 문화적 관념을 강화하거나(이들 광고에 매력 없는 배우는 거의 없다), 제품 자체와 관계없이 개인적 소비 가치를 고양시킨다("너의 구역에서 이 제품을 갖는 첫 번째 사람이 되라Be the first on your block to have one"). 이와 유사하게 정치 캠페인 메시지는 흔히 후보자에 대해 말하기보다는 우리의 정치 체계와 국민으로서의 우리에 대해 훨씬 더 많은 것을 말한다.

**의례적 관점**
매스 커뮤니케이션을 현실의 생산, 유지, 수정, 변형이 이루어지는 공유된 신념의 재현으로 보는 관점.

캐리는 해석학적 문학 비평에서 의례적 관점의 기원을 찾았다. 위대한 문학 작품을 연구하는 학자들은 이러한 텍스트가 사회에 광범위하고 지속적이며 강력한 영향을 미친다고 오랫동안 주장해왔다. 전형적인 사례로 셰익스피어가 서양 문화에 끼친 영향을 들 수 있다. 위대한 작품들은 문화를 재형성하거나 변형시킴으로써 이 작품들에 대해 들어본 적조차 없는 사람들에게도 간접적으로 영향을 미친다. 문학 연구자들은 현대 문화가 그들의 예술(미디어 기술에 의존하는 예술을 포함해)을 통해 분석되고 정의된다고 주장한다. 이들은 개인에게 미치는 직접적인 미디어 효과의 증거를 찾는 데는 관심이 없고 문화 자체가 스스로를 정의하는 문화의 진화와 같은 거시적인 질문에 더 관심을 가지고 있다. 그러므로 의례적 관점을 가진 이론가들은 문화, 그 문화를 전달하기 위해 사용된 미디어, 그리고 그 문화의 개별 미디어 콘텐츠 소비자들 사이에 거대한 상호작용이 이루어진다고 생각한다.

1970년대와 1980년대에 커뮤니케이션 이론가들은 "미디어가 사회나 개인에게 어떤 영향을 미치는가?", "사람들은 미디어를 어떻게 사용하는가?"와 같은 전달 지향적인 질문들로부터 멀어지기 시작했다. 그리고 문화가 어떻게 조직되는지, 사람들이 공통의 의미를 어떻게 합의해내고 어떻게 그것에 속박되는지, 미디어 시스템이 문화의 발전 방식에 어떻게 영향을 미치는지에 대한 광범위한 연구로 옮겨갔다. 이러한 현상으로 인해 문화 이론은 광고 및 시장조사자들, 신마르크스주의 미디어 비평가들, 심지어 세련된 효과 연구자들과 같이 강력한 매스 미디어의 작동을 추정하는 다양한 사람들의 본거지가 되었다. 주요 초점은 더 이상 미디어가 개인에게 어떤 영향을 미치느냐가 아니라 오히려 이 미디어로 매개된 세상에서 현재 사람들의 모습, 사람들이 변화해온 모습 또는 변화되고 있는 모습에 맞춰졌다.

### 미국의 대중문화 연구

1960년대와 1970년대에 일부 미국 문학 연구자들은 대중문화 연구에 집중하기 시작했다. 1967년 이들은 미국의 현대언어학회 내에 독자적 분과(대중 문학 부문)를 두고 자체 학술지인 『대중문화 저널*The Journal of Popular Culture*』을 창간할 정도로 크게 성장했다. 이 학자들은 영국 문화 연구와 캐나다의 미디어 학자인 마셜 매클루언Marshall McLuhan의 영향을 받았다. 이들은 다양한 형태의 대중문화를 연구하기 위해 여러 이론들과 해석학적 방법, 역사적 방법 등 다양한 연구 방법을 응용했다. 영국의 비판 이론가들과는 달리 이들 대부분은 사회 운동과 관련이 없다. 이들은 주로 텔레비전과 전자 시대의 주요 미디어인 인터넷에 관심을 집중한다. 많은 이들이 윌리엄스의 비관적인 비전을 지지하기보다는 미래와 전자 미디어의 긍정적인 역할에 대해 낙관적으로 생각한다.

대중문화 연구의 가장 좋은 사례는 호러스 뉴컴Horace Newcomb의 저서 『TV: 가장 대중적인 예술*TV: The Most Popular Art*』(1974)과 『텔레비전: 비판적 관점*Television: The Critical View*』(1976)(최신판은 2007년)이다. 이 책들은 대중문화 연구자들의 유용한 통찰을 잘 보여주는데, 매스 미디어 콘텐츠, 특히 텔레비전 프로그램이 겉으로 보이는 것보다 훨씬 더 복잡하다는 점을 강조한다. 미디어 콘텐츠에는 다양한 수준의 의미들이 존재하며, 콘텐츠의 내용 자체도 종종 모호해서 상이한 목적에 부합하는 다양한 해석이 가능하다.

수준 높은 콘텐츠 제작자들은 콘텐츠에 다른 의미나 모호한 의미를 많이 부여하면 다양한 시청자들에게 어필할 수 있다는 점을 알고 있다. 시청자가 많고 충성도가 높다면 그 프로그램의 시청률은 높을 것이다. 뉴컴은 <모던 패밀리Modern Family>, <패밀리 가이Family Guy>, <디스 이즈 어스This Is Us> 같은 TV 드라마, <사우스 파크South Park>, <왕좌의 게임Game of Thrones>, <홈랜드Homeland>와 같은 케이블 TV 시리즈, <시녀 이야기The Handmaid's Tale>, <친애하는 백인 여러분Dear White People>, <기묘한 이야기Stranger Things> 같은 OTT 드라마가 등장하기 훨씬 전에 저술을 남겼지만, 이러한 프로그램들은 그가 주장하는 바를 잘 보여준다. 이 프로그램들은 팬들이 의미를 탐색하기 위해 계속해서 에피소드를 반복 시청할 수 있도록 한 층위의 의미를 다른 층위의 의미에 얹는 기술을 만들어낸다.

뉴컴의 뛰어난 두 번째 통찰은 콘텐츠에 대한 시청자들의 해석이 꽤 다양할 가능성이 있다는 것이다. 어떤 사람들은 한 층위의 의미에서 해석을 하는 반면 다른 사람들은 다른 층위의 의미에서 해석을 하는 것을 **복수의 접근 지점** multiple points of access이라고 한다. 어떤 해석은 매우 특이하고 어떤 해석은 매우 진부할 것이다. 어떤 때는 팬들이 공통된 해석을 내놓고, 어떤 때에는 각자 자신만의 의미를 찾는 데 만족한다. 이 주제에 관해서는 9장의 수용 연구에서 다시 다룰 것이다.

**복수의 접근 지점**
어떤 사람들은 한 층위의 의미에서 해석을 하는 반면 다른 사람들은 다른 층위의 의미에서 해석을 한다는 개념.

대중문화 접근법과 신마르크스주의 이론을 결합한 연구자는 래리 그로스버그Larry Grossberg이다. 대중문화에 대한 그의 입장은 다음과 같다. "대중문화는 당대의 지식인 삶의 담론적 구성체에서 나타나는 변화, 즉 인문학과 사회과학을 관통하는 변화에 대한 믿음을 시사한다. 이는 해석 활동의 적절한 지평이 (그 목적이 무엇이든, 그 학문적 토대가 무엇이든 간에) 인간의 삶에 의미, 결, 구조를 부여하는 문화적 실천의 전 영역임을 제시한다"(Grossberg & Nelson, 1988: 1). 비록 그의 해석은 논란이 되었지만(O'Connor, 1989) 널리 주목을 받았다. 그 인기는 일부 그로스버그가 대중문화 연구에 당대의 유럽 이론을 적용한 데서 기인한다. 그는 최근에 신마르크스주의 이론으로 좀 더 옮겨가서 두 권의 연구 논문집 『마르크스주의와 문화 해석*Marxism and the Interpretation of Culture*』(Nelson & Grossberg, 1988)과 『문화 연구*Cultural Studies*』(Grossberg, Nelson, & Treichler, 1992)를 공동 편찬했다.

대중문화에 대한 연구는 몇 가지 이유에서 대중사회 이론, 제한 효과 관점, 고급문화의 개념에 직접적인 의문을 제기한다. 대중문화 연구자들은 수용자의 의미 구성 능력을 확신하면서 대중사회 이론과 제한 효과 관점에는 부재하는 보통average 사람들을 중요시한다. 대중문화를 문화적으로 중요하고 연구할 가치가 있는 것으로 여기면서, 그들은 교향곡이나 오페라 같은 고급문화의 산물에 내재된 가치에 대한 고급문화의 기본적인 가정에 도전한다. 그리고 각 수용자가 개인적인 의미를 만들기 위해 미디어 콘텐츠를 사용한다고 제안하면서, 그들은 소비자가 생성하는 또는 소비자가 허용하는 미디어 효과의 가능성을 열어준다. 간단히 말해서 사람들과 미디어 텍스트의 상호작용에 의해 행해지는 중요한 문화적 역할을 논하며, 대중문화를 연구하는 연구자들은 모든 문화 이론에 지지를 보낸다.

### 미국의 뉴스 생산 연구

지난 50여 년 동안 언론인들이 어떻게 뉴스를 만들어내는가에 대한 몇몇 중요한 연구가 수행되었다(Crouse, 1973; Epstein, 1973; Fishman, 1980; Gans, 1979; Gitlin, 1980; Tuchman, 1978; Whiten, 2004). 뉴스 생산 연구는 영국의 두 학술지 『저널리즘*Journalism*』과 『저널리즘 연구*Journalisme Studies*』에 꾸준히 발표되어 왔다.

**뉴스 생산 연구**
뉴스 생산의 조직적 관행이 어떻게 왜곡되거나 편향된 콘텐츠를 생산하는지에 대한 연구.

W. 랜스 베넷W. Lance Bennett은 **뉴스 생산 연구**news production research에 관한 문헌들을 조사하고 현재의 뉴스 생산 관행이 뉴스 콘텐츠를 왜곡 또는 편향시키는 네 가지 방법을 요약했다(Bennett, 1988, 2005a).

1. 개인화된 뉴스personalized news: 대부분의 사람들은 집단이나 기관보다는 개인과 더 결부되기 때문에 대부분의 뉴스는 사람을 중심으로 한

다. 베넷에 따르면 "긍정적 또는 부정적으로 쉽게 동일시할 수 있는 개별 행위자(들)에게 초점을 맞추면 뉴스 수용자들은 자신들의 개인적 감정과 환상을 공공 생활에 직접 투사하게 된다"(Bennett, 1988: 27). 따라서 개인화는 사람들로 하여금 멀리서 발생하는 사건과 자신을 연관 짓고 관련성을 찾도록 해준다. 그러나 여기에는 대가가 따른다. 『뉴욕 타임즈 매거 진*New York Times Magazine*』의 편집자 알렉산더 스타Alexander Star는 "빈곤에 대한 텔레비전 뉴스 보도가 일반적인 빈곤이 아닌 한 개인의 상황에 초점을 맞추면, 시청자들은 곤경을 초래한 누군가(가난한 사람이나 다른 누군가)에게로 눈을 돌린다. 그러나 이는…… 누군가에게 비탄을 가져다준 복잡한 과정 전체를 회피하는 것이다. 이러한 뉴스는 기회, 기관이나 사회적 구조의 영향, 또는 다양한 요인이 어떤 결과로 이어지는 복잡한 전체 과정에 대해 우리가 관심을 갖지 않도록 만든다. 그리고 거의 멜로드라마 수준의 규약을 따른다. 사건은 고의적으로 행동하는 개인이 초래한 것이며 이런 개인이 하는 행동은 그들의 기본 성격을 반영한다. 이는 좋게 말해도 대부분의 일들이 일어나는 방식이 아니다"(Star, 2008:10).

2. 극화된 뉴스dramatized news: 다른 미디어 상품들과 마찬가지로 뉴스는 매력적으로 포장되어야 하며 그 주요 수단은 극화이다. 에드워드 제이 엡스타인Edward Jay Epstein은 텔레비전 뉴스 제작자가 쓴 정책 각서로부터 다음과 같은 인용문을 제시했다. "모든 뉴스 스토리는 정직성이나 책임감을 희생하지 않고 허구와 드라마의 속성을 보여주어야 한다. 뉴스 스토리에는 구조와 갈등, 문제와 대단원, 상승과 하강, 도입과 전개, 결말이 있어야 한다. 이러한 것들은 드라마의 필수 요소일 뿐만 아니라 내러티브의 필수 요소이기도 하다"(Epstein, 1973: 4-5). 연방 예산 위기에 대해 너무나 빈번하게 외치는 것은 대통령과 야당 간에 극적인 경쟁을 야기하게 된다. 과연 누가 먼저 타협할까? 누가 승리할 것인가? 이런 갈등에만 주목할 뿐이지 이런 갈등이 보통 사람들이나 대의 민주주의의 미래에 어떤 의미가 있는지에 대해 보도하는 뉴스는 거의 없다.
3. 파편화된 뉴스fragmented news: 일반적으로 신문과 뉴스 방송은 사회의 스냅숏인, 캡슐화된 간단한 사건들에 대한 보도로 구성된다. 언론인들은 이런 방식으로 뉴스를 구성함으로써 객관성 규범을 충족시키려고 한다.

그들은 사건들을 서로 연관을 짓고자 하는 노력 없이 별개로 취급한다. 사건들을 연결하려면 보다 폭넓은 맥락에 두어야 하며 이를 위해서는 추측에 근거한, 때로는 논쟁의 여지가 있는 연계가 요구된다. 세 건의 개별 비행기 충돌이나 혹은 세 건의 개별 유독성 폐기물 유출 간에 연계성이 있을까? 언론인들은 '혼인의 신성함 유지'라는 명목으로 동성 결합을 반대하는 후보 정치인에 대해 보도할 때 이 후보자가 세 번 이혼했음을 독자들에게 상기시켜야 할까? 뉴스 보도는 사건들을 파편화함으로써 뉴스 소비자들이 스스로 사건들을 연결시키는 것을 어렵게 만든다. 이러한 뉴스는 '균형성'이라는 규범을 충족할 수는 있지만 사람들이 뉴스를 이해하는 데는 도움이 되지 않는다.

4. 정상화된 뉴스normalized news: 재난이나 사회 운동에 대한 뉴스는 이러한 잠재적 위협을 현상status quo으로 '정상화'하려는 경향이 있다. 엘리트 정보원에게는 재난에 대해 설명하고 운동가에게 도전하는 것이 허용된다. 엘리트는 위협에 효과적으로 대처하는 권위 있고, 합리적이며, 아는 것이 많은 사람들로 표현된다. 이들이 상황을 정상화시킬 것이다. 항공기에 기술적인 문제가 있다면 항공기는 수리될 것이다. 즉 미국 연방항공국은 비행 기록 장치를 가지고 최대한 빨리 충돌 원인을 찾아낼 것이다. 사회 운동이 정당한 요구를 하는 경우 이는 충족될 것이다. 즉 주지사는 문제를 조사하기 위해 특별위원회를 구성할 것이다. 테러 공격의 위협은? 걱정할 것 없다. 정부가 조금만 더 감시하면 된다. 현상을 정상화하려는 이러한 경향에는 여러 가지 이유가 있는데, 첫째로 가용성을 들 수 있다. 기자들은 언제나 쉽게 정부 관리들을 찾아낼 수 있다. 두 번째로 가치 있는 뉴스 정보원에 대한 접근성을 유지하려는 욕구를 들 수 있다. 세 번째로는 뉴스 산업의 정치경제학을 들 수 있다. 이는 에반 토마스Evan Thomas 기자의 2009년『뉴스위크』커버스토리에 분명히 드러나는데, 여기에서는 진보주의자들이 오바마 대통령의 경기 회복 능력에 대해 못마땅해하는 이유를 설명하고 있다. 그는 다음과 같이 기술했다. "만약 당신이 기득권층의 신념을 가지고 있다면(나는 그렇다), [이런 비판 글을] 읽는 것은 당신을 불안하게 만들 것이다…… 기득권층은 기존 질서를 지지해야 한다는 신념을 가지고 있다. 지배 계층의 구성원들은 상황을 현재 상태 그대로 유지함에 있어서 기득권을 가지고 있다. 현상

Instant Access

## 뉴스 생산 연구 News Production Research

**장점**

1. 뉴스 생산 관행에서 잠재적으로 유용한 변화를 위한 제안을 한다.
2. 일상적인 뉴스 생산 관행에 대해 중요한 질문들을 제기한다.
3. 다양한 유형의 뉴스 생산 연구에 사용될 수 있다.
4. 뉴스 이용과 효과에 대한 연구와 조합되어 포괄적으로 뉴스를 이해할 수 있도록 한다.
5. 어떻게 언론이 인터넷과 소셜 미디어에 의해 달라지는지를 평가하는 데 사용될 수 있다.

**단점**

1. 뉴스 생산 관행에 초점을 맞추고 있으나 그 효과가 실증적으로 증명되지 않았다.
2. 언론인들과 이들의 사회적 역할에 대해 비관적인 관점을 가지고 있다.
3. 현재 활동하고 있는 언론인들로부터 비실용적이라는 이유로 무시되고 거부된다.
4. 저널리즘 관행이 인터넷과 소셜 미디어에 의해 급격히 변화되어왔으므로 업데이트가 필요하다.

유지, 전통 제도 보호는 건전하고 유용하고 안정을 가져온다"(Thomas, 2009: 22).

게이 터크만Gaye Tuchman은 지금은 고전적인 예가 된 뉴스 생산에 대한 연구를 수행했다(Tuchman, 1978). 그녀는 언론인들이 지니고 있는 가치관이 비록 그들이 뉴스에 영향을 주지 않으려고 상당한 노력을 기울이는 때조차도 어떻게 뉴스에 영향을 미치게 되는지에 대해 연구했다. 터크만은 사회 운동을 보도하는 언론인들을 관찰함으로써 뉴스 생산 관행이 은연중에 현상 유지에 편향되어 있다는 결론을 내렸다. 그리고 기자들이 객관성 의례objectivity rituals에 참여한다는 것을 발견했다. 즉 기자들은 실제로는 편견을 유발하는 편견 없는 뉴스를 생산하기 위한 절차를 수립하고 있다.

**객관성 의례**
뉴스 생산 연구에서 은연중에 편향된 객관성을 담보하기 위해 고안된 전문적 관행을 나타내는 용어. 은연중에 편향된 객관성이란 현상 유지를 지지하는 방향으로 구성된 객관성을 말함.

예를 들어 논쟁의 여지가 있는 운동을 이끄는 지도자들을 인터뷰할 때 이들의 진술은 절대 단독으로 보도되지 않았다. 언론인들은 이런 운동에 반대 하는 당국의 견해를 함께 보도함으로써 운동 지도자들의 진술과 '균형 잡기' 를 늘 시도했다. 기자들은 종종 운동 지도자들의 진술 중에서 가장 특이하고 논쟁적인 진술을 선택하고 이를 주류 집단 지도자들의 보다 전통적인 견해와 대조했다. 기자들은 논쟁이 되는 운동의 전반적인 철학을 이해하려고 노력하지 않았다. 기자들의 이해 부족으로 인해 운동 지도자들의 진술은 문맥에서 빠지고 운동의 이상은 왜곡되었다. 기자들은 결코 이와 같은 집단들에 대해 부정적인 견해를 명백하게 표명하지는 않았지만 그들의 이해 부족과 무심한 인용문 선택, 엘리트 정보원의 활용은 운동에 대한 부정적인 뉴스를 만들어 냈다.

### 비판적 페미니스트 학자들

페미니스트 대중문화 연구자들은 미국의 비판적 문화 이론을 정당화하고 대중화하는 데 중요한 역할을 했다. 그들은 미디어 효과 트렌드의 인과적 모델보다는 캐리의 의례적 관점(커뮤니케이션은 정보를 전파하는 행위가 아니라 공유된 신념을 재현하는 것으로 보는 관점)을 채택했다. 또한 일부 연구자들은 유럽 문화 연구 이론의 신마르크스주의 전통을 따랐다. 그들은 미국의 전통적 후기실증주의 연구자들이 '승인한' 연구 방법들보다 더 다양한 연구 방법들을 적극적으로 수용했다. 비판적 페미니스트 학자들은 여성에 대한 남성의 지배와 그 결과에 대한 자신들의 연구에 문학 비평, 언어학, 인류학, 역사학, 심지어 양적 방법론도 도입했다.

그러나 노린 야누스Noreene Janus가 1977년 자신의 고전적 논문 「매스 미디어에 나타난 성 역할 연구: 비판적 접근Research on Sex-Roles in Mass Media: Toward a Critical Approach」에서 설명했듯이, 당연히 그들의 연구를 추동한 것은 문화 속에 존재해온 지속적이고 체계적인 성차별이었다.

> 지난 10여 년 동안 미국 사회에서 가장 두드러진 발전 중 하나는 우리 사회의 성차별주의에 열성적이고 끈질기게 도전해온 페미니스트 운동의 성장이다. 미국 페미니스트들은 성차별에 대한 포괄적인 공격의 일환으로 가족, 학교, 교회, 매스 미디어 등 주요 제도들을 분석해 이데올로기로서의 성차별이 어떻게 지속되는지 파악했다. 그들은 이러한 모든 제도 중에서 매스 미디어는 일상생활에서 점점 더 그 역할이 커지고 있기 때문에 특히 성차별적인 관념을 전달하는 강력한 메커니즘이라고 거듭 주장했다.

야누스는 미디어의 성 역할 묘사에 대한 훌륭한 연구가 많다는 것을 인정했지만, 여전히 연구가 충분하지 않을 뿐만 아니라 페미니즘의 대의명분을 해친다고 믿었다. 그녀는 자유주의 페미니스트liberal feminist 연구를 대신하는 비판적 페미니스트critical feminist 연구를 주장했다. 미국의 자유주의 페미니스트들이 그들의 연구 문제를 상정하고, 방법론을 선택하고, 문제를 어떤 틀 안에서 설명하고, 결론을 도출하는 방식은 연구 중인 불평등을 생산하는 바로 "그 틀에 대한 확인"을 불가피하게 만들어낸다는 것이다. 그녀는 "가장 중요한 사회적 분리는 남성과 여성의 분리라고 믿는 자유주의 페미니스트들은 남성과 여성을 비교 평가하는 연구를 실시한 후 성별 분리가 가장 중요하다는 결론을 내린다"(Janus, 1977: 22)고 주장했다. 그러나 그녀는 "사회에서 가장 근본적인 분리는 남성과 여성의 분리가 아니라 계급 간의 분리"(Janus, 1977: 24)라고 주장했다. 그러므로 페미니스트 문화 학자들이 더 큰 사회적·경제적 구조를 천착할 때 페미니스트 비판적 문화 학자가 될 것이라는 것이다. "미디어의 성차별주의를 남성이 여성을 억압하는 측면에서만 보아서는 안 되며, 동시에 성차별주의가 역사적으로 어떻게 발전해왔는지, 자본주의적 생산과의 현재 관계는 어떠한지 설명하지 않으면 안 된다…… 비판적 시각은 미디어에서 남성보다 열등하게 묘사되는 여성의 모습뿐만 아니라 제한적이고 비하적인 여성의 이미지가 구조적으로 자본주의의 기능과 관련이 있다는 것을 보여줄 것이다"(Janus, 1977: 29).

야누스의 신마르크스주의가 비판적 페미니스트 학자들의 연구를 위한 효과적인 노선이었다면, 정치경제학 이론도 마찬가지였다. 아일린 미핸Eileen Meehan과 엘렌 리오던Ellen Riordan도 최근 다음과 같이 설명했다. "미국과 개발도상국들에서는 '성+돈=권력'이다. 미디어 연구에서 이 등식을 다루는 것은 페미니즘과 정치경제학의 통합을 필요로 한다. 이 통합적 접근법은 단순히 하나를 다른 것에 추가하는 것이 아니다. 오히려 우리는 모든 미디어 구조, 행위자, 과정, 표현은 그들의 존재 이유를 섹스와 돈으로 형성된 관계에서 발견한다고 본다"(Meehan & Riordan, 2002: x).

마침내 이 페미니스트 비판적 문화 이론 학자들은 "커뮤니케이션 연구의 오랜 질문에 새로운 통찰력과 결정적인 절박감을 가져다주었다"(Wartella & Treichler, 1986: 4). 그러한 통찰력은 네 가지 일반적인 접근 방식에서 페미니스트 비판적 학문 영역으로 흘러가는 경향이 있었다(Rakow, 1986). '이미지와 재현 접근'은 다음의 질문들에 답하려고 시도했다. 미디어에는 어떤 종류의 여성 이미지가 있으며, 여성의 이미지는 문화 속 여성의 위치에 대해 무엇을 드러내는가? 그 이미지들은 누구의 이미지이며 누구에게 도움이 되는가? 그 이미지들은 어떤 영향을 미치는가? 그리고 어떻게 의미를 갖게 되는가? '회복과 재평가 접근'은 다음과 같은 질문을 던졌다. 남성 위주의 문화에서 어떻게 여성이 자신을 표현할 수 있는가? 왜 여성의 창의성은 간과되거나 평가 절하되거나 무시되는가? 여성과 남성의 창의성은 어떻게 다른가? 여성 신화와 이야기는 무엇인가? '수용과 경험 접근'은 여성들이 그들 자신의 삶과 경험에 대해 스스로 말할 수 있는 통로를 제공하는 수단으로서, 주로 그들에게 인기 있는 문화 상품에 대한 여성 미디어 소비자의 경험과 인식에 초점을 맞춘다. 마지막으로, '문화 이론 접근'은 앞의 세 가지 접근 방식처럼 내용을 검토하기보다는 문화 제도와 문화 생산에 초점을 맞춘다. 이 접근은 문화를 생산하는 사회적·경제적 구조를 더 잘 살필 수 있도록 콘텐츠로부터 "뒤로 물러서 있다." 그리고 이를 통해 그러한 구조가 여성의 경험과 사회적 지위에 어떻게 영향을 미치는지 고찰한다.

**정신분석 이론**
모든 인간의 생각과 행동은 흔히 인간이 인식하지 못하는 내면의 심리적·정서적 요인에 의해 추동된다고 주장하는 이론.

미국의 비판적 페미니스트 미디어 학자들의 미디어 연구에는 또 하나의 원천이 있었는데, 바로 **정신분석 이론**psychoanalytic theory에 근거한 영화의 텍스트 분석이다. 정신분석 이론은 모든 인간의 생각과 행동은 흔히 인간이 인식하지 못하는 내면의 심리적·정서적 요인에 의해 추동된다고 주장하는 프로이트 심리학에서 유래한 것이다. 이러한 비판적 문화 이론의 본거지는 로라 멀비Laura Mulvey의 1975년 논문 「시각적 쾌락과 서사 영화Visual Pleasures and Narrative Cinema」에서 확실히 알 수 있다. 멀비에 따르면, 할리우드는 "항상 영화의 지배적인 이데올로기를 반영하는 '형식적 미장센formal mise-en-scène'에 스스로를 가둔다"(Mulvey, 1975/1999: 834). 그녀는 비록 그 당시 할리우드 영화 산업의 독점적 지배가 약해졌음에도 불구하고 전형적으로 남성과 여성을 다르게 표현하는 이데올로기는 남아 있었다고 실토했다. 즉 남성은 영화의 액션과 서사의 능동적인 동인으로, 여성은 주로 남성의 욕망과 물신 숭배적 응시의 수동적인 대상으로 존재했다. 대상object으로서 타인을 보는 데서 느끼는 인간의 쾌락에 깊이 뿌리를 둔 영화는 자본주의적 문화 상품으로서, "관객의 존재에 무관심한, 마법처럼 느긋한 밀폐된 세상을 묘사하며 그들을 위해 분리감과 관음증적 판타지를 만들어낸다"(Mulvey, 1999: 835-

836). 멀비에 따르면, "세상은 성적 불균형에 의해 질서 잡혀 있기" 때문에 그에 따라 스타일되는 여성 인물에 대한 "지배적인 남성의 응시는 그 판타지를 투사한다"(Mulvey, 1999: 837). 왜 여성 인물은 남성의 시선을 끌기 위해 "스타일되는" 것인가? "자본주의자뿐만 아니라 장인"의 영화도 관객들을 찾는다. 하지만 왜 남성 인물도 여성의 시선을 끌기 위해 "스타일되지" 않는가? "지배 이데올로기의 원칙과 이를 뒷받침하는 심리학적 구조에 따르면 남성 인물은 성적 대상화의 부담을 감당할 수 없다"(Mulvey, 1999: 838). 결과적으로 여성에게는 스크린상의 남성과 동일시하거나 대상화된 여성과 동일시하는 두 가지 선택권이 주어진다. 어느 쪽이든 그들의 영화 관람은 그들을 비하하는 바로 그 이데올로기를 강화시킨다. 멀비에게 있어서 여성의 이미지는 고전적 서사 영화의 "관음적인 능동적/수동적 메커니즘"을 발전시키기 위해 "지속적으로 도둑맞고 이용되었다"(Mulvey, 1999: 844). 그녀가 제시한 해결책은 무엇일까? 하나는 영화를 덜 재미있게 만드는 것이다. "쾌락 또는 미를 분석하는 것은 그것을 파괴하는 것이다. 바로 이것이 이 논문이 의도하는 바이다." 해결책 중 다른 하나는 더 합리적이고 비판적인 이론의 목표와 일치하는 것으로, 바로 해방적 지식이다. "대안은 과거를 배격하지 않고 뒤로한 채 앞으로 나아가거나, 낡고 억압적인 형식을 초월하거나, 새로운 욕망의 언어를 채택하기 위해 정상적인 쾌락적 기대를 과감히 던져버리는 것이다"(Mulvey, 1999: 835).

최근의 비판적 페미니즘 연구는 강간 문화를 강화하는 일반적인 문화적 전제를 해체하는 데 초점을 맞추고 있다. 강간 문화는 "강간이 발생하기에 적합한 환경을 조성하는 일련의 믿음과 가치들"로 정의된다(Boswell & Spade, 1996: 133). 마누엘라 토마에Manuela Thomae와 G. 텐다이 비키G. Tendayi Viki는 강간 문화가 "여성에 대한 학대적 태도와 전통적인 성 역할 각본에 기반한다"고 설명한다. "남성의 공격성과 지배, 여성의 수용성과 수동성이라는 전제, 여성성에 대한 경멸, 강간 신화, 강간과 동의를 정의하는 데 있어 존재하는 모호성" 등이 강간 문화를 지속시키는 핵심 요소이다(Thomae & Viki, 2013: 250). 이러한 전제에 의존하고 이를 강화하는 성차별적 유머와 강간 농담은 이 연구 영역의 대표적인 주제 중 하나이다. 라울 페레즈Raúl Pérez와 비베카 그린Viveca Greene의 연구에 따르면, "강간 농담에 대한 지배적인 해석은 가부장제와 자유시장 이데올로기를 강화하며, 여성 혐오적 유머가 실제 세계에 미치는 함의를 부정한다. 특히 이러한 농담이 단순한 재미로 옹호될

**강간 문화**
성폭력을 용인하거나 조장하는 환경을 구성하는 신념과 가치의 집합.

때 그러하다"(Pérez & Greene, 2016: 265). 이들은 특히 여성들이 남성들과 함께 있을 때 강간 유머를 수용하는 현상에 주목했는데, 이는 성차별적 유머에의 노출과 여성 차별에 대한 관용 사이에 존재하는 상관관계 때문이었다(Ford et al., 2008; Romero-Sánchez et al., 2010).

비베카 그린Viveca Greene과 앰버 데이Amber Day는 "강간 농담은 강간 문화의 일부를 구성한다"는 전제에 동의하며(Greene & Day, 2020), 페미니스트 코미디언들이 풍자를 통해 강간 문화를 비판하는 방식을 분석했다. 이들은 이러한 비판의 가치를 인정하면서도, 전통적 페미니즘이 유색인 여성들을 배제해왔다는 점을 지적했다. 알렉시스 오케오워Alexis Okeowo가 설명하듯, 흑인 여성들은 "정치적으로 흑인으로 존재할 것인지, 여성으로 존재할 것인지" 선택을 강요받았다(Okeowo, 2017, par. 3). 이들은 젠더, 인종, 계급 등 다양한 사회적 범주 속에서 한 개인이 겪는 교차 지점, 즉 **교차성**intersectionality을 강조하며, 강간 문화를 비판하려면 이 문화가 모든 사람에게 영향을 미치지만, 그 방식과 강도는 개인의 사회적 위치에 따라 다르게 나타난다는 점을 반드시 인식해야 한다고 주장한다. 이 개념을 처음 제안한 킴벌리 크렌쇼Kimberlé Crenshaw는 2017년 한 인터뷰에서 교차성을 "권력이 발생하고 충돌하며, 맞물려 교차하는 지점을 볼 수 있게 해주는 렌즈"로 묘사했다. "여기에는 인종 문제가 있고, 저기에는 젠더 문제가 있으며, 또 다른 곳에는 계급이나 LGBTQ(Lesbian, Gay, Bisexual, Transgender, Questioning) 문제가 있다고 단순히 구분할 수는 없다. 많은 경우, 이러한 구분은 여러 억압을 동시에 겪는 사람들의 경험을 지워버린다"(Crenshaw, 2017). 크렌쇼가 이 용어를 만들기 15년 전인 1974년 자칭 급진 페미니스트인 안드레아 드워킨Andrea Dworkin은 그녀의 저작 『여성 혐오*Woman Hating*』(1974)에서 "미국에서의 억압은 '서로 얽힌 직물처럼 촘촘히 짜여 있다'"고 말하며, "어디에 서 있든, 우리는 적어도 한 발은 다른 사람의 배 위에 올려둔 채로 서 있다"라고 그 작동 방식을 설명한다(재인용, Goldberg, 2019: 4).

**교차성**
성별, 인종, 계급 등 다양한 사회적 범주에 따른 위치가 한 개인의 삶에서 교차하는 현상

페미니즘 커뮤니케이션 연구자들은 온라인상에서 페미니스트 학자들과 활동가들이 직면하는 적대감에도 주목한다. 이들은 '마노스피어manosphere'라 불리는 느슨한 온라인 네트워크에 의해 정기적으로 괴롭힘을 당한다(Marwick & Caplan, 2018: 543). "괴롭힘은 여성의 온라인 행위를 통제하는 수단으로 활용되며, 이는 온라인과 오프라인 모두에서 공적 영역에의 여성의 참

여를 위축시키는 효과를 낳는다"(Marwick & Caplan, 2018: 545). 다양한 여성 혐오적 집단이 인터넷상에서 활발히 활동하고 있으며, 이들은 여성에 대한 고강도 공격을 유발해왔다. 대표적인 사례가 여성 게이머를 괴롭히고 배제하려는 지속적인 시도인 '게이머게이트Gamergate' 사건이다(Waterlow, 2016).

## 마셜 매클루언: 미디어는 메시지와 마사지이다

1960년대에 전자 미디어와 그것이 사회 문화에 미치는 영향에 대해 깊이 이해했던 캐나다 학자 마셜 매클루언Marshall McLuhan은 세계적으로 큰 명성을 얻었다. 매클루언은 문학 비평에 대한 교육을 많이 받았고 커뮤니케이션 이론과 역사도 공부했다. 그의 저술에는 마르크스에 대한 인용이 거의 없으며(매클루언은 실제로 커뮤니케이션을 소홀히 한 마르크스를 혹평했다), 주로 캐나다의 정치경제학자 해럴드 이니스Harold Innis의 연구에 기반하여 미디어의 역사적 역할을 이해했다. 그러나 매클루언은 자신의 이론에서 다양한 이론들을 종합했다. 이 장의 뒷부분에서 매클루언을 다루는 것은 문화 연구가 미디어에 대한 제한 효과 관점에 중요한 도전으로 부상하던 1960년대에 그의 가장 영향력 있는 글이 쓰였기 때문이다. 그의 사상은 기술, 대중매체, 커뮤니케이션 간의 거시적 관계와 이들이 인간 환경에 어떻게 영향을 미치거나 그것을 형성하는지를 중점적으로 다루었기 때문에, 이후 매체 생태 이론media ecology theory으로 알려지게 되었다(Postman, 2000). 이는 제13장 논의의 중심이 되는 문화 중심적 이론culture-centered theories의 발전을 예견한 것으로 볼 수 있고, 따라서 그의 사상은 13장에서 다루는 많은 내용에 대한 서문으로 읽힐 수 있을 것이다.

**매체 생태 이론**
기술, 매스 미디어, 커뮤니케이션 간의 관계와 그것들이 인간 환경을 어떻게 형성하는지를 중시한 매클루언의 사상을 지칭하는 이론.

매클루언은 미국 문화 연구의 창시자로 간주되는 제임스 캐리와 함께 북아메리카의 미디어, 문화, 사회에 대한 거시적 이론을 장려하고 잘 알리기 위해 많은 일을 했다. 미국 학계에서 제한 효과 이론의 인기가 정점에 도달했을 때 미국의 커뮤니케이션 연구자들은 거시적 이론에 대해 비록 노골적으로 반감을 표하지는 않았으나 의구심을 가지고 있었다. 매클루언의 저술 활동은 대부분 이 시기에 이루어졌다. 인문학계에서는 여전히 고급문화 정전canon이 지금은 타계한 백인 앵글로 색슨 남성들에 의해 만들어진 '고전적인' 작품(유럽 소설, 교향곡, 진지한 연극)으로 대부분 구성되던 시대였다. 매클루언은 매스 미디어의 문화적 역할에 대해 제한 효과 개념과 문화 정전에 대해 빠르게 도전을 제기했다.

매클루언과 그의 발상이 다시 유행하고 있다. 지금까지 1960년대 팝컬트 대주교, 미디어 형이상학자, 전자 시대의 사제 등으로 칭송(혹은 폄하)되던 매클루언이 '사이버 공간의 성경'이라는 『와이어드*Wired*』 잡지의 발행인란에 '수호성인'으로 기재된 것은 대단히 아이러니한 일이다. "매클루언의 미디어 생성과 소비 이론은 너무나 유연하고 어느 시대에나 적용할 수 있어서 그것으로 손쉽게 현 시대를 묘사할 수 있다"고 과학기술 전문가 데이비드 카David Carr는 말한다(Carr, 2011: 10).

매클루언의 '이론'은 사실 몇몇 일반적인 가정들을 결합한 많은 흥미로운 아이디어들의 모음이다. 이중 가장 중요한 것은 "음성 문자에서 컴퓨터에 이르기까지 모든 미디어는 인간의 확장이다. 이는 인간을 심층적이고 지속적으로 변화시키고 그의 환경을 변화시킨다"(McLuhan, 1962: 13)라는 발상으로, 커뮤니케이션 기술의 변화는 필수적으로 문화와 사회 질서에도 심오한 변화를 가져온다는 주장이다.

매클루언은 자신의 관점을 발전시키기 위해 정치경제학 이론과 같은 비판적 문화 이론에 의존했지만, 그의 작업은 긍정적인 사회 변화를 만들어낼 기반을 제공하지 못했기 때문에 정치경제학자들로부터 거부당했다. 그는 어떠한 정치 운동이나 사회 운동과도 관련이 없었다. 커뮤니케이션 기술에 의해 좌우되고 커뮤니케이션 기술 안에 내재된 어떠한 변화도 받아들일 준비가 되어 있는 것처럼 보였다. 기술은 필연적으로 사람들의 생각, 사회 구조, 그리고 창조된 문화의 형태에 특정한 변화를 초래한다고 주장한 매클루언은 **기술결정론자**technological determinist였다.

**기술결정론자**
모든 사회, 정치, 경제, 문화적 변화는 필연적으로 기술의 발전과 확산에 기초한다고 믿는 사람.

### 해럴드 이니스: 커뮤니케이션의 편향

해럴드 이니스Harold Innis는 역사의 특정 시점에서 발견할 수 있는 다양한 사회 구조와 커뮤니케이션 미디어의 연관성에 대해 체계적이고도 깊이 있게 성찰한 최초의 학자 중 한 명이었다. 그는 『제국과 커뮤니케이션*Empire and Communication*』(1950)과 『커뮤니케이션의 편향*The Bias of Communication*』(1951)에서 이집트, 그리스, 로마 제국은 엘리트들의 문자 지배를 토대로 한다고 주장했다. 그리고 이 제국들과 구술에 의존하는 이전의 사회 질서를 대조했다. 이니스는 엘리트들이 문자를 발견하기 전에는 대화가 대중 담론의 지배적인 형태였고 정치적 권한은 훨씬 더 분산되어 있었다고 주장했다. 점차 문자는 엘리트들의 커뮤니케이션의 지배적인 방식이 되었고, 휴대(이동)하기 쉬우면서도 오래 보존되는 새로운 필기도구(특히 종이)의 발명으로 그 힘이 엄청나게 커졌다. 종이와 펜을 가지고, 중앙에 위치한 소수의 엘리트들은 광대한 지역을 통제하고 통치할 수 있었다. 이와 같이 새로운 커뮤니케이션 미디어는 제국을 세우는 것을 가능하게 했다.

이니스는 문자 기반의 제국이 커뮤니케이션 기술을 최대치로 활용하여 확장되었다고 주장했다. 제국의 확장은 수도로부터의 명령을 전달하기 위해 사용된 커뮤니케이션 미디어에 의존하는 만큼 군 장성의 기량에 의존하지 않았다. 마찬가지로 이후의 사회 질서의 구조도 특정 시점에 이용 가능한 미디어 기술에 달려 있었다. 예를 들면 전화와 전신은 지리적으로 더 넓은 지역을 훨씬 더 효과적으로 통제할 수 있게 해주었다. 에버렛 로저스Everett Rogers는 이니스의 말을 다음과 같이 다른 말로 바꾸어 표현했다. "변화하는 커뮤니케이션 기술은 비용을 줄이고 커뮤니케이션의 속도와 거리를 증가시켜 제국의 지리적 크기를 확장시키는 역할을 했다"(Rogers, 2000: 126). 이와 같이 새로운 미디어 기술의 도입에 의해 점차 엘리트들에게 권력이 집중되면서 시공간에 대한 그들의 지배력은 더욱 커지게 되었다.

이니스는 캐나다의 엘리트들이 철도와 전보를 포함한 다양한 기술을 사용해 대륙을 가로질러 그들의 통제를 확장한 방법을 추적했다. 정치경제학자였던 그는 중앙 집권화된 권력에 대해 깊은 의혹을 품고 있었으며 점점 더 새로워지는 커뮤니케이션 기술이 중앙 집권화를 불가피하게 강화하게 될 것이라고 믿었다. 그는 이것을 내재하는 **커뮤니케이션의 편향**bias of communication이라고 말했다. 이러한 편향으로 인해 그가 주변이라고 칭하는 외딴 지역의 사람들과 자원은 중심에 있는 엘리트들의 이익을 위해 불가피하게 착취를 당하게 되는 것이다.

**커뮤니케이션의 편향**
커뮤니케이션 기술이 권력의 중앙 집권화를 불가피하게 강화한다는 해럴드 이니스의 아이디어.

## 매클루언: 미디어의 이해

비록 이니스로부터 대폭 차용했지만 매클루언은 착취나 중앙 집권적 통제의 문제에 천착하지 않았다. 자본주의자들이 지배하는 미디어의 문화적 영향에 대한 그의 견해는 프랑크푸르트학파보다 훨씬 더 낙관적이었다. 그는 미디어 기술이 가진 변화의 힘에 관한 이니스의 주장에 매료되었다. 매클루언은 엘리트들이 이 권력을 행사하는 방식을 두려워하지 않았다. 만약 기술 자체가 스스로 그 용도를 결정한다면 엘리트들에 대해 우려할 필요가 없다.

그래서 매클루언은 다른 질문들을 제기했다. 예를 들어 미디어가 사회 질서뿐만 아니라 우리의 감각 경험도 변화시키는 것이 가능한가? 어찌 되었든 책을 읽고 영화나 TV 프로그램을 보는 행위들은 다른 감각 기관들을 동원한다. 1960년대에 우리는 인쇄 기술에 기반한 시대에서 전자 미디어 시대로 분명히 옮겨가고 있었다. 만약 새로운 사회 질서와 새로운 형태의 문화의 출현에 커뮤니케이션 기술이 중요한 역할을 한다면, 매클루언은 인쇄 미디어를 버리고 전자 미디어를 택하는 것이 어떤 의미인지를 알고 싶어했다.

**미디어는 메시지이다**
새로운 형태의 미디어는 우리 자신과 사회에 대한 우리의 경험을 변형시키고, 이러한 영향은 궁극적으로 특정 메시지의 내용보다 더 중요하다는 매클루언의 아이디어.

매클루언은 전자 미디어의 확산이 함의하는 바에 대한 자신의 생각을 귀에 쏙 들어오는 적확한 문장으로 표현했다. "**미디어는 메시지**(와 마사지)**이다**The medium is the message (and the massage)." 이는 새로운 형태의 미디어는 우리 자신과 사회에 대한 우리의 경험을 변형시키고(마사지하고), 이러한 영향은 궁극적으로 특정한 메시지로 전달되는 내용보다 더 중요하다는 말이다. 즉 기술이 경험을 결정한다는 것이다.

**지구촌**
즉각적인 전자 미디어가 전 세계를 하나의 위대한 사회, 정치, 문화 체계로 묶음으로써 출현하는 새로운 형태의 사회 조직을 지칭하는 매클루언의 용어.

그는 즉각적인 전자 미디어가 전 세계를 하나의 거대한 사회·정치·문화 체계로 묶음으로써 필연적으로 등장하게 될 새로운 형태의 사회 조직을 지칭하기 위해 **지구촌**global village이라는 용어를 사용했다. 이니스와 달리 매클루언은 지구촌에 대한 통제나 그 구성원들이 착취당할지에 대한 문제들에는 신경 쓰지 않았다. 매클루언에게 이 문제들은 중요하지 않았다. 그는 미디어가 우리의 감각에 미치는 영향과 이러한 영향이 어디로 이어질지와 같은 미시적 이슈에 더 관심을 가졌다.

**인간의 확장**
미디어가 시공간적으로 인간의 시각, 청각, 촉각을 확장한다는 매클루언의 아이디어.

앞서 살펴본 바와 같이 매클루언은 미디어가 **인간의 확장**extension of man이라고 선언하고, 미디어는 말 그대로 시공간적으로 인간의 시각, 청각, 촉각을 확장한다고 주장했다. 전자 미디어는 보통 사람들에게 새로운 전망을 열어줄 것이고 우리가 어느 곳에서나 즉각적으로 존재할 수 있게 해줄 것이다. 하지만 이것이 평등하고 민주적인 비전이었을까? 평범한 사람들은 이런 식으로 감각이 확장되었을 때 어떻게 할까? 그들은 정보의 과부하에 굴복할 것인가? 그들은 정치에 더 많이 참여하게 될까? 그들이 확장된 감각으로 자신들 앞에 열린 가상 세계로 도피할까? 매클루언은 글과 인터뷰를 통해 이러한 질문들에 대해서 애매하고 모순되는 의견들을 제시했다. 때때로 그의 생각은 심오하고 예언적이었고, 보통 난해하거나 평범하거나 혼란스러웠다.

비록 매클루언은 수수께끼 같은 예언자였지만, 많은 이들이 지구촌과 전자 미디어의 역할에 대한 그의 관찰은 전자 미디어의 최근의 발전을 미리 내다본 것으로 평가하고 있다. 『와이어드』의 편집자들이 매클루언을 그들의 수호 성인으로 삼은 것은 바로 이 때문이다. 위성 통신이 막 개발되고 있을 때 그는 24시간 내내 방송을 하는 케이블 뉴스 네트워크가 출현할 것이며, 이는 우리를 전쟁터나 바리케이드에서 벌어지는 역사적 사건의 목격자로 만들 수 있을 것이라고 예견했다. 메인프레임 컴퓨터가 오피스 빌딩의 전 층을 가득 채웠을 때 그는 개인용 컴퓨터가 어느 곳에나 있고 인터넷이 모든 사람들을 거대한 정보 저장소에 즉시 접근할 수 있도록 하는 시대를 상상했다. 그러나 어느 미디어 비평가(Meyrowitz, 1985)가 지적했듯이, 모든 곳에 존재한다는 것은 어느 곳에도 존재하지 않는다는 것이다. 즉 장소에 대한 감각이 사라진다는 것이다. 정보에 접근한다는 것은 정보를 효과적으로 선택하고 사용할 수 있다는 것과는 다르다. 지구촌은 공간이나 시간 속에 놓여 있지 않다. 그렇게 변덕스럽고 모호한 사회 구조에 적응하는 것이 가능한가? 아니면 지구촌은 그저 냉소적인 엘리트들이 사람들을 착취하는 데 사용하는 허울일 뿐인가? 이러한 질문은 매클루언의 저서 『미디어의 이해*Understanding Media*』(1964)에서 발견되는 전자 미디어에 대한 찬가에서 멀리 벗어나 있다.

매클루언의 아이디어는 엄청난 대중적 인기를 끌었다. 그는 1960년대 초기 대중문화 권위자 중 한 명이 되었다. 닉슨/케네디 대통령 선거에 대한 매클루언의 발언은 그에게 전국적인 명성을 가져다주었다(닉슨은 '쿨한cool' 매체인 TV에 너무 '핫했고hot', 케네디는 적절하게 '쿨했다'). 매클루언의 아이디어는 많은 관심을 받았지만 이후 인기를 잃었다. 왜 그렇게 크게 부상했다가 갑자기 인기가 떨어졌을까?

처음에는 매클루언의 연구 작업이 '카멜롯 시대The Age of Camelot'라는 1960년대 초의 정신과 맞아떨어졌다. 정치경제학자 이니스나 프랑크푸르트학파 같은 신마르크스주의 사상가들과는 대조적으로, 그는 새로운 미디어 기술이 우리의 개인적인 경험, 사회 구조, 문화에 가져다줄 심오하고 긍정적인 변화에 대해 뻔뻔스러울 정도로 낙관했다. 제한 효과 이론가들과는 달리 그는 미디어를 하찮은 것으로 치부하지 않았다. 매클루언은 미디어 산업의 총아였으며 영광스러운 예언자였다. 단기간 동안 그는 대기업에 자문을 해주고, 세미나를 주재하는 대가로 엄청난 돈을 받았다. 그의 아이디어는 부정적인 결과에 대한 고려는 거의 없이 전자 미디어의 급속한 확산을 합리화하는 데 사용되었으며, 방송 산업의 복음서로 변질되었다. 아이들이 대부분의 여가 시간을 텔레비전 앞에서 보내다가 진짜 문맹이 된다면 어떻게 하느냐고 걱정하는데 어차피 책은 사라질 운명이다. 왜 굳이 책의 종말을 연장하는가? 결국에 우리 모두는 문자가 존재하기 전 원시 부족처럼 읽고 쓰는 것이 불필요한 지구촌에 살게 될 것이다. 텔레비전이 기존 미디어보다 확실히 훨씬 더 나은 게 분명한데 왜 그리 텔레비전의 부정적인 요소를 들춰내고 걱정하는가? 인쇄 미디어가 지닌 한계를 생각해보자. 선형적이고 논리적인 사고는 너무 제한적이다. 전자 미디어의 승리가 불가피하다면, 전자 미디어를 거부하지 말고 잘 이용하는 것은 어떨까? 미디어에 대한 정부의 규제는 불필요하다. 이상적인 형태의 미디어는 우리가 무엇을 하려는 노력과는 상관없이 자연스럽게 진화할 것이다. 미디어 대기업에 대해서 걱정할 필요가 없다. 텔레비전 폭력에 대해서 불평할 필요도 없다. 인종 차별적이거나 성차별적인 미디어 콘텐츠에 저항할 필요도 없다. 매클루언의 장기적인 글로벌 관점을 채택하자. 크게 생각하자. 비선형적으로 생각하자. 단지 앞으로 다가올 미래를 기다리자.

이렇게 매클루언의 연구 업적이 미디어 산업계에서 활발히 수용되고 있었을 때에도 학계에서는 점점 더 많은 비난을 불러일으켰다. 그중에서 가장 신랄하게 비판한 것은 문학 평론가들이었다. 그들은 매클루언의 생각이 너무 다양하고 일관성이 없다는 점을 지적했다. 그들은 읽고 쓰는 능력이 쓸모없다는 매클루언의 생각에 경악했고, 비선형적 사고에 대한 그의 찬사가 터무니없고 심지어 위험하다는 점을 지적했다. 이 비평가들은 '비선형적 사고'라는 것은 논리적으로 일관성이 없고 무작위적인 사고를 그럴듯하게 포장한 것일 뿐이라고 생각했다. 그들은 매클루언의 책을 학문으로 가장한 정신착란brainstorm이라고 불렀다. 매클루언은 이러한 비평가들이 너무 현학적이며, 논리적이고 선형적인 사고에 함몰되어 있다고 비난했다. 그들은 읽고 쓰는 능력과 인쇄 미디어에 너무 의존하는 탓에 객관적이지 못하다는 것이다. 그들은 고급문화 정전을 옹호하는 엘리트주의자들이고, 그들의 직업은 읽고 쓰는 능력에 달려 있다는 것이다. 매클루언은 이러한 비평가들에게 자의적인 제약으로부터 자유로워지기 위해 열심히 노력할 것을 충고했다. 당연하게도 그렇게 하려는 사람은 거의 없었다.

효과 이론 트렌드의 미디어 학자들도 매클루언에 대해 한결같이 비판적이었지만 그 이유는 달랐다. 일부 학자들이 그의 몇몇 개념을 탐구하는 연구를 시도하기도 했지만, 대부분은 미디어의 힘에 대한 그의 가정이 터무니없다고 생각했다. 그들은 효과 이론에 세뇌되어 있었고 미디어가 사람들의 경험을 바꿀 수 있다는 가능성에 대해 회의적이었다. 이것이 가능할지라도 '사회에 대한 사람들의 경험'이나 '지구촌'과 같은 무정형적인 것들을 체계적으로 탐구하기 위한 연구를 어떻게 설계할 수 있을까? 초기에 소규모의 경험적 연구가 매클루언의 주장을 뒷받침하지 못하자 이들의 의혹은 사실로 확인되었다. 매클루언은 또 한 명의 허세 있는 이론가일 뿐이었다. 그의 아이디어는 지나치게 추정적이며 경험적으로 입증될 수 없었다.

매클루언은 심지어 대부분의 비판적 문화 이론가들과 잘 어울리지 못했다. 그들 중 많은 이들이 이니스를 존경했지만, 매클루언의 사고는 이니스의 기본적인 아이디어에 대한 왜곡이라고 생각했다. 매클루언은 상부 구조의 개혁을 시도하거나 토대를 장악하기 위한 혁명을 이끌기보다는, 우리를 지구촌으로 인도할 기술을 기다리는 것에 만족하는 듯 보였다. 그는 "우리의 운명은 미디어 기술에 달려 있고 우리는 그것이 이끄는 곳이면 어디든 가게 되어 있다"고 생각했다. 정치경제학자들은 이를 잠재적으로 위험한 새로운 형태의 전자 미디어의 개발을 장려하고 승인하는 자기 충족적 예언으로 보았다. 전자 미디어는 우리를 고통스러운 미래, 즉 멀리 떨어져 있는 엘리트들에 의해 지속적으로 감시받고 강요받는 악몽 같은 지구촌으로 이끌지도 모른다. 정치경제학자들은 기존의 엘리트들이 권력을 유지하는 한 긍정적인 변화에 대한 희망은 거의 없다고 보았다. 그들은 매클루언이 보다 중요한 업적으로부터 관심을 다른 데로 돌리고 이니스의 글에서 발견되는 급진적인 개념을 왜곡했다고 비난했다. 일부 정치경제학자들은 심지어 매클루언의 아이디어는 대중을 혼란스럽게 해서 신마르크스주의 연구를 무시하거나 잘못 해석할 수 있도록 의도적으로 설계된 일종의 허위 정보라고 보았다.

매클루언의 연구 작업에 대한 이러한 비판에도 불구하고 그의 작업 중 많은 부분은 주목할 만하다. 로저스의 주장에 따르면, 매클루언의 관점은 매스 커뮤니케이션 학자들, 특히 새로운 미디어를 연구하는 데 관심이 있는 학자들에

**Instant Access**

## 매클루언이즘 McLuhanism

**장점**

1. 포괄적이다.
2. 거시적이다.
3. 1960~1970년대 일반 대중에게 반향을 일으켰다.
4. 대중 미디어 콘텐츠의 문화 가치를 제고한다.
5. 커뮤니티 육성에 미디어가 중심적 역할을 하는 미래를 예측한다.
6. 새로운 전자 미디어의 도입으로 오래 환영받고 있다.

**단점**

1. 효과에 대한 연구로는 검증할 수 없다
2. 기술의 영향력에 대해 지나치게 낙관적이다.
3. 중요한 효과 문제를 간과한다.
4. 그 가치에 의문이 제기되는 비선형적 사고를 촉구한다.
5. 전자 미디어에 대해 지나치게 변명한다.
6. 리터러시의 가치에 의문을 제기하고, 그 가치는 불가피하게 하락할 것이라고 주장한다.

게 더욱 주목을 받을 만한 가치가 있다(Rogers, 2000). 일부 젊은 학자들은 그의 관점을 자신들의 논리를 펼침에 있어 흥미로운 출발점으로 삼았다(Wolf, 1996). 이는 매클루언의 작업이 매우 절충적이고 개방되어 있기 때문에 가능하다.

## 학습 목표 확인

- 미디어의 비판적 문화 트렌드를 설명하고, 이를 미디어 효과 트렌드와 대조해 본 뒤, 각각의 트렌드가 답할 수 있는 연구 문제의 유형을 구분해본다.

지난 40년 동안 비판적 문화 이론 트렌드는 미디어의 사회적 역할에 대한 중요한 대안적 관점을 제공해왔다. 여기에는 마르크스주의 이론에 지적 뿌리를 두고 있는 이론들이 포함되는데, 이 이론들은 문학 비평을 포함한 다른 관점들의 영향도 받아왔다. 이 이론가들은 매스 미디어가 종종 기존 질서를 유지시키는 데 기여하며, 유익한 사회 변화를 추구하는 사회 운동은 방해한다고 주장한다. 그러나 이들은 또한 일반 대중이 미디어의 영향력에 저항할 수 있으며, 미디어가 지배적인 엘리트들의 권력에 효과적으로 도전할 수 있는 다원적 공론장을 제공할 수 있다고도 주장한다.

- 거시적 매스 커뮤니케이션 이론과 미시적 매스 커뮤니케이션 이론, 비판적 문화 이론과 경험적 연구 기반 이론, 전달적 관점과 의례적 관점의 차이에 대해 알아본다.

거시적 이론은 매스 커뮤니케이션의 사회적 혹은 문화적 영향에 초점을 맞춘다(예: 자본주의 체제 내에서 미디어 제도가 어떻게 구조화되는가). 반면 미시적 이론은 보다 일상적인 삶의 맥락에서 일반인들의 경험에 집중하며, 사회 질서에 대한 큰 그림보다는 구체적 상호작용에 주목한다. 비판적 문화 연구자들이 사용하는 방법은 주로 질적 방법이며, 이는 양적 경험적 연구와 대비된다. 이러한 질적 접근은 현상의 본질적 차이를 강조한다. 의례적 관점은 미디어를 공유된 신념의 재현에 핵심적인 역할을 하는 것으로 본다. 이 관점은 정보를 단순히 전달하고 통제하기 위한 도구로 보는 전달적 관점과 대조된다. 1970~1980년대에 미디어 효과 트렌드에 대한 불만이 커지면서, 후기실증주의 성향의 학자들조차도 점차 의례적 관점을 지향하기 시작했다.

- 비판적 문화 이론의 토대를 마르크스주의, 신마르크스주의, 프랑크푸르트학파, 텍스트 분석과 문학 비평, 정치경제학 이론, 비판적 페미니즘 학파 등에서 찾아본다.

일부 문화 이론은 명시적 또는 암묵적으로 평등주의와 같은 특정 사회적 가치를 기반으로 하는 비판 이론이다. 비판 이론가들은 이러한 가치를 이용해 기존의 사회 제도와 관행을 비판하고, 그에 대한 대안을 제시하며, 유용한 사회 변화를 위한 이론을 개발한다. 최근 신마르크스주의 문화 이론가들은 매스 미디어가 조직화된 엘리트에 의해 전적으로 조작된다는 견해를 거부하고, 미디어를 많은 사람들과 집단들이 참여할 수 있는 다원적 공론장으로 본다. 그러나 이들은 대부분의 미디어 콘텐츠가 명시적이든 암묵적이든 현 체제를 지지한다는 점에서 엘리트가 여전히 많은 이점을 누리고 있다고 인정한다. 또한 이들은 대중사회 이론에서 발견되는 것과 같은 부정적 수용자 효과 같은 단순한 개념을 거부한다. 미디어 콘텐츠가 현 체제를 명시적으로 지지할 때조차 수용자는 이를 재해석하거나 거부할 수 있다는 것이다. 문화 이론가들은 과감한 주장을 펼치고, 그들의 연구에 가치를 명시적으로 포함시킨다. 대중문화 연구자들이 수용자의 힘과 대중문화 텍스트(예: TV 시리즈, 대중음악)의 문화적 가치를 인정한 것처럼, 문화 이론가들은 주류 미디어 이론에 도전장을 던진다. 비판적 페미니즘 학자들 역시 여성과 미디어의 관계뿐만 아니라, 이 관계를 연구하는 학문 분야 자체의 관행에도 의문을 제기한다.

● **정치경제학 이론과 문화 연구 간의 차이점과 유사점을 알아본다.**

이 두 이론은 이론적·방법론적 차이를 지닌다. 정치경제학 이론은 경제 제도를 거시적으로 바라보며, 경제적 지배가 문화적 지배를 지속시킨다고 본다. 반면 문화 연구는 문화적 변화가 경제 제도에 영향을 미칠 수 있다고 본다. 정치경제학 이론은 대중문화의 다양성과 사람들이 콘텐츠를 해석하는 다양한 방식을 인정하지 않지만, 문화 연구 이론은 미디어가 작동하는 사회적·정치적 맥락을 간과하고, 콘텐츠 소비 방식에만 집중하는 경향이 있다. 문화 연구 이론가들 중 일부는 사회 정책의 수립이나 개입에 별다른 관심이 없으며, 이들의 연구는 현 체제를 비판하는 데 뚜렷한 기반을 제공하지 못하는 경우도 있다. 정치경제학 이론가들은 이들이 비판 이론의 역사적 사명을 저버리고 대중문화를 무비판적으로 찬양하는 데 몰두한다고 주장한다. 이론가는 사회 변화를 위해 적극적으로 활동해야 한다는 것이다.

### 생각해볼 문제

1. 그 정의에 의하면 비판 이론은 현 체제status quo를 변화시키고자 이에 의문을 제기하고 도전한다. 하지만 이것이 사회과학 이론의 적합한 역할일까? 어찌 되었든 현 체제는 우리 대부분에게 작용하고 있는 것처럼 보인다. 이는 비판 이론을 지지하는 사람들에게도 확실히 해당된다. 그들은 아마도 편안한 환경의 대학이나 싱크 탱크에서 좋은 직업을 가지고 있을 것이다. 여러분은 사회 시스템의 가치에 대한 기본적인 가정들과 그것을 변화시키기 위한 노력을 조화시킬 수 있는가?

2. 여러분의 고향이나 주도state capital에는 보스턴오페라하우스, 뉴욕필하모닉, 휴스턴발레단 등과 같이 후원받는 교향악단이나 연극 단체, 무용단 등이 있는가? 왜 지방 정부나 주 정부는 이러한 엘리트 예술 단체에 재정적 지원을 하는가? 시장이 정해야 되는 것이 아닌가? 만약 이러한 예술 단체들이 스스로 살아남을 수 없다면 왜 납세자들은 그 단체들의 운영 비용을 부담하는 데 동의해야 하는가? 여러분의 도시나 주는 힙합이나 재즈 클럽, 로큰롤이나 알앤비R&B 공연장의 운영 비용을 부담하는가? 프랑크푸르트학파의 학자들은 이런 상황에 대해 뭐라고 말할까? 정치경제학 이론가들은 어떻게 말할까?

3. 학교를 졸업하면 당신은 이상적으로 어떤 종류의 차를 원하는가? 왜 그런가? 여러분은 그저 정교한 강철, 플라스틱, 유리 조각에 불과한 것에 어떤 리얼리티reality를 부여하는가? 이 리얼리티는 어디서 기원했는가? 여러분이 운전하는 차에 대해 개인적으로 의미 있는 리얼리티를 얼마나 자유롭게 발전시킬 수 있는가? 그리고 여러분은 자신이 생각하는 것처럼 독립적이거나 특이하지 않을 수도 있다는 것이 중요한가? 만약 여러분이 자동차가 주로 남성들에게 중요하다고 생각한다면 왜 그렇게 생각하는가? 그것은 자동차의 '리얼리티'가 정말로 구축되었다는 것을 시사하는가? 그렇지 않다면 남성과 여성은 같은 리얼리티를 공유하지 않는가? 만약 질문에서 자동차를 스타일과 패션으로 바꾸면 여러분의 대답은 동일한가?

# 미디어와 사회 학습에 관한 이론

7장

## 학습 목표

- 제2차 세계대전 이후 사회적·기술적 변화가 어떻게 텔레비전과 미디어의 영향력에 대한 이론적 재고로 이어졌는지 설명한다.
- 정화, 사회 인지 이론과 같은 다양한 '폭력 이론'을 살펴보고 그 구성 요소인 공격 단서, 모방과 동일시, 관찰 학습, 억제와 탈억제 효과, 프라이밍 효과, 인지 신연합적 관점에 대해 설명한다.
- 미디어에 노출된 결과 공격성이 발현되는 데 영향을 미치는 중요한 맥락적 변수들을 찾아본다.
- 텔레비전 시청에 대한 능동 이론과 발달적 관점이 미디어 효과 이해에 어떻게 기여했는지를 알아본다.
- 폭력적인 비디오 게임에 대한 연구가 어떻게 텔레비전 폭력 이론을 뒷받침하는지, 또한 어떻게 공격성에 미치는 미디어의 효과에 대해 깊이 있게 이해하도록 하는지 설명한다.

## 개요

1945년 8월 6일 미국은 히로시마에 원자 폭탄을 떨어뜨림으로써 사실상 제2차 세계대전을 끝냈다. 4년간 전 세계를 휩쓴 무력 충돌은 미국의 경제, 산업, 인구, 가족, 기술 등 여러 측면에 큰 변화를 가져왔고 그 영향력은 1960년대에 가장 크게 체감할 수 있었다.

1960년대를 탈바꿈시키게 될 매스 미디어인 텔레비전은 1939년 뉴욕에서 개최된 만국박람회에서 처음 소개되었는데 그 출발은 그리 순조롭지 못했다. 텔레비전의 작은 화면, 형편없는 음질, 비싼 가격은 대중 매체로서의 성공 가능성에 관한 의구심을 불러일으켰다. 영화와 어떻게 경쟁할 것인가? 몇 블록만 걸어가면 강렬한 컬러의 영상을 큰 스크린에서 볼 수 있는데, 사람들이 과연 집에서 희미한 흑백 영상을 작은 화면으로 보려고 할 것인가? 이후 3년간 몇몇 실험적인 텔레비전 방송국들은 소수의 시청자를 대상으로 제한된 수와 종류의 프로그램을 방송하기 시작했다. 미국이 전쟁에 돌입한 이후 텔레비전을 개선하고 생산하는 데 투입되었어야 할 기술과 자재가 군수 물자에 들어가면서 텔레비전은 더더욱 대중적으로 확산되지 못했다. 그러나 기술에 대한 연구는 계속되었다. 이에 따라 전쟁이 끝나고 소비재 생산을 위해 자재를 다시 사용하게 되면서 기술적으로 보완된 이 새로운 미디어를 즉시 이용할 수 있게 되었다. 이뿐만 아니라 미국 사회의 극적인 변화가 텔레비전이라는 새로운 미디어에 유익하게 작용할 것을 예상한 전국의 상업 라디오 방송국들은 이미 인기 프로그램과 출연진을 텔레비전으로 옮길 계획을 세우고 있었다.

이러한 기술적인 발전은 미국 사회의 큰 변화와 동시에 일어났다. 전쟁은 미국을 농업에 기반을 둔 농촌 위주의 사회에서 산업에 기반을 둔 도시 중심의 국가로 바꿔놓았다. 전쟁 이후에 많은 사람들이 정기적인 일정(해가 떠서 질 때까지 일했던 농부들의 노동 시간 대신)을 따르는 직업을 가지게 되었고 여가 시간이 늘어났다. 또한 많은 사람이 고정적인 수입(계절에 따라 달라지며 수입을 다시 땅에 투자하는 농부들의 수입 대신)이 생겼으며 여가 시간에 사용할 수 있는 돈도 늘었다. 전쟁을 위해 발전시킨 제조 기술이 있었기 때문에 국가 경제는 그러한 돈으로 살 수 있는 제품을 대량 생산할 역량이 있었다. 더 많은 소비재가 시장에서 경쟁함에 따라 광고의 필요성이 커졌으며, 이는 새로운 미디어인 텔레비전의 경제적 기반이 되었다. 주로 백인이 아닌 미국인들이 전쟁에서 싸우고 공장에서 일했는데, 그들은 아메리칸 드림의 정당한 몫을 요구하기 시작했다. 남성이 전장에 있는 동안 여성이 노동 인구에 진입했기 때문에 한 가정의 부모가 모두 밖에서 일하는 것은 흔한 일이 되었다. 사람들이 거주하던 소도시와 고향을 떠나게 되면서 전통적인 공동체의 중심이 되었던 교회와 학교는 1960년대에 십 대를 보낸—전쟁 직후의 베이비붐으로 인해 그 수가 과도하게 많았던—이들의 사회적·도덕적 발달에 있어서 그 영향력을 잃어가기 시작했다.

중요한 사회적 변화가 있었던 여느 시기와 마찬가지로 이 당시에도 심각한 사회 문제들이 발생했다. 십 대 인구가 빠르게 증가하자 비행과 범죄가 급증했다. 비평가들은 학교가 아이들을 책임감 있는 시민으로 교육하는 데 실패했다고 비난했다. 범죄가 많은 도시를 휩쓸었으며 몇몇 도시에서는 인종 폭동이 발생했다. 연이은 사회 운동은 전국적인 관심을 받았는데, 특히 인권 운동과 베트남전 반대 운동이 그러했다. '블랙 팬서Black Panthers'와 '웨더맨Weathermen'과 같은 시민운동 단체들은 자신들의 목적을 달성하기 위해서라면 폭력도 불사하는 것으로 악명 높았다. 정치적인 불안정은 존 F. 케네디, 마틴 루터 킹, 로버트 케네디의 암살 사건 후 새로운 정점에 달했다. 젊은이들은 이상하게 행동했다. 그중 다수가 새롭고 익숙하지 않은 음악은 더 많이 듣고 '구식 사고방식을 지니고 있으며 시대에 뒤떨어진' 부모의 말은 점점 더 듣지 않았다. 사회과학자들은 보수적인 중산층 부모와 점점 진보적이 되어가는, 심지어 급진적인 그들의 자녀 사이에서 '세대 차이'를 발견했다.

이와 같은 변화 가운데 미디어의 역할에 대해 열띤 논쟁이 벌어졌다. 사회 연구자들과 미디어 종사자들은 지속적으로 제한 효과 연구 결과를 토대로 주장을 펼쳤지만, 새로운 관찰자 세대는 미디어가 아이들에게 해가 되고 있으며 그들의 삶을 파괴하고 있다고 비난했다. 아이들에게 가족, 학교, 교회가 덜 중요해졌음을 보여주는 증거는 늘어갔다. 유리 브론펜브래너Urie Bronfenbrenner의 말처럼 집의 뒷마당은 작아지고 학교 운동장은 커지고 있었다(Bronfenbrenner, 1970). 다시 말해 아동과 청소년은 점점 더 부모의 영향력으로부터 멀어져 사회화되고 있었다. 브론펜브래너의 연구 결과에 따르면 전쟁 전의 미국 청소년들에게 부모와 교회가 사회화의 주된 동인이었다면, 1960대 중반에 이르러서는 미디어와 또래가 그러한 결정적인 기능을 수행하는 가장 중요한 동인이 되었다.

따라서 미디어, 특히 텔레비전이 비판의 대상이 되고 미디어의 유해한 영향을 가정한 과학적 연구들에서 집중 연구 대상이 된 것도 당연한 일이었다. 그런데 이와 같이 매스 미디어의 부정적인 영향을 입증하려는 새로운 노력이 시작된 시점은 학자들 사이에서 미디어 효과 트렌드의 영향력이 절정에 달할 때였고 사실상 거의 모든 연구 결과는 미디어의 제한 효과를 가리키고 있었다.

미디어 효과 연구의 접근 방식에 확신을 가진 사회 연구자들과 일관된 경험적 연구 결과에도 불구하고 그들의 결론에 회의적이었던 사람들 사이에 격렬한 논쟁이 이어졌다. 제한 효과 이론의 적극적인 지지자들은 미디어 산업으로부터 경제적인 혜택을 받는 추종자들이라는 비난을 받았고, 열정이 넘쳤던 텔레비전 비판가들은 과학적이지 못하고 복잡한 문제를 과도하게 단순화하고 대안적인 원인을 무시한다고 비난받았다.

그러나 그 시기에 지배적이었던 미디어 효과 트렌드의 영향권 안에 있지 않았던 심리학자들은 당시의 사회적 혼란을 미시적 차원, 즉 개인적 차원에서 설명할 수 있을 것이라고 생각했다. 심리학자들은 사람들, 특히 아동이 어떻게 매스 미디어, 그중에서도 텔레비전을 통해 지식과 행동을 습득하는지에 주목했다. 이후 **사회 인지 이론**social cognitive theory으로 알려진 심리학자들의 이론이 초기에 아동에게 초점을 맞추게 되면서 커뮤니케이션 이론가들의 초점 역시 효과 트렌드의 연구 결과인 미디어의 제한된 영향력에서 옮겨가게 되었다. 커뮤니케이션 이론가들은 현실에서 폭력이 증가하고 있는 현상과, 폭력이 증가하는 데 새로운 미디어인 텔레비전이 영향을 미쳤을 가능성에 대해 많은 관심을 기울였다.

**사회 인지 이론**
환경과의 상호작용을 통해 이루어지는 학습에 관한 이론으로 행동, 개인적 요인, 환경적 사건의 상호 인과성이 수반됨.

사회과학자들은 텔레비전 폭력물의 효과에 대해 다양한 관점을 발전시켰는데 그중에는 정화, 사회 학습, 사회 인지 이론, 공격 단서, 프라이밍 효과가 포함된다. 이 중에서 뒤에 열거된 네 관점은 미디어가 실제로 폭력의 발생 가능성을 증가시킬 수 있는 요인이라고 보는 반면, 정화는 정확히 이와는 반대되는 주장을 한다. 이 장에서는 이와 같은 관점들과 더불어 매개된 폭력의 맥락, 즉 폭력과 공격성이 미디어에서 어떻게 제시되는지 알아볼 것이다. 또한 아동이 미디어와 어떻게 상호작용하는지에 대한 다양한 이해 방식 중에서 특히 텔레비전 시청에 대한 능동 이론과 발달적 관점에 대해 살펴볼 것이다. 이와 더불어 현실적이고 참여적인 비디오 게임이 폭발적으로 증가함에 따라 다시 관심을 얻고 있는 미디어와 폭력 사이의 관계에 대해서도 알아보고자 한다. 텔레비전과 폭력에 관한 기존의 이론들에 새로운 목적이 주어지면서 미디어 효과에 관한 새 모델인 **일반 공격 모델**general aggression model, GAM이 등장했는데, 이 이론에 따르면 "공격성은 대체로 사회 학습 과정을 통해 형성된 지식 체계(예를 들면 스크립트script와 스키마schema)를 근거로 하여 발현된다"(Anderson & Dill, 2010: 773).

**일반 공격 모델**
인간의 공격성에 대한 모델로, 상황적·개인적 변수들이 공격성에 미치는 효과를 인지, 감정, 각성이 매개한다는 주장.

## 아동과 폭력

미디어가 사회적 불안을 조성하고 폭력을 부추긴다는 주장은 1960년대 말에 최고조에 이르렀다. 로스앤젤레스 교외의 와츠를 비롯해 클리블랜드, 뉴어크, 디트로이트와 같은 도시들에서 인종 폭동이 일어난 이후 린든 존슨Lyndon Johnson 대통령은 두 개의 국가위원회를 설립했는데, 바로 1967년에 설립된 '커너위원회'와 1968년에 설립된 '폭력의 원인과 방지에 관한 위원회'이다. 이 위원회들은 미디어에 대해 신랄하게 비판했고 뉴스 보도와 오락 콘텐츠에 다양한 변화를 줄 것을 권고했다. 1968년 '폭력의 원인과 방지에 관한 위원회'가 발표한 보고서 「폭력과 미디어Violence and the Media」의 서문에서 편집장 폴 브라이언드Paul Briand는 다음과 같이 질문했다. "만약 미디어가 주장하는 바와 같이 미디어의 폭력에 대한 묘사와 폭력적인 행동 사이에 객관적인 상관관계가 존재하지 않는다면, 다시 말해서 하나가 다른 하나에 영향을 미치지 않는다면 시청자들이 상품을 선택하고 소비하는 데 미디어가 영향을 준다고 어떻게 주장할 수 있겠는가? 시청자들이 상품을 선택하고 소비하는 태도와 행동에 미디어가 영향을 미친다는 것이 분명한데도 말이다. 어떤 것은 할 수 있고 어떤 것은 할 수 없는가?"(Baker & Ball, 1969: vii). 이러한 질문은 미디어 효과 트렌드가 지지했던 매스 미디어의 유순함에 대한 가정과 관련해서 점점 커져가고 있었던 대중과 엘리트의 회의적인 태도를 반영한다.

연방 정부는 1969년 '텔레비전과 사회적 행동에 대한 미국공중위생국 과학자문위원회Surgeon General's Scientific Advisory Committee on Television and Social Behavior'를 설립해 이 문제에 대한 새로운 답을 찾고자 했다. 그 목적은 텔레비전 효과에 관해 광범위한 연구를 의뢰해서 텔레비전이 아동의 행동에 중요한 영향을 미치는지 밝혀내는 것이었다. 2년 후 100만 달러를 투자한 연구가 종료되고 과학자들이 내린 결론은 무엇이었을까? 공중위생국장 제시 L. 스타인펠드Jesse L. Steinfeld는 미 상원 분과위원회에 다음과 같이 보고했다.

> 텔레비전을 통해 방송되는 폭력적인 장면과 사람들의 반사회적인 행동 사이에는 인과 관계가 존재하므로 이를 개선하기 위해 적절한 조치가 즉시 취해져야 한다는 것은 분명하다. 텔레비전과 폭력 그리고/또는 공격적 행동과 같은 사

회 현상에 대한 데이터가 보여주는 인과 관계에 대해 모든 사회과학자들이 동의하기란 어려운 일이다. 그러나 데이터가 행동을 합리화하기에 충분한 시기도 온다. 그런 때가 되었다(U.S. Congress, 1972: 26).

그럼에도 불구하고 이 보고서는 텔레비전의 효과와 관련된 논란을 잠재우는 데에는 거의 도움이 되지 않았다. 미디어 업계 관계자들과 로비스트들은 어린이 프로그램에 대해 연방통신위원회가 새로운 규제를 만들고 이를 이행하는 것을 막기 위해 노력했다. 그들은 결론에 이르지 못한 연구를 인용하며 미디어의 효과가 제한적이라는 주장을 다시 제시했다. 그러나 결국 업계는 자율 가족 시청 시간에 동의해 이 시간대에는 폭력적인 콘텐츠의 방영을 표면적으로나마 최소화했으며, 당시 텔레비전 방송국 3사는 모두 프로그램의 기준을 강화하고 프로그램 프로듀서와 긴밀히 협력하는 가운데 불필요한 폭력을 제한했다.

## 텔레비전 폭력 이론

텔레비전 폭력물에 관한 이러한 연구들의 가장 중요한 성과는 이론들의 점진적 발전을 가져왔다는 것이다. 이 이론들은 연구 결과를 요약하고 아동 및 청소년의 삶에서 미디어가 수행하는 역할에 관해 한층 더 유용한 통찰을 제공해주었다. 종합하자면 이 이론들은 텔레비전 시청과 공격성의 관련성에 대한 강력한 근거를 제공해주었다. 예를 들어 30여 년 전(그리고 공중위생국장의 조치 촉구 요청 이후 20여 년이 지나) 이에 관한 수년간의 관련 연구를 검토한 후 알레사 휴스턴Aletha Huston과 그녀의 동료들은 다음과 같이 기술했다.

> 축적된 연구는 폭력물의 시청과 공격적인 행동 사이에 상관관계가 있음을 분명하게 보여준다. 즉 중시청자들은 경시청자들에 비해 더 공격적으로 행동한다…… 실험 연구와 종적 연구 모두 폭력물을 시청하는 것이 공격성의 원인이 된다는 가설을 뒷받침한다…… 현장 실험에서 미취학 아동과 청소년들에게 어떤 조건 아래 폭력적인 텔레비전 프로그램이나 영화를 시청하도록 했을 때 공격성이 높아지는 것으로 나타났다(Huston et al., 1992: 54-55).

그로부터 10년 뒤 브래드 부시먼Brad Bushman과 크레이그 앤더슨Craig Anderson은 문헌을 재검토한 후 다음과 같은 결론에 이르렀다(Bushman & Anderson, 2001). 미디어 폭력물의 시청과 그 이후 나타나는 공격성 사이의 관련성은 자가 진단과 유방암 조기 발견의 관련성, 칼슘 복용량과 골 부피 사이의 관련성, 콘돔 사용과 성관계를 통해 전염되는 질병 예방의 관련성보다 더 많은 과학적 증거를 가지고 있다. 『미국의사협회 저널*Journal of the American Medical Association*』의 브랜든 센터월Brandon Centerwall에 따르면, "명백하게도 모든 폭력적인 행동은 여러 영향력—가난, 범죄, 알코올과 마약 남용, 스트레스—이 함께 작용한 결과이며, 어린 시절 텔레비전에 노출되는 것은 그중 하나일 뿐이다. 그럼에도 불구하고 역학 조사의 증거가 보여주는 것은 만약 텔레비전 제조 기술이 개발되지 않았더라면 오늘날 미국에서 매년 살인 10,000건, 강간 70,000건, 폭행 700,000건이 덜 발생할 것이라는 점이다"(Vander Neut, 1999: 40 재인용).

이에 대한 논쟁은 여전히 계속되고 있는데, 좀 더 정확하게 말하자면 소수의 회의적인 학자들(Bushman, Rothstein, & Anderson, 2010 참조)과 많은 미디어 업계 대변인들(Tsukayama, 2013 참조)이 과학이 결정적이지 않다는 주장을 계속하는 한 지속될 것이다. 조사에 따르면 77%에 이르는 압도적으로 높은 비율의 미국 부모들이 미디어 폭력물과 공격성이 관련이 있음을 받아들이고 있다(Mandese, 2013).

### 정화

**정화**
미디어를 통해 매개된 공격 장면을 시청함으로써 사람들의 선천적인 공격 욕구가 충족되거나 줄어든다는 견해로, 승화로 부르기도 함.

텔레비전과 폭력성에 관한 논란의 요소 중 하나인 **정화**catharsis를 다룬 공중위생국장의 보고서 결과는 상당히 명확했고 의미 있는 합의를 이끌어냈다. CBS의 조셉 클래퍼Joseph Klapper는 "나는 텔레비전이나 그 밖에 다른 미디어를 통해 폭력물을 시청하는 것이 정화 혹은 승화sublimation를 일으키는 역할을 한다는 어떤 증거, 말하자면 구체적인 증거를 알지 못한다. 그러한 효과가 있음을 보여주는 연구도 일부 있었지만 그 반대의 효과를 증명하는 연구가 훨씬 더 많았다"라고 말했다(U.S. Congress, 1972: 60). 그러나 (때로는 승화로 불리는) 정화—폭력물을 시청하는 것만으로도 충분히 사람의 공격 욕구를 제거하거나 최소한 충족시킬 수 있으며, 이에 따라 공격적인 행동을 할 가능성을 줄일 수 있다는 개념—는 매스 커뮤니케이션 이론에서 상당히 오랜 시간 동안 거론되었다.

우리는 상식과 미디어 소비를 통해 정화 가설의 약점이 되는 증거를 찾을 수 있다. 텔레비전 화면에서 애정 표현을 하는 커플을 본다고 해서 당신의 성적 욕구가 줄어드는가? 미디어에서 초콜릿 케이크를 먹어치우는 가족의 모습을 본다고 해서 당신의 식욕이 줄어드는가? 만약 매개된 성적 행위를 시청하는 것이 성욕을 줄여주지 않고 사람들이 먹는 모습을 미디어에서 보는 것이 식욕을 줄여주지 않는다면, 매개된 폭력을 시청하는 것이 공격 욕구를 충족시켜준다고 가정할 이유는 어디에 있는가? 공격성은 타고나는 것이 아니라 학습되는 것이다. 이러한 점에서, 뇌가 작동하는 방식을 고려하면 카타르시스는 실현 불가능하다. 심리학자 더글러스 젠타일Douglas Gentile은 이렇게 설명한다. "전화번호를 기억하는 일반적인 방식 중 하나를 생각해보자. 우리는 그것을 읽거나 반복해서 말한다. 충분히 여러 번 보게 되면, 더 이상 반복할 필요가 없다. 우리는 그것을 학습한 것이다…… 어떤 것을 반복해서 보면 볼수록, 그것은 뇌에 더 깊이 각인된다. 만약 공격성 카타르시스 가설이 맞다면, 전화번호를 한 번 더 보면 오히려 그것을 덜 기억하게 되어야 한다. 즉 그것이 우리로부터 사라져야 한다. 그러나 실제로 반복된 경험은 학습의 가장 효과적인 방법 중 하나다…… 그러므로 만약 누군가가 폭력적인 비디오 게임을 하면서 공격적인 생각, 감정, 반응을 연습한다면, 이는 장기적으로 공격적인 사고나 감정, 반응을 줄일 수 없다"(Gentile, 2013: 503).

그러나 정화 가설이 설득력이 있었던 이유를 찾아내는 것도 어렵지는 않다. 철학자 아리스토텔레스는『시학*Poetics*』에서 그리스 비극에 대한 관객의 반응을 설명하기 위해 정화에 대해서 논했다. 그는『시학』에서 관객의 선천적인 공격 욕구가 '제거'되었다는 등의 언급을 한 적은 없지만, 그리스 비극에서 다른 사람들에게 불행이 닥친 것을 보고 관객이 느꼈던 연민과 두려움은 극이 진행됨에 따라 해소되고 정화될 수 있었음을 논했다(Gadamer, 1995). 정화는 일반적인 통념과 비슷한 수준의 타당성을 지닌 것으로 간주되었다. 또 다른 이유는 정화가 텔레비전 폭력물이 사회적인 유용성을 지니고 있음을 시사했기 때문인데, 텔레비전 폭력물은 아동 및 청소년의 억눌린 공격성과 적대감에 대한 무해한 출구를 제공한다는 측면에서 유용하다는 것이다. 텔레비전의 등장 초기에 많은 이들이 이 매력적이고 새로운 미디어의 이용을 합리화하고자 힘썼는데, 미디어의 효과에 대한 연구들에서 기능주의를 수용한 것(5장)이 그 이유를 뒷받침했다.

초기 연구 중에는 정화 효과가 있다는 점을 시사하는 경우도 있었다. 시모어 페쉬바흐Seymour Feshbach는 실험을 통해 대학생 나이의 남성들에게 "부당하고 극히 비판적인 발언"으로 모욕감을 주고, 그들에게 공격적인 장면이 많이 있는 영화(상금이 걸린 잔혹한 권투 시합 영화) 혹은 중립적인 영화(소문의 확산에 관한 영화)를 시청하게 함으로써 정화 효과를 입증하려고 했다(Feshbach, 1961). 페쉬바흐는 영화 시청 후 남성들에게 실험과 모욕적인 발언을 했던 실험자에 대해 평가하도록 했다. 상금이 걸린 권투 시합에 관한 영상을 시청했던 이들의 태도는 다른 영화를 보았던 이들에 비해 덜 공격적이었다.

그러나 1977년에 F. 스캇 앤디슨F. Scott Andison이 20여 년간의 과학적 증거를 검토한 후 서술한 바와 같이 "현재 축적된 자료를 근거로 생각해보았을 때 우리는 텔레비전이 사람들에게 더 높은 정도의 공격성을 불러일으킨다고 결론을 내릴 수 있다. 그러므로 잠정적으로 '텔레비전 폭력물의 공격성 자극' 이론을 받아들이고…… '정화' 이론은 받아들이지 않는 것이 타당해 보인다"(Andison, 1977: 323). 당시 영국 레스터대학교 매스커뮤니케이션연구소 소장이었던 제임스 D. 할로란James D. Halloran은 단도직입적으로 정화가 '허위 주장'이라고 말하기도 했다(Halloran, 1964/1965: 62).

하지만 페쉬바흐는 폭력물을 시청한 이후에 공격성이 감소한다는 점을 입증했고, NBC로부터 기금을 받아 1971년에 수행했던 연구에서도 이와 유사한 결과를 밝혀냈다(Feshbach & Singer, 1971). 이 연구는 사춘기 이전의 남자아이들이 모여 사는 시설에서 진행되었다. 총 6주에 걸쳐 남자아이들의 절반은 폭력 장면이 거의 없거나 하나도 없는 텔레비전 프로그램만을 시청하도록 제한했고, 나머지 절반은 폭력적인 장면이 다수 포함된 콘텐츠를 시청할 수 있도록 허용했다. 다양한 행동 척도를 사용한 결과 폭력적인 프로그램을 시청한 남자아이들이 덜 공격적인 것으로 나타났다. 그러나 이와 같은 결과는 정화가 원인이 아닐 수도 있었다. 비폭력적 프로그램 실험군에 배정된 남자아이들의 경우 그들이 평소에 좋아하는 프로그램을 시청하는 것이 허용되지 않았기 때문에 좌절감을 느꼈을 수 있었다. 그리고 좌절감이 커짐에 따라 폭력성이 증가했을 수 있다.

그러나 사회과학자들이 결국 깨닫게 된 것은 매개된 폭력과 공격성이 그 이후에 시청자들에게 나타날 수 있는 공격 가능성을 감소시킬 수 있다는 점이다. 다만 정화가 그 원인은 아니었고, 시청자들이 주어진 상황에서 폭력이 적절하지 않다는 것을 학습하게 된 것이다. 페쉬바흐의 첫 번째 연구(Feshbach, 1961)를 다시 생각해보자. 잔혹한 권투 시합을 통해 다른 사람에게 불필요한 고통이 가해지는 것을 보고 사람들은 그저 '공격은 좋은 것이 아니다'라고 생각했을 수 있다. 그들이 가졌던 공격 욕구는 제거되지 않았을지라도 타인을 그렇게 대하는 것이 적절하지 않다는 점에 대해 단순히 학습이 일어났을 수 있다. 다시 말해 (모욕적인 발언을 들었던) 그들의 공격적인 성향은 미디어가 제공한 정보에 의해 억제된 것이다. 여기서 우리는 미디어 폭력물이 개인에게 미치는 영향력을 이해하는 데 가장 유용한 것으로 여겨지는 이론에 대해 생각해볼 수 있는데, 바로 사회 인지 이론이다.

### 사회 학습 이론

인간은 관찰을 통해 배운다. 그러나 사람들이 미디어를 통해 어떤 행동을 얼마나 많이 배우는지에 대한 의문은 남아 있다. 이에 관한 논의는 부분적으로는 정의의 문제로부터 촉발되었다. 사람들이 미디어에서 관찰한 것들을 모방할 수 있는지에 대해 의문을 제기하는 사람은 없다. **모방**imitation은 행동을 직접적·기계적으로 재생산하는 것이다. 스파이크Spike TV에서 방영된 UFC 경기를 시청한 후 코네티컷에서 23명의 십 대 청소년들이 뒷마당에서 난타전을 벌인 결과 체포되었다. 워싱턴주에 거주하는 한 남성은 여자친구를 교살한 후, 그녀의 시신을 산성 욕조에 용해시키려 시도했다. 그는 이 방법을 드라마 <브레이킹 배드Breaking Bad>의 한 에피소드에서 배웠다. 이 두 가지 예는 모방을 설명하는 실제 사건들이다. 그러나 매스 커뮤니케이션 이론가들에게 문제가 되었던 것은 미디어의 영향력을 보여주는 이러한 사례들이 극적이고 희소하다는 점이었다. 게다가 미디어의 영향력을 보여주는 이처럼 중대한 사례는 부정적인 영향이 오직 공격적인 '성향이 있는' 이들, 즉 이미 공격적으로 행동할 가능성이 높은 이들에게만 나타난다는 주장을 실증한다.

**모방**
관찰한 행동에 대한 직접적인 재생산.

한편 **동일시**identification는 "모방의 특정한 유형으로, 본보기가 되는 대상을 따라하는 것이 특정한 행동에만 그치지 않고 어떤 일반적인 특성에 있어서 그 대상과 같이 되기를 원하며 또 되고자 시도하는 것에서 비롯된다"(White, 1972: 252). UFC 경기와 <브레이킹 배드>의 사례에서 한 명 혹은 극소수의 사

**동일시**
모방의 특정한 유형으로, 본보기가 되는 대상으로부터 관찰한 어떤 일반적인 특징이나 특성과 관련해 그 대상과 같이 되기를 원하며 또 되고자 시도하는 것에서 비롯됨.

람들만이 그들이 관찰한 행동을 모방했을 수도 있겠지만, 그 외에 얼마나 많은 이들이 등장인물과 자신을 동일시했을까? 얼마나 많은 이들이 누군가와 부딪히게 되었을 때 등장인물과는 또 다른 형태의 폭력을 행사하고자 했을까? 그 외에 얼마나 많은 이들에게서 등장인물의 문제 해결 방식에 대한 동일시가 일어났을까? 동일시와 비교했을 때 미디어로부터의 모방은 분명히 더 극적이고 눈에 띈다. 그러나 미디어에 나타난 본보기에 대한 동일시는 미디어 효과 중에서도 가장 지속적이고 중요한 것이라고 볼 수 있다(이에 대한 자세한 논의는 Baran & Meyer, 1974 참조).

관찰을 통한 학습에 대해 처음으로 진지하게 검토한 이들은 심리학자 닐 밀러Neal Miller와 존 달라드John Dollard이다(Miller & Dollard, 1941). 그들은 관찰자들에게 배우고자 하는 동기가 있을 때, 배우고자 하는 행동의 단서나 요소가 제시되었을 때, 관찰자들이 주어진 행동을 수행했을 때, 관찰자들이 그러한 행동을 모방함으로써 긍정적인 강화가 일어났을 때 모방 학습이 일어난다고 주장했다. 다시 말하면 사람들은 그들이 관찰한 행동을 모방할 수 있으며 그 행동에 강화가 일어남으로써 학습될 수 있다.

그러나 밀러와 달라드의 경우 본보기(미디어 속 본보기도 포함됨)를 통한 학습이 어떻게 이루어지는지에 대한 이해를 돕는 방법을 제시하지 않고, 그저 전통적인 자극-반응 학습의 효과적인 유형만을 묘사하는 데 그쳤다. 그들은 사람들이 특정한 방식으로 행동하며 자신들이 받은 강화에 따라 행동을 형성한다고 가정했다. 그리고 모방이 임의의 시행착오적인 행동을 대체한다고 보았다. 모방은 사람들로 하여금 강화할 행동에 대한 선택이 용이하도록 했을 뿐이었다. 밀러와 달라드의 주장에 따르면 실제적인 강화로 인해 학습이 일어났다. 그러나 이와 같이 강화의 작용을 강조한 그들의 이론은 사람들이 매스미디어를 통해 어떻게 학습하는지를 이해하는 데 적용하기에는 제한적이었다. 이 이론은 사람들이 관찰을 통해 새로운 반응을 학습하는 것은 실제로 강화를 받아서라기보다 자신들이 원래 지니고 있던 역량을 사용함으로써 이루어진다는 것을 밝히지 못했고 따라서 미디어 이론에 적용하기에는 한계가 있었다.

**사회 학습**
사람들이 자신들의 환경에서 어떻게 타인을 관찰함으로써 배우게 되는지 설명하기 위해 모방과 동일시를 사용하는 이론.

그러나 20여 년이 지나 밀러와 달라드의 **사회 학습**social learning과 모방에 대한 견해는 충분히 발전해 미디어 효과를 이해하는 데 있어서 유용한 도구가 되었다. 밀러와 달라드가 사회 학습을 자극-반응 학습(이 모델은 관찰자가 올바른 반응을 통해 강화를 받는 데 도움이 되는 정보를 제공한다)의 효율적인 형태로 보았던 반면, (오늘날 사회 학습 이론을 지칭하는) 현대 사회 인지 이론은 관찰자들이 행동에 대한 상징적 표상을 습득할 수 있으며 그 '머릿속의 상'이 그들의 차후 행동의 기초가 되는 정보를 제공한다고 본다. 미디어의 등장인물(모델)은 단지 화면에 묘사되는 것만으로도 사람들의 행동에 영향을 미칠 수 있다. 따라서 청중의 행동에 반드시 강화 혹은 보상이 뒤따라야 하는 것은 아니다.

### 매스 미디어를 통한 사회 인지

초기 행동주의자들이 발전시킨 **조작적 (혹은 전통적) 학습 이론**operant (or traditional) learning theory에서는 사람들에게 (환경으로부터) 자극이 주어지고, 그 자극에 반응하고, 그러한 반응에 대한 긍정적인 강화(보상) 혹은 부정적인 강화(처벌)가 일어날 때 새로운 행동이 학습된다고 주장한다. 이와 같은 방식으로 새로운 행동에 대한 학습이 이루어지거나, 또는 사람들의 **행동 레퍼토리**behavioral repertoire—주어진 상황에서 개인이 이용 가능한 행동들—에 새로운 행동이 추가된다.

**조작적 (혹은 전통적) 학습 이론**
학습이 오직 행동의 이행과 뒤따르는 강화를 통해서만 발생한다고 주장하는 이론.

**행동 레퍼토리**
주어진 상황에서 개인이 취할 수 있는 학습된 반응들.

조작적 학습 이론의 주장에 대해 두 가지 문제 제기가 가능하다. 첫째로 이는 비효율적인 학습 유형이다. 예를 들어 우리는 불이 났을 때 어떻게 행동해야 하는지 잘 알고 있다. 만약 화재와 관련된 행동을 개인이 각자 따로 배워야 했다면 병원은 혼잡해졌을 것이다. 조작적 학습 이론에 따르면 우리는 자극(불)이 주어졌을 때 우리가 보인 반응에 따라(손을 불에 넣어) 화상을 입게 된다. 그리고 나면 앞으로는 불에 데지 않도록 행동 레퍼토리에 불을 피하라는 행동을 추가할 것이다. 화상을 입었던 손으로 인해 "시간이 흐르면서 그 행동 레퍼토리를 행동으로 옮기게 될 확률이 높기" 때문에(이 경우 불을 피하는 것) 그 자극(화상을 입은 손)은 **부적 강화물**negative reinforcer이다(Zimbardo & Weber, 1997: 215). 이와 같이 자극-반응-강화를 통해 학습이 이루어지는 과정은 매우 비효율적이다. 그 대신 우리는 다양한 환경에서(대중 매체를 통하거나 그 밖에 다른 방법으로) 이 자극-반응-강화의 연쇄적인 작용을 관찰하고, 결과적으로 일상에서 그 자극을 마주했을 때 사용할 수 있도록 저장된 행동에 불을 피하는 것을 추가한다. 그렇다면 우리는 경험에 대한 재현(우리 머릿속의 상)을 실제 경험으로 대체한 것이다.

**부적 강화물**
제거, 감소, 방지할 경우 시간이 흐름에 따라 주어진 행동을 할 가능성이 증가하는 자극.

두 번째로 분명한 점은 학습이 이처럼 조작적인 방식만으로 이루어지지는 않는다는 것이다. 우리는 모두 자극-반응-강화의 연쇄 작용이 보이지 않는 상황, 즉 우리 혹은 재현되는 사람들에게 강화가 일어나지 않는 상황에서도 관찰을 통해 학습을 해본 경험이 있다. 행동에 대한 관찰만으로도 사람들은 충분히 그 행동을 배울 수 있다. 예를 들어 활을 쏘아본 적이 없는 사람들도 어떻게 쏘는지는 알고 있다. 그러므로 매스 미디어로부터의 **모델링**modeling은 우리가 천천히 배우게 되거나 아예 배우지 못할 수도 있는, 또는 실제 환경에서 지나치게 높은 비용을 지불하고 배워야 하는 다양한 행동과 문제점에 대한 해결책을 학습하기에 효율적인 방식이다.

**모델링**
관찰을 통해 행동을 습득하는 것.

이와 같이 환경의 관찰을 통한 학습, 즉 사회 인지가 사회 인지 이론의 기초가 된다. 앨버트 반두라Albert Bandura에 따르면 "사회 인지 이론은 심리 사회적 기능을 세 가지 상호 인과 관계의 측면에서 설명한다. 상호 결정론적인 이 모델에서는 행동, 인지적 · 생물학적 · 개인적 요인, 그리고 환경적 사건이 모두 서로 영향을 주고받으며 상호작용하는 결정 인자로 작용한다"(Bandura, 1994: 61). 다시 말해 사람들이 환경(예를 들면 매스 미디어)으로부터 경험하는 것들이 그들의 행동에 영향을 미칠 수 있으며, 그 효과는 사람마다 가지고 있는 다양한 개인적 요인과 상황의 영향을 받는다.

미디어의 재현을 통한 사회 인지는 다음 세 가지 방식 가운데 하나 이상의 방식으로 작동한다(이에 대한 더 자세한 논의는 Bandura, 1971, 1994 참조).

**관찰 학습**
행동에 대한 관찰만으로 그 행동을 학습함.

1. **관찰 학습**observational learning: 미디어의 재현을 소비하는 사람들은 단순히 이를 관찰하는 것만으로도 새로운 행동 양식을 습득할 수 있다. 많은 사람들이 실제로 총을 쏘아보거나 그러한 행동에 대해 강화가 일어난 적은 없지만, 총을 쏘는 방법을 알고 있다. 우리 중 다수는 심지어 편의점을 털 수도 있다고 생각할 것이다. 어떻게 하는지 본 적이 있기 때문이다.

**억제 효과**
모델이 어떤 행동으로 인해 벌을 받는 것을 보는 데서 오는 효과로, 관찰자가 동일한 행동을 할 가능성을 감소시킴.

2. **억제 효과**inhibitory effects: 미디어 속에 재현된 모델이 어떤 행동으로 인해 벌을 받는 것을 보게 되면 관찰자가 그와 동일하게 반응할 가능성은 줄어든다. 관찰자는 마치 자신이 실제로 벌을 받는 것과 같이 느끼게 된다. 우리는 영화 속에서 악당이 사악한 행동으로 인해 몰락하는 것을 보게 된다. <크리스마스 스토리A Christima Story>에서도 슈워츠의 도전을 받은 플리크가 얼어붙은 깃대에 혀가 붙어 고통스러워하는 중에

수업 종이 울리고 친구들이 도망가는 장면이 나온다. 실제 상황에서 주어지는 다양한 자극에 우리가 악당들과 비슷하게 반응할 가능성은 감소한다. 사람들이 다양한 행동으로 인해 벌을 받는 모습을 담은 영화나 비디오를 이용한 실험 연구 결과, 이와 같은 재현이 관찰자의 공격성, 탐색적 행동, 또래들과의 반사회적 상호작용 등을 억제할 수 있는 것으로 나타났다.

3. **탈억제 효과**disinhibitory effects: 미디어에서 위협적이거나 금지된 행동에 대해 보상이 주어지는 것을 볼 때 시청자들이 이와 동일한 행동을 할 가능성은 높아진다. 어느 젊은 남성이 조니 녹스빌Johnny Knoxville과 그가 나오는 프로그램 <잭애스Jackass>의 출연진이 자신의 몸에 불을 붙이고도 그 어떤 부정적인 결과도 나타나지 않았다는 것을 보았다면, 실제 상황에서 주어지는 다양한 자극에 그들과 유사한 방식으로 반응할 가능성은 증가한다. 영화와 텔레비전을 이용해 위협적이고 금지된 행동을 재현한 실험 연구들은 치과 의사, 개, 뱀 등에 대한 시청자들의 공포를 감소시켰으며, 억제되어 있던 그와 같은 행동을 활성화함으로써 공격성을 높였다.

**탈억제 효과**
모델이 위협적이거나 금지된 행동으로 인해 보상받는 것을 보는 데서 오는 효과로, 관찰자가 동일한 행동을 할 가능성을 증가시킴.

**대리 강화**vicarious reinforcement는 매스 미디어를 통해 이루어지는 사회 인지의 핵심이다. 관찰 학습은 대리 학습이든 실제 학습이든 강화가 없이도 일어날 수 있지만, 관찰자들이 학습된 행동을 실제로 행하는지는 그러한 행동과 관련된 (긍정적인 혹은 부정적인) **강화 수반성**reinforcement contingencies에 따른 결과이다. 예를 들어 텔레비전 등장인물의 행동에 대해 보상 혹은 처벌이 주어지는 것을 보았을 때 마치 우리에게 보상이나 처벌이 주어진 것과 같이 느끼게 된다. 이 대리 강화는 관찰을 통해 학습된 행동을 행동 위계의 어디쯤 배치해야 할지 알려주는데, 이 위계에 따라 우리가 특정한 행동을 선택할 가능성이 결정된다. 우리는 환경에서 특정한 자극이 주어졌을 때 높은 순위에 배치된 행동을 선택해 실행할 것이다. 처벌을 가져올 것 같은 행동은 위계상 낮은 순위에 배치될 것이다. 우리가 그 보상과 처벌을 실제로 경험할 필요는 없는데, 이는 미디어 속 재현을 통해 간접적으로 경험했기 때문이다.

**대리 강화**
직접적 경험보다는 관찰을 통해 일어나는 강화.

**강화 수반성**
주어진 강화물과 연관된 긍정적 혹은 부정적 가치.

우리가 발생 가능성이 있는 부정적인 결과를 무시하고 처벌이나 금지가 연상되는 행동을 이행하는 때가 분명히 있는데, 이는 마치 불타고 있는 집에 들어가는 것과 같다. 이 경우 실제 상황에서 그러한 행동을 할 만한 충분한 유인이 존재해(예를 들면 불길에서 아이를 구하는 것) 그 행동을 위계의 상위로 이동시켜 여러 대안들 사이에서 선택하게 된다. 반두라는 이를 사전에 학습된 행동의 사회적 유도social prompting라고 불렀다. 이 효과는 "관찰 학습 및 탈억제 효과와 구별된다. 왜냐하면 새로운 행동이 습득되지 않으며, 유도된 행동이 사회적으로 용인될 만하여 규제를 받지 않으므로 탈억제 과정을 수반하지 않기 때문이다"(Bandura, 2009: 108).

**사회적 유도**
사전에 학습된 행동이 사회적으로 용인되거나 혹은 제지가 없는 상황에서 수행되는 것.

반두라는 오늘날 고전으로 여겨지는 실험인 텔레비전을 통한 공격적 행동 모델링 실험을 수행했는데(Bandura, 1965), 이 실험은 미디어 효과에 대한 논의의 여러 측면과 직접적인 관련이 있다. 그는 유아원 어린이들에게 텔레비전 프로그램을 보여주었는데, 등장인물인 로키는 공격성에 대해 보상(사탕과 음료수, '튼튼한 챔피언'이라는 명칭)을 받거나, 동일한 행동에 대해 벌(질책, '골목대장'이라는 명칭, 말아놓은 잡지로 엉덩이 맞기)을 받았다. 공격적인 행동에 보상이 주어지는 것을 본 어린이들은 자유 놀이 시간에 공격적인 활동을 더 많이 했고(탈억제), 벌이 주어지는 것을 본 어린이들은 공격적인 활동을 덜 했다

**Instant Access**

### 사회 인지 이론Social Cognitive Theory

**장점**

1. 미디어와 행동 간의 인과 관계를 보여준다.
2. 다양한 시청자 및 시청 상황에 적용 가능하다.
3. 설명력이 높다(예를 들면 정화 가설을 기각하고, 환경적·내용적 단서의 중요성을 강조한다).

**단점**

1. 실험 환경에서 관찰된 증거이므로 일반화할 수 있을지에 대해서는 의문이 제기되고 있다.
2. 실험 연구에서는 미디어의 영향력이 과장될 수 있다.
3. 미디어 소비가 가져오는 장기적인 영향력에 관해 설명하기 어렵다.
4. 사람들이 능동적으로 미디어의 메시지를 사용한다는 점을 간과한다.
5. 문화적 효과보다도 개인적 효과에 과도하게 초점을 맞춘다.

(억제).

반두라는 여기에서 더 나아가 억제 집단이 로키가 했던 공격적인 행동을 할 때마다 '스티커 사진'을 주었다. 남자 어린이와 여자 어린이는 비슷하게 '금지된' 행동을 했다(이러한 행동들은 행동 위계의 상위로 이동했다). 환경은 그들이 관찰을 통해 학습했지만 금지되었던 행동을 이행할 만큼 충분한 보상을 제공했다(사회적 유도). 그렇다면 '텔레비전 폭력물 옹호자'들에게 해줄 수 있는 말은 간단하다. 악당은 보통 착한 사람들에게 '보다 많이 공격'받는다. 이들은 능숙하게 공격성을 드러내고 보상을 받는다. 게다가 관찰을 통해 학습된 것은 상황만 허락되면 언제든 행동으로 옮겨질 수 있다.

### 공격 단서

사회 인지 이론의 직접적인 결과물의 하나는 미디어의 폭력에 대한 묘사에 내재된 **공격 단서**aggressive cues에 중점을 두게 되었다는 것이다. 매개된 폭력 장면을 시청한 사람들은 그 이후에 더 높은 수준의 공격성을 보이는 것으로 알려져 있다. 문제는 언제, 누구를 공격하는가이다. 이에 대한 답을 제시하자면, 폭력에 대한 미디어의 묘사는 거의 언제나 극적인 맥락에서 일어나며 그러한 맥락이 언제 누구를 공격하는 것이 용인되는지를 알려주는 정보인 단서를 시청자들에게 제공한다.

**공격 단서**
미디어의 폭력 묘사에 포함된 정보로 특정한 피해자에 대한 공격이 타당하다고 제안함(혹은 그 단서를 제공함).

레너드 버코위츠Leonard Berkowitz가 그 대표적인 사례가 되는 연구를 수행했다. 그는 남자 대학생들에게 잔혹한 권투 장면(영화 <챔피언The Champion>의 마지막 장면)을 보여주었다(Berkowitz, 1965). 일부 학생들에게는 패배자가 맞는 것이 마땅하다는 이야기의 맥락 안에서 그 장면을 보여주었다. 즉 그를 향한 폭력은 정당화되었다. 다른 학생들에게는 패배한 권투 선수가 희생을 당하는 것으로 그려진 이야기의 맥락 안에서 그 장면을 보여주었다. 즉 그를 향한 폭력은 정당화되지 않았다.

그다음으로는 실험에 참여한 학생들에게 다른 학생이 디자인한 '독창적이고 창의적인 주택 평면도'에 대해 '점수를 매길' 수 있는 기회가 주어졌다. 그들은 알지 못했지만 모든 참여자들에게 (버코위츠의 실험 공모자였던) 한 학생이 그린 동일한 평면도가 주어졌다. 절반의 참여자들에게 실험 공모자는 자신을 '대학 권투 선수'라고 소개했고, 나머지 절반의 참여자들에게는 '언어 전공생'으로 소개했다. 이때 전기 충격을 이용해 점수를 매기는 '새로운 채점 방식'이 사용되었는데, 한 번의 충격은 아주 잘했을 경우를, 열 번은 아주 못했을 경우를 나타냈다. 물론 그 실험 공모자에게 실제로 전기 충격이 가해진 것은 아니었고, 참여자들이 가한 충격이 계량 장치에 기록되고 실험 공모자는 반응을 꾸며냈다. 만약 실험 공모자에게 가하는 전기 충격의 정도에 차이가 발생한다면, 이는 각 참여자들에게 제시된 맥락의 차이로부터 기인한 결과라고 생각할 수 있었다. 상황에 혼란을 더하기 위해 참여자의 절반은 실험을 시작하기 전에 실험자로부터 모욕적인 발언을 듣고 모욕감을 느끼는(화가 난) 상태가 되도록 했다.

실험 결과 '대학 권투 선수'에게는 '언어 전공생'보다 더 많은 전기 충격이 가해졌다. 그리고 화가 난 상태의 참여자들은 전기 충격을 받는 대상과 관계없이 더 많은 충격을 가했다. 폭력을 정당화한 영상을 본 참여자들 역시 더 많은 충격을 가했다. 이 실험을 통해 버코위츠가 내린 결론은 다음과 같다. 첫째, 시청자의 심리 상태에 따라 그 욕구를 충족시켜주는 프로그램 속 단서에 반응하게 될 수 있다. 둘째, 폭력이 정당화된 영상을 본 시청자들은 그 행동을 학습할 뿐만 아니라 그 행동이 좋은 혹은 유용한 문제 해결의 도구가 될 수 있다고 학습한다(탈억제). 셋째, 화면 속의 피해자와 관련된 단서, 이 경우에는 피해자가 권투 선수라는 점이 실제로 시청자들이 그와 유사한 사람들을 만날 경우 공격성의 탈억제를 가져올 수 있다. 버코위츠에 따르면 "연구 결과는 영화의 맥락이 관찰자의 공격성을 억제하는 데 영향을 미칠 수 있다는 점과, 관찰자가 보여주게 되는 공격적인 반응은 이후 만나는 사람들에 따라 각기 다르다는 점을 보여준다"(Berkowitz, 1965: 368). 버코위츠는 후속 연구(Berkowitz & Geen, 1966)에서 시청자의 실험상의 공격 대상에게 영화의 등장인물과 같은 이름을 사용하도록 한 것만으로도 이와 유사한 결과를 얻었다.

**프라이밍 효과**
어떤 대상에 대한 미디어 속 재현이 사람들로 하여금 실제 세상에서 그 대상에 관해 그와 비슷한 생각을 가질 가능성을 높여준다는 견해.

**인지 신연합적 관점**
폭력적인 내용의 미디어 프로그램을 자주 시청할 경우 특정한 구성 개념들이 점화되어, 그 구성 개념들을 행동을 결정하는 데 사용할 가능성이 높아진다는 관점.

공격 단서에 대한 견해는 현대의 **프라이밍 효과**priming effects에 대한 의견이 뒷받침하는데, 프라이밍 효과는 "특정한 의미를 지닌 어떤 자극이 제시되었을 때 의미상 관련이 있는 다른 개념들이 '점화'되어, 제시된 자극과 연관된 의미의 생각이 떠오를 가능성이 높아진다고 주장한다"(Jo & Berkowitz, 1994: 46). 버코위츠는 이와 관련해 **인지 신연합적 관점**cognitive-neoassociationistic perspective을 제안하고 "미디어의 폭력적 장면을 자주 시청하면 특정한 구성 개념들(예를 들면 공격성, 적개심)이 점화되어, 그 구성 개념들을 행동을 결정하고 타인을 판단하는 데 사용할 가능성이 높아진다"고 설명했다(Shrum,

2009: 56).

공격 단서, 프라이밍 효과, 그리고 인지 신연합적 관점이 오늘날 수행되는 가장 흥미롭고 논쟁적인 미디어 폭력에 대한 연구의 기초를 형성한다. 미디어 폭력물과 시청자의 공격성 사이의 인과 관계가 일반적으로 받아들여지면서 연구자들은 특정한 대상—여성—을 향한 폭력 문제에도 눈을 돌리게 되었다. 리처드 프로스트Richard Frost와 존 스타우퍼John Stauffer는 "폭력적인 영화나 텔레비전 프로그램의 시청자가 실제로 행동을 모방하지는 않는다고 하더라도 다양한 수준의 정서적 각성을 경험하지 않는가? …… 각성은 또한 남성이 아닌 여성에 대한 폭력 등 묘사되는 폭력 유형의 영향을 받기도 하는가?"라고 물었다(Frost & Stauffer, 1987: 29).

공격 단서와 관련해서, 미디어의 묘사는 시청자들로 하여금 여성을 폭력에 알맞은 혹은 적절한 대상으로 생각하도록 단서를 제공한다. 프라이밍 효과와 인지 신연합적 관점과 관련해서, 미디어가 여성을 폭력의 피해자로 보여주는 것은 시청자가 현실에서 여성과 마주했을 때 그들에 관해 유사한 생각(구성 개념)을 할 가능성을 높인다. 그러한 미디어 콘텐츠에 대한 중시청이 이와 같은 구성 개념을 점화하고, 그 사용 가능성을 높인다.

선정적인 힙합 뮤직비디오에 대한 미셸 키슬러Michelle Kistler와 문 리Moon Lee의 연구에 이 세 가지 개념이 어떻게 작용하는지 분명하게 드러난다. 키슬러와 리는 그러한 뮤직비디오에 노출된 남자 대학생들이 그렇지 않은 이들에 비해 "더 높은 수준에서 여성에 대한 대상화, 성적 관대함, 성 역할에 대한 고정 관념, 강간에 대한 용인 등을 표현"한다는 점을 보여주었다(Kistler & Lee, 2010: 67). 그들은 뮤직비디오가 "행동을 결정하는 데 사용될 가능성이 높아지도록" 특정한 구성 개념을 점화했다는 의견을 제시하고, "가장 충격적인 결과는…… 남성 참여자들이 강간 통념을 받아들이는 데 있어서 뮤직비디오에 대한 노출이 유의미한 영향을 미친다는 점이다. 선정적인 힙합 비디오에 등장하는 남성들은 힘 있고 성적으로 적극적이며 성적 능력이 좋은 것처럼 묘사된 반면, 여성들은 성적 대상으로서 노출이 심한 옷을 입고 있으며 종종 남성들 앞에서 단장하는 모습으로 표현되었다. 이를 통해 남성 참여자들로 하여금 성적인 강요는 용인될 수 있으며 여성이 남성의 재미와 성적 만족을 위해 존재한다고 생각하도록 단서를 제공했을 수 있다"고 말했다(Kistler & Lee, 2010: 83). 멜린다 버지스Melinda Burgess와 산드라 버포스

Sandra Burpos도 이와 비슷한 연구를 수행했는데, 그들은 힙합 대신 여성 컨트리 음악 가수인 제시카 심슨Jessica Simpson의 '수위 높은 성애화/대상화' 상위 40개 뮤직비디오에 주목했다. 그들의 연구 결과는 키슬러와 리의 연구 결과와 유사했다. "여성 가수가 지나치게 성적으로 묘사된 주류 상업 뮤직비디오를 시청하는 것과 남자 대학생들이 데이트 강간범에게 죄가 덜하다고 판단하는 것은 관련이 있었다. 그리고 이러한 뮤직비디오를 시청하는 것은, 남성과 여성이 피해자에 대해 덜 공감하게 되는 것과 관련이 있으며 여성이 피해자에게 더 큰 책임이 있다고 판단하는 것과도 관련이 있었다"(Burgess & Burpos, 2012: 757).

**둔감화**
매개된 폭력의 습관적 소비가 폭력 묘사에 대한 반응으로 일어나는 불안 각성을 완화 혹은 감소시키는 현상.

공감의 상실은 태도적 혹은 정서적 효과이지만 **둔감화**desensitization와도 밀접한 관계가 있다. 둔감화는 매개된 폭력을 습관적으로 소비한 결과 매개된 폭력 및 현실에서의 폭력 묘사에 대한 반응으로 일어나는 생리적 불안 각성이 완화 혹은 감소하는 현상이다. 둔감화 현상은 충분히 입증되었는데, 관련 연구는 지속적으로 "사람들이 폭력적으로 묘사된 미디어 콘텐츠를 시청하는 데 더 많은 시간을 쓸수록 폭력적인 자극에 대한 정서적 반응이 감소"함을 보여주고 있다(Krahé et al., 2011: 631). 예를 들어 바바라 크라헤Barbara Krahé와 그녀의 동료들은 폭력적인 프로그램을 많이 시청한다고 인정한 대학생들에게서 폭력적인 영화에 대한 생리적 반응도가 감소한 것을 확인했다. 또한 니콜라스 카나지Nicholas Carnagey, 크레이그 앤더슨Craig Anderson, 브래드 부시먼Brad Bushman은 단 20분간 폭력적 비디오 게임을 하는 것만으로도 현실 세계의 폭력 장면에 대한 둔감화를 유발할 수 있음을 입증했다(Carnagey, Craig, Anderson, & Bushman, 2007).

## 매개된 폭력의 맥락

1994년 반두라는 사회 인지 이론에 대한 축적된 지식을 요약하고, 텔레비전 시청을 통해 사람들은 "모델로 제시된 정서적 경험과 관련이 있는 사람이나 장소, 사물에 대해 지속되는 태도, 정서적 반응, 행동적 성향을 습득한다"고 결론지었다(Bandura, 1994: 75). 미디어에 나타난 폭력의 경우 어떤 방식으로 표현될 때 그와 같이 모델링을 통한 습득이 촉진될까? W. 제임스 포터W. James Potter는 이러한 습득을 촉진하는 중요한 일곱 가지 **맥락적 변인**contextual variables을 제시했다(Potter, 1997).

**맥락적 변인**
매개된 폭력의 묘사에 대한 주변 정보(혹은 맥락).

1. 보상/처벌: 보상이 주어지는 공격은 모델링되는 빈도가 높은 반면, 처벌이 주어지는 공격은 모델링되는 빈도가 낮다. 각각 탈억제 효과, 억제 효과로 설명할 수 있다.
2. 결과: 매개된 폭력이 부정적이거나 해로운 결과에 대한 묘사를 동반하는 경우에 모델링이 덜 일어난다. 이는 억제 효과의 작용을 보여준다.
3. 동기: 미디어 속 동기화된 공격에 대해서는 모델링이 더 많이 일어나고, 정당화되지 않은 미디어 폭력은 시청자의 공격성으로 이어지는 경우가 더 적다. 시청자들은 공격성의 발현이 적절한지(혹은 부적절한지)에 대한 단서를 받는다.
4. 사실성: 사실적인 미디어 폭력물은 특히 남자 어린이들에게서 공격적인 행동을 더 많이 유발하는 경향이 있다. 포터가 설명한 바와 같이 "사실적인 [미디어 폭력물 속] 가해자들은 시청자들의 억제를 완화할 가능성이 높은데, 이는 그들의 행동이 만화나 판타지 속의 비현실적인 가해자들의 행동과 비교했을 때 실제 상황에 더 가깝기 때문이다"(Potter, 1997: 234).
5. 유머: 행동의 심각성을 감소시키므로 유머러스하게 표현된 미디어 폭력물은 시청자들이 현실에서 공격적으로 행동할 가능성을 높인다.
6. 미디어 등장인물과의 동일시: 시청자들이 미디어 등장인물(예를 들면 자신과 비슷하거나 매력적이라고 생각하는 인물)과 자신을 동일시할수록 그 등장인물들이 보여준 행동을 모델링할 가능성이 높다.
7. 각성: 포터는 "정서적 호소는 이야기의 극적인 특성을 강화하는 데 사용될 수 있고 이는 주목도, …… 폭력을 행사하는 등장인물을 향한 긍정적인 생각, …… 그리고 각성의 수준을 높일 수 있다"고 설명했다. 포터에 따르면 이처럼 극적으로 유도된 각성과 폭력적 인물에 대한 정서적 애착은 "공격적인 행동으로 이어질 가능성이 높다"(Potter, 1997: 235).

### 텔레비전 시청에 대한 능동 이론

맥락적 변인의 작용은 미디어 소비자들이 분명히 시청 환경에 영향을 미치는 바가 있다는 의견을 강조한다. 즉 그들은 보고 있는 프로그램의 내용을 그대로 받아들이는 것이 아니라 이에 대한 판단을 하면서 본다. 예를 들면 이 폭력은 정당한가, 혹은 그와 같은 행동을 한 결과는 무엇인가 등이다. '텔레비전 시청이 인지적으로 능동적인 성격을 지닌다는 점을 중심 전제로 하는 텔레비전에 대한 시각적 주의 이론'을 제시한 다니엘 앤더슨Daniel Anderson과 엘리자베스 로치Elizabeth Lorch(Anderson & Lorch, 1983: 27-28)를 비롯한 여러 연구자들은(예를 들면 Bryant & Anderson, 1983; Singer & Singer, 1983) "텔레비전 시청은 근본적으로 반응적이고 수동적"이라는 의견에 이의를 제기했다.

**능동 이론**
텔레비전 시청에 대한 관점으로, 시청자의 이해력이 원인이 되어 주의가 일어나고 이에 따라 효과가 발생한다고(혹은 발생하지 않는다고) 가정함.

**시청 스키마**
미디어 콘텐츠 관습에 대한 사람들의 이해를 돕는 해석 능력.

텔레비전 시청에 대한 **능동 이론**active theory은 일반적으로 시청자가—폭력물에 관한 논의에서는 특히 아동이—텔레비전 콘텐츠를 이해하기 위해 능동적이고 의식적으로 노력한다고 본다. 연구자들은 아이의 나이가 2.5세가 될 무렵이면 구체적인 텔레비전 콘텐츠 관습을 이해할 수 있도록 하는 **시청 스키마**viewing schema가 충분히 발달한다고 주장한다. 앤더슨과 로치에 따르면 "2.5세 이후부터 유치원 시기까지 텔레비전에 대한 시각적 주의가 증가하며…… 그리고 학령기에는 변동이 없을 수 있다…… 이러한 증가는 인지적 발달, 세상에 대한 지식의 증가, 영화적 약호와 텔레비전 프로그램의 구성 방식 및 구조에 대한 이해를 반영한다고 생각된다"(Anderson & Lorch, 1983: 13).

텔레비전 시청에 대한 능동 이론을 지지하는 이들은 사회 인지 이론가들이 일반적으로 "아동은 능동적 · 인지적 · 사회적 존재이지만 강력한 영향력을 미치는 텔레비전 앞에서는 수동적으로 반응하게 된다는 명제"(Anderson & Lorch, 1983: 5)에 동의한다고 주장한다. 그들은 아동의 텔레비전 시청과 인지 능력에 대한 이와 같은 비관적인 관점이 사회 인지 이론을 지지하는 이들로 하여금 불가피하게 미디어의 힘을 과대평가하고 효과에 대한 개인 시청자의 영향력을 과소평가하게 한다고 주장한다. 다시 말해 '반응적 이론'은 주의attention가 원인이 되어 이해를 발생시키고 이에 따라 효과가 나타난다고 가정한다. 텔레비전 시청에 대한 능동 이론은 이해가 원인이 되어 주의가 일어나고 이에 따라 효과가 나타난다고(혹은 나타나지 않는다고) 본다.

**능동적 수용자 이론**
사람들이 미디어를 이용해 무엇을 하는지에 초점을 두는 수용자 중심의 이론.

이후의 장들에서 살펴보겠지만 강력한 콘텐츠의 영향력을 거부할 수 있는 텔레비전 시청자 개인의 능력에 대한 논의는 현대 매스 커뮤니케이션 이론에서 핵심적인 주제로 등장했다. 그중에서도 가장 중요한 미디어 이론의 하나는 **능동적 수용자 이론**active-audience theories이다. 능동적 수용자 이론은 수용자가 미디어 콘텐츠의 영향력을 거부할 수 있으며 그들 자신의 목적에 맞게 콘텐츠를 이용한다고 주장하지만, 특정한 의미를 전달하기 위해 체계적으로 구성된 메시지의 영향력에 저항할 힘이 사람들에게 있는지 의문을 제기한 다른 관점들은 이 이론에 반대한다. 경험적 증거가 늘어나면서 수용자에 대한 이 두 가지 관점 모두 많은 지지를 얻고 있다. 이 관점들은 수용자에 대한 미디어의 상대적인 힘에 관해 모순되는 의견을 제시하지만, 사실 둘 다 타당할 가능성도 꽤 높다. 능동적 수용자에 대한 세 번째 관점도 존재하는데, 이 관점은 미디어와 폭력의 관계에 대한 고찰과 특별한 관련이 있다. 시청자들은 확실히 능동적이다. 그러나 폭력적인 콘텐츠를 보고 난 후 증가한 자신들의 공격성을 옹호하기 위해 이러한 콘텐츠를 이용하는 데 능동적인 것이다. 예를 들어 사라 코인Sarah Coyne과 그녀의 동료들은 미디어를 통해 폭력적인 이성 관계를 보여주는 장면에 노출된 젊은 성인 남녀는 실제 이성 관계에서 더 높은 공격성을 드러낸다는 점을 입증했다. "보다 공격적인 사람들이 사회적인 비교를 이유로, 즉 폭력적인 장면을 보고 있으면 자신들의 공격적인 성향이 그리 비정상적으로 느껴지지 않는다는 이유로 미디어 폭력물을 더 많이 시청"하게 된다는 가능성을 제시했다(Coyne et al., 2011). 그들은 미디어 영향력의 **하향 나선 모델**downward spiral model을 제시했다. 그들에 따르면 "이 모델은 사람들이 자신의 공격 성향과 일치하는 폭력적 미디어 콘텐츠를 찾아내는 경향이 있으며, 더 나아가 그러한 경향을 강화한다고 가정한다"(Coyne et al., 2011: 57).

**하향 나선 모델**
미디어의 영향력에 대한 모델로, 사람들이 자신의 공격 성향과 일치하는 폭력적 미디어 콘텐츠를 찾아내는 경향이 있다고 가정함.

## 발달적 관점

분명한 점은 특히 아동을 염두에 두었을 때 모든 시청자가 능동적인 시청자는 아니며 그들이 모두 동일한 수준으로 능동적이라고 할 수도 없다는 것이다. 이와 같은 이해가 **발달적 관점**developmental perspective에 대한 지지를 이끌어냈는데, 발달적 관점은 아동이 겪는 "출생과 성인기 사이의 폭넓고 다양한 인지적 성장은…… 대단히 풍부하고 복잡하며 다면적"이라고 가정한다(Flavell, 1992: 998). 또한 이 관점은 텔레비전에 대한 사람들의 대응력의 중요한 측면이 지적 발달의 다양한 단계에서 갖게 되는 텔레비전에 대한 이해력이라고 가정한다. 논리상 나이가 더 많은 아동은 그보다 나이가 적은 아동과는 다르게 텔레비전을 '읽을' 것이다. 엘렌 워텔라Ellen Wartella에 따르면 발달적 관점은 "4세, 6세, 10세 등의 아동과 성인 간 의사 전달의 차이를 묘사하고 설명하고자 한다"(Wartella, 1979: 7).

**발달적 관점**
미디어를 통한 학습에 대한 관점으로, 아동의 삶에서 다양한 지적·의사 전달적 단계를 구체화하고, 그 단계들이 아동과 미디어 간 상호작용의 성격 및 그 효과에 영향을 미친다고 봄.

이러한 차이는 분명히 존재한다. 예를 들어 8세 이하의 아동은 광고의 의도를 이해하지 못하고 그 속의 주장을 진실로 받아들이며 광고와 일반 텔레비전 프로그램을 구별하지 못한다는 것을 입증하는 중요한 연구 결과가 있다. 그러나 에스터 로젠달Esther Rozendaal과 모닉 부이젠Moniek Buijzen, 패티 발켄버그Patti Valkenburg가 입증한 바와 같이, 아동은 8세와 12세 사이에 다른 사람들의 관점을 받아들이고 추상적인 수준에서 사유하게 되면서 이해력이 서서히 향상되는 가운데 10세를 전후로 광고주의 다양한 목표와 전략을 알아보는 능력이 마침내 발달한다(Rozendaal, Buijzen, & Valkenburg, 2011). 레슬리 셰이드Leslie Shade, 니키 포터Nikki Porter, 웬디 산체스Wendy Sanchez는 인터넷의 실체를 이해하는 능력에 있어서 아동의 발달 단계에 따른 차이를 보여주었는데, 사춘기 이전의 아동은 인터넷의 콘텐츠가 컴퓨터 '내부'에 있지 않다는 것을 이해하지 못했다(Shade, Porter, & Sanchez, 2005). 정 옌Zheng Yan은 "9세와 17세 연령대에서 인터넷에 대한 기술적[컴퓨터 네트워크의 물리적 현실], 사회적[개인의 인터넷 사용에 따른 결과] 이해에 있어…… 나이에 따른 유의미한 차이"를 발견했다(Yan, 2009: 112).

아동의 의사 전달 능력에 대한 발달 단계의 개념은 발달심리학, 그중에서도 특히 아동이 유아기로부터 청소년기로 이동하는 가운데 인지적·지적 능력에 있어서 질적인 변화를 겪는다고 주장한 장 피아제Jean Piaget의 연구 업적으로부터 기인했다. 그렇다면 논리상 나이가 더 많은 아동의 텔레비전 메시지 처리 능력이 더 발달했고 이에 따라 텔레비전의 영향력으로부터 자신들을 보호하는 능력도 어느 정도는 더 낫다고 가정하기 쉽다. 그러나 이것은 발달 연구의 결론도 목표도 아니다. 워텔라가 서술한 바와 같이 발달적 관점은 "새로운 질문들을 제시하고, 아동의 텔레비전을 통한 학습과 텔레비전 이용과 관련된 다양한 종류의 커뮤니케이션 쟁점"을 다룬다(Wartella, 1979: 8-9). 그러나 인지 능력은 계속 발달한다는 피아제의 잘못된 가정은 텔레비전 효과 연구 분야에서 **자율적 아동 모델**empowered child model이 나오게 된 계기가 되었다. 이 모델은 아동이 결국 "능숙하고 자각적인 텔레비전 이용자"가 된다고 가정했으며, "아동의 텔레비전 시청의 긍정적인 측면을 강조하는 경향이 있었다. 이 연구들은 미디어 이용의 결과로 나타나는 아동의 건강과 복지, 특히 그들의 인지적, 정서적, 신체적 발달에 대한 질문에는 그다지 중점을 두지 않았다"(Wartella, 1999: 84-85). 다시 말해 발달적 관점은 아동이 정해진 순서가 있

**자율적 아동 모델**
텔레비전 효과 연구에서 제시된 모델로, 아동이 결국 능숙하고 자각적인 텔레비전 이용자가 된다고 가정함.

**Instant Access**

### 발달적 관점 Developmental Perspective

**장점**

1. 미디어 효과에 관해 연령에 따른 관점을 제공한다.
2. 아동을 미디어 효과를 완화시킬 수 있는 능숙하고 자각적인 미디어 소비자로 존중한다.
3. 궁극적으로 유해한 미디어 효과는 감소하고 긍정적인 미디어 영향력은 증가할 것이라는 증거를 제시한다.

**단점**

1. 아동이 나이가 들어감에 따라 미디어로부터 받는 부정적인 효과는 감소한다는 주장을 정당화할 목적으로 남용된다.
2. 미디어 효과를 완화하는 데 있어서 미디어 소비자로서 아동의 능력을 과대평가한다.
3. 미디어의 이용이 아동의 발달에 영향을 주거나 발달을 방해한다는 점에 대해 충분히 살펴보지 않는다.

는 인지적 성장의 단계를 거쳐 마침내 능숙한 미디어 이용자로 성장하는 것을 보여주기보다는, 오히려 미디어 이용이 아동의 발달에 방해가 될 수 있다는 것을 보여준다. "출생에서 3세에 이르는 기간이 발달의 진행에 결정적인 시기로 생각되는 가운데" 뉴 미디어 환경에서 아동은 어떻게 성장하고 발달해가는가? "발달에 미치는 사회 문화적 영향력에 관한 새로운 연구 결과, 아동이 가족, 다른 어른들 및 아이들과 함께 사회 활동에 참여하는 방식은 그들의 발달 속도와 영역에 영향을 미친다"고 하는데, 그렇다면 미디어의 경우 아동의 발달에 어떤 영향을 미치는가?(Wartella, 1999: 86). 이러한 문제들에 관해서는 이후 청소년에 대해 논할 때 다시 살펴볼 것이다.

## 비디오 게임의 등장과 미디어 폭력에 대한 관심의 재점화

열렬한 미디어 옹호자들을 제외하고는 대부분의 사람들이 텔레비전과 시청자의 공격성 사이에 관련이 있다는 것을 받아들이고 있다. 그 결과 가장 최근의 미디어 폭력에 대한 연구는 비디오 게임에 초점을 맞추고 있다. 이러한 연구는 사회 인지 이론에 기반을 두고 있는데, 폭력적인 비디오 게임과 이용자에게서 나타나는 공격 간의 인과 관계를 보여줌으로써 텔레비전 폭력물에 관한 기존의 연구 결과에 확신을 더했다. 이러한 연구들은 다음과 같은 동일한 결론을 내리고 있다. "폭력적인 비디오 게임을 하는 것은 공격적인 행동 및 범죄와 정적 상관관계가 있었다"(Anderson & Dill, 2000: 772). "폭력적인 비디오 게임은 적대적 특성과 정적 상관관계가 있다"(Gentile et al., 2004: 18). 비디오 게임에 대한 노출은 "공격적인 행동…… 공격적인 감정…… 공격적인 인지(즉 공격적인 사고, 신념, 태도)…… 그리고 생리학적 각성이 증가하는 것과 관계가 있다"(Anderson et al., 2003: 92). "폭력적인 비디오 게임은 공격성과 공격 관련 변수들을 증가시키고, 친사회적 결과를 감소시킨다…… 이러한 효과는 실험적·상관적·종적 연구에서 일관되게 나타났으며, 이는 비디오 게임 노출이 사회적 결과에 인과적 영향을 미친다는 점과 단기적·장기적 효과 모두 존재한다는 점을 보여준다"(Greitemeyer & Mügge, 2014: 578).

이러한 연구들에서 미디어 효과 연구자들이 특히 관심을 가진 것은 게임과 텔레비전 간의 중대한 차이점이다. 즉 게임 이용자들이 텔레비전 시청자들에 비해 화면상의 활동에 훨씬 많이 참여한다는 점이다. 그들은 폭력에 대한 참여자들로 단순한 관찰자가 아니다. 화면상의 폭력에 능동적으로 관여하는 것이 문제가 있는 이유는 사회 인지 이론이 주장하는 바와 같이 관찰한 행동에 대한 '시연'이 모델링의 양을 크게 증가시키기 때문이며(Bandura, 1994), 포터의 주장과 같이 동일시와 사실성이 모델링을 증가시키기 때문이다(Potter, 1997). 게임 이용자들이 직접 참여하는 공격보다 더 실제적인 것이 어디 있겠는가? 게임을 하는 그들 자신보다 더 가까운 동일시의 대상이 누가 있겠는가? 앤더슨과 그의 동료들은 "게임 이용자로서 당신은 '그저 조이스틱 위에서 손을 움직이는 것이 아니라' 확실히 '심리적·정서적으로 게임과' 상호작용하고 있다. 게임에 공격적이고 폭력적인 생각과 행동에 대한 시연이 포함되어 있을 때, 깊이 몰두해 게임을 하는 것이 이용자에게 반사회적인 영향을 미치는 결과로 나타난다는 것은 놀라운 일이 아니다"(Anderson et al., 2010: 171)라고 했다. 이러한 사고는 단일 슈팅 게임에서의 **무기 효과**weapons effect로 확장되었으며, 이는 이용자의 움직임을 포착하는 고도로 사실적인 총기 컨트롤러의 사용과 관련된다. 이러한 장치는 게임의 사실감을 높이고 이용자를 더 깊이 몰입하게 만들어, 이용자의 공격성을 증가시킨다(McGloin, Farrar, & Fishlock, 2015). 제시카 라크루아Jessica LaCroix, 크리스토퍼 버로우즈Christopher Burrows, 하트 블랜턴Hart Blanton은 이 효과를 실험적으로 입증했다. 이들은

**무기 효과**
1인칭 슈팅 게임에서 실제 총기와 유사한 조작 기기를 사용할 경우 현실감과 몰입도가 높아지며, 이로 인해 공격성이 증가하는 효과.

"현대 비디오 게임의 점점 몰입적인 특성이 게임 이용자에게 미치는 영향력을 증폭시키며, 특히 여성에 대한 적대감과 공격성을 유발할 수 있다"고 밝혔다(LaCroix, Burrows, & Blanton, 2018: 413).

엘리 코네인Elly Konijn, 마리예 비뱅크Marije Bijvank, 브래드 부시먼Brad Bushman은 두 가지 유형의 동일시를 구별해 게임의 심리적·정서적 상호작용성에 관한 사안을 검증했다(Konijn, Bijvank, & Bushman, 2007). 사회 인지 이론에서 일반적으로 이해되는 바와 같이 동일시는 관찰자와 관찰 대상이 두드러진 특성을 공유함으로써 일어나는 **유사 동일시**similarity identification이다. 예를 들어 관찰자와 관찰 대상 모두 남성이거나 미국인이라는 등의 공유된 특성을 가지고 있을 경우 유사 동일시가 일어날 수 있다. 그러나 이보다 더 강력한 형태의 동일시도 존재하는데, 참여적인 비디오 게임에 특히 적절한 경우는 **동일시 갈망**wishful identification이다. 이때 관찰자는 "일반적인 의미에서(장래의 행동과 정체성 발달을 위한 역할 모델로서) 혹은 특정한 의미에서(관찰 환경 이외의 상황에서 반응하거나 특정한 행동을 중심으로) 관찰 대상을 모방하기를 갈망한다." 학자들에 의하면 동일시 갈망이 '……한다면' 어떨지 예상해볼 수 있게 하므로 "장래의 행동에 대한 강력한 예측 변수가 되는데, 특히 청소년", 그중에서도 남자 청소년인 경우에 그러하며 결과적으로 "[반두라의] 대리 학습 개념에 가깝다"(Konijn, Bijvank, & Bushman, 2007: 1039). 그들의 연구는 현실감 있는 게임 속 폭력적인 등장인물에 대한 동일시 갈망이 일어나면서 게임 이용자들을 훨씬 더 폭력적으로 변화시킨다는 것을 보여주었다.

**유사 동일시**
관찰자가 그와 두드러진 특성을 공유하는 등장인물과 자신을 동일시하는 것.

**동일시 갈망**
관찰자가 일반적 혹은 특정한 의미에서 등장인물을 모방하기 원하는 것.

## 일반 공격 모델

미디어에 의해 매개된 폭력이 시청자의 공격성을 높인다는 주장을 과학적으로 확정된 것으로 여기는 가운데, 크레이그 앤더슨Craig Anderson과 그의 동료들은 이를 일반적인 형태로 정리한 모형을 제시했다(Anderson, Deuser, & DeNeve, 1995). 그들의 목표는 "공격성에 대한 기존의 소형 이론들을 통일된 하나의 전체 이론으로 통합하는 것"이었다"(Anderson & Bushman, 2002: 33). 그 결과물이 사회 인지 이론에 기반을 둔 일반 공격 모델general aggression model, GAM이다. 일반 공격 모델은 인지, 감정, 각성이 공격에 대한 상황적 변수와 개인적 변수를 매개한다고 주장하는 인간의 공격성에 대한 모델이다. 이 모델은 "생물학적·성격적 발달, 사회 과정, 기본적인 인지 과정(지각, 프라이밍 등), 단기적·장기적 과정, 결정 과정 등을 공격성을 이해하는 데 이용한다"(DeWall, Anderson, & Bushman, 2011: 246).

매개된 폭력에 노출되는 것이 폭력성에 미치는 단기적 효과(실험실에서) 및 장기적 효과(실생활에서 폭력적 콘텐츠에 노출되지 않은 상황)에 대해 설명하기 위해 일반 공격 모델은 다음과 같이 가정한다. "현재의 환경에서 개인이 사건을 어떻게 구성하는지에 따라 사회적 행동이 좌우된다. 이때 사건에 대한 구성은 사건을 어떻게 해석하는가, 그 사건에 대한 전형적인 대응 방법이 무엇이라고 생각하는가, 그 밖에 다른 방법으로 대응할 수 있는 능력이 자신에게 있다고 생각하는가, 그리고 예상되는 결과는 무엇이라고 생각하는가 등에 대한 지각을 포함한다. 이와 같은 지각은 다양한 상황에서도 안정적으로 행동하게 하고(각 개인은 상황적 모호함을 특유의 방식대로 해결하므로), 상황별 특수성을 허락하기도 한다(사건에 대한 구성에는 현실적 제약이 있으므로). 사람들의 지식 체계는 경험을 통해 발전되고, 기본적인 시각적 패턴으로부터 복잡한 연속 행동에 이르기까지 모든 유형의 지각에 영향을 미치며, 자동화될 수 있고, 정서적 상태와 행동 프로그램 및 신념과 연결되어 있으며, 해석 및 행동적 반응을 사회적·물리적 환경에서 발생하기 때문이다. 즉 처음에는 의식적인 사고를 필요로 했던 의사 결정이 차츰 노력이나 인지를 하지 않아도 가능할 수 있게 된다"(Anderson & Carnagey, 2004: 173).

일반 공격 모델은 두 부분으로 구성되어 있는데, 바로 에피소드episode(어떤 사람이 사회적 상황 속에 있고 다른 사람에 대해 공격성을 가지거나 가지지 않고 행동할 수 있을 때)와 발달적/성격적 과정(그 상황에서 사용되는 공격과 관련된 지식 체계)이다. 에피소드에서(<그림 7.2>) 입력은 공격성을 증가시키거나 억제할 수 있는 상황 요인을 포함한다. 예를 들어 모욕은 공격 가능성을 높일 수 있는 반면, 부모님이 함께 있을 때 그 가능성은 감소될 수 있다. 인물 요인은 "성격적 특성, 태도, 유전적 소인과 같이 어떤 개인이 그 상황에서 사용할 수 있는 모든 특성을 포함한다"(Anderson & Bushman, 2002: 35). 경로는 그 사람의 현재 내적 상태, 즉 감정, 인지, 각성을 포함한다(감정, 인지, 각성 사이의 선은 서로에게 영향을 준다는 점을 의미한다). 감정은 기분과 정서를 말한다. 인지는 공격 개념

## Instant Access

### 일반 공격 모델General Aggression Model

**장점**

1. 미디어와 인간의 공격성 간의 관련성에 대해 종합적으로 살펴본다.
2. 다양한 개인적 · 상황적 변수를 사용한다.
3. 다양한 미디어 이용자와 미디어 이용 상황에 적용된다.
4. 매개된 폭력에의 노출이 가져오는 단기적 효과와 장기적 효과를 모두 설명한다.

**단점**

1. 모델의 구성 요소가 다양하고 그들 사이의 관계 또한 복잡해서 이 모델을 이용한 경험적 연구 및 확인이 불가능하다.
2. 현실 세계에서 청소년 폭력이 감소하고 있는 것은 이 모델이 공격성에 미치는 미디어의 영향력을 과장하고 있음을 시사한다.
3. 미디어 폭력물과 공격성 사이에 관련이 없음을 보여주는 연구에 대해서는 설명하지 않는다.
4. 실험 연구에 주로 의존함으로써 실험 연구 방식에 내재된 편향성의 영향으로 강효과를 도출한다.

혹은 행동 도식에 대한 접근성을 지칭하는데, 이는 곧 공격적인 사고가 얼마나 쉽게(혹은 쉽지 않은 방식으로) 점화되는지를 가리킨다. 각성은 사람이 그 순간에 느끼는 신체적·심리적 흥분 정도를 말한다. 결과물은 이러한 접촉 과정에서 결국 어떤 일이 발생하는지를 나타낸다. 인물은 상황에 대한 평가를 통해 결정을 내리고 사려 깊게 혹은 충동적으로 반응한다. 그러나 기억할 것은 이와 같은 평가와 결정 과정은 입력과 경로의 산물이라는 점이다. 그 과정을 지나 경험하는 사회적 접촉은 이제 그다음 사회적 접촉의 입력에 기여한다.

미디어는 일반 공격 모델에서 어떤 사람의 발달적/성격적 과정(<그림 7.1>)의 일부로 등장한다. 일반 공격 모델은 폭력적인 게임을 반복해서 할 경우 공격성과 관련된 지각의 학습, 시연, 강화를 증가시킨다고 주장한다. 여기에는 공격에 대한 신념과 태도, 공격성에 대한 지각 방식, 공격성을 둘러싼 예상, 공격적인 행동에 대한 도식 혹은 모델, 그리고 공격성에 대한 둔감화가 포함된다. 이 다섯 가지 요인은 성격을 보다 공격적으로 변화시키는데, 이는 개인적·상황적 변수, 즉 사회적 접촉에서 공격적 혹은 비공격적 행동을 발생시키

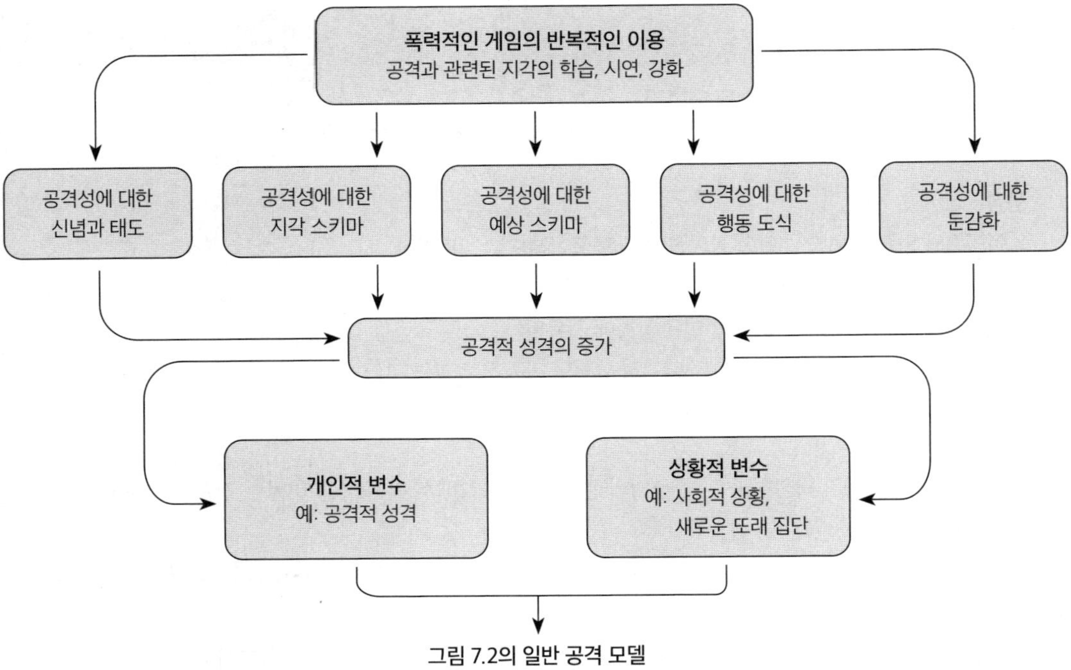


<그림 7.1> 일반 공격 모델: 발달적/성격적 과정(폭력적인 게임의 예)

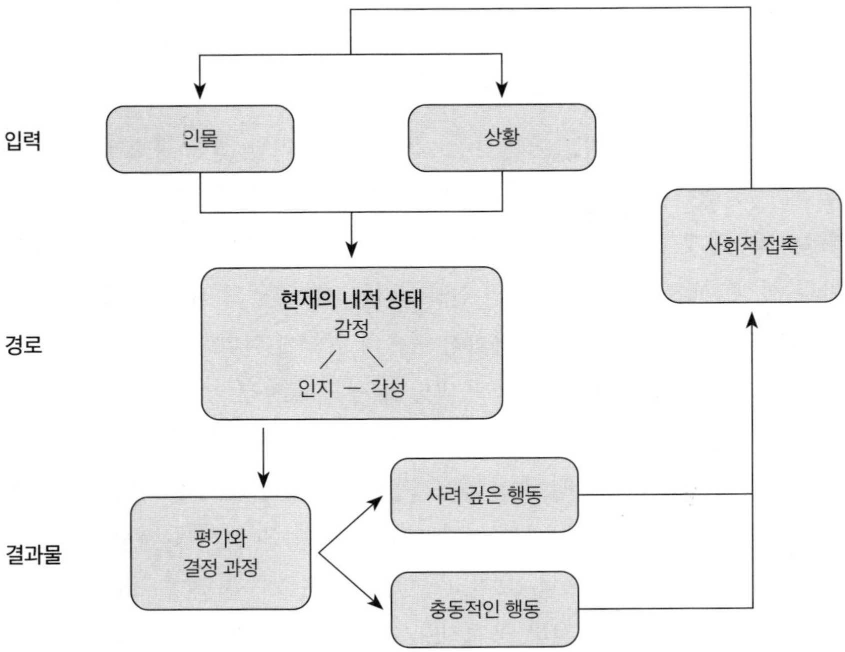


<그림 7.2> 일반 공격 모델: 에피소드

는 인물과 상황 입력에 영향을 미친다(<그림 7.2>의 상단). 이때 <그림 7.1>의 최상단에 있는 박스는 '폭력적 미디어 콘텐츠에 대한 반복적 노출' 혹은 '환경적 수정 요인'으로 바꾸어 적용해볼 수도 있다(Anderson & Bushman, 2002).

또한 일반 공격성 모델GAM의 논리는 폭력 외에 다양한 비디오 게임 효과 연구에도 적용되고 있다. 특히 공격성 감소, 공감 능력·너그러움·자기조절 증가 등 친사회적 결과를 설명하는 데 사용된다. 이 연구들은 일반 학습 모델 General Learning Model, GLM을 토대로 하며, 이는 일반 공격성 모델과는 구별된다(Coyne et al., 2018; Greitemeyer & Mügge, 2014).

## 학습 목표 확인

- **제2차 세계대전 이후의 사회적·기술적 변화가 어떻게 텔레비전과 미디어의 영향력에 대한 이론적 재고로 이어졌는지 설명한다.**

전쟁이 끝난 직후, 기술적으로 완성된 새로운 미디어인 텔레비전이 즉각적으로 이용 가능해졌다. 전국의 상업 라디오 방송국들은 인기 프로그램과 스타들을 텔레비전으로 옮길 계획을 세웠다. 전쟁은 미국을 농업 기반의 농촌 사회에서 산업 기반의 도시 사회로 전환시켰다. 더 많은 사람들이 정규직에 종사하게 되었고, 여가 시간도 증가했다. 전쟁을 위해 발전시킨 생산 능력은 여전히 유지되고 있었기에, 소비재의 대량 생산이 가능했고 이는 광고의 수요를 증대시켰으며, 이러한 광고가 텔레비전 매체의 경제적 기반이 되었다. 백인 외 소수 집단들은 미국의 꿈에서 자신의 정당한 몫을 요구하기 시작했다. 맞벌이 가정도 점점 흔해졌고, 전통적인 지역 공동체는 아동의 사회적·도덕적 발달에서 주도적 역할을 상실해갔다. 미디어가 이러한 변화 속에서 어떤 역할을 했는지를 두고 논쟁이 이어졌다.

- **정화, 사회 인지 이론과 같은 다양한 '폭력 이론'을 살펴보고 그 구성 요소들(공격 단서, 모방과 동일시, 관찰 학습, 억제와 탈억제 효과, 프라이밍 효과, 인지 신연합적 관점)에 대해 설명한다.**

폭력 시청이 공격적 충동을 해소하거나 만족시켜 공격 행동을 줄일 수 있다는 정화 이론은 설득력 있게 반박되었다. 사회 인지 이론은 사람들이 관찰 학습을 통해 행동을 모방하고, 본보기 대상과 동일시함으로써 학습한다고 설명한다. 억제 효과는 본보기 대상이 처벌받는 것을 보면 해당 행동의 가능성이 감소함을 의미하며, 탈억제 효과는 금지된 행동이 보상받는 것을 보면 그 행동의 가능성이 증가함을 뜻한다. 이러한 과정은 프라이밍 효과(매체에서 제시된 내용이 현실에서도 유사한 생각을 유발하는 경향)나 인지 신연합적 관점(폭력 콘텐츠의 반복 노출이 특정 개념을 활성화하여 행동 결정에 영향을 미치는 것)에 의해 촉진된다.

- **미디어에 노출된 결과 공격성이 발현되는 데 영향을 미치는 중요한 맥락적 변수들을 찾아본다.**

미디어에서 폭력이 어떻게 제시되는지는 이후 시청자의 공격성에 영향을 미친다. 보상이 수반되는 폭력은 모방 가능성이 높아지고, 처벌되는 폭력은 모방 가능성이 낮아진다. 부정적인 결과를 강조한 폭력 묘사는 모방을 억제한다. 정당화된 동기를 가진 폭력은 모방 가능성이 크고, 부당한 폭력은 그렇지 않다. 사실감이 높은 폭력 묘사는 실제 공격성을 높인다. 유머로 포장된 폭력은 행위의 심각성을 줄여, 공격적 행동의 가능성을 높인다. 등장인물에 대한 동일시 정도가 클수록, 그 행동을 모방할 가능성이 높다. 마지막으로 감정적 각성은 내러티브의 극적 요소를 강화함으로써 공격성을 증가시킬 수 있다.

- **텔레비전 시청에 대한 능동 이론과 발달적 관점이 미디어 효과 이해에 어떻게 기여했는지를 알아본다.**

텔레비전 시청에 대한 능동 이론은 시청자가 TV 콘텐츠를 이해하려 적극적으로 사고하고 노력한다고 본다. 생후 약 30개월이 되면 어린이도 특정한 텔레비전 콘텐츠의 규칙성을 이해할 수 있는 스키마를 발달시킨다. 발달적 관점은 사람들이 지적 발달 단계에 따라 미디어를 이해하는 능력이 다르다는 점에 기반한다.

- **폭력적인 비디오 게임에 대한 연구가 어떻게 텔레비전 폭력 이론을 뒷받침하는지, 또한 어떻게 공격성에 미치는 미디어의 효과에 대해 깊이 있게 이해하도록 하는지 설명한다.**

사회 인지 이론에 기반한 비디오 게임 폭력 연구는 게임을 하는 것이 실제 공격 행동에 인과적 영향을 미친다는 점을 보여주며, 텔레비전 폭력 연구에 대한 확신을 강화했다. 폭력적인 게임은 상호작용성, 반복 연습, 캐릭터와의 동일시, 게임 진행 보상 등의 변수를 콘텐츠-공격성 공식에 추가한다.

## 생각해볼 문제

1. 매개된 폭력과 시청자들에게 나타나는 공격성 사이에 인과 관계가 있다고 확신하는가? 그렇다면 혹은 그렇지 않다면 그 이유는 무엇인가? 이 장에 제시된 정보로 인해 생각이 달라졌는가? 그렇다면 혹은 그렇지 않다면 그 이유는 무엇인가? 효과에 대한 연구에서 서로 모순되는 듯 보이는 결과가 나오는 경우도 있는데 두 가지 결과가 다 옳을 수도 있을까? 어떤 상황이라면 그와 같이 모순된 결과가 모두 타당하다고 받아들여질 수 있을까?

2. 비디오 게임을 하는가? 그렇다면 이 장에 소개된 연구에 대해 여러분은 어떤 의견을 가지고 있는 가? 만약 자신에게는 적용되지 않는다고 생각한다면 그 이유는 무엇인가? 여러분 친구들의 경우는 어떠한가? 1장에서 살펴보았던 제3자 효과가 발생했을 가능성이 있는가? 비디오 게임의 효과를 고찰할 때 어떤 게임 혹은 게임 방식인지에 따라 구별해 생각하는가?

3. 물론 여러분은 능동적인 미디어 소비자이며, 화면에 비친 것을 분석하고 그것을 이해하려 노력한다. 하지만 흥미로운 TV 프로그램이나 몰입감 있는 비디오 게임에 푹 빠져본 적은 없는가? 여러분이 기꺼이 현실을 잊고 미디어 내러티브 세계에 들어갈 때, 여러분의 의미 구성 과정에는 어떤 일이 벌어지는가? 그 순간에는 누구의 현실이 작동하는가? 이러한 미디어 내러티브 속 몰입이 효과를 만들어내는 데 어떤 관련이 있을지 생각해보라.

# 미디어와 인간 발달에 관한 이론

**8장**

**학습 목표**

- 미디어 소비와 청소년의 인지 및 정서 발달 간의 관계에 대해, 효과 연구자와 비판 연구자 모두가 제기한 질문에 대한 답변을 도출한다.
- 킨더 문화에 대한 문화적 비판과 아동기의 재정의에 관해 알아본다.
- 소셜 미디어가 청소년의 개인적 발달과 안녕감에 미치는 긍정적·부정적 기여를 설명한다.

## 개요

7장에서 살펴본 바와 같이, 매스 커뮤니케이션 연구자들이 청소년에게 주목하게 된 최초의 계기는 미디어 폭력에 대한 우려였다. 그러나 연구자들의 관심은 곧 화면 속 폭력성과 현실 세계의 공격성 간의 관계라는 중요하지만 다소 협소한 주제를 넘어 더욱 확장되었다. 만약 미디어가 아이들에게 폭력을 가르칠 수 있다면, 그 외에 또 무엇을 가르칠 수 있을까? 만약 미디어가 갈등 상황을 해결하는 각본을 제공한다면, 분명히 미디어는 변화가 빠르고 복잡한 세계에서 청소년들이 매일 마주하는 훨씬 더 다양한 상황을 처리할 수 있는 각본도 제공할 것이다. 그리고 이보다 더 중요한 질문이 있다. 그런 미디어는 얼마나 훌륭한 교사인가? 그들이 제공하는 각본은 과연 얼마나 유익한가? 매스 커뮤니케이션 이론가 조지 거브너George Gerbner는 이러한 질문들이 결코 하찮은 것이 아니라고 강조했다. "인류 역사상 처음으로, 대다수의 아이들에게 대다수의 시간에 대다수의 이야기를 들려주는 이는 더 이상 부모도, 학교도, 교회도, 지역 사회도 아니다. 그 이야기들은 더 이상 수작업으로 만들어지고, 지역 공동체에 기반하며, 세대를 거쳐 전승되는 역사적 영감을 지닌 이야기도 아니다. 그것들은 사실상 팔아야 할 것은 많지만, 들려줄 이야기는 거의 없는 소수의 글로벌 대기업들에 의해 만들어지고 있다"(Gerbner, 2010).

미디어 폭력과의 인과 관계가 가장 완고한 회의론자들을 제외한 대부분에게 받아들여지자, 후기실증주의 연구자들은 아동이 거브너가 묘사한 이러한 '뉴 미디어화되고 대기업화된 이야기꾼들'의 세계 속에서 어떻게 성장하는가에 주목하기 시작했다. 비판적 문화 연구자들도 청소년의 발달 문제에 관심을 가졌는데, 특히 그들의 미디어 소비 증가와 아동기의 **성인화**adultification, 상업화 사이의 관계에 집중했다. 또한 매스 커뮤니케이션 이론과 연구의 진보가 흔히 새로운 기술의 등장과 그것이 미치는 영향을 통제하려는 노력에서 비롯되기 때문에, 연구자들은 청소년이 대규모 소셜 미디어에 어떻게 참여하고 있는지, 그리고 그것이 건강하고 유능한 여성과 남성으로 성장하는 데 어떤 영향을 미치는지를 탐구하기 시작했다. 이는 특히 청소년 우울증의 급격한 증가(Geiger & Davis, 2019; "Major Depression," 2018)와 정신 건강 치료를 받는 대학생 수의 증가(Wolverton, 2019)라는 시대적 흐름 속에서 매우 중요한 연구 주제라고 할 수 있다.

**성인화**
아동의 소비자로서의 가치가 인간으로서의 가치보다 우선시되면서, 신체적·심리적·사회적·정서적·영적 발달이 위협받는 현상.

## 미디어와 아동 발달

아동의 발달에 미디어가 영향을 미친다는, 즉 미디어가 아이에서 제구실을 하는 유능한 청소년과 젊은이로 진화하게 도와준다는 주장은 이론적으로 크게 주목받았다. 예를 들어 미국소아과학회에 따르면 미디어는 "청소년에게 로맨틱한 관계와 같이 익숙하지 않은 상황에서 어떻게 행동해야 하는지에 대한 공통 '각본'을 제시하며…… **슈퍼피어 이론**superpeer theory은 미디어가 때로는 위험한 행동을 정상적인 행동으로 보이게 한다는 점에서 많은 영

**슈퍼피어 이론**
미디어는 많은 영향을 주는, 가장 친한 친구의 역할을 하며, 때로는 위험한 행동을 정상적인 행동으로 보이게 한다는 이론.

향을 주는, 가장 친한 친구와 같다고 한다"(Strasburger, Jordan, & Donnerstein, 2010: 758). 더 나아가 세계보건기구는 부모들에게 만 5세 미만 아동의 스크린 노출 시간을 하루 1시간 이하로 제한할 것을 권고하고 있으며, 그보다 적은 시간이 더 바람직하고, 만 18개월 미만의 유아에게는 스크린 노출을 전혀 허용하지 않는 것이 좋다고 말한다(World Health Organization, 2019). 실제로 텔레비전과 비디오 게임을 중심으로 한 미디어 소비가 아동과 청소년의 발달을 저해할 수 있다는 점을 보여주는 후기실증주의 효과 연구가 많다. 후기실증주의자들이 조사한 부정적인 발달 효과로는 독서 및 작문 능력 저하(Weis & Cerankosky, 2010), 주의력 장애(Christakis, Zimmerman, DiGiuseppe, & McCarty, 2004), 심리적 스트레스(Page, Cooper, Griew, & Jago, 2010), 어휘력 발달의 제한(Christakis et al., 2009), 교실 내 공격성 증가(Martins & Wilson, 2011), 사회성 저하 및 충동성 증가, 우울증과 사회불안장애 증가(Gentile et al., 2011), 수면 부족 및 기억력 저하(Dworak, Schierl, Burns, & Struder, 2007), 창의력, 생산성, 문제 해결 및 의사 결정 능력 저하(Ward, Duke, Gneezy, & Bos, 2017) 등이 있다.

후기실증주의 연구는 또한 아동과 청소년 모두의 전반적인 발달 측면에서 미디어 사용의 영향을 이해하는 데에도 활용되어 왔다. 에이미 네이선슨Amy Nathanson과 그녀의 동료들은 유아기의 텔레비전 시청과 **마음 이론**Theory of Mind(ToM)에 미치는 영향을 연구했다. 마음 이론, 즉 인지적 공감 능력은 아동이 사회적 존재로 성장하는 데 필수적인 능력으로, 타인의 믿음, 욕구, 의도 등을 인식하고 이를 통해 그들의 행동을 이해하거나 예측할 수 있도록 한다. 유아기 동안 급속히 발달하는 마음 이론은, 정신 상태(생각, 의도, 믿음, 욕망, 감정 등)가 표현적이며 사적일 수 있고, 개인마다 다를 수 있으며 변화할 수 있다는 점을 이해하게 됨을 의미한다. 마음 이론 발달 이전의 아동은 모두가 같은 현실을 공유한다고 믿는다. 즉 자신이 생각하는 것을 다른 사람도 마찬가지로 생각한다고 간주하는 것이다. "마음 이론의 발달은 행동이 개인의 믿음과 욕망에서 비롯된다는 이해를 반영한다…… 마음 이론 없이는 아동은 기만, 실수와 거짓말의 도덕적 구분, 2차적 정신 상태(한 사람(A)이 다른 사람(B)의 믿음이나 생각을 추론하는 것)를 쉽게 이해하지 못한다. 결과적으로 이러한 아동은 사회적 관계에서 성공을 거두기 어려울 수 있다"(Nathanson, Sharp, Aladé, Rasmussen, & Christy, 2013: 1089). 마음 이론은 보통 만 3세에서 5세 사이에

**마음 이론**
타인의 믿음, 욕구, 의도를 인식하고, 그에 따라 타인의 행동을 이해하거나 예측하는 능력.

급속히 발달하므로, 네이선슨과 그녀의 동료들은 부모, 가족 구성, 미디어와 같은 상호작용·정보·사회화의 중요한 원천들이 이 발달에 영향을 미칠 것이라 보았다. 이들의 연구는 침실에 텔레비전을 두거나 배경으로 흘러나오는 TV에 많이 노출되는 아동일수록 타인의 믿음, 욕망, 의도, 감정 등 정신 상태를 이해하는 능력이 떨어진다는 사실을 보여주었다. 주목할 만한 결과는 부모가 화면 속 내용을 자녀와 대화할 경우 아동의 마음 이론 수행 능력이 향상되었다는 점으로, 이는 12장에서 다룰 미디어 리터러시와 관련하여 보면 그리 놀라운 결과는 아니다.

청소년기는 새로운 정체성과 삶의 스트레스를 형성하고 조절하는 시기라는 점을 인식하고, 크리스틴 해리슨(Kristen Harrison, 2006)은 텔레비전이 **자기 복잡성**self-complexity에 미치는 영향을 연구했다. 자기 복잡성이란 자신이 다양한 상황에서 서로 다른 자아 개념을 가지고 있음을 인식하는 능력을 말한다. 자기 복잡성이 높은 청소년은 감정적·신체적 도전이 많은 사춘기 시기를 보다 잘 극복할 수 있다. 해리슨은 "자기 복잡성이 높은 사람은 자기 개념이라는 '달걀'을 여러 '바구니'에 나누어 담고 있다고 개념화할 수 있다"고 설명한다. "만약 어떤 바구니가 떨어져 달걀이 깨지더라도, 다른 바구니에 담긴 달걀이 남아 있기 때문에 충격이 전반적으로 퍼지지 않는다. 따라서 자기 복잡성이 높은 사람은 어떤 자아 영역에서 좌절을 겪더라도(예: 시니어 우등 세미나에서 나쁜 성적을 받음), 충성심, 음악적 재능, 외모, 창의성 등 다른 자아 요소를 활용하여 자존감과 안녕감을 유지할 수 있다"(Harrison, 2006: 253).

**자기 복잡성**
상황에 따라 다양한 자기 개념을 가지는 자기 인식의 복합성.

자기 복잡성은 청소년이 다양한 상황, 관계, 사회적 역할을 경험하며 발달하는데, 텔레비전과의 상호작용을 통해 이런 경험을 하게 되는 경우가 많다. 따라서 우리는 텔레비전이 (간접적인) 상황, 관계, 사회적 역할을 풍부하게 제공하므로, 이러한 자기 복잡성을 풍부하게 해줄 것이라 가정할 수 있다. 그러나 해리슨은 오히려 반대의 가능성을 제기했다. 이는 대부분의 텔레비전 묘사가 "좁은 범위"에 한정되어 있으며, "미디어 사용 자체가 청소년이 현실 세계의 흥미, 역할, 삶의 방식을 접할 수 있게 해주고 그를 통해 자기 복잡성을 형성하는 데 중요한 역할을 하는 새로운 활동에 참여할 기회를 방해할 수 있다"는 점에서 그러하다는 것이다(Ibid., 254). 그녀는 주당 약 20시간 이상의 시청이 자기 복잡성의 감소와 관련되어 있음을 발견했고, 이에 따라 **자기 범위 모델**scope of self model을 제안했다. 이 모델은 미디어, 특히 텔레비전을 과

**자기 범위 모델**
미디어 소비량이 많은 청소년은 현실 세계보다 단순화된 인간 속성과 활동을 접하게 되어 자기 복잡성이 감소한다는 모델.

도하게 소비하는 청소년이 현실 세계의 인간 존재의 다양성에 있어 아주 좁은 단면만 접하게 되며, 이는 "인간의 속성과 활동에 대한 제한되고 단순화된 시각"(Ibid., 266)을 제공함으로써 실질적이고 풍부한 경험을 할 기회를 빼앗는다고 본다. 이러한 효과는 자신에 대해 정보를 제공해줄 수 있는 가족이나 공동체와 같은 대체적 정보원이 적은 청소년에게서 더욱 강하게 나타난다.

### 젠더 문제

인과적 효과 모델에 중점을 두고 보다 광범위한 사회적·문화적 문제에 대해서는 제한적인 관심을 보였던 효과 연구자들은 1970년대에 이르러 청소년의 젠더 및 성적 정체성의 발달에 관심을 보이기 시작했다. 비판 연구자들의 관심에 비하면 그 정도가 큰 편은 아니었지만 1990년대에 이르러 효과 연구자들은 보다 많은 시간과 노력을 들여 이 문제들에 대해 연구하기 시작했다. 예를 들어 1970년대에 스탠리 J. 바란Stanley J. Baran은 청소년과 대학생이 자신의 성적 정체성에 대해 느끼는 만족도와 영화 및 텔레비전 속에서 묘사되는 육체적 애정 표현이 관련이 있음을 입증했다(Baran, 1976a, 1976b). 1980년대에 존 코트라이트John Courtright와 바란은 육체적 애정 표현에 대한 미디어의 묘사가 청소년이 성적 정보를 습득하는 주된 출처였음을 확인했다(Courtright & Baran, 1980). 그리고 1990년대에 조지 콤스톡George Comstock은 아동 및 청소년 성 역할의 사회화에 대해 수십 년간 수행되어온 연구를 검토한 후, 텔레비전에 노출되는 것과 전통적인 젠더와 성 역할 개념을 가지는 것 사이에 "약간이기는 하지만 정적 상관관계"가 있다고 결론지었다(Comstock, 1991: 175). 그는 또한 젠더에 대한 비전통적 묘사가 포함된 콘텐츠를 소비하는 이들은 성 역할에 대해서 그와 유사한 비전통적 인식을 발달시킬 수 있고 또한 실제로 그렇게 한다고 밝혔다. 더 나아가 미디어에 나타난 묘사는 아동이 그들 자신에 대해 갖는 특정한 기대를 고무시킴으로써 그들을 사회화시킬 뿐만 아니라 타인에 대한 기대 역시 고무시킬 수 있었다. 콤스톡에 따르면 "텔레비전을 비롯해 미디어에 나오는 매력적인 사람들에 대한 묘사는 실생활에서 같은 성별의 사람들에 대해 만족하지 못하게 하고 그들의 매력도에 대해 낮게 평가하도록 할 수 있다"(Comstock, 1991: 176).

이러한 탐구 방향은 오늘날에도 활발히 이어지고 있을 뿐만 아니라, 초기 연구보다 훨씬 더 강력한 미디어 영향의 증거를 찾아내고 있다. 예를 들어 렐리아 샘슨Lelia Samson과 마리아 그레이브Maria Grabe는 "준 성인—즉 17세에서 25세 사이의 대학생들—의 성적 성향"과 그들이 소비하는 다양한 미디어(뮤직 비디오, 네트워크 및 케이블 텔레비전, 영화, 인터넷) 간의 관계를 연구했다. 이들의 연구 결과는 미디어가 인간의 심리적·성적 성향을 형성하는 데 있어 중요한 성적 사회화 매개자임을 시사한다. 실제로 이 연구는 미디어 사용이 성적 각성 및 억제 메커니즘과 독립적인 통계적 연관성을 가진다는 것을 보여주었다"(Samson & Grabe, 2012: 293). 힐러리 갬블Hilary Gamble과 레슬리 넬슨Leslie Nelson 또한 대학생들을 대상으로, 텔레비전 프로그램에서 나타나는 연애 관계 묘사가 실제 연애에서의 성적 상호작용 기대에 어떤 영향을 미치는지를 연구했다. 연구자들은 **스크립트 이론**scripting theory에 기반하여 분석을 수행했는데, 이 이론은 젊은이들이 또래, 정규 성교육, 미디어, 부모, 종교 등 다양한 출처로부터 수집한 '정보 조각snippets of information'을 토대로 스크립트라 불리는 기억 구조를 구성하며, 이 스크립트가 성에 대한 태도, 기대, 행동을 형성한다는 개념이다(Gamble & Nelson, 2016: 149). 갬블과 넬슨은 젊은 여성들의 해당 콘텐츠 시청이 더 많은 성적 상호작용에 대한 기대와 연관이 있음을 발견했으며, 콘텐츠의 현실성 인식 정도에 따라 약간의 차이는 있었지만, 남성에게도 유사한 경향이 나타남을 확인했다.

**스크립트 이론**
청소년들이 다양한 출처에서 수집한 단편적 정보를 조합해 성性에 대한 스크립트를 형성하고, 이것이 성적 태도, 기대, 행동에 영향을 미친다는 이론.

젊은이들이 자신이 타인에게 얼마나 매력적이라고 인식하는지에 있어 미디어가 얼마나 영향을 끼치는지에 대한 연구들도 있다. 예를 들어 레비나 클라크Levina Clark와 마리카 티그먼Marika Tiggemann은 여자아이들이 자신의 매력에 대해 만족하는지 살펴보았다. 9세에서 12세 사이의 여자아이들이 느끼는 '신체 불만족'의 원인을 찾는 가운데, 그들은 "(텔레비전과 잡지를 포함한) 외모 관련 미디어 콘텐츠에 자주 노출되는 것과 또래와 외모 관련 대화를 나누는 것이 신체 불만족 및 다이어트 행동과 관련이 있음"을 보여주었다(Clark & Tiggemann, 2007: 84). 킴벌리 비셀Kimberly Bissell과 페이친 저우Peiqin Zhou는 특히 오락 및 스포츠 미디어에 노출되었을 경우 어떤 효과가 나타나는지 검토했는데, "TDP 미디어(마른 몸을 묘사하고 홍보하는 미디어)에 자주 노출된 학령기 여자아이들과 여대생들은 자신의 신체 이미지에 대해 왜곡되게 인식하는 것으로 나타났다"(Bissell & Zhou, 2004: 5). 연구자들은 "마른 몸이 이상적으로 묘사되는 미디어"에 자주 노출된 여성들은 그들의 외모에 만족하지 못할 가능성이 높고 "그들의 몸매에 변화를 주기 위한 위험한 조치"를 취하고 있음을 발견했다(Bissell & Zhou, 2004: 17). 로라 반덴보쉬Laura Vandenbosch와 스티븐 에거몬트Steven Eggermont는 "성적 대상화를 하는 미디어와 [여자 청소년들의] 아름다움에 대한 이상적 기준의 내면화 사이에는 직접적인 관계가 있고, 성적 대상화를 하는 미디어와 자기 대상화, 그리고 아름다움에 대한 이상의 내면화를 통한 신체 감시 사이에는 간접적인 관계가 있다"는 것을 입증했다(Vandenbosch & Eggermont, 2012: 869). 그런데 이러한 효과가 여성에게만 국한된 것은 아니다. 라라미 테일러Laramie Taylor와 주넬 포르탈레자Jhunehl Fortaleza(2016)는, 남자 대학생들이 폭력적 내러티브에 노출되었을 때 자신이 인식하는 매력 수준이 낮아지고, 신체에 대한 불안이 증가하며, 신체 변형 실천에 대한 지지가 강화된다는 사실을 입증했다. 이는 근육질 이상형 이미지의 시청과 마찬가지로 나타나는 현상이다.

효과 트렌드 연구자들과 마찬가지로 비판 연구자들도 젠더 문제를 탐구했다. 페미니스트 비판 이론에 뿌리를 둔 **대상화 이론**objectification theory이 이 연구 작업의 중심이 되었다. 대상화 이론은 "여아와 여성이 보통 신체적 자기physical self를 바라보는 데 있어서 관찰자의 관점을 주된 시각으로 내면화하도록 사회화된다고 가정한다"(Fredrickson & Roberts, 1997: 173). 이 관점을 받아들여 레이첼 캘로기로Rachel Calogero와 트레이시 틸카Tracy Tylka는 사람들이 가진 "신체에 대한 젠더 경험은 몸에 대한 이미지를 제약하고 이에 영향을 준다"고 주장했다. 그 결과 "인간의 몸은 자연스럽게 다양한 모양, 크기, 특색을 지니고 발달하는 것이 허용되지 않는다. 인간의 몸은 대부분의 사람들 본래의 자연스러운 몸을 어떤 측면에서든 부족한 것으로 만들어내는 사회적 스트레스 요인과 압력에 의해 형성된다. 따라서 규정된 사회 역할에 부합하는 신체를 만들고 사회적 가치를 향상시키고 사회적 권력을 지키기 위해서는 신체에 대한 지속적인 평가와 수정이 필요해진 것이다. 이는 곧 젠더에 따라 신체의 기능에 차이가 있다는 점 외에 여성 혹은 남성의 신체가 어떤 모습이 되어야 하고 그들의 신체를 어떻게 바라볼지에 대한 사회적 구성이 이루어진다는 의미이다"(Calogero & Tylka, 2010: 1). 그 결과는 낮은 자존감, 신체에 대한 지속적 감시, 식생활 이상 등으로 나타났다.

**대상화 이론**
여성들이 타인의 시선을 자기 외모에 대한 주된 판단 기준으로 내면화하게 된다는 이론.

### 광고가 아동에게 미치는 영향

아동의 발달에 광고가 미치는 영향은 다양한 관점에서 연구되었다. 연구 결과 7~8세 이하의 아동은 텔레비전 프로그램과 광고 콘텐츠를 구별하지 못하는 것으로 나타났다. 7~8세 무렵에는 광고와 텔레비전 콘텐츠를 구별할 수 있게 되지만 광고에 내포된 판매 의도를 이해하는 것은 아니다. 영화나 비디오게임 속 간접 광고, 제품 라이선싱, 프로그램 후원, 광고성 게임advergame과 같은 '비전통적인' 광고 수단의 사용은 문제를 더욱 악화시킨다. 만 10세에 이른 아동들조차도 이러한 대안적 마케팅 전략에 대한 이해도가 낮아, 이를 비판적으로 평가할 인지적 능력이 부족한 것으로 보이기 때문이다(Owen, Lewis, Auty, & Buijzen, 2013: 195).

학계에서는 정크푸드와 설탕이 과다한 간식류의 아동 대상 광고에 많은 관심을 기울여 왔으며(Frechette, 2016; Boyland & Halford, 2012), 이러한 광고가 미국 아동의 비만 유행과도 관련이 있는 것으로 밝혀졌다. 미국 아동들은 연간 4,400회에서 7,600회에 달하는 음식 광고를 시청하며, 그 대부분은 건강에 좋지 않은 식품 광고이다(American Academy of Pediatrics, 2011). 이 광고들이 아동의 '고칼로리·저영양 식품 및 음료'에 대한 선호와 요구 사이의 인과 관계에 영향을 미친다는 사실은 많은 연구를 통해 입증되어 있다(Gottesdiener, 2012). 심지어 광고가 아동의 뇌를 변화시켜, 브랜드 로고의 단순한 노출만으로도 동기를 조절하는 뇌 부위가 활성화된다는 증거도 있다(Bruce et al., 2014). 아동과 청소년에게 노출되는 주류 광고 역시 검토 대상이 되었다. 예를 들어, 제리 그레너드Jerry Grenard와 그의 동료들은 청소년들이 텔레비전 주류 광고에 담긴 설득 메시지에 영향을 받으며, 해당 광고에 대한 긍정적 반응이 일부 청소년들로 하여금 청소년기에 술을 더 많이 마시고 음주 관련 문제를 더 많이 겪게 만든다는 사실을 입증했다(Grenard, Dent, & Stacy, 2013: e369).

후기실증주의 연구자들과 마찬가지로 비판 연구자들 역시 식품 광고 및 그 밖의 영향과 관련된 문화적 요인들, 그리고 그러한 요인들이 아동 및 청소년의 신체 발달에 미치는 영향에 관해 살펴보았다. 비만 전문의 요니 프리드호프Yoni Freedhoff에 따르면, "우리는 40~50년 전과는 매우 다른 세상에서 자녀를 키우고 있다. 아동기의 비만은 환경이 가져온 질병이다. 즉 정상적인 유전자를 가진 정상적인 아이들이 건강하지 않은, 비정상적인 환경에서 자라면서 나타나는 자연적인 결과이다." 그는 십 대에게 충분한 수면 시간을 허락하지 않는 학교 일정, 쉽게 접할 수 있는 인스턴트 식품 및 저가 가공 식품, 기술의 발전, 가정식의 소멸, 아이들을 대상으로 한 식품 광고의 홍수, 대용량으로 판매되는 탄산음료, 아동과 청소년의 일상에서 건강에 유해한 간식에 쉽게 접근할 수 있는 것 등이 문제라고 지적했다(Haelle, 2013 재인용).

실제로 미국에서는 1970년 이후 소아 비만이 3배 증가해 학생 5명당 1명이 소아 비만에 해당했다(Center for Disease Control and Prevention, 2018). 샬린 엘리엇Charlene Elliott은 이와 같은 자료가 "음식에 관한 검토가 더 철저히 행해지도록 했고, 우리의 사회 환경이 건강한 음식을 제공할 수 있도록 혁신적인 전략을 요구했다"고 말했다. 이 문제에 대한 그녀의 접근 방식은 슈퍼마켓들이 아동을 대상으로 하는 식품을 어떻게 '재미있어' 보이게 포장했는지 검토하는 것이었다(Elliott, 2012: 303). 아동 대상 제품 354개에 대해 기호학적 분석을 한 결과 슈퍼마켓들은 밝은 색상, 특수한 글씨체와 그래픽, '재미있는 먹을거리'로 보이도록 하는 상표, 휴대용 포장 등을 사용했으며, 분석 대상이 된 제품의 4분의 3은 칼로리의 5분의 1 이상이 당분으로부터 나왔지만 이와 같은 영양 표시에도 불구하고 제품들은 재미있는 것으로 프레임되어 있었다. 온라인 광고 게임(비디오 게임으로 위장한 광고)에 대해 연구한 데보라 톰슨Deborah Thomson은 주요 시리얼 브랜드 두 개의 웹 사이트를 분석한 후 다음과 같이 주장했다. "온라인 시리얼 마케팅은 제품에 관한 내러티브에 포함된 몰입감 있는 시뮬레이션을 통해 어린이를 소비자/상품으로 훈련시킨다. '프룻루프스닷컴Frootloops.com'과 '럭키참스닷컴Luckycharms.com'에서는 시리얼을 가치 있는 품목을 대표하는 것으로 보여주고, 온라인 게임상에서 제품을 소비/조작할 때, 나아가 마케팅 내러티브/담론에 포함된 내용을 익힐 때 보상을 제공한다. 이용자들은 (게임을 통해) 알고 보면 건강하지 못한 영양에 관한 논리를 습득하게 되는데, 이때 영양상으로 가장 부족한 품목들이 가장 가치 있고 소비 가능성이 무한한 것으로 그려진다"(Thomson, 2010: 438). 톰슨은 이 사이트들을 검토하고 다음과 같이 주장했다. "문화 비평가들은 반드시 이와 같은 새로운 환경을 이에 수반되는 담론, 내러티브, 논리와 함께 주의 깊게 분석해야 한다. 이는 이러한 새로운 미디어의 유형을 이해하기 위해서뿐만 아니라 그 내부적인 모순을 드러내고 기업 윤리와 공공 정책에 관한 중요 질문들을 제기하기 위해서이다. 이 일은 아동을 대상으로 식품을 판매하기 위해 디지털 게임이 이용되면서 아동을 현혹시키고 있는 상황을 고려할 때 더욱 시급히 다루어져야 한다"(Thomson, 2010: 441).

### 아동기의 상실

비판적 문화 연구자들 역시 아동기와 청소년기에 미치는 미디어의 영향력에 관해 우려해왔다. 그들은 미디어를 아동 및 청소년의 **초기의 창**early window으로 보았던 효과 트렌드의 개념을 공유한다. 즉 아동은 세상과 적절히 상호작용할 능력이 생기기 훨씬 전부터 미디어를 통해 세상을 보게 된다는 것이다. 조슈아 메이로위츠는 텔레비전을 염두에 두고 설명하기를 "어린이들은 길을 건너도 된다는 허락을 받기도 전인데, [텔레비전은] 세계를 가로질러 그들을 호송한다"고 했다(Meyrowitz, 1985: 238). 그는 텔레비전이 아동 및 청소년을 '소형 어른'으로 대할 때 그들의 사회적 발달에 어떤 일이 생길지 질문했다. 예를 들어 아동이 읽을 수 있는 유일한 책은 아동 서적이고 책의 주제는 그들의 관심사와 경험에 맞춰 구성되었다. 그러나 모든 텔레비전은 '교육 텔레비전'이기 때문에 '어린이 텔레비전'과 같은 것은 존재하지 않는다고 그는 주장했다.

**초기의 창**
아동은 세상과 적절히 상호작용할 능력이 생기기 훨씬 전부터 미디어를 통해 세상을 보게 된다는 개념.

> [텔레비전은] 어린아이로 하여금 어른들의 상호작용 가운데 '존재'하도록 한다. 텔레비전은 나이와 읽기 능력이 다른 사람들을 한때 다양한 사회적 환경으로 갈라놓았던 장벽을 제거했다. 텔레비전이 널리 이용되고 있는 것은 아이들이 전쟁, 장례식, 교제, 유혹, 범죄 음모, 칵테일파티 등에 존재할 수 있도록 허용하는 사회의 결정과도 같다. 아이들은 텔레비전이 그들에게 전하는 섹스, 죽음, 범죄, 돈에 대해 완전하게 이해하지 못할 수도 있다. 혹은 달리 말하자면 그 사안들을 그저 아이의 방식으로 이해할 수 있다. 텔레비전은 지난 수십 년간 어른들이 아이들에게 보여주지 않으려고 애써왔던 주제와 행동에 그들을 노출시킨다. 텔레비전은 아이들을 어른들의 복잡한 세계로 밀어 넣고, 그들로 하여금 텔레비전이 아니었다면 아직 들어보거나 읽어보지 못했을 행동과 단어에 대한 의미를 묻도록 자극한다(Meyrowitz, 1985: 242).

사회학자 닐 포스트먼Neil Postman의 '아동기의 소멸'에 대한 주장은 이 초기의 창 개념에 근거하고 있다. 포스트먼에 따르면 "유아기와 달리 아동기는 생물학적 범주가 아닌 사회적 구성물로, 이는 유지되기 어렵고, 사실상 중요하지 않게 되었는데, 그 이유는 오늘날 어디서나 연결되어 있는 미디어가 아이들로부터 아동기의 매력, 유순함, 순수함, 호기심을 앗아가고, 아이들을 허위 성인기의 그보다 못한 특징들을 지니도록 타락시키고 탈바꿈시키기 때문이다"(Postman, 1994: xi-xii). 그리고 아동 및 청소년과 관련해 비판 이론이 관심을 보이는 범위는 이 초기의 창을 넘어선다. 그 중심이 되는 주제는 기업이 아동과 청소년의 발달 과정에 미치는 막강한 영향력이다. 이들은 선구적인 아동 마케팅 전문가 제임스 맥닐James McNeal이 표현한 다음과 같은 아동기의 관점을 거부한다. "소비자 배아는 태어난 후 첫 해 동안 발달하기 시작한다. 아이들은 유아기부터 소비자로서의 여정을 시작하며, 그 시점부터 소비자로서 충분히 고려받을 자격이 있다"(Barbaro, Earp, & Jhally, 2008, 재인용).

이와 마찬가지로 발달 연구자 셜리 스타인버그Shirley Steinberg는 아동 및 청소년의 발달에 대한 효과 연구의 경우 기업이 구성하는 아동기를 가리키는 표현인 킨더 문화kinderculture에 직면해 제한적인 가치만을 가지게 되었다고 주장한다. 또한 "아동과 청소년의 문화적 커리큘럼을 만드는 이들은 교육기관이 아니고, 사회의 이익이 아닌 개인의 이익을 위해 활동하는 상업적 업체이다. 문화를 통한 교육은 상업적 역학 관계, 즉 우리 자신과 우리 아이들의 사생활의 모든 면에 지워지는 힘에 의해 조직된다"고 주장한다(Steinberg, 2011: 18). 스타인버그에 따르면 "권력과 킨더 문화에 대한 연구는 북미 정치에 대한 통찰을 보여주는데, 이는 부모와 특히 실증주의 패러다임을 따르는 아동 전문가들이 언뜻 보기에는 단지 부수적인 것으로 생각될 수 있다. 아동을 위한 활동을 모색하는 가운데 그들이 즉시 직면하게 되는 사실은 권력이 소수에게, 그리고 점점 더 기업에 집중된다는 점이다…… 반대 단체들의 기업 헤게모니에 대한 도전이 실패하자 기업들은 수익이 되는 킨더 문화라면 거의 대부분 만들어낼 수 있는 자유로운 지배력을 가지게 되었다"(Ibid., 31).

**킨더 문화**
기업이 구성하는 아동기를 가리키는 표현.

심리학자 수잔 린Susan Linn은 이와 같은 아동기에 대한 적대적인 장악의 결과가 아동의 성인화라고 주장했는데, 이때 아동의 "소비자로서의 가치가 사람으로서의 가치를 능가해 신체적·심리적·사회적·정서적·영적 발달이 모두 위협을 받게 된다"고 했다(Linn, 2004: 10). 비판 이론가 헨리 지루Henry Giroux는 기업이 아동의 어린 시절을 장악하는 현상에 대해 논한 가장 영향력 있는 비평가라고 할 수 있다. 그에 따르면 아동과 청소년은 "오늘날 점점 더 시장이 선호하는 조건에 의해서만 자신의 정체성을 파악할 수 있는 문화적 지평에서 거주한다…… 청소년은 공공의식이 있고 비판적인 시민이 아닌 소비의 대상이 되도록 교육받았다…… [그리고] 시장 문화가 시민 문화를 대신하고 있다"(Giroux & Pollock, 2011). 자신의 다른 저서에서 그는 다음과 같이 말한다. "계속 확장되고 있는 글로벌 시장 사회market society는 모든 아동과 청소년을 상품화하고 착취해야 하는 또 다른 '시장'과 같이 대함으로써 평가 절하하고, 새로운 세대의 소비 주체로 만들어 그 구조 안에 징집하고 있다…… 여기서 냉혹한 현실은 기업형 미디어가 아동과 청소년의 정체성을 시민이 아닌 소비자로 형성하는 데 사용되고 있다는 점이다…… 아동과 청소년은 그들 자신이 '구입'을 하라거나 오직 '나'만 생각하라는 끊임없는 요구에 영향을 받지 않는다고 생각할 수도 있다. 그러나 실제로는 아동과 청소년에게 전달되어야 하는 정치적·사회적·윤리적 논의가 선택적으로 배제되고 재배열되는 일이 발생하고 있다"(Giroux, 2011, para 15).

결국 비판 연구와 이론의 궁극적인 목표는 사회 변화이다. 미디어 및 아동·청소년의 발달을 고려할 때 사회 비평가 벤자민 바버Benjamin Barber는 진정한 시민 사회를 조성할 것을 촉구한다. "진정한 시민 사회는 착취적이고 폭력적인 어른들의 세상이 지우는 짐들로부터 아이들을 지킴으로써 즐거운 어린 시절을 누리게 하고, 아이들이 다시 아이다워질 수 있도록 돕는다…… 그들을 부모와 게이트키퍼로부터 '자유롭게' 해서 시장의 정신 나간 피리 부는 사람에게 아이들을 넘기고 벼랑 아래 쇼핑몰로 인도하는 일을 거부한다. 아이들은 돈을 지불할 것이 아니라 놀아야 하고, 보는 것이 아니라 행해야 하며, 쇼핑을 할 것이 아니라 배워야 한다…… 모든 것이 수익을 내야 할 필요는 없고, 모든 사람이 물건을 사는 사람일 필요는 없다. 항상 그럴 필요는 없는 것이다"(Barber, 2007: 338).

## 연결되어 성장하기: 새로운 개인 기기와 인간의 발달

미디어 효과와 비판적 문화, 이 두 분야의 연구자와 이론가들은 젊은 세대가 개인 기기와 기술—스마트폰, 태블릿 PC, SNS 등 —을 어떻게 사용하는지에 대한 연구에 착수했다. 최근 새롭게 등장한 기기와 기술이 매스 커뮤니케이션 이론에 어떤 변화를 가져왔는지에 관해서는 뒷장들에서 살펴볼 것이다. 이 장에서는 현재 주목받고 있는 몇몇 연구 분야들, 특히 이러한 기술의 개인적 사용과 관련된 분야들에 대해 설명하고자 한다. 첫째, 이 장의 앞부분에서 살펴본 바와 같이 아동과 청소년이 사람 대신 화면과 상호작용함으로 인해 나타나는 각종 유해한 영향에 대해서는 미디어 효과 연구가 보여주고 있다. 새롭게 등장한 개인 커뮤니케이션 기기에 관해서도 비슷한 우려가 있는데, 예를 들면 사람들, 특히 부모나 또래와의 접촉이 줄고 환경으로부터 오는 자연스러운 자극이 부족해지는 것이다. 소비 관련 데이터를 통해 보았을 때 이러한 우려는 타당한 것으로 판단된다. 애플과 구글은 '베이비 플레이 페이스BabyPlayFace', '엘모의 생일Elmo's Birthday'과 같은 이름의 키즈 앱 수만 개를 제공한다(Kang, 2011). 그리고 미국 부모의 거의 3분의 2는 자녀를 조용히 시키기 위해 스마트폰이나 태블릿을 쥐여준 적이 있다고 인정한다(Richter, 2013). 미국 십 대의 95%는 스마트폰을 보유하거나 접근 가능한 환경에 있으며, 이들 중 81%는 스마트폰이 친구들과의 "연결감을 높여준다"고 말하지만, 거의 절반은 온라인에서 겪는 "온갖 인간관계 문제와 갈등 때문에 힘들다"고 호소한다(Anderson & Jiang, 2018). 청소년 스마트폰 사용자 절반 이상은 기기를 사용하는 시간이 너무 많다고 인정한다(Jiang, 2018). 어쩌면 기술을 내려놓는 것이 현명한 일일 수 있는데, 최근 연구에 따르면 휴대폰에 대한 지속적인 주의가 "인지적 산만함과 상황 인식의 감소를 초래하며, 결국 보행 방식 자체에 물리적인 변화를 유발하여 보행이 안전을 위협할 수준으로 영향을 받는다"고 한다(Lamberg & Muratori, 2012: 688). 다른 의학 연구는 청년층이 스마트폰과 태블릿을 과도하게 사용하면서 (화면을 보기 위해 항상 머리를 아래로 숙인 결과) 두개골 아래쪽, 목 위 부위에서 비정상적인 뼈 돌출이 발생하고 있음을 보여준다(Shahar & Sayers, 2016).

많은 사회과학 연구들이 주로 시간에 초점을 두고 있지만—디지털 기기를 사용하는 1분마다 사람과 함께하는 시간 1분이 줄어든다(아동은 앱이 아니라 무릎이 필요하다)—아동과 청소년이 디지털 기기와 상호작용하고 이를 자신들과 동일시하는 방식의 변화 역시 중요한 연구 주제가 되고 있다. 예를 들어, 에이드리언 워드Adrian Ward와 그의 동료들은 **두뇌 소모 가설**brain drain hypothesis이 실제 작동하는 방식을 입증했다. 그들은 "자신의 스마트폰이 근처에 있기만 해도 제한된 인지 자원을 차지한다"고 설명했다. 사용자들이 스마트폰을 확인하고 싶은 유혹을 억제하며 "지속적인 주의를 유지하는 데 성

**두뇌 소모 가설**
스마트폰이 존재하는 것만으로도 인간의 제한된 인지 자원을 점유하여, 현재 과업에 집중할 자원을 빼앗는다는 가설.

공한다 하더라도, 이 장치들이 가까이 존재한다는 사실만으로도 가용 인지 능력이 줄어든다"(Ward, Duke, Gneezy, & Bos, 2017: 140). 즉 사용자는 스마트폰을 의식적으로 생각하지 않으려 애쓰는 데 인지 자원을 쓰게 되고, 결과적으로 실제 수행 중인 과업에 집중할 수 있는 능력이 줄어든다는 것이다. 나아가 사용자가 스마트폰에 점점 더 의존하게 되면서, 이를 자기 자신과 하나로 인식하게 되는데, 그 결과 한승희, 김기준, 김장현에 따르면 "기기에 더욱 애착을 갖게 되고, 이는 곧 기기와의 근접성을 추구하는 경향을 높여 **노모포비아** nomophobia를 초래하게 된다." 이들은 노모포비아를 "습관적인 가상 소통을 가능케 하는 모바일 기기를 사용할 수 없을 때 느끼는 불편감 또는 불안"이라고 정의한다(Han, Kim, & Kim, 2017: 419). 이 불편함을 가장 쉽게 해소하는 방법은 다시 연결되는 것이다.

**노모포비아**
모바일 기기, 특히 일상적 가상 커뮤니케이션을 가능하게 해주는 기기가 없을 때 느끼는 불안과 불편감.

그러나 기술에 대한 모든 연구가 이처럼 비관적인 것만은 아니다. 예를 들어 셰리 그래즈먹Sherri Grasmuck, 제이슨 마틴Jason Martin, 샨양 자오Shanyang Zhao는 인종적·민족적 소수자들이 페이스북을 "자신들에 대한 사회적·문화적 특징이 뚜렷한 내러티브를 표현하고, 이를 통해 이 사회를 지배하는 인종 차별적 이데올로기 및 소수자들에 강요되는 침묵에 대항하기 위해 사용한다"는 것을 발견했다(Grasmuck, Martin, & Zhao, 2009: 158). 레비 베이커Levi Baker와 데브라 오스왈드Debra Oswald는 "온라인 소셜 네트워킹 서비스는 수줍음을 타는 개인이 타인과 상호작용하는 데 편안한 환경을 제공할 수 있다"는 것을 보여주었다(Baker & Oswald, 2010: 873). 온라인 데이팅 서비스가 사용자들이 일반적으로 상호작용하는 사람들의 범위를 넓혀준 결과, 지난 20년 동안 미국 내 인종간 결혼interracial marriage의 증가에 기여했다는 증거도 존재한다(Ortega & Hergovich, 2017).

미디어 효과와 비판적 문화, 이 두 분야의 연구자들은 또한 온라인상의 정체성 형성과 유지, 우정과 공동체의 재정의, 기술을 통한 시민 참여와 같이 발달에 중요한 문제들에 대해서 탐구하고 있다. 그러나 이러한 탐구에 앞서 한 가지 의문이 자연스레 제기된다. 왜 사람들이 SNS를 이용해 다른 사람들과 상호작용하는가이다. 특히 거리가 유인이 되지 않는 경우에도 말이다. 페이스북 이용자만 해도 20억 명 이상이 된다는 점을 고려하면 온라인에서 다른 사람들과의 상호작용을 통해 얻게 되는 '충족gratification'이 있을 것이다. 이 문제에 답하기 위해 심리학자 아시위니 나드카르니Ashwini Nadkarni와 스테판 호프만Stefan Hofmann은 일반적으로 SNS 사용에 적용할수 있는 **페이스북 이용의 이중 요인 모델**dual-factor model of Facebook(FB) use을 제안했다. 그들에 따르면 "페이스북 사용의 주된 동기는 두 가지 기본적인 사회적 욕구에 근거하고 있는데, (1) 하나는 소속 욕구이고, (2) 다른 하나는 자기 표현 욕구이다. 소속 욕구는 타인과 제휴해 사회적 인정을 얻으려는 내재적인 욕구를 말하며, 자기 표현 욕구는 지속적인 인상 관리 과정을 말한다. 이 두 가지 동기 요인은 공존할 수 있지만, 페이스북 사용의 각각의 원인이 될 수도 있다"(Nadkarni & Hofmann, 2012: 245). 사람들은 타인들의 사회적 지지에 크게 의존하고 있으며, 배제는 자존감과 정서적 행복의 상실을 초래할 수 있기 때문에 이러한 소속 욕구는 중요하다. 나드카르니와 호프만에 따르면, 자존감은 타인들의 수용 가능성을 관찰하는 '사회성 측정기sociometer'의 역할을 한다. SNS는 소속감을 조성하기 때문에 이러한 사이트를 이용함으로써 자존감을 높일 수 있고, 따라서 수용 가능성의 느낌을 더 받게 된다. 온라인에서 사람들의 자기 표현 욕구는 오프라인에서와 같다. 우리는 타인과의 상호작용을 통해 우리 자신을 알게 되고, 우리에게 중요한 다른 사람들이 온라인에 있다면 그곳에서 우리 자신을 드러내야 한다. 그러나 이는 상징적 상호작용주의 전통(13장)에서 작업하는 연구자들이 분명 관심을 가지고 있는 질문을 제기한다. 우리는 SNS에서 어떻게 자신을 표현하는가? 우리는 온라인상에서 '중요 타자significant other'의 반응에 보여지는 내 모습대로 나를 만들기 위해 애쓰고 있을까? 그렇다면, 온라인상에서 '중요 타자'란 누구일까?

**페이스북 이용의 이중 요인 모델**
소셜 네트워크 사용이 소속 욕구와 자기 표현 욕구라는 두 가지 기본 동기에 의해 주로 동기화된다는 모델.

SNS 사용자들은 "자신에 대한 타인들의 인상 형성을 조성하기 위한" 수단으로 온라인 닉네임, 프로필, 메시지를 일상적으로 이용한다. SNS 사용자들은 자신들의 가장 긍정적인 특성을 강조하기 위해 프로필에 포함할 정보를 선택할 수 있다"(Zywica & Danowski, 2008: 6). 하지만 그들은 어떻게, 왜 이것을 할까? 졸린 지비카Jolene Zywica와 제임스 다노브스키James Danowski는 이에 대한 설명으로서 **이상화된 가상 정체성 가설**idealized virtual identity hypothesis을 제시했다. 이 가설은 SNS의 프로필을 작성하는 사람들이 자신의 실제 개성을 반영하지 않는 이상화된 특성을 나타내려는 경향이 있음을 말한다. 미타 백Mitja Back과 그의 동료들은 이 가설을 검증했는데, 가설에서 주장하는 바가 생각보다 훨씬 덜 발생한다는 사실을 발견했다. 실제로 그들은 대부분의 사용자들에게 온라인 소셜 네트워킹(OSN)은 "한 개인의 실제 성

**이상화된 가상 정체성 가설**
사람들이 SNS 프로필에서 실제 성격과 일치하지 않는 이상적인 특성을 드러내려는 경향.

격의 특성을 표현하기 위한 확장된 사회적 맥락을 형성해 정확한 대인적 인식을 조성할 수 있다는 것을 보여주었다. OSN은 개성에 대한 유효한 정보를 포함하는 것으로 알려져 있는 개인적 환경, 사적인 생각, 얼굴 이미지, 사회적 행동에서 발견되는 것들을 반영하는 다양한 개인 정보의 출처를 통합한다." 이상화된 가상 정체성 가설에 반해, 그들은 "사람들이 자신의 실제 개성을 전달하기 위해 OSN을 이용한다고 예측하는 **확장 현실 가설**extended real-life hypothesis을 제안했다"(Back et al., 2010: 372). 그렇다면 SNS 사용자들이 일상적으로 이상화된 가상 정체성을 만들지 않는 이유는 무엇인가? 연구진은 (1) OSN 프로필에는 통제하기 어려운 자신에 대한 평판(예를 들면 월 포스트)이 포함되어 있고, (2) 친구들이 자신의 프로필에 대해 책임을 부여하고 교묘한 피드백을 제공하기 때문에 이상화된 정체성을 만드는 것은 쉽지 않은 일이라는 두 가지 답을 제시했다(Back et al., 2010: 372). 더 나아가 그들은 개인은 사회적 과정과 상호작용으로부터 분리될 수 없다"고 말한다(Ellis, 2010: 39). 이것은 바로 상징적 상호작용이 예견했던 바이다. 즉 정체성은 다른 사람들과의 상호작용을 통해 구성되고 유지된다. 우리는 우리가 누구인지 알기 위해 타인들의 반응을 살펴본다. 온라인에서건 오프라인에서건, 우리는 타인이 생각하는 우리를 토대로 자신을 표현한다.

**확장 현실 가설**
사람들이 SNS를 실제 성격을 표현하는 수단으로 활용한다는 가설.

이와 연관된 또 다른 질문은 타인들과 상호작용하기 위해 이 특별한 미디어를 사용할 때 대인 커뮤니케이션이 갖는 장점과 단점은 무엇인가 하는 것이다. 피터 브랜츠제그Petter Brandtzæg는 SNS의 '사회적 비용과 이익'을 평가하며 다음과 같이 밝혔다. "SNS는 시간과 장소에 구애받지 않고 가족, 친구, 지인들과 자유롭고 쉽게 커뮤니케이션할 수 있게 함으로써 사회적 자본을 구축해 사회적 유대를 강화할 수 있다⋯⋯ 최근의 미디어 토론에 비추어 연구 결과들을 검토해보니 그 결과들은 '반사회적 네트워킹'에 대한 불안감이나 낮은 사회적 개입을 입증하지 않았다. SNS를 통한 커뮤니케이션은 친밀감이나 대면 상호작용을 대신하는 듯 보이지는 않는다. 실제로 SNS 사용자들은 비사용자들에 비해 더 많은 대면 상호작용을 할 가능성이 높고, 더 많은 사회적 자본을 보고한다"(Brandtzæg, 2012: 481-482). 여기서 사회적 자본이란 사회적 연결과 네트워크의 구축이며, 사람들이 보다 효율적으로 함께 행동할 수 있게 해주는 (사회적 연결과 네트워크의 구축 결과인) 규범과 신뢰의 구축을 의미한다.

하지만 우리는 더 효율적으로 함께 행동하고 있을까? 인터넷 초기 시절에 로버트 크라우트Robert Kraut와 그의 동료들은 '인터넷 역설 Internet paradox'이라고 불렸던 초기 연구를 수행했고 1998년에 다음과 같이 기술했다. "인터넷은 20세기 초반의 전화와 1950년대와 1960년대의 텔레비전 만큼 일반 시민들의 삶을 변화시킬 수 있다. 연구자들과 사회 비평가들은 인터넷이 공동체 생활과 사회 관계에의 참여를 향상시키고 있는지 아니면 방해하고 있는지 논쟁하고 있다." 그들은 73개 가족, 169명의 인터넷 사용자를 대상으로 그들이 온라인을 이용한 첫 1년에서 2년 동안 어떤 변화가 있었는지 연구했으며 다음과 같은 사실을 발견했다. "인터넷은 커뮤니케이션 용도로 널리 사용되었다. 그럼에도 불구하고 인터넷을 더 많이 사용하는 것은 참여자의 가족 구성원과의 커뮤니케이션 감소, 교제 범위의 축소, 우울증 및 외로움의 증가와 관련이 있었다"(Kraut et al., 1998: 1017).

브랜츠제그가 반사회적인 네트워킹에 대한 '불안'이라고 표현했던 이러한 우려는 여전히 사라지지 않았다. 새로운 커뮤니케이션 기술은 우리를 세상과 연결해주기도 하지만 동시에 서로로부터 단절시키고 있지 않은가? 우리는 공동체 의식을 잃어 가고 있지 않은가? 우리는 점점 더 사회적으로 고립되어가고 있으며, 나 자신과 비슷한 더 적은 수의 사람들하고만 시간을 보내고 있지 않은가? 키스 햄프턴Keith Hampton과 그의 동료들에 따르면, "이러한 추세가 함축하는 바는 경계할 만하다. 이러한 추세가 사회적 네트워크 내에서 협력과 중요한 긴급 지원 형태의 폭넓은 사회적 지원 가능성이 감소했다는 것과 중요한 문제가 소규모의 폐쇄된 집단 내에서만 논의될 가능성이 높아졌다는 것을 나타내기 때문이다"(Hampton, Sessions, & Her, 2010: 131). 그러나 그들은 20여 년에 걸친 미국종합사회조사U.S. General Social Survey 자료를 분석한 결과 고립된 미국인들에 대한 이러한 우려가 아주 없는 것은 아니지만 과장되었다고 설명했다. 그리고 "인터넷이나 휴대 전화의 사용, 그 어느 것도 토론을 할 수 있는 핵심 측근이 적다는 것과 관련이 없으며, 중요한 일을 논의할 수 있는 사람들과 다양한 유대 관계를 맺지 못하고 있다는 것과도 관련이 없음"을 발견했다(Hampton, Sessions, & Her, 2010: 148). 실제로 그들의 분석에 따르면, 스마트폰 소유와 일부 SNS 활동은 실제로 친밀한 친구의 수를 증가시켰으며, 인터넷 사용자들은 직계 가족 외의 사람들과 정치적 성향이 다른 사람들과도 중요한 문제를 토론할 가능성이 훨씬 더 높았다.

그러나 증가하는 사회적 고립에 대한 비판자들의 '불안'을 확인해주는 증거가 있기는 하다. 정교화 가능성 모델(10장)로 잘 알려진 존 카치오포John Cacioppo는 "직접 대면하거나 SNS, 대화방, 게임 사이트 또는 데이트 사이트 등을 통해 접하는 친구들과의 상호작용 비율"을 조사했다. 그 결과 "직접 대면하는 비율이 클수록 외로움을 덜 느꼈다." 그러나 그의 논지는 페이스북이 사람들을 더 외롭게 한다는 것이 아니다. "그것은 자동차와 같은 도구이다. 친구들을 데리러 가기 위해 운전할 수도 있고, 혼자 드라이브를 할 수도 있는 것이다"(March, 2012, para. 25-26 재인용). 펜네 그로세 디터스Fenne große Deters와 마티아스 R. 멜Matthias R. Mehl은 바로 이 주제를 실험적으로 연구하여, SNS가 많은 비평가들이 주장하는 것처럼 관계적 고립을 유발하는 것은 아닐 수 있음을 입증했다. 이들은 "상태 업데이트 활동의 증가가 외로움을 감소시켰고, 그 이유는 참가자들이 일상적으로 친구들과 더 연결되어 있다고 느꼈기 때문"이라는 사실을 발견했다(Deters & Mehl, 2012: 579). 친구들의 피드백 자체가 외로움을 줄인 것이 아니라, 상태를 업데이트하는 행위 자체—즉 활동성—가 불안을 감소시킨 것이다. 이는 이 장 후반에서 논의될 능동적 사용이 건강에 미치는 긍정적 영향과 일치하는 결과이다.

그러나 왜 이렇게 많은 사용자들이 이 플랫폼에 그렇게 많은 시간을 소비하는가? 그 사용의 대가는 그만한 가치를 지니는가? 트레이시 라이언Tracii Ryan과 동료들은 **SNS 중독**—즉 습관적이고 과도한 사용 혹은 기분 전환을 목적으로 하는 사용—을 그 답 중 하나로 제시했다. SNS 사용이 관계 유지, 시간 때우기, 오락, 동반자성 등과 같은 혜택을 추구하는 의도적 사용임을 인식한 이들은, 특히 페이스북 사용을 중심으로 분석한 결과, 부정적인 감정을 피하고자 SNS를 주로 사용하는 사용자일수록 과도하거나 습관적인 사용 경향이 높다는 점을 발견했다(Ryan, Chester, Reece, & Xenos, 2014). 이들은 또한 **문제적 SNS 사용의 사회적 기술 모델**social skills model of problematic SNS use을 참조했는데, 이 모델에 따르면 다른 사람들과의 온라인 커뮤니케이션을 선호하는 사용자들(그리고 사회적 기술이 부족할 가능성이 높은 사용자들)이 중독에 빠질 위험이 더 높다. 실제로 미국정신의학회는 DSM(정신질환 진단 및 통계 편람)에서 '인터넷 중독 장애'를 공식 정신질환으로 분류하고 있다.

**SNS 중독**
기분 조절 욕구 등으로 인해 과도하고 습관적으로 SNS를 사용하는 현상.

**문제적 SNS 사용의 사회적 기술 모델**
온라인 상호작용을 선호하는 사용자가 SNS 중독에 빠질 위험이 더 크다는 개념.

## 소셜 미디어와 건강

**페이스북 우울증**
아동 및 청소년이 SNS에 많은 시간을 보내면서 전형적인 우울증 증상을 보이게 되는 현상.

미국소아과학회에서 발표된 논문에 **페이스북 우울증**Facebook depression이 등장했다. 논문에서는 이를 "십 대 전후의 청소년들이 페이스북 등 소셜 미디어 사이트에서 많은 시간을 소비하면서 우울증의 전형적인 증상을 보이기 시작하는 것"이라고 설명하면서 "또래에 의한 수용과 또래와의 접촉은 청소년기의 중요한 부분이다. 온라인 세계에 집중하는 것은 일부 청소년들에게 우울증을 유발할 수 있는 요인"이라고 말하고 있다(O'Keeffe & Clarke-Pearson, 2011: 802). 왜 사용자들은 그 많은 시간을 SNS에 쓰는 것일까? 이에 대해 크리스티나 사지오글루Christina Sagioglou와 토비아스 그라이트마이어Tobias Greitmeyer는 사람들이 페이스북 활동을 통해 뭔가 더 나은 것, 즐거운 경험을 기대하기 때문이라고 보았다. 문제는 **감정 예측 오류**affective forecasting error, 즉 페이스북 활동이 기대했던 감정과 실제로 발생한 감정 사이의 괴리에 있었다. 이들은 이러한 기대 불일치가 사용자의 기분 저하로 이어진다는 점을 입증했다. 실제로 그들의 연구 결과는 "페이스북이 이렇게도 큰 인기를 누리고 있다는 사실이 놀랍다"고 말할 정도였다(Sagioglou & Greitmeyer, 2014: 361).

**감정 예측 오류**
SNS 활동이 유발할 것으로 예상한 감정과 실제 경험한 감정 간의 괴리.

래리 로젠Larry Rosen과 동료들 역시 SNS 사용과 우울증 간의 관계를 조사했다. 이들은 SNS 사용 시간이 많고, 그 플랫폼에서 자신의 이미지를 관리하기 위해 더욱 노력하는 사람들이 주요 우울장애 및 기분저하증(지속성 우울장애)의 증상을 더 많이 보이는 경향이 있다는 사실을 밝혀냈다(Rosen, Whaling, Rab, Carrier, & Cheever, 2013). 반면, 멜리사 헌트Melissa Hunt와 동료들은 대학생들이 SNS 사용 시간을 줄였을 때 외로움, 우울, 불안이 감소하는 효과가 있음을 입증했다(Hunt, Marx, Lipson, & Young, 2018).

이후 학계는 SNS와 관련된 관심을 우울증 너머로 확장하여 주관적 안녕감subjetive well-being이라는 더 넓은 영역을 탐색하게 되었다. 주관적 안녕감은 사람들이 현재 자기 자신에 대해 느끼는 감정과 삶 전반에 대한 만족도를 포함하며, 이는 건강, 수명 연장(Boehm, Peterson, & Kubzansky, 2011), 직업적 성공(Diener, Nickerson, Lucas, & Sandvik, 2002), 결혼 만족도(Lyubomirsky, King, & Diener, 2005) 등 다양한 삶의 긍정적 결과와 밀접하게 연관되어 있다. 에단 크로스Ethan Kross와 동료들은 페이스북 사용이 대학생의 온라인 및 오프라인 안녕감에 어떻게 영향을 미치는지를 분석했다. 이들은 "페이스북 사용이 시간이 지남에 따라 주관적 안녕감과 삶의 만족도 모두에 부정적인 변화를 보인다"는 사실을 발견했다. 즉 "2주 동안 페이스북을 많이 사용할수록, 시간이 지날수록 삶의 만족도가 더 많이 감소한다"는 것이다(Kross et al., 2013: 1). 홀리 샤키야Holly Shakya와 니콜라스 크리스타키스Nicholas Christakis 역시 페이스북 사용이 안녕감과 부정적인 상관관계를 가진다는 사실을 밝혀냈다. 이들의 연구에 따르면, 페이스북에서 타인의 콘텐츠에 '좋아요'를 누르거나, 다른 웹사이트로 연결된 링크를 클릭하거나, 자신의 상태를 업데이트하는 횟수가 많을수록, 정신 건강이 악화되었다고 자가 보고할 가능성이 높아졌다. 이에 샤키야와 크리스타키스는 "페이스북 사용이 미치는 부정적 영향은 대면 상호작용이 주는 긍정적 영향과 맞먹거나 그보다 더 클 수도 있다"고 결론지었다(Shakya and Christakis, 2017: 203).

그러나 필립 베르뒤인Philippe Verduyn과 동료들은 SNS 사용 자체보다는 사용 방식의 차이가 핵심이라는 점을 강조했다. 즉 수동적 사용은 주관적 안녕감을 낮추고, 능동적 사용은 이를 향상시킨다는 것이다. 이들은 "수동적인 SNS 사용(직접적인 교류 없이 타인의 삶을 관찰만 하는 것)은 사회적 비교와 부러움을 유발해 주관적 안녕감을 떨어뜨리는 결과를 가져오고, 반대로 능동적인 SNS 사용(타인과의 직접적인 교류를 촉진하는 활동)은 주관적 안녕감을 높이며, 이는 사회적 자본을 형성하고 사회적 연결감을 고양시키는 데 기인하는 것으로 보인다"고 설명했다(Verduyn, Ybarra, Résibois, Jonides, & Kross, 2017: 274).

이러한 연구는 대체로 **사회적 비교 이론**social comparison theory에 기반하는데 이는 사람들이 자신의 의견과 능력을 평가하고 자기 자신에 대한 불확실성을 줄이기 위해 사회적 자극을 비교 평가한다는 개념이다(Kruglanski & Mayseless, 1990: 196). 이 비교는 상향 비교(자신보다 나은 사람과 비교) 또는 하향 비교(자신이 더 낫다고 느끼는 경우)로 나뉘며, SNS 사용에서는 대부분 상향 비교가 발생한다. 이는 대부분의 사용자들이 실패보다 성공을 주로 게시하기 때문이다(Krasnova, Wenninger, Widjaja, & Buxmann, 2013). 셀카와 같은 SNS에 게시된 자화상도 마찬가지다(Wang, Yang, & Haigh, 2017).

**사회적 비교 이론**
사람들이 자신의 의견이나 능력을 평가하고 불확실성을 줄이기 위해 사회적 자극을 비교 판단한다는 이론.

마지막으로, 헌트 앨컷Hunt Allcott과 연구팀은 약 3,000명의 페이스북 사용자들을 추적 조사했으며, 이들에게 4주간 계정을 비활성화하도록 했다. 연구 결과, SNS 사용을 중단한 한 달 동안 사용자들은 친구 및 가족과의 대면 시간 증가, 정치적 지식 감소와 동시에 정치적 편향도 감소, 하루 한 시간가

량의 여유 시간 증가, 그리고 약간의 안녕감 향상을 경험한 것으로 나타났다 (Allcott, Braghieri, Eichmeyer, & Gentzkow, 2019: 35).

## 학습 목표 확인

- **미디어 소비와 청소년의 인지 및 정서 발달 간의 관계에 대해, 효과 연구자와 비판 연구자 모두가 제기한 질문에 대한 답변을 도출한다.**

아동에게 텔레비전은 그들이 아직 스스로 경험할 준비가 되지 않은 세상을 보여주는 초기의 창이다. 따라서 연구자들은 청소년의 성별 및 성 정체성 발달, 광고가 신체 발달에 미치는 영향, 그리고 아동기의 기업화가 아동기의 개념 자체를 어떻게 재정의했는지를 탐구해왔다. 이들은 미디어가 '슈퍼피어'로 기능하며, 마음 이론과 자기 범위의 발달을 방해한다는 등의 효과를 밝혀냈다.

- **킨더 문화에 대한 문화적 비판과 아동기의 재정의에 관해 알아본다.**

문화 비평가들은 킨더 문화, 즉 기업의 아동기 구성이 미디어의 상업적 이익 추구의 산물이라고 주장한다. 아동은 시장의 이익에는 부합하지만 자신들의 발달에는 도움이 되지 않는 '문화 교육과정'을 배우게 되며, 그 결과 조기 성인화된다.

- **소셜 미디어가 청소년의 개인적 발달과 안녕감에 미치는 긍정적 · 부정적 기여를 설명한다.**

효과 연구는 청소년이 인간이 아닌 스크린과 상호작용할 때 초래될 수 있는 다양한 해로운 영향을 입증해왔다. 새로운 개인 커뮤니케이션 기술 역시, 부모나 또래와의 접촉 감소, 자연 환경으로부터의 자극 부족 등과 같은 유사한 우려를 낳는다. 그럼에도 사람들은 자기 표현의 욕구와 소속의 욕구를 충족하기 위해 SNS를 사용하며, 대체로 소셜 미디어에서 현실적인 자아상을 제시하는 경향이 있다. 그러나 이러한 사용은 몇 가지 단점도 수반한다. 예를 들어 두뇌 소모 가설은 스마트폰의 단순한 존재만으로도 인지 자원이 점유되어 정신 집중에 부정적인 영향을 미칠 수 있음을 시사한다. 사용자는 또한 노모포비아—스마트폰이 없을 때 느끼는 불편감이나 불안감—를 경험할 수 있다. 일부 사용자는 페이스북 우울증이나 페이스북 선망Facebook envy을 겪기도 하며, 이는 SNS와 주관적 안녕감 간의 관계에 의문을 제기한다. SNS 사용이 사회적 고립을 초래할 수도, 그렇지 않을 수도 있는데, 이는 사용자가 소셜 미디어에 어떻게 참여하느냐에 따라 달라진다. SNS에 대한 긍정적인 역할은 특히 내성적인 사람들과 사회로부터 침묵을 강요당했던 집단에게 목소리를 제공한다는 점에서 찾을 수 있다.

### 생각해볼 문제

1. 현대에 들어와 아동기가 재정의되었다고 생각하는가? 부모님과 이에 대한 이야기를 나눠보자. 부모님에게 자신들의 아동기와 여러분의 아동기가 비슷한지 질문해보라. 만약 다른 점이 있다면 그러한 차이가 나게 된 이유는 무엇이라고 생각하는지 물어보라. 여러분의 부모님은 매스미디어와 관련된 문제에 대해 얼마나 관심을 갖고 있는가? 여러분은 어떠한가?

2. 여러분에게 브랜드는 얼마나 중요한가? 십 대 시절에는 어땠는가? 디자이너 청바지, 고가 운동화 등은 어떤 의미였는가? 여러분의 정체성, 즉 '나는 누구인가'라는 인식은 여러분이 입고, 운전하고, 소비하던 것들과 얼마나 밀접하게 연결되어 있었는가? 그러한 제품들이 여러분에게 큰 가치를 지녔던 이유를 생각해본 적이 있는가? 그렇다면 여러분은 그러한 제품들과 자신에 대해 어떤 결론을 내리게 되었는가?

3. 여러분은 SNS를 사용하고 있는가? 헌트 연구팀의 결과에 따르면, 하루 30분이 안녕감에 영향을 주기 시작하는 기준점이라고 한다. 여러분은 이 기준을 넘어서는가? 그렇다면, 온라인에 있는 동안이나 그 이후에 어떤 감정을 느끼는가? 여러분의 사용은 얼마나 '능동적'인가? 베르뒤인 연구팀은 능동적 사용에 대한 주장을 통해 사용자에게 하나의 구명줄을 던졌다고 볼 수 있다. 여러분은 이 주장이 정당하다고 받아들일 수 있는가? 여러분은 상향 비교를 더 많이 하는가, 아니면 하향 비교를 하는가? 그리고 그러한 비교는 여러분 자신을 어떻게 느끼게 만드는가?

# 수용자 이론: 이용과 수용

9장

**학습 목표**

- 후기실증주의 연구와 문화 연구의 초점이 왜 점점 더 미디어 효과에서 미디어 수용자로 옮겨갔는지 알아본다. 또한 능동적 수용자 이론이 초기 매스 커뮤니케이션 이론에서 지배적이었던 효과 이론과 어떻게 다른지 확인한다.
- 미디어 수용자의 활동은 어떤 형태로 나타나는지, 수용자의 능동성은 어떻게 측정할 수 있는지 알아본다.
- 이용과 충족 이론의 기본 명제들을 파악한다.
- 미디어 기능과 미디어 이용을 구별한다.
- 사람들이 왜 엔터테인먼트 콘텐츠를 이용하는지 이해하는 데 엔터테인먼트 이론이 도움이 되는지 판단한다.
- 수용 연구가 효과 중심 이론과 초기 신마르크스주의 이론에 도전이 되었던 이유를 알아본다.
- 수용 연구의 발달에 페미니즘이 기여한 바를 인식한다.

## 개요

1970년대와 1980년대에 수행되었던 후기실증주의 연구와 문화 연구는 점차 미디어 수용자audience에게 초점을 맞추었다. 이러한 연구의 목적은 사람들이 일상생활에서 미디어로 무엇을 하는지[즉 미디어를 어떤 목적으로 이용하는지] 제대로 이해하는 것이었다. 1960년대와 1970년대에는 TV 시청이 증가했지만 사람들이 TV를 보면서 무엇을 하는지에 대한 연구는 거의 이루어지지 않았다. 시청자들은 대체로 소극적인 오락 소비자일 뿐인가, 아니면 어떤 중요한 목적을 가지고 TV를 시청하는 것인가? 사람들은 하루 종일 멍청히 TV만 보는가, 아니면 사려 깊고 생각할 줄 아는 시청자인가? 이런 연구가 활발하게 수행됨에 따라서 수용자를 덜 비관적으로 바라보는 새로운 시각도 형성되었다. 일부 후기실증주의 연구자들은 수용자에 대한 제한 효과 연구 결과를 재검토했고, 사람들은 효과 이론이 시사했던 것처럼 소극적인 존재에 불과한 것은 아니라는 결론을 내렸다. 일부 문화 연구자들은 미디어 수용자에 대한 연구를 수행한 결과, 엘리트가 수용자를 조종하는 위력은 신마르크스주의 이론가들이 생각했던 것처럼 대단한 정도는 아님을 발견했다.

물론 초기 미디어 연구에서도 수용자가 책임감 있는 활동을 할 가능성을 완전히 도외시한 적은 없었다. 그러나 대체로 수용자가 미디어 콘텐츠를 선택하고 해석하고 이용하는 데 대해 크게 의미를 부여하지는 않았다. 이 장에서는 수용자 중심 이론의 발전에 걸림돌이 되었던 것은 '기능'과 '기능주의' 개념의 혼동, 그리고 방법론적 · 이론적 쟁점에 있었음을 살펴볼 것이다. 또 능동적 수용자active audience가 정확히 무슨 의미인지 알아보고, 다양한 유형의 수용자 중심 접근 방법에 대해 자세하게 알아볼 것이다.

이 장의 앞부분에서 다룰 이론들은 수용자 활동audience activity을 중요하게 여기기 시작했고 또 다소 능동적인 방식으로 이해하기 시작했다는 점에서 의미가 있다. 능동적 수용자는 정확하지 않은 미디어 보도에 의해 호도될 수 있다(Gerbner, 2010 참조). 수용자는 자신이 미디어로 무엇을 하는지 인식하고 또 자신의 행동에 책임을 질 필요가 있다. 이 장에서는 수용자 중심 이론의 발달이 어떻게 제한 효과 개념에 위협이 되었는지 설명하고자 한다. 그 과정에서 기능 분석에 대해 재검토하고 그런 연구가 어떻게 수용자 중심 이론의 기초를 형성하는 데 도움이 되었는지 논할 것이다. 또한 **이용과 충족 접근**uses-and-gratifications approach이 무엇인지 그 개념이 형성되기 시작할 때부터 완성될 때까지 모두 아우르면서 설명할 것이다. 이와 관련해 몇 가지 중요한 내용을 검토하고자 한다. 예를 들면 능동적 수용자의 의미, 수용자의 능동성을 측정하는 법, 이 접근법을 이용해 효과를 이해하는 것 등을 다룬다.

그다음으로는 **엔터테인먼트 이론**entertainment theory을 살펴볼 것이다. 엔

**이용과 충족 접근**
사람들의 미디어 이용과 미디어 이용을 통해 얻고자 하는 충족에 초점을 맞춘 접근.

**엔터테인먼트 이론**
수용자의 미디어 이용, 그리고 엔터테인먼트 중심의 미디어 콘텐츠를 즐기는 심리적 메커니즘을 검토하는 연구.

터테인먼트 이론은 오락용 미디어 콘텐츠가 우리에게 어떤 일을 하는지, 어떤 영향을 미치는지를 이해하고자 하는 이론이다. 때로는, 어쩌면 자주, 미디어 효과는 우리가 의식하지 못하는 사이에 일어난다. 그러나 우리는 구체적인 목적을 가지고 원하는 결과를 얻기 위해 미디어를 이용하기도 한다. 제임스 포터James Potter의 설명에 따르면, "사람들은 기분을 관리하기 위해 미디어 이용 전략을 개발해왔다. 그 결과 여러 번의 시도와 실패 끝에 방법을 찾게 되었고, 따라서 기분이 좋지 않을 때 어떤 미디어, 어떤 메시지가 필요한지 알게 되었다"(Potter, 2012: 208-209).

이 외에도 수용자에게 초점을 맞추는 또 다른 관점을 알아보고 수용reception 연구에 대해서도 살펴볼 것이다. 수용 연구는 영국에서 문화 연구자들이 개발한 것이다. 수용 연구도 수용자를 능동적이라고 가정하고 있으나 미디어 소비자를 연구하는 데 있어서 효과 중심 연구와는 다른 연구 전략을 구사하고 다른 결론에 이른다. 그러나 때로는 보완적인 결론을 내놓기도 한다. 비록 수용 연구가 효과 중심 개념에 대한 의식적인 도전에서 시작되었지만 항상 반대되는 결론을 내놓았던 것은 아니다. 대부분의 경우 수용 연구 결과는 후기실증주의 연구 결과를 정면으로 반박하기보다는 그것을 대체하는 통찰력 있는 시각을 제시해준다.

## 수용자 이론: 정보원 지배적 관점에서 능동적 수용자 관점으로

선전 이론은 수용자와 관련이 있다. 2장에서 살펴보았듯이 선전은 많은 청중에게 순식간에 도달하고, 그들을 똑같이 단순하지만 파괴적인 메시지에 노출시키는 위력이 있다. 이런 이론에 있어서 선동자는 청중을 압도하고 그들에게 도달한 메시지를 통제한다. 연구의 초점은 어떻게 선동자가 메시지를 활용해 자신이 의도한 대로 청중을 조종할 수 있는지에 있다. 선전 이론은 대부분 메시지 정보원source(송신자)이 지배적인 역할을 한다고 보는 이론이다. 주로 메시지 정보원과 내용에 초점을 두고, 그 메시지가 영향을 미치고자 하는 수용자의 관심사나 필요 등에는 초점을 두지 않는다. 그리고 수용자가 메시지에 저항하는 능력은 고려하지 않거나 간과한다. 미디어 이론이 발달함에 따라 이런 연구의 초점은 점차 다른 쪽으로 옮겨갔다.

1940년대 초반 헤르타 헤르조그Herta Herzog, 로버트 머튼, 폴 라자스펠드, 프랭크 스탠턴 등이 수행한 연구는 능동적이고 만족을 추구하는 수용자에 대한 관심을 반영했다. 라자스펠드와 스탠턴은 1940년대에 어떻게 수용자가 미디어를 이용해 자신의 삶을 계획하는지에 중점을 둔 일련의 저술과 연구를 발표했다(Lazarsfeld & Stanton, 1942). 예를 들어 그들은 아침 라디오 보도가 농부들에게 어떤 가치를 가지는지 연구했다. 또한 라디오 프로그램 콘텐츠에 대한 청취자들의 반응을 측정하는 장치를 개발했다. 라자스펠드와 스탠턴이 했던 연구의 일환으로서, 버나드 베럴슨은 신문사 파업 중 독자들이 겪었던 혼란과 관련해 고전적 미디어 이용에 대한 연구를 발표했다(Berelson, 1949). 그는 신문이 많은 사람들의 일상생활에서 중요한 부분을 차지한다는 설득력 있는 증거를 제시했다.

헤르조그를 이용과 충족 접근을 처음으로 주창한 학자로 보는 경우가 종종 있지만, 헤르조그 스스로 자신을 그렇게 칭하지는 않았을 것이다. 그녀는 사람들이 왜, 어떻게 라디오를 듣는지에 관심이 있었고, 따라서 인기 퀴즈쇼의 팬(Herzog, 1940)과 드라마의 애청자(Herzog, 1944)에 대해 연구했다. 그리고 드라마 애청자에 대한 연구에 '일일 연속극 청취자의 동기 부여와 만족'이라는 제목을 붙이고 미디어 만족도에 대해 심층적으로 조사했다. 그녀는 100명의 라디오 드라마 팬을 인터뷰하고 '세 가지 만족 유형'을 파악했다. 드라마 청취는 "첫 번째로 단순한 감정 방출의 수단이었고, 두 번째는 흔히 인정하는 즐거움으로 희망을 가질 기회였다. 세 번째는 일반적으로 생각하지 못하는 만족의 유형으로, 일일극을 청취함으로써 얻어지는 조언과 관련이 있었다"(Herzog, 1944, 51-55). 헤르조그는 왜 많은 가정주부들이 라디오 드라마에 매료되었는지 알아보고자 했다. 라자스펠드의 연구팀에서 이루어진 전형적인 효과 연구와는 달리 헤르조그는 드라마가 여성에게 미친 영향을 파악하려 하지는 않았다. 그녀는 사람들이 미디어를 이용하는 이유와 그들의 경험, 즉 이용과 충족에 대해 파악하는 것에 만족했다.

대학의 매스 커뮤니케이션 강좌에서 사용되었던 교재 가운데 하나인 『매스 커뮤니케이션의 과정과 효과*The Process and Effects of Mass Communication*』는 능동적 수용자에 대한 초기 개념을 보여주었다. 이 책의 저자인 윌버 슈람Wilbur Schramm은 다음과 같이 질문했다. "어느 특정 개인으로 하여금 어떤 매스 미디어를 선택하도록 하는 것은 무엇인가?"(Schramm,

**선택의 분수**
사람들이 보상에 대한 기대와 필요로 하는 노력에 기초해서 미디어와 콘텐츠를 선택하는 것에 대해 표현한 것.

1954: 19). 그가 제시한 답변은 **선택의 분수**fraction of selection였다.

$$\frac{\text{보상에 대한 기대}}{\text{필요로 하는 노력}}$$

그의 요점은 사람들이 주어진 미디어나 메시지로부터 기대하는 보상(만족감)을 얻기 위해 얼마나 많은 노력을 기울여야 하는지에 관한 것이었다. 예를 들어 자신이 뉴스를 어떻게 소비하는지 생각해보라. 당신이 일반 TV 시청자라면 온라인을 통해 뉴스를 접하기보다는 네트워크 뉴스를 보거나 CNN을 트는 편이 더 쉽다. 텔레비전 뉴스는 매력적이고 극적으로 전달된다. 이미지는 시선을 사로잡으며, 내레이션과 앵커의 보도는 명확하고 요점이 뚜렷하다. 일단 뉴스 프로그램을 정하고 나면 그 프로그램을 시청하기 위해 자리에서 일어날 필요도 없고 리모컨을 다시 만질 일도 없다. 보고 있는 프로그램이 끝나면 그다음에는 어느새 〈아메리칸 아이돌〉을 볼 준비가 되어 있다. 이는 위의 분수에서 분모('필요로 하는 노력')에 해당되는데, 방송된 뉴스 프로그램을 소비하는 데에는 거의 노력이 필요하지 않다.

그러나 늘 인터넷을 사용하는 사람이라면 인터넷을 통해 뉴스를 접하고자 할 것이다. 왜냐하면 온라인 뉴스 활동에서 기대할 수 있는 보상(원할 때는 언제든지 뉴스를 볼 수 있고, 관심 있는 뉴스를 골라 볼 수 있으며, 더 자세하고 깊이 있게,더 다양하게 볼 수 있고, 보다 수준 높은 보도와 대안적 시각을 접할 수 있으며, 유용한 링크를 제공받고, 코멘트를 달 수 있는 기회가 있는 등)이 부가적인 노력(서버가 검색 엔진에 연결해줄 때까지 기다리고, 관심 있는 사이트를 찾고, 특정 기사를 선택해서 읽고, 다른 기사를 찾고, 관련 링크에 연결하는 등)을 기울일 만한 가치가 있기 때문이다. 여러분은 자신의 미디어 이용에 관해 자신만의 분수를 만들 수 있지만, 슈람이 제시한 논리의 핵심은 변하지 않는다. 우리는 어떤 콘텐츠를 선택할 것인지 결정을 할 때 그 콘텐츠가 우리의 어떤 욕구를 충족시킬 수 있을지에 대한 기대에 기반을 둔다. 그런 결정이 어떤 선택을 하기 위한 것이 아닐지라도 말이다. 예를 들어 다른 시트콤을 보려고 하는데 리모컨을 찾을 수 없을 때 굳이 일어나서 채널을 바꾸는 것과 같은 노력을 하지 않기도 한다. 왜냐하면 우리가 실제로 원하는 것은 앉아서 백일몽이나 꿀 때 필요한 배경 소음이기 때문이다.

### 초기 수용자 중심 연구의 한계

이 모든 것이 논리적이고 간단하게 보인다면, 왜 초기 매스 커뮤니케이션 연구자들은 능동적 수용자에 초점을 맞춘 이론을 만들어내지 않았을까? 왜 그런 이론이 제한 효과 이론에 대한 강력한 대안으로 등장하지 않았을까? 왜 정보원 지배적 이론이 그렇게 강력했고 또 오랫동안 영향을 미쳤을까? 이에 대한 답변은 여러 가지가 있을 수 있다. 그동안 대중사회 이론은 미디어의 영향을 과장했고 연구자들은 미디어의 부정적 영향에 대한 대중의 관심에 집중했다. 영화가 아동과 십 대 청소년에게 미치는 영향에 대한 페인펀드Payne Fund 연구도 앞에서 살펴보았다. 제2차 세계대전 중 미디어 연구는 전체주의가 제기한 위협을 검토하기 위해 수행되었다. 1930년대 이래로 정부 기관, 민간 재단, 미디어 업계는 미디어의 긍정적·부정적 효과를 광범위하게 연구하는 데 많은 기금을 제공했으나 수용자 활동을 연구하는 데에는 연구비를 거의 지원하지 않았다. 연구자들도 미디어에 대한 수용자 만족도 연구와 비교해볼 때 더 적은 수고를 들여 보다 객관적인 미디어 효과 연구를 할 수 있다고 생각했다. 이를테면 미디어가 행동이나 태도에 미치는 영향은 실험실 상황에서 미디어 콘텐츠에 노출시킨 다음 관찰할 수 있으며, 또한 특정한 효과도 파악하고 측정할 수 있다. 반면 미디어를 통해 얻게 되는 충족감에 대한 연구는 사람들에게 콘텐츠에 대한 주관적인 경험을 보고하도록 해야 한다. 사람들이 보고하는 충족감과 관련된 경험은 매우 다양하기 때문에 이를 분류하고 범주화하는 작업이 필요하다. 이 일을 어떻게 객관적으로 할 수 있을까? 헤르조그는 미디어 충족에 대한 연구를 하기 위해서는 질적 연구를 활용할 것을 권장했다(Herzog, 1940). 그러나 1940년대와 1950년대 후기실증주의 연구자들은 그런 접근법을 단호하게 거부했다. 그런 접근법은 간단명료하지 않았고 그들이 생각하는 과학적 기준에 부합하지 않았기 때문이다. 그들은 미디어 이용이 미치는 영향에 대해 확실하고 강력하게 설명할 수 있는 방법을 개발하는 데 노력을 쏟았다. 사람들이 미디어를 이용하는 주관적인 이유를 기술하고 범주화하느라 수선을 피울 필요가 있을까?

초기 후기실증주의 연구자들은 사람들의 주관적인 설명을 듣는 것은 왜 많은 사람들이 미디어에 그렇게 많은 시간을 허비하는지에 대한 호기심을 충족시키는 것 외에는 그리 의미가 없다고 생각했다. 그들이 생각하는 한 수용자에 대해 알아야 할 것은 그 규모와 **인구통계**demographics(연령, 성별, 수입, 교육

**인구통계**
연령, 성별, 수입, 교육 수준과 같은 수용자의 사회적 속성.

수준과 같은 사회적 속성)뿐이었다. 초기 미디어 연구자들은 잠재적 고객의 규모와 구성을 측정하기 위한 과학적 방법을 개발하는 데 상당한 노력을 기울였으며 많은 비용을 들였다. 이는 광고주가 광고의 타깃을 더 명확히 하고 광고의 효과를 측정하기 위해 알고자 하는 바였다. 하지만 대부분의 광고주들은 왜 사람들이 어떤 특정 라디오 프로그램을 찾고 어떤 특정 신문을 읽는지 알아야 할 현실적인 이유는 없다고 생각했다.

초기 미디어 연구자들은 미디어 충족 관련 연구의 경우 과학적 방법을 이용하기 어려울 것이라고 우려하기도 했다. 수용자의 태도에 관해 연구하는 학자들 대부분은 행동주의적 편견을 강하게 가지고 있었다. 그래서 사람들의 생각과 경험을 액면 그대로 받아들이는 것에 의구심을 가졌다. 사람들은 자신이 미디어를 이용하는 이유에 대해 통찰하고 있었을까? 2장에서 살펴보았듯이 행동주의자들은 의식적 사고만이 사람들의 행동을 합리화하는 근거를 제공한다고 믿었다. 사람들의 행동 동기를 이해하기 위해 사회과학자들은 사람들이 과거 어떤 자극에 노출되었을 때 어떻게 조건화되었는지 관찰해야 했다. 하지만 이는 매우 어렵고 비용이 많이 드는 일이었다. 연구자들은 많은 노력을 기울여 설문지 문항을 개발했는데, 이러한 문항은 측정하고자 하는 저변의 태도를 간접적으로 암시하는 정도에 불과했다.

후기실증주의 연구자들은 초기 능동적 수용자 연구가 너무 기술적descriptive이라고 비판했다. 사람들이 미디어를 이용하는 이유를 알려주는 것, 그리고 임의적으로 구분해놓은 범주에 따라 사람들을 분류하는 것 정도밖에 할 수 없다는 것이다. 더구나 그들은 분류 과정 자체를 임의적이고 주관적이라고 생각했다. 예를 들어 헤르조그는 라디오 드라마를 청취하는 이유를 세 가지 범주로 나누었는데, 왜 다섯 가지가 아니고 세 가지란 말인가? 이러한 범주는 어디에서 나왔을까? 그녀가 자의적으로 응답자들이 답한 이유를 이런 범주에 넣은 것이 아니라고 어떻게 확신할 수 있을까? 반면에 태도 변화에 대한 실험 연구는 태도의 척도를 개발하는 데 있어서 대부분의 연구자들이 과학적으로 타당하다고 생각한 일련의 절차를 활용했다(1장). 그들은 이런 유형의 연구가 주관적 인식에 대한 단순한 묘사보다는 인과 관계에 대한 설명을 내놓았다고 믿었다. 이처럼 경험적 효과 연구가 미디어가 지닌 인과적 힘에 대한 중요하고 새로운 시각을 제공할 수 있다는 희망을 주는 한, 연구자들이 다른 대안적 접근법을 시험해볼 이유가 없었다. 그들은 경험적 방법론의 유용함을 증명하고 또한 휴머니스트보다는 과학자로서 자신들의 입장을 확고히 하기를 원했다.

### 미디어 기능과 미디어 이용의 혼동

5장에서는 초기 미디어 연구자들에 의한 기능 분석functional analysis과 그 활용에 대해 설명했다. 1960년대까지 충족감을 추구하는 능동적 수용자 개념이 기능 분석에 흡수되어 혼동을 일으켰다. 미디어 이용과 미디어 기능의 차이를 적절하게 밝히지 못함으로써 수용자 중심 연구를 설계하고 해석하는 데 걸림돌이 되었다. 찰스 라이트Charles Wright는 1959년에 출간된 그의 저서에서 능동적 수용자와 기능주의를 드러내놓고 연결 지어 설명했다. 기능에의 이러한 연결은 능동적 수용자 이론의 발달에 좋지 않은 영향을 미쳤다. 라이트는 독자들에게 "사회 활동의 결과(기능)와 사회 활동의 목적 또는 목표"(Wright, 1959: 16)를 구별하라고 경고했지만, 대부분의 커뮤니케이션 학자들이 생각하기에 미디어 산업의 목표는 기능과 동등한 것(또는 동의어)이었다. 수용자와 사회적 기능에 대한 이런 혼동은 분석 수준level of analysis(개인에서부터 사회 시스템에 이르기까지 연구의 초점)에 관한 혼동도 어느 정도 포함한다. 당신은 한 명의 수용자로서 신문을 읽는다. 이때 당신은 개인적인 목적을 위해 신문을 읽는다. 그리고 이런 활동은 어느 정도 당신의 욕구를 충족시켜야 하며 그렇지 않으면 당신은 신문을 그만 읽을 것이다. 당신은 그저 어느 날 그 신문을 읽는 수많은 사람들 가운데 한 명일 뿐이기도 하다. 다른 사람들은 당신과는 아주 다른 목적을 가지고 있을 수 있다. 그들은 서로 다른 충족감을 경험한다. 기능주의는 개인에게 관심을 기울이지 않으며 매스 미디어가 사회에서 어떤 기능을 하는지에만 관심을 갖는다.

**분석 수준**
연구의 초점이 되는 것으로, 개인에서부터 사회 시스템에 이르기까지 다양함.

5장에서 설명한 것처럼 기능주의는 현상 유지를 정당화하는 경우가 많다. 그리고 사회 질서가 안정되어 있으면 모든 것이 균형을 이루고 있다고 가정하는 경향이 있다. 나쁜 기능은 좋은 기능에 의해 상쇄된다. 그렇지 않다면 사회 질서가 무너질 것이다. 능동적 수용자와 기능주의가 개념적으로 혼동됨으로 인해 능동적 수용자 개념은 현존 질서를 정당화하는 방식일 뿐이라는 비판을 받기도 했다. 예를 들어 5장에서 기능주의에 관해 살펴볼 때 나온 미디어의 네 가지 고전적 기능을 다시 생각해보자. '환경 감시'는 정보를 수집하고 배포하는 미디어의 기능을 말한다. 누가 일리노이 주지사로 선출되었는지 신문에 나왔기 때문에 알 수 있다. 또 라디오의 일기 예보를 통해 오늘 날

씨가 추울 것이라고 들었기 때문에 학교에 갈 때 스웨터를 입어야 할지 알 수 있다. '사회 부분들의 상관관계 조정'은 미디어의 해석적 또는 분석적 기능을 의미한다. 우리가 고속도로 채권단의 제안이 받아들여지지 않으면 도로 수리 비용을 충당하기 위해 휘발유세가 인상되리라는 것을 아는 것은 온라인 기사와 사설이 그 상관관계를 설명해주기 때문이다. '사회적 유산의 전달'과 관련된 미디어의 기능은 시간과 사회 집단을 초월해 존재하는 가치, 규범, 스타일의 소통이다. 당신과 당신의 친구들은 어떤 옷이 유행하고 있는지 어떻게 알며, 또 사람들이 데이트를 할 때 보통 무엇을 하는지 어떻게 아는가? 미디어는 이런 주제에 대해 많은 정보와 조언을 제공한다. 마지막으로 '오락'은 즐거움과 유쾌함을 주는 미디어의 기능을 말한다.

이와 같은 것들이 지극히 합리적인 미디어의 목적으로 보일 수 있으나 여기에는 문제가 있다. 이들이 어떤 미디어 조직의 목적일 수도 있으나 반드시 미디어가 서비스를 제공하는 수용자에게도 목적이 되는 것은 아니다. 또한 이런 기능들은 수용자가 원래 의도했던 이용 목적과는 다를 수 있다. 예를 들어 지루함에서 탈피하고자 의도적으로 공포 영화를 보고 있는데, (의도하지 않게) 위험 상황에 어떻게 대처하는지 배울 수 있다. 또한 영화를 보다가 예상치 못하게 칼을 무기로 사용하는 법을 배울 수도 있다. 영화 제작자의 목적은 오락을 제공하는 것이지만, 사람들이 궁극적으로 이러한 콘텐츠를 이용하는 목적은 크게 다르다. 다시 말해 정보원source의 목적이 항상 결과적으로 나타나는 기능은 아니다. 미디어 종사자가 의도한 미디어의 기능에만 연구를 한정시키면 수많은 부정적 효과는 간과되기 쉽다. 기능 분석에 대한 초기 연구가 의도된 기능(말하자면 목적)에만 국한된 경우가 많았기 때문에 지나치게 미디어 산업을 변명하는 방식이 되었다는 비판을 받아왔다.

라이트는 미디어의 기능에 대한 자신의 개념화가 어떻게 잘못 해석되었는지 깨닫고 후에 다음과 같이 기술했다.

> 커뮤니케이션의 사중주—감시, 상관관계, 문화 전달, 오락—는 공통점이 있는 활동들을 지칭하고자 고안된 것이다. 그런 활동들은 매스 커뮤니케이션일 수도 있고 사적이고 개인적인 커뮤니케이션일 수도 있다. 이 활동들은 기능과 동의어가 아니었다. 기능이란 매스 커뮤니케이션의 제도화된 과정을 통해 일상적으로 행해지는 커뮤니케이션 활동의 결과를 말한다(Wright, 1974: 205).

감시 활동, 우리 사회에서 감시 활동의 기능, 그리고 그러한 기능의 효과는 라이트가 기능주의를 미디어 연구에 어떻게 적용하고자 했는지 보여주는 좋은 예이다. 신문, 잡지, 텔레비전, 인터넷 뉴스 사이트는 정치 캠페인을 다루고 그 노력의 산물을 고객에게 전달하는 데 상당한 에너지를 쏟는다. 만일 독자와 시청자가 뉴스를 무시한다면(즉 이용하지 않는다면), 커뮤니케이션이 이루어지지 않고 의도된 기능은 일어나지 않는다. 하지만 독자와 시청자가 뉴스를 소비한다면 의도된 기능, 즉 우리가 환경 감시라고 부르는 기능이 수행된다. 그렇다면 특정한 효과—독자와 시청자가 뉴스에서 특정 정보를 습득하는 것—가 있어야 한다. 그들은 사회에 봉사할 수 있도록 이러한 정보를 이용해야 한다. 사람들이 미디어 콘텐츠를 어떤 특정 용도로 사용하지 않는다면 미디어는 원래 의도된 기능을 수행할 수 없다. 감시라는 기능이 이루어지기 위해서는 주요 사건에 관한 뉴스 정보가 일상적으로 전송되어야 하고, 여기에 능동적인 수용자의 이용이 수반되어야만 이러한 사건이 널리 알려지게 되고 이 정보를 기반으로 한 자발적인 행동이 일어나게 된다. 따라서 뉴스 미디어는 충분한 수의 시청자가 빈번히, 일상적으로 콘텐츠를 특정 용도로 기꺼이 사용하고, 또 사용할 수 있어야 이러한 사회적 수준의 기능을 달성할 수 있다.

3장에서 살펴보았던 자유지상주의에 대한 논의에서 함의한 바와 같이, 공적 의사소통에 있어서 역사적으로 중요하며 또 널리 의도된 기능 가운데 하나는 의식이 깨어 있고 지식이 풍부한 유권자, 즉 미디어와 다른 사람들로부터 얻은 정보에 기초해서 정보를 광범위하게 통제할 수 있는 능력을 지닌 유권자를 만들어내고 보유하는 것이다. 그러나 이론을 제기하는 사람들도 많다. 그들은 오늘날 대부분의 뉴스 미디어가 '인포테인먼트 infotainment('information'과 'entertainment'를 합성해 만든 용어로 정보 겸 오락의 의미—역주)'를 전달하고 있으며, 이는 미디어가 교육받지 못한 시민들, 혹은 정치적 과정에 점차 관여하지 않는 시민들을 만들어낸다는 점에서 부정적인 기능(역기능dysfunction)을 한다고 말한다. 실제로 유세 활동에 참여하기보다는 지나치게 극적으로 표현되는 유세 현장을 보면서 의사 참여pseudo-involvement로 대신하게 되기 때문이다(Edelman, 1988). 그러한 사건 보도의 의도된 기능과 뉴스의 의도된 이용은 우리의 정치 체제나 미디어 체제의 저변을 이루는 규범 이론normative theory(자유지상주의)에 부합할 수 있다. 그

**역기능**
부정적인 기능.

러나 그 활동의 결과는 전혀 다른 무엇일 수도 있다. 정치 캠페인은 시간적·경제적 측면 등에서 점점 더 커지는 전자 매체의 요구(선거 유세 장면을 더 많이 보여주고, 복잡하거나 논쟁적인 이슈에 대한 정보는 적게 다루고, 부정적인 홍보에 더 많이 의존하는 등)에 부응하고 있으며 투표자들은 정치에 대해 점점 냉소적으로 변해가고, 이는 정부에 대한 지지를 저해하며 잘 조직된 이익 단체의 영향력을 의도치 않게 커지게 할 수 있다(Gans, 1978). 유권자의 미디어 이용은 서서히 바뀌어서 존재하지 않는 정보를 찾기 위해 노력하는 대신 쉽게 접할 수 있는 눈요깃거리를 보기 위해 미디어를 이용할 수 있다. 이러한 예에서 볼 수 있듯이 미디어의 의도된 기능은 바뀌지 않았지만 실제 이용 결과는 바뀌었다. 의도된 기능과 관찰된 사회적 결과 사이의 차이는 미디어 비평가들에게 깊은 인상을 심어주었고, 그들은 기능 분석과 능동적 수용자를 가정하는 이론, 양쪽에 대해 모두 의구심을 갖게 되었다.

## 이용과 충족 연구의 부활

수용자의 미디어 이용과 충족에 관한 연구는 두 번의 큰 관심을 받았다. 처음으로 큰 관심을 받게 된 것은 1970년대였는데, 평범한 효과 연구들의 결과에 대한 반응에서 비롯되었다. 앞서 언급했듯이 1960년대까지 효과 연구에서 도출된 중요한 연구 결과들은 추후 연구에서 계속 거론되고 다시 연구되었다. 이 모든 연구는 미디어의 역할이 다른 사회적 요인과 비교해볼 때 미미하다고 밝혔다. 그러나 미디어 수용자가 그렇게 방대하고, 또 너무나 많은 사람들이 막대한 시간을 미디어를 소비하는 데 쓰고 있는데 어떻게 이것이 사실일 수 있을까? 광고 메시지가 아무런 효과가 없다면 광고주들은 왜 광고 시간을 얻기 위해 수십억 달러를 쓰는 것일까? 텔레비전 시청자는 왜 계속 늘어가는 것일까? 미디어 이용 가운데 사람들에게 중요한 영향을 미친 것은 없었을까? 만일 영향을 미쳤다면 효과 연구는 왜 이러한 영향에 대해 다루지 않았을까? 연구에서 간과한 것이 있지 않을까? 만일 그렇다면 무엇을 간과했을까?

당시 미국에서는 미디어 효과 트렌드가 매우 지배적이었기 때문에 측정 가능한 효과로 설명되지 않는 미디어에 대해 연구하기가 어려웠다. 다른 것은 그다지 연구할 만한 가치가 없어 보였고 다른 접근법은 유용한 것 같지 않았다. 그러나 학자들이 효과 연구에만 국한해 연구를 수행하면 예측 가능하고 소박하지만 매우 우수한 연구 결과를 이끌어낼 수 있었다. 이러한 상황에 대해 고민을 하면서도 실제적인 대안을 들고 나오는 학자는 거의 없었다.

이용과 충족 접근이 큰 관심을 받게 된 첫 번째 시기는 세 가지 새로운 상황이 나타난 때로 거슬러 올라가 볼 수 있는데, 하나는 방법론적 발달과 관련이 있고 두 가지는 이론적 발달과 관련이 있다.

1. 새로운 조사 연구 방법과 데이터 분석 기술 덕분에 수용자의 미디어 이용과 그로부터 얻게 되는 충족에 대해  탐구, 해석할 수 있는 중요한 새로운 전략이 개발되었다. 연구자들은 혁신적인 설문지를 개발했는데, 이로써 수용자가 미디어를 이용하는 이유를 좀 더 체계적이고 객관적으로 측정할 수 있게 되었다. 이와 동시에 요인 분석과 같은 새로운 데이터 분석 기술이 범주를 나누고 미디어를 이용하는 이유를 확인하기 위한 보다 객관적인 절차를 마련해주었다. 1970년대에는 신세대 미디어 연구자들이 학계에 대거 등장했다. 그들은 설문 조사 방법에 대해 숙련되어 있었다. 이후 10여 년이 흐르면서 이러한 방법을 적용하는 데 필요한 컴퓨터 자원을 이용할 수 있게 됨에 따라 소규모 대학의 학자들도 사용하게 되었다. 이러한 발전으로 능동적 수용자를 연구하는 데 가장 심각한 방법론적 장애를 어느 정도 극복할 수 있었다.
2. 1970년대 일부 미디어 학자들의 결론에 따르면, 사람들의 능동적 미디어 이용은 중요한 매개 변인으로서 미디어 효과를 더 높게도 더 낮게도 만들 수 있었다. 그들의 주장은 능동적 수용자는 어떤 미디어 효과가 바람직한지 아닌지 판단할 수 있고 그러한 효과를 얻기 위해 노력할 수 있다는 것이었다. 예를 들어 당신이 미디어 이론에 대해 공부하기 위해서 이 책을 읽기로 결심했다고 하자. 당신은 이 책을 통해 원했던 효과를 얻기를 바랄 것이고 그런 효과를 끌어내기 위해 노력할 것이다. 만일 당신이 이런 의도는 없고 그저 재미 삼아 읽어보려고 하는 것이라면 이 책을 사용한다고 해도 학습이라는 결과를 끌어낼 가능성은 거의 없다. 이 책이 당신으로 하여금 학습하게 만드는 것인가? 아니면 당신의 학습 목적에 이 책이 부합하도록 당신이 만드는 것인가? 만일 후자의 관점을 가지고 있다면, 당신은 능동적 수용자 이론을 지지하는 이들과 입장을 같이하는 것이다. 이 책을 능동적

으로 사용하기로 한 당신의 의식적인 결정이 의도한 효과가 발생하게 만드는 필수적인 (매개) 요소이다.

3. 일부 학자들은 효과 연구가 의도치 않게 발생하는 미디어의 부작용에 너무 집중한 나머지 긍정적인 미디어 이용은 무시한다는 우려를 표명하기 시작했다. 1975년에 이르렀을 때 텔레비전의 폭력성이 수용자 중 소수(대부분 사춘기 이전의 소년들)에게 미치는 영향에 대해서는 많은 것이 밝혀졌지만, 어떻게 사람들이 미디어를 자신이 원하는 것을 하게끔 만들고자 하는지는 거의 밝혀내지 못했다.

이용과 충족 연구가 최근에 또다시 큰 관심을 받게 된 것은 아직 진행되고 있는 뉴 미디어 기술과 인터넷의 개발 및 확산에 따른 결과이다. 이런 것들이 상호작용을 크게 고무하고 있기 때문이다. 토마스 루지에로Thomas Ruggiero에 따르면 "이용과 충족은 매스 커뮤니케이션 미디어가 새로운 단계로 접어들 때마다 그 초반에 항상 최첨단의 이론적 접근법을 제공했다"(Ruggiero, 2000: 3). 그는 컴퓨터를 기반으로 하는 매스 커뮤니케이션의 특징을 다음과 같이 세 가지로 파악했다. 이는 이용과 충족 연구자들에게 "커뮤니케이션 행위의 방대한 연속체"를 제공한다.

- **상호작용**interactivity은 "능동적 이용자의 핵심 관념[이용과 충족]을 크게 강화한다"(Ruggiero, 2000: 15). 왜냐하면 매스 커뮤니케이션에서 상호작용은 "커뮤니케이션에 참여하는 사람이 통제력을 미칠 수 있는 정도, 그리고 상호 담론에서 역할을 바꿀 수 있는 정도"를 나타내는 것으로 오랫동안 여겨져 왔기 때문이다(Williams, Rice, & Rogers, 1988: 10).
- **탈대중화**demassification는 "미디어 이용자가 다양한 메뉴에서 선택할 수 있는 능력이다…… 전통적 매스 미디어와는 달리 인터넷과 같은 뉴 미디어는 개인이 자신의 욕구에 맞추어 메시지를 만들 수 있는 선택이라는 특성을 제공한다"(Ruggiero, 2000: 16).
- **비동시성**asynchroneity은 매개된 메시지는 "시간이 지체될 수 있다는 것을 의미한다. 전자 메일의 발신자와 수신자는 서로 다른 시간에 메일을 읽을 수 있으며 그러면서도 자신의 편의에 맞게 상호작용할 수 있다. 이는 곧 자신의 편의에 따라 메시지를 전송, 수신, 저장할 수 있음을 뜻한

다. 텔레비전의 경우 비동시성이란 VCR 사용자가 프로그램을 나중에 보기 위해 녹화할 수 있음을 의미했다. 전자 메일과 인터넷을 사용하는 사람은 그래픽과 텍스트를 저장, 복사, 인쇄하거나 온라인 웹 페이지 및 다른 사람의 전자 메일로 이를 전송할 수 있다. 일단 메시지가 디지털화되면 미디어의 조작은 무한대로 가능해서 이러한 뉴 미디어를 사용하는 사람들은 전통적인 미디어를 사용했던 사람들보다 훨씬 더 많은 통제력을 갖게 된다"(Ruggiero, 2000: 16).

실제로 새로운 기술을 검토해본 사람들은 이용과 충족 이론이 다양한 뉴 미디어를 연구하는 데 도움이 된다는 것, 특히 전자 메일이나 SNS를 연구할 때 유용하다는 것을 발견했다. 예를 들어 본카 보네바Bonka Boneva와 로버트 크라우트Robert Kraut, 데이비드 프렐리히David Frohlich는 여성들이 사회관계를 유지하는 데 있어서 남성들보다 전자 메일을 더 유용하게 사용한다고 학계에 보고했다(Boneva, Kraut, & Frohlich, 2001). 그들에 따르면 여성들은 가족, 친구들과 연락을 유지하기 위해 전자 메일을 많이 사용한다. 아나벨 콴-하스Anabel Quan-Haase와 앨리슨 영Alyson Young은 사람들이 목적에 따라 페이스북을 쓸 것인지 인스턴트 메신저를 쓸 것인지를 선택한다는 사실을 발견했다. "페이스북은 재미를 추구할 때, 또 소셜 네트워크에서 어떤 일이 일어나고 있는지 알고자 할 때 사용한다. 반면에 인스턴트 메신저는 관계를 유지하고 발전시키는 데 사용한다"(Quan-Haase & Young, 2010: 350). 이용과 충족 이론의 관점에서 페이스북을 분석한 또 다른 연구에 의하면, 여성과 남성은 이를 다른 목적을 가지고 이용한다. 여성은 관계를 유지하고 시간을 보내고 재미를 찾기 위해 사용한다. 남성은 새로운 사람을 만나고 새로운 관계를 만들기 위해 사용한다(Sheldon, 2008).

이용과 충족 이론은 컴퓨터 기반 서비스나 무선 커뮤니케이션 서비스가 어떻게, 그리고 왜 기존 미디어를 보완하거나 때로는 대체하는지를 설명하는 데에도 반드시 필요하다. 예를 들어 젊은 성인층은 종이 신문을 읽을 확률이 가장 낮은 인구 집단으로 꼽히지만 실제로는 부모 세대보다 더 많은 뉴스와 정보 콘텐츠를 소비한다. 단, 그들은 스마트폰으로 소비하는 것이다(Ellis, 2012). 전기 통신 산업 연구에 따르면, 스마트폰 이용자들은 스마트폰으로 게임을 즐기거나 음악을 듣고 TV와 영화를 보며 책을 읽고 사진을 찍으면서 전통 미디어를 계속 폐기 처분하고 있다(Edmonds, 2018).

### 능동적 수용자에 대한 재조명

미디어 수용자가 뉴 미디어를 사용하든 전통 미디어를 사용하든 문제는 다르지 않다. 미디어 수용자는 얼마나 능동적이며 이러한 수용자의 활동은 어떤 형태로 나타나는가? 이용과 충족 이론을 비판하는 학자들은 이 이론이 수용자의 능동적 미디어 이용을 지나치게 과장해왔다고 공격했다. 그들의 주장에 따르면 대부분의 미디어 이용은 수동적이고 습관적이어서 사람들에게 설문 조사를 해봤자 의미가 없다. 마크 레비Mark Levy와 스벤 윈달Sven Windahl은 이 문제를 다음과 같은 관점에서 살펴보고자 했다(Levy & Windahl, 1985).

> 흔히 이용과 충족 이론 연구자들은 '수용자 활동audience activity'이라는 용어를 파악할 때, 수용자가 커뮤니케이션 과정에 자신의 선택에 따라 자발적으로 참여한다는 의미를 갖는 것으로 가정한다. 요컨대 수용자는 자신의 욕구와 목표에 따라 미디어를 이용하며, 커뮤니케이션 과정에 대한 수용자의 능동적인 참여가 미디어 노출에 따른 충족과 효과를 촉진하거나 제한하는 등의 영향을 미친다고 보는 것이다. 오늘날에는 수용자 활동을 수용자들의 다양한 활동의 유형과 정도를 나타내는 가변적 구성으로서 개념화하는 것이 최선이라고 제시한다(Levy & Windahl, 1985: 110).

제이 G. 블럼러Jay G. Blumler는 이용과 충족 이론이라는 강력한 전통을 세우는 데 한 가지 문제점은 활동이라는 개념에 부과된 "의미의 특별한 범위"라고 주장했다(Blumler, 1979). 그는 이 용어의 의미를 다음과 같이 파악했다.

- **유용성**utility: 미디어는 용도가 다양하며, 사람들은 미디어를 그 용도에 맞추어 사용한다.
- **의도성**intentionality: 미디어 콘텐츠의 소비는 사람들이 이미 가지고 있는 동기에 의해 정해진다.
- **선택성**selectivity: 미디어의 이용은 사람들이 이미 가지고 있는 관심과 선호 사항을 반영한다.
- **영향력에 대한 불투과성**imperviousness to influence: 수용자는 완고할 때

가 많다. 즉 수용자는 그 누구에 의해서도, 그 어떤 것에 의해서도, 심지어 매스 미디어에 의해서도 조종당하는 것을 원치 않을 수 있다. 수용자는 미디어의 영향력 가운데 특정 종류는 능동적으로 기피한다.

블럼러는 이용과 충족 이론 학자들이 초기에 연구했던 수용자 활동의 유형들을 요약한 목록을 제시했다. 이 목록은 콘텐츠와 미디어 이용 패턴에 대한 선택 전반과 관련이 있었다. 그러나 이러한 수용자 활동의 유형이 간과한 점은 사람들이 일단 미디어 콘텐츠를 선택한 다음에 그 콘텐츠로 무엇을 하는가이다. 최근 연구에서는 이런 유형의 수용자 활동, 즉 사람들이 콘텐츠에 능동적으로 의미를 부여하고 메시지 생산자나 배포자가 의도한 것보다 더 나은 목적을 위해 새로운 의미를 구성하는 방식에 집중하고 있다.

좋은 예는 2018년 아카데미상 후보에 오른 영화 <블랙 팬서Black Panther>에 대해 팬들과 비평가들이 만들어낸 다양한 해석이다. 이 영화는 마블 코믹스를 바탕으로 아프리카의 가공의 국가 와칸다의 왕위를 둘러싼 전투를 그리고 있다. 일부 보수 진영에서는 이 영화가 "백인을 화나게 하려는" 의도로 만들어졌으며, 영화의 메시지가 "미국은 흑인들에게 끔찍한 장소"이며 "미군은 형편없으며", "'블랙 팬서'를 100% 지지하지 않는 것은 곧 인종 차별"임을 나타낸다고 주장했다. 또 다른 보수 인사들은 이 영화를 도널드 트럼프의 대통령 재임을 칭송하는 은유로 읽었다. "이 영화의 영웅은 트럼프이며, 악당은 블랙 라이브스 매터다Blcak Lives Matter.[1] 트찰라T'Challa가 트럼프라면 킬몽거Killmonger는 블랙 라이브스 매터다." 그리고 "영화가 끝날 무렵 트찰라는 와칸다가 완전히 세상과 고립되어서는 안 되며, 타인을 돕는 도덕적 책임이 있다는 점을 깨닫게 된다"는 점에서 그가 더욱 트럼프와 비슷하다고 보았다. 또 다른 평론가들은 이 영화가 본질적으로 보수적인 메시지를 담고 있다고 칭찬하며 "<블랙 팬서>는 분노와 혁명의 불꽃을 부추기는 카리스마 있는 대중 지도자보다 점진적인 변화를 신중하게 실행하는 현명한 엘리트 편에 선다"고 평했다(모든 인용은 Edroso, 2018에서 재인용). 한편 진보 진영에서는 "'블랙'

---

1 2012년 미국에서 '조지 짐머만'이라는 히스패닉계 미국인 남성이 '트레이본 마틴'이라는 흑인 청소년을 살해한 사건으로 인해 2013년 소셜미디어에 '#Black Lives Matter'를 사용하면서 시작된 사회 운동을 일컫는다. 이후 흑인 범죄자에 대한 체포 과정에서 백인 경찰의 과잉 진압에 대해 주로 항의하는 사회 운동을 의미하는 것으로 사용되고 있다.

과 '팬서'라는 제목이 불러일으키는 혁명적 가능성에 비해, 영화의 결말은 훨씬 더 보수적"이라고 평가하기도 했다(Thrasher, 2018). 또한 <블랙 팬서>가 2018년 할리우드 최고 흥행작이자 전 세계 영화 역사상 아홉 번째로 높은 수익을 올린 작품이 된 만큼, 많은 관객은 이 영화를 또 다른 의미로 해석했다. 그들은 수십억 달러의 수익을 노리고 제작된 특수효과와 폭발 장면이 가득한 연휴용 블록버스터로서, 티켓 값을 지불하고 잠시 즐거움을 얻고자 하는 이들을 위한 상업 콘텐츠로 이 영화를 읽었다.

이러한 논쟁을 정리할 수 있는 방법은 '활동activity'과 '능동성activeness'을 구분하는 것, 그리고 '능동적 수용자'를 상대적인 개념으로 파악하는 것, 이 두 가지이다. '활동'과 '능동성'은 서로 관련이 있기는 하지만, 전자는 수용자가 행하는 것을 말한다면(예를 들면 TV 뉴스 시청보다는 온라인 뉴스 읽기를 선택하는 것), 후자는 이용과 충족에 있어서 사람들이 염두에 둔 것, 말하자면 <블랙 팬서>의 예에서 본 것처럼 매스 커뮤니케이션 상황에 놓인 수용자의 자유와 자율성을 말한다. 이러한 능동성은 당연히 사람마다 다르다. 능동적인 수용자도 있고, 수동적인 수용자도 있다. 이 점은 우리 모두가 알고 있다. 늘 소파에 앉아 TV만 보면서 영화를 통해 자신의 인생을 사는 사람들, 또는 아이폰에 중독되어 휴대폰이 진동하지 않는데도 계속 진동이 울리는 것 같은 환청에 시달리는 사람들, 즉 팬텀바이브레이션 신드롬phantom-vibration syndrome으로 인해 고통받는 사람들이 너무 많다는 점을 말이다(Dokoupil, 2012). 그러나 이 중 어느 경우에도 해당되지 않는 사람들도 많이 있다는 것을 우리는 알고 있다. 능동적이지 않았던 수용자가 나중에 능동적으로 바뀔 수도 있다. 우리의 활동 수준은 시간대에 따라, 또 콘텐츠의 종류에 따라 다를 수 있다. 우리는 낮에는 웹을 능동적으로 사용하는 이용자일 수 있지만, 심야 영화를 볼 때에는 소극적인 소비자일 수 있다. 이용과 충족 이론은 이해의 틀을 제공함으로써 미디어 소비자들이 언제, 어떻게 더 능동적인지 또는 더 소극적인지, 그리고 소비자의 그러한 관여가 증가하거나 감소한 결과가 어떻게 나타나는지를 알 수 있게 해준다.

이러한 틀에 대한 고전적인 표현은 일리후 카츠Elihu Katz와 제이 블럼러, 마이클 구레비치Michael Gurevitch가 제안했다(Katz, Blumler, & Gurevitch, 1974). 이들은 이용과 충족 모델의 다섯 가지 기본 요소, 또는 기본 가정을 설명했다.

1. 수용자는 능동적이며 자신의 목적에 맞는 미디어를 선택해 이용한다. '능동적'이라는 것이 정확히 무엇을 의미하는지에 대한 혼란이 있음은 앞서 보았지만, 다양한 수용자가 미디어를 소비하는 데 있어서 다양한 활동의 수준을 보이는 것은 분명하다(적어도 특정 상황에서 선호하는 미디어를 선택하거나 혹은 특정 매체에서 선호하는 콘텐츠를 선택하는 등). 사람들은 휴대성과 광택 있는 종이의 느낌이 좋아서 웹 사이트보다는 인쇄된 잡지를 선택하기도 한다. 또한 잡지를 읽을 때 금융 관련 기사보다는 사람들의 인생사를 더 좋아할 수도 있다.
2. 욕구를 충족시키기 위한 미디어를 선택하는 데 있어서 주도권은 수용자에게 있다. 스칼렛 요한슨Scarlett Johanson이 세 명의 크리스—크리스 에반스Chris Evans, 크리스 헴스워스Chris Hemsworth, 크리스 프렛Chris Pratt—와 팀을 이룬다고 해도 억지로 사람들에게 <어벤져스: 인피니티 워Avengers: Infinity War>를 보게 만들 수는 없다. 레이철 매도Rachel Maddow와 앤더슨 쿠퍼Anderson Cooper라고 해도 사람들을 뉴스 중독자로 만들 수는 없다.
3. 미디어는 수용자의 욕구를 충족시켜주는 다른 정보원들과 경쟁한다. 조셉 클래퍼Joseph Klapper가 "매개 요소와 영향의 연결을 통해서" 미디어가 기능한다고 말한 것이 이러한 의미이다(4장). 간단히 말해서 미디어와 미디어 수용자는 진공 상태 속에 존재하지 않는다. 미디어와 미디어 수용자는 크게 보면 사회의 일부이며, 그들의 관계는 그들을 둘러싼 환경 안에서 발생한 사건에 의해 영향을 받는다. 만일 정보와 재미에 대한 욕구가 친구와 대화하는 것만으로도 모두 충족된다면, 뉴스를 찾아보기 위해 TV를 켜거나 인터넷에 접속할 가능성은 훨씬 줄어든다. 학생들이 대학에 입학하면 어떤 형태의 미디어 이용은 급격하게 줄어드는 경향이 있다. 왜냐하면 그런 미디어는 학생들의 시간과 관심을 끌기 위해 경쟁하지 않기 때문이다. 현재의 미디어 환경에서 비슷한 욕구를 좀 더 저렴하고 간편하게 또는 효율적으로 충족시켜주는 뉴 미디어의 영역이 확대됨에 따라 올드 미디어(텔레비전, 라디오, 신문)는 수용자의 관심을 끌기 위해 점점 더 치열하게 경쟁하고 있다(Sundar & Limperos, 2013).
4. 수용자는 자신의 관심사, 미디어 이용 동기를 충분히 잘 알고 있으며 연구자에게 미디어 이용에 대한 정확한 정보를 제공할 수 있다. 이것이 앞서 살펴보았듯

이 논쟁거리가 되었던 그 방법론적 문제이다. 이에 대해 제임스 포터는 다음과 같이 명료하게 설명했다. "당신이 각각의 미디어 메시지를 소비하는 데 얼마나 많은 시간을 쓰는지, 각각의 미디어 메시지에서 얼마나 많은 즐거움을 얻는지를 질문한 설문지에 답했던 경험을 생각해보라. 당신이라면 어떤 특정한 유형의 미디어 메시지를 소비하는 데 엄청난 시간을 썼지만 아무런 즐거움을 얻지 못했다고 대답할 가능성이 있을까? 설령 그렇다고 해도 당신이 그 사실을 인정하고 자신이 실패자임을 연구자에게 말할 가능성은 없지 않을까?"(Potter, 2012: 134).

그러나 연구 방법을 지속적으로 정밀하게 발전시켜감에 따라 사회과학자들은 미디어 이용에 대한 사람들의 생각을 좀 더 잘 보여줄 수 있게 되었다. 실제로 연구 결과가 시사하는 바를 보면 디지털 비디오 레코더, 케이블 및 위성 TV, 인터넷과 같은 기술이 지속적으로 확산되면서 미디어 선택의 폭이 확대되었고 사람들은 미디어 이용에 대해 스스로 더 많이 의식하게 되었다(La Ferle, Edwards, & Lee, 2000). 예를 들어 TV를 볼 때 채널을 돌리다가 어쩌다 한 채널에 맞춰놓고 밤새도록 그 채널을 볼 수도 있다. 또 주변 사람들 모두가 특정 TV 프로그램을 보고 있으면 당신도 그 프로그램을 보는 습관이 생길 수도 있다. 그러나 영화를 다운로드하기 위해 돈을 내야 하는 경우라면, 당신은 좀 더 능동적으로 선택 행위를 하게 된다. 당신은 VOD 메뉴에서 첫눈에 들어오는 제목을 무작정 선택하지는 않을 것이다. 선택 가능한 목록을 쭉 훑어보고 장단점을 따져보고 영화 소개를 읽어보고 또 예고편까지 보고나서 한 편을 선택할 것이다. 이때 당신의 선택은 아무 채널이나 되는대로 보거나 학생 센터 라운지에 있는 TV 스크린에 나오는 것을 바라볼 때보다는 훨씬 더 당신 자신의 관심을 반영할 가능성이 높다.

5. **수용자가 자신의 욕구를 충족시켜줄 미디어와 콘텐츠를 선택하는 것에 대한 가치 판단은 하지 말아야 한다.** 예를 들어 제품 광고가 우리 문화의 가치관에 미치는 '해로운 영향'은 단지 연구자가 보기에만 해로운 것일 수도 있다. 만일 수용자가 이런 광고를 통해서 어떤 것이 '멋있는지' 결정하는 데 도움을 받기 원한다면 그것은 그들의 결정이다. 이것이 아마도 카츠와 블럼러, 구레비치의 주장에서 가장 크게 문제가 되는 점일 것이다. 그들의 주장의 요지는 사람들이 동일한 콘텐츠를 매우 다른 방식으로 사용하기도

하므로 똑같은 콘텐츠라고 할지라도 다른 결과를 초래할 수 있는데, 연구자들은 연구 결과에서 이 점에 대해서는 그다지 신경을 쓰지 않는다는 것이다. <블랙 팬서> 관람이 어떤 사람들에게는 반전사상을 한층 강화하는 것일 수도 있다. 소수자에 대한 폭력적 처우를 담고 있는 영화를 보는 것이 일부 사람들의 부정적인 태도를 강화할 수도 있지만 또 다른 사람들이 소수 집단의 권리를 더 지지하도록 유도할 수도 있다. 사람들은 콘텐츠의 의미를 각각 구성하며, 그 의미는 궁극적으로 사람들의 생각과 행동에 영향을 미친다. 뉴 미디어 옹호자들은 소셜 네트워킹 웹 사이트, 전자 메일, 문자 메시지를 이용해 먼 거리에 있는 지인들과 연락할 수 있다는 장점을 강조한다. 그러나 사람들이 오랜 친구들과 연락하며 친분을 유지하는 것에 만족한 나머지 새로운 친구를 사귀지 않는다면 어떻게 될까? 당신은 대학에 입학했을 때 전자 메일이나 SNS를 이용해서 고등학교 친구들과 계속 연락을 유지했는가? 그것이 새로운 친구를 사귀고 싶다는 욕구에 영향을 미쳤는가? 아니면 뉴 미디어를 이용해 대학에서 새로운 관계를 추구하고 또 새로운 관계를 맺게 되었는가? 소셜 미디어를 어떻게 이용할 것인지에 대한 당신의 결정은 이런 미디어가 당신을 위해 어떤 역할을 하게 될 것인지를 정하게 된다.

이러한 이용과 충족 모델의 기본 가정은 다음과 같은 몇 가지 질문을 제기한다. 수용자의 능동성 수준에, 또 미디어 이용에 대한 인식에 영향을 미치는 요인은 무엇인가? 수용자의 욕구를 생성하거나 유지하는 데, 그리고 어떤 미디어를 이용하는 것이 그런 욕구를 가장 잘 충족시켜줄 수 있을지 판단하는 데 영향을 미치는 환경적 요인은 무엇인가? 카츠와 블럼러, 구레비치는 다음과 같은 방법으로 사람들이 놓여 있는 '사회적 상황social situation'이 미디어와 관련된 욕구를 생성하는 데 영향을 미칠 수 있다고 주장하면서 이러한 문제를 다루었다(Katz, Blumler & Gurevitch, 1974: 27).

1. 사회적 상황은 긴장과 갈등을 야기할 수 있으며 이는 미디어 소비를 통해 긴장을 풀어야겠다는 압박감으로 이어질 수 있다. 당신은 당신의 몸매에 대해 고민하고 체중에 문제가 있다고 생각할 수 있다. 그래서 다이어트에 도움이 될 만한 잡지를 찾아 읽거나 비슷한 문제를 고민하는 인물이 등장하는 영

화나 시트콤을 시청할 수도 있다. 아니면 유튜브에서 거식증 관련 동영상을 보려고 할 수도 있다.

2. 사회적 상황은 문제에 대한 인식을 이끌어낼 수 있으며 그 문제는 관심과 정보를 필요로 하는데 이는 미디어에서 찾을 수 있다. 당신은 친구들 중에서 가장 인기 있는 이들은 외향적이라는 사실을 알 수 있다. 또 당신은 초대받지 않은 자리에 그들은 초대받고 있다는 것도 알 수 있다. 당신은 사회적 상황을 더 잘 파악하기 위해 스타일 및 패션 잡지의 소비를 늘리기도 하고 인터넷에 접속하기도 한다. 대부분의 사회 문제에 대한 깊이 있는 정보를 찾는 데 구글이 도움이 된다는 것을 알기 때문이다.
3. 사회적 상황은 어떤 특정 욕구를 충족시킬 수 있는 기회를 놓치게 만들 수도 있는데 이때 미디어가 대체물 및 보충물의 역할을 할 수 있다. 학생의 예산으로는 옷을 잘 갖춰 입거나 댄스 클럽에서 팁을 지불할 수 없으므로 스타일 네트워크의 〈어때 보여요How Do I Look?〉라는 프로그램을 친구 삼을 수 있다. 대학에 입학했을 때 새로운 친구를 사귈 때까지 SNS를 이용해 옛 친구들과 연락을 유지하면서 지낼 수 있다. 라디오와 텔레비전의 토크쇼는 끝없는 수다로 우리의 일상을 채우고 우리가 마치 다른 사람들과 연결되어 있는 것 같은 느낌을 만들어낸다.
4. 사회적 상황은 어떤 특정한 가치를 이끌어내고, 그 가치의 확인과 강화는 관련된 미디어 내용을 소비함으로써 촉진될 수 있다. 당신이 대학에 다니는 독신 청년이라는 사실은 파티에 가는 것에 가치를 두는 집단의 일원임을 의미하는 경우가 흔히 있다. 이 점을 확인하려면 페이스북을 연구해보면서 당신 또래의 사람들이 사교 생활에 관심을 두는지 살펴보면 된다. 이런 미디어 콘텐츠는 파티 장면을 홍보할 뿐만 아니라 파티에 대한 당신의 태도를 강화하기도 한다.
5. 사회적 상황은 특정 사회 집단의 소속을 유지하기 위해 미디어와 어느 정도 친숙해야 하는지 알려준다. 뭐? 너 <워킹 데드The Walking Dead>를 안 본다고? 저스틴 팀버레이크가 어떻게 유명해졌는지 몰라? 오브리 그래이엄Aubrey Graham이 랩퍼 드레이크Drake로 알려지기 전에 <데그라시Degrassi: The Next Generation>의 지미Jimmy였다는 거 몰랐어? 요새 유행하는 데이트 영화를 아직 안 봤어? 스포츠는 어때? 월드 시리즈 우승팀이 어느 팀인지 알아? NFL에서 마홈즈Patrick Mahomes가 브레이디Tom

Brady를 대신할 수 있을까? 패트리어츠Patriots, 치프스Chiefs, 램즈Rams는 어때?

물론 당신이 미디어가 중요한 영향력의 정보원source이라고 여긴다면, 매스 미디어 그 자체가 어떤 사회적 상황을 만들어내는 수단은 아닌지 질문할 수도 있다. 미디어가 날씬하고 건강미 넘치는 매력적인 사람들을 계속해서 보여주지 않았더라면 우리가 신체 이미지에 대해 그렇게 많이 걱정할까? 미디어가 계속 홍보하지 않았더라도 사람들이 스포츠에 그렇게 관심을 가질까? 그러나 이런 것들은 전통적인 이용과 충족 이론의 전형적인 관심사는 아니다. 왜냐하면 수용자가 자신을 미디어 메시지에 노출시킴으로써 어떤 욕구에 대한 어떤 충족을 발생시킬 것인지 아닌지를 개인적으로 그리고 능동적으로 결정한다는 것이 이용과 충족 이론이 제시하는 바이기 때문이다.

**Instant Access**

### 이용과 충족 이론Uses-and-Gratifications Theory

**장점**

1. 매스 커뮤니케이션 과정에서 개인에게 연구의 초점을 맞춘다.
2. 미디어 소비자의 지성과 능력을 존중한다.
3. 사람들이 어떻게 미디어 콘텐츠를 경험하는가에 대한 통찰력 있는 분석을 제공한다.
4. 미디어를 능동적으로 이용하는 것과 소극적으로 이용하는 것의 차이를 구분한다.
5. 미디어 이용을 일상의 사회적 상호작용의 일부라고 보고 연구한다.
6. 뉴 미디어 수용에 대해 유용한 시각을 제시한다.

**단점**

1. 기능주의와 연계되는 오류가 너무 많으며, 이는 현상 유지에 대한 편견을 형성할 수 있다.
2. 효과의 유무를 쉽게 설명할 수 없다.
3. 핵심 개념들이 측정 불가라는 비판을 받는다.
4. 지나치게 미시적 수준을 지향한다.
5. 미디어 충족은 미디어 효과와 관련되지 않는 경우가 자주 있다.

## 엔터테인먼트 이론

앞서 5장에서 살펴보았듯이 해럴드 멘델존은 심리학 이론을 적용해 엔터테인먼트 미디어가 사람들에게 어떤 영향을 미치는지 살펴보는 연구를 개척했다. 오늘날 학계의 평가는 엔터테인먼트에 대한 그의 기능 분석적 접근이 과도하게 현상 유지적이며, 또 현상 유지적이라는 말과는 달리 혼란이 없는 상태가 아니라는 것이다. 그러나 수용자가 실제로 엔터테인먼트를 어떻게 이용하는지 이해할 필요가 있다는 그의 관점은 오늘날 후기실증주의 연구에서도 다시 등장한다.

돌프 질만Dolf Zillmann은 오늘날 엔터테인먼트 이론의 발전을 주도하고 있다고 평가받는다(Bryant, Roskos-Ewoldsen, & Cantor, 2003). 그의 지지자들은 엔터테인먼트 이론entertainment theory을 엔터테인먼트 심리학이라는 보다 큰 범의에 놓고 본다(Bryant & Vorderer, 2006). 이 이론은 엔터테인먼트 저변에 있는 주요 심리학적 메커니즘을 개념화·명시화하고자 한다. 또한 엔터테인먼트 과정을 정보, 교육, 설득 등의 미디어 역할을 수행하는 과정과 구별하고자 한다(Bryant & Vorderer, 2006: ix). 현대 엔터테인먼트 이론과 그 이전 이론의 차이점은, 현대 엔터테인먼트 이론에서는 엔터테인먼트를 단순히 어떤 특정 형태의 미디어 콘텐츠에 노출된 결과라고 보지 않는다는 점이다. 제닝스 브라이언트Jennings Bryant와 피터 보더러Peter Vorderer에 따르면, 엔터테인먼트 이론은 엔터테인먼트 활동이 "선택된 미디어 생산물에 의해 영향을 받고, 촉발되고, 형성되는" 전반적인 과정을 구상한다(Bryant & Vorderer, 2006: 4). 수용자가 자신의 엔터테인먼트 콘텐츠의 선택을 자발적으로 통제한다고 해도, 그 저변에는 분명 자신이 의식적으로 제어하지 않는 심리적 과정이 놓여 있는 경우가 종종 있다. 엔터테인먼트 미디어를 왜, 어떻게 사용하는지에 대해 포괄적으로 설명한다는 것은 이런 의식적·무의식적 과정에 대해 설명하는 것이다.

엔터테인먼트 이론은 수많은 종류의 엔터테인먼트 콘텐츠가 갖는 효과를 살펴본 연구 결과를 통합한다. 질만과 보더러는 공포물, 코미디, 갈등, 서스펜스, 섹스, 정서적인 대화, 스포츠, 음악, 비디오 게임 등에 대한 연구를 망라해서 요약했다(Zillmann & Vorderer, 2000). 그들은 성과 연령차를 구분하고 이런 종류의 콘텐츠에 노출되었을 때 나타나는 효과의 범위를 파악했다. 어떤 효과는 이용자가 의도한 것이었지만 의도하지 않은 것도 많았다. 예를 들어 웃으면 건강에 좋다는 연구 결과가 있는데, 그러한 결과에 따르면 시트콤을 시청하는 것은 우리를 더 건강하게 만들 수 있다. 성 관련 콘텐츠를 주기적으로 보는 것은 결혼에 대한 양가적 태도, 다른 사람이 지각하는 성적 활동의 빈도, 동성애에 대한 태도와 같은 현상으로 연결된다. 대부분의 시청자들은 이런 효과를 의도하거나 의식하지 않았다. 반면에 메리 올리버Mary Oliver가 말했듯이—또한 당신 자신의 경험으로도 의문의 여지없이 확신할 수 있듯이—사람들은 **쾌락주의적 동기**hedonistic motivations에서 미디어를 선택하는 경우가 종종 있다. "강도와 지속 기간이라는 두 가지 조건에 있어서 즐거움을 유지하고 극대화해주고 고통을 감소시키고 최소화해주는 콘텐츠"를 의도적으로 선택한다(Oliver, 2008: 40). 영화를 좋아하는 사람들이 <크레이지 리치 아시안Crazy Rich Asians>, <맘마 미아2 Mamma Mia! Here We Go Again>를 보러 몰려가는 이유가 아마 그 때문일 것이다. 그러나 그들은 '어려운' 영화로 돌아서기도 한다. <빌 스트리트가 말할 수 있다면If Beale Street Could Talk>, <쓰리 빌보드Three Billboards Outside Ebbing Missouri>, <로마Roma>, <허트 로커The Hurt Locker> 등으로 말이다. 이는 사람들이 **행복 추구 동기**eudaimonic motivations를 가지고 있기 때문에 개인적인 통찰, 자아 성찰, '인생의 신랄함'에 대한 관조를 해볼 수 있는 기회를 주는 콘텐츠를 선택한 것이다(Oliver, 2008: 40).

**쾌락주의적 동기**
즐거움은 유지하고 극대화하고 고통은 감소시키고 최소화하기 위해 미디어 콘텐츠를 선택함.

**행복 추구 동기**
개인적인 통찰, 자아 성찰, 관조 등의 기회를 주는 콘텐츠를 선택함.

2006년에 나온 브라이언트와 보더러의 연구서에는 엔터테인먼트에 내포되거나 엔터테인먼트와 관련된 심리적 과정에 집중하는 장이 여럿 포함되어 있다(Bryant & Vorderer, 2006). 선택적 노출, 동기, 관심, 이해, 정보 처리 과정, 특성, 성향, 공감, 캐릭터에 대한 동일시, 관여, 기분 관리, 사회적 정체성, **의사사회적 상호작용**parasocial interaction(여기서 '상호작용'이란 수용자와 미디어 콘텐츠의 등장 인물과의 상호작용을 의미한다. 텔레비전을 보면서 말하는 것 등을 예로 들 수 있다) 등이 그것이다. 이런 것들을 각각 연구할 수도 있고 여러 가지를 종합해서 하나 또는 다양한 유형의 엔터테인먼트 콘텐츠를 연구하는 데 이용할 수도 있다. 어떤 과정은 특정 콘텐츠에 더 많이 관련될 수도 있다. 이런 연구가 앞으로 진전될 수 있는 한 가지 방법은 어떤 과정이 어떤 형태의 엔터테인먼트와 가장 관련되어 있는지 평가하는 것이다.

**의사사회적 상호작용**
수용자와 미디어 콘텐츠의 등장인물과의 '상호작용'.

예를 들어, 의사사회적parasocial 상호작용에 대한 논의는 레즈비언 및 게이 캐릭터에 대한 시청자들의 몰입으로 확장되고 있다. 브래들리 본드Bradley

Bond는 특히 '관계적으로 취약한relationally vulnerable' LGBTQ 청소년들을 대상으로 연구했고, 의사사회적 상호작용이 기존에는 현실 세계의 사회적 관계를 보완하는 보조적 역할로 간주되었으나, LGBTQ 청소년들에게는 현실에서 또래 집단을 찾기 어려운 상황에서 관계적 공백을 메우는 '보상적' 역할을 한다고 설명했다(Bond, 2018). 트레이시 길리그Traci Gillig와 시엘라 머피Sheila Murphy는 또한 TV 프로그램 <더 포스터스The Fosters>에서 13세 주인공 주드Jude와 코너Connor 사이의 동성 관계를 통해, 성적 지향과 성 정체성이 시청자들의 캐릭터에 대한 감정적 유대감 및 서사 몰입에 실제로 영향을 미친다는 점을 입증했다. "LGBTQ 청소년의 경우, 이 이야기는 희망을 불러일으키고 긍정적인 태도를 조성했지만, 이성애자 및 시스젠더cisgender 청소년에게는 역효과가 발생하여 혐오감을 유발하고 LGBTQ 인물 및 이슈에 대해 훨씬 더 부정적인 태도를 보이게 했다"고 그들은 설명했다(Gillig and Murphy, 2016: 3828).

엔터테인먼트 이론이 발전함에 따라 위에 열거된 다양한 심리적 과정에 초점을 맞춘 '하위 이론들'이 만들어졌다. 이 가운데 가장 흥미로운 이론 중 하나는 **기분 관리 이론**mood management theory이다. 이 이론은 사람들이 미디어를 어떻게 이용하는지 분석하는 데 유용하므로 자세히 살펴보고자 한다. 기분 관리 이론에 따르면 엔터테인먼트 미디어를 이용하는 데 있어서 지배적인 동기는 기분 조절이나 기분 통제이다. 이 이론은 우리가 엔터테인먼트를 추구할 때 보통 무슨 일을 하는지에 대한 상식적인 생각을 보다 정교하게 나타내준다. 만일 우리가 '기분이 안 좋다면' '스포타파이Spotify' 같은 스트리밍 서비스에 들어가 음악을 듣는다. 공부하다가 '스트레스를 받으면' 휴식을 취하면서 웹 서핑을 하거나 TV를 켜고 코미디를 본다. 실비아 노블록-웨스터윅Silvia Knobloch-Westerwick은 기분 관리 이론을 다음과 같이 설명한다. "기분 관리 이론의 핵심 주장은 사람들이 자신의 기분을 개선해줄 것이라고 기대하는 미디어 콘텐츠를 찾는다는 것이다. 이런 의미에서 기분의 최적화는 기분을 환기해주는 수준과 관련이 있다. 사람들은 불쾌한 수준, 즉 지루함이나 스트레스를 피하고자 할 가능성이 높다. 미디어 콘텐츠를 선택함으로써 미디어 이용자는 기분이 환기되는 수준에 맞추어 자신의 기분을 조절할 수 있다(Knobloch-Westerwick, 2006: 240).

**기분 관리 이론**
엔터테인먼트 미디어를 이용하는 데 지배적인 동기는 기분을 완화시키거나 조절하기 위한 것이라고 보는 이론.

노블록-웨스터윅에 따르면 기분 관리와 관련해서 미디어 콘텐츠가 갖는 특징에는 네 가지 유형이 있다. 즉 흥분의 잠재력excitatory potential, 몰두의 잠재력absorption potential, 의미론적 관련성semantic affinity, 쾌락적 유의성hedonic valence 등이다. 흥분의 잠재력은 엔터테인먼트 콘텐츠가 우리의 기분을 띄워주거나 감정을 차분하게 해주는 기능과 관련이 있다. 말하자면 우리를 들뜨게 만들거나 스트레스를 줄여준다. 몰두의 잠재력은 콘텐츠가 부정적인 기분을 유발하는 것들로부터 멀어지게 만들고 보다 긍정적인 느낌을 갖도록 해주는 기능과 관련이 있다. 의미론적 관련성은 콘텐츠가 나쁜 기분을 유발하는 것과 유사한(혹은 같은 의미의) 것을 포함하고 있는 정도와 관련이 있다. 쾌락적 유의성은 특히 긍정적인 느낌을 만들어주는 콘텐츠의 잠재 가능성을 가리킨다.

최근 엔터테인먼트 콘텐츠를 이용했던 일에 대해 떠올려보고 기분 관리 이론이 자신이 한 일과 자신에게 일어난 일을 얼마나 잘 설명할 수 있는지 생각해보자. 첫째, 콘텐츠를 이용함으로써 기분이 원하는 방향으로 바뀌었는가? 만일 기분이 바뀌었다면 왜 그런 변화가 일어났다고 생각하는가? 콘텐츠가 당신의 기분을 들뜨게 만들었는가? 당신을 괴롭히는 일들이 생각나지 않

**Instant Access**

### 엔터테인먼트 이론 Entertainment Theory

**장점**

1. 미디어의 친사회적 영향력을 강조한다.
2. 인지적, 정서적, 행동적 효과를 평가한다.
3. 왜 사람들이 미디어에서 엔터테인먼트를 추구하는지 설득력 있고 다변량적인 설명을 제시한다.
4. 지속적으로 확장되고 있는 미디어 효과에 대한 경험적 연구에 기반을 두고 있다.
5. 실험을 수행하는 데 유용한 기초를 제공한다.

**단점**

1. 수용자가 현상 유지를 위해 엔터테인먼트 미디어를 이용한다는 것을 연구의 출발점으로 받아들인다.
2. 아직까지는 제한적이고 최소한의 효과를 발견하는 것에 국한된다.
3. 누적적 효과를 평가하는 근거를 제대로 제시하지 못하며, 근거를 마련하는 것을 간과하는 경향이 있다.
4. 엔터테인먼트 효과를 다른 효과로부터 분리해서 연구하는 경향이 있다.

게 해주었는가? 당신의 개인적인 문제와는 상관없는 콘텐츠라서 기분이 나아지게 만들어주었는가? 콘텐츠가 긍정적인 느낌을 이끌어내고, 당신의 기분을 좋게 만들 수 있었는가? 영화를 보러 가서 재미있을 것이라고 기대했는데 결과는 정반대였던 경험이 기억나는가? 무엇이 잘못되었을까? 영화가 당신의 문제를 잠시 잊게 만들어주지 못했는가, 아니면 오히려 문제를 상기시켰는가? 긍정적인 기분을 불러일으키는 데 실패했는가?

기분 관리 이론은 기분을 관리하려는 우리의 노력이 실패할 수 있는 이유, 또는 불쾌한 일(예를 들면 전기톱 살인이나 대지진 등)과 관련된 내용인 경우에도 미디어 콘텐츠가 재미있을 수 있는 이유를 설명하는 데 도움이 된다. 우리는 시트콤을 보면 항상 기분이 나아져야 한다고 생각하지만 시트콤을 보는 것이 오히려 우리의 문제를 기억나게 만들거나 우리를 지루하게 만들기도 한다. 역으로 공포물이나 스릴러가 불쾌한 감정을 일으킬 것이라고 으레 예상하지만, 사실은 꽤 기분 전환이 되고 기분을 띄워줄 수도 있다. 즉 흥분의 잠재력이 클 수 있다.

기분 관리 이론가들은 우리가 이러한 콘텐츠의 특징을 반드시 의식해야만 하는 것은 아니라고 주장한다. 우리는 콘텐츠를 선택할 때 이런 특징을 의식적으로 생각할 필요는 없다. 콘텐츠를 선택하기 위해서 합리적인 전략이나 심사숙고가 아닌 콘텐츠에 대한 느낌, 즉 무엇을 보면 기분이 좋아질 것인지와 같은 애매모호한 기대에 의존해도 된다. 우리는 TV 프로그램을 보면서 쾌락적 유의성, 의미론적 관련성을 생각하지는 않는다. 노블록-웨스터윅에 따르면 "기분 최적화 욕구에 대한 의식은 (연구자들이) 가정해야 하는 어떤 것이 아니다…… 기분 관리의 과정은 그 과정을 수행하는 사람들이 스스로 깨닫지 못하는 상태에서 대부분 이루어진다. 적어도 인지 정교화는 거의 일어나지 않는다"(Knobloch-Westerwick, 2006: 241).

수용자에 대한 기분 관리 이론가들의 이러한 시각은 이용과 충족 이론가들의 시각과는 대조를 이룬다. 이용과 충족 이론가들은 수용자들이 이용과 충족, 양쪽에 대해서 세세히 알려주는 것에 의존하기 때문이다. 기분 관리 이론가들은 수용자들이 미디어 콘텐츠를 이용해 어떻게 기분을 관리하는지 알려줄 것이라고 기대하지는 않는다. 즉 그들은 사람들에게 엔터테인먼트 콘텐츠의 유형에 따른 쾌락적 유의성, 흥분의 잠재력의 정도를 묻는 설문지에 답하라고 요구하지 않는다. 그들은 사람들이 콘텐츠에 대해 항상 의식적으로 이런 종류의 평가를 하지는 않는다는 것을 알고 있다.

기분 관리 이론가들은 기분 조절에 대한 연구를 위해 설문 조사를 하지는 않으므로 주로 실험 결과에 의존해서 결론을 이끌어낸다. 이런 실험에서 연구자들은 수용자들을 미디어 콘텐츠에 노출시킨다. 그들은 미디어 콘텐츠가 수용자에게 영향을 미칠 것이라고 예측한다. 피험자들은 흥분의 잠재력이나 의미론적 관련성이 높은 콘텐츠에 노출된다. 하지만 이런 실험을 설계하기란 쉽지 않다. 연구자들은 실험에서 조작하고자 하는 적절한 수의 속성을 개발해야 한다. 그러나 사람들의 기분에 대해서는 어떻게 고려할 것인가? 콘텐츠에 노출되기 전에 이미 사람들의 기분이 나빠지도록 고의적으로 유도하는 것은 연구 윤리상 어렵다.

수용자들 중에는(당신일 수도 있다) 엔터테인먼트 콘텐츠를 추구하는 것에 대해 기분 관리 이론이 설명하는 바를 거부하는 경우도 있을 수 있다. 예술적으로 즐거움을 주기 때문에, 아니면 그냥 재미있어서 콘텐츠를 선택했다고 주장할 수도 있다. 당신에게는 기분 전환이 가장 신경을 쓰지 않는 일일 수도 있다. 하지만 정말 그럴까? 당신은 스스로 의식하고 인정하는 것보다 기분을 관리하는 데 더 신경을 쓰고 있는 것은 아닐까? 미디어 콘텐츠에 대한 과거의 경험에 의해 '조건화되어 있어서' 당신이 무의식적으로 경험하기를 원하는 감정을 이끌어내줄 만한 콘텐츠가 무엇인지 찾았던 적이 있는가? 당신이 저녁에 TV 앞에 죽치고 앉아 있기로 하든지, 아니면 새벽 4시까지 웹 서핑을 하기로 하든지 자신의 행동에 대해 다시 살펴보아야 할 수도 있다. 좀비 아포칼립스 영화에 대한 당신의 열광이 단순한 지루함 해소 이상의 의미를 담고 있을 수도 있다.

노블록-웨스터윅은 시간이 지나도 계속 바뀌지 않는 기분과 일시적으로 변화하는 기분을 구분하는 것이 중요함을 거듭 강조했다. 어떤 기분이 든다는 것은 장기간 지속되는 개인의 상황 때문이거나 또는 상황적 요인 때문인 경우가 흔하다. 기분은 미디어 콘텐츠에 의해 일시적으로 바뀔 수 있다. 예를 들어 최근 당신이 친한 친구와 결별했다면 이는 장기간 부정적인 기분을 유발할 수 있다. 시트콤을 보고 있으면 일시적으로 기분이 나아질 수도 있으나 다시 부정적인 기분으로 돌아간다. 당신은 기분을 관리하겠지만 일시적으로 관리할 수 있을 뿐이다. 이런 경우 친밀한 교우 관계를 보여주는 미디어 콘텐츠는 피할 필요가 있다. 왜냐하면 이런 콘텐츠는 '의미론적 관련성'이라는 특징이 두드러지기 때문이다. 공포 영화가 더 나을 수도 있다. 그런 영화는 흥분감을 주고 다른 데로 관심을 돌려주되 인간관계를 많이 다루지는 않기 때문이다.

엔터테인먼트 이론과 관련된 대부분의 이론과 마찬가지로, 기분 관리 이론은 미디어를 사회에 있어서 '유순한 힘benign force'이라고 받아들인다. 일상의 골칫거리를 잊게 해주고 사람들에게 위안을 주는 것이 무슨 잘못이란 말인가? 이러한 현대 이론들은 오래전에 멘델존이 그랬던 것처럼 대체로 현상 유지가 수용할 만하다고 본다. 기분 관리 이론이 함축하는 바는 미디어가 나쁜 기분을 유발하곤 하는 일상의 문제들을 극복하는 데 도움이 된다는 것이다. 우리에게 도움이 되도록 미디어를 만들기 위해 복잡한 전략을 고안할 필요도 없다. 미디어에 대해 이전에 경험한 것, 무엇을 기대해도 좋을지 미디어로부터 배웠던 것, 살면서 엔터테인먼트 프로그램에의 노출에 의해 조건화된 것에 의존하면 된다.

엔터테인먼트 이론의 최근 두 가지 확장은 사용과 충족 이론의 관점에서 우리가 특정 콘텐츠를 선택하는 이유와 그로부터 얻고자 하는 효과를 이해하는 데 중요한 역할을 한다. 첫 번째는 실비아 노블록-웨스터윅이 개발한 **선택적 자기 노출 및 정서 조절 모델**selective exposure self and affect management model, SESAM이다. 이 모델은 "미디어 사용자는 자신의 자기 개념self-concept뿐만 아니라 정서적·인지적 상태와 행동을 조절하고 관리하기 위해 메시지를 선택한다"(Knobloch-Westerwick, 2015: 965)고 주장한다. 즉 사용자는 특정 콘텐츠를 선택할 때 그 순간 자신이 어떤 모습으로 비춰지고 싶은지에 대한 의도를 가지고 선택한다는 것이다. 이러한 선택은 미디어가 자신에게 미치는 영향을 목표로 하는 것으로, SESAM은 이 과정에서의 사회적 비교를 강조한다. 노블록-웨스터윅은 "SESAM 모델은 미디어 사용자들이 매개된 커뮤니케이션 속 인물들과 사회적 비교를 자주 수행한다는 점을 시사한다. 이러한 비교는 동일한 견해를 가진 이들과의 비교를 통해 자기 일관성self-consistency을 확보하거나, 자기 개선self-improvement을 추구하거나, 자신보다 나은 위치에 있는 사람들과 비교하여 자기 향상self-enhancement을 얻기 위해 이루어진다"고 설명한다(Knobloch-Westerwick & Westerwick, 2020). 예를 들어, 자신의 정치적 관점에 부합하는 글을 찾기 위해 즐겨 찾는 정치 블로그를 돌아다니며 의회가 최근 실패한 사안에 대한 글을 읽고 자기 일관성을

**선택적 자기 노출 및 정서 조절 모델**
미디어 사용자가 자아 개념과 감정 및 인지 상태, 행동을 조절하고 관리하기 위해 메시지를 선택한다는 개념.

강화한다. 러닝머신 위에서 운동할 때는 피트니스 잡지의 이미지들을 보며 건강하고 탄탄한 몸매에 자극받아 자기 개선을 도모하고, <저지 쇼어Jersey Shore>의 오래된 에피소드를 보며 등장인물들과의 비교를 통해 '나는 저 정도는 아니야'라는 안도감을 느낀다.

마이클 슬레이터Michael Slater와 동료들은 우리가 미디어 서사에 몰입하는 이유가 단순히 자기 개념을 조절하기 위함이 아니라, 현실 세계에서 자기 개념에 가해지는 제약을 초월하려는 데 있다는 점에 주목했다. 그들이 제안한 **자기 경계의 일시적 확장 관점**temporarily expanding the boundaries of the self perspective은 현실이 우리를 필연적으로 제한한다고 주장한다. 즉 우리가 개인적인 목표를 성취하고 사회적으로 중요한 역할을 수행하는 데 성공한다 하더라도, 그 성취는 동시에 다른 목표와 역할을 추구할 수 없었던 대가라는 것이다. 다시 말해, 우리는 완전한 행위성agency, 완전한 자율성autonomy, 완전한 사회적 소속감affiliation을 달성할 수 없다. 우리는 현실이라는 한계 속에서 가능한 것을 성취해나가며 살아간다. 따라서 이들은 우리가 이러한 제약을 초월하게 해주는 미디어 서사에 몰입하지 말아야 할 이유가 어디 있냐고 의문을 제기한다(Slater, Johnson, Cohen, Comello, & Ewoldsen, 2014). 슬레이터와 동료들은 "이러한 경험의 과정에서, 개인적·사회적 자아의 익숙한 경계가 서사의 현실, 등장인물, 전제를 수용하기 위해 확장된다. 이야기 속 인물과의 동일시와 이야기 세계로의 몰입은 상상적으로, 그리고 일시적으로, 확장된 행위성을 제공한다"고 설명한다(Slater, Johnson, Cohen, Comello, & Ewoldsen, 2014: 443). 자율성, 행위성, 소속감에 대한 우리의 욕구는 "개인적·사회적 자아의 틀 안에서는 완전히 충족될 수 없기에" 우리는 미디어 이야기 속으로 빠져들게 된다는 것이다. 즉 우리가 미디어 서사에 몰입하거나 흡수되기를 선택할 때, 우리는 총알보다 빠르게 달릴 수 있고, 기관차보다 강할 수 있으며, (슈퍼맨처럼) 높은 건물을 단숨에 뛰어넘는 경험을 할 수 있다. 미디어 서사를 소비함으로써 우리의 진정한 자아의 경계는 이야기의 현실, 전제, 상황, 등장인물을 포괄하도록 확장된다. 이를 통해 우리는 일상의 한계를 안전하고 효율적으로 확장시키고, 순간적인 즐거움은 물론 지속 가능한 자기 인식까지도 얻을 수 있다.

**자기 경계의 일시적 확장 관점**
일상에 제약받는 개인이 미디어 서사를 통해 자신감, 자율성, 사회적 소속감을 확장하려는 경향.

## 이용과 충족 이론과 소셜 네트워킹

이 장의 앞부분에서 살펴본 것처럼, 수동적인 수용자가 아닌 사용자user가 있는 인터넷은 이용과 충족 이론의 부활에 중요한 역할을 했다. 예를 들어, 샴 순다르Shyam Sundar와 앤서니 림페로스Anthony Limperos는 이용과 충족 이론을 인터넷 기반 미디어 연구에 보다 잘 적용할 수 있도록 확장할 필요가 있다고 주장하며 이 접근을 '이용과 충족 2.0Uses and Grats 2.0'이라 명명했다. 이들은 인터넷 기반 미디어가 사용자로 하여금 보다 능동적으로 콘텐츠를 탐색하고 소비하게 만들며, 그 과정에서 사용자들은 콘텐츠뿐만 아니라 콘텐츠와 상호작용하는 경험 자체로부터도 독자적인 충족감을 얻게 된다고 보았다(Sundar & Limperos, 2013).

기존의 전통 미디어는 단순히 스위치를 켜거나 버튼을 누르는 방식으로 이용되었으며, 이는 거의 참여가 필요하지 않은 형태였다. 그러나 인터넷 기반 미디어는 콘텐츠를 검색하고, 게시하고, 댓글을 달고, 공유하고, 다른 사용자들과 상호작용하는 기술을 필요로 한다. 그렇다면 이러한 이용 방식에서 비롯되는 충족감은 무엇일까? 차밀 라트나야케Chamil Rathnayake와 제니퍼 윈터Jenifer Winter는 최근 몇 년간 개발된 주요한 새로운 충족감 측정 항목들을 제시했다. 여기에는 사회화, 가상 공동체, 사회화 추구, 대인적 유용성, 상호성, 표현적 정보 공유, 동반자감, 사회적 상호작용, 새로운 사람과의 만남, 정신적 지지가 포함된다(Rathnayake & Winter, 2018). 재클린 인콜링고Jacqueline Incollingo는 모바일 기기를 통해 뉴스를 이용하는 632명의 디지털 뉴스 구독자를 대상으로 설문 조사를 실시하여, 응답자들이 고전적인 감시 충족 외에도 모바일 뉴스 사용의 편리함과 접근성에서 중요한 충족감을 얻고 있다는 점을 발견했다(Incollingo, 2018). 정은화Eun Hwa Jung과 순다르는 중장년층 페이스북 사용자들이 상태 업데이트, 개인 이야기 게시 등의 온라인 활동에서 유의미한 충족감을 얻고 있으며, 댓글 스레드에서의 대화 참여는 상호작용 충족을 제공하고 있음을 밝혀냈다(Jung & Sundar, 2018).

## 수용 연구의 발달: 해독과 의미 구성

미국의 경험적 사회과학자들이 수용자 중심 이론에 관심을 쏟았던 때와 같은 시기에, 영국의 문화 연구자들은 수용자 활동에 대해 미국 학자들과 다르기는 하지만 양립 가능한 관점을 개발하고 있었다. 앞서 살펴보았듯이 이용과 충족 연구자들은 당시 미국의 매스 커뮤니케이션 연구에서 지배적인 위치에 있던 효과 연구에 도전장을 내밀었다. 한편, 영국에서 혁신적인 문화 연구자들의 도전 상대는 마르크스주의 영화 평론가들(Moores, 1993)과 후기실증주의 효과 트렌드의 지지자들(Proctor, 2004; Rojek, 2009), 양자 모두였다.

6장에서는 버밍엄대학교 현대문화연구소와 그 연구소의 저명한 학자인 스튜어트 홀에 대해 소개했다. 초기에 홀은 중요한 보고서 하나를 작성했는데(Hall, 1973), 이 보고서는 나중에 단행본의 한 장이 되어 출간되었으며(Hall, 1980a) 다음과 같은 주장을 담고 있다. 연구자들은 (1) 콘텐츠가 만들어지는 사회적·정치적 맥락을 분석하는 것(인코딩encoding), (2) 미디어 콘텐츠를 소비하는 것(디코딩decoding. 해독)에 관심을 돌려야 한다는 것이다. 홀의 주장에 따르면 연구자들은 인코딩이나 디코딩에 대해 확실하지 않은 가정을 세우지 말아야 하고, 미디어 콘텐츠가 생산되고 소비되는 사회적·정치적 맥락을 신중하게 분석할 수 있는 연구를 수행해야 한다.

디코딩(해독)에 대한 자신의 견해를 피력하면서 홀은 수용자 연구에 대한 하나의 접근 방법, 후에 **수용 연구**reception studies, 또는 수용 분석reception analysis이라고 알려진 방법을 제안했다. 이 접근 방법의 주요 특징은 다양한 수용자들이 어떻게 특정한 유형의 콘텐츠를 이해하는지에 초점을 맞춘다는 것이다. 홀이 프랑스 기호학 이론을 바탕으로 도출한 주장에 따르면 어떤 미디어 콘텐츠이든 기호로 만들어진 텍스트라고 간주할 수 있다는 것이다. 이런 기호들은 구조화되어 있다. 즉 특정한 방식으로 서로 연결되어 있다. 어떤 텍스트를 이해하기 위해서는, 다시 말해 텍스트를 읽기 위해서는 기호와 그 구조를 해석할 수 있어야 한다. 예를 들어 하나의 문장을 읽으려면 각각의 단어를 해독할 수 있어야 할 뿐만 아니라 그 문장을 전체로서 이해하기 위해 전반적인 구조도 해석해야 한다. 어떤 텍스트는 근본적으로 애매모호하고 여러 가지 다른 방식의 해석을 허용한다. 그런 텍스트는 **다의적**polysemic이다. 이전 사례를 다시 보자면, <블랙 팬서>는 해석하는 데 있어서 보수주의자와 진보주의

**수용 연구**
수용자 중심 이론으로, 다양한 수용자들이 어떻게 특정한 유형의 콘텐츠를 이해하는지에 초점을 맞춤.

**다의적**
미디어 텍스트의 특징은 근본적으로 애매모호하며 여러 방식으로 해석할 수 있다고 봄.

자 사이뿐 아니라 보수주의자들 간에도 해석의 차이가 있을 수 있다.

**선호된 읽기 혹은 지배적 읽기**
수용 연구에 있어서 메시지 생산자가 의도한 콘텐츠의 의미. 대체로 현상 유지를 강화한다고 가정됨.

**협상된 의미**
수용 연구에서 수용자가 중요한 방식으로 선호된 읽기와 다르게 콘텐츠에 개인적으로 의미를 부여해서 해석하는 경우.

**대항적 해독**
수용 연구에서 수용자가 지배적 읽기 방식과 정반대로 콘텐츠에 대해 해석하는 경우.

홀의 주장에 따르면 비록 텍스트 대부분은 다의적이지만 메시지 생산자는 일반적으로 **선호된 읽기**preferred reading 혹은 **지배적 읽기**dominant reading를 의도하고 메시지를 생산한다. 비판 이론가로서 홀은 상업적인 미디어 콘텐츠 대부분은 현상 유지를 강화하는 선호된 읽기 방식을 가지고 있다고 생각했다. 그러나 이런 지배적 읽기 방식에 수용자들은 대안적인 해석을 더할 수도 있다. 그들은 메시지의 일부 측면에 동의하지 않거나 이를 오해할 수도 있고, 선호된 읽기와는 다른 대안이나 **협상된 의미**negotiated meaning를 생각해 낼 수도 있다. 어떤 경우에는 수용자들이 지배적 읽기 방식과는 정반대로 해석할 수도 있다. 이런 경우 그들은 **대항적 해독**oppositional decoding에 참여하는 것이다. 지저스 마틴-바베로Jesus Martin-Barbero의 설명에 따르면, 사람들이 커뮤니케이션 기술의 지배를 수용한다고 해도 "그들은 반박을 할 수 있다. 반박은 그들이 그런 기술에 저항하거나 이를 재활용하거나 재설계할 수 있게 해준다…… 그리고 사람들은 수용한 메시지를 해독할 수 있고 나름대로 생각할 수도 있다. 반드시 메시지에 속아넘어가기만 하는 것은 아니다"(Martin-Barbero, 1993: 225).

홀의 제자이자 동료였던 데이비드 몰리David Morley는 홀의 통찰력을 적용한 구체적인 연구를 최초로 발표했다(Morley, 1980). 이 연구는 이후 수용 연구의 모델이 되었다. 몰리는 영국 사회의 다양한 계층에서 사람들을 모아 29개의 그룹을 만들었다. 그 사람들은 기업의 업무 관리자에서 노동조합원, 수습사원 등에 이르기까지 다양했다. 몰리는 이 그룹들에게 영국 TV 뉴스 프로그램인 <네이션와이드Nationwide>의 에피소드 하나를 시청하도록 했는데, 이는 정부의 연간 예산이 세 가족에게 미치는 경제적 영향을 평가한 것이었다. 프로그램이 끝난 후 사람들은 시청한 내용에 대해 토론했고 자신의 해석을 제시했다. 연구자들이 <네이션와이드>를 선택한 이유는 사전 분석에서 그 프로그램이 사회 이슈에 대해 대개 현상 유지적 해석을 내놓는 것으로 파악되었기 때문이었다(Brunsdon & Morley, 1981). 또한 하류층 및 중류층 수용자의 흥미를 끌 수 있는 방식으로 만들어졌기 때문이었다. 따라서 연구자들은 이 프로그램이 그런 점에서 수용자들의 현상 유지적 시각과 통할 것이라고 기대했다.

몰리는 사람들이 그룹 토론을 하는 장면을 녹화하고 이를 분석해서 지배적 해독, 협상적 해독, 대항적 해독의 세 가지 범주로 구분했다. 그가 발견한 바로는 기업의 업무 관리자들로 구성된 상류층 그룹은 그 프로그램을 그저 오락이라고 치부했음에도 불구하고 프로그램이 제시하는 관점 자체에 대해 아무 불만이 없었다. 몰리는 그들의 해독을 지배적 해독이라고 명명했다. 그 반대쪽에 노동조합원 그룹이 있었는데 그들은 프로그램의 형식은 마음에 들어 했으나 프로그램이 전하는 메시지에는 반대했다. 그들은 그 프로그램이 중간 관리자들에게 지나치게 동정적이고, 또한 근본적인 경제 문제는 다루지 못했다고 보았다. 몰리는 그들의 해독을 대항적 해독이라고 명명했다. 협상적 해독의 범주에는 교생들과 인문학 전공 학생들이 있었다. 지배적 읽기 방식을 보다 정교하게 풀어 말하는 그룹은 극히 드물었다. 기업 관리자 그룹을 제외하고는 수습사원 그룹만이 그 프로그램의 관점을 그대로 받아들였다. 대부분의 그룹은 협상적 읽기를 했고, 몇몇 그룹은 대항적 읽기를 했다.

수용 연구는 문화 연구에서 발달했기 때문에 연구자들은 자신들의 경험적 수용자 연구를 후기실증주의 연구자들의 연구와는 신중하게 구분했다. 그들은 거시적 인코딩 연구와 미시적 디코딩 연구를 통합할 것을 주장했다. 또한 자신들이 양적 연구보다는 질적 연구에 의존한다는 것을 강조했다. 수용 연구는 초점 집단focus group 연구로 수행하는 경우가 흔히 있다. 예컨대 이와 같은 연구에서는 특정한 종류의 콘텐츠를 자주 사용하는 사람들(팬)을 모아 그 콘텐츠를 어떻게 이해하는지 토론하게 한다. 또 다른 경우로는 특정 인종이나 특정 민족에 속하는 사람들을 선택해서 이러한 그룹의 사람들이 미디어 콘텐츠를 일상적으로 해석하는 방식을 평가한다. 연구자들은 '의미 구성 meaning making'에 개인이 관여하는 방식을 조사하기 위해 심층 인터뷰를 실시하기도 한다. 또한 초점 집단이 콘텐츠의 의미에 대한 합의에 어떻게 도달하는지 연구하기도 한다.

사회학자 페르티 알라수테리Pertti Alasuutari는 수용 연구가 세 번째 단계에 접어들었다고 주장했다(Alasuutari, 1999). 첫 번째 단계는 홀의 인코딩과 디코딩 접근 방법이 중심이 되었으며, 두 번째 단계는 몰리가 선구적으로 시도한 수용자에 대한 민속지학적ethnography 연구가 주도했다. 알라수테리는 다음과 같이 기술했다.

> 세 번째는 미디어와 미디어 이용을 파악하는 보다 광범위한 프레임을 수반한

> 다. 수용자나 개별 프로그램에 대한 민속지학적 사례 연구 및 분석을 포기한 것은 아니지만 주요 초점이 특정 수용자에 의한 수용, 혹은 '읽기'에 관한 연구에 국한되지는 않는다. 오히려 그 목적은 오늘날의 '미디어 문화'를 파악하는 데 있는데, 특히 일상 속 미디어의 역할에서 발견할 수 있는 것처럼 하나의 화제topic 이자 활동으로서 담론에 의해 구성되고 그러한 논의 안에서 담론을 구성하기도 한다는 점에 주목했다…… 이러한 접근을 통해 조명하고자 하는 큰 그림, 또는 다루고자 하는 큰 문제는 현대 세계에서 미디어의 문화적 위치이다. 이는 특정 집단 사람들에게 특정 프로그램이 어떤 의미를 가지는지, 이를 어떻게 이용하는지 등의 문제를 수반할 수 있지만, 그 외에도 우리가 미디어와 그 콘텐츠를 현실로서, 그리고 현실의 재현 또는 현실의 왜곡 등으로 인식하는 틀에 관한 문제도 포함한다(Alasuutari, 1999: 6-7).

따라서 이러한 세 번째 단계의 수용 연구는 애초에 비판 이론가들에게 동기를 부여했던 거시적인 관심사로 회귀하고자 한다. 이것이 대변하는 바는 이러한 비판 이론의 관심사와 수용 분석을 결합해 도전적인 연구 의제를 설정하는 데 있다는 것이다.

### 페미니스트 시각에서의 수용 연구

제니스 레드웨이Janice Radway는 텍스트 분석에만 관심을 가졌던 것에서 벗어나 수용 연구에 대한 의존도를 높이고자 했던 미국인 최초의 문화 연구자 가운데 한 사람이다(Radway, 1984/1991). 그녀의 작업은 미국 학자들에게 영향력 있는 모델을 제시했고, 종종 페미니스트 문화 연구에 있어서 최고의 모범으로 꼽히기도 한다. 레드웨이는 처음에는 인기 로맨스 소설을 분석했다. 그녀는 로맨스 소설의 캐릭터와 플롯이 남성 지배적 사회 질서를 자연스럽고 정당한 것으로 가정하는 가부장적 신화에서 비롯된 것이라고 주장했다. 이 책들은 남성은 강하고 공격적이며 영웅적으로 묘사한 반면, 여성은 연약하고 수동적이며 의존적으로 묘사했다. 이런 책들에 나오는 여성들은 남성 캐릭터와의 연결고리를 통해서 자신의 정체성을 확보해야만 한다.

로맨스 소설의 내용에 대한 분석을 마친 레드웨이는 로맨스 소설을 읽고 정기적으로 토론을 하는 여성 그룹들을 인터뷰했다(Radway, 1986, 1984/1991). 레드웨이가 놀랐던 점은 많은 독자들이 남성 지배적인 사회에 대한 소리 없는 반항의 일환으로 '자신의 삶에 대한 항변'을 표할 수 있다는 점에서 이러한 책들을 이용했다는 것이다(Radway, 1984/1991: 6). 그들은 가사 노동이나 자녀 양육의 탈출구로서 이런 책들을 읽었다. 수많은 로맨스 소설 독자들은 가부장적 신화의 핵심 가정을 거부했다. 그들은 전통적인 남성미와 여성적인 특징을 결합한 남자 캐릭터, 예컨대 신체적 강인함과 젠틀함을 겸비한 남자 캐릭터를 특히 선호했다. 마찬가지로 독자들은 자신의 삶을 주체적으로 이끌어가면서도 전통적인 여성미를 보유한 강한 여성 캐릭터를 선호했다. 따라서 로맨스 소설을 읽는다는 것은 남성 지배적 문화에 대한 소극적인 저항의 형태로 해석할 수 있다. 로맨스 소설 독자는 선호된 읽기 방식을 거부하고 오히려 협상적 혹은 대항적 해독에 참여한 셈이다. 레드웨이에 의하면 로맨스 소설에 대한 그들 나름대로의 의미 구성은 그들의 '독립 선언'이다(Radway, 1984/1991: 11). 그녀는 자신의 작업에 대해 말하기를, "텍스트로서의 로맨스 소설이 해석되는 것에 대한 설명이라기보다는 로맨스 소설 읽기가 하나의 행동이라는 것에 대한 설명"이라고 했다. 그 행동은 실제로 존재하는 사회적 주체들, 그들 자신을 우선 아내이고 엄마라고 보고 있는 여성들의 현실 속 사회생활에 대한 복합적인 간섭이다(Radway, 1984/l991: 7). 연속극 여성 시청자에 대한 연구도 그들의 콘텐츠 해독에 대해 이와 유사한 해석을 내놓았다. 도로시 홉슨Dorothy Hobson은 대부분의 미디어 텍스트에서와 같이 "전체적으로 보아 연속극에도 고유의 메시지, 고유의 의미 같은 것은 없다"고 밝혔다. "연속극은 시청자가 자신의 해석을 추가하고 프로그램을 이해할 때 살아나게 되고 시청자와 소통할 수 있게 된다"(Hobson, 1982: 170).

또 다른 페미니스트 문화 연구자는 여성이 일상적으로 인기 있는 미디어 콘텐츠에 대해 대항적으로 해독한다는 증거를 제시했다. 린다 슈타이너Linda Steiner는 여성 잡지 『미즈*Ms.*』의 10년 치 '노코멘트' 섹션을 연구했다(Steiner, 1988). 여기에 독자들은 남성 지배의 사례를 기고한다. 슈타이너의 주장에 따르면 일상적으로 독자들은 텍스트를 대항적으로 해독하고 읽기 위해 공동체를 구성하고 함께 행동한다. 잡지에 실린 사례는 이런 텍스트를 발견하고 가부장적인 엘리트의 관심이 아닌 자신의 관심에 따라 텍스트를 해석하는 법을 여성들에게 가르쳐줄 수 있다. 안젤라 맥로비Angela McRobbie는 "여성이나 소녀라고 일컬어지는 인간 주체에 대한 연구 혹은 인간 주체와 함께하는 연구"를 수행했다(McRobbie, 1982: 46), 그녀는 십 대 소녀가 영화 <플래시댄

스Flashdance>와 <페임Fame>에 대해 협상적 읽기를 한다는 연구에서 유사한 결론에 이르렀다. 그녀의 결론은 어린 소녀들이 "이런 영화에 열정을 갖는 것은 바람직한 여성성에 대한 가부장적 정의에 얽매이기보다는 신체적 자율성에 대한 자신들의 욕구를 표출한 것으로 볼 수 있다"(McRobbie, 1984: 47)는 것이다. 페미니스트 수용 이론은 현대 미디어 환경에서도 여전히 매우 유용하다. 예를 들어, 강간 농담에 대한 분석(Pérez & Greene, 2016)이나 레즈비언의 스크린 재현에 대한 분석(Scanlon, 2016)에서 그 유용성이 드러난다.

## 학습 목표 확인

- **후기실증주의 연구와 문화 연구의 초점이 왜 점점 더 미디어 효과에서 미디어 수용자로 옮겨갔는지 알아본다. 또한 이로 인해 등장한 능동적 수용자 이론이 초기 매스 커뮤니케이션 이론에서 지배적이었던 효과 이론과 어떻게 다른지 확인한다.**

효과 이론은 대개 메시지의 출처와 콘텐츠에 주된 관심을 두는 정보원 중심source-dominated의 경향이 있으며, 그 메시지가 영향을 미치고자 하는 수용자의 관심이나 욕구는 무시하거나 간과한다. 이러한 이론들은 사람들이 메시지에 저항할 수 있는 능력을 과소평가하거나 무시한다. 그러나 후기실증주의 연구자들은 점차 수용자에 대한 제한 효과를 재발견하게 되었고, 사람들은 이 이론이 시사하는 것만큼 수동적이지 않다는 결론에 도달했다. 한편, 문화 연구자들은 엘리트들이 대중을 조작할 수 있는 힘이 신마르크스주의자들이 가정했던 것만큼 강력하지 않다는 사실을 발견하기 시작했다.

- **미디어 수용자의 활동은 어떤 형태로 나타나는지, 수용자의 능동성은 어떻게 측정할 수 있는지 알아본다.**

미디어 수용자의 활동은 다양한 방식으로 나타날 수 있다. 예를 들어, 유용성(미디어는 용도가 다양하며 사람들은 미디어를 그 용도에 맞추어 활용할 수 있다), 의도성(미디어 콘텐츠 소비는 사람들이 이미 가지고 있는 동기에 의해 정해진다), 선택성(미디어 사용은 사람들의 기존 관심과 선호 사항 반영할 수 있다), 영향에 대한 불투과성(수용자는 종종 완고하며 특정 유형의 미디어 영향력을 적극적으로 회피한다),

의미 구성(수용자는 콘텐츠에 대해 개인적으로 의미 있고 독특한 해석을 만들어낼 수 있다) 등이 있다. 활동성은 상대적인 개념이며, 어떤 사람은 다른 사람보다 더 능동적인 미디어 소비자일 수 있다.

● 이용과 충족 이론의 기본 명제들을 파악한다.

이용과 충족 접근은 수용자가 능동적이며 미디어 사용이 목표 지향적이라는 전제 위에 세워진다. 욕구 충족과 특정 미디어 선택을 연결하는 주도권은 수용자에게 있으며, 미디어는 다른 욕구 충족 수단들과 경쟁 관계에 있다. 사람들은 자신의 미디어 사용, 관심사, 동기를 스스로 인지하고 있어 연구자들에게 정확히 정보를 제공할 수 있다. 또한, 수용자가 특정 미디어나 콘텐츠를 통해 욕구를 충족하는 것에 대한 가치 판단은 보류되어야 한다. 미디어 사용은 사회적 상황에 의해 영향을 받으며, 사회적 상황은 긴장과 갈등을 야기하여 미디어 소비를 통해 이를 해소하려는 압박을 만들어내기도 하고, 문제 인식의 계기를 제공하며, 실생활에서 특정 욕구를 충족할 기회를 제한하거나 보완할 수 있고, 특정 가치를 자극하고 관련 미디어 소비를 통해 이를 확인하고 강화할 수 있으며, 특정 사회 집단 내의 소속 유지를 위해 미디어에 대한 친숙함이 요구되는 환경을 제공할 수도 있다.

● 미디어 기능과 미디어 이용을 구별한다.

미디어의 기능은 미디어 산업의 목적이나 목표와 동일하지 않다. 사람들의 미디어와 콘텐츠 사용이 궁극적으로 미디어가 개인과 사회 전체에 제공하는 기능을 결정짓는다.

● 사람들이 왜 엔터테인먼트 콘텐츠를 이용하는지 이해하는 데 엔터테인먼트 이론이 도움이 되는지 판단한다.

엔터테인먼트 이론은 엔터테인먼트 미디어 콘텐츠가 사람들에게 어떤 영향을 주며, 어떤 기능을 수행하는지를 이해하고자 한다. 이러한 효과는 때로는 무의식적으로 발생하지만, 때로는 사람들은 특정 목표를 염두에 두고 미디어 사용을 계획적으로 수행하기도 한다. 이러한 사용은 즐거움을 극대화하고 고통을 최소화하려는 쾌락적hedonic 목적을 가지거나 혹은 개인적 통찰과 자기 성찰의 기회를 제공하는 '유다이모니아적eudaimonic' 목적을 가질 수 있다.

수용자는 엔터테인먼트 미디어를 기분 조절, 자기 개념 및 정서적·인지적 상태와 행동을 조절하는 데 활용하며, 자신에 대한 이해의 경계를 일시적으로 확장하는 데 사용할 수 있다.

- **수용 연구가 효과 중심 이론과 초기 신마르크스주의 이론에 도전이 되었던 이유를 알아본다.**

수용 연구는 다양한 유형의 수용자들이 특정 콘텐츠를 어떻게 이해하는지를 중심으로 이루어진다. 텍스트는 근본적으로 모호하고 다의적이기 때문에 다양한 방식으로 해석될 수 있다. 수용자는 텍스트에 담긴 선호된 혹은 지배적 의미(즉 메시지 생산자가 의도한 의미)를 수용할 수도 있고, 지배적 의미와는 다르지만 중요한 측면에서 대안을 제시하는 협상된 의미를 생성할 수도 있으며, 또는 지배적 해석에 정면으로 반대하는 대항적 해독을 만들어낼 수도 있다. 이러한 점에서 수용 연구는 정보원 중심의 효과 이론뿐 아니라 신마르크스주의자들이 미디어에 부여했던 엘리트 권력의 전제에도 도전했다.

- **수용 연구 발전에 페미니즘이 기여한 바를 인식한다.**

미디어 콘텐츠로부터 만들어지는 의미가 콘텐츠 자체에 대한 성별 관점과 수용자의 삶의 경험에 의해 영향을 받을 수 있다는 믿음 속에서, 페미니스트 수용 연구는 문화 연구가 기존의 텍스트 분석 중심에서 벗어나 개인 수용자의 해석을 포함하는 방향으로 나아가게 하는 데 기여했다.

## 생각해볼 문제

1. 미디어와 수용자의 관계에서 어느 쪽에 더 많은 힘이 있는가? 다시 말해 미디어가 사람들을 움직이는가, 아니면 사람들이 미디어를 움직이는가? '힘의 균형'이 바뀌는 상황이 있는가? 즉 일부 수용자들이 다른 수용자들보다 읽기 방식을 더 많이 통제하는 상황도 있는가? 새로운 디지털 미디어가 힘의 균형을 움직여서 어떤 개인 수용자에게 더 많은 힘을 부여하기도 하는가? 여러분은 비디오 게임이나 SNS와 같은 디지털 미디어를 이용할 때 의미 구성에 얼마나 통제력을 발휘하는가? 이런 미디어의 상호작용성을 이용해 친구들과 의미 있게 지내는가? 만일 그렇다면 왜 그러한가? 만일 그렇지 않다면 왜 그렇지 않은가?

2. 미디어 소비에 있어서 여러분이 자주 선택하는 쪽은 다음 중 어느 쪽인가? 영화를 노트북으로 스트리밍 서비스를 이용해 보는 것과 멀티플렉스에서 보는 것, 좋아하는 시트콤 한 편을 스마트폰으로 보는 것과 커다란 TV로 보는 것, 온라인 신문에서 헤드라인을 훑어보는 것과 30분 동안 신문을 읽는 것 중 어느 쪽인가? 여러분의 결정을 슈람의 선택의 분수에 적용하면 어느 쪽이 '승리'인가? 만일 분자와 분모의 어떤 요소를 바꾼다면 결과가 달라질까? 이것이 여러분의 미디어 이용과 충족에 대해 무엇을 말해주는가?

3. 왜 여러분은 미디어 콘텐츠를 대항적으로 읽는가? 어쨌든 콘텐츠 생산자들은 당신을 충족시키기 위해 오랜 시간을 들여 텍스트를 만들었다. 왜 그냥 즐기지 못하는가? 여러분이 선호하는 읽기를 가능하게 해주는 또 다른 텍스트는 항상 존재한다. 일부 페미니스트 연구자들은 대부분의 주류 미디어 콘텐츠가 암묵적인 가부장적 문화를 반영하며, 수용자들은 이에 대해 반대 해석을 해야 한다고 주장한다. 여러분은 이에 동의하는가, 아니면 반대하는가?

# 미디어 인지와 정보 처리 이론 10장

**학습 목표**

- 제한적 인지 자원의 개념을 비롯해 정보 처리 이론과 관련된 주요 개념을 설명한다.
- 정보 처리 이론을 적용해 텔레비전 뉴스를 이해한다.
- 스키마 이론이 특히 정치 커뮤니케이션 영역에서 매스 커뮤니케이션 연구를 어떻게 강화해왔는지에 대해 이해한다.
- 적대적 미디어 효과가 정보 처리에 미치는 영향을 인식한다.
- 사람들이 어떻게 정보를 체계적이고 휴리스틱하게heuristically 처리하게 되는지 설명하는 정교화 가능성 모델ELM에 대해 알아본다.
- 내러티브 설득 이론과 확장된 정교화 가능성 모델과 같은 새로운 정보 처리 이론들이 특히 건강 지향적 미디어 메시지와 관련해 어떤 가치를 가지는지 살펴본다.
- 사람들이 미디어 메시지로부터 의미를 생성할 때 완전히 합리적이지는 않을 수 있음을 보여주는 감성 지능, 동기화된 추론, 역화 효과 등의 정보 처리 이론들을 설명한다.
- 정보 처리를 이해하는 데 있어서 다양한 신경과학적 관점들을 적용하는 것이 매스 커뮤니케이션 이론에 어떤 영향을 미쳤는지 알아본다.

## 개요

미국인들은 무엇을 알고 있으며 무엇을 모르고 있는가? 어떻게 그것을 알고 있는가? 어디에서 정보를 얻는가? 정보를 얼마나 잘 기억하는가? 정보를 어떻게 사용하는가? 좋은 아이디어와 나쁜 아이디어를 얼마나 잘 구별할 수 있는가? 이런 질문들은 매스 커뮤니케이션 이론과 연구의 핵심이 되어왔다. 이 책의 앞부분에서 살펴보았듯이 많은 사람들이 선전propaganda과 새로운 형태의 강력한 매스 미디어의 등장으로 민주주의는 한물갔다고 생각했다. 그들은 평범한 사람들이 스스로를 통제할 수 있을 것이라고 믿지 못했다. 월터 리프먼은 사회가 너무 복잡해져서 사람들이 이해할 수 없다고 주장했다(Lippmann, 1922). 이러한 우려로 인해 사람들의 행동을 유발하는 미디어 메시지의 힘에 대해 처음으로 체계적인 조사가 실시되었다. 폴 라자스펠드의 투표 관련 연구와 칼 호블랜드의 제2차 세계대전 직전과 직후 사람들의 태도 변화에 관한 연구는 선전의 힘에 대한 가장 심각한 우려를 다소 누그러뜨렸다. 이들은 선전이 많은 사람들이 두려워하는 것만큼 강력하지는 않다는 사실을 발견했다. 대부분의 사람들은 사회적 관계와 기존에 형성된 태도로 인해 선전의 영향을 크게 받지 않았다. 그러나 연구자들은 사람들이 문제가 되는 메시지를 독자적으로 평가하고 거부할 수 있는 능력이 있다는 점을 발견하지 못했다. 심지어 교육 수준이 높은 사람들도 특정 유형의 선전 메시지에 취약했다. 라자스펠드와 호블랜드가 시작한 미디어 효과 연구의 후기실증주의 전통은, 수십 년 된 질문들의 답을 찾는 과정에서 새로운 질문들을 제기한 정보 처리와 인지에 대한 중요한 연구와 함께 현재까지 계속되고 있다. 선전에 대한 우려는 서서히 사라져갔지만 새로운 우려도 많이 생겨났다. 미국은 상이한 언론 미디어의 서비스를 제공받는 두 나라로 나뉘려는 듯 보인다. 자신이 이미 믿고 있는 것을 확인하고 강화하는 미디어를 찾는 사람들이 늘어나고 있으며 언론 미디어는 이러한 요구에 부응하기 위해 진화하고 있다. 한편 과학, 건강, 안전, 기술 등 많은 중요한 분야에서 광범위한 무지가 지속되고 있다. 정보 미디어가 소외되는 반면 엔터테인먼트 미디어는 점점 더 우리의 관심을 독차지하고 있다. 사회의 본질에 대한 근거 없는 공상은 풍부한 반면 과학에 근거한 설명에 대해서는 회의적인 반응이 나오고 있다. 이런 문제들에 대해 미디어는 어느 정도까지 책임이 있을까? 사람들이 사회를 배우고 이해하는 방법을 방해하는 무언가가 있을까? 미디어는 사회와 관련해서 대중에게 정보를 주고 이들을 교육하는 일을 더 잘할 수 있을까?

이 장에서는 사람들이 지속적으로 접하게 되는, 대부분 미디어에서 흘러나오는 정보를 수집, 처리, 평가하는 방법에 대한 미시적 이론들을 살펴볼 것이다. 이 분야 초기 연구의 대부분은 정신적 구조와 과정을 통해 개인이 어떻게 "복잡한 환경을 관찰하고 이해하는지"에 관심을 가졌던 인지심리학자와 과학자들로부터 비롯되었다(Axelrod, 1973: 1249). 인지심리학자들은 사람들이 자신이 처한 환경에서의 자극에 단순히 반응하고 나중에 자신의 인지를 이용해 반응을 정당화한다는 행동주의 개념을 거부했다(2장). 분명 사람들의 삶에서는 훨씬 더 많은 일들이 진행되고 있었다. 로버트 액설로드Robert Axelrod는 이렇게 설명했다. "세상은 복잡하지만 사람들은 이를 이해할 수 있다. 예를 들어 국내 또는 국제 정치 영역은 매우 거대하고 복잡하기 때문에 이를 이해하는 것은 초인적 과제로 보인다. 그럼에도 불구하고 국가 지도자들뿐만 아니라 일반인들도 정치적 사건과 관계에 대해 어느 정도는 지적인 해석을 하고 있다. 어떻게 이것이 가능할까?"(Axelrod, 1973: 1248). 이 질문에 답하기 위해 연구자들이 제시하는 도구들 중에는 사람들이 감각 정보를 다루는 방법을 이해하는 수단인 **정보 처리 이론**information-processing theory이 있다. 그러나 우리가 믿고 싶어하는 것과는 달리 정보 처리의 상당 부분은 우리의 의식적 통제에서 벗어나 있다. 그리고 이것이 때로는 실제로 좋은 일일 수도 있다.

**정보 처리 이론**
사람들이 감각 정보를 다루는 방법을 이해하기 위한 이론.

이 책에서 살펴보았듯이 매스 커뮤니케이션 이론은 선전과 설득 연구에 뿌리를 두고 있으며, 따라서 식별 가능하고 측정 가능한 변수에 기반해 사람들이 정보를 제대로 또는 잘못 처리하거나, 정확하게 또는 부정확하게 처리한다는 생각을 수용하게 되었다. 그러나 학문이 성숙해져 가고 새로운 미디어가 등장하고 미디어 콘텐츠가 점점 더 시각적이고 세련되어감에 따라, 이러한 초기의 이해는 보완되어야 했다. 매스 커뮤니케이션 학자들은 사람들의 인지 능력에 대해 더욱 공감하게 되었고 의미를 구성하기 위해 개인적 경험을 이용하는 것을 존중하기 시작했다. 커뮤니케이션 분야의 새로운 이론들은 정치학과 심리학으로부터 왔으며 이 이론들은 매스 커뮤니케이션에 대한 질문과 변인들이 적용됨으로써 금세 풍부해지고 발전했다. 사람들이 실제로 (할 수만 있다면 당연히 힘이 드는 정보의 정신적 처리 과정을 회피한다는) '인지적 구두쇠cognitive miser'라면, 사회적 선을 행하기 위해 이와 같은 제약 사항을 활용하도록 하는 미디어 콘텐츠의 개발을 이끌어내고자 커뮤니케이션 이론을 사용할 수도 있을 것이다. 그리고 동시에 이러한 이론은 다른 사람들이 보기에 왜 어떤 사람들은 "그저 이해하지 못하는지" 그 이유를 설명하는 데 도움이 될 수도 있다.

## 정보 처리 이론

인지심리학자들은 개인이 일상적으로 감각 정보를 다루는 방식에 대한 관점을 발전시켜왔는데, 바로 정보 처리 이론이다. 정보 처리 이론은 인지 과정에 대한 다양하고 이질적인 아이디어를 포함하고 있으며, 미디어 수용자 활동 연구를 위한 또 다른 길을 제공한다(9장). 학자들의 연구 목적은 사람들이 미디어가 제공하는 다양한 형태의 정보를 받아들이고, 처리하고, 저장하고, 사용하는 방법을 이해하는 것이다.

시스템 이론(5장)과 같은 은유에 기반해, 정보 처리 이론은 우리가 매일 매 순간 우리의 감각이 접하는 정보의 홍수를 받아들이고 이해하는 방법을 기술하고 해석하기 위해 종종 기계론적 비유를 사용한다. 개인은 내장된 정보 처리 능력과 전략을 가진 복잡한 바이오컴퓨터처럼 작동한다고 가정하는 것이다. 매일 우리는 엄청난 양의 감각 정보에 노출되지만, 이 정보를 필터링하기 때문에 아주 일부의 정보만이 의식적인 정신에 도달한다. 우리는 집중과 처리를 위해 정보의 극히 일부분만을 뽑아내고 결국 아주 적은 양의 정보만 장기 기억에 저장한다. 우리는 정보 처리자handler라기보다는 정보 회피자avoider이다. 우리는 관련이 없거나 쓸모없는 정보를 걸러내기 위한 정교한 메커니즘을 발전시켜왔다. 감각 정보를 다루는 능력이 압도당하면 중대한 정보를 받아들여 처리하지 못함으로써 실수를 범하게 된다.

인지심리학자들은 인지 과정과 의식을 구별했다. 우리의 뇌에서 일어나는 일의 대부분은 결코 우리의 의식에 도달하지 못한다. 이러한 활동은 종종 우리의 의식적인 생각에 영향을 미치기도 하지만 다른 인지 과정에 미치는 영향을 통해서 매우 간접적으로만 작용한다. 우리의 의식이 이 인지 활동에 대한 최고 감독자의 역할을 하지만, 극히 제한적이고 통상 매우 간접적으로 인지 활동을 통제한다. 인지에 대한 이와 같은 관점은 마음속에서 일어나는 일을 통제하는 우리의 능력에 대해 우리 대부분이 원하는 추정과 상반된다. 이는 대체로 의식적 반영reflection이 우리에게 보여줄 수 있는 것에 기반한 우리의 개인적 경험과 상반된다. 우리는 텔레비전 뉴스를 볼 때 뉴스에 담겨 있는 모든 유용한 정보를 얻는다는 느낌을 받는다. 그러나 최근 연구에 따르면 우리가 아무리 집중한다고 해도 초기 정보의 극히 일부만 우리에게 전달된다. 눈을 뗄 수 없는 화면에 주의를 빼앗겨 귀중한 인지 자원을 화면 처리에 낭비하는 동안 중요한 음성 정보를 놓치기도 한다.

우리에게 이토록 중대한 정보를 제공하는 정보 처리에 대한 통제력이 어쩌면 이렇게 없을 수 있을까? 우리가 실수로 중요한 정보를 놓치고 있는 것이라면 더 집중하기만 하면 된다. 그러나 시험공부를 하면서 억지로 암기할 때 언제나 암기가 잘 되는가? 인지심리학자들이 옳다면, 우리에게 최종적으로 도달한 매우 제한적이며 약화된 정보의 흐름에 따라 우리의 의식이 설계하는 경험을 더욱 믿지 말아야 한다. 연구자들은 의식이 너무나 쉽게 그리고 자주 사회를 정확하게는커녕 유용하게조차 표현해주지 못하고 있다는 점을 밝혀내기 시작했다.

일부 인지심리학자들은 우리가 정보를 받아들이고 걸러내는 처리 메커니즘의 상당 부분은 초기 인류가 적대적인 환경에 적응하고 생존하기 위해 고군분투하던 시절에 개발되었다고 주장한다(Wood & McBride, 1997). 이와 같은 환경에서는 잠재적 포식자와 먹잇감을 신속하게 확인하고 기민한 조치를 취하는 것이 매우 중요했다. 행동을 취할 때까지 이런 정보를 의식적으로 처리할 시간도 없었고 의식적으로 반영할 필요도 없었다. 포식자가 가까이 있다고 감지되면 도망쳤고, 먹잇감이 가까이 있다고 감지되면 공격했다. 포식자에게 죽임을 당하거나 굶어 죽지 않은 사람들, 필요한 인지 기술을 개발한 인간은 살아남았다.

이러한 인지 처리 메커니즘은 다른 사람들과의 긴밀한 사회적 관계에 적응하고 이 관계를 유지하기 위해 매우 중요해졌다. 예를 들어 인간 두뇌의 인지 처리 능력의 상당 부분은, 다른 사람의 감정을 느끼고 이들의 행동을 예측하게 해주는 미묘한 신체 및 표정의 움직임을 인지하고 무의식적으로 해석하기 위해 효과적으로 사용된다. 우리는 이런 인지 과정이 생산하는 정보에 대해 생각하지 않으며 이 정보를 직관으로 경험한다. 즉 우리는 다른 사람들이 특정한 방식으로 느끼거나 특정한 방식으로 행동할 것이라는 감을 가지고 있다. 이러한 처리 메커니즘은 포식자와 먹잇감에 대한 정확한 정보 처리보다 생존에 더 중요했을 수도 있다. 인간은 다른 포식자들과 비교해볼 때 상대적으로 약하고 무방비 상태에 있기 때문이다. 식량 공급에 변동이 있거나 기온이 변하면 인간은 빨리 죽는다. 인간의 자식들은 다른 포유동물의 새끼보다 훨씬 더 오랜 기간 양육해야 한다. 결과적으로 인간은 생존을 위해 함께 결속할 수 있는 공동체를 반드시 형성해야 한다. 그러나 공동체에서의 삶은 포식자와 먹잇감 감지에 필요한 것보다 훨씬 더 정교한 인지 기술을 요한다.

이러한 생각은 감각 정보를 처리하는 방법을 이해하는 데 얼마나 적절한가? 이 책을 읽으면서 주변 상황을 생각해보라. 아무도 없는 방음실에 있는 것이 아니라면 주위에는 많은 감각 자극이 있다. 얼마간 앉아만 있었다면 근육이 뻣뻣해지고 등도 약간 뻐근할 수 있다. 주변 사람들이 웃고 있을 수도 있다. 라디오가 켜져 있을 수도 있다. 이 모든 감각 정보는 잠재적으로 이용 가능하지만, 당신이 책 읽기에 잘 집중한다면 지금 이 페이지를 읽기 위해 내부와 외부 자극의 대부분을 판에 박힌 일을 하듯 차단할 것이다.

이제 텔레비전 프로그램을 시청할 때 어떤 일을 하는지 생각해보라. DVR 플레이어가 없고 느린 동작으로 화면을 볼 수 없다면 모든 이미지와 소리에 집중할 수 없다. 느린 동작으로 화면을 볼 때의 경험은 정상 속도로 시청할 때와는 완전히 다르다. 텔레비전 시청은 교과서를 읽는 것과는 매우 다른 정보 처리 기술을 사용하는 다소 복잡한 작업이다. 텔레비전을 볼 때 당신은 빠르게 바뀌는 이미지와 소리에 노출된다. 시청하는 목적이 무엇이든 그 목적을 달성하는 데 가장 유용한 것들을 선별하고 이에 집중해야 한다. 텔레비전을 시청하는 일이 이토록 복잡한데 텔레비전은 어째서 너무나 이용하기 쉬운 매체로 보이는 것일까? 왜냐하면 일상적인 텔레비전 이해 작업은 매일매일의 경험을 일상적으로 이해하는 작업과 유사해 보이기 때문이다. 그리고 그 경험을 이해하는 것은 쉽다. 그렇지 않은가?

정보 처리 이론은 우리의 일상적인 정보 처리에 대해 신선한 통찰을 제공한다. 그리고 이 이론은 우리가 감각 데이터를 받아들여 사용하는 방식에 대한 몇몇 기본적인 가정에 의문을 제기한다. 예를 들어 우리는 정보를 더 많이 습득하고 더 잘 기억한다면 좋을 것이라고 생각한다. 그러나 많다고 늘 좋은 것은 아니다. 컴퓨터 하드 드라이브가 콘텐츠로 가득 채워지면 어떻게 될지 생각해보라. 무언가를 빨리 찾기가 더 어려워진다. 수천 개의 쓸모없고 사소한 항목들 사이에서 중요한 문서를 분실할 수도 있다. 모든 것이 다 느려진다.

그러다 보니 부적절한 환경 자극을 일상적으로 차단하지 못해 심각한 문제를 겪는 사람들이 생기는 것도 당연한 일이다. 이런 사람들은 배경 소음이나 작은 움직임 같은 의미 없는 단서에 지나치게 민감하다. 많은 정보를 기억하는 사람들도 있다. 시험을 칠 때 기억력이 좋은 사람이 부러워질 수도 있지만 이런 유형의 완전 기억 능력은 문제를 야기할 수도 있다. 오래된 정보를 회상하는 것은 새로운 정보를 경험하고 이해하는 능력에 영향을 줄 수 있다. 현재의 몇몇 단서가 과거의 많은 경험을 생생하게 기억나게 할 수도 있다. 예를 들어 <패밀리 가이Family Guy>나 <심슨 가족The Simpsons> 같은 텔레비전 프로그램이 재방송되는 것을 여러 번 본 적이 있다면, 어떤 에피소드를 보다가 이전 에피소드들이 조각조각 떠오를 수 있다. 두 프로그램 중에서 어떤 특정 에피소드를 재구성하라는 요청을 받는다면, 여러 다른 프로그램들의 부분들을 짜깁게 될 것이다. 매일의 삶이 바로 그렇다. 너무 많이 기억하면 과거는 계속해서 현재로 침투할 것이다. 망각이 득이 될 수도 있는 것이다.

정보 처리 이론은 의식적 자각의 한계에 대해 인정한다. 우리의 문화는 의식적 사고 과정에 높은 가치를 두고 있으며, 우리는 의식적 통제 정도에 따라 정신적 과정의 유용성에 대해 간접적으로만 회의나 의구심을 가지려 하거나 또는 전혀 회의나 의구심을 갖지 않을 수도 있다. 우리는 이용 가능하고 적절한 모든 정보에 대한 면밀한 평가에 기초해 현명한 결정을 내릴 수 있는 능력인 합리성과 의식을 연관시킨다. 또한 무의식적인 정신적 과정을 조절되지 않는 감정이나 야생적 직감, 심지어 정신 질환과 관련시킨다. 우리는 때때로 운동선수의 업적을 평가 절하한다. 가장 위대한 행동은 대개 무아지경이었다거나 타고났다라고 표현할 정도로 의식적인 생각 없이 수행되기 때문이다. 우리는 당연히 무의식적으로 이루어지는 정신적 과정에 우리가 크게 의존하고 있음을 인정하려 하지 않는다.

전반적인 정보 처리 작업은 너무나 복잡해서 의식적 통제는 효율적이거나 효과적이지 못하다. 우리는 일상적인 정보 처리에 의존해야 하며, 의식의 개입이 중요할 때 보통은 특정 사례들instances에 국한시켜 의식적인 노력을 기울여야 한다. 예를 들어 어떤 실패의 조짐이 보이거나, 일상적인 처리로는 우리의 욕구가 제대로 충족되지 못할 때 의식적인 노력이 필요할 수 있다.

정보 처리 관점의 한 가지 장점은 학습에 대한 객관적인 시각을 제공한다는 것이다. 우리 대부분은 학습을 주관적으로 본다. 우리는 배웠어야 하거나 배우기 쉽게 보이는 것을 학습하지 못하면 스스로를 비난한다. 그리고 조금 더 의식적으로 노력을 기울였다면 실패를 피할 수 있었으리라고 가정한다. "더 집중했더라면 좋았을 걸", "생각을 더 했어야 했는데", "주의를 더 기울였다면 하지 않았을 단순한 실수를 했다"라고 말하며 자신을 얼마나 자주 책망해왔는가. 그러나 조금 더 집중한다고 그게 정말로 큰 도움이 될까? 정보 처리 이론은 우리가 **제한적 인지 자원**limited cognitive resources을 가지고 있음을 인정한다. 한 작업에 더 많은 자원이 집중되면 다른 작업은 엉망이 될 것이다. 즉 정보 처리의 한 측면에 더 많은 주의를 기울이면 종종 다른 측면이 잘못될 수 있다. 우리는 보통 다양한 미디어로부터 동시에 정보가 전달되는 환경에서 정보를 다룬다. 그리고 텔레비전 시청, 인터넷 서핑, 인스턴트 메시징 모니터링, 휴대폰 사용을 모두 동시에 하고 있다. 어디에서나 '미디어media'를 사용하며 끊임없이 '멀티태스킹multitasking'을 한다는 의미로 요즘 대학생을 'M' 세대라고 칭하기도 한다. 이러한 환경에서 당연히 우리의 인지 자원은 한계에 내몰린다. 우리가 실수하고 뜻한 바대로 학습하지 못하는 것은 당연하다.

**제한적 인지 자원**
정보 처리 이론에서, 한 작업에 많은 자원이 집중되면 다른 작업을 수행하는 것이 어려워진다는 개념.

예를 들어 텔레비전 뉴스 시청과 같이 간단한 일을 할 때 우리는 시각 정보와 언어 정보를 받아들인다. 우리는 시각 정보의 처리에 우선순위를 두는 경향이 있다. 그 결과 복잡하고 강력한 시각 이미지를 이해하기 위해 더 많은 인지 자원을 할애할 수밖에 없다. 그러나 그렇게 되면 언어 정보를 놓치게 된다. 물론 때로는 의식적인 노력을 더 기울여 놀라운 일을 할 수 있다. 우리는 강렬한 이미지를 무시하고 언어 정보에 귀를 기울일 수 있다. 그러나 그렇게 하려면 우리의 정보 처리 기술과 전략을 전반적으로 재편해야 할 수도 있다. 우리의 정보 처리 시스템을 변형시켜야 하는 것이다. 이를 위해서는 특정 상황에서 더 열심히 노력하는 것 이상으로 상당한 시간과 노력이 필요하다. 정보 처리 이론은 정보를 처리할 때 우리가 범하는 실수를 보다 객관적으로 평가하도록 해주는 수단을 제공한다. 이런 실수는 개인의 실패로 인한 실수가 아닌, 특정한 인지 과정 또는 일련의 인지 과정의 일상적인 결과물이다.

정보 처리 이론은 수용자가 미디어 콘텐츠를 사용할 때 실수를 범했다고 해서 비난하지 않는다. 그 대신 콘텐츠와 사람들의 정보 처리 능력의 한계로 인해 발생하는 실수를 예측하고자 한다. 경우에 따라서 일상적이고 일반적인 오류를 정보 처리에서의 실패와 관련짓고 이를 방지할 수 있는 방법을 제안

**Instant Access**

### 정보 처리 이론 Information-Processing Theory

**장점**

1. 일반적으로 일상적이고 하찮은 행동으로 간주되는 것에 특이성을 부여한다.
2. 실수는 일상적이며 자연스러운 것이라는, 학습에 대한 객관적 관점을 제공한다.
3. 폭넓고 다양한 미디어 콘텐츠의 탐색을 허용한다.
4. 다양한 커뮤니케이션 상황과 설정에서 일관적으로 나타나는 결과를 생산한다.

**단점**

1. 지나치게 미시적 수준을 지향한다.
2. 일상적인 미디어 소비를 지나치게 강조한다.
3. 인지에 과도하게 집중하며 감정과 같은 요인은 무시한다.

한다. 예를 들어 제대로 구조화되지 않은 기사는 기자가 좋은 의도로 기사를 작성했고 독자가 기사를 이해하려고 노력한다고 해도 일상적으로 잘못 해석될 수 있음이 연구를 통해 반복적으로 입증되었다(Gunter, 1987). 잘못된 구조의 기사를 이해하도록 사람들을 재교육하는 것보다는 기사의 구조를 변경해 더 많은 사람들이 실수하지 않고 이를 이용할 수 있도록 하는 것이 더 효율적일 수 있다. 그러나 이는 언론 관행의 변화, 즉 기자들이 바꾸기를 꺼려하는 뉴스 생산 루틴의 수정을 요구하게 될 것이다.

## 텔레비전 뉴스 처리

정보 처리 이론은 사람들이 텔레비전 뉴스를 해독하고 습득하는 방법에 대한 연구를 설명하기 위해 매스 커뮤니케이션 연구에서 광범위하게 사용되어 왔다. 그동안 많은 연구가 수행되어왔으며 유용한 문헌들도 있다(Davis, 1990; Davis & Robinson, 1989; Graber, 1988; Gunter, 1987; Robinson & Davis, 1990; Robinson, Levy, & Davis, 1986). 대규모 수용자 설문 조사와 소규모 실험실 실험을 비롯한 다양한 유형의 연구들은 놀랄 만큼 유사한 결과를 보여주었다. 텔레비전 뉴스를 사람들이 어떻게 보고 있는지에 대해 어느 정도 명확한 그림이 그려지고 있다.

우리들 대부분은 텔레비전을 이해하기 쉬운 매체이자 중요한 사건을 직접 목도하도록 해주는 매체로 보고 있지만, 텔레비전은 실제로 이용하기 어려운 매체이다. 정보는 학습을 용이하게 하기보다는 방해하는 방식으로 자주 제시된다. 일부는 수용자의 책임이기도 하다. 대부분의 사람들은 텔레비전을 주로 엔터테인먼트 미디어로 보고 있다. 엔터테인먼트 콘텐츠를 잘 이해하는 데는 도움이 되지만 뉴스를 효과적으로 해석하고 기억하는 것은 방해하는 텔레비전 시청을 위해 많은 정보 처리 기술과 전략이 개발되어왔다. 우리는 텔레비전 뉴스에 수동적으로 접근하며 보통은 시청 중에 여러 다른 활동을 한다. 우리는 화면에만 오롯이 집중하지는 않으며 시각과 청각 단서에 의존해 특정 스토리에 주의를 집중시킨다. 실제로 콘텐츠 제작자는 인간의 **지향 반응** orienting response, 즉 갑작스럽고 새로운 자극에 대한 인간의 본능적인 반응의 힘을 알고 있다. 그래서 그들은 편집, 퀵 컷quick cut, 줌zoom, 팬pan, 갑작스러운 소음, 움직임과 같은 미디어 기술을 사용해 비자발적 반응을 유발한다. 즉 우리의 관심을 이끌어낸다(Reeves & Thorson, 1986).

**지향 반응**
갑작스럽고 새로운 자극에 대한 인간의 본능적인 반응.

우리는 이러한 의미 구성에 대해 보다 의식적인 통제를 하도록 해줄 수 있는 뉴스 콘텐츠를 좀처럼 깊이 있고 사색적으로 처리하지 않는다(Kubey & Csikszentmihalyi, 2002). 따라서 뉴스 기사의 콘텐츠는 대부분 적절히 처리되지 않으며 금세 잊힌다. 뉴스를 통해 정보를 습득하려고 의식적으로 노력을 더 많이 기울일지라도 심도 깊은 콘텐츠를 해석하거나 이를 장기 기억에 저장하는 데 필요한 정보가 부족한 경우가 종종 있다.

수용자로서 우리는 많은 실패를 하지만, 그러한 실패의 일부는 뉴스 제작자들의 탓이기도 하다. 보통의 뉴스 프로그램은 이해하기 너무 어려운 경우가 많아 "이해를 못하게 편향되어 있다"고 할 수도 있다. 전통적인 방송에는 너무 많은 뉴스가 포함되어 있으며, 각 뉴스마다 매우 짧은 시간에 지나치게 많은 정보가 압축되어 있다. 뉴스는 (우리의 지향 반응을 더 활성화하기 위해) 전형적으로 시각 및 언어 콘텐츠의 복잡한 조합으로 구성된 방송 프로그램이다. 대부분의 경우 시각 정보는 너무 강력해서 음성 정보를 압도한다. 시청자들에게 심상은 강하게 남지만 상황 정보는 거의 남지 않는다. 뉴스와 관련 없는 이미지가 종종 사용되기도 하는데, 이런 이미지는 주의를 산만하게 할 뿐 정보를 주지 않는다. 데니스 데이비스Dennis Davis와 존 로빈슨John Robinson이 제시한 결과는 이런 연구의 전형을 보여준다(Davis & Robinson, 1989). 이들은 400명이 넘는 시청자들을 인터뷰해서 3개 주요 네트워크 방송 뉴스로부터 알게 된 것과 알지 못하게 된 것을 평가하고자 했다. 데이비스와 로빈슨은 학습을 향상시키거나 저해하는 수많은 뉴스의 속성을 파악했다. 복잡한 구조와 전문 용어, 또는 강력하지만 관련성 없는 시각 이미지로 이루어진 뉴스는 제대로 이해되지 못했다. 반면 단순하지만 극적인 스토리라인을 가지고 있으며 인간의 관심사와 관련된 뉴스가 잘 이해되었다. 시청자들은 자주 스토리의 요소를 혼동하고 유사한 보도로부터 얻었던 정보를 짜깁기한다. 그러나 뉴스 제작자들은 과연 얼마나 비난받고 있는가? 여론 연구가 도리스 그레이버Doris Graber는 "민주주의 이론이 미국의 일반 매스 미디어에 처방한 과업은 좋게 말해서 극히 어렵고, 대부분의 경우 불가능하다"라고 하면서 "대중의 관심을 끌려면 미디어는 정치 뉴스를 간단하고 흥미롭게 제작해야 한다. 그러나 대부분의 정치 뉴스는 간단하지도 않고 일반 대중의 주목을 끌지도 못한다. 그리고 대부분은 대중이 주의를 집중할 수 있는 짧은 시간 안에 맞춰 응축될 수 없다. 정치 뉴스를 단순하면서도 흥미롭게 만들려는 시도는 지나친 단순화와 선정적인 흥밋거리에 대한 강조로 이어진다"고 했다(Graber, 1984: 214-215).

그러나 시청자가 텔레비전 뉴스로부터 정보를 습득할 수 없다고 주장하는 연구 결과는 없다. 실제로 뉴스에 의식적으로 더 많이 집중할수록 보다 정확한 정보를 알게 된다는 증거도 있다. 스티브 채피Steve Chaffee와 조앤 슐로더Joan Schleuder가 증명했듯이, "뉴스 미디어에 대한 주목은 단순한 노출의 효과를 넘어서 학습의 상당한 차이를 설명하는 일관된 개인적 차이로 보인다. 미디어에 대한 집중도는 미디어마다, 뉴스의 종류마다, 시간마다 다르다는 증거도 있지만 이런 격차의 정도는 뉴스 미디어에 대한 주의 집중attentiveness이라고 부를 수 있는 일반적 특성 앞에서는 무색해진다"(Chaffee & Schleuder, 1986: 102). 미라 소티로비치Mira Sotirovic는 다음과 같이 설명했다. "사람들의 정보 처리 방식 또한 뉴스 미디어의 효과에 중대한 영향을 미친다는 점이 밝혀졌다⋯⋯ 정보 처리 전략은 개인이 방대한 양으로 유입되는 뉴스 아이템들을 처리하고 자신의 필요에 따른 의미로 이해할 수 있도록 해준다⋯⋯ 기본적으로 이런 전략은 노력을 더 필요로 하고, 정교하며, 분석적이거나 혹은 덜 까다롭고, 단순하며, 휴리스틱heuristic할 수 있다. 뉴스 정보를 보다 정교하고 능동적으로 처리한다는 것은 더 많은 뉴스를 기억하고 부적절한 정보는 배제하는 것과 관련이 있다"(Sotirovic, 2003: 125).

정보 처리 이론은 뉴스를 초월해 다양한 미디어 콘텐츠의 탐색을 가능하게 해준다. 연구자들은 이 이론을 광고(Lang, 1990), 정치 관련 방송 콘텐츠, 어린이 프로그램(Young, 1990) 등에 다양하게 적용한다. 이러한 연구는 미디어 콘텐츠를 이해하고 사용하기 위해 타고난 인지 기술을 맞춤화하는 방법을 보여준다. 이처럼 인지 기술을 맞춤화하는 능력은 아이들이 텔레비전을 시청하는 방법을 배울 때 가장 잘 증명된다. 화면에서 변화하는 색상과 소리에 현혹되던 아이들은 몇 년 안에 프로그램 주인공들의 복잡한 차이점(좋음/나쁨, 강함/약함, 남성/여성)을 구별해내고 스토리라인의 전개 방식을 정확하게 예측한다. 예를 들어 아이들은 악당이 활약하더라도 디즈니 영화는 행복한 결말로 끝날 것이라고 인식하게 된다. 의미를 해석하는 이러한 행위가 단순하게 보일 수 있으나 그 기저에는 텔레비전 시청 작업에 맞춰져 온 복잡한 인지 과정이 있다.

## 스키마 이론

그레이버는 사람들이 어떻게 '정보의 물결을 길들이는지' 이해하기 위한 노력의 결과물인 『뉴스 처리하기*Processing the News*』에서 **스키마 이론**schema theory을 학계로 가지고 왔다(Graber, 1984). 스키마 이론의 기원은 1932년에 나온, 초기 반응이 좋지 않았던 인지심리학자 프레드릭 바틀렛 경Sir Frederic Bartlett의 『기억하기*Remembering*』로 거슬러 올라간다. 바틀렛과 동시대인들은 사람들이 필요할 때 꺼내기 위해 과거에 있었던 일들의 세부 내용을 기억으로 담아두는 것이 아니라는, 기억은 재생산이 아니라 재구성이라는 그의 주장을 거부했다. 그보다는 기억은 연결된 경험의 부분들과 조각들을 꿰맞춘 새로운 구조물이며 상황에 따라 달리 적용된다. 이런 구조물의 구축을 가능하게 만드는 것은 **스키마**schemas이다. 스키마는 사람들이 쌓는 인지 구조물인데 이는 과거 경험으로부터 추출되고 새로운 정보를 처리하고 경험을 구성하는 데 사용된다. 바틀렛 자신은 스키마를 "과거 반응이나 과거 경험의 활발한 구성"이라고 정의했다(Bartlett, 1932: 201). 이러한 복잡하고 무의식적인 지식 구조물은 "활성화되어 있으나 전혀 인지되지 않는다"(Bartlett, 1932: 200). 더 나아가 스키마는 '일반적generic'이다. 즉 사람은 어떤 현상을 처음 접한 이후에

**스키마 이론**
기억은 연결된 경험의 부분들과 조각들로부터 구성된 새로운 구조물이며 상황에 따라 의미를 구성하는 데 적용된다고 주장하는 정보 처리 이론.

**스키마**
사람들이 경험을 구성하기 위해 환경과 상호작용하면서 만들게 되는 인지 구조물.

수차례 추상적이고 일반적인 인지적 표상(스키마)을 계속해서 구축하며 이 현상과 관련된 새로 들어오는 정보는 그 스키마의 관점에서 처리된다. 스키마는 또한 '발생적generative'이다. 다시 말해 스키마는 무수히 많은 새로운 사례를 처리할 수 있는데, 이는 개인이 새로운 정보에 대한 응답으로 자신의 스키마를 지속적으로 구축하고 수정하기 때문이다(Brewer & Nakamura, 1984).

예를 들어 '보트boat'와 같이 간단한 사물에 대한 스키마를 생각해보자. 보트를 한 번도 타본 적이 없다고 해도 당신의 보트 스키마는 분명 일반적인 보트에 대한 지식(물에 뜸, 이동, 선체, 갑판), 그리고 아마도 모터보트(날렵한, 빠른, 강력한)와 범선(돛, 바람, 로프, 돛대, 메슥거림) 같은 보다 구체적인 유형의 보트에 대한 정보를 담고 있을 것이다. 또한 유조선, 해군함, 컨테이너선, 바지선은 모터로 추진되는 크고 기능적인 보트이고, 요트는 큰 유람선이며, 잠수함은 물속에서 움직이는 특별한 종류의 보트라는 식으로 물과 관련된 운송 수단이라는 보다 큰 맥락에서 보트를 떠올릴 수도 있다. 퀴퀴한 냄새, 뱃멀미, 바닷가나 호숫가에서의 휴가, 수상 스키, 친구와 수영, 로맨스 등 보트에 대한 개인적 경험이 있다면 이런 경험은 보트 스키마의 일부가 된다. 각각의 새로운 보트 경험은 보트 스키마에 더 많은 정보를 쌓아준다. 캐피털 시티Capitol City의 공업 항을 통과하는 범선 경주에 대한 45초짜리 라디오 뉴스 보도를 듣고 나면 당신은 그 내용을 매우 쉽고 효율적으로 이해할 수 있으며 나중에 이에 대해 물어보는 친구에게 분명 꽤 괜찮은 설명을 해주게 될 것이다.

그러나 훨씬 더 복잡한 현상에 대한 스키마도 있다. 당신의 공화당 스키마는 무엇인가? 민주당 스키마는? 테러와의 전쟁 스키마는 무엇인가? 민주주의 스키마는 무엇인가? 이 스키마들은 얼마나 넓고 깊은가? 이 스키마들은 어떻게 구축되었는가? 즉 실제 세계와 대규모로 매개된 경험들 중 어떤 경험이 스키마를 구축하는 데 기여했는가?

일부 스키마는 사물이나 개념보다는 이벤트를 위한 것이다. 이런 스키마들이 '만약 …… 라면 저것이고 …… 그러면 이것이고 …… 그리고 저것이다'라는 등의 에피소드별로 구축될 때 스키마는 "표준화되고 일반화된 에피소드[들]"인 **스크립트**scripts라고 불린다(Schank & Abelson, 1977: 19). 사람들은 이러한 입력물을 "이미 저장되어 있는, 이미 경험한 행동의 집합들"인 스크립트와 연결시킴으로써 "보고 듣는 것을 이해"한다(Schank & Abelson, 1977: 67). 당신은 스크립트에 의존하지 않는다고 생각하는가? 당신이 마지막으로 레스

**스크립트**
스키마의 한 형식으로, 표준화되고 일반화된 에피소드.

토랑을 방문했을 때를 떠올려보자. 당신은 어떤 일들이 어떤 순서로 진행될 것인지에 대해 명확한 기대를 가지고 있었는가? 예를 들어, 안내직원이 인사하고, 테이블에 안내받고, 메뉴가 제공되는 것과 같은 것 말이다. 그런데 만약 웨이터가 계산서를 끝내 가져오지 않는다면 당신은 어떻게 하겠는가?

이제 그레이버의 미국 뉴스 미디어에 대한 '옹호', 집중 시간이 짧은 청중에게 복잡하고 흥미롭지 않은 사건을 보도하려는 뉴스 미디어의 불가능한 임무를 상기해보라. 그레이버의 주장에 따르면 이 상황에서 스키마는 천성적으로 '인지적 구두쇠'인 뉴스 소비자를 위해 다음의 네 가지 중요한 기능을 한다.

1. 스키마는 어떤 정보에 주목하고 어떤 정보를 처리하고 저장할지 결정하며, 후에 이 정보는 기억 속에서 검색되어 사용된다.
2. 스키마는 사람들이 새로운 정보를 체계화하고 평가해서 이미 구성된 지각 안에 끼워 넣도록 해준다. 익숙한 정보가 뉴스에 제시되는 경우 사람들은 새로운 개념을 구성하지 않아도 된다.
3. 스키마는 사람들로 하여금 뉴스 보도에 제시된 즉각적인 정보를 단순히 얻는 데서 더 나아가 누락된 정보를 채울 수 있도록 해준다.
4. 스키마는 가능한 시나리오 정보와 대처 방법에 대한 정보를 담고 있기 때문에 사람들이 문제를 해결하게 돕는다. 즉 스키마는 스크립트로 사용된다. 이는 사람들로 하여금 어떻게 행동할지 결정하도록 돕는 중요한 도구가 된다(Graber, 1984: 24).

사람들이 뉴스를 이해하는 방법을 파악하기 위해 수행된 21명의 등록 유권자/뉴스 소비자 패널 연구는 스키마의 가치에 대한 그레이버의 평가를 확인해주었다. 그레이버는 "사람들은 정보의 물결을 꽤 잘 길들인다"고 하며, "지적으로 취약한 경우 사람들은 뉴스의 홍수를 관리 가능한 비율로 줄이는 방법을 알고 있다"라고 기술했다(Graber, 1984: 201). "다양한 능력을 가진 사회 각층의 사람들은 이런 정보의 홍수로부터 상당한 정치 지식을 추출할 수 있다"라고 하며 그녀는 계속해서 "모든 패널 토론자들은 뉴스에 선택적으로 집중하고 다양한 형태의 관련 정보를 검색하는 기술의 달인이었다. 이들 모두 유입되는 정치 정보를 끼워 넣을 수 있는 스키마를 가지고 있었다. 모두 적절한 스키마 차원의 배열을 사용하고 다양한 스키마에서 복수의 주제를 자주 사용했다"라고 했다(Graber, 1984: 204).

그레이버는 유권자들이 정치 뉴스의 해석에 잘 구성된 몇 가지 스키마를 제시한다는 점을 발견했다(Graber, 1988: 193).

- 단순 상황 시퀀스: 사람들은 세부 내용을 정확하게 기억하기 위해 뉴스를 처리하지는 않는다. 그보다는 뉴스를 가장 기본적인 것들로 응축해 구체적인 맥락에서 정보가 의미하는 바를 이해하려고 한다.
- 인과 관계 시퀀스: 사람들은 보도된 상황을 그 상황을 유발했을 것으로 생각되는 원인과 연결한다.
- 개인 판단: 사람들은 개인에 대한 뉴스를 이들이 속한 인구통계학적 집단의 관점에서 쉽게 처리한다. 인간의 본성, 목표, 행동에 대한 스키마를 이미 구축했기 때문이다.
- 기관 판단: 사람들은 개인의 행동에 대한 스키마처럼 기관의 운영 방식에 대한 스키마를 가지고 있다.
- 문화적 규범과 미국의 관심사: 사람들은 민주 국가가 미국과 전 세계를 위해 가장 좋은 형태의 정부라는 구조물을 포함해 일반적인 '미국적 방식'의 스키마를 가지고 있다.
- 인간의 관심과 공감: 사람들은 "뉴스에 묘사된 상황이 내가 직접 또는 대리 경험한 상황과 유사한가, 묘사된 행동이 내가 그 상황에 있었더라면 취했을 행동과 유사한가"라는 자기 인식의 관점에서 보도를 해석한다(Graber, 1998: 212).

**스키마 불일치 광고**
광고 콘텐츠의 형태에 대한 사람들의 기대를 의도적으로 저버리는 광고.

스키마 이론은 광고 콘텐츠에 적용되어왔는데 **스키마 불일치 광고**schema-inconsistent advertising에 대한 영향 평가가 대표적이다. 스키마 불일치 광고란 광고 콘텐츠의 형태에 대한 사람들의 기대를 의도적으로 저버리는 광고를 말한다. 예를 들어 광고주의 즉각적인 목표는 소비자의 관심을 끌고 소비자가 광고 메시지에 관여하도록 하는 것이라고 주장한 헤이즐 월러몬트Hazel Warlaumont는 다음과 같이 추론했다. "스키마 이론의 한 측면은 만약 텍스트가 사람의 기대나 스키마에 부응한다면 인지는 매끄럽고 논리적으로 진행되리라는 것이다. 그렇지 않다면 이는 부조화한 것 또는 '스키마에 불일치하는' 것으로 보인다. 자극이 예상과 다를 경우 이 자극은 약간의 '동요'나 놀라움을

Instant Access

### 스키마 이론Schema Theory

**장점**

1. 매스 커뮤니케이션 과정에서 개인의 인지 처리에 집중한다.
2. 미디어 소비자의 정보 처리 능력을 존중한다.
3. 정보를 처리하는 데 있어서 경험의 역할을 구체적으로 설명한다.
4. 다양한 미디어 정보를 탐색한다.
5. 다양한 커뮤니케이션 상황과 설정에서 일관적인 결과를 제공한다.

**단점**

1. 지나치게 미시적 수준을 지향한다.
2. 명칭이 혼란스럽다(스키마, 프레임, 스크립트 등).
3. 신경학적 영향에 대한 설명이 불충분하다.
4. 스키마 형성 및 변경과 관련된 과정을 이해하기 위해서는 더 많은 연구가 필요하다.

불러일으킬 수 있는데, 이는 시청자가 자극에 열중함으로써 불일치를 이해하려는 시도를 하도록 할 수 있다"(Warlaumont, 1997: 41). 그녀의 연구는 실제로 그렇다는 것을 증명했다.

## 적대적 미디어 효과

사람들이 미디어가 "특정 주제나 집단에 우호적이거나 적대적"이라고 생각할 때 정보는 어떻게 처리될까? "미디어에 대한 [이와 같은] 태도는 중요하다고 밝혀졌는데 이런 태도는 많은 사회적·정치적 행동에 영향을 주기 때문이다"(Tsfati & Cohen, 2013: 1). **적대적 미디어 효과**hostile media effect, HME 연구는, 어떤 이슈나 사상에 대해 확고한 생각을 가지고 이를 옳다고 믿고 받드는 신봉자partisan은 자신들이 관심을 가지고 있는 주제에 대한 미디어 보도가 자신들의 입장에는 덜 동조적이고 반대 측의 입장에는 더 동조적이며, 대

**적대적 미디어 효과**
신봉자들은 미디어가 자신들의 입장에는 덜 동조적이고 반대 측 입장에는 더 동조적이며, 대개 자신들의 견해에 적대적이라고 생각한다는 개념.

개 자신들의 견해에는 적대적이라고 생각한다는 점을 일관적으로 보여주고 있다. 구체적인 연구 결과는 다음과 같다.

- 동일한 미디어 콘텐츠를 보더라도 신봉자들은 이 콘텐츠를 자신들의 입장에 대해 편견을 가진 것으로 해석한다(Vallone, Ross, & Lepper, 1985).
- 보도 내용을 떠올려보라는 요청을 받았을 때 신봉자들은 자신들의 입장에 긍정적인 언급보다는 부정적인 언급을 더 잘 기억한다(Vallone, Ross, & Lepper, 1985).
- 신봉자들은 반드시 그렇지는 않다는 증거가 있음에도, 중립적 청중은 적대적인 미디어 보도로 인해 자신들의 견해에 반대하도록 설득당할 것이라고 믿는다(Perloff, 1989).

앨버트 군터Albert Gunther와 캐슬린 슈미트Cathleen Schmitt는 신봉자들이 미디어에 대해 실제로 적대감을 가지고 있다는 것을 증명했다. 이들은 실제 신문 기사에서 뽑은 유전자 변형 식품에 대한 중립적 내용의 동일한 글을 사람들에게 보여주었다. 한 조건에서는 해당 글을 신문 기사로 소개하고, 또 다른 조건에서는 학생이 쓴 에세이로 소개하고 보여주었다. 이들은 연구를 통해 "신봉자들은 뉴스 기사 형식의 글이 불쾌하게 편향된 것으로 보았다. 그러나 학생이 쓴 에세이라고 소개한 경우 적대적 미디어 인식은 사라졌다"(Gunther & Schmitt, 2004: 55)는 사실을 알아냈다. 그렇다면 왜 특별히 미디어에 대해 적대감을 가지는 것일까? 앨버트 군터와 제니스 립하르트Janice Liebhart는 미디어가 잠재적으로 더 많은 대중에게 전달될 수 있다는 점이 바로 해당 글이 자신들의 입장에 적대적이라는 신봉자들의 인식을 심화시켰을 수 있다고 시사했다. 이들은 다음과 같이 기술했다. "두 신봉자 집단의 콘텐츠에 대한 인식은 그 글을 쓴 사람이 학생이라고 했을 때에는 거의 동일했다. 다시 말해 교실 밖의 사람들에게 도달하지 않을 것 같은 맥락에서는 동일한 인식이 나타났다. 그러나 글을 쓴 사람이 언론인이거나 이 글이 전국적으로 배포되는 뉴스 기사라는 맥락에서는 신봉자들의 인식이 현저히 나뉘었다. 이러한 상황에서 반대 측의 신봉자들은 동일한 정보에 대해 이 정보가 반대 방향, 즉 자신들의 견해에 반하는 방향으로 상당히 편향되었다고 말했다"(Gunther & Liebhart, 2006: 462).

그러나 이 신봉자들이 명백하게 자신들의 입장을 지지하는 미디어 보도를 실제로 접하게 되면 어떻게 될까? 특정 보도가 도저히 적대적이라고 볼 수 없을 때도 이들은 이 보도가 보통 사람들, 심지어 반대 측 사람들보다도 자신들의 입장에 덜 지지적이라고 판단하는 경향을 보였다(Gunther & Chia, 2001). 이것이 '상대적 HME(적대적 미디어 효과)'이다. 즉 "명백히 우호적인 보도로 객관적으로 보았을 때 적대적이지 않음에도 편견은 완전히 사라지지 않으며 다만 상대적이 될 뿐이다"(Tsfati & Cohen, 2013: 6).

로버트 발론Robert Vallone, 리 로스Lee Ross, 마크 레퍼Mark Lepper는 적대적 미디어 효과가 사람들의 일상적인 인지 처리, 즉 선택적 인식과 체계적 정보 처리의 산물이라고 설명한다.

> 자신의 선입관과 편견에 따라 사실과 주장에 일관되게 접근하는(정보를 액면 그대로 받아들이거나 자신의 선입관 및 편견에 비추어 엄격한 조사를 거치는) 신봉자들은 신뢰할 만하고 적절한 증거가 많을 때 자신들의 관점이 지지된다고 믿는 경향이 있다. 따라서 미디어 보도에 나타난 적은 양의 증거와 주장이 보다 많은 정보의 '모집단population'을 대표하지 못하는 것처럼 보이는 한, 인지자들은 뉴스의 재현에서 나타난 편견을 부각시키고 그 원인이 되는 부분에 대해 적대감과 편견이 내포되어 있다고 추측할 것이다(Vallone, Ross, & Lepper, 1985: 579).

자신의 입장에 대한 이러한 '투자'는 '상이한 표준 메커니즘different standards mechanism'으로 이어진다. 이 메커니즘에서 자신과 반대되는 주장은 (당연히) 열등하다는 신봉자들의 확신은, 반대 주장이 미디어 보도에 단순히 포함된 것만으로도 그 보도를 편향되거나 적대적인 보도라는 증거가 되도록 한다(Giner-Sorolla & Chaiken, 1994). 이러한 현상은 사람들이 보도된 주제에 더 몰입할수록 더욱 뚜렷하게 나타난다는 사실도 시사하며, 글렌 한센Glenn Hansen과 김현정Hyunjung Kim이 이를 입증했다(Hansen & Kim, 2011).

## 정교화 가능성 모델

모든 정보 처리 이론이 뉴스와 광고로부터의 학습을 포함하지는 않는다.

이와 관련된 연구의 상당 부분은 설득 메시지에 대해 사람들이 어떻게 해석하고 반응하는지 다룬다. 심리학자 리처드 페티Richard Petty와 존 카치오포John Cacioppo는 설득 모델을 개발했고, 이 모델을 **정교화 가능성 모델**elaboration likelihood model, ELM이라고 불렀다(Petty & Cacioppo, 1986). 정교화 가능성 모델은 사람들이 '인지적 구두쇠'(Taylor, 1981)라는 인지심리학의 관점을 수용하면서, 설득 메시지를 접했을 때 사람들은 때로는 자신들의 인지 활동에 많은 노력을 기울이지만 때로는 덜 까다롭고 단순한 분석에 의존하기도 한다는 점을 인정한다. 사회심리학자인 페티와 카치오포는 이런 다양한 정보 처리 전략에 동기를 부여하는 인지 능력의 효율적 사용, 그 이상의 것이 반드시 있어야 한다고 주장했다. 이들이 제시한 정교화 가능성 모델은 사회적 이유 때문에 사람들은 '올바른' 태도를 유지하도록 동기가 부여된다는 가정에 기반한다. 왜 그럴까? 이는 "부적절한 태도는 일반적으로 부적응적이며, 나쁜 행동, 정서, 인지적 결과를 초래할 수 있기 때문이다. 사람들이 어떤 물건, 사람, 또는 이슈가 실제로 '나쁠' 때에 이런 물건, 사람, 이슈가 '좋다'고 믿는다면 잘못된 행동 결정으로 이어지기 쉽고 실망감이 뒤따를 수 있다"(Petty & Cacioppo, 1986: 127). 그러나 "사람들이 올바른 태도를 견지하기를 원한다고 해도 이들로 하여금 메시지 평가에 관여할 의지 및 능력을 갖도록 하는, 이슈에 적절한 정교화의 양과 특성은 개인적·상황적 요인에 따라 달라진다"(Petty & Cacioppo, 1986: 128). 다시 말해 모든 사람들이 올바른 태도를 갖게 하는 방식으로 정보를 처리하려고 하거나 그렇게 할 능력이 있는 것은 아니다. 적어도 언제나 그렇지는 않다. 때로 사람들은 보다 쉽고 반사적인 경로를 통해 자신의 견해에 이른다. 이와 관련해서 앞서 소개된 태도 변화에 대한 논의로부터 부조화 이론과 사회적 범주의 반향을 들을 수 있다(4장). 이는 부조화 이론과 사회적 범주가 정확히 제안하는 것처럼 정보 처리의 **주변 경로**peripheral route가 매력적인 정보원이나 기억하기 쉬운 시엠송, 정당의 이름과 같은 정보와 관련 없는 단서에 의존하는 것만큼 메시지의 정교화(정밀 조사)에 의존하지는 않기 때문이다. 이런 단서는 종종 **휴리스틱**heuristics이라고 불리는데, 휴리스틱은 단순한 의사 결정 규칙으로 설득 메시지에 대한 보다 세심한 분석을 대체한다. 이런 현상은 아주 좋은 이유로 발생한다. 리처드 밀러Richard Miller와 그의 동료들이 말했듯이 "매일 재생되는 수많은 역태도적 메시지를 면밀히 살피는 것은 불합리"한 일일 것이다. 사람들은 오직 제

**정교화 가능성 모델**
정교화 수준이나 노력을 설명하려는 정보 처리 모델로, 평가 메시지로 이어짐.

**주변 경로**
정교화 가능성 모델에서, 눈앞의 이슈와 무관한 단서에 의존하는 정보 처리.

**휴리스틱**
설득 메시지에 대한 보다 세심한 분석을 대체하는 단순한 의사 결정 규칙.

한된 정보 처리 시간과 용량을 가지고 있기 때문에 그러한 정밀 조사가 시작되면 일상생활의 급박한 사태와 관련된 사고의 과정은 중단될 것이다(Miller, Brickman, & Bolen, 1975: 623).

그러나 분명 사람들이 활발히 그리고 기꺼이 논쟁이나 이슈를 해결하는 상황도 종종 있다. 정보의 타당성, 인지나 책임감의 필요성에 동기를 부여할 때 사람들은 최대한 정보를 면밀히 살피도록 하는 정보 처리의 **중심 경로**central route를 사용한다. 사람들은 "이슈에 적절한 사고"를 하고 "정교화 가능성"은 높다. 정교화 가능성 모델은 정교화 가능성을, 가까이 있는 정보에 대한 사고가 전혀 없는 정도에서 "모든 논쟁에 대한 완전한 정교화, 사람의 태도 스키마에 대한 정교화의 완전한 통합" 정도까지 연속적으로 진행되는 것으로 본다(Petty & Cacioppo, 1986: 8). 보다 엄격한 정교화의 산물인 태도는 더 강하게 견지되고, 더 오래 지속되며, 이어지는 행동에 대해 더 강한 예측력을 가지는 경향이 있다. 반면 주변 경로를 통해 발달된 태도는 덜 강하게 견지되고, 덜 오래 지속되며, 행동 예측력이 덜 강한 경향이 있다.

**중심 경로**
정교화 가능성 모델에서, 눈앞의 이슈와 관련 있는 정보에 대해 면밀히 조사하는 특징을 가진 정보 처리.

정보 처리의 **휴리스틱-체계적 모델**heuristic-systematic model은 정교화 가능성 모델과 마찬가지로 사람들이 정보를 체계적이고 휴리스틱적으로 처리한다고 본다. 그러나 이 모델은 이 두 과정이 종종 함께 일어나는 것으로 간주한다. 다시 말해 질적으로 상이한 정보 처리의 동시 모드를 인정하는 이중 정보 처리 모델이다(Chaiken & Trope, 1999). 정교화 가능성 모델과 마찬가지로, 사람들은 인지적 구두쇠cognitive misers라는 가정을 따른다. 즉 정보 처리에 있어 효율성을 중시하는 인간은 최소한의 노력으로 동기를 충족시키기를 원한다. 휴리스틱-체계적 모델은 이에 따라 **충분성 원칙**sufficiency principle을 따른다고 본다. 즉 우리는 필요를 충족하는 데 필요한 만큼만 체계적 처리를 수행한다. 약간의 인지적 노력으로도 그 목적을 달성할 수 있다면, 그 정도면 충분하며, 이후에는 휴리스틱이 그 부담을 떠맡게 된다. 하지만 더 많은 인지적 노력이 필요하다면, 즉 인지 충족의 임계점에 도달하기 위해 더 깊은 처리가 요구된다면, 그때는 체계적 처리를 계속 수행하게 된다는 것이다(Chen & Chaiken, 1999). 결과적으로 두 가지 처리가 동일하거나 유사한 판단을 낳는다면 결과는 부가적additive이다. 이는 추후 행동을 더 잘 예측해주는 보다 안정적인 태도 변화를 일으킨다. 두 가지 처리가 조화를 이루지 못하거나 반대로 나타나면, 체계적 정보 처리는 휴리스틱의 힘을 약화시키거나 줄어들게 한

**휴리스틱-체계적 모델**
사람들이 체계적이고 휴리스틱적인 정보 처리를 동시에 진행한다고 보는 이중 정보 처리 모델.

**충분성 원칙**
사람들이 정보를 처리할 때 인지 욕구를 충족시키는 데 필요한 만큼만 체계적으로 사고하려는 경향.

Instant Access

## 정교화 가능성 모델Elaboration Likelihood Model

**장점**

1. 매스 커뮤니케이션 과정에서 개인에게 관심을 집중한다.
2. 미디어 소비자의 지성과 능력을 존중한다.
3. 정보 처리 과정을 구체적으로 설명한다.
4. 다양한 미디어 정보를 탐색한다.
5. 다양한 커뮤니케이션 상황과 설정에서 일관적인 결과를 제공한다.

**단점**

1. 지나치게 미시적 수준을 지향한다.
2. 동시적 · 병행적 정보 처리 가능성을 일축한다.
3. 메시지에 존재하는 다수의 단서로 인해 실험해볼 만한 인과 관계를 간과한다.
4. 엔터테인먼트 미디어의 설득 효과를 설명하는 데는 그리 유용하지 않다.

다. 고려 중인 정보나 주장이 모호할 때 휴리스틱은 정보 처리, 심지어 사람들의 체계적 처리를 편향시키는 경향이 있다.

정교화 가능성 모델은 수많은 설정하에서, 그리고 수많은 연구에서 실험되었으며 널리 인정받아왔다. 따라서 매스 커뮤니케이션 연구자들은 이 모델이 유용하다고 판단했다. 특히 미디어 소비, 심지어 광고와 같이 명백한 설득 메시지의 소비가 (큰 정교화 없이) 일상적으로 일어나고, 이미 살펴본 바와 같이 이론가들은 청중이 (정교한) 메시지에 집중하려고 노력할 때에도 정보를 처리하는 일은 어렵다는 것을 확인했기 때문이다. 정교화 가능성 모델이 가장 빈번하게 적용되는 매스 커뮤니케이션 영역은 바로 정보 캠페인 영역이다. 리처드 페티Richard Petty, 파블로 브리놀Pablo Brinol, 조셉 프리스터Joseph Priester는 다음과 같이 설명한다.

> 만약 매스 미디어가 영향력을 행사하는 목적이 행동으로 이어지는, 장기간 지속되는 태도 변화를 이끌어내는 것이라면, 설득에 이르는 중심 경로는 우선시되

> 는 설득 전략인 것으로 보인다. 만약 새로운 태도를 즉각적으로 형성하는 것이 목적이라면, 비록 그러한 태도가 상대적으로 수명이 짧더라도(예: 텔레비전 방송에서 진행하는 자선 행사에 대한 태도) 주변 경로는 수용 가능할 수 있다…… 우리는 이제 다른 유형의 영향력과 같이 미디어의 영향력은 복잡하기는 하나 설명 가능한 과정이라는 것을 알고 있다(Petty, Brinol, & Priester, 2009: 153-154).

랜스 홀버트Lance Holbert와 켈리 가레트Kelly Garrett, 라우렐 글리슨Laurel Gleason은 인터넷 기반 미디어가 매스 커뮤니케이션 이론과 연구에 대한 정교화 가능성 모델의 가치를 명확하게 해주었다고 주장함으로써 이런 복잡성을 줄이려고 노력했다. 이들에 따르면 전통 미디어는 '푸쉬 미디어push media'이다. 미디어가 정보를 청중에게로 '밀고push' 청중은 이를 수용할 수도 있고 수용하지 않을 수도 있다. 그러나 인터넷 기반 미디어는 '풀 미디어pull media'이다. 청중은 자신들이 추구하는 정보를 미디어로부터 '끌어당긴다pull'. "정치 미디어 콘텐츠를 끌어당기는 사용자를 통제할 때, 정교화 가능성 모델의 관점에서 당신은 무엇을 가지고 있는 것인가"라고 그들은 묻는다. "당신은 동기 부여, 즉 정치적으로 설득력 있는 미디어 메시지를 소비하고 싶어 하는 청중을 보유하고 있는 것이다. 게다가 풀 미디어 환경의 청중은 자신들이 원하는 시간에, 원하는 장소 및 상황에서, 자신들의 특정 학습 스타일과 가장 잘 맞는 포맷을 이용해 자신들이 선택한 정치 미디어 메시지를 소비하려고 할 것이다. 미디어 이용 경험과 관련된 이러한 특성은 정치 정보를 처리하는 데 필요한 능력을 향상시켜준다"(Holbert, Garrett, & Gleason, 2010: 27). 당신이 마지막으로 정치 정보를 접한 순간을 떠올려보라. 그것은 TV 프로그램에서 '푸시'된 정보였는가, 아니면 당신이 페이스북 뉴스피드에서 '풀'해온 정보였는가? 당신은 그 정보를 이해하려는 동기를 얼마나 가지고 있었는가? 무엇을 기억하고 있는가?

## 내러티브 설득 이론과 확장된 정교화 가능성 모델

**내러티브 설득 이론**
실제 세계의 신념과 행동에 영향을 주는 스토리의 힘에서, 미디어 내러티브로의 흡수가 핵심 메커니즘이라는 개념.

내러티브 설득 이론narrative persuasion theory에서는 미디어 내러티브에 '흡수된다absorbed'는 것은 "스토리가 실제 세계의 신념과 행동에 영향을 미치도록 하는 핵심 메커니즘이라고 주장한다…… 일단 사람들이 스토리에 몰두하고 이 스토리를 현실적이라고 인지하며 스토리 등장인물과 자신을 동일시하면, 내러티브 기반의 신념 변화가 일어날 가능성이 높아진다"(Kim et al., 2012: 473). 미디어 내러티브에의 관여는 전송, 스토리 등장인물에 대한 인지된 유사성, 그리고 등장인물들에 대한 공감으로 구성되어 있다. 전송transportation은 "개인의 모든 정신적 체계와 능력이 내러티브의 사건에 집중되는 수렴 과정이다"(Green & Brock, 2000: 701). 전송 이론transportation theory을 개발한 멜라니 그린Melanie Green과 티모시 브록Timothy Brock은 전송이 정교화 가능성 모델과 어떻게 다른지, 그러나 어떻게 궁극적으로 동일한 수준의 태도 변화를 이끌어낼 수 있는지 다음과 같이 설명한다.

**전송**
개인의 정신적 체계와 능력이 미디어 내러티브의 사건에 집중되는 과정.

> 전송 이론은 설득의 이중 처리 모델에 설명된 체계적 모드 또는 휴리스틱 모드와 질적으로 다른 처리를 상정한다…… 정교화는 논쟁의 주요 논점에 대한 관심을 의미하는 반면, 전송은 텍스트에의 몰입을 뜻한다. 정교화는 논리적 사고와 논쟁의 평가를 통해 태도 변화를 이끌어내는 반면, 전송은 다른 메커니즘을 통해 설득에 다다른다. 첫째, 전송은 부정적 인지 반응을 감소시킬 수 있다. 전송된 독자들transported readers은 스토리에 나타난 주장을 믿지 않거나 반박할 가능성이 적으며 따라서 이들의 신념은 영향을 받을 수도 있다. 둘째, 전송은 내러티브 경험을 보다 실제적인 경험처럼 보이게 할 수도 있다. 직접 경험은 태도를 형성하는 강력한 수단이 될 수 있다…… 또한 내러티브는 경험의 모방을 가능케 하기 때문에 다른 방식보다 더 강력한 영향력을 미칠 수 있다. 셋째, 전송은 스토리 등장인물에 대한 강한 감정을 유발할 수 있다. 등장인물의 경험이나 신념은 독자의 신념에 영향을 줄 수 있다(Green & Brock, 2000: 702).

인지된 유사성과 공감은, 전송에 분명히 관여하는 한편 동일시identification와 보다 밀접하게 연관된다. 여러분은 앞서 사회 인지 이론(7장)에 대해 살펴볼 때 언급된 동일시를 기억할 것이다. 이는 내러티브 설득 이론에서 동일한 의미를 지닌다. 즉 동일시는 "청중이 등장인물의 정체성, 목표, 시각을 가정하는 상상의 과정이다"(Cohen, 2001: 261). 동일시는 인지적 반응(인지된 유사성)과 감정적 반응(공감)을 수반한다. 전송과 동일시는 콘텐츠 소비자의 개인적인 상상에 의존하기 때문에 픽션이나 논픽션 내러티브 모두에서 유사하게 작동한다. 실라 머피Sheila Murphy와 그녀의 동료들은 전송 중 일어나는 인지적 정보 처리 사고thought에 대해 다음과 같이 설명했다. "첫째, 시청자들은 자신의 주변 환경을 의식하지 못하며, 모든 인지 기능은 완전히 매개된 세계에 집중된다. 둘째, 전송된 시청자들은 고조된 '감정과 동기 부여'를 느낀다…… 전송된 시청자들은 미디어 세계에 완전히 몰입되어 내러티브 사건에 대한 이들의 반응은 마치 자신들이 실제로 그런 사건을 경험하는 것처럼 강해진다. 셋째, 시청자들이 전송된 상태에서 나올 때, 이들은 내러티브에 깊이 몰두한 결과로 인해 종종 변화한다"(Murphy et al., 2011: 410-411).

머피와 또다른 연구진은 특별히 준비된 픽션 내러티브 비디오 <타말레 레슨The Tamale Lesson>과 자궁경부암 및 팹Pap 테스트에 대한 정보를 전하는 논픽션 내러티브 비디오 <이츠 타임It's Time>의 효과를 비교했다. 두 비디오 모두 자궁경부암에 대한 인식을 성공적으로 제고하고 팹 테스트에 대한 긍정적인 태도를 이끌어냈지만, 시청자의 전송 정도가 높아짐에 따라 픽션 내러티브가 더 효과적이었다(Murphy, Frank, Chatterjee, & Baezconde-Garbanati, 2013). 이보다 훨씬 더 극적으로 제작된 미디어 내러티브로, 비호지킨 림프종(암)을 집중적으로 다룬 텔레비전 드라마 <위기의 주부들Desperate Housewives>의 6개 에피소드의 스토리라인은 관련 지식의 증가와 함께 특정 등장인물과 내러티브 자체에 대한 관여, 심지어 추가 정보 탐색과 친구 및 가족에게 암에 대해서 이야기하는 등의 행동으로 연결되었다는 측면에서 효과적이라는 것이 입증되었다(Murphy et al., 2011).

내러티브 설득 이론의 가치는 건강에 대한 미디어 내러티브의 설득력 연구에서 볼 수 있다. 그러나 이 연구에서는 내러티브 설득 이론에 대한 언급을 찾아볼 수 없다. 수잔 모건Susan Morgan과 그녀의 동료들은 장기 기증 의사에 미치는 엔터테인먼트 텔레비전 내러티브의 효과를 연구했다. 황금 시간대 프로그램인 <CSI: NY>, <넘버스Numb3rs>, <하우스House>, <그레이 아나토미Grey's Anatomy>의 에피소드를 연구에 활용했는데, 각 에피소드는 장기 기증과 관련된 내용이 포함되어 있었다. 그들은 "행동 모델링에 대한 미디어의 영향은 사람들이 얼마나 감정적으로 관여하고 몰입해서 특정 에피소드를 찾는가에 달려 있다"고 주장했다(Morgan, Movius, & Cody, 2009: 137). 이 말에서 알 수 있듯이 연구자들은 텔레비전 내러티브의 힘을 사회 인지 이론(모델링)에 고정시켰지만, 그들의 논리는 그들이 특히 이런 프로그램에 대한 감정적 관여(전송과 동일시)가 장기 기증에 대해 이야기하고 사람들에게 장기를 기증하라고 촉구하며 장기 기증자가 되기로 결심하는 데 유의미한 영향을 미친다는 것을 입증함으로써 내러티브 엔터테인먼트 이론의 원리를 쉽게 만들었을 수도 있음을 시사한다.

**확장된 정교화 가능성 모델**
스토리에 내포된 설득적 콘텐츠가 반태도적일 때, 내러티브에 흡수되고 내러티브의 등장인물에 반응하는 것은 설득 효과를 강화하며 반론을 억제함.

마이클 슬레이터Michael Slater와 도나 루너Donna Rouner는 **확장된 정교화 가능성 모델**extended elaboration likelihood model, E-ELM을 개발하며 그와 같은 주장을 했다. 이들은 다음과 같이 설명했다. "신념, 태도, 행동에 대한 엔터테인먼트-교육 메시지의 영향은 통상 사회 인지 이론의 원리로 설명된다. 그러나 엔터테인먼트-교육 메시지가 영향력을 갖는 이유와 관련한 또 다른 중요한 통찰은 내러티브 메시지의 설득적 콘텐츠 처리로부터 파생될 수 있다. 정교화 가능성 접근법에 따르면 내포된 설득적 콘텐츠가 반태도적counterattitudinal이라면 내러티브에 흡수되고 내러티브 등장인물에 반응하는 것은 설득 효과를 강화하고 반론을 억제한다"(Slater & Rouner, 2002: 173). 이들은 전통적인 정교화 가능성 모델은 설득을 위한 노력에는 "확고하게robustly" 적합하지만 "엔터테인먼트-교육을 이해하는 데 있어서 그 유용성은 제한적이다"라고 주장했다(Slater & Rouner, 2002: 174). **엔터테인먼트-교육**entertainment-education, EE은 대중적 미디어 콘텐츠에 친사회적 메시지가 내포되어 있을 때 일어난다. 이때 친사회적 메시지는 태도 및 행동에 영향을 미치려는 구체적인 의도를 가지고 있거나 혹은 단순한 극적 장치일 수 있다. 아니면 의도치 않게 친사회적 목적을 촉진하는 데 기여하기도 한다.

**엔터테인먼트-교육**
친사회적 메시지가 대중적 미디어 콘텐츠에 내포되어 있을 때 일어남.

에밀리 모이어-구세Emily Moyer-Gusé는 한 걸음 더 나아가 확장된 정교화 가능성 모델과 사회 인지 이론을 결합해 **엔터테인먼트 저항 극복 모델**entertainment overcoming resistance model을 만들었다. 엔터테인먼트 저항 극복 모델의 기본 전제는 "등장인물에 대한 관여 및/또는 내러티브에 대한 관여를 촉진하고 다양한 형태의 저항을 극복함으로써 스토리에서 일관적인 태도와 행동을 이끌어낼 수 있는 엔터테인먼트 미디어의 특성"이 있다는 것이다(Moyer-Gusé, 2008: 420). 엔터테인먼트-교육 내러티브에 관여한다는 것은 스토리가 전개되면서 시청자가 이 스토리를 따라가는 것에 흥미를 느낀다는 것을 의미한다. 이런 관점에서 전송과 동일하며 개인을 "맥락보다는 스토리 라인에 주로 관여하고, 내러티브가 전개되면 내러티브에 대해 간접적 인지와 감정적 반응을 경험하는 존재"로 표현한다(Moyer-Gusé, 2008: 409).

**엔터테인먼트 저항 극복 모델**
엔터테인먼트 미디어의 특성은 등장인물에 대한 관여 및/또는 내러티브에 대한 관여를 촉진하고 다양한 형태의 저항을 극복함으로써 스토리에서 일관적인 태도와 행동을 이끌어낼 수 있다는 것.

등장인물에 대한 관여는 더 복잡한데 이는 동일시, 동일시 갈망, 유사성, 의사사회적 상호작용, 좋아함을 수반하기 때문이다. 엔터테인먼트 저항 극복 모델에서 이 요인들은 다음과 같이 설명할 수 있다.

- 동일시identification는 개인이 자신의 현실을 망각하고 내러티브 등장인물의 역할을 수행하며 그 시간 동안 그 등장인물이 되고 그의 관점을 채택하는 감정적·인지적 과정이다. 동일시는 네 가지 차원을 갖는데, 공감(등장인물의 감정을 공유), 인지(등장인물의 관점을 공유), 동기 부여(등장인물의 목적을 내재화), 흡수(내러티브를 소비하는 동안 자기 인식 상실)이다.
- 동일시 갈망wishful identification은 개인이 등장인물처럼 되기를 바라고 등장인물을 모방하고 싶어하고 존경할 때 생긴다(7장).
- 유사성similarity은 때로 동종선호homophily라고도 하며, 자신이 등장인물과 유사하다고 생각하는 정도를 말한다. 이는 물리적 특성, 인구통계학적 변수, 신념, 성격, 가치관의 유사성으로 나타날 수 있다.
- 의사사회적 상호작용parasocial interaction은 '유사 관계pseudo relationship'를 형성하는 내러티브 등장인물과 개인의 상호작용이다(9장). 의사사회적 상호작용은 대면 관계처럼 보이지만 미디어 등장인물은 당연히 개인에게 응답하지 않는다.
- 좋아함liking은 내러티브 등장인물에 대한 개인의 긍정적 평가이다. 친밀감 또는 사교적 매력이라고도 한다.

모든 내러티브 설득 연구가 규범적 메시지나 건강에 대한 긍정적인 태도 및 행동을 형성하기 위해 고안된 메시지를 다루지는 않는다. 후안-호세 이가르투아Juan-José Igartua와 이사벨 바리오스Isabel Barrios는 내러티브 설득 이론과 확장된 정교화 가능성 모델을 적용해 내러티브가 논란의 여지가 있거나 논쟁적인 주제 및 스토리, 즉 사람들이 중요하다고 여기는 가치를 다룰 때의 태도 변화를 설명하고자 했다. 이 연구자들은 보통 내러티브 설득 연구와 확장된 정교화 가능성 모델 연구에서 사용되는 내러티브에 포함된 건강 메시지에 반대하는 사람은 아무도 없을 것이라고 주장했다. 또한 "논란을 일으키거나 여론을 뒤흔드는 대중 내러티브의 영향에 대한 연구는 어떨까"라고 질문했다(Igartua & Barrios, 2012: 515). 이들은 14세 소녀의 죽음을 다룬 스페

**Instant Access**

### 내러티브 설득 이론 Narrative Persuasion Theory

**장점**

1. 매스 커뮤니케이션 과정에서 개인에게 관심을 집중한다.
2. 정교화 가능성 모델을 강화시킬 수 있다.
3. 사람들의 엔터테인먼트 콘텐츠의 인지적 처리를 존중한다.
4. 다양한 미디어 정보를 탐색한다.
5. 친사회적 콘텐츠 구축을 위한 모델을 제공한다.
6. 인지와 영향의 작용을 설명한다.

**단점**

1. 지나치게 미시적 수준을 지향한다.
2. 엔터테인먼트 콘텐츠의 영향이 지속적이고 유의미하다는 점을 입증하지 못했다.
3. 내러티브 설득 효과를 강화하거나 막는 요인에 대해 더 밝혀야 할 필요가 있다.

인 영화로 논란이 많은 가톨릭 종교 집단 '오푸스 데이Opus Dei'와 종교 일반을 부정적인 시각으로 그린 <카미노Camino>를 이용해 영화에의 노출은, "'오푸스 데이는 사회에 해로운 조직이다', '종교는 완전한 삶을 사는 데 걸림돌이다'라는 신념에 대한 더 강한 합의를 유도한다"는 것을 증명했다(Igartua & Barrios, 2012: 526). 이러한 판단은 영화 주인공과의 동일시를 통해 더욱 강해졌다. 이들은 기존 연구에서보다 더 광범위한 미디어, 이슈, 맥락에서 내러티브의 설득력이 탐구되어야 한다고 주장했다.

## 헬스 커뮤니케이션

인터넷 기반 미디어 연구자들과 헬스 커뮤니케이션에 관심 있는 학자들은 점점 더 협력하여 미디어와 대면 커뮤니케이션 모두가 사람들의 건강 관련 의사 결정에 어떤 영향을 미치는지 평가하고 있다. 가장 유망한 연구 영역들 중에는 건강 전문가를 방문하는 전통적인 방식의 대체 수단으로서 인터넷을 사용하는 것과 공중 보건 캠페인 서비스에 인터넷 기반 미디어를 사용하는 것이 있다.

**헬스 커뮤니케이션**
사람들이 건강을 증진하기 위한 결정을 하는 데 있어서 정보를 제공하고 영향을 미치기 위해 다양한 형태의 커뮤니케이션을 이용함.

미국 인터넷 사용자의 80%가 건강 정보를 온라인에서 검색하며, 이 중 80%는 검색 엔진에서 시작한다(Weaver, 2018). 그러나 그들이 찾는 건강 기사 중 4분의 3은 맥락의 결여, 잠재적 위협의 과장, 연구 결과의 과잉 해석 등으로 인해 오도되었거나 거짓 정보를 포함하고 있고(Raphael, 2019), 그 결과자가 진단의 정확도는 겨우 절반 수준에 그친다(Park, 2018). 게다가 만 18~24세의 젊은 성인 중 무려 3분의 1은 기초적인 헬스 리터러시조차 갖추지 못했다(Schwartz, 2017). 이에 따라 **헬스 리터러시**health literacy, 즉 적절한 건강 관련 결정을 내리는 데 필요한 기초적 건강 정보와 서비스를 획득하고, 처리하고, 이해하는 능력에 대한 관심이 커지고 있다. 앞서 언급했듯이, 엔터테인먼트 교육의 다양한 형태는 이러한 분야에서 역할을 할 수 있다.

**헬스 리터러시**
적절한 건강 결정을 내리기 위해 필요한 기초 건강 정보와 서비스를 이해하고 활용하는 능력.

헬스 커뮤니케이션 연구가 관심을 갖는 또 다른 분야는 소셜 네트워킹이다. 특히 건강을 개선하기 위해 소셜 네트워킹 친구들 간에 공유된 정보의 이용에 관심을 기울인다. 예를 들어 의료 전문가들은 독감에 걸릴 위험이 증가한다는 것을 경고하기 위해 사용자의 뉴스피드에서 키워드를 검색하는 앱을 개발했다. 예를 들어 당신의 SNS 친구 네 명이 수업에 빠진 것을 게시하고 다른 세 명의 친구가 아프다는 글을 올리면, 당신은 "오늘 독감에 걸릴 가능성이 있다"라는 메시지를 받을 수 있다. 다른 연구자들은 성매개감염병STI에 비슷한 접근 방식을 적용했다. 트레이시 클락-폴로리Tracy Clark-Flory는 "실세계의 사회적 네트워크(다시 말해 어떤한 사람의 친구들 및 성적 파트너들로 이루어진 집단)는 이미 STI의 위험에 대한 강력한 예측 변수임이 입증되었다. 따라서 하나의 가상 환경에서 모든 실세계와 연결해주는 페이스북과 같은 사이트들은 이 분야에서 큰 잠재력을 지니고 있다"고 말했다(Clark-Flory. 2012, para. 2). SNS 게시글들의 키워드가 위험한 성적 행동이나 감염된 사람과의 사회적 접촉 등을 나타내고 있다면 사용자는 각별한 주의를 기울이라는 메시지를 받을 것이라는 논리이다. 또는 STI로 진단받은 사람들의 경우 성적 파트너를 신고하는 것이 법으로 정해진 주에서는 검사로 혜택을 받을 수 있는 성적 파트너 및 친구의 목록을 요구받을 수 있다. 페이스북을 통해 이 사람들은 그들이 아는 누군가가 STI로 진단받았으며, 따라서 그들도 위험한 상태일 수 있으니 검사를 받아야 한다는 경고를 접할 수 있다.

또한 페이스북은 고등학생들과 대학생들에게 안전한 섹스를 하도록 안내하는 데 사용되고 있다. 쉬나 불Sheana Bull과 동료들은 수신자들에게 각기 다른 메시지를 보내는 실험을 했다. 실험 결과에 따르면 성 건강에 관한 뉴스피드 메시지—주간 특집 기사 '저스트/어스Just/Us'에 실린 '콘돔 협상', HIV 검사, 건강한 성관계 관련 내용—를 받은 사람들은 콘돔 사용률이 더 높았다. 연구자들은 보다 공식적인 SNS의 안전한 섹스 옹호자들의 정보를 이용하기보다 뉴스피드를 이용하는 것을 선택했다. 왜냐하면 "대부분의 젊은이들이 적극적으로 페이스북에서 단체들을 찾고 그들과 소통한다는 것을 보여주는 증거가 거의 없기 때문이다. 따라서 RSS 피드를 통해 메시지를 '쏟아내는 push' '저스트/어스'와 같은 접근 방식들은 많은 젊은이들로부터 바로 메시지를 얻을 수 있는 하나의 방법을 제공한다(Bull et al., 2012: 472-473). 이와 유사한 경우로, 와심 아메드Wasim Ahmed와 그의 동료들은 대규모 트위터 캠페인이 자폐증에 대한 인식 제고와 자폐증 환자에 대한 긍정적 정서 형성에 기여할 수 있다는 사실을 입증했다(Ahmed, Bath, Sbaffi, & Demartini, 2018).

## 지연 가설

지금까지 살펴본 바와 같이 내러티브의 설득력은 확실히 증명되었기에 확장된 정교화 가능성 모델과 엔터테인먼트 저항 극복 모델의 토대가 되었다. 그러나 일부 학자들은 내러티브가 올바른(즉 친사회적이고 건전한) 태도와 행동에 매우 효과적으로 영향을 미친다면, 잘못된 생각이나 판단에도 그와 같이 영향을 미치지 않을까 하는 논리적인 질문을 던진다. 제이콥 젠슨Jakob Jensen과 그의 동료들은 **지연 가설**delay hypothesis을 제안하며 이렇게 설명했다. "전 세계 사람들은 매일 매스 미디어의 홍수 속에서 살고 있으며, 상당한(그리고 점점 증가하는) 매스 커뮤니케이션 연구를 통해 많은 콘텐츠가 다양한 방법으로 왜곡되었다는 것이 증명되었다. 미디어 내러티브는 성별, 인종, 계급, 성적 지향, 그리고 다양한 사회적 행동을 잘못 표현하거나 이에 대해 부정확한 정보를 준다…… 따라서 작든 크든, 내러티브 상황에서 지연된 메시지 효과의 가능성은 상당하다"(Jensen et al., 2011: 523).

**지연 가설**
미디어 효과는 시간이 흐른 뒤 사람들이 정보 처리와 회상을 할 때 발생할 수 있으며 종종 부정확한 인지로 이어진다는 개념.

지연 가설에 따르면 미디어 효과는 시간이 흐른 뒤 사람들이 정보 처리와 회상을 할 때 나타날 수 있다. 이 연구자들은 "픽션 미디어 내러티브는 수용자의 신념에 적은 영향을 미치거나 즉각적인 영향을 미치지 않다가, 시간이 흐른 뒤 메시지의 구성 요소가 사라지고 기억에서 분리되거나 인지 네트워크에 의해 대안적 방식으로 다시 전용될 때 증가하거나 분명하게 드러날 수 있다"고 주장했다(Jensen et al., 2011: 509). 후속 효과는 지연된 누적 효과를 의미하는 '지연된 물방울delayed drip' 또는 더 큰 지연된 효과를 의미하는 '지연된 호우delayed drench'가 될 수 있다. 어찌 되었든 "많은 효과들이 특히 생생한 콘텐츠와 이미지가 있는 픽션 내러티브에 최초로 노출된 이후에 발생한다"(Jensen et al., 2011: 510).

지연 가설의 논리는 **수면자 효과**sleeper effect의 논리와 유사하다. 수면자 효과는 설득 메시지를 수용한 이후 태도 변화가 즉각적으로 측정 가능하게 일어나지는 않지만, 시간이 흐른 뒤 수용자가 정보원, 증거 등 통상 설득에 영향을 미치는 요인을 망각한 뒤에 일어날 수 있다는 개념이다(Hovland, Lumsdaine, & Sheffield, 1949). 수면자 효과는 본래 제2차 세계대전 중에 수행된 <우리가 싸우는 이유Why We Fight>라는 영화 시리즈를 이용한 설득 연구의 산물로(4장), 이후 관련 연구에 대한 지지는 엇갈려왔다. 그러나 지연 가설은 내러티브 설득 이론과 매우 동일한 방식으로 설득 메시지에 기반한 태도 변화와, 줄거리, 등장인물, 행위에 초점을 맞추고 특히 극적인 내러티브 픽션이 실제 삶보다 더 생생하고 흥미진진해서 결국 사람들의 기억을 왜곡시킬 가능성이 있는 내러티브에 의한 태도 변화 사이에는 근본적인 차이가 있다고 주장한다(Shrum, 2009).

**수면자 효과**
설득 메시지 수용 이후 태도 변화가 즉각적으로 측정 가능하게 일어나지는 않지만, 시간이 흐른 뒤 수용자가 통상 설득에 영향을 미치는 요인을 망각한 후 일어날 수 있다는 개념.

젠슨과 그의 동료들은 지연 가설을 실험하기 위해 대학생들에게 ABC 방송국의 프로그램인 <보스턴 리걸Boston Legal>의 에피소드를 보여주었다. 앞서 살펴본 내러티브 설득 연구에서와 같이 이 에피소드에서도 건강과 의약품에 대해 다루었는데, 앞선 연구에서 활용되었던 프로그램들과는 달리 정확하지 않게 다루었다(ABC는 결국 공개 사과와 성명서를 발표했다). '넛츠Nuts'라는 제목의 이 에피소드에서는 알레르기 자기 주사기(생명을 위협하는 알레르기 반응에 대해 비상 처치를 하기 위한 주사)에 대해 심각한 땅콩 알레르기 치료에는 효과가 없다고 부정확하게 묘사했다. 이 특정한 내러티브에서 아이가 고통을 느낀 후 수초 내에 주사 치료를 한 교사는 아이가 사망하자 고소당했다. 연구자들은 참가자들이 이 프로그램을 시청한 후 2주가 지난 뒤 질문을 받았을 때 시청 직후보다 잘못된 지식을 더 많이 기술한다는 점을 증명함으로써 지연 가설을 확인했다. 이들은 또한 내러티브에서 인지된 현실이 지연 효과에 영향을 준다는 것도 발견했다.

## 감성 지능, 동기화된 추론, 역화 효과

지난 수십 년 동안 정보 처리에 대한 다른 시각이 힘을 얻기 시작했다. 정치학자인 제임스 쿠클린스키James Kuklinski와 폴 쿼크Paul Quirk는 이러한 경향에 대해 다음과 같이 기술했다. "[인지]심리학자들은 사람들이 대체로 합리적이라는 일반인의 상식적 인식으로부터 출발한다…… 휴리스틱 판단은 종종 이런 기대를 완전히 저버린다. 따라서 심리학자들은 이런 효과를 설명하면서 오류를 강조한다. 반면 정치학자들은 사람들이 정치적으로 무지하다는 것을 보여주는 연구로부터 출발한다. 이들은 정치적 휴리스틱 덕분에 오리무중의 상태를 면할 수 있다는 증거를 발견했다. 따라서 심리학자들과는 달리 정치학자들은 긍정적인 면을 강조하는 경향이 있다"(Kuklinski & Quirk, 2000: 166). 즉 사람들이 가기 쉬운 정보 처리의 지름길 중 상당수는 제 기능을 못하는 것이 아니라 실제로 제대로 기능하는 것일 수 있다. 쿠클린스키와 쿼크는 다음과 같이 설명했다. "인류학 연구로 판단컨대, 인간의 조상은 자주 전쟁을 치렀고 살해당할 가능성이 높았다…… 위험한 상황은 아마도 고정 관념, 자기 민족 중심주의, 그리고 현대 정치에서 자주 갈등을 야기하는 공포와 분노 등에 대한 신속한 반응을 이끌어냈을 것이다…… [고대] 인간은 또한 글쓰기나 연산도 없고 멀리서 일어나는 일에 대한 우려도 없고 전문 지식도 거의 없는, 오늘날과는 확연히 다른 정보 환경에서 살았다. 이런 환경은 설득에 있어서 추상적이고 조직적인 정보 처리가 상대적으로 비효율적임을 설명할 수 있을 것이다…… 우리는 설득에 대응하기 위한 진화된 프로세스를 가지고 있지만 이는 새로운 정보에 적합한 것은 아니다"(Kuklinski & Quirk, 2000: 165).

**감성 지능**
감성(감정)과 추론은 정보 처리 시 보완적이라는 개념.

**감성 지능**affective intelligence 이론은 인간을 '생존주의적 정보 처리자'로 보는 관점에서 출발한다. 이 이론은 정보 처리를 할 때 감성(감정)과 추론reason은 대립적인 것이 아니라 보완적인 것으로 본다. 이 개념의 창시자인 조지 마커스George Marcus와 러셀 뉴먼Russell Newman, 마이클 맥쿠엔Michael MacKuen은 다음과 같이 설명했다.

> 감성 지능은 사려 깊고 배려심 있는 국민을 양성하기 위한 감정과 추론의 상호작용 방법에 대한 이론이다…… 우리는 특히 바쁜 사람들이 주변에 소용돌이치고 있는 혼란의 정치 세계에 조금이라도 관심을 기울이도록 하는 감정과 사고 간의 역학에 초점을 맞추고 있다. 우리 대부분은 정책 입안가나 정치 활동가 또는 전문 정치인이 아니다. 대부분 우리는 정치적 선택에 대해 생각하지 않으며 다만 정치적 습관에 의존할 뿐이다. 습관에의 의존은 인류의 진화에 깊숙이 자리 잡고 있다. 그렇다면 우리는 언제 정치에 대해 생각하는가? 우리 감정이 그러라고 할 때이다. 우리는 사람들이 익숙하고 예상되는 정치적 상징들symbols에 습관적으로, 그리고 대부분은 생각 없이 반응함으로써 정치 문제를 감시한다고 생각한다. 즉 과거의 사고, 계산, 평가에 의존하는 것이다. 그러나 우리 이론의 핵심 주장은 국민들이 정치적 지평에서 위협적인 행위자, 사건, 또는 이슈에 접했을 때 새로운 평가와 정치적 판단 프로세스가 활성화된다는 것이다(Marcus, Newman, & Mackuen, 2000: 1).

그 결과 부정적인(또는 반태도적인) 정보는 사람들로 하여금 새로운 정보에 더 집중하고 정보 처리에 더 노력을 기울이게 함으로써 보다 많이 배우도록 고무한다. 부정적인 감성(감정)은 따라서 사람들이 자극과 환경을 더 많이 학습하도록 동기를 부여하고 더 나은 결정을 내리게 만든다.

**동기화된 추론**motivated reasoning 이론은 감정과 추론의 관계가 감성 지능에서 기술된 관계와 유사하다고 가정하지만, 사람들은 기존의 평가를 유지하고 이에 대한 지지를 받으려는 심리적 동기 부여가 되어 있기 때문에 그 결과가 반드시 더 좋은 결정으로 나타나지는 않는다고 주장한다. 데이비드 레드로스크David Redlawsk와 그의 동료들은 다음과 같이 말했다.

**동기화된 추론**
감성(감정)과 추론은 정보 처리에서 함께 협력해 작동하지만, 사람들은 기존의 평가를 유지하고 이에 대한 지지를 받으려는 심리적 동기 부여가 되어 있기 때문에 그 결과가 반드시 이롭지는 않다는 개념.

> 동기화된 추론가들은 새 정보를 즉각 평가하고 이를 사용해 자신의 평가 감성을 요약하는 온라인 기록을 업데이트한다. 새로 접한 정보는 감성적 가치affective value를 가진다. (온라인 기록에 의해 표현되는) 기존 평가를 감안해서, 이런 감성 요소들은 상호작용을 통해 새 정보가 온라인 기록의 업데이트를 위해 사용되기 전 새 정보의 평가 방법에 온라인 기록이 직접 영향을 주도록 한다…… 심지어 더 많이 배우고 더 정확한 평가를 하겠다는 동기 부여가 되어 있는 유권자들도 새 정보의 인지적 처리를 시작하기 전 감성적 평가를 하면서 동

> 기화된 추론에 따라 편향된 정보 처리에 영향을 받을 수 있다…… 동기화된 추론은 기존 감성 평가와 새 정보 간에 상호작용이 일어나도록 하지만 감성 지능과는 달리 감성의 효과는 더 정확하다기보다는 덜 정확한 업데이트로 이어질 수 있다(Redlawsk, Civettini, & Emmerson, 2010: 567).

이 설명에서 부조화 이론dissonance theory의 반향echo을 들을 수 있는데, 이는 당연히 동기화된 추론 이론이 부분적으로는 정보 처리 이론의 대표적인 구상에 기반하고 있기 때문이다(4장).

**역화 효과**

자신의 견해 등에 대해 지적하는 달갑지 않은 정보를 받은 사람들은 자신의 견해에 대한 그러한 도전에 저항할 뿐만 아니라 기존의 잘못된 입장을 더욱 강하게 견지하게 됨.

브렌던 니한Brendan Nyhan과 제이슨 라이플러Jason Reifler는 **역화 효과** backfire effect에 대한 연구에서 동기화된 추론의 증거를 제시했다. 자신의 견해 등에 대해 지적하는 달갑지 않은 정보를 받은 사람들은 그러한 도전에 저항할 뿐만 아니라 기존의 잘못된 입장을 더욱 강하게 견지한다는 것이다(Nyhan & Reifler, 2010). 사람들은 새 정보를 자신의 기존 신념과 일치하는 것으로 단순히 선택적으로 지각할 수 있지만 역화 효과는 무언가 다른 것이 작동하고 있다고 시사한다. 사람들은 도전적인 정보에 인지적 반론을 펴게 되는데, 특히 강하게 저항하는 경우 자신들이 고수하는 의견을 더욱 강하게 옹호하며 원래보다 더욱 극단적인 입장을 견지하게 된다는 것이다. 이라크 전쟁, 대량 살상 무기, 줄기 세포 연구, 세금 감면과 같이 정치적 주제에 대한 오해를 실험하는 연구에서, 니한과 라이플러는 잘못된 의견을 시정하려는 노력은 대부분의 헌신적인 신봉자들의 오해를 줄여주지 못하며 "직접적인 사실에 입각한 반박은 실제로 이념적인 사실에 입각한 신념을 강화한다"는 것을 증명했다(Nyhan & Reifler, 2010: 323). 또한 이들은 실험에서 역화 효과를 보여준 것은 보수주의자이지만 "진보주의자와 민주주의자 역시 (다른 연구에서 증명되었듯이) 사실 정보를 자신들의 정치적 성향과 일치하는 방식으로 해석한다는 증거가 많이 있다"고 언급했다(Nyhan & Reifler, 2010: 323). 그러나 최근 연구에 따르면, 역화 효과는 사실 확인 기관의 보도에 적용될 때, 주로 "특히 논쟁적인 주제이거나, 사실 주장 자체가 모호한 경우"에만 나타나는 경향이 있다는 주장이 제기되기도 했다(Owen, 2019, para. 2).

## 신경과학적 관점

2004년 매스 커뮤니케이션 연구자 존 셰리John Sherry는 다음과 같이 기술했다. "매스 커뮤니케이션 분야와 이 분야에서 가장 영향력 있는 학자들은 생물학이 행동을 결정하는 데 영향을 줄 수 있다는 생각에 반대를 표했던 [사회과학] 전통으로부터 등장했다. 시간이 흐르면서 연구자들은 인간 행동의 관점에서 발견된 좀 더 환경에 기반한 사회적 상호작용 이론…… 사회 문화 이론…… 또는 심지어 기호학과 비판/문화 연구 등 과학보다는 인문학과 더 공유할 수 있는 이론들로 옮겨갔다……"(Sherry, 2004: 91). 그러나 그는 "발달 심리학자, 인지과학자, 신경과학자, 생물학자들 모두가 선천nature과 후천nurture이 상호작용해서 인간 행동을 결정한다는 것을 증명했다고 하면서 만약 커뮤니케이션 연구자들이 계속해서 20세기 초의 존재론에만 매료되어 행동에 대한 생물학적 영향을 보여주는 축적된 증거를 무시한다면, 우리의 이론은 시대에 뒤떨어지게 될 것"(Sherry, 2004: 102)이라고 주장했다.

셰리는 **신경과학적 관점**neuroscience perspective—인간의 정보 처리는 "생물학적 환경과 사회적 환경이 상호 의존적 관계를 구성하는 복잡한 시스템"이라고 보는 관점—에 대한 학계의 무관심으로 어려움을 겪어온 매스 커뮤니케이션 연구자가 관심을 가져야 할 다섯 가지 영역을 제안했다(Muuss, 1988: 300).

**신경과학적 관점**
인간의 정보 처리는 "생물학적 환경과 사회적 환경이 상호 의존적 관계를 구성하는 복잡한 시스템"이라고 보는 관점.

- 주목attention: 우리는 왜 미디어에 주목하는가? 우리는 다양한 미디어와 장르에 각기 어떻게 다르게 주목하는가? 사람마다 다르게 주목하는 이유는 무엇인가?
- 감정emotion: 감정은 미디어 경험을 어떻게 향상시키는가? 미디어와 기분mood은 어떻게 상호작용하는가? 미디어와 장르에 대한 취향은 어떻게 생겨나는가? 사람들은 왜 그리고 어떻게 미디어와 미디어 콘텐츠에 익숙해지거나 중독되는가?
- 학습과 기억learning and memory: 학습 능력과 기억, 미디어 효과에서 나타나는 개인차는 어떤 연관성이 있는가?
- 동기 부여motivation: 미디어 이용과 인간의 기본 욕구는 어떻게 관련되며 서로에게 어떤 영향을 미치는가?

- 지각perception: 다양한 지각 능력이 어떻게 미디어에 대한 경험과 선호에 영향을 줄 수 있는가?

예를 들어 정교화 가능성 모델의 중심 경로 처리가 부분적으로 논쟁을 처리할 수 있는 개인의 동기와 능력에 달려 있다면, 사람마다 이를 다르게 처리할 수 있다는 가능성을 연구자가 어떻게 무시하겠는가? 매스 커뮤니케이션 분야는 **선천/후천 격차**nature/nurture divide(유전학과 뇌신경생리학 대 학습과 문화)의 본질적인 면을 완전히 무시하는 것처럼 보이지는 않는다. 셰리 자신은 파멜라 슈메이커Pamela Shoemaker의 생물학적·문화적 진화와 부정적 뉴스에 끌리는 현상에 대한 1996년의 연구, 닐 말라무스Neil Malamuth의 성적인 콘텐츠에 대한 관심에 있어서 남녀의 진화론적 차이에 관련된 1996년의 연구, 마리나 크르크마Marina Krcmar와 캐스린 그린Kathryn Greene의 젊은 세대의 폭력적 콘텐츠에 대한 노출과 선정성을 추구하는 특성에 관한 1999년의 연구와 같이 1990년대에 수행된 진화와 특성에 기반한 미디어 효과 관련 연구를 인정한다. 7장에서는 그보다 더 전인 1979년 엘렌 바르텔라Ellen Wartella가 수행한 발달적 관점에서의 아동의 텔레비전 이용에 대한 연구가 소개되었다. 바르텔라는 연령이 다른 아동들 간, 그리고 아동과 성인 간 의사소통에서 보이는 차이점을 설명하는 데 이 관점이 사용될 수 있다고 제안했다. 그로부터 20년 뒤인 1999년, 그녀는 이 발달적 관점을 '포맷 특성과 어린이 시청 형태의 신경심리학적 효과'와 연계시키며 동일한 주장을 펼쳤다(Wartella, 1999: 81). 그리고 수십 년 동안 광고주와 마케터들은 소비자들의 이성과 논리를 우회해 그들의 잠재의식에 직접 도달하기 위한 '마법 열쇠'를 찾기 위해서 뇌파, 표정, 눈동자 움직임, 땀, 심장 박동 수 모니터링 등의 생체 측정을 활용한 **뉴로 마케팅 연구**neuromarketing research를 동원해왔다.

**선천/후천 격차**
인간의 태도와 행동의 근원을 비롯해, 유전학과 뇌신경생리학 대 학습과 문화의 근원에 대한 질문.

**뉴로 마케팅 연구**
소비자 행동으로 가는 '마법 열쇠'를 찾기 위한 마케터들의 생체 측정 활용.

신경과학적 관점은 뇌가 여러 부분으로 구성되어 있으며 각 부분은 중요한 기능을 한다는 점을 인식한다. 생존을 관장하는 뇌의 부분은 대뇌변연계limbic system이다. 때로 사람들은 이를 오래된 뇌라고 부르고 어떨 때는 도마뱀 뇌나 파충류 뇌라고도 한다. 이 오래된 뇌는 모든 동물의 종이 육지로 진화한 이래로 동물의 종과 함께 해왔기 때문이다. 의식적인 추론을 관장하는 부분인 대뇌피질cerebral cortex은 새로운 뇌로 불린다. 대뇌피질은 학습과 기억을 담당한다. 제임스 포터에 따르면, 우리는 뇌를 특정한 기능을 수행하기 위해 "'하드웨어적으로 고정된hard wired' 것으로 생각하지만 뇌에는 우리에게 사고할 수 있는 능력을 주는 소프트웨어적인 부분도 많이 있다"(Potter, 2012: 89-90). 노벨 경제학상 수상자인 대니얼 카너먼Daniel Kahneman은 그의 저서 『생각에 관한 생각*Thinking, Fast & Slow*』(2011)에서 이와 유사한 은유를 사용한다. 카너먼에 따르면 뇌는 시스템 1과 시스템 2라는 두 가지 시스템을 통해 작동한다. 시스템 1은 오래된 뇌, 또는 포터가 말한 하드 드라이브이다. 시스템 1은 자동으로 실행되며 절대 끌 수 없고 매우 적은 정보에 기반해 아주 빠르게, 그리고 보통은 올바른 결정을 내린다. 이 시스템은 휴리스틱과 정신적 지름길을 좋아한다. 왜일까? 원시 사회의 사람들은 수풀 속에서 바스락거리는 것이 사자인지 아닌지, 만약에 사자라면 좋은 사자인지 배고픈 사자인지 잠시 멈춰 생각했다가는 살아남을 수 없었을 것이다. 질문에 답할 때쯤에는 사자 먹이가 되어버릴 것이기 때문이다. 시스템 1은 자연스럽고 부드럽게, 그리고 신속하게 작동하므로 보통은 인간의 합리적 자아라고 할 수 있는 시스템 2를 압도한다. 시스템 2는 느리고 비효율적이다. 그리고 관심과 에너지, 시간을 필요로 한다. 카너먼은 인간을 '인지적 구두쇠'라고 말하지는 않았지만 시스템 2가 시스템 1을 지연시키고 심지어 정당화한다는(부조화 감소라고 부를 수 있다) 그의 관점은 그가 인간이 '인지적 구두쇠'라고 믿고 있음을 시사한다. 그래서 앞서 언급했던 마케터 리스테러는 오래된 뇌인 지각하지 못하는 시스템 1을 공략하고자 한 것이다. 무엇 때문에 시스템 2에 대해 신경을 쓴단 말인가? 너무 많은 노력이 들고 원하는 결과를 얻지 못할 수도 있다. 그러나 시스템 1에는 제약 사항이 있다. 카너먼은 여기에는 '편견bias'이 있다고 설명한다. "구체적인 상황에서 시스템적 오류를 만드는 경향이 있다…… 시스템 1은 때로 받은 질문보다는 쉬운 질문에 답하고, 논리와 통계에 대한 이해도 거의 없다"(Kahneman, 2011: 25). 그리고 절대 꺼지지 않는다는 사실이 (적어도 생존에는) 좋아 보일 수 있지만 눈앞에 있는 과제가 시스템 2의 특별한 강점을 필요로 할 때는 문제가 될 수도 있다.

그러나 셰리는 학습과 기억, 합리적 자아라는 측면에 대한 매스 커뮤니케이션의 학문적 관심은 오래된 뇌/시스템 1의 영향이 제기하는 질문을 간과하게 했다고 설명했다. 이를 보완하기 위해 그는 매스 커뮤니케이션 이론과 연구는 "(성별, 기질, 호르몬, 생김새 등과 같은) 생물학적 원인과 (부모, 동료, 문화 등과 같은) 사회적 환경의 원인을 설명할 수 있어야 한다"고 주장했다. 셰리는 또한

"신경과학 패러다임은 (1) 인간의 모든 행동은 신경생리학적 과정에 뿌리를 두고 있고, (2) 인간의 신경생리학적 구성은 유전적으로 결정되지만, (3) (자궁 속에 있을 때를 포함해서) 일생 동안 형성될 수 있으며, 따라서 환경적 영향을 받기 쉽다고 가정한다"라고 설명했다(Sherry, 2004: 92-93). 사회과학자 및 유전학자로 구성된 연구진의 피터 하테미Peter Hatemi와 엔다 바이르네Enda Byrne, 로즈 맥더모트Rose McDermott는 유전자 구성과 환경의 상호작용 및 가소성plasticity에 대해 다음과 같이 설명했다.

> 신경생물학적 관점에서 환경은 유기체 전체가 직면하는 단순한 자극 그 이상을 나타낸다. 환경은 내부 세포 과정 및 개인에게 작용하는 외부의 힘을 의미한다. 구체적으로 환경은 세포 환경, 임신 중 호르몬, 임신기 모성 스트레스를 비롯해서 자식을 임신했을 때 부모가 처했던 환경, 어린 시절과 성인이 된 후 직면하게 되는 환경, 식사, 육아, 가족 환경, 사회적·경제적 이슈, 정서적 유대감, 삶에서 무작위적으로 일어나는 사건들을 포함해 많은 요인들과 관련이 있다. 다시 말해 환경은 개인이 태어나기 전과 후에 개인의 몸 안팎에서 일어나는 모든 것을 의미한다고 할 수 있다(Hatemi, Byrne, & McDermott, 2012: 309).

유전학과 태도의 관계는 쌍둥이에 대한 연구에서 충분히 증명되었다. 일란성 쌍둥이(한 개의 수정란으로부터 생겨난 형제로, 동일한 유전자 구성을 가진다)는 이란성 쌍둥이(두 개의 수정란으로부터 생겨난 형제로, 유전자 구성이 다르다)보다 사형 제도, 자기 민족 중심주의, 도덕, 노조, 실업, 낙태 등과 같은 이슈에 대해 일관적으로 이념적·태도적 유사성을 더 보인다(Eaves & Eysenck, 1974). 이러한 결과는 일란성 쌍둥이가 서로 떨어져 양육될 때도 지속적으로 나타난다(Tesser, 1993). 또한 쌍둥이 연구는 이란성 쌍둥이의 경우 같은 집에서 자랄 때는 이념적·태도적 유사성을 보이는 경향이 있으나 따로 (떨어져) 살게 되면 현저히 다른 태도를 형성한다는 것을 증명했다. 우리가 예상한 바대로 유전적 기질이 다른 이란성 쌍둥이는 친구, 환경을 스스로 선택하고 경험을 자유롭게 쌓는다. 그러나 일란성 쌍둥이의 경우 떨어져 있고 스스로 친구, 환경을 선택하고 경험을 자유롭게 쌓을 수 있을 때조차도 유사한 유전적 기질을 가지고 있기 때문에 유사한 태도를 보인다(Hatemi et al., 2009).

우리는 뇌의 진화가 우리가 세상에 반응하는 방식에 어떻게 영향을 미치는지 알아보았다. 방금 살펴본 바와 같이 신경과학적 관점은 유전자와 유전학을 고려한다. 그러나 유념할 것은 유전학이 태도와 행동을 결정하지는 않는다는 것이다. 'XXX를 위한 유전자', 예를 들어 '진보 유전자', '보수 유전자' 또는 '미디어 이용 유전자'와 같은 것은 없다. 일반적으로 복잡한 사회적 특성과 행동을 보여주는 성향에 대한 유전학의 효과는 간접적이며, 이미 몸 안에서 그리고 주변 환경에서 일어나고 있는 상호작용에 관여하고 있는, 말 그대로 수천 개의 유전자가 상호작용한 결과이다. 하테미와 바이르네, 맥더모트는 다음과 같이 설명했다.

> 자극과 우리 몸속 유전자의 조합이 어떻게 우리가 경험하는 감정적 또는 물리적 사고나 행동, 심지어 우리가 볼 수 없는 우리의 면역 체계가 박테리아에 반응하는 방식, 사람의 접촉과 미소, 얼굴에 닿는 햇빛의 느낌이 주는 영향 등을 촉발하는지에 대해 생각해보는 것은 어마어마한 일이 될 수 있다. 이는 다른 세포의 상호작용을 유도하고, 이 상호작용은 다른 유전적·신경생물학적 시스템의 발현을 지배하는 신호를 만들고, 결국 감정, 사고, 행동을 불러일으킨다. 우리가 생명 활동을 초월하고, 추론하고, 느끼고, 지각하고, 질문하고, 말하고, 사랑하고, 강조하는 능력, 그리고 우리를 인간으로 만드는 모든 자기 성찰적 역학을 이 매혹적인 상호작용과 조합할 때만이 우리는 인간의 유전자가 얼마나 신비로우며 복잡하게 구성되어 있는지 알 수 있다(Hatemi, Byrne, & McDermott, 2012: 308).

생물학적으로 말하자면 유전자는 우리 몸속의 세포 환경을 통제한다. 유전자는 세포들에게 어떤 단백질을 만들라고 알려주는 정보를 제공하며, 이는 우리의 상태와 특성을 촉진하거나 억제하는 다른 신경생물학적 경로를 열어주거나 닫는다. 이런 상태와 특성은 "복잡한 인지·감정 아키텍처를 통해 작동한다." 이 과정은 "이후 걸어 다니고, 움직이고, 세계를 경험하는 인간 유기체의 정신적 아키텍처를 통해 작동되고 행동, 선호도, 태도 등 거시적 수준에서 관찰되는 결과물을 낳는다"(Hatemi, Byrne, & McDermott, 2013: 309).

매스 커뮤니케이션 연구자들은 셰리의 주장에 주의를 기울이기 시작했다. 예를 들어 애슐리 커징어Ashley Kirzinger와 크리스토퍼 베버Christopher Weber, 마틴 존슨Martin Johnson은 쌍둥이 연구를 활용해 "[미디어 소비와 커뮤니케이션 행동의] 차이라는 중대한 부분은 유전적 요인을 통해 설명된다"는 것을 증명했다(Kirzinger, Weber, & Johnson, 2012: 159). 테레사 코레아Theresa Correa와 앰버 힌슬리Amber Hinsley, 호메로 드 주니가Homero de Zúñiga는 성격적 특성에 대한 다섯 가지 주요 모델 중 외향성extraversion, 신경증neuroticism, 경험에 대한 개방성openness to experiences, 이 세 가지 요소를 개인의 소셜 네트워킹 사용과 연결 지어 고찰했다(Correa, Hinsley, & Zúñiga, 2010). 이들은 소셜 네트워킹 사용과 외향성 및 새로운 경험에 대한 개방성 사이에는 정적 상관관계가 있고, 소셜 네트워킹과 신경증 또는 정서적 안정성 사이에는 부적 상관관계가 있음을 발견했다. 이들은 또한 성별과 연령별 차이를 증명했다.

그러나 학자들이 가장 활발하게 유전학과 태도에 대한 내적 성향을 결부시킨 영역은 단연 정치 커뮤니케이션 영역이었다. 하테미와 그의 동료들이 수행한 정치적 태도와 공포, "유전적 정보에 입각하고 있으며 안정적이지만 잘 변하는 특성을 토대로 한 기질, 그리고 환경적 조건에 의해 도출되거나 조작될 수 있는 상태에 기반한 일시적 반응"과 관련된 연구는 이를 시사한다(Hatemi et al., 2013: 280). 이들은 익숙하지 않은 것에 대해 불신을 갖게 하는 사회 공포증 기질의 일부인 '잠재적 유전 요인'을 증명했다. 이는 사회적 상황을 불안하게 할 수 있으며 사회적 노출, 어색함, 사회적 상황에서 모욕감을 느끼는 것에 대한 공포가 아웃 그룹out-group(자신과 다른 사람들)에 대한 부정적인 태도로 이어질 수 있다는 것이다. 이들은 "정치적 선호는 현대의 환경적 맥락에서 표현된 유전적 기질의 징후를 나타낸다"고 결론지었다(Hatemi et al., 2013: 12). 그러나 이들은 "공통된 유전적 기질과 사회 공포증 및 아웃 그룹에 대한 태도는 상호 영향을 미친다"는 점을 발견했지만 "특정한 유전자, 공포 기질, 그리고 특정한 사회적 또는 정치적 태도 사이의 관계가 특별한 사고방식이나 행동방식으로 발전해갈 가능성은 낮다"고 경고했다. 실제로 사람들은 낯선 것을 두려워하는 확산적divergent 기질을 가질 수 있지만 낯선 것에 장기간 노출되면 이는 더 이상 낯설지 않게 된다(Hatemi et al., 2013: 13). 브래드 베르휠스트Brad Verhulst와 그의 동료들은 **정치적 태도 형성에 대한 하향/상향 이론**top-down/bottom-up theory of political attitude formation을 적용해 "미국 유권자들의 이념적 선호는 동시대의 정치적 논쟁의 맥락을 제공하는 환경적 조건과 사람들이 진보적 또는 보수적 정책 선호도를 갖도록 동

**정치적 태도 형성에 대한 하향/상향 이론**

이념적 선호는 환경적 조건(하향, top-down)과 진보적 또는 보수적 정책 선호도를 갖도록 동기를 부여하는 내적 성향(상향, bottom-up)의 산물이라는 이론.

Instant Access

### 신경과학적 관점 Neuroscience Perspective

**장점**

1. 매스 커뮤니케이션 과정에서 개인에게 관심을 집중한다.
2. 선천/후천과 관련된 논쟁의 핵심을 명확하게 알려준다.
3. 커뮤니케이션 활동의 전통적 개념을 풍부하게 해준다.
4. 자동적이고 무의식적인 정보 처리의 가치를 제시한다.
5. 감성과 인지 작용을 설명한다.

**단점**

1. 지나치게 미시적 수준을 지향한다.
2. 특히 '환경이 모든 것을 의미한다면' 특이성이 결여될 수 있다.
3. 지나치게 결정론적으로 보일 수 있다.
4. 미디어 영향력의 중요한 측면을 이해하는 데 유용하다는 것이 증명되어야 한다.

기를 부여하는 내적 성향 모두에 따라 달라진다"는 것을 입증했다(Verhulst, Hatemi, & Eaves, 2012: 375). 이들의 주장에 따르면 정치적 태도는 사회적 경험(하향, top-down)과 유전적 경로(상향, bottom-up)의 조합이다. 전자는 우리가 보통 정치적 태도와 연결시키는 것들, 예를 들면 삶의 경험, 뉴스 및 정치 관련 정보에 대한 노출 등을 말한다. 후자는 시간의 흐름과 다양한 상황에 따라 태도와 행동에 안정적 영향을 미친다.

## 학습 목표 확인

- **제한적 인지 자원 개념을 비롯해 정보 처리 이론과 관련된 주요 개념을 설명한다.**

정보 처리 이론은 사람들이 감각 데이터를 수용하고 활용하는 방식에 대한 기존 가정을 비판한다. 더 많은 정보와 더 깊은 처리 과정이 반드시 인지 향상으로 이어지는 것은 아니다. 사람들은 인지적으로 인색하며 주변 환경에 대한 의식적 인식은 제한되어 있다. 인간의 인지 자원은 유한하며, 하나의 과제에 더 많은 자원이 투입되면 다른 과제 수행 능력은 저하된다.

- **정보 처리 이론을 적용해 텔레비전 뉴스를 이해한다.**

텔레비전에서 정보는 학습을 촉진하기보다는 방해하는 방식으로 제시되는 경우가 많다. 사람들은 TV를 주로 오락 매체로 인식하며, 오락 콘텐츠를 즐기기에 적합한 정보 처리 전략과 기술을 개발하지만, 이는 뉴스 해석과 회상에는 방해가 된다. 사람들은 뉴스 콘텐츠에 대해 깊이 있고 성찰적인 처리를 거의 하지 않으며, 이는 의미 구성에 대한 의식적 통제를 방해한다. 또한 뉴스 제작자들은 갑작스럽고 새로운 자극에 대한 시청자의 방향 반응을 유도하기 위해 시각적·청각적 단서에 의존한다. TV 뉴스 프로그램은 대체로 여러 개의 짧은 기사들로 구성되어 있어 해석과 회상을 어렵게 만든다.

- **스키마 이론이 특히 정치 커뮤니케이션 영역에서 매스 커뮤니케이션 연구를 어떻게 강화해왔는지에 대해 이해한다.**

스키마는 사람들이 이전 경험으로부터 추상화하여 새로운 정보를 처리하고 경험을 조직화하는 데 사용하는 인지적 구조이다. 뉴스 소비자에게 스키마는 다음과 같은 중요한 기능을 수행한다. 어떤 정보가 주목, 처리, 저장되어 나중에 기억에서 회상될 수 있을지 결정하며, 새로운 정보를 조직하고 평가하여 기존 지각 체계에 통합시켜주고, 뉴스 보도에 제시되지 않은 정보도 추론해 채워넣을 수 있게 하며, 가능한 시나리오와 대처 방법을 포함하기 때문에 문제 해결에도 기여한다. 사람들은 정치 뉴스 해석 시, 단순한 상황 시퀀스, 인과 관계 시퀀스, 개인 판단, 문화적 규범 및 미국의 관심사, 인간적 공감과 관심 등의 스키마를 활용한다.

- **적대적 미디어 효과가 정보 처리에 미치는 영향을 인식한다.**

적대적 미디어 효과에 대한 연구는 일관되게 다음과 같은 사실을 보여주었다. 특정 사안에 대해 강한 감정을 가진 신봉자partisan일수록, 해당 사안에 대한 뉴스 보도를 자신들의 관점에 비우호적이며 반대 측에 더 우호적인 것으로 인식한다는 것이다.

- **사람들이 어떻게 정보를 체계적이고 휴리스틱하게 처리하게 되는지 설명하는 정교화 가능성 모델ELM에 대해 알아본다.**

정교화 가능성 모델은 두 가지 가정에 기반을 둔다. 첫째, 사람들은 '인지적으로 인색'하고, 둘째, 사회적 이유로 '올바른' 태도를 유지하려는 동기를 갖고 있다. 설득 메시지를 접했을 때 사람들은 때로는 많은 노력을 기울여 인지 과정을 수행하지만, 때로는 훨씬 덜 요구되는 단순한 분석에 의존하기도 한다. 이 모델은 설득과 인지에 영향을 주는 다양한 변수를 설명할 뿐 아니라, 고도의 정교화가 요구되는 중심 경로와 보다 낮은 정교화 수준에서 사용되는 주변 경로가 각각 언제 활용되는지를 설명한다.

- **내러티브 설득 이론과 확장된 정교화 가능성 모델 같은 새로운 정보 처리 이론들이 특히 건강 지향적 미디어 메시지와 관련해 어떤 가치를 가지는지 살펴본다.**

내러티브 설득 이론은 청중이 스토리 속 등장인물의 정체성과 목표, 관점을 상상적으로 수용하는 과정을 설명하며, 의미 구성 과정에서의 몰입과 이입을 강조한다. 스토리를 통해 사람들의 정신 체계와 역량은 스토리의 사건들에 집중하게 된다. 정교화 가능성 확장 모델은 이 개념을 확장하여, 스토리와 등장인물에의 몰입이 설득 효과를 강화하고 반박 사고를 억제한다고 본다. 이는 스토리 속 설득 메시지가 반대 의견일지라도 중심 경로를 우회하여 설득 효과를 가능하게 만든다. 이 두 이론은 엔터테인먼트-교육 및 엔터테인먼트 저항 극복 모델에서 널리 활용된다.

- **사람들이 미디어 메시지로부터 의미를 생성할 때 완전히 합리적이지는 않을 수 있음을 보여주는 감성 지능, 동기화된 추론, 역화 효과 등의 정보 처리 이론들을 설명한다.**

현대의 정보 처리 연구는 인간이 취하는 여러 지름길이 비합리적이기보다는 기능적일 수 있다고 본다. 감성 지능 이론은 사람들이 감정과 이성을 결합하여 정보를 처리하는 '생존주의적 정보 처리자'로서 행동한다고 본다. 동기화된 추론 이론 또한 이 주장을 공유하지만, 결과적으로 더 나은 판단이 나온다고 보지는 않는다. 사람들은 기존의 평가를 유지하고 그것을 지지할 수 있는 정보를 심리적으로 추구하기 때문이다. 역화 효과 이론은 이러한 주장을 지지한다. 사람들은 자신과 반대되는 사실 정보를 접했을 때 이를 거부하고, 오히려 원래의 잘못된 입장을 더욱 강하게 지지하게 되는 경향을 보인다.

- **정보 처리를 이해하는 데 있어서 다양한 신경과학적 관점들을 적용하는 것이 매스 커뮤니케이션 이론에 어떤 영향을 미쳤는지 알아본다.**

신경과학적 관점은 인간 행동을 생물학적 환경과 사회적 환경의 상호작용으로 구성된 복잡한 시스템으로 본다. 이는 사람들의 유전적 기질이 일정 부분 정보 처리에 영향을 미친다는 점을 인정하며, 주의력, 감정, 학습과 기억, 동기, 기억 등 정보 처리의 핵심 요소에 대한 통찰을 제공한다.

## 생각해볼 문제

1. 앞에서 여러분은 "당신의 테러와의 전쟁 스키마는 무엇인가?"라는 질문을 받았다. 정보 처리 이론은 여러분이 질문으로 제시된 예에 휴리스틱을 적용했기 때문에 당시 그 질문에 대해 인지적 노력을 많이 기울이지 않았다고 예측한다. 그러나 이제 잠시 시간을 내어 이 질문에 답을 해보라. 미국 국내 정치를 주도해온 것은 테러와의 전쟁이었고 미국 외교 정책의 상당 부분은 이런 정치에 기반하고 있다. 수십억 달러가 이 전쟁에 쓰였고 지금도 계속 투입되고 있다. 전 세계 항공사에 탑승하는 연간 40억 명 이상의 승객들은 이 전쟁을 수행하는 데 필수적인 규정을 준수하기 위해 상당한 시간과 노력을 투자하고 있다. 달리 말해 테러와의 전쟁은 여러분의 체계적인 인지 노력을 타당하게 만든다. 다시 묻자면, 여러분의 테러와의 전쟁 스키마는 무엇이며 이는 어떤 경험을 통해 만들어졌는가?

2. 미국 국민의 대부분은 뉴스 보도의 완전성, 공정성, 정확성의 측면에서 미디어를 거의 신뢰하지 않거나 전혀 신뢰하지 않는다. 이 부정적인 견해 중 어느 정도가 적대적 미디어 효과의 산물이라고 생각하는가? 달리 말하면 강한 정치적 견해를 가지고 있는 사람들은 언제나 주류 미디어, 다소 객관적인 미디어를 적대적이라고 생각하는가? 여러분은 어떻게 생각하는가?

3. 여러분은 미디어가 전하는 다양한 견해에 얼마나 개방적인가? 여러분은 특정한 태도적 편향을 가진 몇몇 미디어 채널만 보고 있는가? 소셜 미디어가 여러분에게 불편한 관점을 걸러서 보여주지 않는다는 사실을 인지하고 있는가? 여러분은 이 점이 걱정스러운가, 걱정스럽지 않은가? 그 이유는 무엇인가? 여러분은 더 많은 사람들이 다양한 견해에 노출된다면 민주주의가 더 잘 실현될 것이라고 생각하는가? 이 장에서 학습한 정보 처리 이론의 관점에서 설명해보라.

# 지식, 정보, 사회적 이슈의 인지에 미치는 미디어 효과 이론

11장

**학습 목표**

- 대규모 소셜 미디어가 매스 미디어 시스템의 중요한 일부가 된 지금, 사회에서 미디어가 수행하는 역할이 어떻게 변화했는지 평가해본다.
- 특정 사건과 이슈에 대한 매스 미디어의 관심이 우리가 그런 사건과 이슈에 중요도를 부여하는 데 어떻게 영향을 미치는지, 우리는 그 사건과 이슈를 어떻게 해석하는지, 그런 해석이 어떻게 정치 의제를 형성하는지, 일부 사람들이 어떻게 그런 사건과 이슈에 대해 덜 공개적으로 말하게 되는지 논의해본다.
- 지식 격차 가설, 혁신 확산 이론, 소셜 마케팅 이론과 같이 거시적 수준의 영향을 미치는 미디어의 힘을 입증하는 현대 매스 커뮤니케이션 이론들에 대해 알아본다.

## 개요

21세기 초반, 이 장에서 다루는 대부분의 이론들의 적합성이 도전을 받았다. 일부 비평가들은 새로운 미디어에는 새로운 이론이 필요하다고 주장했다. 강력하고 혁신적인 이 뉴 미디어를 과거의 개념으로 설명할 수 있다고 가정해서는 안 된다는 것이다. 하지만 이제 새로운 미국 미디어 시스템의 윤곽

이 명확히 드러나기 시작했고, 그 새로운 시스템은 이전의 시스템과 매우 닮아 있다. 그 중심에는 소수의 대규모 소셜 미디어 기업들과 기존 미디어 기업들이 있고, 그 주변에는 크고 작은 다양한 콘텐츠 공급원들이 존재한다. 이들 콘텐츠 공급원에는 우리 각자—예전에는 '수용자'로 불렸던 사람들—가 잠재적인 콘텐츠 생산자로 포함된다(Gillmor, 2004). SNS는 우리에게 창의성을 발휘하고 미디어와 상호작용할 수 있는 능력을 부여하지만, 대부분의 사람들은 가끔 댓글을 달거나 친구에게 링크를 보내는 수준에서 머무른다(Davis, 2015). 인터넷 기술은 이 시스템에 필수적이며, 인터넷 콘텐츠에 접근하게 해주는 점점 더 다양해지는 모바일 기기들도 마찬가지로 중요하다. 이 거대 SNS들은 점점 더 이 시스템 내에서 콘텐츠 흐름을 조율하는 게이트키퍼 역할을 한다. 우리는 이들 플랫폼이 매력적인 콘텐츠를 눈에 띄게 보여주기를 기대하며, 이는 과거 기존 미디어에게 가졌던 기대와 크게 다르지 않다. 이 새로운 미디어 시스템이 과거 시스템과 많은 유사점을 지니고 있으므로, 기존 이론을 적절히 조정하면 여전히 유용한 통찰을 제공할 수 있을 것이다. 이 장 전체에서는 연구자들이 실제로 그렇게 하고 있는 방법들을 설명한다.

앞서 7~10장에 소개된 현대 미디어 이론들은 미시적 이론들이며, 미디어 콘텐츠를 사용하거나 미디어 콘텐츠에 노출되었을 때 개인에게 어떤 일이 발생하는지를 설명하는 데 초점을 두었다. 이 이론들은 수많은 개인이 장기간 유사한 방식으로 영향을 받게 될 경우 사회 전체에 미치는 함의를 지닐 수 있으나, 일반적으로 그러한 거시적 수준의 사회적 효과를 설명하거나 묘사하는 데 관심을 두지는 않는다. 이 이론들은 개인을 중심으로 하며, 집단이나 사회 전체를 대상으로 하지는 않는다. 이러한 이론들의 연구자들은 자신들이 설명하고 연구하는 효과의 대규모 결과에 대해 일반화하는 데 조심스러워하며, 그들이 수행하는 연구는 개인을 관찰함으로써 미디어 효과를 분석한다. 거시적 효과에 대한 추측은 가능하겠지만, 그러한 결론에 도달할 수 있는 데이터를 보유하고 있지는 않다.

반면 이 장과 이후 세 장에서 다룰 이론들은 다르다. 이들은 거시 수준의 이론들이며, 매스 미디어가 사회 세계에 주요한 변화를 일으킬 수 있는 방식에 관심을 둔다. 제임스 포터는 거시적 이론과 효과를 "개인이 아니라 집합체에 관심을 두는 것"이라고 설명한다. 집합체란 개별 요소들이 모여 구성된 통합체이다. 대중은 바로 이러한 개별 개인들이 모여 형성된 집합체이다(Potter,

2012: 237). 다시 말해, 당신은 매우 구체적이고 잘 구성된 테러리즘 스키마를 가지고 있을 수 있지만, 당신이 살아가는 세계를 함께 공유하는 수백만 명의 사람들 또한 자신들만의 테러리즘 스키마(10장의 예를 다시 가져오자면)를 가지고 있다. 수백만 명의 사람들이 서로 극단적으로 다르면서도 강력하게 고정된 스키마를 가질 경우, 갈등이 발생할 가능성이 크다. 예컨대, 2019년 미국과 멕시코 국경에 장벽이 필요한지를 둘러싼 격렬한 논쟁은 서로 다른 미국인들이 보유한 상이한 스키마에서 비롯된 것이다. 이러한 의견 충돌은 서로 다른 미디어 콘텐츠에 노출되어 학습되고 강화된 개인 수준의 스키마들이 집합적 차원에서 형성하는 거시적 효과인 것이다.

이후 장들에서 소개되는 이론들은 다양한 형태의 미디어 효과가 어떻게 집합적 수준에서 발생하는지를 설명하는 서로 다른 관점을 제공한다. 이 이론들은 특정한 형태의 미디어 활동이 장기적이고 광범위하며 중대한 변화를 어떻게 이끌어낼 수 있는지를 설명한다. 또한 다양한 미디어 콘텐츠와 그것이 개인 집합체로 흘러들어가는 방식이 사회 전체에 중대한 영향을 미칠 수 있음을 보여준다. 일부 이론은 미디어 체계의 구조가 변화함에 따라 콘텐츠 유형과 그 흐름에 중요한 변화가 발생할 것이며, 시간이 흐름에 따라 이러한 변화는 많은 사람들의 사고와 행동 방식에 미묘한 때로는 극적인 영향을 미칠 수 있다고 주장한다. 사고와 행동이 변하면, 우리 삶을 구성하는 사회 제도와 현실 역시 변할 수 있다.

미디어에 대한 거시 이론들은 다양한 관점을 제공한다. 어떤 이론은 미디어의 사회적 역할에 대해 조심스러운 낙관론을, 또 다른 이론은 강한 비관론을 제시한다. 이 이론들은 다양한 형태의 미디어 콘텐츠가 우리가 사회 세계를 이해하는 방식을 어떻게 형성하는지를 설명하고자 한다. 우리는 뉴스나 오락 콘텐츠가 사회를 변화시킬 수 있다고 흔히 생각하지 않는다. 오락은 단지 기분 전환을 위한 것이며, 뉴스는 단지 벌어지는 사건들을 전달하는 것이라 여긴다. 언론인들은 여전히 자신들이 단지 객관적인 보도를 제공할 뿐이라고 주장한다. 그러나 이 장의 이론들은 그러한 단순한 주장에 의문을 제기하며, 뉴스와 오락을 전혀 다른 시각으로 바라볼 것을 요구한다. 뉴스는 사회 세계를 반영하는 단순한 거울이 아니며, 오락은 우리를 그 세계로부터 멀어지게 하는 사소한 기분 전환이 아니다. 둘 다 사회 세계를 형성할 수 있는 강력한 힘이 될 수 있다.

우리가 개인적으로 정치에 관심을 가지지 않더라도, 뉴스가 정치를 보도하는 방식에 의해 형성된 세계에 우리는 살게 된다. 우리가 셀럽 문화나 스포츠를 싫어하더라도, 많은 사람들이 그것들에 영향을 받기 때문에 우리 삶도 영향을 받는다. 예컨대, 우리는 우마르 파루크 압둘무탈라브Umar Farouk Abdulmutallab의 이름을 모를 수도 있고, 2009년 크리스마스 당일 그가 속옷 속에 폭탄을 숨겨 여객기를 폭파하려 한 사건에 관심을 가지지 않았을 수도 있다. 하지만 우리가 그 이야기를 알든 모르든, 우리는 여전히 공항에서 길게 줄을 서고, 전신 스캔을 받고, 강화된 보안 절차를 겪으며, 어떤 정당이 테러로부터 우리를 가장 잘 보호할 수 있는지에 대한 선거 캠페인을 접하게 된다.

여러분이 앞 장들을 읽었다면 현대 미디어 이론들이 익숙하게 보일 것이다. 그 이론들 대부분은 앞서 등장한 이론들을 활용해 미디어의 사회적 역할에 대한 설득력 있고 통찰력 있는 분석을 제공한다. 현대 미디어 이론들은 대부분 실증적 사회 연구에 기초하고 있다. 매우 다양한 연구가 진행되었지만 실증적 사회 연구가 기반이 된 이론들은 많은 유사점을 가지고 있다. 앞으로 살펴보겠지만 현대 미디어와 미디어의 사회적 역할에 대한 이 이론들의 평가는 대부분 부정적이다. 여러 학자들은 미디어가 사회에 대한 문제적 인식을 일상적으로 조장한다고 주장한다. 또 다른 이들은 우리가 매일 미디어에 소비하는 시간이 예상하지 못했거나 원치 않았던 다양한 결과를 초래한다고 말한다.

이들의 부정적인 논조에도 불구하고 현대 미디어 이론들 중 그 어느 것도 대중사회 이론과 혼동되어서는 안 된다는 점을 명심해야 한다. 어떤 이론도 미디어가 고급문화를 파괴하고 민주주의의 종말을 가져올 것이며 우리를 전체주의의 암흑시대로 몰아넣을 것이라고 주장하지는 않는다. 사회 질서에 대한 현대 미디어 이론들의 관점은 대중사회에 대한 초기 이론들의 관점보다 훨씬 더 정교하다. 이 이론들에서 개인에 대한 이해는 10장에 제시된 관점들과 유사하다. 대체로 긍정적이지만 상반된 관점도 있으며, 부분적으로는 능동적 수용자 가정에 기반하지만 대부분의 인간 행동은 습관적인 것이며 의식적으로 통제되지 않는다는 인식에 의해 조정된다. 미디어와 관련해서 사람들의 행동은 언제나 합리적이거나 가장 유용하지는 않다. 미디어는 수동적 개인들을 쉽게 조종하지 못한다. 그보다 미디어의 힘은 우리가 일상적으로 사용하고 우리의 개인적 정체성과 사회 유지에 도움이 되는 커뮤니케이션 서비스를 제공하는 기능에 달려 있다.

## 지식 격차, 정보 격차, 디지털 불평등

미네소타대학교의 연구진은 미네소타주에서 신문이 시민들에게 어떻게 봉사하고 있는지를 더 잘 이해하기 위해 일련의 조사를 실시했다(Donohue, Tichenor, & Olien, 1986; Tichenor, Donohue, & Olien, 1970, 1980). 이 연구는 뉴스 미디어가 인구 집단의 일부 계층에게는 더 잘 정보를 제공하는 반면, 다른 계층에게는 그렇지 않다는 점을 밝혀냈고, 뉴스의 유통이 증가할수록 이러한 차이는 더 커진다는 사실도 발견했다. 왜 그럴까? 뉴스 보도가 늘어나면 모두가 더 많은 정보를 얻게 되는 것 아닌가? 그렇지 않다. 연구에 따르면, 사회 경제적 지위가 높은 집단은 더 많은 정보를 습득하게 되었지만, 낮은 집단은 그렇지 못했다. 그 결과, 고소득층과 저소득층 사이의 **지식 격차**knowledge gap가 더욱 확대되었다. 연구진은 "사회 시스템으로 유입되는 매스 미디어 정보가 증가함에 따라 사회 경제적 지위가 높은 집단은 하위 집단보다 정보를 더 빨리 입수하고 이에 따라 이 두 집단 간에 지식의 격차는 감소하기보다 증가하는 경향이 있다"고 결론지었다(Tichenor, Donohue, & Olien, 1970: 159-160). 지식 격차 가설은 이런 집단 간에 이미 존재하는 격차가 있으며 이 격차는 수용자와 미디어 요인에 의해 심화될 수 있다고 가정한다. 지식 격차에 관한 후속 연구들은 이러한 격차가 각 집단이 정보를 처리하고 해석할 수 있는 능력과 동기의 차이에서 비롯된다는 점을 보여주었다. 사회적 지위가 높은 사람들은 정치 뉴스나 과학 뉴스처럼 진지한 정보에 더 큰 동기를 가지고 접근하고 집중하는 경향이 있다. 이러한 유형의 뉴스는 대개 부유한 집단을 주요 타깃으로 하여 작성되고 제공된다. 가장 우려되는 점은, 진지한 뉴스 보도의 양이 증가할수록 지식 격차도 커진다는 사실이다. 지식 격차가 줄어드는 유일한 상황은 사회적 갈등이 발생할 때이다. 연구자들은 갈등이 사람들로 하여금 진지한 뉴스 주제에 대해 이야기하게 만들고, 이러한 담론이 해당 주제에 대한 지식을 평준화할 수 있다고 결론지었다. 정보는 구두 전달을 통해 전파되며, 갈등은 사람들이 뉴스를 찾아보도록 하는 동기를 증가시킨다. 하지만 연구자들은 갈등이 집단을 양극화하는 학습 효과를 낳을 수도 있으며, 이것이 오히려 갈등을 완화하기보다는 심화시킬 수 있다는 점도 발견했다(Tichenor, Donohue, & Olien, 1980).

**지식 격차**
정보를 더 잘 아는 집단과 정보를 덜 아는 집단 간의 시스템적인 지식의 차이.

또 다른 연구들은 미디어 정보의 질이 지식 격차에 영향을 주는지를 평가했다. 미국과 영국, 덴마크, 핀란드 등 4개국의 지식 격차를 비교한 연구에서, 제임스 쿠란James Curran와 샨토 아이엔가Shanto Iyengar, 브링크 룬드Brink Lund, 잉카 살로바라-모링Inka Salovaara-Moring은 미국 텔레비전 시청자와 나머지 세 국가의 텔레비전 시청자들 간에 유의미한 지식 격차가 있음을 발견했다. 이들은 이러한 격차의 원인이 나머지 세 국가에서의 텔레비전 뉴스가 공공 서비스를 지향하기 때문이라고 했다. 이 국가들에서는 "사회 문제와 국제 뉴스에 더 많은 관심을 가지고…… 뉴스에 더 큰 중요성을 부여하며(미국인들이 황금 시간대라고 부르는 저녁 시간에 뉴스를 여러 차례 방송한다)…… 더 높은 수준의 뉴스를 소비하도록 장려한다"(Curran, Iyengar, Lund, & SalovaaraMoring, 2009: 5). 이런 요인들은 이 국가들에서 교육 수준이 높은 사람들과 낮은 사람들 간, 경제적으로 부유한 사람들과 그렇지 않은 사람들 간 지식 격차를 최소화할 수 있을 만큼 강력했다.

황유리Yoori Hwang와 정세훈Se-Hoon Jeong은 주요 지식 격차 연구 46건에 대한 메타 분석을 통해 상이한 사회 계층 간에 지식 격차가 실제로 존재한다는 핵심 주장을 뒷받침했다(Hwang & Jeong, 2009). 또한 이들은 이 격차가 건강이나 지역 사회와 관련된 정보보다는 '사회 정치적', 국제적 주제에서 가장 크게 나타난다는 것을 발견했다. 이들의 분석은 지식 격차가 시간이 지남에 따라 더 벌어진다는 지식 격차에 대한 초기의 주장에 반론을 제기했으며 증가하지는 않지만 감소하지도 않는, 이미 존재하는 격차인 일정한 격차constant gap를 지지했다. 연구자들은 "특히 유용한 건강 정보 및 정치 정보를 제공하고자 계획된 미디어 캠페인이 실행됨 에도 불구하고 이런 일정한 격차가 존재한다는 것은 실망스럽다"라고 말했 다. 높고 낮은 사회 경제적 지위를 가진 개인들 사이에 존재하는 일정한 격차는 건강 지식의 격차가 건강의 불균형을 초래하고 정치 지식의 격차가 참여 행동의 차이로 이어질 수 있다는 점에서 문제가 된다(Hwang & Jeong, 2009: 533).

토마스 홀브룩Thomas Holbrook은 국가적 차원에서의 지식 격차에 대한 조사에서 대통령 선거 기간 동안에는 이 격차가 실제로 좁혀진다는 것을 발견했다(Holbrook, 2002). 그는 1976년부터 1996까지 미국 선거에 관한 연구로부터 나온 데이터를 분석함으로써 정치 토론과 같은 구체적인 이벤트가 지식 격차의 감소와 관련이 있다는 점을 발견했다. 홀브룩의 연구 결과는 격차의 감소를 광범위한 공적 토론 및 정보 탐색을 촉발하는 사회적 갈등의 증가와 연결시킨 초기 연구 결과들과 일치한다. 텔레비전 토론은 서로 다른 사회 경제적 계층 간의 논의를 자극할 수 있으며, 이는 지식 격차를 줄이는 데 기여할 수 있다.

인터넷 기반 미디어의 부상은 지식 격차 이론에 대한 관심을 재점화했다. 소셜 미디어는 이러한 지식 격차를 좁힐 수 있는 이슈에 대한 공적 논의를 촉발하고 이를 지원할 수 있을까? 소셜 미디어는 저소득층이 더 쉽게 이해할 수 있는 정보에 대한 접근을 향상시킬 수 있을까? 하인츠 본파델리Heinz Bonfadelli는 지식 격차를 줄이는 데 있어서 인터넷 기반 미디어가 큰 역할을 하지 못한다는 견해를 제시했다(Bonfadelli, 2002). 그는 스위스에서 정보 검색을 위해 정기적으로 인터넷을 사용하는 부유하고 교육 수준이 높은 청년들과 인터넷 접근성이 없거나 인터넷을 오락용으로만 사용하는 부유하지 않고 교육 수준이 낮은 청년들 사이에 **디지털 격차**digital divide가 있음을 발견했다. 당연히 이 격차는 지식 격차와 연결된다.

**디지털 격차**
유색 인종, 빈곤층, 장애인, 농촌 지역 거주자들의 커뮤니케이션 기술에 대한 접근성 부족.

미국에서는 새로운 커뮤니케이션 기술에 대한 특정 집단 사람들의 만성적인 접근성 부족을 의미하는 정보 격차와 지식 격차를 함께 논의하는 연구가 늘어나고 있다. 연구에 따르면, 특히 저소득층(Anderson & Kumar, 2019) 및 농촌 지역 거주자(Feldman, 2019)들 사이에서는 새로운 커뮤니케이션 기술에 대한 만성적인 접근 부족이 존재한다. 미국인 중 정기적으로 인터넷을 이용하지 않는 사람은 소수(11%)에 불과하지만, 오늘날 디지털 격차에 대한 주요 관심사는 고속 인터넷 접근성이다. 전체의 35%는 가정 내에서 광대역 또는 기타 고속 인터넷을 보유하지 않고 있으며, 15%는 가정에서도 스마트폰에서도 인터넷에 접근하지 못한다(Smith & Olmstead, 2018). 그러나 통신 서비스와 연결되어 있다고 하더라도 사회적 참여 격차는 여전히 남아 있다. '퓨 인터넷·아메 리칸 라이프 프로젝트Pew Internet & American Life Project'의 연구를 통해 밝혀진 바에 따르면, "일부 옹호론자들의 희망과는 달리 인터넷은 미국에서 시민 참여의 사회 경제적 특성을 변화시키지 못하고 있다. 오프라인에서의 시민 생활과 마찬가지로, 부유하고 교육 수준이 높은 사람들은 부유하지 않은 사람들보다 정부 관리에게 이메일 보내기, 온라인 청원서에 서명하기, 정치 기부금 내기와 같은 온라인 정치 활동에 참여할 가능성이 더 높다"(Smith, Schlozman, Verba, & Brady, 2009).

게다가 스마트폰이 미국 성인의 대부분에게 인터넷 사용을 가능하게 해주면서, 이들이 스마트폰을 통한 인터넷 접속을 통해 실제로 무엇을 하고 있는지에 대한 관심이 커졌다(Huffman, 2018). 기존의 전통 미디어와 마찬가지로, 저소득층은 주로 오락과 기분 전환을 위해 스마트폰을 사용하는 경향이 있다. 비평가들은 주요 SNS들이 제공하는 인기 있는 스마트폰 앱들이 광고 수익 창출 가능성이 더 큰 오락이나 기분 전환 콘텐츠로 저소득층 이용자들을 유도함으로써 이 문제를 악화시키고 있다고 지적한다. 실제로 루 웨이Lu Wei와 더글라스 힌드먼Douglas Hindman, 2011은 기술의 '이용 방식'에 존재하는 디지털 격차가 전통 미디어 기반 연구에서 발견된 격차보다 더 크다는 것을 보여주었다. 이들은 "디지털 격차는 정보통신기술의 '의미 있는 이용'의 불평등으로 정의될 수 있으며, 이는 전통적인 격차보다 훨씬 더 중요하다"고 주장했다((Wei & Hindman, 2011: 217). 스테파니 허프먼Stephanie Huffman은 저소득층 및 소수 인종 집단이 인터넷 접속을 효과적으로 활용하지 못하고 있다는 점을 제시하며, 전 세계적으로 사람들에게 특히 모바일 미디어를 중심으로 한 인터넷 기반 미디어의 활용법을 교육하고 훈련시켜야 한다고 주장했다(Huffman, 2018). 그러나 이마저도 문제를 수반한다. 인터넷 연구자 메리 매든Mary Madden은 스마트폰이 "가정과 지역 사회에서의 다른 기술 자원이 부족한" 저소득층에게는 "인터넷 접속의 필수 수단"이 되었지만, 모바일 기술은 더 쉽게 추적되고 보안이 취약하기 때문에, 이들이 개인 정보 보호 및 정보 보안 측면에서 불평등을 겪고 있음을 보여주었다(Madden, 2017, para 7).

마이클 빔Michael Beam, 제이 흐미엘로프스키Jay Hmielowski, 마이야 허친스Myiah Hutchens는 정치와 관련된 **디지털 불평등**에 주목한 최근 연구를 발표했다(Beam, Hmielowski, & Hutchens, 2018). 이들은 2016년 대선 기간의 온라인 정치 참여를 **OMA**(Opportunities, Motivation, Ability) **모델**을 이용해 분석했다. 이 모델은 정보 접근에 있어 기회, 동기, 능력의 차이가 지식 수준과 정치 활동을 예측한다고 본다. 기회가 적고, 동기가 낮으며, 인지 능력이 부족한 사람들은 정보를 덜 배우고 정치 활동에도 덜 참여할 가능성이 높다. 이들은 이전 연구들을 인용하며, 낮은 교육 수준, 낮은 인터넷 활용 능력, 낮은 정치적 관심이 온라인 정치 커뮤니케이션의 효과(지식 부족, 온라인/오프라인 정치 활동 저조 등)의 주요 예측 변수임을 보여주었다. 연구진은 인터넷 활용 능력과 정치적 관심이 높을수록 온라인 뉴스 읽기 및 공유가 증가하며, 이는 높은 교육 수준보다는 인터넷 활용 능력이 교육적 차이를 보완할 수 있다는 주장을 뒷

**디지털 불평등**
교육 수준이나 소득 수준에 따라 디지털 미디어를 효과적으로 활용할 수 있는 능력에 차이가 나는 것.

**OMA 모델**
정보 접근 기회, 동기, 능력의 차이가 지식 수준과 정치적 행동을 예측하게 한다는 개념.

받침한다고 결론지었다. 만약 이 결론이 옳다면, 디지털 불평등을 해소하기 위한 노력은 저소득층의 인터넷 활용 기술을 향상시키고 정치적 관심을 고취시키는 데 초점을 맞춰야 한다. 그러나 이들은 정치적 당파성이 고조되면 정치 양극화가 심화될 수 있다고 경고한다. 특히 SNS 알고리즘이 기존 정치 성향에 부합하는 당파적 뉴스 접근을 강화할 수 있음을 우려한다. 이는 디지털 불평등을 완화할 수는 있겠지만, 정치(및 민주주의)에 미치는 장기적 영향은 부정적일 수 있다. 이러한 딜레마는 원래의 지식 격차 연구팀이 지적했던 문제와 유사하다. 즉 갈등을 증가시키면 지식 격차를 줄일 수 있지만, 이렇게 얻은 지식은 오히려 갈등을 악화시킬 수 있다.

결론적으로, 스마트폰을 통한 인터넷 기반 미디어의 도입과 접근성 향상은 지식 격차를 해소하지 못하고 있다. 대신 접근성, 동기, 인지 능력 등 다른 불평등 요소들이 확인되고 있으며, 이는 지식뿐 아니라 정치적 커뮤니케이션, 개인적 및 사회적으로 유익한 행동의 차이와도 연관되어 있다. 인터넷 기반 미디어 이용이 증가하고 있음에도 불구하고, 저소득층은 이러한 미디어를 진지한 목적을 위해 사용하는 경향이 낮다. 지식과 행동의 격차는 여전히 존재

**Instant Access**

### 지식 격차 The Knowledge Gap

**장점**

1. 집단 간 잠재적으로 문제가 될 수 있는 지식 격차를 파악한다.
2. 격차를 해소하기 위한 아이디어를 제공한다.
3. 커뮤니케이션에서 호혜와 수용자 활동을 추정한다.
4. 시스템 이론에 근거한다.

**단점**

1. 격차는 언제나 역기능을 한다고 가정하나 모든 연구자들이 동의하지는 않는다.
2. 뉴스와 사회적 갈등과 관련된 격차로 초점을 제한한다.
3. 격차의 근본적 원인(예를 들면 가난한 학교, 인지 기술의 차이, 정보원에 대한 제한된 접근 등)을 해결하지 못한다.

할 가능성이 크다. 비판 연구자들은 케이블 및 통신 산업이 지방정부의 보편적이고 저렴한 고속 인터넷 제공 노력, 즉 **지방 광대역망**municipal broadband 구축을 강력히 저지하고 있는 현실 속에서, 이러한 디지털 격차와 불평등이 당분간 지속될 것으로 보고 있다(Snyder & Witteman, 2019).

**지방 광대역망**
지역 단위에서 저렴한 공공재 형태로 브로드밴드 인터넷을 제공하는 시스템.

## 정보/혁신 확산 이론

1962년 에버렛 로저스Everett Rogers는 정보 유통 연구의 결과를 인류학, 사회학, 농업 확장 사업 등 여러 분야에서 행한 정보 유통 과정에서의 개인적 특성에 대한 연구와 통합시켰다. 그는 이론을 개발해 확산 이론이라고 이름을 붙였다. 그리고 정보 유통 연구와 확산 이론을 통합하는 데 성공해 정보 유통 이론information-flow theory은 **정보 확산 이론**information diffusion theory으로 알려지게 되었다(이 이론이 정보가 아닌 다른 것, 예를 들어 기술 확산에 적용되면 혁신 확산 이론이라고 불린다). 로저스는 이후에 나온 자신의 책에서 이 두 가지 명칭을 모두 사용했다.

**정보/혁신 확산 이론**
혁신이 어떻게 다양한 공동체에 의해 도입되고 채택되는지를 설명하는 이론.

로저스의 작업은 보다 유용한 중범위 이론의 개발과 관련된 메타 분석의 힘을 설명한다. **메타 분석**meta-analysis은 특정 주제에 대한 과거 연구 결과들에서 중요한 일관성을 확인하고 보다 완전한 이해를 위해 이 결과들을 조직적으로 통합한다. 만약 이전의 연구가 서로 관련 있는 몇몇 중범위 이론들에 기반을 두어왔다면, 이 이론들을 통합해 보다 거시적 수준의 새로운 이론들을 만들 수 있다. 로저스는 수십 년 동안 농업 확장 담당자들과 대학 연구자들이 수행한 연구로부터 축적된 방대한 데이터 아카이브에 접근할 수 있었다. 이 아카이브에는 수백 가지 농업 혁신—새로운 곡물 품종, 신형 기계, 새로운 윤작 방식 등—이 농부들에게 어떻게 수용되거나 거부되었는지를 보여주는 자료가 담겨 있었다. 로저스는 이러한 혁신이 수용되는 과정에 일관된 패턴이 존재하는지를 알고 싶어했다. 그는 새로운 기술 혁신이 도입될 때, 그것이 널리 채택되기까지 일련의 단계를 거친다는 결론에 도달했다. 첫째, 대부분의 사람들은 종종 매스 미디어로부터 접하는 정보를 통해 혁신에 대해 알게 된다. 둘째, 혁신은 매우 작은 규모의 혁신가 집단 또는 **초기 채택자**early adopters에 의해 채택된다. 새로운 것을 실험해보기 좋아하는 농부가 여기 해

**메타 분석**
특정 이슈에 대한 과거 연구 결과들에서 중요한 일관성을 확인하고 보다 완전한 이해를 위해 이 결과들을 조직적으로 통합하는 것.

**초기 채택자**
정보/혁신 확산 이론에서 유의미한 양의 정보 습득 전에 혁신을 일찍 채택하는 사람들.

당될 것이다. 셋째, 오피니언 리더는 초기 채택자로부터 배우고 난 뒤 스스로 혁신을 시도한다. 넷째, 오피니언 리더는 혁신이 유용하다고 생각되면 친구들, 즉 오피니언 팔로어들에게 혁신을 권한다. 다섯째, 대부분의 사람들이 혁신을 채택한 후에 후기 채택자가 변화한다. 유용한 혁신을 일찍 채택한 농부들은 수확량 증가와 수입 증가라는 보상을 받는 반면, 늦게 따라가는 사람들은 불이익을 받는다. 이들은 전체 수확량이 증가하고 농산물 가격이 하락한 뒤에야 혁신을 도입하게 되며, 결과적으로 새로운 기술에 비용은 들지만 더 높은 수익을 얻지는 못한다. 농업 혁신의 확산 과정에서는 분명한 승자와 패자가 존재하는 것이다.

정보/혁신 확산 이론은 중범위 이론(4장)의 장점과 단점을 보여주는 좋은 예이다. 이 이론은 방대한 양의 실증 연구를 성공적으로 통합한다. 로저스는 수천 건의 연구 결과를 검토했다. 정보/혁신 확산 이론은 이 연구를 이끌었고 연구 결과의 해석을 촉진했다. 그럼에도 불구하고 이 이론에는 심각한 한계가 있다. 정보 유통 이론, (뒷부분에서 논하게 될) 소셜 마케팅 이론과 마찬가지로, 정보/혁신 확산 이론은 커뮤니케이션 과정을 특정한 정보나 혁신의 확산을 결정하는 엘리트의 관점에서 보는 정보원 지배적 이론이다. 확산 이론은 확산을 가로막는 장벽을 극복하기 위한 더 나은 전략을 많이 제공함으로써 정보 유통 이론을 '개선'한다. 이 이론은 대면 커뮤니케이션이 어떻게 미디어 메시지와 결합되어 원하는 효과를 보다 효율적이고 효과적으로 달성할 수 있는지를 이해하는 데 도움을 준다. 그러나 농업 혁신의 확산을 이끄는 주된 동력은 전략적 커뮤니케이션이 아니라, 초기 채택자에게 주어지는 보상과 늦은 채택자에게 부과되는 처벌이다. 로저스가 자신의 이론을 세계 다른 지역의 혁신 확산에 적용하고자 했을 때, 어떤 형태로든 보상이 제공되지 않는다면 이 이론은 잘 작동하지 않는 경우가 많았다.

정보/혁신 확산 이론은 매스 미디어에 주로 새로운 혁신에 대한 인식을 형성하는 제한적 역할을 부여한다. 그러나 확산 과정에 매우 중요한 사람들에게는 중심적 역할을 부여한다. 미디어는 초기 채택자에게 직접적인 영향을 미치지만 이런 사람들은 일반적으로 정보에 입각한 신중한 미디어 이용자들이다. 초기 채택자는 혁신을 시도한 뒤 다른 사람들에게 혁신에 대해 알린다. 이들은 오피니언 리더에게 직접적인 영향을 미치며 오피니언 리더는 모든 사람들에게 영향을 미친다. **변화 촉진자**change agents 또한 확산에 관여하는 핵

**변화 촉진자**
정보/혁신 확산 이론에서 초기 채택자와 오피니언 리더들에게 직접 영향을 미치는 사람들.

심 인물이다. 이들의 임무는 혁신에 대한 정보를 많이 알고 변화를 원하는 사람을 돕는 것이다. 로저스는 변화 촉진자들이 주도적으로 확산을 위해 노력할 것을 권고했다. 예를 들어 이들은 농촌 지역 사회로 가서 새로운 농사법에 대해 알려줌으로써 초기 채택자와 오피니언 리더에게 직접 영향을 줄 수 있다. 미디어는 혁신에 대한 관심을 끄는 것뿐만 아니라 변화 촉진자들이 주도하는 집단 토의를 위한 기초를 제공하는 데에도 사용될 수 있다.

정보/혁신 확산 이론은 그 이전의 효과 트렌드 이론들보다 중요한 진전을 보여주었다. 1960년대 초반에 수행되었던 다른 고전적 연구들과 마찬가지로 이 이론은 기존의 실증적 일반화를 바탕으로 이를 통합해서 하나의 일관 적이고 통찰력 있는 관점을 정립했다. 정보/혁신 확산 이론은 대부분의 효과 관련 설문 조사와 설득에 대한 실험 연구 결과들과 일치한다. 무엇보다도이 이론은 수많은 홍보 커뮤니케이션과 마케팅 이론들, 그리고 오늘날까지도 이 이론들이 지지하는 캠페인의 기반을 제공해준다는 점에서 매우 실용적이다.

그러나 정보/혁신 확산 이론은 심각한 한계도 가지고 있었다. 이 이론은 적용에서부터 독특한 결점이 나타났다. 예를 들어 때로는 잘 이해되지 않거나 초기 채택자들조차도 원하지 않는 혁신의 채택을 촉진하기도 했다. 조지아주의 농장 부인들에게 통조림 채소를 사용하도록 하는 캠페인은 처음에는 크게 성공적이라고 판단되었으나 연구자들은 그 채소를 사용한 사람이 거의 없었다는 사실을 알게 되었다. 이들은 사회적 신분의 상징처럼 유리병을 거실 벽의 선반에 올려두었다. 대부분은 통조림 채소 조리법을 전혀 알지 못했고 통조림 채소를 사용해본 사람들은 가족들이 그 맛을 좋아하지 않는다는 것을 알게 되었다. 이런 종류의 경험이 전 세계에서 동일하게 나타났다. 아무도 먹고 싶어하지 않는 옥수수가 멕시코에서 재배되었고, 동남아시아에서 재배된 쌀도 마찬가지였다. 인도의 농부들은 비료를 너무 많이 사용하는 바람에 농작물을 다 망쳤다. 농부들은 복잡한 새 기계를 채택했으나 기계는 망가졌고 변화 촉진자가 떠난 뒤에는 기계를 놀렸다. 단순한 하향식 혁신의 확산은 장기적인 성공을 보장하지 못했다.

최근의 확산 이론 관련 연구는 주로 뉴 미디어 기술의 확산에 초점을 맞추고 있으며, 지난 20여 년간 뉴 미디어 기술이 어떻게 수용되어 왔는지를 설명하는 데 있어 이 이론이 유용함을 보여주었다(Vishwanath & Barnett, 2011). 다른 연구들도 우리 시대의 뉴 미디어 환경에서 확산 이론의 적용 가능성을

## Instant Access

### 정보/혁신 확산 이론 Information/Innovation Diffusion Theory

**장점**

1. 많은 양의 실증적 연구 결과를 유용한 이론으로 통합한다.
2. 미국을 비롯해 전 세계에 정보 캠페인에 대한 유용한 지침을 제공한다.
3. 미국을 비롯해 전 세계에 유용한 혁신을 성공적으로 채택할 수 있도록 지침을 제공해왔다.

**단점**

1. 선형적이고 정보원 지배적이다.
2. 미디어의 힘, 특히 현대 미디어의 힘을 과소평가한다.
3. 혁신을 이해하지 못하거나 원하지 않는 집단이 채택하도록 촉진한다.

확인했다(Atkin, Hunt, & Lin, 2015). 종종 확산 이론은 사용과 충족 이론과 결합되어 기술 수용에 대한 유용한 통찰을 제공했다. 캐롤린 린Carolyn Lin은 다양한 관점에서 도출된 미시적 및 거시적 이론 개념을 결합한 통합 기술 수용 모델integrated technology adoption model을 제안했다(Lin, 2003). 데이비드 앳킨David Atkin과 그의 동료들은 이러한 통합 모델을 바탕으로 한 연구 결과가 기술 접근성과 관련된 문제를 피하거나 최소화하기 위한 미디어 정책 수립에 유용한 기반을 제공할 수 있다고 주장한다(Atkin, Hunt, & Lin, 2015).

## 소셜 마케팅 이론

**소셜 마케팅 이론**
사회적으로 가치 있는 정보의 홍보와 관련한 중범위 이론들의 집합.

1970년대 초 미디어와 사회에 대한 거시적 이론 하나가 확산 이론과 중요한 공통점들을 띠며 형태를 갖춰가기 시작했다. 바로 소셜 마케팅 이론social marketing theory이다. 소셜 마케팅 이론은 오랫동안 헬스 커뮤니케이션, 정치 커뮤니케이션 같은 분야에서 유용하게 사용되어왔다. 소셜 마케팅 이론은 통일된 사고라기보다는 "사회에 이익이 되는 수용자 행동에 대한 대가로 마케터에게 지불하는 비용 없이 타깃 수용자가 원하는 혜택을 생성하고 소통해서 전달하는" 과정을 다루는 중범위 이론들의 집합이라고 볼 수 있다(Kotler & Lee, 2008: 7). 공중 보건 종사자들이 특히 소셜 마케팅 이론에 관심을 가졌으며 이 이론을 사용해서 다양한 행동을 촉진하거나 억제해왔다. 정교화 가능성 모델과 내러티브 설득 이론(10장)은 현대 소셜 마케팅 이론에서 상당히 중요하다. 그러나 여기에서는 소셜 마케팅 이론을 구성하는 각각의 이론들에 대해 설명하기보다는 중요한 이론적 틀에 대해 살펴보고 중요한 특징들을 논할 것이다. 소셜 마케팅 이론을 구성하는 이론들과 그 적용에 대한 보다 상세한 논의에 관심이 있는 독자들은 다른 문헌들(Grier & Bryant, 2004; Kotler & Lee, 2008; Noar, & McFarlane, 2016)을 참고하기 바란다.

확산 이론과 마찬가지로 소셜 마케팅 이론은 실용성을 지향하고 본질적으로 정보원 지배적 이론이다. 이 이론은 유용하고 유익한 사회 변화를 이루고자 하는 착한 정보 제공자의 존재를 전제로 하며, 이러한 정보 제공자들에게 정보 캠페인의 설계, 실행, 평가를 위한 틀을 제공한다. 최근 연구에서는 수용자 활동과 수용자들이 추구하는 정보를 가진 능동적 수용자에게 점점 더 관심이 쏠리고 있다. 그래서 가끔 이용과 충족 이론과 결합되기도 한다(9장).

확산 이론이 가정하고 우려하는 바를 함께 공유하는 소셜 마케팅 이론은 10장에서 소개한 설득 이론을 논리적으로 확장한 것이기도 하다. 이 이론은 사회 심리적 요소라는 측면을 더 잘 이해하고 다룸으로써 매스 미디어 기반의 정보 캠페인의 효과를 증진하려는 노력을 보여준다. 또한 미디어 정보와 영향력의 흐름을 막는 다양한 사회 체계 수준의 심리적 장벽을 파악함으로써 이와 같은 일들을 수행한다. 여기에는 이러한 장벽을 예견하고 극복하기 위한 전략들이 포함된다. 기발한 전략들도 있고 포화 광고saturation advertising의 무차별적 힘을 이용하는 전략들도 있다. 소셜 마케팅 이론은 다음과 같은 몇 가지 중요한 특징을 가지고 있다.

1. 캠페인 주제에 대한 대중의 관심을 유도하는 방법: 아이디어를 홍보하는 데 있어서 중요한 첫 번째 단계는 사람들로 하여금 아이디어를 인식하도록 하는 것이다. 가장 쉬우면서도 가장 비싼 방법은 포화 텔레비전 광고 캠페인을 이용하는 것이다. 소셜 마케팅 이론들이 정교해짐에 따라 훨씬 더 저렴한 비용으로 거의 동일한 효과를 가져다주는 다른 방법들도 개발되었다. 여기에는 사람들의 관심을 유도하기 위한 뉴스 보도 이용, 엔터테인먼트 내러티브에 메시지 심기, 새로운 미디어 채널 활용 등이 포함된다.

**타기팅**
특정 수용자 집단을 식별하고 가장 효율적인 경로를 통해 이들에게 접근하는 것.

2. **메시지를 가장 잘 수용하거나 이런 메시지에 민감한 특정 수용자 집단에게로 메시지를 타기팅하는 방법:** 제한 효과 연구는 특정 유형의 메시지에 가장 취약한 수용자 집단segment을 파악하는 방법을 입증했다(4장). 일단 수용자 집단이 파악되면 메시지를 이들에게로 타기팅할 수 있다. 타기팅targeting은 원래 상품 마케팅 분야에서 사용되었으나 현재는 유익한 아이디어나 행동 마케팅과 관련해서 쓰이게 된 몇몇 개념들 중 하나이다. 소셜 미디어 데이터의 활용으로 개인 맞춤형 타기팅이 보다 용이해졌다. 타기팅 전략은 가장 취약한 수용자 집단을 파악한 뒤 가장 효율적인 경로를 통해 이들에게 접근함으로써 홍보 비용은 줄이고 효율성은 제고하는 것이다.
3. **타깃 수용자 집단 내에 메시지를 보강하고 이들이 대면 커뮤니케이션을 통해 다른 사람들에게 영향을 주도록 장려하는 방법:** 특정 유형의 메시지에 취약한 수용자들조차도 이 메시지들이 다양한 경로에서 들어오는 유사한 정보에 의해 보강되지 않으면 메시지를 잊어버리거나 메시지에 대해 행동을 취하는 것을 잊어버릴 수 있다. 다양한 경로의 복수의 메시지를 수신하도록 하는 다양한 전략들이 개발되어왔는데, 이런 전략들로는 변화 촉진자의 방문, 집단 토의, 여러 미디어에 메시지 동시에 배치하기, 기존 미디어가 전달한 메시지를 소셜 네트워크 사이트에서 강화하기 등이 있다.
4. **사람, 상품, 서비스의 이미지 및 인상을 배양하는 방법:** 이러한 방법은 수용자의 관심을 불러일으키기 어려운 경우에 주로 사용된다. 사람들은 어떤 주제에 관심이 없으면 이 주제에 대한 정보를 찾고 배우려 하지 않는다. 관심의 부족은 정보의 유통에 장벽을 만든다. 이미지 배양에 사용되는 중요한 방법의 하나는 매력적인 이미지와 유도하려는 태도나 행동 사이의 관계를 암시하도록 고안된, 쉽게 알아볼 수 있고 시각적으로 매력적인 이미지를 보여주는 이미지 광고이다. 요즘 소셜 마케팅에서는 엔터테인먼트 내러티브를 통해 이런 관계가 쉽고 성공적으로 형성될 수 있다는 것을 자연스럽게 받아들인다.
5. **흥미를 자극하고 수용자의 정보 탐색을 유도하는 방법:** 정보 탐색은 아이디어에 대해 충분한 관심이 있을 때 이루어진다. 소셜 마케터들은 정보 탐색을 유도하기 위해 수많은 기술을 개발해왔다. 황금 시간대 인기 텔레비전 프로그램을 활용하는 것이 그 한 예이다. 이 밖에도 5킬로미터 달리

기 경주, 버스 투어, 컬러 리본과 손목 밴드 캠페인, 유명인 참여 등도 마찬가지 예이다.

6. **원하는 의사 결정이나 포지셔닝을 유도하는 방법**: 일단 사람들이 관심을 갖거나 정보를 알게 되면, 또는 적어도 강한 이미지나 인상을 형성하게 되면 사람들은 의식적인 결정이나 무의식적인 우선순위 선정 또는 포지셔닝positioning을 위한 행동을 취할 수 있게 된다. 미디어 메시지는 다양한 경로를 통해 전달되며 특정 옵션의 선택 또는 어떤 서비스나 행동에 대한 우선순위 부여 등의 가치를 강조하는 데 사용될 수 있다. 변화 촉진자와 오피니언 리더도 활용할 수 있지만 비용이 많이 든다. 이 방법은 소셜 마케터가 원하는 행위를 하도록 사람들을 준비시켜주기 때문에 모든 커뮤니케이션 캠페인에서 매우 중요한 단계이다.
7. **수용자 집단, 특히 캠페인의 타깃이 된 사람들을 활성화하는 방법**: 이 수용자들 중에는 적절히 포지셔닝은 되었지만 아직 행동할 기회를 찾지 못한 사람들이 포함된다. 태도, 서비스 또는 행위에 우선순위를 부여했지만 행동이 강요되는 상황에 직면해야 하는 경우도 있다. 이들은 심사숙고하는 사람들contemplators이다. 깨어 있지만 아직 행동하지는 않는다(Kotler & Lee, 2008: 273). 많은 커뮤니케이션 캠페인들이 실패하는 이유는 행동 자극 메커니즘이 부족하기 때문이다. 사람들이 캠페인의 영향을 받은 듯 보이지만 이 영향은 행동으로 효과적으로 이어지지 않는다. 소셜 마케터들은 사람들을 활성화하기 위해 변화 촉진자, 무료 상품, 무료 교통수단, 무료 서비스, 적절한 공포 소구, 사회적 지위가 높은 정보원의 방송이나 전화와 같은 다양한 기술을 활용한다.

소셜 마케팅 비평가들은 정보 유통 이론과 확산 이론의 논의에서 제기된 것과 매우 유사한 한계를 지적한다. 소셜 마케팅 이론은 과거 정보원 지배적인 선형적 효과 모델로부터 장점을 뽑아냈지만 여전히 많은 한계를 지니고 있다. 소셜 마케팅 모델에서 정보원은 타깃 수용자의 피드백을 사용해 캠페인을 조정한다. 캠페인의 조정은 일반적으로 메시지를 변경하는 것에 한정된다. 장기적 설득이나 정보 목표는 변하지 않는다. 따라서 소셜 마케팅 모델은 엘리트 정보원이 더 큰 사회 시스템의 요소를 지배할 수 있는 상황에 맞춰져 있다. 이런 영향력 있는 정보원은 엘리트 반대 세력들의 정보 유포나 조직적

**Instant Access**

### 소셜 마케팅 이론 Social Marketing Theory

**장점**

1. 미국과 해외에서의 정보 캠페인을 위한 실용적인 지침을 제공한다.
2. 사회적으로 바람직한 목적을 달성하는 데 적용될 수 있다.
3. 태도 변화 이론과 확산 이론을 기반으로 하고 있다.
4. 미디어 캠페인 기획자들에 의해 수용되고 사용된다.

**단점**

1. 정보원 지배적이다.
2. 캠페인의 모든 결과를 충분히 고려하지 않고, 엘리트 출처의 이익에 부합하는 결과만을 고려하는 경우가 종종 있다.
3. 보통 사람들의 지적 능력이나 동기를 과소평가한다.
4. 정보의 상호 유통에 대한 제약 사항을 무시한다.
5. 실행하는 데 비용이 많이 들 수 있다.

인 반대 세력의 결집을 막을 수 있다. 이 문제는 특정 백신이 심각하거나 심지어 치명적인 부작용을 일으킨다고 주장하면서 백신에 반대하는 움직임이 점점 커지고 있는 현상을 통해 잘 드러난다. '강제' 백신 접종을 둘러싼 사회적 갈등이 심화되면서, 소셜 마케팅 이론은 사람들이 자신에게 해가 될 것이라고 확신하는 일을 감수하도록 설득하는 방법에 대해 아무런 조언도 제공하지 못한다. 이 이론은 갈등이 심지어 중간 수준으로만 고조되어도 적용하기 어렵다. 소셜 마케팅 이론은 유익한 정보, 기술, 행동의 일상적인 확산에 가장 잘 적용된다. 따라서 이 이론이 가장 자주 활용되는 분야가 헬스 커뮤니케이션이라는 사실은 그리 놀라운 일이 아니다. 앨리슨 프리드먼Allison Friedman과 동료들은 성병 예방 및 관리를 목표로 한 16개의 소셜 마케팅 캠페인을 다룬 26편의 연구 결과를 검토했다. 이들은 미국 내 성 건강을 둘러싼 침묵의 문화 때문에 이러한 캠페인이 필수적이라고 주장한다. 전반적으로 캠페인의 효과는 다소 제한적이었지만, 캠페인 콘텐츠에 더 많이 노출된 사람일수록 행동 변화가 더 많이 나타났다. 이러한 변화는 콘돔 사용, 성병에 대한 파트너 간 대화, HIV 검사와 같은 영역에서 관찰되었다. 연구진은 이러한 캠페인의 효과가 비교적 작더라도 분명히 생명을 구하는 데 기여한다고 주장한다 (Friedman, Kachur, Noar, & McFarlane, 2016).

## 의제 설정, 프라이밍, 의제 형성

2016년 미국 대통령 선거의 주요 이슈들은 무엇이었는가? 그 선거의 캠페인은 매우 이례적이었다. 국가가 직면한 중요한 문제들에는 수천 명이 목숨을 잃은 약물 중독, 러스트 벨트 지역의 높은 실업률, 끝날 기미도 없고 막대한 비용이 소요되는 중동 지역의 군사 개입, 빠르고 전례 없는 기후 변화, 학자금 대출로 인해 부담을 지게 된 대학 졸업생들, 그리고 부유층과 빈곤층 간의 격차 확대 등이 있었다. 이런 중요한 이슈들이 과연 캠페인에서 중심적으로 다루어졌을까? 많은 유권자들은 사업가 출신 정치인 도널드 트럼프에 주목했다. 그는 불법 이민자들에 대해 대부분 범죄자라고 비난하며, 멕시코 국경에 장벽을 세워 미국에 그들이 들어오지 못하게 하겠다고 약속했다. 이 장벽 건설 비용은 멕시코가 부담하게 하겠다고도 주장했다. 그는 또한 '오바마케어'로 알려진 저소득층 대상 건강 보험 제도를 폐지하고, 이를 대체할 더 나은 제도를 도입하겠다고 말했다. 그는 오바마케어를 지지하고 이민자들에게 비교적 우호적인 입장을 보였던 힐러리 클린턴과 경쟁했다. 클린턴은 전 영부인이자 상원의원, 국무장관을 지낸 인물이다. 이 선거 캠페인에서는 일부 실질적인 이슈들이 보도되기는 했지만, 보도의 초점은 주로 후보들의 인물, 과거 행적, 기획된 이벤트에 맞춰졌다. 트럼프가 지지자들이 모인 열광적인 집회에서 힐러리 클린턴을 비난하고 다함께 "그녀를 감옥에 보내라!"라고 외치는 장면이 반복적으로 보도되었다. 트럼프는 그녀의 컴퓨터 서버에서 수상한 이메일이 사라졌다고 주장했다. 클린턴은 트럼프가 명백한 성격적 결함을 가지고 있고 사업도 실패한 인물로서 효과적인 통치를 할 수 없다고 주장했다. 보도는 그녀의 합리적이고 신중한 태도와 트럼프의 신랄하고 독설적인 언어를 대조적으로 묘사했다. 선거 후 뉴스 보도에 대한 분석 결과, 트럼프는 비정상적으로 많은 보도량을 받았지만, 캠페인 전반에 걸쳐 그가 내세운 많은 과장·허위 주장들에 대해서는 충분한 검증이 이루어지지 않았던 것으로 나타났다(Watts & Rothschild, 2017). 여러분은 이 선거에서 주요 이슈와 이미지로 무엇을 기억하고 있는가? 트럼프 집회에서 펜 안에 갇혀 모욕당하는 기자들? '액세스 할리우드Access Hollywood' 녹취록에서 트럼프가 여성에 대해 음탕하게 말한 장면? 민주당 이메일을 해킹해 공개한 위키리크스Wikileaks? 앞서 나열된 실질적 문제들—약물로 인한 사망, 제조업 일자리 상실, 중동 전쟁, 기후 변화, 학자금 부채, 소득 불평등—중에서 대부분의 미국 유권자들이 진정으로 중요한 이슈로 인식한 것은 몇 가지에 불과했다. 이것이 바로 의제 설정agenda-setting이다. 즉 대중이 중요하게 여기는 몇 가지 이슈만이 부각되고, 비슷하게 중요하거나 더 중요한 이슈는 무시되는 것이다.

**의제 설정**
미디어는 사람들에게 '무엇을 생각하라what to think'고 말해주는 것이 아니라 '무엇에 대해 생각하라what to think about'고 말해준다는 개념.

버나드 코헨Bernard Cohen은 의제 설정이라는 용어를 사용하지는 않았지만 후에 의제 설정이라고 명명된 이 과정의 발견에 기여한 사람으로 꼽힌다. 그는 "언론은 단연코 정보와 의견 전달자 그 이상이다"라고 말했다. "사람들에게 '무엇을 생각하라what to think'고 할 경우 대부분은 성공적이지 못하지만 독자들에게 '무엇에 대해 생각하라what to think about'고 할 경우에는 놀랍도록 성공적이다. 그리고 이로부터 세계는 사람들의 개인적 관심사뿐만 아니라 이들이 읽는 신문의 기자, 편집자, 발행자가 그리는 지도에 따라 각기 다른 사람에게 다르게 보인다"(Cohen, 1963: 13). 맥스웰 E. 맥콤스Maxwell E. McCombs와 도널드 쇼Donald Shaw의 연구를 통해 경험적으로 확인되지 않았다면 코헨의 관점은 애매모호한 채로 남아 있었을지도 모른다. 이들은 의제 설정을 다음과 같이 해석했다. "뉴스를 선택하고 보여줄 때 편집자, 보도국 직원, 방송 진행자는 정치적 현실을 형성하는 데 중요한 역할을 한다. 독자는 주어진 이슈에 대해서뿐만 아니라 뉴스에 담긴 정보의 양과 뉴스에 나타난 입장을 통해 해당 이슈가 어느 정도의 중요성을 갖는지도 알게 된다…… 매스 미디어는 이 중요한 이슈를 잘 결정할 수 있을 것이다. 즉 미디어는 캠페인의 '의제'를 설정할 수 있다"(McCombs & Shaw, 1972: 176).

1968년 9월과 10월의 대선 기간 동안 이 연구자들은 지지할 후보자를 결정 하지 않은 100명의 등록 유권자를 인터뷰했다. 그리고 각 응답자에게 "후보 자가 당시 했을 것 같은 말과는 상관없이 당신이 보기에 핵심 이슈라고 생각 되는 것들을 간략히 설명하라"고 요청했다. 이를 통해 연구자들은 사람들이 중대한 이슈라고 생각하는 것들을 파악하고 중요도에 따라 순위를 매길 수 있었다. 그런 다음 이들은 연구가 진행된 지역의 유권자들이 볼 수 있었던 텔레비전 뉴스, 신문, 시사 잡지, 사설란의 내용을 분석해서 파악한 다양한 이슈의 시간별 · 공간별 순위를 인터뷰 결과와 비교했다. 연구 결과는 어떻게 나왔을까? "선거 캠페인에서 중대한 이슈는 무엇이라고 생각하는지에 대한 유권자들의 판단에 미디어가 상당한 영향을 미쳤던 것으로 보인다…… 주요 캠페인 이슈 중에서 미디어가 강조한 이슈와 유권자가 가장 중요하다고 판단한 이슈 사이의 상관관계는 +.967이었다"라고 그들은 기술했다. "간단히 말해서 연구 데이터는 다양한 캠페인 이슈에 대한 미디어의 강조와…… 다양한 캠페인 토픽의 현저성salience 및 중요도에 대한 유권 자의 판단 사이에는 매우 밀접한 관계가 있음을 시사한다"(McCombs & Shaw, 1972: 180-181).

이 중요하고 직설적인 연구는 미디어 효과 이론으로서의 의제 설정의 강점과 한계를 강조한다. 또한 미디어 보도와 사람들의 공공 이슈 순위 매기기 간에 연관이 있음을 보여준다. 부정적인 측면을 보자면, 의제 설정의 논리는 뉴스와 캠페인 문제에는 잘 맞는 듯하나 다른 유형의 콘텐츠와 다른 종류의 효과에 대해서는 어떨까 의문이 든다. 그러나 더 중요한 것은 뉴스와 수용자 관계의 본질에 대한 질문이다. 어쩌면 대중이 미디어의 의제를 설정하고 언론이 이를 강화시키는 것일 수 있다. 맥콤스와 쇼의 분석은 대부분의 초기 의제 설정 연구와 마찬가지로 미디어에서 수용자로 가는 영향의 방향, 즉 인과 관계를 암시하는 것이다. 그러나 미디어는 단순히 수용자에게 반응하는 것이라는 주장도 쉽게 제기될 수 있다. 언론인으로 살면서 "우리는 사람들이 원하는 것을 줄 뿐이다"라는 말을 적어도 한 번 이상 내뱉지 않은 사람은 거의 없을 것이다. 맥콤스 자신도 이런 한계를 인정했다 (McCombs, 1981).

의제 설정 접근법의 유용성을 가장 초기의 연구를 바탕으로 판단하지 않는 것이 중요하다. 예를 들어 샨토 아이엔가Shanto Iyengar와 도널드 킨더Donald Kinder는 "전국 뉴스에서 눈에 띄게 주목받는 문제들은 시청자들이 그 나라에서 가장 중요한 것으로 간주하는 문제가 된다"는 의제 설정 가설을 시험하기 위해 고안된 일련의 실험에서 초기 연구의 문제점들을 일부 극복하려고 시도했다(Iyengar & Kinder, 1987: 16). 이들은 실험을 통해 의제 설정, 표현의 생생함, 스토리의 위치, 그리고 자신들이 명명한 **프라이밍**priming을 살펴보았다. 연구자들은 사람들에게 먼저 미디어 콘텐츠를 노출시킨 뒤, 그들이 특정 이슈에 대해 어떤 견해를 가지게 되었는지를 측정함으로써 인과성을 평가할 수 있었다.

**프라이밍**
의제 설정에 있어서, 미디어가 어떤 정치 이슈의 특정 측면에 초첨을 맞추어 제시함으로써 수용자의 판단 기준을 형성하는 데 영향을 준다는 개념.

- 의제 설정agenda-setting: 아이엔가와 킨더는 의제 설정의 인과 관계를 증명했다. 이들은 다음과 같이 설명했다. "저녁 뉴스에 등장하는 문제는 사회와 국가에 대한 미국인의 관점을 강력하게 형성한다. 특정 문제에 관심을 집중시키기 위해 편집된 방송을 본 사람들은 해당 문제에 더 많은 중요성을 부여한다는 점이 밝혀졌다. 이들은 실험 시작 전 자신들이 부여했던 것보다, 그리고 다양한 문제를 강조한 통제 환경에 배정된 사람들보다 더 큰 중요성을 부여했다. 피실험자들은 해당 문제를 국가적으로 더 중요하다고 생각하고 그 문제에 관심을 기울였으며, 정부가 이에 대해 더 많은 노력을 기울여야 한다고 믿었다. 그리고 그 문제에 대해 더 강렬하게 감정을 표하며 이를 국가적으로 가장 중요한 문제들 중 하나로 인식하려는 성향을 강하게 보였다"(Iyengar & Kinder, 1987: 112).
- 표현의 생생함vividness of presentation: 연구자들은 극적인 뉴스 보도는 텔레비전의 의제 설정 능력을 증가시키기보다는 감소시킨다는 것을 발견했다. (현대 텔레비전 뉴스의 주된 특징이라고 할 수 있는) 강력하게 표현된 개인화된 뉴스에서는 눈앞의 이슈보다는 특정 상황이나 개인이 지나치게 많이 강조될 수 있다.
- 스토리의 위치position of a story: 리드 스토리lead story(뉴스의 앞에 위치한 스토리—역주)는 더 큰 의제 설정 효과를 가진다. 아이엔가와 킨더는 이 결과에 대해 두 가지 이유를 제시했다. 첫째, 사람들은 뉴스의 앞부분에 나오는 스토리에 더 집중하며, 집에서 시청할 때 앞에 나오는 뉴스는 불가피한 방해로 인해 집중하지 않을 가능성이 적었다. 둘째, 사람들은 가장 뉴스 가치가 높은 스토리를 리드 스토리로 잡는 뉴스 프로그램의 암묵적 선택을 수용했다.
- 프라이밍priming: 동기 부여가 가장 잘된 국민이라고 할지라도 복잡한 정치적 이슈를 평가할 때 자신들이 아는 모든 것을 고려할 수는 없다는 것을 의미한다. 그 대신 사람들은 머릿속에 떠오르는 생각이나, 연구자들이 말한 바와 같이 "접근할 수 있는 정치적 기억의 조각들"을 고려한다. 여기서 우리는 스키마 이론을 생각해볼 수 있다. 아이엔가와 킨더의 연구는 "[다른 것 대신에 정치 생활의 일부 측면으로 관심을 이끈다는] 프라이밍을 통해 텔레비전 뉴스는 정치적 판단과 정치적 선택의 조건을 설정한다"(Iyengar & Kinder, 1987: 114)는 것을 분명히 입증했다. 이후 연

구에서 아이엔가는 이렇게 구분했다. "의제 설정은 국가적 이슈에 대한 중요도 인식에 미치는 뉴스 보도의 영향을 반영하며, 프라이밍은 정치적 판단을 함에 있어서 특정한 이슈에 부여된 가중치에 대한 뉴스 보도의 영향을 의미한다"(Iyengar, 1991: 133). 프라이밍에 대해서는 13장에서 프레이밍 이론framing theory을 논할 때 다시 살펴볼 것이다.

**의제 형성**
미디어, 정부, 국민이 공공 정책 분야에서 상호 영향을 미치는 집합적 과정.

의제 설정은 **의제 형성**agenda-building이라는 중요한 거시적 수준의 함의를 갖는다. 의제 형성은 "일부 이슈가 정책 결정 영역에서 중요성을 띠게 되는 대체로 복잡한 과정"을 말한다(Protess et al., 1991: 6). 커트 랭Kurt Lang과 글래디스 랭Gladys Lang은 "의제 형성은 미디어, 정부, 국민이 상호 영향을 미치는 집합적 과정이기 때문에 의제 설정보다 더 적합한 용어"라고 밝혔다(Lang & Lang, 1983: 58-59). 의제 형성은 인지 효과, 능동적 수용자, 사회적 수준의 효과를 추정한다. 사회(또는 국가나 문화)가 중요한 우려 사항을 정의하고 이러한 우려를 해소하기 위해 다양한 기관들을 동원하는 방법에 미디어가 중대한 영향을 미칠 수 있다는 기본 전제는, 데이비드 프로테스David Protess와 그의 동료들의 말대로 탐구해야 할 다양한 질문들이 샘솟게 했다(Protess et al., 1991). 파멜라 슈메이커Pamela Shoemaker와 스티븐 리스Stephen Reese는 뉴스룸 의제에 영향을 미치는 요인들에 특별한 주의를 기울인 업데이트된 의제 형성 이론을 제시했다(Shoemaker & Reese, 2014). 의제 설정의 경우와 마찬가지로, 언론인들은 자신들이 의제를 형성하는 데 있어 적극적인 역할을 한다는 것을 인정하려 하지 않는다. 그들은 특정 이슈에 대해 대중의 관심을 끌기 위한 엘리트들의 노력을 단지 보도할 뿐이라는 입장이다. 그러나 의제 설정과 마찬가지로, 의제 형성도 언론인들이 일반적으로 사용하는 스키마의 영향을 받는다. 랭Lang 부부는 워터게이트 사건 당시의 의제 형성을 연구했고, 1972년 선거 캠페인에서 기자들이 사용한 경마 프레임(경마 중계하듯 누가 앞서고 있는지 피상적 보도만 하는 행태—역주)과 갈등 프레임이 민주당이 이 스캔들에 대중의 관심을 모으기 위해 지속적으로 노력했음에도 불구하고, 이 사건이 중요한 선거 이슈로 부각되는 것을 막았다는 결론을 내렸다.

러셀 뉴먼Russell Neuman과 그의 동료들은, 이슈에 대한 주요 정보원이 된 소셜 미디어의 부상 시기에 의제 형성을 평가하기 위해 '빅 데이터'를 활용하는 전략을 제안했다. 이들은 의제 형성과 의제 설정이 긴밀하게 연결되어 있는 훨씬 더 역동적인 과정이 등장하고 있다고 주장했다. 2012년 한 해 동안 전통적인 인쇄/방송 미디어와 소셜 미디어 콘텐츠(SNS, 블로그, 토론 게시판 등)에 대해 29개의 이슈를 중심으로 1일 보도량 차이를 살펴보았으며, 이들이 분석한 모든 미디어에서 매일 각 이슈에 대해 17,000건이 넘는 언급이 있었다는 사실을 발견했다. 전통 미디어 보도와 소셜 미디어 보도 간의 상관관계를 분석하여 어느 한쪽이 다른 쪽의 보도에 영향을 주었는지를 확인한 결과, 상호 영향의 증거가 발견되었다. 자연재해, 총기 규제, LGBTQ 이슈, 아랍의 봄과 같은 이슈는 소셜 미디어 보도가 전통 미디어 보도에 앞섰고, 경제 정책과 외교 문제는 전통 미디어 보도가 소셜 미디어 보도에 앞선 것으로 나타났다(Neuman, Guggenheim, Jang, & Bae, 2014). 마이크 그루슈친스키Mike Gruszczynski와 마이클 와그너는Michael Wagner는 이러한 발견과 일치하는 연구 결과를 발표했다(Gruszczynski & Wagner, 2017). 이들은 전통 미디어 및 보다 타깃화된 미디어(Fox News, Daily Kos, Free Republic 등)의 보도량 측정값과 구글 트렌드를 통해 수집한 대중의 인터넷 검색 데이터를 결합해 분석했고, 소셜 미디어와 전통 미디어는 서로 다른 유형의 이슈를 부각시키는 데 있어 모두 중요한 역할을 할 수 있다는 결론을 내렸다.

의제 형성 및 설정 연구는 초기 학자들이 수행했던 비교적 단순한 설문 조사와 콘텐츠 분석에서부터 발전해, 이제는 방대한 디지털 뉴스 및 소셜 미디어 콘텐츠 아카이브를 분석하여 어떤 콘텐츠가 특정 유형의 이슈를 부각하고 확산시키는 데 더 영향력이 있는지를 평가하는 수준에 이르렀다. 연구자들은 특정 이슈 유형은 소셜 미디어에서 더 많이 부각되는 반면, 다른 이슈들은 기존 미디어에서 더 많이 부각된다는 사실을 밝혀내고 있다. 이러한 매체들이 서로 영향을 주고받을 수 있으며 실제로 그렇게 하고 있다는 사실은 **미디어간 의제 형성**intermedia agenda-building이라는 개념을 탄생시켰다. 이는 온라인 뉴스 사이트와 전통 미디어가 서로의 뉴스 보도에 영향을 주고받는다는 것을 의미한다(Vonbun, Kleinen-von Königslöw, & Schönbach, 2016). 이 같은 구 미디어와 신 미디어 간의 상호작용은 언론 보도에 왜곡을 초래할 수 있는 결과를 가져오기도 한다. 모든 뉴스 매체는 수용자를 끌어들이기 위해, 편집자와 기자의 편집 판단을 버리고 소셜 미디어 공유 데이터 및 인터넷 검색 데이터에 의존하게 되는데, 졸트 카토나Zsolt Katona와 그의 동료들은 이러한 과정을 **의제 추종**agenda-chasing이라 불렀다. 이들은 다음과 같이 서술했다. "소

**미디어간 의제 형성**
온라인 뉴스 사이트와 전통 미디어가 서로의 보도 내용을 형성하는 과정.

**의제 추종**
뉴스 매체가 이용자의 인터넷 행동을 토대로 보도 주제를 결정하는 방식.

## Instant Access

### 의제 설정 Agenda-Setting

**장점**

1. 뉴스 미디어가 이슈에 대한 의견을 바꾸지 않고도 중대한 영향을 미칠 수 있다는 점을 설명한다.
2. 미디어 노출, 지향을 추구하려는 수용자의 동기, 공공 이슈에 대한 수용자의 인식 사이의 관계를 경험적으로 증명한다.
3. 프라이밍, 스토리의 위치, 스토리의 생생함을 포함한 다수의 유사한 개념을 통합한다.
4. 인터넷 기반 미디어가 대중 의제를 설정하거나 형성할 수 있다는 점을 설명한다.

**단점**

1. 뉴스 미디어가 의제 설정 효과를 유발한다는 것을 입증하기가 어렵다.
2. 뉴스와 정치 캠페인에 가장 잘 적용된다(종종 이 분야에만 국한된다.)
3. 소셜 미디어로 인해 미디어에서 대중으로 흐르는 의제 설정 효과의 방향에 대해서 나날이 의문이 제기되고 있다.

셜 미디어가 지배하는 이 새로운 환경에서는, 소비자의 공유 행동이 뉴스 아이템을 빠르게 상위로 끌어올릴 수 있기 때문에, 뉴스 제공자 간의 경쟁은 사실상 몇 가지 주제를 놓고 벌어지는 대결이며, '승자'는 페이지뷰에서 발생하는 광고 수익이라는 '상품'을 나눠 갖는다. 과거에는 언론이 의제를 설정했지만, 오늘날의 뉴스 제공자들은 대체로 인터넷상 소비자의 공유 행동에 의해 설정된 의제를 '추종'하고 있는 것이다"(Katona, Knee, & Sarvary, 2017: 784). 하지만 이러한 소셜 미디어 기반의 의제 추종에는 이 학자들이 고려하지 않은 또 다른 측면이 있다. 뉴스 콘텐츠를 결정하는 것은 단지 소셜 미디어 사용자들의 공유 행동만이 아니라, 대부분의 사용자에게 뉴스를 제공하는 방식을 결정하는 소셜 미디어의 알고리즘이라는 점이다. 이 알고리즘들이 의제 설정 또는 형성에 어떤 역할을 하고 있는지를 평가하는 연구가 필요하다. 또한 다양한 매체들에서 이슈가 어떻게 제시되고 구성되는지, 즉 프레이밍에 대한 관심도 점차 증가하고 있다. 13장에서는 프레이밍 이론을 보다 자세하게 살펴볼 것이다. 또한 맥콤스와 가넴이 '속성 의제 설정' 혹은 '2단계 의제 설정'이라고 이름 붙인(McCombs & Ganem, 2001) 의제 설정 형식에 대해서도 살펴볼 것이다.

## 침묵의 나선

**침묵의 나선**
미디어의 지배적 견해에 반하는 견해를 가지고 있는 사람들은 소외에 대한 두려움 때문에 이런 견해를 드러내지 않게 된다는 개념.

미디어와 여론에 대한 이론들 중 다소 논란의 여지가 있는 것이 **침묵의 나선** spiral of silence 개념이다. 이 개념은 의제 설정의 한 형태로 볼 수 있지만 분명 사회적 수준의 결과에 중점을 두고 있다. 이 용어의 창시자인 엘리 자베스 노엘레-노이만Elisabeth Noelle-Neumann에 따르면, 침묵의 나선이란 "한 상황[매스 미디어]에서 관찰된 것들은 다른 상황으로 전파되고 전파된 사실은 사람들로 하여금 자신의 견해를 표출하게 하거나 아니면 드러내지 않고 침묵하게 만든다. 나선의 과정에서 어떤 견해가 대중적으로 우세해지면 이와 다른 견해를 가진 이들은 목소리를 내지 않고 침묵을 지키게 되고, 그 소수 의견은 결국 대중의 인식에서 사라지게 된다. 이것이 '침묵의 나선'이라고 부를 수 있는 과정이다"(Noelle-Neumann, 1984: 5).

침묵의 나선 이론에 따르면 사람들은 고립되거나 주변 사람들로부터 소외되는 것에 대한 두려움이 있기 때문에 자신이 소수에 속한다고 생각할 때 자신의 의견 및 태도를 드러내지 않는 경향이 있다. 다양한 요인들로 인해 미디어는 이슈의 한 가지(또는 최대 두 가지) 측면을 보여주고 다른 측면들을 배제하는 경향이 있으며 이로 인해 사람들이 침묵하게 되고, 따라서 미디어가 반대 견해를 발견하고 보도하기란 더욱 어려워진다. 침묵의 나선 이론은 미디어 누적 효과를 설명하는 이론의 훌륭한 예이다. 침묵의 나선이 시작되면 시간이 지나면서 미디어가 미치는 영향의 정도는 점점 더 커진다. 의제 항목에 대한 다양한 견해가 미디어 보도에 의해 무시되고 간과되거나 하찮은 것으로 보여질 때 사람들은 그런 견해에 대해 말하기를 꺼리게 된다. 시간이 흐르면서 이런 견해는 대중 속에서 더 이상 들리지 않고 따라서 정치적 의사 결정에 영향을 미칠 수 없게 된다.

노엘레-노이만은 뉴스가 수집되고 전파되는 방식은 사람들의 선택의 폭과 너비를 효과적으로 제한한다고 주장했다. 그녀는 관점의 희소성을 유발하는 뉴스 미디어의 세 가지 특징을 파악했다(Noelle-Neumann, 1973).

1. 편재성ubiquity: 정보원으로서 미디어는 사실상 어디에나 존재한다.
2. 누적성cumulation: 다양한 뉴스 미디어는 다른 개별 프로그램이나 간행물에서 스토리와 관점을 반복하는 경향이 있다.
3. 유사성consonance: 언론인들이 견지하는 가치의 조화 또는 유사성은 이들이 생산하는 콘텐츠에 영향을 미친다.

미디어 효과에 대한 이러한 견해는 거시적이고 미시적인 두 가지 상이한 사회적 과정이 동시에 작동해서 효과를 만든다고 본다. 수용자는 소외되는 것을 원치 않으므로 자신의 견해와는 반대되지만 지배적이라고 인식되는 견해에 직면했을 때 침묵을 선택한다. 언론인들은 뉴스 취재 기능의 역학 때문에 제한적으로 뉴스를 선택하게 되고 이로 인해 고립을 피하고 싶어하는 수용자의 침묵은 더욱 강요받게 된다.

침묵의 나선 이론은 찬양과 비판을 동시에 받아왔다. 이 이론은 미디어가 중요한 영향력을 가질 수 있다는 견해로의 회귀를 알리는 이론으로 찬사를 받기도 했지만 엘리후 카츠Elihu Katz는 침묵의 나선 이론을 대중사회 이론의 업데이트에 지나지 않는다고 비판했다. "민주주의 사회에서조차도 미디어는—대인 커뮤니케이션처럼—자유로운 정보 유통에 맞서 묵인과 침묵을 강요할 수 있다"(Katz, 1983: 91). 찰스 새먼Charles Salmon과 F. 제럴드 클라인F. Gerald Kline은 침묵의 나선이 설명하는 효과들은 (모든 사람들은 승자와 함께하기를 원한다는) 밴드왜건 효과bandwagon effect나 (자신의 의견을 표현해 주변 의견의 전반적 분위기에 대한 인식을 형성하고자 하는 사람들의 자연스러운 경향인) 투사projection의 산물과 마찬가지로 쉽게 이해할 수 있다고 했다(Salmon & Kline, 1985). 또한 이 비판가들은 이슈에 대한 개인의 자아 관여ego-involvement 정도와 같은 개인적 요인을 고려해야 한다고 주장했다(주변의 의견과 상관없이 당신이 그 이슈에 대해 확고하게 느끼는 것이 있다면 고립의 위협이 있을지라도 침묵하기를 원하지 않을 수 있다). 다원적 집단이 미디어 효과를 매개할 수 있다는 개념에 기반을 두고, 캐럴 글린 Carroll Glynn과 잭 맥레오드Jack McLeod는 침묵의 나선이 사회에 미치는 미디어의 영향력을 경감시키는 공동체, 조직, 준거 집단의 힘을 과소평가한다는 점을 지적했다(Glynn & McLeod, 1985). 또한 노엘레-노이만의 연구(초기의 연구는 당시 거의 서독에서만 수행되었다)를 미국의 상황에 일반화시킬 수 있는가 하는 의문을 제기했고,

미디어가 실제로 사람들로 하여금 침묵을 지키게 하기보다는 목청을 높일 수 있도록 하는 상황이 가능하다고 주장했다. 노엘레-노이만은 미디어, 특히 텔레비전은 어떤 논쟁에서든지 우세한 태도를 당연한 것으로 채택하며 그 결과 미디어는 '지배적 경향'을 나타낸다고 말했다(Noelle-Neumann, 1985). 소수 견해를 가진 사람들은 미디어의 '지배적 경향'이 자신들을 지지한다고 느낄 경우 (민권 운동에서 그랬던 것처럼) 기꺼이 목소리를 낸다.

이러한 의견 충돌에도 불구하고 침묵의 나선 이론은 꾸준히 관심을 끌며 실증적으로 연구되어왔다. 예를 들어 앤드류 헤이즈Andrew Hayes와 그의 동료들은 미디어가 '준통계 기관quasi-statistical organ'을 활성화한다는 노엘레-노이만의 주장이 맞는지 실험했다. 노엘레-노이만의 말을 빌리자면 준통계 기관은 사람들이 "자신의 아이디어에 대한 찬반 의견의 분포를 평가하도록 해주는 일종의 육감sixth sense"을 말한다. 헤이즈와 그의 동료들은 무엇보다도 특정 제안과 견해의 강점(공약), 긴급성, 성공 가능성을 평가했다(Hayes et al., 1974: 44). 8개국을 대상으로 한 비교 문화 연구에서 이들은 "상대적으로 더 큰 FSI(fear of social isolation. 사회적 고립에 대한 두려움)를 가지고 있는 사람들은 여론 조사에 상대적으로 더 많은 관심을 가지고 있다는 것을 입증했다. 이는 이런 두려움이 준통계 기관을 자극해 매스 미디어가 전달하는 여론 조사의 결과에 채널을 맞추도록 한다는 점을 시사한다"(Hayes et al., 2011: 18). 사회과학자들은 또한 침묵의 나선 이론이 온라인 환경에서도 작동한다는 것을 입증해왔다. 마이클 찬Michael Chan은 홍콩 선거 운동 기간 동안 정치에 대해 직접 대면하거나 페이스북 상에서 이야기하는 것을 꺼리는 것이 FSI(의견 고립에 대한 공포)와 연관되어 있음을 발견했다(Chan, 2018). 제시 폭스Jesse Fox와 라니어 홀트Lanier Holt는 페이스북 사용자 중 게시물의 지속성에 대해 우려하거나 타인을 불쾌하게 할 수 있다는 걱정을 가진 사람들은 경찰의 차별에 대한 의견을 페이스북에서 표현할 가능성이 더 낮다고 보고했다(Fox & Holt, 2018).

침묵의 나선 이론 연구는 인터넷 기반 미디어에 적용되면서 중요한 변화를 겪고 있다. 연구자들은 사람들이 논란이 있는 주제에 대해 온라인상에서 소통하려는 의사에 영향을 미치는 새로운 요인들을 식별하고 측정하고 있다. 이들은 사람들이 여론의 분위기를 평가하는 새로운 방식에도 주목하고 있다. 기존에는 사회적 고립에 대한 공포에 초점을 맞추었지만, 이제는 온라인 프라

**Instant Access**

### 침묵의 나선 The Spiral of Silence

**장점**

1. 거시적 수준 및 미시적 수준의 설명력을 가진다.
2. 동적이다.
3. 특히 캠페인 기간 동안의 여론의 움직임을 설명한다.
4. 뉴스 미디어의 역할과 책임에 대해 중요한 질문을 제기한다.

**단점**

1. 뉴스 미디어의 영향력과 기자들에 대해 지나치게 비판적인 관점을 가지고 있다.
2. 침묵에 관한 다른 간단한 설명들을 간과한다.
3. 침묵 효과에서 있을 수 있는 인구통계학적 · 문화적 차이를 간과한다.
4. 침묵을 상쇄할 수 있는 공동체의 힘을 간과한다.
5. 침묵 효과는 문화적 · 정치적 차이에 따라 나라별로 크게 차이난다.

이버시 문제와 인터넷에 콘텐츠가 영구적으로 남는 데 대한 사용자들의 우려에 관심을 기울이고 있다. 사용자는 SNS로 연결된 친구들에게 자신의 댓글이 어떤 영향을 미칠지 걱정하기도 한다. 일부는 자신이 남긴 견해가 트롤들의 공격을 받을 것을 우려한다. 이러한 우려들을 감안하면, 사람들이 인터넷을 사용할 때 아무리 관심이 많거나 우려하는 이슈를 접하더라도 침묵하는 경우가 많은 것은 놀라운 일이 아니다.

## 학습 목표 확인

- **대규모 소셜 미디어가 매스 미디어 시스템의 중요한 일부가 된 지금, 사회에서 미디어가 수행하는 역할이 어떻게 변화했는지 평가해본다.**

소셜 미디어가 처음 등장했을 때, 사람들을 콘텐츠 제작과 유통에 참여시킬 가능성이 커 보였다. 시민 기자들이 블로그를 쓰고 지역 신문과 협력하여 뉴스 팀을 구성함으로써 저널리즘을 변모시키고, 유튜브에 지역 콘텐츠를 게시함으로써 할리우드식 오락도 대체할 수 있을 것으로 보였다. 가장 큰 희망은, 비슷한 관심사를 가진 친구들과 의미 있는 아이디어와 관심사를 공유할 수 있는 가상 공동체의 형성 가능성이었다. 그러나 이러한 가능성은 대부분의 사람들이 사용하는 소셜 미디어 앱을 소수 기업이 장악하면서 사라졌다. 이들 기업은 소셜 미디어를 광고주로부터 이윤을 창출하는 수단으로 전환시키는 데 집중했다. 그 결과, 대규모 소셜 미디어는 매스 미디어 역할을 바꾸지는 않았지만, 미디어 영향력이 행사되는 방식을 변화시켰다. 모든 형태의 매스 미디어와 마찬가지로, 소셜 미디어는 사용자들의 관심을 끌고 이를 독점하기 위해 설계된 콘텐츠를 유통한다. 이들은 특정 유형의 사용자들을 타기팅하려는 광고주에게 사용자의 관심을 제공한다. 소셜 미디어는 가상 공동체를 창출하지 않으며, 일반인들이 제작하는 콘텐츠는 소셜 미디어가 유통하는 콘텐츠의 극히 일부에 불과하다. 소셜 미디어의 가장 즉각적인 중요한 영향은 다른 미디어에 미치는 영향이다. 소셜 미디어는 텔레비전이 도입되었을 때와 유사한 방식으로 미디어 시스템의 구조를 재편하고 있으며, 많은 콘텐츠를 기존 매스 미디어로부터 가져오면서 사용자의 관심을 끌고 유지하도록 설계된 방식으로 콘텐츠를 필터링하고 선택해 유통하는 중요한 게이트키퍼가 되고 있다.

- **특정 사건과 이슈에 대한 매스 미디어의 관심이 우리가 그런 사건과 이슈에 중요도를 부여하는 데 어떻게 영향을 미치는지, 우리는 그 사건와 이슈를 어떻게 해석하는지, 그런 해석이 어떻게 정치 의제를 형성하는지, 일부 사람들이 어떻게 그런 사건과 이슈에 대해 덜 공개적으로 말하게 되는지 논의해본다.**

언제나 우리 사회는 공적 관심과 대응이 필요한 많은 사회 문제에 직면해 있다. 의제 설정 연구는 매스 미디어가 이들 중 극히 일부만을 조명하고 대중의 관심을 끌고 있다는 사실을 보여준다. 미디어는 이러한 문제들이 어떻게 해결될 수 있는지에 대해서도 한 가지 또는 두 가지 방식만을 강조한다. 시간이 지나면서 우리는 미디어에 자주 등장하는 이슈를 다른 이슈보다 더 중요한 것으로 인식하게 되며, 미디어가 제시하는 방식대로 이들을 해석하고, 미디어가 강조하는 해결책에 초점을 맞춘다. 미디어는 우리가 어떤 이슈를 기억하고, 어떤 방식으로 해석할지를 사전에 프라이밍할 수 있으며, 이는 우리가 이슈를 어떻게 생각하고, 이야기하고, 행동할지를 결정하는 데 영향을 미친다. 침묵의 나선 연구는, 일부 사람들이 특정 이슈의 입장이나 정치 후보자의 사회적 수용 가능성을 지속적으로 평가한다는 점을 보여준다. 사회적 고립에 대한 두려움을 가진 사람들은 사회적으로 수용되지 않는 입장이나 후보자에 대해 이야기하거나 온라인에 의견을 게시하는 것을 회피하는 경향이 있다.

- **지식 격차 가설, 혁신 확산 이론, 소셜 마케팅 이론 등 거시적 수준의 영향을 미치는 미디어의 힘을 입증하는 현대 매스 커뮤니케이션 이론들에 대해 알아본다.**

지식 격차 연구는, 많은 중요한 주제에 있어 고소득 · 고학력자들이 다른 사람들에 비해 훨씬 더 많은 정보를 가지고 있음을 보여준다. 미디어를 통한 정보의 유통이 증가하더라도 이러한 차이는 유지되며, 전반적인 지식 수준이 높아지더라도 격차는 줄어들지 않는다. 고소득 · 고학력자들은 중요한 주제에 더 큰 관심을 보이고, 해당 주제를 학습할 수 있는 능력이 더 뛰어나다. 소셜 미디어의 도입은 지식 격차를 줄이지 못했다. 연구들은 디지털 불평등이 이러한 격차 해소를 방해하고 있음을 밝혀냈다. 예를 들어, 경제적 여건이 열악한 사람들은 유용한 정보를 찾기보다는 오락이나 기분 전환에 집중하는 앱을 사용하는 경향이 있다. 혁신 확산 이론과 소셜 마케팅 이론은 사람들이 새로운 기술을 학습하고 이를 사용하는 데 어떤 장벽이 있는지를 파악하고자 한다. 여기에는 지식 부족, 관심 부족, 변화에 대한 두려움 또는 거부감, 현 체제의 수용 등이 포함된다. 두 이론 모두, 적절한 자원이 제공될 경우 미디어가 유용한 효과를 가져올 수 있음을 보여준다. 또한 둘 다 테크놀러지 수용에 있어 변화를 홍보할 때 하향식top-down 캠페인에 집중하는 경향이 있다. 엘리트는 미디어를 자신들이 설정한 공익을 달성하기 위해 대중의 장벽을 극복하는 데 활용한다. 소셜 미디어는 이러한 장벽 극복을 위한 부가적 도구로 활용될 수 있지만, 사용자는 이를 효과적으로 접근하고 사용할 수 있도록 훈련받아야 한다.

## 생각해볼 문제

1. 뉴스에서 논쟁이 된 이슈에 대해 자신의 의견을 밝히지 않고 침묵한 적이 있는가? 그렇다면 어떤 상황이었는가? 여러분은 특정 이슈나 선호하는 정치 후보자에 대한 자신의 입장을 밝히기를 주저한 적이 있는가? 혹은 반대 의견에 직면해 침묵을 유지하려는 유혹에 저항해야 했던 적이 있는가? 여러분은 인기 없는 것에 대해 공개적으로 이야기하지 않아도 되는 여론 조사에 관심을 갖는가? 익명성이 보장되고 이용이 편리한 소셜 미디어는 논쟁적 이슈에 대해 여러분이 공개적으로 의견을 밝히거나 침묵을 유지하고자 하는 의향을 바꾸었는가? 여러분은 온라인에서 자신의 견해를 표현하는 것이 정말로 중요하다고 생각하는가? 여러분 혹은 여러분의 친구는 온라인에 게시한 의견에 대해 비판을 받은 적이 있는가? 최근 온라인에서 자신의 견해를 표현하는 것에 대해 더 주저하거나, 덜 주저하게 되었는가? 그 이유는 무엇인가?

2. 여러분은 투표를 하는가? 왜 투표하는가 또는 왜 투표하지 않는가? 여러분은 민주주의 과정에 참여하는 것이 실제로 얼마나 중요하다고 생각하는가? 즉 국민 한 사람이 변화를 가져올 수 있는가? 대답이 '그렇다'라면 여러분은 이 장에 소개된 이론들이 문제가 있다고 생각하는가? 왜 그렇다고 또는 왜 그렇지 않다고 생각하는가? 여러분의 대답이 '아니다'라면 여기서 논의된 이론들에 기반해서 그 답변에 대해 설명할 수 있는가? 투표나 정당 활동 같은 전통적인 활동이 수반되지 않는 형태의 정치 참여를 하고 있는가? 어떤 것들인가? 여러분은 왜 전통적인 형태가 아닌 활동을 선택하는가?

3. 기술(새로운 인터넷 애플리케이션, 최신 녹음 장비, 혁신적인 자동차 장치 등)과 관련해서 여러분은 변화 촉진자나 초기 채택자, 오피니언 리더인가, 아니면 오피니언 팔로어인가? 혁신이 확산되는 과정에서 여러분이 서 있는 지점을 결정하는 것은 무엇인가? 여러분은 기술과 관련해 초기 채택자를 알고 있는가? 무엇이 그들을 여러분과 비슷하게, 또는 다르게 만드는가? 여러분은 성별 차이가 있다고 생각하는가? 즉 한 성gender을 다른 성보다 우월하게 할 수 있는 혁신이 있는가? 왜 그런가 또는 왜 그렇지 않은가?

# 공동체와 일상 문화에 미치는 미디어 효과 이론

12장

**학습 목표**

- 미디어가 공동체에 미치는 긍정적 영향과 부정적 영향을 설명한다.
- 배양 분석 이론과 이 이론이 미디어의 영향력을 이해하는 데 기여한 점을 설명한다.
- 미디어 리터러시와 미디어 리터러시 중재가 긍정적인 미디어 효과를 강화하고 부정적 미디어 효과는 줄이는 데 어떻게 기여할 수 있는지를 살펴본다.

## 개요

유엔 지속가능발전해법네트워크United Nations Sustainable Development Solutions group가 발간한 2019년 세계행복보고서World Happiness Report에 따르면, 종합 순위에서 미국은 156개국 중 19위를 기록했다. 이는 전년보다 한 계단 떨어진 것이고 2017년과 비교하면 다섯 계단 하락한 결과였다. 개별 항목에서도 미국은 '자유' 61위, '부패' 42위, '건강 기대수명' 39위, '사회적 지원' 37위, '관대함' 12위, '소득'은 10위였다. "2009년 금융 위기 종식 이후 미국 경제가 회복되었음에도 불구하고, 미국인들의 행복 수준은 1990년대의 높은 수준으로 반등하지 못했으며, 최소 2000년부터 시작된 점진적 하락세가 계속되고 있는" 실정이다(Helliwell, Layard, & Sachs, 2019: 88). 또한 2019년 1월에는 미국인의 63%가 자국이 "잘못된 방향으로 가고 있다"고 응답했고, 국가의 현 상황에 대해 짧은 문구로 자신의 감정을 표현해보라는 질문에는 68%가 '재앙disaster', '분열divided', '하강downhill'과 같은 부정적인 답변을 내놓았으며, 긍정적인 문구를 제시한 비율은 17%에 불과했다(Murray, 2019).

이러한 우울한 데이터들은 오늘날의 주요 매스 미디어 이론 및 연구의 핵심을 이룬다. 모든 인간은 평등하게 창조되었으며, 생명과 자유, 행복의 추구가 국가의 기초 문서인 독립 선언서에 명시된 '지구상에서 가장 위대한 민주주의 국가'에서 어떻게 이러한 상황이 있을 수 있는가? 그리고 국민 대다수가 이 나라가 표류하고 있다고 느끼는 현 상황에 있어, 미디어가 인식뿐만 아니라 현실에 미치는 영향은 무엇인가?

이 장에서 다루는 거시 이론들은 이에 대한 몇 가지 답을 제시한다. 화면 앞에서 보내는 시간이 늘어날수록, 우리 지역 사회 및 이웃 사람들과 함께하는 시간이 줄어든다. 시민들과의 유대가 약해질수록, 우리는 이들을 점점 미디어 속 묘사를 통해 알게 되며, 그 묘사가 항상 정확한 것은 아니다. 이웃과 멀어질수록 우리는 점점 더 폐쇄적이 되고, 신뢰도 줄어든다. 미국인의 단 31%만이 "이웃의 대부분 혹은 전부"를 안다고 응답했으며(Parker et al., 2018), 그중 절반 정도만이 "이웃의 대부분 혹은 전부"를 신뢰한다고 답했다(Gao, 2016). 하지만 어쩌면 사람들은 단지 현명해진 것일지도 모른다. 요즘은 아무리 조심해도 지나치지 않기 때문이다. 현실에서는 폭력 범죄와 재산 범죄가 지난 30년 동안 최저 수준임에도 불구하고, 미국인의 10명 중 6명은 범죄가 해마다 증가하고 있다고 믿는다(Gramlich, 2019). 우리가 멀리서—화면에서—보는 세계가, 실제로 화면을 끄고 마주할 수 있는 세계보다 더 무섭게 느껴지는 것일까? 어쩌면 해답을 찾을 수 있을지도 모른다. 우리가 미디어와 함께 보내는 수많은 시간 속에서 무엇이 진짜이고 유익한지를 판단할 수 있는 방법이 있다면 말이다. 사회적 자본 이론social capital theory—텔레비전이 미국 문화를 재편하던 시기에 등장한 이론—과 범죄 및 폭력에 대한 국가적 두려움 속에서 태어난 배양 분석cultivation analysis은 우리가 겪는 많은 고통의 근원을 파악하는 데 도움을 줄 수 있다. 또한 미디어의 영향에 관심을 가져온 이들이 오랫동안 주목해온 미디어 리터러시media literacy는 우리가 미디어를 더 잘 활용할 수 있게 도와줄 수 있을 것이다.

## 미디어와 사회적 자본/공동체 연구

사회적 자본 이론social capital theory에 근거한 미디어 연구가 늘어나고 있다(Dubos, 2001). 이 이론은 명확하게 정식화된 이론이라기보다는 사회학, 정치학, 커뮤니케이션 분야의 광범위한 실증 연구에 공통적으로 깔려 있는 전제들의 느슨한 집합체이다. 사회적 자본 이론은 다양한 사회 네트워크에 참여함으로써 신뢰, 협력, 상호 호혜와 같은 중요한 혜택이 발생한다고 본다. 제임스 콜먼James Coleman과 로버트 퍼트넘Robert Putnam이 제시한 다양한 형태의 이 이론은 대중사회 이론과 몇몇 전제를 공유하고 있다(Coleman, 1988; Putnam, 2000). 대중사회 이론은 과거, 사회적 '관계fabric'가 강고했으며, 수많은 사회 집단이 부유층이든 빈곤층이든 모든 사람을 다원적인 집단이나 공유된 활동으로 결속시켰던 시대를 대상으로 하고 있다. 그러한 '이상적인' 시기에는 정치 정당, 교회, 친목회, 여가 모임 등과 같은 사회 조직들이 서로 다른 문화적, 인종적, 경제적 배경을 가진 사람들을 연결해주었다. 이들 다원적 조직은 이상적으로 혹은 실제로, 사회 각 계층의 사람들이 서로 만나고, 함께 일하거나 여가를 보내도록 만들었다. 이러한 조직이 효과적으로 작동할 때 형성되는 상호 이해와 신뢰가 곧 **사회적 자본**social capital의 본질이다. 일단 사회적 자본이 형성되면, 이는 미래의 사회적 오해를 예방할 수 있는 자원이 되며, 사회 갈등이 발생했을 때 이해를 도모하는 데 활용될 수 있다. 예를 들어, 사회적 자본이 충분히 형성된 상태라면 인종 갈등이 덜 발생할 수 있다. 왜냐하면 대부분의 사람들이 정기적으로 다른 인종 구성원들과 만나거나 함께 일하기 때문이다.사회학자와 정치학자들은 사회적 자본이 증가하게 되는 조건에 대해 오랫동안 고찰해왔으며, 사회적 자본이 감소하게 되는 조건에 대해서도 우려를 제기해왔다. 매스 미디어는 사회적 자본을 약화시키는 요인 중 하나로 지목된다. 퍼트넘은 텔레비전의 부상이 레크리에이션 모임이나 친목 모임 같은 중요한 사회 집단의 쇠퇴와 시기를 같이한다고 지적했다(Putnam, 2000). 사람들은 집 밖의 단체 활동보다는 TV를 보며 집에 머무르기를 택한다. 그는 이러한 현상을 설명하는 표현으로 "혼자 볼링하기bowling alone"라는 문구를 사용했고, 이는 곧 대중적 담론에 널리 퍼지게 되었다.

**사회적 자본 이론**
다양한 사회 네트워크에 참여함으로써 신뢰, 협력, 호혜성 등 중요한 혜택이 발생한다는 이론.

**사회적 자본**
사회 집단 내 참여와 소속을 통해 개인이 얻게 되는 영향력.

다원주의적 민주주의 이론을 지지하는 정치학자들은 정치 정당이 사회적 자본을 형성하고 유지하는 데 핵심적인 역할을 수행한다고 본다. 이상적으로는 정당은 보다 지역적이거나 경제적으로 고립된 소집단들의 연합체로 기능할 수 있다. 정당은 서로 다른 문화, 인종, 경제 배경을 지닌 지도자들을 모아서 통합적 정치 엘리트 계층을 만들어낸다. 이 정치 엘리트 계층이 효과적으로 기능하려면, 지역 부모-교사 모임부터 전국 단위의 적십자사까지 사회 조직에 뿌리를 둔 풀뿌리 기반을 유지해야 한다. 이런 기반이 유지될 경우, 정치 정당은 다양한 집단의 지도자들이 권력을 조율할 수 있는 우산 조직 역할을 할 수 있다. 이 엘리트의 대부분은 공직에 있지 않고, 각자의 유권자들의 이해를 대변하는 방식으로 비공식적으로 활동한다. 정치학자들은 이 다원적 정치 시스템이 무너지고 있으며, 매스 미디어가 이 과정에 영향을 미치고 있다고 우려하고 있다(Patterson, 1993). 이 이론가들은 사회적 자본의 붕괴가 여러 부정적인 결과를 초래한다고 본다. 정치인들이 더 이상 자신이 속하거나 관계를 맺고 있던 지역 단체를 통해 풀뿌리 지지를 모을 수 없게 되면, 정치 컨설턴트에게 의존하여 미디어를 활용한 유권자 호소 전략을 짜야만 한다. 하지만 냉소적인 유권자들을 동원하기 위해 필요한 TV 정치 광고와 극적인 뉴스 보도에는 높은 비용이 따른다. 엘리트들은 부유한 기부자들로부터 자금을 모으는 데 소중한 시간을 쏟아야 하며, 그 자금은 종종 의심스러운 형태의 선거 커뮤니케이션에 사용된다. 인터넷 기반 미디어의 부상도 이러한 상황을 바꾸지 못했다. 일부 SNS가 예산이 부족한 선거 운동에 도움이 되기도 했지만, 정치인들이 소셜 미디어를 활용하기 위해서는 더 많은 자금이 필요하고, 소셜 미디어 전문가들을 고용해야 했다. 그리고 더 자극적인 SNS 게시물이 더 많은 클릭을 유도하게 되었다. 일부 정치학자들은 사회적 자본이 약화됨에 따라 정당의 풀뿌리 활동도 감소했다고 주장한다. 정당 활동의 쇠퇴는 정치적 소속감의 감소 및 투표율 하락과 함께 명확히 지표로 나타나 있다(Entman, 1989). 이러한 정당의 변화는 텔레비전이 지배적인 미디어로 떠오르던 시기와 궤를 같이한다. 대규모 SNS의 등장도 이러한 추세를 바꾸지 못했다.

사회적 자본 이론가들은 종종 자신들의 입장을 옹호하기 위해 뉴스 생산 연구자들의 연구 결과를 인용해 정치 보도가 너무 개인화되고, 너무 극화되었으며, 너무 파편화되었다고 주장한다. 정치는 종종 대립하는 팀들 간의 게임으로 보도되며 주요 정치인은 스타 플레이어로 비친다. 뉴스가 중점을 두는 것은 미디어에 의해 과장된 볼거리이다. 다시 말해 점수를 따기 위한 큰 시합, 생사를 건 고투 등에 초점을 맞춘다. 이런 보도는 뉴스 소비자, 즉 국민들이 정치를 유용하게 이해하는 데 도움이 되지 않는다. 이런 보도는 사람들에게 이슈에 대해, 그리고 후보자들이 이 이슈를 어떻게 다룰 것인지에 대해 체계적으로 알려주지 않는다. 그보다는 스타 플레이어들이 게임을 하는 동안 소비자들은 옆에서 구경하는 정치 방관자가 되기를 장려한다.

로버트 엔트먼Robert Entman은 정치인, 언론인, 대중이 행동을 바꿀 때에만 해결책을 찾을 수 있다고 주장한다(Entman, 1989). 정치인들은 사람들을 조종하는 전략에 의존하는 것을 중단해야 하고, 기자들은 볼거리보다는 이슈를 다루어야 하며, 대중은 캠페인의 볼거리보다는 이슈에 대해 진지하게 관심을 기울여야 한다. 그러나 이런 해결책이 실제로 구현될 가능성은 얼마나 될까? 정치인들과 언론인들은 선거에서 당선되고 청중이 캠페인 보도에 관심을 갖게 한다는 즉각적인 목적 달성에 도움이 되는 행동 패턴을 바꾸려 하지 않는다. 최근 몇 년 동안 선거 캠페인이 끝날 때마다 민간 재단은 정치인들과 언론인들이 캠페인 커뮤니케이션을 개선하겠다고 약속하는 주요 콘퍼런스를 후원해왔다. 그러나 캠페인 때마다 같은 실수가 반복된다. 예를 들어 2016년 선거 시 캠페인 관련 지출액은 65억 달러를 기록했다. 텔레비전 방송사들은 뜻밖의 횡재인 캠페인 광고 수익을 기쁘게 거두어들였고 언론인들은 정치인들이, 특히 도널드 트럼프가 뉴스 보도를 조작하는 방식에 실망감을 표했다…… 그리고 바뀐 것은 거의 없다. 2012년 선거 직후 정치학자 노먼 온스타인Norman Ornstein은 언론사의 대표들에게 이런 조언을 했다. "나는 광고주에 대해 당신이 우려하는 바를 이해한다. 나는 당신이 편향되었다는 딱지가 붙을까 봐 염려하는 것도 알고 있다. 그러나 당신이 그 자리에 있는 이유는 무엇인가? 당신이 두려움을 없애고 공정하게 보도하지 않는다면, 그리고 기자들이 취재 후 진실이라고 파악한 것을 보도하지 않는다면 자유 언론이라는 개념 자체가 무슨 소용이 있단 말인가? …… 당신이 그렇게 하지 못한다면 기본적인 책임을 완수하지 못한 데 대해 비난이 쏟아질 것이다. 당신의 임무는 진실을 보도하는 것이다"(Froomkin, 2012a 재인용).

사회학자들과 정치학자들이 미디어 사용이 사회적 자본을 위협한다고 우려하는 한편, 미디어가 공동체를 강화하고 사회적 자본을 형성할 수 있는 능력에 대해 연구하는 오랜 학문적 전통도 존재한다(Jeffres, Lee, Neuendorf, & Atkin, 2007). 연구자들은 정보 획득을 목적으로 하는 미디어 사용과 사회 집단 참여 및 자원봉사 활동 간의 강한 연관성을 밝혀냈다. 지역 신문을 읽는

Instant Access

### 사회적 자본 이론Social Capital Theory

**장점**

1. 미디어가 어떻게 주요 사회 집단에 지장을 줄 수 있는지 설명한다.
2. 미디어가 어떻게 공동체에 영향을 미치고, 사회적 자본을 위협할 수 있는지에 대한 중요한 분석 내용을 제공한다.
3. 어떻게 신문이 지역 사회에서 유용한 역할을 하는지 설명한다.

**단점**

1. 미디어의 침범에 초점을 맞추지만 미디어가 사회적 자본의 파괴를 유발했느냐에 대해서는 입증하지 못한다.
2. 미디어와 그것의 사회적 역할에 대해 지나치게 비관적으로 본다.
3. 사회 집단은 보통 지역 사회에서 사회적 자본을 형성하고 미디어가 이것에 위협이 됨을 가정한다.

행위는 지역 사회 참여 및 이웃 프로젝트 참여와 상관관계를 보이며, 유권자 등록 및 투표 참여와도 관련이 있다. 실제로 신문 읽기 빈도는 정치 참여, 타인에 대한 관용, 지역 사회 참여, 지역 사회에 대한 애착 등 다양한 중요한 가치들과도 상관관계를 보인다(Jeffres et al., 2007). 크리스티 헤스Kristy Hess는 소도시 신문이 다양한 형태의 사회적 자본을 발전시킴으로써 지역 사회를 강화하는 강력한 역할을 수행한다고 주장한다(Hess, 2015). 조슈아 다르Joshua Darr, 매튜 힛Matthew Hitt, 요한나 더너웨이Johanna Dunaway의 연구에 따르면, 지역 신문이 사라질 경우 시민들의 지역 사회 참여가 줄어들 뿐 아니라, 이들이 점점 분열적인 전국 뉴스 미디어에 의존하게 되면서 지역 사회 구성원들 간의 이념적 양극화가 심화된다(Darr), Hitt, & Dunaway, 2018). 지역 신문이 없는 지역에서는 출마자 수도 줄어들어 유권자들이 선택할 수 있는 폭이 좁아진다(Rubado & Jennings, 2019). 또한, 지역 언론이 존재하지 않는 지역 사회—소위 뉴스 사막news deserts—에 대한 최근 연구는, 정보 부족이 사회적 자본에 얼마나 해로운 영향을 미치는지를 보여준다. 미국 내 1,300개 이상의 지역 사회가 지역 신문을 갖고 있지 않으며, 이 중 900곳은 2004년

**뉴스 사막**
지역 언론이 존재하지 않는 지역 사회.

이후 지역 뉴스 보도가 완전히 사라졌다(Stites, 2018). 뉴스 사막 지역에서는 고등학교 및 대학 졸업률이 전국 평균보다 낮고, 빈곤율은 더 높다(Darrach, McCormick, & Sultan, 2019). 미국 교외 지역 거주자의 절반과 농촌 거주자의 10명 중 4명은 지역 언론이 자신들의 관심사를 대변하지 못한다고 응답했으며, 각각 60%와 69%는 지역 언론이 존재하더라도 자신들에게 큰 영향력을 행사하지 못한다고 느낀다(Grieco, 2019). 최근의 지역 정치 뉴스의 위축은 시민 참여를 약화시키고 있으며, 이는 정치에 덜 적극적이고, 후보자에 대해 잘 알지 못하며, 투표 가능성도 낮은 유권자들을 만들어내고 있다(Stearns, 2018). 또한, 고아 카운티orphan counties—주 내 선거에 관한 뉴스 보도나 정치 광고를 받아보지 못하거나, 인접 주의 후보자 관련 정보만을 접하는 지역—에 거주하는 시민들 사이에서도 시민 참여가 감소하고 있다. 이들 고아 카운티는 미국 유권자의 약 10%를 차지하는 것으로 추산된다. 이런 지역의 시민들은 정치에 대한 관심과 투표율이 낮은 경향을 보인다(Hutchins, 2019).

**고아 카운티**
주민들이 자신의 주 선거에 대한 뉴스나 정치 광고를 받지 못하거나, 자신과 무관한 이웃 주 후보에 대한 정보를 받는 지역.

사회적 자본에 대한 연구로부터 우리는 다음과 같은 결론을 이끌어낼 수 있다. 한편으로는 엔터테인먼트 미디어가 사람들의 지역 사회 참여를 방해할 수 있으며, 다른 한편으로는 신문 읽기는 지역 사회 참여를 이끌어내지만 지역 신문의 미래는 암울하다. 정치에 대한 뉴스 미디어 보도는 잘 알고 의미 있는 공적 정치 담론을 촉진하는 데 별다른 효과를 내지 못하고 있으며, 소셜 미디어의 도입은 이 문제를 해결하기보다 오히려 악화시킬 가능성이 높다. 미디어가 야기하는 문제들은 그것이 잘못 사용되었기 때문에 발생하는 것으로 보이며, 이와 같은 오용은 오히려 미디어 자체에 의해 조장되고 있다.

## 배양 분석

조지 거브너George Gerbner가 1970~1980년대에 개발한 이론인 배양 분석cultivation analysis은 거시적 문화 이론과 미시적 문화 이론의 양상들을 결합한 하이브리드이기는 하지만 사회에서 미디어의 역할에 대한 거시적 수준의 질문을 다룬다. 일부 연구자들은 배양 분석이 미래 연구의 원형이 될 수 있다고 생각했던 반면, 연구 수행 방법의 빈약한 예라고 보았던 연구자들도 있다. 이는 매스 커뮤니케이션 이론의 발전 과정에서 중추적 논쟁이 되어왔다.

**배양 분석**
텔레비전은 우리가 텔레비전에 나오는 내용을 현실이라고 믿고 우리의 일상 세계를 이에 기반해서 판단하기 때문에, 비록 부정확할지라도 그러한 내용이 현실이 되는 세계관을 창조하거나 '배양'한다는 이론

이 이론은 제한 효과 관점이 우세했다가 약해질 조짐을 보이기 시작하고 문화 이론들이 미디어 학자들로부터 더 큰 관심을 받고 있을 때 등장했다. 배양 분석을 둘러싸고 벌어진 이러한 논쟁을 통해 다양한 반대 입장들에 대해서도 알 수 있는데, 그중 일부는 여전히 널리 지지를 받고 있다. 배양 이론은 중요한 변화를 겪어왔고 또 계속해서 겪고 있다. 오늘날 대부분의 연구자들이 채택하고 있는 배양 이론은 거브너가 처음 만든 것과는 매우 다르다. 배양 이론은 진화를 거치면서 후기실증주의 연구자들로부터 많은 관심을 받아왔다. 다소 역설적이게도 30여 년 전 많은 후기실증주의자들이 거부했던 이 이론은 오늘날 미디어 효과를 이해하고 설명하는데 유용한 방법으로 널리 받아들여지고 있다.

여러분은 다음의 세 가지 질문에 답함으로써 배양 분석에 대한 자기 평가를 시작할 수 있다.

1. 일주일 동안 여러분이 폭력에 연루될 가능성은 얼마나 되는가? 10분의 1? 아니면 100분의 1 정도 되는가? 실제 세계에서 폭력 범죄는 미국인 100명당 약 0.41건 또는 전체 범죄 200건 중 1건 미만으로 발생한다. 황금 시간대 텔레비전 세계에서는 모든 캐릭터의 64% 이상이 폭력에 연루되어 있다. 여러분의 답은 실제 세계와 텔레비전 세계 중 어느 쪽에 더 가까운가?
2. 미국 내 모든 근로 남성들 중 법 집행과 범죄 수사 관련 분야에 종사하는 사람들의 비중은 얼마나 될까? 1%? 아니면 5%? 미국인구조사국에 따르면 1%라고 한다. 텔레비전에 나오는 비중은 12%이다. 여러분은 어떻게 답했는가?
3. 미국에서 한 해에 발생하는 모든 범죄 중 살인, 강간, 강도, 폭행과 같은 폭력 범죄의 비중은 얼마나 될까? 15%? 아니면 25%? 텔레비전의 관점에서 본다면 여러분은 더 높은 숫자를 선택할 것이다. 텔레비전에서는 범죄를 저지르는 주요 등장인물의 77%가 폭력 범죄를 저지른다. 「미국 통계 초록」에 따르면 미국 내 범죄의 10%만이 폭력 범죄라고 한다.

이 질문들은 거브너와 그의 동료들이 고안한 것으로, 그 요지는 단순히 텔레비전을 더 시청하는 사람들이 공식 데이터에 의한 답변보다는 'TV 답변'과 더 유사한 답을 하리라고 말하는 것보다 훨씬 더 복잡하다. 이들의 주장에 따르면 텔레비전은 우리가 텔레비전에 나오는 내용을 현실이라고 믿고 우리의 일상 세계를 이에 기반해서 판단하기 때문에, 비록 부정확할지라도 그러한 내용이 현실이 되는 세계관을 창조하거나 '배양'하는 '메시지 시스템'이다.

여러분은 1960년대와 1970년대 초반 '사회적인 힘'으로서의 텔레비전에 대한 관심, 특히 텔레비전과 개인적·사회적 폭력 증가와의 관련성에 대한 관심이 절정에 달했다는 것을 7장에서 읽은 기억이 날 것이다. 당시 미디어, 특히 텔레비전에 대해 두 가지 중요한 전국적 조사가 실시되었다. 첫 번째는 '미국폭력원인예방위원회National Commission on the Causes and Prevention of Violence'가 1967년과 1968년에 시행한 조사이고, 두 번째는 '텔레비전과 사회적 행동에 대한 미국공중위생국 과학자문위원회Surgeon General's Scientific Advisory Committee on Television and Social Behavior'가 1972년에 시행한 조사이다. 이 두 조사에 모두 참여한 과학자는 거브너였다. 그의 첫 번째 과제는 매우 간단했다. 샘플로 선정된 한 주 동안 황금 시간대 텔레비전 프로그램의 내용을 연간 분석해서 철철이 얼마나 많은 폭력 장면이 실제로 텔레비전 프로그램에 나오는지 보여주는 **폭력 지수**Violence Index를 만드는 것이다. 그러나 폭력 지수는 많은 비판과 심각한 논란을 불러일으켰다. 『TV 가이드』는 심지어 이를 '백만 불짜리 실수'라고 칭했다.

**폭력 지수**
매년 한 주간의 황금 시간대 텔레비전 프로그램을 분석해, 그 속에 포함된 폭력 장면의 빈도와 심각성을 지수화한 내용 분석 지표.

폭력의 정의에 대해 격렬한 논쟁이 계속되었다. '텔레비전 폭력'은 어떻게 정의되는가? 언어 공격도 폭력인가? 두 명의 십 대가 장난으로 실랑이를 벌이는 것은 폭력인가? 만화 폭력이 문제인가? 비평가들은 다른 문제도 제기했다. 왜 황금 시간대 방송만 조사하는가? 특히 대부분의 어린이들은 방과 후, 초저녁, 주말에 텔레비전을 많이 시청한다. 왜 폭력만 조사하는가? 인종 차별과 성차별은 왜 조사하지 않는가? 어찌 되었든 거브너와 그의 동료들은 비평가들의 요구를 충족시키기 위해 노력했고 매년 폭력의 정의와 조사 계획을 개선했다.

연구자들의 작업에 대한 공격에도 불구하고 한 가지는 변하지 않았다. 해마다 황금 시간대 텔레비전 방송에는 여전히 '현실 세계'에 비할 수 없을 정도로 자주 폭력이 나타났고 폭력의 성격도 '현실 세계'에서 찾아볼 수 없는 것이었다. 텔레비전이 진정 사회의 거울이라면, 또는 텔레비전이라는 미디어가 그저 현 체제를 강화하는 것이라면, 폭력 지수는 이 동영상 거울이 일반 가정이 아닌 유령의 집에 있는 거울이라고 하는 것 같았다. 예를 들어 1982년에 수행했던 텔레비전 폭력에 대한 분석에서 거브너와 그의 동료들은 "황금 시간대 범죄는 현실 세계보다 적어도 10배 이상 만연하고 시간당 명시적인 물리적 폭력 장면 중 평균 대여섯 장면에 주요 등장인물 절반 이상이 관련되어 있다"는 것을 발견했다(Gerbner, Gross, Moran, & Signorielli, 1982: 106).

폭력 지수를 통해 현실 세계의 폭력과 텔레비전 속 폭력 간에 차이가 있음이 초기부터 파악되었지만, 이 연간 내용 분석에 대한 가장 중요한 비판('그래서 뭐So what?')이 마침내 다루어진 것은 1973년이었다. 연간 텔레비전 폭력 지수의 변화와 시청자들의 공격적 행동 사이에 인과 관계가 있다는 것을 증명하기 위해 거브너와 그의 동료들은 폭력 지수 작업을 **문화 지수 프로젝트** Cultural Indicators Project로 재정의했다. 이 프로젝트에서 연구원들은 텔레비전 프로그램을 비롯해, "텔레비전 시청이 아동과 성인 수용자에게 배양하는 사회적 현실 구상"에 대해 정기적으로 조사했다(Gerbner & Gross, 1976: 174). 그리고 이들은 "그래서 뭐?"라는 질문을 다루며 자신들의 연구를 폭력 이상의 이슈들로 확대했다.

**문화 지수 프로젝트**
배양 분석에서, 텔레비전 프로그램을 비롯해 텔레비전 시청이 배양한 사회적 현실 구상에 대한 정기적 조사.

문화 지수에 대한 연구에서는 다섯 가지 가정을 했다. 첫 번째 가정은, 텔레비전은 본질적으로 그리고 근본적으로 다른 형태의 매스 미디어와 다르다는 것이다. 미국 가정의 98% 이상은 텔레비전을 가지고 있다. 텔레비전은 신문이나 잡지, 서적과 같이 리터러시(literacy. 글을 읽고 쓸 줄 아는 능력—역주)를 요하지 않는다. 영화와는 달리 텔레비전은 공짜이다(우리가 구입하는 상품에 부과되는 광고비를 감안하지 않는다면). 그리고 라디오와는 달리 화면과 소리가 결합되어 있다. 교회, 영화관, 극장처럼 이동성이 필요하지 않다. 텔레비전은 인생의 첫 순간부터 마지막 순간까지 인간이 상호작용할 수 있는 역사상 유일한 미디어이다.

텔레비전은 모든 사람들이 접근할 수 있고 이용 가능하기 때문에 문화 지수 프로젝트의 두 번째 가정은 이 미디어가 미국 사회의 '중추적 문화 장치'라는 것이다. 즉 거브너와 그의 동료들이 주장했듯이 "공통의 대중 메시지 시스템을 한 번도 공유해본 적이 없는 대규모 집단을 포함해서, 역사상 가장 이질적인 대중을 위한 합성 문화 양식(엔터테인먼트와 정보)의 주요 창작자"이다(Gerbner, Gross, Jackson-Beeck, Jeffries-Fox, & Signorielli, 1978: 178).

세 번째 가정은 이 공유된 현실로부터 논리적으로 도출된다. "텔레비전이 배양한 의식의 실체는 구체적인 태도와 의견이라기보다는 인생의 '사실들'에 대한 기본 가정, 그리고 결론의 기반이 되는 판단 기준이다"(Gerbner & Gross, 1976: 175).

대부분의 텔레비전 방송국과 네트워크가 상업적 지원을 받고 어느 정도는 동일한 수용자를 타깃으로 하며 이 수용자들은 상대적으로 일반적이고 정형화되고 주기적이고 반복적인 형태의 프로그램과 스토리에 의존하기 때문에, 네 번째 문화 지수 프로젝트의 가정은 텔레비전의 주요 문화적 기능은 사회적 양식의 안정화, 변화에 대한 저항 배양이라는 것이다. 텔레비전은 사회화와 문화화의 매체이다. 이에 대해 거브너와 그의 연구팀은 다음과 같이 표현했다. "텔레비전이 대량 제작하는 메시지와 이미지의 반복적인 양식은 가장 널리 공유되는 현실의 개념을 배양하는, 공통적인 상징적 환경의 주류를 형성한다. 우리는 어떤 사물이 존재하는지, 사물이 어떻게 작용하는지, 무엇을 해야 하는지에 대한 스토리와 같은 우리가 말하는 스토리와, 텔레비전이 뉴스, 드라마, 광고를 통해 거의 모든 사람들에게 대부분의 시간 동안 전달하는 스토리 속에서 살고 있다"(Gerbner et al., 1978: 178).

만약 여러분이 주의 깊게 귀를 기울인다면 텔레비전을 전송 매체가 아닌 의례ritual로 이해해야 한다는 캐리의 주장이 들릴 것이다(6장). 그러나 이러한 보다 의례적인 관점을 채택하면서 문화 지수 연구자들이 내세운 문화에 대한 텔레비전의 관찰 가능하고 측정 가능하며 독립적인 기여도는 상대적으로 낮다는 다섯 번째 가정은 추가적인 논란을 야기했다. 거브너는 빙하 시대 비유ice-age analogy를 들어 이 입장을 설명했다. "그러나 단 몇 도의 평균 온도 변화가 빙하기로 이어질 수 있고 근소한 차이로 선거 결과가 정해질 수 있는 것처럼 상대적으로 적지만 만연한 영향력은 결정적인 차이를 만들 수 있다. '효과'의 '크기'는 기여의 확고한 방향보다 훨씬 덜 중요하다"(Gerbner, Gross, Moran, & Signorielli, 1980: 14). 이 주장은 텔레비전의 영향이 중요하지 않다는 것이 아니라, 문화에 대한 텔레비전의 관찰 가능하고 측정 가능하며 독립적인 영향이 적어 보일 수 있을지라도 그 영향은 실존하며 유의미하다는 것이다. 다르게 표현하자면, 텔레비전의 영향이 명백히 과학적으로 측정할 수 없고 쉽게 관찰할 수 없으며 문화의 다른 요인들과 불가분의 관계에 있을지라도 우리의 집단적 현실 인식에 대한 텔레비전의 영향은 실재하며 중요하다는 것이다.

**빙하 시대 비유**
텔레비전이 크고 즉각적인 변화를 일으킨다기보다는, 텔레비전의 영향력이 작지만 방향이 일관되고 만연하게 반복될 때 사회 전체에 누적적 효과를 미친다는 배양 효과의 관점을 빙하 시대에 비유해서 표현한 것.

## 배양 분석의 산물

텔레비전을 문화적으로 영향력 있는 미디어로 보는 자신들의 관점을 과학적으로 증명하기 위해 배양 연구자들은 4단계 과정에 의존했다. 그들은 첫 번째 단계를 **메시지 시스템 분석**message system analysis이라고 칭했는데, 이는 텔레비전 프로그램에서 이미지, 주제, 가치, 묘사에 대해 가장 반복되고 일관된 표현을 파악하기 위해 프로그램의 상세 내용을 분석하는 것이다. 두 번째 단계는 시청자의 사회적 현실에 대한 질문을 공식화formulation하는 것이다. 앞서 언급했던 범죄에 대한 질문들이 기억나는가? 그 질문들은 배양 연구에서 기인한 것이다. 세 번째 단계는 두 번째 단계에서 나온 질문들을 수용자에게 던지고 이들의 텔레비전 소비 정도를 묻는 수용자 설문 조사를 하는 것이다. 마지막으로 네 번째 단계는 경시청자와 중시청자의 사회적 현실을 비교하는 것이다. 마이클 모건Michael Morgan과 낸시 시뇨리엘리Nancy Signorielli가 말했듯이 그 산물은 놀랍지 않다. "응답자에게 제시한 질문들에는 텔레비전이 언급되지 않았고, 자신의 정보원에 대한 응답자들의 인식은 무관한 것으로 보인다. 설문 조사 연구 결과, 시청량과 텔레비전에 나타난 지배적이고 반복적인 사실, 가치, 이데올로기와 관련된 질문에 대한 응답 경향 간의 관계는…… 시청자의 사회적 현실 구상에 대한 텔레비전의 기여를 조명해 준다"(Morgan & Signorielli, 1990: 99).

**메시지 시스템 분석**
배양 분석에서, 이미지, 주제, 가치, 묘사에 대한 반복되고 일관된 표현을 파악하기 위해 텔레비전 프로그램의 상세 내용을 분석함.

텔레비전이 기여한 바는 무엇인가? 배양 이론가들은 텔레비전의 주요 기여는 **배양**cultivation, 즉 "개별 프로그램과 선택된 프로그램에의 노출보다는 총체적·유기적으로 연관되어 있는 텔레비전 세계에의 노출로 배양된…… 일관성 있는 틀이나 지식 그리고 근원적인 일반 개념"과 관련된 문화적 프로세스라고 주장한다(Gerbner, 1990: 255). 배양은 두 가지 방법으로 발생한다. 첫번째 방법은 **주류화**mainstreaming이다. 특히 중시청자의 경우 텔레비전의 상징은 세계에 대한 다른 정보원 및 아이디어를 독점하고 지배한다. 사람들에게 내재화된 사회적 현실은 결국 주류를 향해 이동하게 된다. 여기서 주류란 정치적 의미의 주류가 아니라, 객관적 현실이 아닌 텔레비전의 현실과 보다 밀접하게 연관되어 있는 문화적으로 지배적인 현실을 말한다. 형사 사법 제도는 우리의 기대를 저버리고 있는가? 우리가 그렇게 생각한다면 그런 것이다.

**배양**
배양 분석에서, 문화의 틀이나 지식, 근원적인 일반 개념의 형성에 대한 텔레비전의 기여.

**주류화**
배양 분석에서, 텔레비전의 상징이 세계에 대한 다른 정보원과 아이디어를 독점하고 지배하는, 특히 중시청자에게 해당되는 과정.

배양이 드러나는 두 번째 방법은 **공명**resonance이다. 공명은 시청자들이 자신의 일상적 현실과 가장 일치하는 것을 텔레비전에서 볼 때 발생한다. 본질

**공명**
배양 분석에서, 시청자가 자신의 일상적 현실과 일치하는 것을 텔레비전에서 볼 때 발생하는 현상.

적으로 이런 사람들은 '갑절로' 배양된다. 왜냐하면 이들이 화면에서 보는 것이 이들의 실제 삶에서 공명이 되기 때문이다. 예를 들어 어떤 도시 거주자는 텔레비전의 폭력적 세계가 악화되고 있는 자신의 동네에 공명이 되는 것을 볼 수도 있다. 이런 효과는 두 가지 방식으로 나타난다. **1단계 배양 효과**first-order cultivation effects는 초기 배양 연구의 전형인 일부 현상(예: 폭력 또는 정치적 부패)의 발생에 대한 시청자의 추정이다. 이는 세계에 대한 확률 판단이다. **2단계 배양 효과**second-order cultivation effects는 이런 판단의 결과로 형성되는 태도와 신념(야간에 외출을 꺼리거나 정치인을 더 경멸하게 되는 등)이다 (Shrum, 2004).

**1단계 배양 효과**
일부 현상의 발생에 대한 시청자의 추정, 확률 판단.

**2단계 배양 효과**
시청자의 확률 판단의 결과로 형성되는 태도와 신념.

연구자들은 배양 분석을 활용해 폭력과 범죄 외의 이슈들에 미치는 텔레비전 콘텐츠의 영향에 대해 조사했다. 배양 분석은 부유함, 이혼, 직업 여성(Potter, 1991), 성 고정 관념의 수용(Ward & Friedman, 2006), 물질주의(Reimer & Rosengren, 1990), 가치(Potter, 1990), 정신 건강(Diefenbach & West, 2007), 정치 참여(Besley, 2006), 소외감(Signorielli, 1990), 환경 문제(Shanahan, Morgan, & Stenbjerre, 1997), 일(Signorielli & Kahlenberg, 2001), 여성의 신체 이미지(Van Vonderen & Kinnally, 2012), 복지(Sotirovic, 2001), 결혼 기대감(Segrin & Nabi, 2002)에 대한 사람들의 인식 조사에서 활용되어왔다. 연구 결과의 영향력과 연구의 질이 크게 다르기는 하지만 배양의 가정들은 대체로 수용되고 있다. 이런 일관적 결과는 거브너가 명명한 **텔레비전의 3B**로 이어졌다.

**텔레비전의 3B**
배양 분석에서, 텔레비전은 현실을 모호하게 하고blur, 혼합하고blend, 왜곡한다bend는 개념.

1. 텔레비전은 사람들의 세계관에 대한 전통적인 구분을 모호하게 한다(blur).
2. 텔레비전은 사람들의 현실을 텔레비전의 문화적 주류와 혼합한다(blend).
3. 텔레비전은 그 [문화적] 주류가 텔레비전과 광고주의 조직적 이익을 따르도록 왜곡한다(bend).

텔레비전이 우리 사회를 지배하는 방식에 대한 거브너의 평가는 반세기도 더 전에 호르크하이머Max Horkheimer와 아도르노Theodor Adorno가 했던 대중문화에 대한 주장을 연상시킨다(6장).

우리가 속한 역사적 상황은 문화가 세운 우주에 살고 있는 인류의 삶을 가족들과 소규모 공동체의 손에서 벗어나게 하는 마법을 부렸다. 개선이든 악화이든 아니면 두 가지 다이든, 다양한 수공예 공정은 복잡한 제조 산업 및 대량 유통 산업으로 변모했다. 이는 텔레비전이 없던 시대의 편협성과 파벌주의를 상당 부분 없애주었고 일부 엘리트주의 역시 없애주었다. 또한 지역주의적 문화의 지평을 넓혀주었으며, 점점 거대해져 가는 산업 재벌들에게 우리의 공통적인 생각, 지식, 행동의 상당 부분을 고안해낼 권리를 부여했다(Gerbner, 1990: 261).

분명 거브너는 이것이 딱히 공정한 거래라고 생각한 듯 보이지는 않으며 따라서 그는 배양 분석을 비판 이론의 영역에 두고 있다. 다른 학자들도 대부분 이와 같은 입장에 있다. 예를 들어 제임스 섀나한James Shanahan과 비키 존스Vicki Jones는 다음과 같이 말했다.

배양은 때로 매스 미디어의 '강력한 효과'라는 강력한 관점으로의 회귀로 여겨진다. 이 관점이 완전히 틀린 것은 아니지만 배양이 본래 비판 이론으로 구상되었다는 점을 놓치고 있다. 비판 이론은 미디어 이슈를 정확히 다루고 있는데 그 이유는 오직 매스 미디어(특히 텔레비전)가 스토리텔링 기능을 수행하기 때문이다…… 텔레비전은 문화, 사회, 경제 엘리트의 메시지 유통을 위한 지배적 매체이다…… 배양은 특정 매체의 효과를 분석하는 것 그 이상이다. 즉 배양은 텔레비전이라는 제도와 텔레비전의 사회적 역할을 분석하는 것이다(Shanahan & Jones, 1999: 32).

**특정 장르 배양 이론**
특정 콘텐츠 장르를 반복적으로 소비할 경우, 현실과는 다르지만 그 세계관을 실제처럼 인식하게 된다는 이론.

배양 연구는 이후 효과의 원인을 텔레비전에의 노출량으로 귀속시키는 것에서 특정 유형의 미디어 콘텐츠의 영향을 탐구하는 것—이는 **특정 장르 배양 이론**genre-specific cultivation theory으로 알려져 있다—으로 서서히 이동했다. 예를 들어 크리스 세그린Chris Segrin과 로빈 나비 Robin Nabi는 연속극, 로맨틱 코미디, 관계 기반의 리얼리티 텔레비전 프로그램과 같은 로맨스 지향적 장르에 배양 분석을 적용했고(Segrin & Nabi, 2002), 에리카 샤러Erica Scharrer와 그렉 블랙번Greg Blackburn은 리얼리티 TV가 공격성에 대한 규범적 신념 형성에 어떤 영향을 미치는지를 확인하기 위해 시청자의 현실 인식을 배양하는 힘을 실험했다(Scharrer & Blackburn, 2018). 또한 정재은은 <ER>, <그레이 아나토미Grey's Anatomy>, <시카고 호프Chicago Hope>와 같은 의료 드라마를 많이 시청하는 사람들이 그렇지 않은 사람들보다 암이나 심장병 같은 중증 질환의 심각성을 과소평가하는 경향이 있음을 밝혀냈다(Jung, 2014). 이러한 특정 콘텐츠는 인터넷 기반 미디어를 포함해 다양한 종류의 플랫폼에 의해 전달될 수 있다. 인터넷 기반 미디어를 보는 한 가지 관점은, 그 미디어가 사회에 대한 우리의 이해를 배양하는 메시지 시스템을 형성할 힘을 어느 정도까지는 우리 각자에게 부여한다는 것이다. 우리는 더 이상 거대 TV 네트워크의 수중에 있지 않다. 그러나 그렇다고 해서 미디어가 우리 자신과 주변 사람들에 대한 우리의 이해를 더 이상 배양하지 않는다는 것은 아니다. 마이클 모건과 제임스 샤나한, 낸시 시뇨리엘리는 다음과 같이 기술했다. "채널의 확산이 콘텐츠의 다양성을 유의미하게 증가시켰다는 증거는 거의 없다. 사실 단순히 채널이 더 많다고 해서 프로그램의 제작과 유통을 주도하는 사회 경제적 역학이 근본적으로 바뀌지는 않는다. 반면 그 역학은 소유권과 통제권 집중화가 증가함으로써 강화된다…… 새로운 디지털 전송 시스템이 지배적 이해관계를 위협할 때조차도 그 시스템은 기존 제도적 구조 내에서 빨리 사라져버린다. 유튜브와 같은 사용자 생성 동영상 서비스가 떠들썩하게 부상했으나 이 역시 지배적 플레이어(구글)에게 흡수되었고 이미 광고주의 이익을 위해 이용되고 있다"(Morgan, Shanahan, & Signorielli, 2009: 45-46). 모건과 샤나한은 "대중적인 스토리텔링 시스템과 널리 공유되는 메시지 공급자가 있는 한 거브너의 주요한 견해는 계속해서 유지될 것이다"라고 말했다(Morgan & Shanahan, 2010: 350). 이들은 또한 "소위 커뮤니케이션 '신'기술이라 불리는 것들에는 사실 특별히 '새로운' 것이 없다"(Morgan, Shanahan & Signorielli, 2015: 675)고 하면서 다음과 같이 덧붙인다.

> "하지만 우리는 오늘날 (그리고 미래의) 새로운 미디어가 과거의 새로운 미디어보다 삶과 사회에 대한 근본적인 교훈에서 얼마나 의미 있고 다양한 메시지를 제공하고 있는지를 알아야 한다. 만약 그렇지 않다면, 배양 분석의 핵심 질문은 여전히 동일할 것이다. 즉 대규모이고 장기적이고 공통된 노출이 발생하고 있는가, 그리고 그것이 시청자의 사회 현실 인식에 어떤 결과를 가져오는가 하는 것이다. 만약 미디어가 제공하는 메시지가 근본적으로 바뀌지 않았다면, 배양 분석은 현재에도 그리고 미래에도 여전히 유효한 설명 모델이 될 것이

Instant Access

## 배양 분석Cultivation Analysis

**장점**

1. 거시적 수준의 이론과 미시적 수준의 이론을 통합한다.
2. 스토리텔링 시스템으로서 텔레비전의 독특한 역할에 대해 상세히 설명한다.
3. 널리 지지되는 인본주의적 가정에 대한 실증 연구를 가능하게 한다.
4. 효과를 관찰 가능한 행동 변화 이상의 것으로 재정의한다.
5. 미디어 효과를 특정 장르 콘텐츠에 연결시킨다.
6. 미디어가 스토리텔링에 중요하다고 보며, 스토리텔링을 중요한 효과에 연결시킨다.

**단점**

1. 초기 연구에는 방법론적 한계가 있었다.
2. 텔레비전 콘텐츠와 거기에 담긴 세계관의 동질성을 가정한다.
3. 텔레비전을 많이 보는 시청자에게 초점을 맞춘다.
4. 텔레비전보다 이용량이 적은 미디어에는 적용하기 어렵다.

다"(Morgan, Shanahan & Signorielli, 2015: 687)

여러분의 인터넷 기반 미디어와 전통 미디어 사용을 한번 되돌아보자. 여러분은 개인적인 '스토리텔링 시스템'을 구성했는가? 여러분은 주류 미디어의 이야기와는 전혀 다른, 다양한 이야기들을 찾거나 말하기 위해 인터넷 기반 미디어를 활용하고 있는가? 만약 여러분이 새로운 유형의 이야기를 전하기 시작한다면, 여러분의 SNS 친구들은 어떤 반응을 보일까? 그들도 여러분처럼 특이한 이야기를 공유할까, 아니면 여러분과 친구를 맺은 것이 실수였다고 생각하게 될까? 여러분은 SNS를 통해 '틀에서 벗어난' 이야기들을 좋아하는 새로운 친구들을 찾을 수 있을까? 겉보기에는 무한히 열려 있는 것 같은 SNS가 기존 전통 미디어 시스템과 똑같은 신념과 가치를 길러내고 있다는 사실에 놀라진 않았는가?

## 미디어 리터러시

암묵적이든 명시적이든 커뮤니케이션 학자들은 이 책에서 논했던 많은 이론과 연구 결과에 응답하고 있다. 개인과 사회에 대한 미디어의 역할이 문제가 되기도 하지만 사람들의 통제를 넘어서는 정도는 아니라는 인식이 커지고 있다. 많은 학자들은 개인과 사회에 대한 미디어의 역할에 관해 현재 우리가 충분히 이해할 수 있는 정도가 되었으므로 행동을 취할 수 있으며 취해야 한다고 생각한다. 이러한 견해는 더 이상 비판 이론가들에게만 국한되지 않는다. 비판적 문화 연구자들뿐만 아니라 주요 후기실증주의자들 역시 일반적으로 이런 견해를 피력하고 있다. 학자들이 행동을 취하는 방법 중 하나는 미디어 리터러시media literacy 개선을 위한 동력을 끌어내는 것이다.

**미디어 리터러시**
메시지에 접근하고 이를 분석, 평가하며 이와 커뮤니케이션하는 능력.

미디어 리터러시 운동은 다양한 자료를 통해 얻은 통찰력을 기반으로 하는데 이 중 가장 중요한 것들을 정리하면 다음과 같다.

- 수용자는 실제로 능동적이지만 자신이 미디어로 무엇을 하는지 반드시 잘 인식하고 있지는 않다(이용과 충족).
- 수용자의 필요, 기회, 선택은 미디어와 미디어 콘텐츠에 대한 접근성에 의해 제한된다(비판적 문화 연구).
- 미디어 콘텐츠는 암묵적·명시적으로 행동 지침을 제공할 수 있다(사회인지 이론, 스키마 이론, 배양 이론, 그리고 다음 장에 소개될 현실의 사회적 구성, 상징적 상호작용, 프레이밍).
- 사람들은 자신의 환경에서 미디어 텍스트와의 상호작용을 통해 달성할 수 있는 목적을 자신이 결정할 것인지 현실적으로 판단해보아야 한다(문화 이론).
- 사람들은 각기 다른 수준의 인지 처리 능력을 가지고 있으며, 이는 미디어를 사용하는 방법과 미디어로부터 얻을 수 있는 것에 영향을 줄 수 있다(정보 처리 이론과 지식 격차).

후기실증주의자의 관점에서 볼 때, (역기능적이 아닌) 순기능적 미디어 이용을 보장하는 가장 좋은 방법은 개인의 미디어 이용 기술을 향상시키는 것이다. 문화 연구의 관점에서 볼 때, 우리는 모두 미디어와 미디어 콘텐츠를 통해 달성하는 우리의 목적을 비판적으로 되돌아볼 수 있는 능력을 개발해야 한다. 우리는 우리의 목적에 가장 잘 부합하는 방식으로 지양할 미디어와 사용할 미디어를 결정할 수 있어야 한다. 규범 이론의 관점에서 볼 때, 민주주의 시민으로서 우리는 자유 언론을 효과적으로 잘 이용해야 한다. 이것이 미디어 리터러시이다.

인간과 집단이 생존과 번영을 위해 어떻게 커뮤니케이션하는지를 탐구하는 인류, 사회, 언어, 역사, 커뮤니케이션 등 거의 모든 분야의 연구자들은 인간이 문자 사용 이전 사회 또는 구술 문화에서 문자 문화로 이동하면서 자신의 환경과 삶에 대한 더 큰 통제력을 갖게 되었다는 것을 오랜 세월 동안 이해해왔다. 사람들은 글쓰기를 통해 시공간을 넘어 의사소통할 수 있는 능력이 생겼다. 이제 더 이상 의사소통하고자 하는 사람들을 직접 만날 필요가 없게 된 것이다(Eisenstein, 1979; Innis, 1951).

1400년대 중반 이동형 활자 인쇄기의 발명은 문자 언어의 중요성과 도달 범위를 무한으로 확대시켰다. 그리고 권력은 권력을 가지고 태어난 사람들로부터 의사소통을 가장 잘할 수 있는 사람들에게로 이동하기 시작했다. 전통적으로 읽고 쓰는 능력을 뜻하는 것으로 이해되었던 리터러시가 환경과 삶에 대한 사람들의 통제력을 증가시킨다면, 무수히 많은 '읽기'와 '쓰기'가 매스 미디어에서 일어나는 세계에 필요한 확대된 리터러시에도 마찬가지로 적용될 것이다. 비판 이론가 스튜어트 에웬Stuart Ewen은 이와 관련해 다음과 같이 기술했다. "역사적으로 리터러시와 민주주의의 연관성은 정보에 입각한 대중이라는 개념과 불가분의 관계에 있는데, 이 대중은 사회 문제를 고려하고 사회 변화에 능동적으로 참여하도록 해주는 도구 덕분에 자신들의 삶에 대한 이슈에 친숙하다"(Ewen, 2000: 448). 그는 또한 다른 저서에서 "종종 문자를 사용하지 않고 중요한 이미지를 사용해 늘 우리의 감정을 자극하는 사회에서 교육 과정은…… 이미지를 비판적으로 분석하기 위한 도구를 개발하도록 장려해야 한다. 민주주의가 승리하려면 일반 시민들도 커뮤니케이션 활동으로서의 이미지 메이킹을 해야 한다"고도 주장했다(Ewen, 1996: 413).

앨런 루빈Alan Rubin은 미디어 리터러시에 대한 세 가지 정의를 제시했다. (1) '미디어 리터러시에 대한 전국 리더십 콘퍼런스National Leadership Conference on Media Literacy'에서 정의한 메시지에 접근하고 이를 분석, 평가하며 이와 커뮤니케이션하는 능력, (2) 미디어 학자 폴 메사리스Paul

Messaris가 제시한 정의인 사회에서의 미디어 기능에 대한 지식, (3) 매스 커뮤니케이션 연구자 저스틴 루이스Justin Lewis와 수트 잘리Sut Jhally가 제시한 메시지 생성, 제작, 전송에 대한 문화·경제·정치·기술적 제약의 이해 등이다(Rubin, 1998). 루빈은 다음과 같이 덧붙였다. "모든 정의는 특정 지식, 인식, 합리성, 즉 정보의 인지적 처리를 강조한다. 대부분은 메시지의 비판적 평가에 초점을 두고 있으며 일부는 메시지의 커뮤니케이션을 포함한다. 미디어 리터러시는 커뮤니케이션의 정보원과 기술, 사용된 코드, 생성된 메시지, 메시지의 선택, 해석, 영향의 이해에 대한 것이다"(Rubin, 1998: 3).

커뮤니케이션 학자 윌리엄 크라이스트William Christ와 W. 제임스 포터W. James Potter는 미디어 리터러시에 대한 설명을 추가로 제시했다. "[미디어 리터러시에 대한] 대부분의 개념화는 다음과 같은 요소를 포함한다. 미디어는 구성된 현실이자 현실을 구성한다. 미디어는 상업적 의미를 갖는다. 미디어는 이데올로기적이며 정치적 의미를 갖는다. 형식과 콘텐츠는 각각의 미디어와 관련이 있으며, 각각의 미디어는 독특한 미적 특징, 코드, 규약을 가진다. 수용자는 미디어에서 의미를 협상한다"(Christ & Potter, 1998: 7-8). 세심한 독자라면 우리가 이 책에서 논의한 수용자 중심 이론과 문화 중심 이론에 대한 증거를 이 설명에서 쉽게 찾을 수 있을 것이다.

### 미디어 리터러시의 요소와 가정

매스 커뮤니케이션 학자 아트 실버블랫Art Silverblatt은 미디어 리터러시를 수용자 중심 이론 및 문화 중심 이론에 놓고 이를 개선되어야 하고 개선될 수 있는 기술로 프레이밍하기 위해 체계적으로 탐구한 최초의 연구자들 중 한 명이다. 그의 핵심 논점은 이전에 소개된 논점과 유사하다. 즉 "'문자 지식을 보유하고, 교육을 받고, 학습하는 것'을 뜻하는 리터러시의 전통적 정의는 인쇄 매체에만 적용된다. 그러나 미디어의 주요 채널에는 이제 인쇄뿐만이 아니라 사진, 영화, 라디오, 텔레비전이 포함된다. 새로운 매스 커뮤니케이션 채널이 부상함에 따라 리터러시의 정의는 확대되어야 한다"는 것이다(Silverblatt, 1995: 1-2). 이에 따라 그는 미디어 리터러시의 다섯 가지 요소를 다음과 같이 밝혔다(Silverblatt, 1995: 2-3).

1. 미디어가 개인과 사회에 미치는 영향 인식

2. 매스 커뮤니케이션 과정의 이해
3. 미디어 메시지를 분석하고 논하기 위한 전략 개발
4. 미디어 콘텐츠를 현대 문화와 우리 자신에 대한 통찰을 제공하는 '텍스트'로 인식
5. 미디어 콘텐츠를 보다 잘 즐기고 이해하고 감상할 수 있는 능력 배양

포터는 미디어 리터러시를 뒷받침하는 몇몇 기본 아이디어를 설명하면서 약간 다른 접근 방식을 취했다(Potter, 1998).

1. **미디어 리터러시는 범주가 아닌 연속체이다.** "미디어 리터러시는 '고등학교 졸업생'이나 '미국인' 같은 범주 조건이 아니다…… 미디어 리터러시는 정도degree가 있는 연속체로 가장 잘 설명될 수 있다…… 언제나 개선의 여지는 있다"(Potter, 1998: 6).
2. **미디어 리터러시는 개발이 필요하다.** "지적 · 정서적 · 도덕적으로 보다 높은 성숙 단계에 이르게 되면 우리는 미디어 메시지에서 더 많은 것을 인식할 수 있다…… 성숙은 우리의 잠재력을 높여준다. 우리는 이런 잠재력을 발현하기 위해 능동적으로 기술과 지식 구조를 개발해야 한다"(Potter, 1998: 6-7).
3. **미디어 리터러시는 다차원적이다.** 포터는 미디어 리터러시의 네 가지 차원을 구분했는데 각각은 연속선상에서 작동한다. 즉 우리는 네 가지 방식으로 미디어 메시지와 상호작용하는데, 이때 다양한 수준의 인식과 기술을 사용한다.
   - 인지 영역은 정신적 과정과 사고를 의미한다.
   - 정서 영역은 감정의 차원이다.
   - 미적 영역은 예술적 관점에서 미디어 콘텐츠를 즐기고 이해하고 감상할 수 있는 능력을 말한다.
   - 도덕적 영역은 메시지의 기저를 이루는 가치를 추론하는 능력을 말한다(Potter, 1998: 8).
4. **미디어 리터러시의 목적은 해석에 대해 더 큰 통제력을 갖는 것이다.** "모든 미디어 메시지는 해석이다…… 미디어 리터러시의 핵심은 진실되거나 객관적인 메시지를 찾는 불가능한 탐색이 아니다. 그런 것은 존재하지 않

는다"(Potter, 1998: 9).

## 미디어 리터러시 중재

미디어 리터러시 연구는 전형적으로 **미디어 리터러시 중재**media literacy interventions의 효과를 평가하는 양식을 띠는데, 미디어 리터러시 중재는 "수용자에게 미디어의 특성을 알려줌으로써 미디어와 관련된 수용자의 신념과 태도에 영향을 주고, 궁극적으로 위험한 행동을 방지함으로써 미디어의 유해한 영향을 감소시키려는" 노력을 의미한다(Jeong, Cho, & Hwang, 2012: 454). 이와 같은 미디어 리터러시가 필요한 콘텐츠에는 미디어가 제공하는 모든 종류의 콘텐츠가 해당된다. 예를 들어 식품 광고(Livingstone & Helsper, 2006), 술 광고(Austin et al., 2002), 인종 차별적 묘사(Ramasubramanian & Oliver, 2007), 건강 내러티브(Bergsma & Carney, 2008), 흡연 묘사(Gonzales et al., 2004), 폭력(Cantor & Wilson, 2003), 범죄(Romer, Jamieson, & Aday, 2003) 등이다. 정세훈Se-Hoon Jeong, 조현이Hyunyi Cho, 황유리Yoori Hwang는 이 연구에 메타 분석을 적용했다. 이들은 실증적으로 평가된 중재 51건을 조사해서 "미디어 리터러시 중재가 미디어 메시지의 유해한 효과를 감소시키기 위한 효과적인 접근 방식이 될 수 있다"는 것을 증명했다. 중재 효과는 다양한 주제, 다양한 수용자, 광범위한 미디어 및 행동 관련 결과물에서 발견되었다.

**미디어 리터러시 중재**
수용자에게 미디어의 특성을 알려줌으로써 미디어의 유해한 효과를 감소시키려는 노력.

중재 효과가 대상층의 연령, 환경, 수용자 참여, 주제 등에 따라 달라지지 않는다는 결과는, 중재가 연령층, 다양한 환경(학교, 커뮤니티, 실험실 등), 수용자 참여 정도, 주제(술, 폭력, 섹스 등)에서 동일하게 효과적일 수 있음을 시사한다(Jeong, Cho, & Hwang, 2012: 464). 스미타 바네르지Smita Banerjee와 로버트 쿠비Robert Kubey는 미디어 리터러시 중재에 대한 단기 효과 및 장기 효과를 검토하고 이와 유사한 결론을 내렸다. 이들은 모든 중재가 성공적이지는 않지만, "일부 미디어 리터러시 중재는 참여자가 미디어 콘텐츠, 프로세스, 효과에 대한 더 나은 '비판적 사고가'가 되는 데 도움이 되는 것처럼 보인다…… 미디어 리터러시 교육 역시 미디어 콘텐츠와 '현실 세계'를 비교하는 사고를 촉발하는 것으로 보인다"고 말했다(Banerjee & Kubey, 2013: 14).

특히 인터넷, SNS의 등장과 함께 부모의 개입은 미디어 리터러시 연구자들에게 중요한 요소가 되었다. 린 클라크 Lynn Clark는 **부모 중재 이론**parental mediation theory에 대해 자세히 설명했다. 이 이론은 원래 아동의 텔레비전

**부모 중재 이론**
아동의 미디어 경험 전반에 부모가 적극적으로 개입하는 이론.

경험을 규제하고 관리하기 위한 적극적인 부모 역할을 개념화하는 수단으로 개발되었다. 그러나 다른 많은 매스 커뮤니케이션 이론과 마찬가지로 디지털 시대에 '혼종hybrid' 커뮤니케이션 이론으로 진화했다. 이 이론은 우선적으로 사회적·심리학적 미디어 효과 이론과 정보 처리 이론에 뿌리를 두고 있지만, 또한 부모와 자녀 간 대인 커뮤니케이션의 중요성을 암묵적으로 전제하고 있다"(Clark, 2011: 323-324). 클라크는 아동의 텔레비전 시청을 효과적으로 중재할 수 있는 부모 중재 전략이 필요하다고 했는데, 즉 **적극적 중재**active mediation(텔레비전 콘텐츠에 관해 자녀와 이야기하기), **제한적 중재**restrictive mediation(시청 규칙 및 제한 설정하기), **공동 시청**co-viewing(자녀와 함께 시청하기) 등이다. 그는 디지털 시대에는 이에 더해 부모 중재의 네 번째 전략으로 **참여 학습**이 필요하다고 주장했다. 이는 "디지털 및 모바일 미디어 환경에서 아동들이 위험에 직면할 수 있지만, 아동들이 부모와 함께 대인 관계, 개인 및 공동의 창조적 행위, 인지 발달을 강화하는 활동을 할 수도 있다는 것을 인식하도록 하는 것이다"(Clark, 2011: 335). 히지 조Hee Jhee Jiow, 림 선선Sun Sun Lim, 줄리안 린Julian Lin 역시 부모 중재 이론이 "비디오 게임, 소셜 미디어, 모바일 앱 등과 같이 복잡하고 집중적으로 사용되는 미디어 형식들로 구성된 급변하는 미디어 환경을 수용하도록 정교화되어야 한다"고 보았다(Jiow, Lim, & Lin, 2017: 309). 이들의 연구는 다음과 같은 결론으로 이어졌다. "부모 중재를 광범위하고 획일적인 범주로 보는 대신, 유동적인 방식으로 결합되어 수행되는 다양한 활동들의 가변적 구성물로 보는 것이 더 생산적이다"(Jiow et al., 2017: 315). 다시 말해, 부모들은 필요에 따라 중재 전략을 전환하고 혼합하여 사용한다는 것이다. 이 연구자들은 다음과 같은 유형의 중재 활동을 확인했다. 첫째, **게이트키핑 활동**gatekeeping activities은 부모가 자녀의 기술 노출을 조절하기 위해 취하는 다양한 조치로, 특정 콘텐츠에 대한 접근 규칙이나 이용시간 제한 등이 있다. 둘째, **담론 활동**discursive activities은 기술, 콘텐츠, 위험과 이점에 대해 부모와 자녀가 나누는 대화 또는 토론을 말한다. 셋째, **조사 활동**investigative activities은 부모가 자녀의 미디어 활동을 보다 효과적으로 중재하기 위해 수행하는 정보 탐색 및 기술 습득 활동을 의미한다(Jiow et al., 2017: 319). 예컨대, 콘텐츠를 미리 점검하거나 자녀의 기술 이용 시간이나 오용 여부를 계획적으로 또는 비계획적으로 확인하는 것도 여기에 포함된다. 예를 들어, 자녀가 숙제를 해야 할 시간에 게임을 하고 있는지

**적극적 중재**
미디어 리터러시 전략으로서 텔레비전 콘텐츠에 관해 자녀와 이야기하는 것.

**제한적 중재**
미디어 리터러시 전략으로서 아동의 텔레비전 시청에 대한 규칙 및 제한을 설정하는 것.

**공동 시청**
미디어 리터러시 전략으로서 아동과 TV를 함께 시청하는 것.

**참여 학습**
부모와 자녀가 함께 뉴미디어 활동에 참여하는 방식의 부모 개입 전략.

**게이트키핑 활동**
자녀의 기술 사용을 부모가 통제하기 위해 취하는 다양한 규제 활동.

**담론 활동**
기술, 콘텐츠, 위험 및 이점에 대해 부모와 자녀가 나누는 대화.

**조사 활동**
자녀의 미디어 사용을 더 잘 조정하기 위해 부모가 수행하는 정보 탐색 및 기술 습득 활동.

확인하는 것이다. 이러한 조사는 제한 조치로 이어질 수 있다. 마지막으로, **전환 활동**diversionary activities은 부모가 자녀를 미디어 기술로부터 멀어지도록 의도적으로 노력하는 것으로 바깥 활동이나 스포츠, 동아리 참여 등 보다 건강하고 이로운 활동을 장려하는 것이다.

**전환 활동**
부모가 자녀를 미디어 기술로부터 의도적으로 멀어지게 하는 노력.

아동의 기술 사용이 위험해지고 있다는 우려가 커지는 가운데, 자녀의 디지털 리터러시를 향상시키기 위해 부모를 지원하고자 하는 디지털 기술 특화 중재 개입이 다수 이루어지고 있다. 예를 들어, 소니아 리빙스톤Sonia Livingstone과 동료들은, 인터넷 숙련도가 높은 자녀에게는 **촉진적 중재**enabling mediation를, 숙련도가 낮은 자녀에게는 제한적 중재restrictive mediation를 결합하여, "자녀의 온라인 기회를 극대화하면서 온라인 위험을 최소화하는" 전략을 제시했다(Livingstone et al., 2017: 82). 이사벨 로드리게스-데-디오스Isabel Rodríguez-de-Dios와 동료들의 연구는 유사하지만, 제한보다는 적극적 중재active parental mediation를 선호했다(Rodríguez-de-Dios, van Oosten, & Igartua, 2018). 또한, 디지털 가짜 뉴스에 대한 광범위한 인식과 분노가 존재하는 만큼, **뉴스 미디어 리터러시**news media literacy를 증진하려는 개입도 다수 존재한다. 이는 정치, 사회, 문화 구조에 관련된 정보에 대해 정보 소비자가 유용하고 정확한 정보를 탐색하고, 정보에 기반한 의사 결정을 내릴 수 있도록 역량을 강화하는 데 그 목적이 있다(Ashley, Maksl, & Craft, 2013).

**촉진적 중재**
자녀의 인터넷 사용 능력에 따라 기회를 최대화하고 위험을 최소화하려는 개입 전략.

**뉴스 미디어 리터러시**
정치, 사회, 문화적 의사 결정을 위해 유용하고 정확한 정보를 찾고 해석할 수 있는 능력.

다른 문제에 직면한 사례로, 키란 비노드 바티아Kiran Vinod Bhatia와 마니샤 파탁-셸랏Manisha Pathak-Shelat은 인도 구자라트 지역에서 힌두교도와 이슬람교도 간의 갈등을 악화시키는 정당한 미디어 콘텐츠의 영향을 억제하기 위해 또 다른 형태의 미디어 리터러시 개입인 **비판적 미디어 교육**critical media education을 적용했다. 이때 '비판적critical'이라는 말의 초점은 6장에서 다루었듯, '사회적 위계질서를 전복'하는 데 있다. 비판적 미디어 교육은 "청소년들이 자신과 자신이 속한 미디어 환경 안에서 저항의 자원을 식별하고 권력 관계에 도전하도록 격려하는 일련의 교육 전략"이다(Bhatia & Pathak-Shelat, 2019). 연구자들은 전통적인 미디어 리터러시 전략—예컨대 미디어 텍스트에 대한 보다 깊이 있는 개인적 해석을 장려하거나, 참여자가 협력하여 자신의 콘텐츠를 제작하고 평가하도록 하는 방식—을 활용함으로써, 학교에 다니는 힌두교도 및 무슬림 청소년들 간의 이해와 상호작용의 질을 향상시킬 수 있었다.

**비판적 미디어 교육**
수용자가 자신과 미디어 환경 내에서 저항의 자원을 식별하도록 돕는 교육 전략.

## 학습 목표 확인

● 미디어가 공동체에 미치는 긍정적 영향과 부정적 영향을 설명한다.

사회적 자본 이론과 연구는 미디어가 공동체 내에서 어떤 방식으로 침투하고 교란을 일으킬 수 있는지를 중점적으로 다루어왔다. 엔터테인먼트 미디어는 중요한 사회 활동에서 주의를 분산시키고 집단의 효과성을 저해할 수 있다. 사회적 자본 이론은 집단이 공동체 내 사회 질서를 발전시키고 유지하는 데 필수적이라고 본다. 집단이 비효과적일 경우, 청소년 비행, 약물 남용, 우울증, 심지어 자살과 같은 여러 문제들이 나타날 수 있다. 미디어는 정치에 관한 보도에서 갈등에 초점을 맞추고 사람들의 인식과 참여를 양극화하는 경향이 있다. 그러나 미디어는 공동체에 긍정적 영향을 줄 수도 있다. 예컨대 개인이 지역 신문을 꾸준히 읽고 지역 내 사건과 인물들에 대해 배운다면, 지역 사회 참여 가능성은 더 커질 것이다. 하지만 '뉴스 사막'의 확산은 신문의 지역 사회 통합 가능성을 위협한다.

● 배양 분석 개념과 이 개념이 미디어의 영향력을 이해하는 데 기여한 점을 설명한다.

배양 분석은 미디어의 사회적 역할에 대한 거시적 질문을 다룬다. 이 이론의 핵심 주장은 텔레비전이 '메시지 시스템'이며, 사람들이 그것이 실제 세계라고 믿고 일상생활의 판단 기준으로 삼게 만드는 세계관을 '배양cultivate'한다는 것이다. 이 이론의 다섯 가지 기본 가정은 다음과 같다. 1) 텔레비전은 본질적으로 다른 매스 미디어와는 다르다. 2) 텔레비전은 미국 사회의 '중추적 문화 장치'이다. 3) 텔레비전이 배양하는 의식의 핵심은 구체적인 태도나 의견이 아니라, 인생의 '사실들'과 인생의 결론의 기반이 되는 판단 기준에 대한 기본 가정들이다. 4) 텔레비전의 주된 문화적 기능은 사회적 양식을 안정화하고 변화에 대한 저항을 배양하는 것이다. 5) 문화에 대한 텔레비전의 관찰 가능하고 측정 가능하며 독립적인 기여도는 낮다. 배양 분석은 텔레비전을 넘어 다양한 미디어와 디지털 기술, 특정 장르에까지 성공적으로 적용되고 있고 현재까지 소셜 미디어의 배양 효과에 대한 연구는 TV의 그것과 본질적으로 큰 차이를 발견하지 못했다.

- **미디어 리터러시와 미디어 리터러시 중재가 긍정적 미디어 효과를 강화하고 부정적 효과를 줄이는 데 어떻게 기여할 수 있는지를 살펴본다.**

대부분의 미디어 리터러시 개념은 미디어가 현실을 구성하고 또 현실에 의해 구성된다는 점, 상업적 함의가 있다는 점, 그리고 이데올로기적·정치적 함의를 지닌다는 점을 전제로 한다. 또한 모든 미디어는 고유한 형식, 미학, 코드와 관습을 가지며, 형식과 내용은 서로 연관되어 있다는 것도 전제로 한다. 수용자가 의미를 협상한다는 인식도 중요하다. 미디어 리터러시의 다섯 요소는 다음과 같다. 1) 미디어가 개인과 사회에 미치는 영향에 대한 인식, 2) 매스 미디어 커뮤니케이션 과정에 대한 이해, 3) 미디어 메시지를 분석하고 논할 수 있는 전략 개발, 4) 미디어 콘텐츠를 현대 문화와 우리 자신에 대한 통찰을 제공하는 '텍스트'로 인식, 5) 미디어 콘텐츠를 보다 잘 즐기고 이해하고 감상할 수 있는 능력 배양. 미디어 리터러시 운동의 핵심 전제는 리터러시가 범주가 아니라 연속체이며, 개발되어야 하며, 다차원적이며, 해석에 대한 통제력을 높이는 것이 그 목적이라는 것이다. 미디어 리터러시는 중재을 통해 향상될 수 있다. 즉 중재를 통해 유해한 영향을 줄이고 이로운 결과를 증대시킬 수 있다. 중재는 다양한 미디어, 콘텐츠, 지식 및 행동 결과에서 성공적으로 이루어졌으며, 최근에는 SNS와 기타 인터넷 기반 미디어가 확산시킨 가짜 뉴스에 대응하는 방식으로 뉴스 미디어 리터러시에 많은 관심이 집중되고 있다. 많은 중재가 부모와 자녀 간의 상호작용을 수반하며, 이는 부모 중재 이론—아동의 미디어 경험 전반에 있어 부모의 적극적 참여에 대한 다양한 관점—의 발전으로 이어졌다.

## 생각해볼 문제

1. 이 장의 서두에서 다루어진 세계행복보고서World Happiness Report를 다시 떠올려보자. 미국의 경우 소득 10위는 꽤 괜찮아 보일 수 있지만, 자유 61위, 건강 기대수명 39위는 생각보다 낮은데, 비판적 학자는 이러한 높은 소득 순위와 상대적으로 실망스러운 두 지표를 어떻게 조화시켜 설명할 수 있을까? 그들은 미디어가 이러한 상황에 어떤 기여를 하고 있다고 볼까? 세계행복보고서의 한국의 순위도 찾아보고 이에 대해 미디어의 영향과 관련지어 토론해보자.

2. 여러분은 얼마나 미디어 리터러시가 있다고 생각하는가? 여러분의 친구들은 어떤가? 혹시 미디어 리터러시 제3자 효과third-person effect를 겪고 있는 것은 아닌가? "나는 괜찮지만 다른 사람들은 도움이 필요해"라는 식으로 생각하는가? 미디어 리터러시 측면에서 여러분의 약점은 무엇인가? 강점은 무엇인가?

3. 여러분은 이웃을 얼마나 신뢰하는가? 낯선 사람은 어떤가? 미국의 폭력 범죄율이 감소하고 있다는 데이터를 보고 놀랐는가? 그렇다면 왜 그런가? 놀라지 않았다면, 범죄 발생 빈도에 대해 보다 현실적인 인식을 갖게 된 이유는 무엇인가?

# 미디어와 문화 이론: 사회 세계에서 의미 구성하기

13장

**학습 목표**

- 상징적 상호작용주의와 프래그머티즘을 설명하고 이들이 행동주의나 자극-반응 이론과 어떻게 다른지 설명한다. 또한 사회구성주의와 어떻게 다른지도 알아본다.
- 자아 정체성과 사회적 정체성 개념을 설명하고 이러한 정체성이 커뮤니케이션을 통해 어떻게 형성되는지 알아본다.
- 프레이밍 이론을 설명하고 뉴스 미디어와 그 효과 연구에서 이 이론의 인기가 높아지고 있는 이유를 알아본다.
- 프레이밍 연구의 주요 결과를 열거하고 뉴스가 사회에 대한 관점을 형성하게 하는 방식에 있어서 그러한 연구 결과가 어떤 통찰을 제공하는지 논의한다.

## 개요

앞서 6장에서는 비판 이론과 문화 연구의 초기 학파들을 특별히 주목하면서 미디어 문화 이론이 어떻게 부상하게 되었는지를 추적했다. 이 장에서는 현재의 비판적 문화 이론을 비롯해 문화에 초점을 맞춘 다른 이론들에 대해 고찰하고자 한다. 문화 이론은 매스 커뮤니케이션 분야에서 오랜 논란의 역사를 가지고 있다. 문화 이론은 개인에 대한 미디어 효과를 연구하는 후기실증주의 이론보다 먼저 등장했다. 1920년대와 1930년대에 시카고대학교의 학자들은 일상 문화를 형성하는 커뮤니케이션의 역할에 중점을 두고 공동체 이론을 발전시켰다. 1950년대부터 1980년대까지 문화 이론은 미디어 효과 이론을 선호하는 미국 매스 커뮤니케이션 학자들에 의해 무시되었다. 커뮤니케이션 이론 개발에서 미디어 효과 트렌드는 경쟁적 접근법들을 밀어냈다. 이 시기에 미국에서 발간된 미디어 이론 교과서들은 대개 문화 이론에 대한 언급을 생략하거나 관심을 거의 기울이지 않았다. 문화 이론은 대중사회 이론으로 분류되는 경향이 있었고 그 유용성에 의문이 제기되었다.

1980년대 학계에서 문화 이론이 진지하게 받아들여지기 시작했을 때 추종자들과 후기실증주의 반대자들 사이에서 격렬한 논쟁이 벌어졌다. 미디어 효과 관점을 옹호하는 사람들은 자신들의 이론이 더 과학적이라고 말했다. 왜냐하면 미디어 효과 이론은 고도로 구조화된 경험적 관찰에 기초하고 있고, 새로운 발견들이 이를 거부할 수 있도록 반증이 가능하기 때문이다. 그들은 문화 이론이 너무 사변적이고 복잡하며 덜 체계적인 질적 연구 방법에 근거한다고 공격했다. 문화 이론의 인과적 주장을 증명할 방법이 없다는 것이다. 그러나 그 이후로 질적 연구 방법처럼 문화 이론도 수용되었다. 후기실증주의자들과 문화 이론 옹호자들은 점차 서로를 존중하게 되었지만 그들 대부분은 여전히 서로 독립적으로 연구했다. 특히 미국에서 더 그랬다. 교재들도 이 두 가지 유형의 이론과 그 이론의 기초가 되는 연구 방법의 강점 및 한계를 점점 더 많이 다루게 되었다. 그러나 대부분의 연구자들은 여전히 실증주의 이론 또는 비판적 문화 이론에 집중하고 있다. 양측 간의 격렬한 논쟁은 끝났을지 모르지만, 이들은 여전히 서로 다른 책과 학술지, 그리고 서로 다른 방법론적 도구로 나뉘어 있다.

이 장에서는 미시적인 차원의 문화 이론을 검토해볼 것이다. 개인과 지역 공동체에 의한 미디어의 일상적 사용을 살펴보고 이어 14장에서는 거시적인 차원의 문화 이론으로 넘어가 더 큰 사회 질서에서 미디어의 역할을 살펴볼 것이다. 이 장과 다음 장에 나오는 이론들을 언급하기 위해 두 가지 용어를 사용할 것이다. 이 이론들은 문화를 사회와 미디어의 역할을 이해하는 주된 수단으로서 연구하기 때문에 '문화 중심적culture-centered'이라고 칭해진다. 또한 미디어가 문화에 어떻게 영향을 미치는지, 개인과 사회에 대한 그 영향의 결과는 무엇인지에 대해 서로 다른 관점들을 제공한다. 이 이론들은 우리가 어떻게 사회와 사회에서의 우리의 위치를 이해하는지(어떻게 우리가 의미를 구성하는지)에 대해 미디어가 영향을 미치는 방식에 초점을 맞추고 있기 때문에 의미 구성 이론meaning-making theory이라고도 불린다. 이와 같이 문화와 의미 구성에 공통적으로 초점을 맞추고 있음에도 불구하고 이 이론들은 꽤 다양하다. 몇몇 이론들은 미국 학자들에 의해 발전된 반면, 다른 이론들은 유럽에서 발원했다. 일부 이론은 비판적이며 미디어가 어떻게 가치 있는 목표를 추구하기 위한 우리의 노력을 좌절시키는지 가늠해본다. 다른 이론들은 우리가 미디어로 무엇을 하는지, 어떻게 사회 내에서의 우리의 경험과 행동이 영향을 받는지에 관해 심도 있게 설명한다.

## 상징적 상호작용주의

**상징적 상호작용주의**symbolic interactionism는 우리가 문화를 습득하는 방식과 문화가 우리의 일상적 경험을 구조화하는 방식에 커뮤니케이션이 어떻게 개입하는가 하는 질문을 제기한 최초의 사회과학 이론 중 하나이다. 상징적 상호작용 이론은 1920년대와 1930년대에 행동주의에 대한 비판과 반발로서 개발되었다(2장). 이 이론은 1969년 허버트 블루머Herbert Blumer가 상징적 상호작용주의라는 현재의 이름을 붙이기 전까지는 다양하게 불리었다. 초기의 이름 중 하나는 **사회적 행동주의**social behaviorism였다. 전통적 행동주의 학자들과 달리 사회적 행동주의 학자들은 자극-반응의 조건화를 단순하게 개념화하는 것을 거부했다. 그들은 학습을 매개하는 인지 과정에 주목해야 한다고 확신했다. 또한 학습이 이루어지는 사회적 환경을 고려해야 한다고 믿었다. 전통적 행동주의 학자들은 동물들이 특정한 자극에 노출되고 특정한 방법으로 행동하도록 조건 짓는 실험실 실험을 수행하는 경향이 있었다. 사회적 행동주의 학자들은 이런 실험은 너무 단순하다고 판단했다. 그들은 인간 존재는 동물 행동의 조건화를 통해 이해하기에는 너무 복잡하다고 주장했다.

**상징적 상호작용주의**
사람들이 상징에 의미를 부여하고 그 의미들이 사람들을 통제하게 된다는 이론.

**사회적 행동주의**
학습이 이루어지는 정신적 과정과 사회 환경에 초점을 맞춘 학습의 관점.

시카고대학교의 교수로 철학자이자 사회 운동가이기도 한 조지 허버트 미드George Herbert Mead는 행동주의자들의 개념과는 매우 다르게 사회생활을 이해하는 방식을 제안했다(Mead, 1934). 그는 사람들이 일상을 이해하는 방법을 배우고, 어떻게 행동을 구축하는지 알 수 있는 좋은 방법을 하나 제시했다. 그것은 사람들이 어떻게 야구 경기(혹은 어떤 팀 스포츠든)하는 법을 학습하는지 관찰하는 것이었다. 우리는 어떻게 이런 경기들을 하는 법을 배우는가? 분명 야구 관련 서적을 읽어서 배우는 것은 아니며, 단순히 우리가 특정 행동에 대해 보상 또는 처벌을 받는 것과 같은 자극-반응 훈련을 통해서도 아니다. 미드는 경기장에서 발생하는 것은 정교한 형태의 상호 조절이라고 주장했다. 즉 선수들은 경기를 하는 동안 경기하는 방식을 서로에게 가르쳐준다. 선수들은 자신의 포지션에 맞는 역할을 수행하기 위해 매우 복잡한 방식으로 자신의 행동을 구축하는 방법을 배워야 한다. 하지만 각 포지션에 따라 다르게 경기를 해야 한다. 그래서 팀원들끼리 단순히 서로를 모방하는 것만으로는 안 된다. 미드에 따르면 각 선수들은 사회적 역할(포수 역할, 투수 역할, 좌익수 역할)을 배운다. 각각의 역할을 좋은 선수들을 관찰하고 모델로 삼아 따라 함으로써, 그리고 팀 내 다른 선수들과 상호작용함으로써 배운다. 그들은 경기를 할 때 팀 동료들과 팬들로부터 격려와 애정 어린 질책을 받는다. 만약 그들이 경기를 잘하면 사회적 단위(공동체)의 생산적인 구성원으로서 다른 사람들에 의해 받아들여진다는 만족감을 얻는다.

미드는 야구팀을 사회의 축소판으로 보았다. 우리는 다른 사람들과의 상호작용을 통해 다양한 사회적 역할을 배운다. 우리는 다양한 공동체의 일원들이다. 우리의 행동은 끊임없이 다른 사람들에 의해 교묘하게 '조건지어지고' 있으며, 동시에 우리는 그들의 행동에 영향을 미치고 있다. 목표는 서로를 조종하거나 지배하는 것이 아니라 생산적인 사회적 단위를 만들고 유지하는 것이다. 그 사회적 단위, 즉 공동체는 특정 역할을 기꺼이 맡으려는 회원들의 의지에 대한 보답으로 일정한 보상을 제공한다. 우리는 성장하면서 다양한 역할을 시도하고, 이상적인 경우 우리의 흥미와 개인적 능력에 가장 적합한 역할을 선택할 수 있다. 사회적 역할과 문화의 다른 많은 측면은 일상생활에서의 경험들, 즉 상호작용에 의해 학습된다. 오랜 시간에 걸쳐 우리는 다양한 상황에 내재된 규칙들을 내면화하고 그에 따라 행동을 구축한다.

우리가 의식적으로 우리가 한 행동을 되돌아보고 분석하는 경우는 매우 드물다. 만약 우리가 무엇을 하고 있고 왜 그것을 하고 있는지 설명하라는 요구를 받는다면, 우리는 어리둥절할 것이다. 왜 당신은 어머니를 그녀의 이름으로 부르지 않는가? 왜 당신은 승강기에서 뒤가 아닌 앞을 보고 서 있는가? 왜 전화를 하기보다 문자 메시지를 보내는가? 왜 이메일을 보내지 않고 페이스북에 상태 업데이트를 하는가? 우리는 상식적으로 행동한다. 그것은 모든 사람들이 하는 방식이고, 정상적이고 논리적이며 올바른 방법이다. 일단 내면화되면 이러한 역할들은 우리의 행동을 통제하는 강력한 수단이 되며, 종국에는 우리의 정체성도 그 역할들과 밀접한 관계를 갖게 된다. 우리는 감정적으로나 정신적으로나 우리가 하는 역할과 이러한 역할들과 연관된 개인적 정체성의 관점에서 자신을 이해한다. 우리는 이러한 역할들이 타인에 의해 얼마큼 존중받느냐에 따라 자신의 가치를 매긴다. 때로는 신체적 기량이 불가피하게 떨어지는 운동선수들처럼 우리는 우리 자신이나 다른 사람들의 기대치만큼 역할을 수행할 수 없거나 우리의 능력이나 자원을 넘어서는 역할을 열망하기 때문에 정체성의 위기를 겪기도 한다.

미드의 비유는 통찰력 있고 강력하지만 미시적 이론이 공통적으로 지니고 있는 몇몇 중요한 한계가 있다. 미드는 야구팀이 일종의 작은 민주주의 국가처럼 운영된다고 가정한다. 하지만 그 팀들은 어디 출신인가? 어떻게 설립되는가? 누가 야구 경기의 규칙을 정하는가? 누가 입장권을 팔고, 비용을 지불하고, 경기에서 이익을 얻는가? 팀 구성원들이 서로에게 영향을 주기는 하지만 보통 감독과 나이가 더 많거나 경험이 많은 소수의 선수들이 팀을 지배할 것이다. 그 위로는 팀 구성원을 고용하고 해고하는 단장과 구단주가 있다.

이러한 야구팀의 비유도 매스 미디어가 사회화에 어떤 영향을 줄지를 이해하는 데 별로 도움이 되지 못한다. 야구 선수들은 직접적으로 상호작용한다. 미디어를 통해 커뮤니케이션이 이루어질 때, 즉 사람들이 페이스북이나 트위터를 사용해 수십 또는 수백 명의 친구들과 관계를 맺을 때 어떤 일이 일어날까? 현장에서 물리적으로 대면하는 야구 선수들과는 달리 페이스북과 트위터 사용자들은 사이버 공간에서 만난다. 그들은 친구들과 메시지를 교환하기 위해 태블릿 PC를 사용하거나 스마트폰을 두드린다. 그들은 자신에 대한 정보를 게시하지만, 흔히 이 정보는 그들이 누구인지에 대한 매우 단편적이거나 심지어 허구적인 내용을 제공한다. 그들은 친구들의 활동에 대한 업데이트를 지속적으로 받고 본인들이 무엇을 하고 있는지 보여주는 게시물을 올린다. 페이스북이나 트위터에서 어떻게 일상 문화가 만들어지고 공유되고 있는가? 확실히 야구 팀원들이 하는 방식은 아니다.

미드는 사회화 과정에 대한 또 다른 중요한 통찰을 제공했다. 미리 정해진 방식으로 자극에 반응하도록 길들여진 동물들과는 달리 인간은 자극과 계획된 반응을 어느 정도 의식적으로 해석할 수 있는 방식으로 사회화된다. 동물들이 할 수 없는 것을 우리가 할 수 있게 하는 비결은 무엇일까? 바로 상징이다.

**상징**
일반적으로 보이지 않는 현상의 임의적이고 흔히 추상적인 재현.

일반적으로 **상징**symbols은 보이지 않는 현상을 재현한 것으로서 임의적이고 추상적이다. 당신이 사용하는 단어들을 생각해보자. 그것들을 해독하는 방법을 아는 이들을 제외한 사람들에게 그 단어들은 본질적으로 무의미한 임의의 발성이다. 글을 쓸 때 우리는 복잡한 표식들로 지면을 채운다. 그 표식들을 읽으려면 우리의 언어를 쓰고 읽을 줄 알아야 한다. 미드에 따르면 상징의 사용은 사회화 과정을 변형시킨다. 즉 시공간의 구속으로부터 사회화 과정을 해방시킨다. 상징을 사용하면 과거를 생생하게 재현해낼 수 있고 미래를 예상할 수 있다. 우리는 지구상의 어느 곳이나, 심지어 우주의 먼 곳까지도 이동할 수 있다.

『정신, 자아, 사회*Mind, Self, and Society*』에서 미드는 우리가 의식(즉 정신mind)에 대한 경험, 우리 자신(즉 자아self)에 대한 이해, 더 큰 사회적 질서(즉 사회society)에 대한 지식을 만드는 데 상징을 사용한다고 주장했다(Mead, 1934). 다시 말해서 상징은 우리 주변의 상황을 인식하고 해석하는 능력을 구조화시키기 때문에 상징은 우리의 모든 경험을 중재하고 조직한다. 이러한 주장은 정보 처리 이론가들의 주장과 유사하다(10장). 정보 처리 이론에서, 앞서 살펴보았던 스키마schema(상징의 집합)는 우리가 일상적으로 받아들인 새로운 감각 정보를 이해할 수 있게 해준다. 마찬가지로 미드는 정신과 자아, 사회가 복잡한 상징의 집합으로서 내면화된다고 믿었다. 이러한 상징의 집합은 우리의 경험을 걸러내는 장치 역할을 한다.

이는 극단적인 주장으로 보일 수도 있다. 우리들 대부분은 우리를 둘러싼 세상과 세상의 사물들을 볼 수 있는 우리의 능력을 당연하게 여긴다. 우리는 이런 능력을 지니고 태어났다고 가정할 수 있다. 하지만 잘 생각해보자. 왜 우리는 어떤 것들은 보고 어떤 것들은 못 보는가? 일상생활을 하면서 우리는 모호하고 복잡한 상황에 끊임없이 직면하게 된다. 예를 들어 우리가 몹시 예민한 성격이 아니라면 방에 들어갔을 때 미세한 먼지와 더러움을 알아차리지 못할 것이다. 대부분의 배경음도 듣지 못할 것이다. 미드에 따르면 인간의 지각 과정은 쉽게 영향을 받고 우리가 배우는 상징들의 집합으로 형성될 수 있다. 그래서 우리는 문화가 볼 만한 가치가 있다고 결정한 것만을 보게 된다.

미국이 이라크와 아프가니스탄 사태에 개입한 이후 중동 문화에 대한 여러분의 인식이 달라졌는가? 여러분은 이제 머리에 스카프를 두르고 있는 여성을 좀 더 주목하게 되었는가? '테러범'이라는 말을 들었을 때 머릿속에 어떤 이미지가 떠오르는가? 20년 전에는 그 이미지가 아일랜드 공화국군 폭파범이거나 라틴 아메리카의 마약 범죄자였을 것이다. 지금은 아마도 중동의 남성일 것이다. 이렇게 미드가 제시했던 가설들은 이제 인지심리학 연구들(10장에서 살펴본 것처럼)에 의해 실증적으로 증명되기 시작했다.

따라서 상징적 상호작용주의는 상징에 반응하는 우리의 행동이 주로 그 동일한 상징에 의해 중재(또는 통제)된다고 가정한다. 그러므로 우리는 상징적 환경(우리가 내면화한 정신, 자아, 사회)을 통해서 물리적 · 객관적 현실을 이해하고 관계 맺는다. 달리 말하면 우리가 상징에 부여하는 의미가 우리와 우리가 경험하는 현실을 규정해주는 것이다. 우리가 사회화됨에 따라 문화적으로 합의된 의미들은 우리와 우리를 둘러싼 환경의 상호작용을 통제한다. 미국 국기를 구성하는 빨간색, 흰색, 파란색 천에 부여하는 의미를 생각해보자. 국기는 사실(객관적으로) 색깔 있는 천 조각일 뿐이다. 즉 누군가 상징적 의미를 부여하기 전까지는 천 조각에 지나지 않는 것이다. 우리는 색깔과 모양을 특정하게 배열하고 구성한 것을 우리의 국기로 결정했다. 우리들 각각은 국기를 다르게 경험하지만 모두가 공유하는 의미도 있다. 그러나 그 공유된 의미는 국기가 무엇을 상징하는가에 대한 갈등이 있을 때 논란의 대상이 될 수 있다. 예를 들어, 지난 몇 년간 일부 프로 미식축구 선수들이 국가 연주와 미국 국기 게양 시 기립을 거부했다. 이런 행동을 처음 시작한 선수 중 하나인 콜린 캐퍼닉Colin Kaepermick은 흑인 시민들이 백인 시민들이 누리는 권리를 거부당하는 차별을 받는 한 국기를 인정할 수 없다고 주장했다. 그러나 우리가 국기에 '개인적으로로' 어떤 의미를 부여하든, 누구도 국기의 상징적 힘에서 자유로울 수는 없다. 스포츠 대회에서 국기를 든 기수단이 우리 앞을 지나갈 때, 우리는 그냥 앉아 있을 수 있는가? 특히 지금은 기립을 거부하는 것이 캐퍼닉의 항의에 대한 동조를 의미하게 된 상황에서 말이다. 불과 5년 전 자신의 팀을 슈퍼볼 결승까지 이끌었던 이 전직 스타 쿼터백은 훨씬 열등한 기록을 가진 다른 선수들이 그의 포지션에서 수백만 달러 계약을 따내는 동안에도 자신을 고용할 팀을 찾지 못하고 있다(Belson & Draper, 2019). 여러분의 상황이 이처럼 극적이지는 않을지라도, 학교 행사에서 그 삼색 천 조각에 대한 맹세를 하는 동안 여러분은 과연 친구들과 계속 수다를 떨 수 있을까?

### 프래그머티즘과 시카고학파

**프래그머티즘**
현실 적응과 통제를 위한 도구로서 지식의 실천적 기능을 강조하는 미국의 철학 이론 학파로, 유럽의 관념론과 대비된다.

미드는 **프래그머티즘**pragmatism에서 아이디어를 얻어 상징적 상호작용주의를 발전시켰다. 프래그머티즘은 철학 이론으로 현실 적응과 통제를 위한 도구로서 지식의 실천적 기능을 강조한다. 미국에서 프래그머티즘은 19세기 말 유럽과 미국에서 인기를 얻었던 행동주의와 독일 관념론 같은 단순화된 형태의 유물론에 대한 반작용으로 발전했다. 행동주의와 관념론 모두 인간 에이전시agency를 거부했다. 다시 말해 행동주의와 관념론은 개인들이 의미 있고 유용한 방식으로 자신의 생각과 행동을 의식적으로 통제할 수 있다는 생각을 부정했다. 관념론은 사람들이 문화에 의해 지배된다고 주장했고, 행동주의는 모든 인간의 행동은 외부의 자극에 대한 조건 반응이라고 주장했다. 미드에 대한 앞선 설명에서 그가 어떻게 이 두 가지 관점 사이에서 중간 지평, 즉 어느 정도 허용될 수 있는 인간 에이전시의 지점을 찾으려고 노력했는지 알 수 있다. 미드의 주장을 잘 들여다보면 개인들이 자신들이 하는 생각과 행동에 대해 어느 정도 통제권을 가지고 있다고 말하고 있기는 하지만 사실은 에이전시가 공동체(야구를 예로 들면 팀) 속에 있다고 주장하고 있음을 알 수 있다. 개인보다는 공동체가 우리의 경험을 이끌고 형성하는 복잡한 상징들의 집합인 문화를 창조하고 전파한다. 우리가 공동체에서 활동할 때 우리는 상호적으로 규정된다. 그래서 우리는 문화를 배우고 그것을 이용해 경험을 구조화한다. 문화와 인간 에이전시에 대한 이러한 프래그머티즘 개념은 미국에서 발전된 많은 문화 이론들의 중심에 있다. 사상의 한 학파로서 프래그머티즘은 많은 학문 분야에서 꾸준히 흥미를 끌고 있다. 철학 분야에서는 리처드 로티Richard Rorty가 신프래그머티즘을 대중화시켰다(Rorty, 1991; Rorty, Schneewind, & Skinner, 1982). 정치과학 분야의 많은 학자들은 존 듀이John Dewey의 프래그머티즘을 옹호했다(Farr, 1999). 크리스 러실Chris Russill과 로버트 크레이그Robert Craig는 프래그머티즘이 여전히 오늘날 커뮤니케이션 이론에 유용하다는 점을 논하고 있다(Russill, 2006, 2008, 2012; Craig, 2007).

프래그머티즘 학자들에게 문화의 힘에 대한 기본적인 실험은 문화가 공동체 안에서 경험을 어느 정도 효과적으로 구조화하는가에 관한 것이었다. 문화의 어떤 측면이 그 효과를 잃게 되면, 문화는 더 이상 경험을 구조화하지 못하고 근본적으로 의미가 없는 단어와 상징들의 집합이 되어버린다. 예를 들어 우리는 여전히 사전에서 특정 단어들을 찾을 수 있고 그 단어들을 오래된 미디어 콘텐츠를 해독하는 데 사용할 수 있지만, 그것들은 우리의 경험과는 관련이 없기 때문에 우리 삶에 어떠한 영향도 주지 않을 것이다. 새로운 요소들이 개발되고 오래된 요소들은 버려짐으로써 생기는 문화적 변화는 일반적으로 자주 일어나지는 않는다. 왜냐하면 자신들의 이익을 위해 문화를 조작하는 엘리트들에 의해 계획되었기 때문이다. 오히려 문화는 공동체의 행동 양상이 변하면 변화한다. 문화는 또한 사람들이 새로운 방식으로 서로 관계를 맺기 위해 미디어를 이용할 때 변화할 수 있다. 해시태그, 섹스팅, 스냅챗이 얼마나 빠르게 우리 의식 속으로 들어왔는지, 또 그것들이 현재 얼마나 일상생활에서 유용하게 쓰이고 있는지를 생각해보자.

가장 왕성하게 활동한 상징적 상호작용주의자들 중 많은 수가 미드처럼 시카고대학교에 재직했고, 그들은 시카고학파로 알려지게 되었다. 우리는 언론의 사회적 책임에 대해 그들이 주장하는 바를 자세히 살펴보았던 3장에서 시카고학파에 관해 논했다. 프래그머티즘과 사회적 상호작용주의는 그 규범 이론의 핵심을 이룬다.

1920년대 시카고학파의 이론가들은 그들의 캠퍼스가 자리한 도시를 거대한 사회적 실험의 장으로 보았다. 즉 시카고는 다양한 민속 문화를 가진 사람들이 자신의 문화와 매우 다른 문화를 가진 타인들을 이해하고 그들과 관계를 맺을 수밖에 없는 상황에 놓인 곳이었다. 그들은 시카고를 '위대한 공동체great community'라고 불렀다. 이 용어를 이 책에서 많이 사용된 다른 용어인 대중사회mass society와 비교하는 것은 유용하다. 이 두 용어는 프래그머티즘과 대중사회 이론 사이의 몇 가지 핵심적 차이점들을 잘 드러내준다. 즉 프래그머티즘이 대규모 사회 질서의 미래에 대해 낙관적이라면, 대중사회 이론은 매우 비관적이다. 대중사회 이론가들은 개인들이 대규모 사회 질서 속에서 '원자화될atomized' 것을 우려했다. 사람들을 하나로 묶는 사회적 관계망은 사람들이 시골 공동체에서 도시 빈민가로 이주함에 따라 필연적으로 붕괴될 것이라고 보았다. 고급문화는 대중문화에게 자리를 내줄 것이고 그래서 인간 존재는 타락하고 인간성을 잃게 될 것이며, 매스 미디어는 대중문화를 전달하는 데 더 효율적인 메커니즘을 제공함으로써 상황을 더 악화시킨다는 것이다.

만약 대중사회가 인간 존재가 타락한 곳이라면, 위대한 공동체는 인간 존재의 잠재력을 탐색하고 문화를 발전시키기 위한 새로운 기회가 발견되는 장소이다. 시카고학파의 가장 창의적인 구성원들 중 한 명인 로버트 E. 파크Robert E. Park는 기자로 일했고, 미시간에서 존 듀이와 철학을 공부했으며, 독일에서 게오르크 지멜Georg Simmel과 함께 사회학을 공부했다. 그리고 벨기에령 콩고에서 식민주의를 폭로했으며, 교육자이자 작가 그리고 흑인 인권 지도자인 부커 T. 워싱턴Booker T. Washington의 보좌관으로도 일했다(Goist, 1971). 동료들과 함께 파크는 본질적으로 낙관적인 도시 생활에 대한 관점을 발전시켰으며 동시에 도시 생활에 많은 문제가 있다는 것도 인정했다. 도시는 새로운 형태의 문화가 창조될 수 있는 장소였고, 새롭고 역동적인 공동체가 형성될 수 있는 장소였다. 도시는 상호 연결된 수천 개의 크고 작은 공동체로 이루어져 있었다. 보다 혁신적인 형태의 문화를 창조하는 것을 허용하거나 강요하는 것은 바로 이러한 상호 연결 관계이다.

파크가 신문이 공동체들을 위대한 공동체가 되도록 상호 연결하는 데 필수적인 역할을 한다고 본 것도 놀라운 일은 아니다. 그는 신문의 가장 중요한 일은 '뉴스'를 전달하는 수단으로서의 역할을 하는 것이라고 생각했다. "뉴스는 더 큰 사회를 하나로 뭉치게 한다…… 여론은 뉴스, 즉 사람들이 현재의 사건에 대해 이야기하는 것에 기초하고 있다. 그리고 신문이 이를 가능하게 한다. 뉴스는 주로 지역적인 특성이 있지만 다른 매스 커뮤니케이션 수단과 마찬가지로 신문의 진정한 힘은 여론과 정치적 행동의 기반을 제공하는 데 있다"(Goist, 1971: 57).

도시에서의 신문의 기능과 관련된 파크의 주장은 추상적이며, 시카고학파는 신문이 어떻게 그리고 왜 그 역할을 수행했는지를 명확하게 설명하는 이론을 개발하지 못했다. 파크의 생각을 검증하기 위한 체계적인 연구는 수행되지 않았다. 12장에서 우리는 미디어가 사회적 자본을 창출하거나 파괴하는 방식을 평가한 연구들을 살펴보았다. 이 연구들은 파크의 개념들 중 일부를 검증해주는 한편, 문제적인 미디어 효과 또한 밝혀냈다. 3장에서 살펴보았듯이 허친스 언론자유위원회의 위원들은 각기 다른 공동체에 살고 있는 사람들이 타 공동체에 대해 더 많이 배울 수 있도록 광범위한 지역 보도를 주장했다. 불행히도 시카고 신문들은 이런 종류의 뉴스에 관심을 갖는 독자들을 많

Instant Access

### 상징적 상호작용주의Symbolic Interactionism

**장점**

1. 인간 행동을 단순한 자극-반응으로 개념화하는 것을 거부한다.
2. 학습이 이루어지는 사회 환경을 고려한다.
3. 인간 존재의 복잡성과 정신 과정의 중요성을 인정한다.
4. 에이전시로서의 개인과 공동체의 역할을 중시한다.
5. 연구를 위한 많은 방법론 및 접근법에 대한 근거를 제공한다.

**단점**

1. 사회 제도의 힘에 대해 거의 인정하지 않는다.
2. 미디어 콘텐츠에 너무 많은 권한을 부여한다.

이 보지 못했다. 그들은 허친스 언론자유위원회의 충고를 비현실적이라고 무시하거나 거부했다. 1950년대와 1960년대에는 도시 근교에 사는 사람들이 증가함에 따라 대도시 신문들의 판매 수입이 증가했다. 범죄와 사회적 불안에 대한 나쁜 소식을 보도하는 것 외에 신문사들은 도심 지역 소수 민족 출신들을 무시했고 자주 그곳에 신문을 배달하지 않았다. 이러한 도심 지역의 주민들로 인해 광고주들의 마음을 끄는 도시 근교 부유층 주민들의 구독자 수가 줄어들었기 때문이다. 이 신문들이 파크가 상상했던 역할을 했는지 의문이 든다. 그러나 그들은 분명히 다른 방법으로 도시 문화에 기여(그리고 이를 저해)했다.

## 상징적 상호작용주의와 현재의 적용

미드의 이론이 처음 나온 것은 1930년대였으나 매스 커뮤니케이션 연구자들은 1970년대와 1980년대에 이르러서야 상징적 상호작용symbolic interaction에 진지한 관심을 갖기 시작했다. 미드가 대인 관계에서의 상호작용을 강조하고 미디어를 무시한 것을 감안한다면, 미디어 이론가들이 미드의 생각과 미디어의 관련성을 늦게 발견한 것도 놀랄 일은 아니다. 소비자 연구자인 마이클 솔로몬Michael Solomon은 미디어와 관련된 미드의 연구를 다음과 같이 요약했다(Solomon, 1983).

1. 문화적 상징은 상호작용을 통해 학습되고 그런 다음 그 상호작용을 매개한다.
2. 한 문화권에서 사람들이 '공유하는 의미의 겹침'은 한 문화를 학습한 사람들이 그 문화권에서 다른 사람들의 행동을 예측할 수 있어야 한다는 것을 의미한다.
3. 자아 정의self-definition는 본질적으로 사회적인 것이다. 자아는 주로 환경과의 상호작용을 통해 정의된다.
4. 어떤 사람이 사회적 정체성에 전념하는 정도가 그 사람의 행동에 영향을 미치는 사회적 정체성의 힘을 결정할 것이다.

이러한 상징적 상호작용주의를 매스 미디어의 사용에 적용한 커뮤니케이션 학자로 돈 F. 파울즈Don F. Faules와 데니스 C. 알렉산더Dennis C. Alexander를 주목해볼 만하다. 이들은 1978년에 집필한 책『커뮤니케이션과 사회적 행동: 상징적 상호작용의 관점*Communication and Social Behavior: A Symbolic Interaction Perspective*』에서 커뮤니케이션을 "참여자들 사이에 공유된 다양한 수준의 의미와 가치를 야기하는 상징적인 행동"이라고 정의했다. 이 정의에 대한 분석을 토대로 그들은 상징적 상호작용과 커뮤니케이션에 관한 세 가지 기본적인 명제를 제시했다.

1. 사람들은 환경을 인지하고 해석할 때 커뮤니케이션에 의존한다. 다시 말해서 우리가 세계에 대해 알고 있는 것은 대체로 그 세계에서의 우리의 이전 커뮤니케이션 경험과 함수 관계에 있다. 이는 문화적 상징과 상호작용한다는 솔로몬의 생각과 일치한다. 파울즈와 알렉산더에 따르면, "커뮤니케이션을 통해 직접적인 감각 경험이 없이도 불확실성을 줄일 수 있다. 미디어는 간접 경험의 주요 원천이며, 그러한 이유로 사회적 현실을 구성하는 데 영향을 미치게 된다"(Faules & Alexander, 1978: 23).
2. 커뮤니케이션은 자아, 역할, 상황의 개념에 의해 안내되고, 또한 그 개념들을 안내하기도 한다. 이러한 개념들은 환경 속에서, 그리고 환경에 대한 기대를 생성한

다. 달리 말하면 각기 다른 상황에서 우리의 커뮤니케이션의 사용은 그러한 상황에서 우리 자신과 타인에 대한 이해와 관련이 있다. 이것은 문화를 학습한다는 것은 그 문화권의 다른 사람들의 행동을 예측할 수 있다는 것을 의미한다는 솔로몬의 요점과 유사하다.

3. **커뮤니케이션은 "행동, 상호 의존, 상호 영향, 의미, 관계 및 상황 요인들"과 관련된 복잡한 상호작용들로 구성된다**(Faules & Alexander, 1978: 23). 여기서 우리는 솔로몬의 세 번째와 네 번째 계율의 커뮤니케이션에 중점을 둔 진술뿐만 아니라 제임스 캐리의 의례적 관점에 대한 표현(5장)을 다시 볼 수 있다. 파울즈와 알렉산더는 우리의 세계와 세계 내 우리의 위치에 대한 이해는 미디어 상징과의 상호작용 및 관련 속에서 우리에 의해 만들어진다는 것을 분명히 상기시키고 있다.

그러나 상징적 상호작용주의와 관련해 좀 더 깊이 들어가기 전에 상징적 상호작용주의와 다음 절에서 논의하게 될 사회구성주의 사이에 존재하는 몇 가지 정의상의 차이를 살펴보아야 한다. 상징적 상호작용주의에서 **기호**sign는 환경 내의 다른 어떤 요소를 재현하기 위해 사용되는 환경 내의 어떤 요소이다. 기호는 자연적 기호와 인위적 기호, 두 가지로 분류될 수 있다. **자연적 기호**natural signs는 자연의 다른 어떤 것(가을이 오는 것)을 재현하기 위한 자연의 어떤 것(잎의 색깔이 변하는 것)이며, **인위적 기호**artificial signs는 사회에서 다른 어떤 것(우호적 인사)을 재현하기 위해 구축된 어떤 것(악수)이다. 인위적 기호는 이 기호를 사용하는 사람들이 기호가 가진 의미에 동의해야만 작동한다. 즉 그들이 '상호작용'할 때 작동한다. 두 명 이상의 사람이 기호의 의미에 동의해야 하며, 나아가 어느 정도 일관된 방식으로 그 기호에 대응하는 것에 동의해야 한다. 곧 살펴보겠지만 사회구성주의에서는 다소 다른 개념으로 기호를 사용한다.

상징적 상호작용주의와 사회구성주의의 또 다른 차이점은 신호와 상징의 구별이다. 상징적 상호작용주의에서 **신호**signals는 교통 신호처럼 예측이 가능한 반응들을 생성하는 인위적 기호들이다. 반면에 **상징**symbols은 깃발과 같이 반응의 확실성이 적고 모호성이 더 높은 인위적 기호들이다. 파울즈와 알렉산더가 설명한 것처럼 "신호는 사회에서 규범적인 행동을 규제하기 위해 사용되고, 상징은 사회에서 커뮤니케이션 행동을 용이하게 하기 위해 사용된

**기호**
상징적 상호작용에서 환경 내의 다른 어떤 요소를 재현하기 위해 사용되는 환경 내의 어떤 요소.

**자연적 기호**
상징적 상호작용에서 자연에서 발생하는 것으로 자연의 다른 어떤 것을 재현함.

**인위적 기호**
상징적 상호작용에서 사회의 다른 어떤 것을 재현하기 위해 구축된 요소.

**신호**
상징적 상호작용에서 매우 예측 가능한 반응들을 생성하는 인위적 기호.

**상징**
상징적 상호작용에서 반응의 확실성이 떨어지는 인위적 기호.

다"(Faules & Alexander, 1978: 36).

## 사회구성주의

문화 중심적이라고 분류되는 거의 모든 이론들의 공통점은 현실에 대한 우리의 경험은 계속 진행 중인 사회적 구성이라고 가정한다는 것이다. 그러한 사회적 구성은 단지 어떤 권력자나 엘리트가 보내거나 전파하는 어떤 것이 아니며, 이에 대해서는 우리도 책임이 있다는 것이다. 그러나 인간 공동체가 사회 세계를 건설한다는 일반적인 동의가 있기는 하지만, 이 세계를 구축하고 유지하는 과정에서 인간 개개인이 가지는 에이전시의 수준에 대해서는 의견이 다르다. 우리는 상징적 상호작용주의자들이 문화와 사회에 상당한 수준의 통제력을 가진 개인의 힘에 대해 강하게 신뢰하는 것을 보았다. 만약 우리 모두가 참여하는 수많은 상황 속에서 매일같이 문화가 형성된다면 문화 혁신과 변화의 잠재력이 클 것이다. 그 외에 다른 것이 없다면, 사람들은 실수를 하고 그것만으로도 혁신으로 이어질 수 있을 것이다.

**사회구성주의**
중요한 사회 제도들을 반대하거나 재구성하는 개인의 힘은 제한적이라고 주장하는 사회 이론의 학파.

사회 이론의 또 다른 학파인 **사회구성주의**social constructionism는 개인이 문화에 대해 얼마나 많은 통제권을 가지고 있는지에 대해 의문을 제기한다. 사회구성주의는 일단 학교, 교회, 기업, 군사 단체와 같은 사회 제도들이 구축되면, 이러한 제도들을 반대하거나 재구성하는 개인의 힘이 제한적이라고 주장한다. 사회구성주의를 지지하는 이들은 이러한 제도들이 일상 문화의 실천을 지배한다고 본다.

사회구성주의자들에 따르면 문화는 우리의 통제를 벗어난 현실을 지배하는 제도들에 의해 전파되기 때문에 사회 제도는 문화에 대해 엄청난 권력을 행사한다. 예를 들면 학생들은 졸업하면 현실 세계에서 직업을 갖게 될 것이라는 말을 흔히 듣는다. 이 주장이 함축하는 바는 대학 생활은 비현실적인 반면, 직업의 세계는 현실적이라는 가정이다. 하지만 이 문맥에서 현실은 무엇을 의미하는가? 대학에서의 일상생활은 환상의 세계가 아니다. 그곳에는 출석할 수업과 치러야 하는 시험이 있다. 그러나 당신은 학생으로서 역할을 어떻게 할 것인지에 대해 상당한 통제권을 가지고 있다. 당신은 무엇을 할지, 언제 그것을 할지를 결정할 자율권을 가지고 있다. 수업에 빠져도 퇴학당할 위험은 없다. 여러 학기에 걸쳐 성적이 매우 낮아도 자퇴 권고를 받지 않을 수도 있다. 반면에 직업의 세계가 현실인 주된 이유는 사람들이 그들의 행동과 그 행동이 초래할 수 있는 결과에 대한 통제력을 훨씬 적게 가지고 있기 때문이다. 비록 일을 관리하는 규칙들이 점점 더 유연해지고 있기는 하지만 대부분의 직업은 여전히 사람들에게 하루의 특정한 시간을 일하도록 요구한다. 그 시간 동안에 직원들은 할당된 모든 일을 해야 한다. 많은 직장이 여전히 위계적으로 구조화되어 있고 맨 위에 있는 소수의 사람들이 다른 사람들이 하는 일을 지시하고 있다. 대학과 달리 직장의 규칙을 조금만 위반하더라도 당신은 해고될 수 있다. 그러므로 이 예에서 현실은 일의 경우 거의 또는 전혀 우리의 의지와 관계없이 구조화되어 있어서 우리의 개인적인 통제를 벗어난다는 것을 의미한다. 당신의 사회 세계를 구조화하는 사회 제도들을 떠올려보자. 당신은 그 제도들의 규칙을 무시하거나 위반할 수 있는가? 교회, 군대, 혹은 가족이라는 구조 안에서 규칙을 위반했을 때 어떤 결과가 따르는가?

미디어의 역할에 대한 사회구성주의의 관점은 대중사회 이론과 제한 효과의 개념들과는 극명하게 대조된다. 대중사회 이론은 선동가가 지배하는 악몽 같은 현실에서 사는 거대한 대중을 상상했다. 제한 효과 연구는 지배적인 정보원으로부터 수동적인 수용자에게로 아이디어, 태도, 정보가 효과적으로 전달된다는 것에 초점을 맞추었다. 사회구성주의가 매스 커뮤니케이션에 적용될 때, 그것은 상징적 상호작용주의의 가정과 유사한 가정을 취한다. 즉 수용자가 능동적이라고 가정한다. 수용자들은 그저 정보를 수동적으로 받아들여 정신적 저장소에 저장하는 것이 아니다. 이 정보를 능동적으로 처리하고, 그것을 재구성하며, 문화적으로 정의된 요구에 부합하는 정보만을 저장한다. 수용자들은 심지어 이러한 활동이 이미 알고 있는 것을 보강하는 데 주로 도움이 될 때조차도 적극적이다. 즉 그들은 미디어에 의해 전달되는 사회의 관점을 더 신뢰하고 이러한 관점에 따라 행동하게 된다. 그러므로 미디어는 사회 제도가 우리에게 문화를 전달하는 중요한 방법이 될 수 있다. 그리고 미디어는 우리에게 어떤 사회적 역할과 개인적 정체성이 적절한지 알려준다.

수용자들은 그들의 환경과 그 안에 있는 사물을 이해하기 위해 미디어의 상징을 사용한다. 그러나 그러한 정의는 다른 사람들이 공유하지 않는 한, 즉 상징들이 다른 사람들에게도 같은 방식으로 사물을 정의하지 않는 한 거의 가치가 없다. 예를 들어 렉서스는 포르쉐만큼 비싸고 동일한 기능을 한다. 말하자면 사람들을 이곳저곳으로 실어나르는 자동차이다. 그러나 두 차(그리고 이 차를 타는 사람)를 둘러싼 '현실reality'은 상당히 다르다. 게다가 사람들이 이 두 차의 운전자들을 대하는 방식도 다양하다. 왜냐하면 사람으로서의 진정한 차이가 있기 때문이 아니라 각각의 차에 부여된 '현실'이 그 차의 운전자를 정의하는 데 사용되기 때문이다(Baran & Blasko, 1984). 이에 대해서는 나중에 더 논할 것이다. 현재로서는 이 차들을 둘러싼 '현실'을 통제할 수 있는 개인으로서의 당신의 능력이 제한적이라는 것에 주목할 필요가 있다. 그러나 만약 차를 구매할 경제적 여유가 있다면, 당신은 그것을 둘러싼 '현실'에 참여할지 선택할 수 있다.

사회학 연구를 취미로 삼았던 은행가인 알프레드 슈츠Alfred Schutz는 일찍이 사회구성주의의 핵심 아이디어에 대해 체계적으로 논했다(Schutz, 1967, 1970). 많은 의미 구성 이론가들과 마찬가지로 슈츠는 일상생활의 미스터리로 여겨지는 것들에 매료되었다. 예를 들어 은행가로서 슈츠는 앞면과 뒷면에 숫자가 인쇄된 종잇조각일 뿐인 돈이 그 돈에 적힌 숫자만큼의 가치를 가지고 있다고 사람들이 일상적으로 받아들이는 그 마음에 우리 경제가 기초하고 있다는 것을 알고 있었다. 일상의 미스터리는 돈뿐만이 아니다. 슈츠는 일상의 행동을 구조화하고 조정하기 위해 우리가 주변의 세상을 어떻게 이해하는지에 관해 폭넓게 알고자 했다. 그는 "일을 하고 있다는 것을 깨닫지 못할 정도로 어떻게 그렇게 쉽게 우리는 이 일을 할 수 있는가?"라는 질문을 던졌다.

사회 질서의 기원과 유지에 관한 수수께끼에 답하기 위해 슈츠는 유럽에서 발전된 사회 이론인 현상학phenomenology으로 눈을 돌렸다. 현상학적 개념을 바탕으로 그는 우리가 일상적으로 하는 일들을 당연한 것으로 여기는 우리의 상식을 차단하거나 치워놓고 일상생활이 실제로는 생각보다 훨씬 더 복잡하다는 점을 인식할 것을 요구했다. 슈츠는 우리가 거의 노력이나 생각 없이 우리의 삶을 영위하는데 이는 사회적 지식을 개발했기 때문이라고 주장했다. 슈츠에 따르면, 우리는 주변에서 일어나는 일을 신속하게 이해하기 위해 사회적 지식을 사용하고 이 지식을 이용해 우리의 행동을 구조화한다. 돈을 사용하는 방법에 대한 우리의 지식과 돈에 대한 태도와 느낌은 이러한 사회적 지식 자산의 일부분에 불과하다. 우리가 평상시에는 사회적 지식을 의식하지 못한다는 사실을 아는 것이 중요하다. 어떻게 또는 왜 광범위한 일상의 행

**현상학**
물리적·사회적 세계에 대한 개인의 경험에 초점을 맞춘 유럽 철학자들이 개발한 이론.

동에 참여하고 있는지에 대해 질문을 받을 때 우리는 그 질문들이 당혹스럽고 불합리하다는 것을 알게 된다. 그 질문들에 대한 분명한 답이 없기도 하고, 왜 굳이 귀찮게 그런 것을 물어보겠는가?

슈츠가 이름 붙인 **전형화**typifications는 우리가 가지고 있는 지식의 가장 중요한 형태 중 하나이다. 전형화는 우리가 관찰하는 사물과 행동을 신속하게 분류할 수 있게 하고, 그래서 우리의 반응 행동을 빠르고 일상적으로 구조화할 수 있게 해준다. 그러나 전형화는 어느 정도는 고정 관념처럼 작동한다. 즉 그것은 모호한 상황도 쉽게 해석하도록 해주지만 또한 그 상황에 대한 우리의 경험을 왜곡하거나 편향되게도 한다. 우리가 이전에 배운 전형화는, 그러한 전형화가 사물을 '있는 그대로' 볼 수 있게 해준다고 생각되는 한 계속해서 적용될 수 있다. 우리는 문제가 생기고 우리의 해석이 곤란을 야기할 때조차도 계속해서 전형화를 적용하게 된다.

**전형화**
사람들이 사물과 행동을 신속하게 분류한 뒤 이에 대응해 자신의 행동을 구조화할 수 있게 하는 '정신적 이미지'.

전형화 개념은 미드의 상징 개념, 정보 처리 이론의 스키마 개념과 유사하다. 전형화가 이들과 다른 점은, 이러한 문화 요소들이 사물을 이해하고 우리의 행동을 인도하는 매우 중요한 경우에도 우리의 의식적인 통제를 벗어날 수 있음을 강조한 것이다. 미드는 상징을 직접적인 대면 상호작용에서 생성된 것으로 생각했다. 하지만 그의 가상 야구팀의 역할이 정말 그렇게 유연한가? 아마도 그러한 역할을 슈츠의 전형화로 구성된 것으로 생각하는 편이 나을 것이다. 리틀 리그의 팀은 많은 혁신을 용인할 수도 있다. 그러나 '실제' 팀이 '실제로' 경기하고 있을 때, 준비 운동이나 벤치에서의 수다처럼 외관상 사소한 것들을 포함해 선수들의 행동은 특정 규칙에 밀접하게 부합할 것이다. 타석에서 특이한 자세를 취하거나 배트를 비정상적인 방식으로 휘두르는 타자들은 면밀하게 관찰되고 그들은 행동을 바꾸어야 한다는 말을 들을 것이다.

전형화는 직접적인 대면 상호작용으로 전달될 수도 있지만, 사회 제도에 의해 전파되며 그러한 제도의 힘과 권위를 보호하고 유지하는 역할을 한다. 만약 많은 사람들이 갑자기 지폐의 가치에 대해 의심한다면 은행은 어떻게 될까? 공항에서 보안 검색을 받는 동안 폭탄이나 무기에 대해 농담하는 사람들에게 무슨 일이 일어날지 생각해보자. 왜냐하면 그들은 보안 검색 절차를 심각하게 받아들이지 않기 때문이다. 만약 비행기를 놓치는 정도의 일만 벌어진다면 그들은 운이 좋은 것이다. 우리가 전형화를 제대로 적용하지 않는다면 우리의 행동은 처벌받을 것이다. 우리는 팀에서 쫓겨날 수도 있고 아니면 결국 잠재적인 테러리스트로 매도당할 수도 있다.

슈츠의 아이디어는 사회학자인 피터 버거Peter Berger와 토마스 루크만Thomas Luckmann의 저서 『현실의 사회적 구성*The Social Construction of Reality*』에서 상세하게 설명되었다. 1966년에 발간된 이 책에는 사실상 매스 커뮤니케이션에 대한 언급이 없다. 그러나 격동의 10년간 극적인 사회적·문화적 변화를 겪으면서 미디어에 대한 관심이 폭발적으로 증가했으며, 매스 커뮤니케이션 이론가들은 이내 버거와 루크만의 **현실의 사회적 구성**social construction of reality 이론이 미디어 이론의 개발에 유용한 가치가 있음을 발견했다.

**현실의 사회적 구성**
사람들 사이에 공유되는 현실 인식에 따라 의미가 지속적으로 구성된다는 이론.

현실이 사회적으로 어떻게 구성되는지 설명하면서, 이 두 사회학자는 우선 "이 세상에서 나의 의미와 그들의 의미 사이에는 지속적인 관련이 있다. 그리고 우리는 [그들의] 현실에 대한 상식을 공유한다"고 가정했다(Berger & Luckmann, 1966: 23). 일반적인 가정용품 하나를 예로 들어보자. 이 사물에 대한 세 가지 상징이 있다.

1. 나이프knife

2. 

3. 

**상징**
현실의 사회적 구성에서 어떤 다른 사물을 재현하는 사물.

현실의 사회적 구성에서 하나의 **상징**symbol은 어떤 다른 사물(우리가 흔히 나이프라고 부르는)을 재현하는 하나의 사물(이 경우 종이 위의 글자나 그림)이다. 다음은 동일한 사물에 대한 세 가지 다른 상징이다.

1. 메서messer

2. 쿠칠로cuchillo

3. 

그러나 당신이 독일어나 스페인어를 모르거나 세 번째 상징을 버터 바르는 나이프의 그림으로 이해하지 못한다면, 이 상징들은 당신에게 의미가 없다. 우리의 의미와 당신의 의미 사이에는 아무런 관련이 없다. 우리는 상징되는 사물의 현실reality에 대해 어떤 상식도 공유하지 않는다.

하지만 그 나이프가 우리 모두가 아는 것을 의미한다고 누가 말하는가? 독일과 멕시코 사람들이 그 물건이 메서나 쿠칠로가 아니라 나이프임을 모르는 것이 뭐가 문제인가? 독일어와 스페인어를 사용하는 국가들에서는 다르겠지만 영어를 사용하는 국가들에서는 나이프가 특히 음식을 자르는 데 사용하는 날카로운 것을 의미한다는 문화적 공감대가 형성되어 있다. 우리 모두가 알고 있는 현실을 부여하는 k-n-i-f-e의 순서의 조합에는 본질적인 진실, 가치 또는 의미가 없다. 우리는 그것에 의미를 부여하고 그 의미를 공유하기 때문에 (최소한 이슈가 가정용품일 때) 사람으로서 역할을 할 수 있다.

그러나 버거와 루크만은 우리가 환경 안에서 사물에 부여하는 또 다른 종류의 의미가 있다는 것을 인식했는데(Berger & Luckmann, 1966: 35), 그것은 객관적이라기보다는 주관적인 것이다. 그들은 이것을 **기호**signs라고 칭했는데, 기호는 "주관적 의미의 지표 역할을 하도록" 명시적으로 설계된 사물이다. 이는 상징적 상호작용에서 상징의 개념과 유사하다. 만약 내일 아침에 잠이 깨어 당신의 침대 머리판에 꽂힌 칼을 발견한다면, 당신은 이것이 일종의 기호임을 쉽게 확신할 것이다. 다시 말해 사람들은 매우 주관적으로 동의된 특정 사물의 재현을 만들어낼 수 있다. 침대 머리판에 꽂혀 있는 칼은 무엇을 의미하는가? 빨간색, 흰색, 파란색의 천 조각들이 꿰매진 것으로, 모두 13개의 빨갛고 흰 줄이 번갈아가며 있고 왼쪽 위편의 파란 바탕 위에 많은 별들이 위치하고 있는 직사각형의 천은 무엇을 의미하는가? 자유? 민주주의? 제국을 의미하는가? 누가 그렇게 말하는가?

**기호**
현실의 사회적 구성에서 주관적 의미의 지표 역할을 하도록 명시적으로 설계된 사물.

상징적 상호작용은 현실의 사회구성주의와 정확히 반대되는 방식으로 기호와 상징을 정의한다는 것을 기억하자. 이런 작은 문제는 제쳐두고서, 사회 질서를 유지할 수 있는 현실을 만들기 위해 사람들은 어떻게 이러한 기호와 상징을 사용하는지 생각해보자. 버거와 루크만은 슈츠의 전형화 개념을 **전형화 스킴**typification schemes 개념으로 발전시켰다(Berger & Luckmann, 1966). 전형화 스킴은 우리가 어떤 현상에 배정하는 의미의 집합체로서 환경, 사물, 사람들과의 상호작용을 재단하는 우리의 사회적 지식 자산으로부터 온다.

**전형화 스킴**
현실의 사회적 구성에서 어떤 현상에 배정된 의미의 집합체로서 환경, 그 안의 사물, 사람들과의 상호작용을 재단하는 사회적 지식 자산으로부터 옴.

### Instant Access

## 사회구성주의Social Constructionism

**장점**

1. 인간 행동의 단순한 자극-반응 개념화를 거부한다.
2. 학습이 이루어지는 사회 환경을 고려한다.
3. 인간 존재의 복잡성을 인정한다.
4. 에이전시로서 사회 제도의 역할을 중시한다.
5. 연구를 위한 많은 방법론 및 접근법에 대한 근거를 제공한다.

**단점**

1. 개인과 공동체의 권력에 대해 거의 인정하지 않는다.
2. 미디어 콘텐츠를 통제하는 엘리트에게 너무 많은 권한을 부여한다.

다시 말해 환경과의 상호작용을 통해 인간으로서 우리는 전형화 스킴을 개발하기 위한 '자연적 배경natural backdrop'을 구축한다. "전형화 스킴은 다른 사람들의 전형화뿐만 아니라…… 모든 종류의 사회적·자연적 사건과 경험의 전형화, 삶의 주요 일상에 필수적이다"(Berger & Luckmann, 1966: 43). 물론 미디어 이론가들과 실무자들, 특히 광고주들과 마케팅 전문가들은 상징과 기호에 대한 문화적 정의에 가장 큰 영향을 미치는 사람이 누구든지 간에, 개인이 다양한 사회적 상호작용의 패턴을 만들기 위해 사용하는 전형화 스킴의 구성에 그들이 가장 큰 영향을 미친다는 사실을 알고 있다. 다시 말해서 사회 제도들은 사회에 가장 큰 영향력을 미치거나 통제력을 발휘한다. 왜냐하면 그 제도들은 보통 전형화 스킴이 만들어지고 사용되는 방식을 지배할 수 있기 때문이다. 예를 들어 왜 어떤 맥주는 다른 맥주보다 더 '세련된' 것인가? 왜 미켈롭이나 하이네켄 대신 그보다 싼 지역 맥주를 손님들에게 대접할 가능성은 적은가? 무엇이 유명 브랜드 상품이나 유명 디자이너의 옷을 일반적인 상품보다 더 좋은 것으로 만드는가?

또는 공항 보안 검색을 예로 들어보자. 우리는 개인으로서 이러한 검색을 받을 때 할 수 있는 일은 몇 가지 없다. 만약 우리가 여행을 자주 한다면 아마도 보안 검색을 더 효율적으로 받을 수 있도록 전략을 짤 것이다. 즉 우리는 오래 기다려야 할 것을 대비해 일찍 공항에 간다. 기다리는 동안 주머니와 가방에서 모든 금속 물체를 꺼내 짐 가방으로 옮긴다. 그리고 쉽게 벗을 수 있는 신발을 신고 쉽게 꺼낼 수 있는 곳에 사진이 부착된 신분증과 비행기 티켓을 넣는다. 우리는 총과 폭탄에 대한 농담을 하면 안 된다는 것을 안다. 그러나 이렇게 모든 준비를 한 후에도 금속 탐지기를 통과할 때 경보가 울릴 수 있다. 그럴 경우 즉시 멈춰서 금속 탐지봉으로 우리 자신을 스캔하도록 허용해야 한다는 것을 알고 있다. 만약 특히 검사가 심한 날에 여행하게 된다면 휴대용 수하물을 열어서 조사받을 수도 있다. 또한 작동이 가능한지 확인하기 위해 우리의 전자 기기를 켜보라는 요구를 받을지도 모른다. 대부분의 다른 상황에서라면 우리는 이런 종류의 취급을 모욕적이고 굴욕적인 것으로 생각할 것이다. 하지만 그것은 비행기 여행의 일상적인 부분일 뿐이다. 현재 우리는 공항 보안 검색에 대처할 수 있도록 하는 전형화 스킴을 배우고 받아들였다.

그렇다면 사회에서 개인들이 행사하는 에이전시의 양에 대해 누구의 주장이 옳은가? 일상적 상호작용을 통해 사물(상징)을 해석하는 중요한 방법이 만들어진다고 주장하는 상징적 상호작용주의자가 옳은가? 아니면 주로 사회를 통제하는 제도들에 의해 전형화가 우리에게 전해진다고 주장하는 사회구성주의자가 옳은가? 이 두 가지 관점 모두 사회의 다른 측면들에 대해 유용한 통찰력을 제공할 수 있을까? 미디어의 역할은 무엇인가? 광고는 사회의 엘리트들이 전형화를 전달하고 강화할 수 있게 한다. 그래서 전형화가 널리 수용되고 적용된다. 그렇다면 광고는 사회의 엘리트들이 가진 강력한 도구인가? 소셜 미디어는 우리가 부여하는 사물의 의미를 쉽게 일상적으로 공유하게 해줌으로써 우리에게 의미 구성(의미 만들기)에 대한 보다 강력한 통제권을 줄 수 있을까? 만약 소셜 미디어가 우리에게 보다 강력한 통제권을 주었다면, 엘리트에 의한 통제를 뒤엎고 더 큰 사회의 사회적 안정성을 약화시킬 수 있을까? 페이스북을 만든 마크 저커버그가 주장하듯이, 소셜 미디어는 우리가 다른 사람들과 새로운 공동체를 형성할 수 있도록 해줄 것인가? "지난 10년 동안 페이스북은 친구와 가족을 연결하는 데 집중해왔습니다. 이제 그 토대를 바탕으로, 우리의 다음 목표는 공동체를 위한 사회적 인프라를 개발하는 것입니다. 즉 우리를 지원해주고 우리를 안전하게 지키며, 정보를 제공하고, 시민 참여를 촉진하고, 모두를 포용하기 위한 인프라를 개발하고자 합니다"(Zuckerberg, 2017, para. 6).

## 프레이밍과 프레임 분석

1980년대에 비판적 문화 연구자들이 수용 분석을 개발하는 동안 미국에서 수용자 연구의 새로운 접근법이 만들어지고 있었다. 그것은 상징적 상호작용과 사회구성주의에 뿌리를 두고 있었다. 앞서 살펴보았듯이 두 이론 모두 우리 자신, 다른 사람들, 그리고 사회에 대해 우리가 형성하고 있는 기대expectation가 사회생활의 중심이라고 주장한다. 여러분은 아마도 이 책을 비롯해 다른 교과서에서 그러한 기대를 언급하는 용어, 즉 고정 관념, 태도, 전형화 스킴, 인종적 편견 및 민족적 편견과 같은 용어를 많이 접했을 것이다. 이 모든 개념들은 우리의 기대가 사회적으로 형성되어 있다고 가정한다. 이 개념들은 기대에 관한 다음과 같은 가정을 공유한다.

1. 기대는 미디어 메시지나 개인의 직접적인 경험에서 얻은 이전의 경험에 기초한다(다시 말하면 우리는 기대를 가지고 태어나는 것은 아니다).
2. 기대는 변화에 대해 상당히 저항할 수 있다. 기대는 쉽게 이용 가능한 사실적 정보와 모순되는 경우에조차 변화에 저항할 수 있다.
3. 기대는 흔히 증오, 공포, 사랑과 같은 강한 감정과 관련되어 있고 또한 그런 감정을 불러일으킬 수 있다.
4. 우리는 보통 기대를 의식적으로 인지하지 못하며, 따라서 우리가 이러한 기대를 바탕으로 미래의 상황에서 어떻게 느끼고 행동할 것인지에 대해 유용한 예측을 할 수 없다.
5. 기대는 의식적인 인식이 없이도 우리의 행동을 인도한다. 특히 강한 감정이 자극되거나, 또는 우리의 주의를 집중시키고 그 상황에서 이용할 수 있는 새로운 정보를 의식적으로 해석하는 우리의 능력을 방해하는 산만함이 있을 때 그런 일이 일어난다.

당신은 이러한 가정에 대해 회의적인가? 당신은 기대를 더 많이 인식하고 의식적으로 조절한다고 생각하는가? 다음 몇 시간 동안 자신의 행동에 주의를 기울여보라. 그리고 새로운 상황에 직면하기 전에 당신은 무엇을 할 것이며 다른 사람들은 어떻게 행동할 것인가를 예측해보자. 당신의 예측은 얼마나 유용했는가? 당신은 당신이 생각했던 그대로 정확히 행동했는가? 당신이 예측했던 것처럼 다른 사람들은 행동했는가? 만약 당신의 예측이 그다지 잘 맞지 않았다면 이는 당신이 그 상황을 이해하고 그러한 상황에서 행동하는 데 어려움이 있었다는 것을 의미하는가? 다른 사람들의 행동이 특이하고 비정상적인 것 같았는가? 비록 우리가 의식적으로 그 상황에 유용한 예측을 못 했을 때조차도 우리는 보통 그 상황을 이해하고 그 상황 속에서 정상적으로 행동하는 데 큰 어려움은 없다.

기대를 개발하고 이용하는 것은 일상생활에서 늘 하는 평범한 일이다. 인간으로서 우리는 환경을 끊임없이 살피고, 이해하고, 이러한 해석에 따라 행동할 수 있는 인지 능력을 가지고 있다. 우리의 행동은 일상화되어 있고 습관적이다. 우리가 이러한 인지 능력을 적절하게 이해할 수 없다는 점이 결코 인지 능력의 작동을 방해하지는 않는다. 그러나 우리 자신만의 의미 구성을 이해하거나 심지어 의식하는 것을 방해한다. 우리는 끊임없이 우리 주변의 세상을 해석한다. 어떤 때에는 우리가 무엇을 하고 있는지 이해하고 있지만 대개는 이해하지 못한다. 일반적으로 우리가 이해하든 못 하든 상관없다. 그러나 자신의 행동에 대해 더 많은 책임을 지고자 하거나 지기를 원한다면, 우리는 관심을 가져야 한다.

사회학자 어빙 고프먼은 루트비히 비트겐슈타인Ludwig Wittgenstein의 언어 철학, 특히 언어 게임에 대한 개념을 토대로 **프레임 분석**frame analysis을 발전시켰다(Goffman, 1974). 프레임 분석은 우리가 일상생활의 상황과 그 상황 속에 있는 사람들을 이해하기 위해 기대를 어떻게 사용하는지 체계적으로 설명해준다. 고프먼은 일상생활에서 이루어지는 상호작용을 예리하게 관찰했다. 그는 우리가 끊임없이 마주치는 복잡한 상황에 어떻게 그렇게 쉽게 대처할 수 있는지 궁금해했다. 그리고 일상의 상황에 대한 통찰력을 얻는 가장 좋은 방법은 우리가 일상생활을 하면서 저지르는 실수에 초점을 맞추는 것이라고 생각했다. 여기에는 우리가 결코 인식하지 못하는 실수들이 포함된다. 예를 들면 예의상 하는 말을 추파를 던지는 것으로 오해하거나 공항에서 빨리 이동하려고 하는 사람을 의심스럽게 보거나 하는 것 등이다. 고프먼은 마술사와 사기꾼이 사람들을 속일 수 있는 방법에 특히 흥미를 가졌다. 마술사

**프레임 분석**
사람들이 일상생활을 이해하기 위해 기대를 어떻게 사용하는지에 대한 고프먼의 아이디어.

가 해야 하는 일은 우리의 주의를 분산시키는 것이다. 그래야 그들은 들키지 않고 묘기를 부릴 수 있다. 사람들은 왜 그렇게 잘 속는 것인가? 어떻게 나이지리아 사람들은 대부분의 사람들에게는 터무니없어 보이는 신용 사기 이메일을 이용해 미국인들에게 수백만 달러를 사기칠 수 있었을까? 슈츠처럼 고프먼도 일상생활이 보이는 것보다 훨씬 더 복잡하며, 우리는 이런 복잡성을 다룰 방법을 가지고 있다고 확신했다(Ytreberg, 2002).

고프먼은 전형화 스킴에 관한 사회구성주의자들의 주장에 동의하기는 했지만 그들의 주장이 너무 단순하다고 생각했다. 그는 우리가 주변 상황들과 행동들, 다른 사람들을 정의하거나 특징짓는 방법을 끊임없이 급진적으로 바꾼다고 주장했다. 우리는 특정 상황이나 다른 개인에게 맞게 스킴scheme을 조정할 수 있다. 우리는 단지 하나의 전형화 스킴을 가지고 있는 것이 아니며 다양한 차원에 걸친 스킴의 전체 집합을 가지고 있다. 그러나 보통은 우리가 언제 이러한 변화를 만들 것인지에 대해 의식적으로 인식하지 못할 것이다. 다시 말해서 세계에 대한 우리의 경험은 끊임없이 (때로는 크게) 변화할 수 있지만 이러한 변화를 알아차리지 못할 수도 있다. 우리는 경계를 횡단했다는 것을 인식하지 않고 경험의 한 영역에서 다른 영역으로 이동할 수 있다. 우리는 사회적 역할, 사물 또는 상황에 대한 제한적이거나 고정된 일련의 기대들에 따라 행동하지 않는다. 그러므로 대부분의 사회구성주의자들이 주장하듯이 우리는 제도적으로 통제된 단순한 지식 자산을 가지고 있는 것이 아니라 오히려 기대를 창안하고 사용하는 대단한 유연성을 가지고 있다. 고프먼은 우리의 현실 경험은 별 어려움 없이 상황과 그 안에 있는 사람들을 이해하면서 일상생활을 해나가는 우리의 능력과 결부된다고 주장했다. 만약 우리가 문제에 직면한다면 우리는 그 문제를 마치 특별한 일이 아닌 것처럼 일상적으로 해결해나갈 수 있는 전략을 가지고 있다.

**프레임**
프레임 분석에서, 주어진 시점의 사회적 상황을 이해하는 데 사용되는 특정한 일련의 기대의 집합.

고프먼은 주어진 시점에서 사회적 상황을 이해하는 데 사용되는 특정한 일련의 기대를 지칭하기 위해 **프레임**frame이라는 용어를 썼다. 프레임은 버거와 루크만의 전형화 스킴과 비슷하지만 몇몇 중요한 측면에서 다르다. 고프먼에 따르면 각각의 프레임은 음계의 음들과 같다. 프레임들은 우리의 가장 진지하고 사회적으로 중요한 행동을 구축하는 것에서부터 장난스럽고 사소한 행동을 구축하는 것까지 연속체로 펼쳐 있다. 비록 근본적인 구조적 연속성이 존재할지라도 음계의 음처럼 각각은 서로 다르다. 사회적 행동의 경우에 연속성은 장난스러운 행동에 대한 프레임들을 우선 배움으로써 진지한 행동을 프레이밍하는 방식을 배울 수 있는 것과 같다. 음계와 비유하면, 복잡한 악보를 연주하기 위한 준비로 우리는 우선 좁은 범위의 음계를 사용해 단순한 곡조를 연주하는 것을 배우는 것이다. 이와 유사하게 많은 게임과 스포츠는 좀 더 진지한 유형의 행동을 하기 위한 준비에 도움이 될 수 있다. 우리는 리틀리그에서 야구를 배울 수 있고, 그런 다음 좀 더 진지한 게임—보다 중요한 문제들의 성패가 달려 있는 삶이라는 실제 게임—을 할 때 이를 응용할 수 있다. 만약 우리가 큰 게임의 압박 속에서도 잘해나갈 수 있다면 실제 삶의 여러 상황들에서 요구되는 일들도 잘 해결할 수 있을 것이다. 고프먼은 우리가 처음에는 개구리와 나비를 쫓아다니며 놀다가 이러한 기술을 좀 더 진지한 상황으로 연결할 수 있도록 변신하는 동물의 새끼와 같다고 주장했다.

한 프레임에서 다른 프레임으로 이동할 때 우리는 **다운시프트**downshift 또는 **업시프트**upshift한다. 우리는 상황을 재프레임reframe해서 다소 심각한 상황을 경험한다. 어릴 때 친구와 장난으로 싸우는 척했는데 누군가 다쳐서 싸움이 심각해졌을 때를 기억하는가? 갑자기 당신은 더 이상 인정사정 보지 않고 친구에게 가능한 한 많은 고통을 주려고 한다. 즉 당신은 다운시프트한 것이다. 다른 프레임에서 당신은 놀이 중에 배운 많은 싸움 기술을 사용했지만, 지금은 친구를 다치게 하려 한다. 아마 둘 다 지쳤을 때 둘 중 한 명이 농담을 하고 다른 친구에게 자신은 업시프트를 원하며 좀 더 장난스러운 프레임으로 돌아가고 싶다고 암시를 했을 것이다. 공항 보안 검색의 예에서 알람이 울리면 우리의 프레이밍에 빠른 다운시프트가 일어나기 쉽다.

**다운시프트 또는 업시프트**
프레임 분석에서, 진지한 프레임과 덜 진지한 프레임 사이를 왔다 갔다 하는 것.

공항 보안 검색의 예를 다시 생각해보자. 친구들과 함께 여행을 간다고 가정해보라. 오늘은 좋은 날이고 즐거운 시간을 보내고 있어서 우리는 보안 검색을 심각하게 받아들이지 않거나 또는 조심해야 할 필요가 있다는 것을 잊는다. 따라서 보안 검색에 진지하게 임할 때 보통 하는 몇 가지 일을 잊어버린다. 그런데 그때 경보음이 울린다. 갑자기 사태가 심각해진다. 우리는 빠르게 사태를 재조정해야 하는데, 꽤 쉽게 재조정한다. 우리의 미소는 사라진다. 그리고 똑바로 서서 보안 요원을 예의주시한다. 우리는 신발을 벗거나 주머니에서 열쇠를 꺼내는 것을 잊는 등 어리석은 실수를 했다고 자신을 탓할 가능성이 있다. 고프먼에 따르면, 우리는 상황을 장난스럽게 프레이밍하는 것에서 진지한 프레임을 도입하는 것으로 옮겨간 것이다.

만약 상징적 상호작용주의자들이 옳고 우리의 의미 구성 능력이 훌륭하고 혁신적이며 융통성이 있다면, 왜 일상생활에 어떤 패턴이나 질서가 있는 것인가? 어떻게 하면 우리는 우리의 행동을 다른 사람들의 행동에 맞춰 조정하고 질서와 의미가 있는 일상생활을 경험할 수 있는가? 사회구성주의자들이 믿는 것처럼 우리는 어떻게 사회 제도가 정한 경계 내에서 삶에 맞게 우리 자신을 일상적으로 조정할 수 있는가? 고프먼은 인생이 연극 공연처럼 작동한다고 주장했다. 우리는 배우들이 장면에서 장면으로 이동하는 것과 거의 같은 방식으로 사회의 한 영역에서 다른 영역으로 옮겨간다. 장면들이 바뀌고, 장면들이 바뀌는 것처럼 우리는 그것들을 이해하는 방식을 급진적으로 바꿀 수 있다. 장면이 바뀔 때 우리는 새로운 일련의 기대를 찾아서 적용한다. 문제가 있는 보안 검색의 예처럼, 때때로 우리는 적절하게 변화하지 못하고 그래서 우리 주변 사람들에 의해 변화하도록 강요당하기도 한다.

프레이밍은 기대를 변화시키는 데 개입한다. 하지만 언제 변화가 일어나는지 우리와 우리 주변 사람들은 어떻게 알 수 있는가? 변화가 너무나 매끄럽게 이루어져서 그것이 발생했다는 것을 알아차리지 못할 때, 한 장면이 언제 끝나는지 또 다른 장면이 언제 시작되는지 어떻게 알며 우리는 어떻게 함께 행동하는가? 고프먼에 따르면, 우리는 변화가 있을 때 신호를 보내는 사회적 단서social cues를 감지하기 위해 항상 사회 환경을 감시하고 있다. 우리는 보통 이런 단서들을 이용하는 데 매우 능숙하다. 예를 들어 우리가 극장에서 연극을 볼 때 장면의 변화가 언제 일어나는지 알기 위해 많은 관습적인 단서들에 의존한다. 가장 오래되고 분명한 단서 중 하나는 커튼이다. 커튼은 장면이 시작될 때 올라가고 장면이 끝날 때 내려온다. 다른 단서는 감지하기 더 힘들다. 조명과 음악 템포가 바뀌는 것은 흔히 변화를 의미한다. 조명이 희미해지고 불길한 음악이 나오면 우리는 그것이 안 좋은 일이 일어날 조짐이라는 것을 안다. 영화도 이와 유사한 관습을 많이 이용한다. 고프먼은 우리가 일상생활을 이해하기 위해서 연극이나 영화를 이해하려고 사용하는 것과 동일한 인지 능력을 사용한다고 믿었다. 그의 이론에 따르면 우리는 일상적인 상호작용을 통해 사회적 단서를 습득할 수 있고, 또 이러한 단서들이 어떻게 미디어 콘텐츠에 사용되는지를 관찰함으로써도 습득할 수 있다.

**사회적 단서**
프레임 분석에서, 행동의 변화나 이동을 알리는 환경 속의 정보.

다시 공항의 예로 돌아가보자. 보안 검색 요원들이 일상복이나 수영복을 입고 있으면 어떻게 될까? 만약 그들이 스캐너에서 나는 경보음을 아무렇지도 않게 무시한다면? 만약 그들이 기기를 주의 깊게 모니터하는 대신에 서로 농담이나 하고 있다면 어떨까? 우리는 이런 그들을 심각하게 받아들일 것인가 아니면 이 상황을 장난스럽게 프레이밍할 것인가? 사회적 단서는 우리가 우리 자신의 행동을 구조화하는 방법에 큰 차이를 만들 수 있는데, 특히 우리가 하고 있는 일에 주의를 기울이지 않을 때 큰 차이를 만든다.

그렇다면 미디어는 이 이론과 어떤 관련이 있는가? 고프먼은 미디어가 프레임의 개발과 사용에 영향을 미칠 수 있는 방식에 대해 몇 가지 발견적 탐구를 했는데, 그의 책 『담화의 형태*Forms of Talk*』(1981)와 『젠더 광고*Gender Advertisements*』(1979)에 실린 글 「라디오 토크Radio Talk」에서 확인할 수 있다. 후자의 책에서 그는 광고가 여성에 대한 우리의 인식에 미칠 수 있는 영향에 관해 통찰력 있는 논거를 제시했다. 고프먼에 따르면, 광고는 사회적 행동의 **초의례화된 재현**hyperritualized representations이다(Ytreberg, 2002). 광고에서는 가장 의미 있는 동작만을 강조하기 위해서 편집을 하게 된다. 남성의 관심을 끌기 위해 여성의 성적 매력을 이용하는 광고는 의도하지 않았으나 중대한 결과를 초래할 수 있는 사회적 단서를 우연히 가르치거나 강화할 수 있다. 고프먼은 많은 광고에서 어떻게 여성이 남성보다 덜 진지하고 더 장난스럽게 묘사되는지를 보여주었다. 여성은 미소를 짓고 진지하지 못한 자세를 취하고 장난스러운 옷을 입고, 다양한 방법으로 남성에게 경의를 표하며 기꺼이 남성의 시선을 사로잡으려는 의도를 내비친다. 남성들은 성적 접근에 취약하며 그러한 성적 접근에 대한 욕망을 가지고 있기도 하므로 이러한 광고들이 남성의 관심을 끌고, 제품 포지셔닝에 이용되는 것은 당연하다. 그러나 여성주의 이론가들은 여성에 대한 이러한 재현이 곤란한 결과를 야기하는 사회적 단서를 가르치거나 강화할 수 있다고 주장한다(Walters, 1995). 최근 소녀 및 여성 대상의 인기 잡지를 대상으로 한 콘텐츠 분석에 따르면, 이들 매체는 사회적 단서를 통해 소녀들을 '성인화adultified'하고, 여성들을 '청소년화youthified'하는 방식으로 체계적으로 왜곡하고 있는 것으로 나타났다(Speno & Aubrey, 2018). 당신은 스스로에게 이렇게 물어볼 수 있을 것이다. "무엇을 위한 왜곡인가?"

**초의례화된 재현**
가장 의미 있는 동작만을 강조하기 위해 만들어진 미디어 콘텐츠.

우리는 이러한 광고들로부터 제품의 의미 그 이상의 것을 습득할 수 있다. 또한 매우 많은 사회적 단서들을 습득할 수 있다. 어떤 단서들은 노골적이지만 다른 단서들은 매우 교묘하다. 일단 학습되면 이러한 단서들은 일상생활에서 동성이나 이성의 구성원들을 이해하기 위해 사용될 수 있다. 또한 그들에게, 그들의 행동에, 그리고 우리가 그들을 만나는 상황에 프레임을 도입하기 위해서도 사용될 수 있다. 혹은 이 광고들이 우리가 일상생활에서 이미 습득한 단서들을 단순히 강화해줄 수도 있다. 그러나 광고 속의 단서들이 계속 반복되면서 우리는 그 단서들에 더 큰 중요성과 우선순위를 부여하게 된다. 예를 들어 광고의 노출은 여성에 대한 장난스러운 단서들에 과민하게 반응할 수 있도록 남성을 준비시킨다. 또한 여성이 기대하거나 의도하지 않는 방식으로 남성이 업시프트를 일으킬 가능성을 높인다. 여성이 그러한 단서들을 내보이는 것을 피하기 어려울 정도로 남성은 이런 단서들의 방대한 레퍼토리를 배운다. 남성은 여성이 별다른 의도 없이 한 행동을 일상적으로 잘못 해석할 수 있다. 광고는 여성이 그들의 행동에 대해 진지한 프레임을 유지하는 것을 어렵게 만들 수 있다. 만약 그들이 미소를 짓거나 특정한 방식으로 팔꿈치를 구부리거나 머리를 잠깐 숙인다면, 이러한 행동에 특별한 의도가 없었음에도 불구하고 남성은 이를 어떤 단서로 인식할 수 있다. 대부분의 광고에는 매력적인 여성이 등장하기 때문에 육체적으로 더 매력적인 여성일수록 이런 문제가 발생할 확률은 더 높아진다.

고프먼의 이론은 미디어가 어떻게 지배적인 대중문화를 정교하게 만들고 공고히 할 수 있는지를 평가하는 흥미로운 방법을 제공한다. 광고주들은 성 역할에 대한 고정 관념을 만들어내지 않았지만, 고프먼의 주장에 따르면 그들은 여성이 공개적으로 묘사되는 방식을 동질화했다. 여기에는 초의례화의 위험이 있다. 고프먼은 여성들이 개인 사진에 재현되는 다양한 방식과 광고에서 묘사되는 표준화된(초의례화된) 방식을 대조했다. 마케팅 전문가들은 잘 노는 성적 파트너가 되고자 하는 의향을 명시적으로 또는 암시적으로 드러내는 여성과 제품을 연결하기 위해 관행적으로 강력한 시각적 이미지를 사용한다. 이러한 광고들에는 교묘한 메시지와 그다지 교묘하지 않은 메시지가 많이 내포되어 있다. "제품을 소비하고 여자를 가져라"라는 말은 지배적인 메시지 중 하나이다. 또 다른 메시지는 신체적으로 매력적인 여성이 성적으로 적극적이고 노는 걸 추구한다는 것이다. 광고는 단서를 가르치고 보강한다. 또한 정기적으로 우리로 하여금 상황을 한 방향으로 프레이밍하도록 준비시킨다. 우리들 각자가 광고에서 얻는 구체적인 메시지들은 매우 다를 수 있지만 그 메시지들의 장기적인 결과는 유사하다. 바로 여성에 대한 지배적 신화가 다시 이야기되고 강화된다는 것이다.

이 장에서 검토했던 다른 이론들과 비교해볼 때 고프먼의 이론은 가장 개방적이고 유연하다. 고프먼은 사회생활이 끊임없이 진화하고 변화하는 현상이라고 확신했으나, 우리는 여전히 사회생활을 상당히 연속성을 갖는 것으로 경험한다. 비록 순간순간 우리의 경험을 끊임없이 재프레이밍할 능력이 있지만, 우리 대부분은 우리의 경험이 매우 일관되고 일상적인 것이라는 인상을 갖는다. 고프먼에 따르면, 우리는 우리가 경험하는 **일차적 또는 지배적 현실**primary, or dominant, reality에서 우리 자신이 살아가도록 함으로써 이런 인상을 유지한다. 일차적 또는 지배적 현실이란 사람과 사건이 관습적이고 널리 수용되는 어떤 일정한 규칙을 따르는 현실 세계이다. 이 세계가 너무나 설득력 있고 바람직해서 우리는 끊임없이 우리의 경험을 재작업하고 그 결점을 보완하고 있으며, 언제 규칙 위반이 일어나는지 알아차리지 못한다. 이러한 현실 인식을 사회구성주의자가 제시하는 현실 개념과 비교해보자. 당신은 현실을 어떻게 경험하는가? 그것을 유용한 질서를 제공하는 것으로 받아들이는가, 아니면 사회 제도가 설정하고 강제하는 경직된 규칙들의 집합으로 느끼는가?

**일차적 또는 지배적 현실**
프레임 분석에서, 사람과 사건이 관습적이고 널리 수용되는 어떤 일정한 규칙을 따르는 현실 세계(흔히 지배적 현실이라고도 함).

고프먼은 우리가 경험의 연속성을 유지하기 위해 너무 열심히 노력하는 탓에 프레이밍을 할 때 불가피하게 많은 실수를 저지른다고 주장했다. 우리는 우리가 내면화시킨 규칙에 따라 그곳에 없는, 그러나 마땅히 있어야 하는 것을 문자 그대로 보고 듣는다. 예를 들어 오늘날 대부분의 미국 대학들은 데이트 강간 문제에 직면하고 있다. 궁극적으로 이러한 사건들 대부분의 기본 이슈는 무엇인가? 고프먼은 남성과 여성이 그 상황(데이트)을 프레이밍하려고 하기 때문에 그 이슈는 그들 사이에 업시프트와 다운시프트의 문제와 관련이 있다고 대답할지 모른다. 알코올 소비는 흔히 데이트 강간과 관련이 있는데, 사회적 단서를 잘못 읽거나 무시할 가능성을 높인다. 대학가에서 더 흔하게 일어나는 문제인 폭음에 대해 생각해보자. 대부분의 학생들은 술을 진지하게 받아들이지 않는다. 그들은 음주를 본질적으로 재미를 추구하는 활동으로 프레이밍하는 것을 배웠다. 광고는 관련된 사회적 단서와 함께 이 프레임을 지속적으로 강화한다. 과음으로 인한 원치 않는 결과는 광고에 전혀 나오지 않는다. 이러한 결과가 금주 광고에 묘사될 때, 학생들은 이러한 광고를 심각하게 받아들이기 어렵다.

고프먼의 관점에서 볼 때 일차적 현실은 우리 존재의 시금석이다. 즉 말 그

**Instant Access**

### 프레임 분석Frame Analysis

**장점**

1. 매스 커뮤니케이션 과정에서 개인에게 주목한다.
2. 미시적 차원의 이론이지만 거시적 차원의 문제에도 쉽게 적용할 수 있다.
3. 매우 유연하고 개방적이다.
4. 인지심리학에서의 최근 연구 결과와 일치한다.

**단점**

1. 지나치게 유연하고 개방적이다(특수성이 부족하다).
2. 후기실증주의자들과 비판적 문화 연구자들은 이 이론의 다른 버전을 가지고 있다.
3. 인과 관계에 대한 설명은 프레이밍 효과에 한정했을 때만 가능하다.
4. 개인이 프레이밍 실수를 자주 한다고 가정하고 개인의 능력에 의문을 제기한다.

대로 실제 세계이다. 우리는 오락이나 환상의 세계처럼, 분명하게 경계가 정해진 대안적 현실로 끊임없이 도피를 한다. 사회적으로 허용되는 이러한 도피를 통해 우리가 장기적인 결과를 알고 있는 드라마의 무대 중앙에 서는 압박감에서 벗어날 수 있는 것이다. 중요한 에세이 시험에서 교사에 대한 농담을 써놓고 높은 점수를 받을 것이라고 기대하는 학생은 많지 않을 것이다. 그러나 데이트 강간의 예시가 보여준 것처럼 우리가 재미를 추구하는 현실에서 프레이밍 실수를 하면 그 결과는 우리의 현실 세계를 황폐하게 할 수 있다.

## 프레임과 프레이밍 이론의 발전

고프먼에 의해 발전된 프레임 분석 이론은 사람들이 어떤 방식으로 자신이 속한 세계를 일상적으로 이해하게 되는가에 초점을 맞춘 미시적 이론이다. 1960년대와 1970년대 고프먼의 연구 이후 프레이밍 이론은 계속해서 관심을 받으며 널리 수용되었다. 프레이밍 이론이 적용된 중요 부분 중 하나는 처음에 뉴스가 어떻게 기자에 의해 프레임되고, 그 다음에 뉴스 사용자에 의해 프레임되는가이다. 다른 학자들은 고프먼의 아이디어를 확장해 다음의 사항들을 고려하는 하나의 개념 체계를 만들었다. (1) 프레이밍이 일어나는 사회적·정치적 맥락, (2) 기자들이 뉴스 스토리를 만들기 위해서 모호한 사건들에 대해 프레임을 개발하고 도입하는 방식, (3) 뉴스 독자들이 뉴스를 이해하기 위해 프레임을 배우고 적용하는 방식, (4) 뉴스 미디어 프레임의 장기적인 사회적·정치적 결과. 프레이밍 이론은 전통 미디어의 오락 콘텐츠와 사용자가 생성한 SNS 콘텐츠 둘 다를 포함해 모든 형태의 미디어 콘텐츠에 적용될 수 있지만 대부분의 프레이밍 연구는 뉴스에 초점을 맞추고 있다.

높아지는 프레이밍 이론의 인기는 이 이론의 다른 버전들의 발전을 가져왔다. 비판적 문화 연구자들은 후기실증주의 연구자들과 근본적으로 다른 형태의 프레이밍 이론을 개발했다. 후기실증주의 연구자들은 수용자나 독자에 대한 프레임의 특정 효과를 확인하고 측정하는 데 초점을 맞춰왔다. 그들은 뉴스 스토리에서 자주 발견되는 '일반적인generic' 프레임을 확인했는데, 이 프레임은 근본적으로 뉴스 시청자들이 사건을 보는 방식을 변화시킨다. 여기에는 갈등 또는 경쟁 프레임, 경마 프레임, 전략 프레임, 경제 프레임, 도덕 프레임, 주제 프레임, 에피소드 프레임이 포함된다. 비판적 문화 연구자들은 엘리트의 프레이밍 지배, 사회 운동이 그 목표에 다가가기 위해 프레임을 사용하는 방식, 사회에 대한 대중의 이해가 어떻게 미디어로부터 배운 프레임에 의해 형성되는지에 초점을 맞추었다. 여기에서는 두 가지 유형의 프레이밍 이론에 대해 설명할 것이며, 각각의 강점과 한계를 고려할 것이다. 일반적으로 후기실증주의 학자들과 비판적 문화 학자들은 각각 접근 방식은 매우 다르지만 양립할 수 있는 결과를 찾아냈다. 보다 포괄적인 조사 결과를 도출하기 위해 두 접근법을 모두 사용하는 연구 프로젝트가 개발되고 있다(de Vreese, 2012).

저널리즘에 적용되는 프레이밍 연구의 초기 사례는 두 사회학자 토드 기틀린과 게이 터크만의 연구에서 찾아볼 수 있다(Gitlin, 1980; Tuchman, 1978). 그들의 연구는 자주 인용되고 있으며, 고프먼의 초기 아이디어를 확장하는 데 중요한 역할을 했다. 터크만과 기틀린은 프레이밍에 대한 엘리트의 지배와 기자들이 어떻게 사건의 프레임을 만드는지에 관심을 가진 비판적 문화 학자들이다. 기틀린은 1960년대 후반 정치적으로 급진적인 사회 운동에 대한 뉴스 보도에 초점을 맞추었다. 그는 이러한 운동에 대한 미디어의 프레이밍은 운동원들의 품격을 떨어뜨리고 그들의 활동을 비난했으며 그들의 생각을 무시했다고 주장했다. 이러한 재현은 사회 운동의 목표를 달성하는 것을 불가능하게 만들었다. 터크만은 관행적인 뉴스 생산 작업과 사건 보도의 특정 전략에 내재된 심각한 한계에 초점을 맞추었다. 이러한 관행의 목적은 객관적인 뉴스를 보도하는 것이다. 그러나 그 결과로 나타난 것은 사건들이 관행적으로 프레이밍된 뉴스 스토리이다. 관행적 프레임에 맞춰진 뉴스는 사건의 모호함을 없애고 그 대신에 사회적으로 수용되고 기대되는 방식으로 세상을 보게 한다. 기틀린과 터크만 모두 뉴스가 주로 현 상황을 지속시키고 사회 운동을 약화시키는 역할을 한다고 결론지었다.

가장 생산적이고 창의적인 현대 프레이밍 연구자들 중 한 명은 윌리엄 갬슨 William Gamson이다(Gamson, 1989; Gamson et al., 1992). 그는 다수의 책과 논문을 집필했고, 그의 글들은 프레이밍 이론과 사회에서 뉴스의 영향력에 관한 현재 관점을 형성하는 데 도움을 주었다. 갬슨은 많은 사회적 이슈와 사건들을 프레이밍하는 일은 경쟁이 치열하다고 주장했다. 공적 담론의 경우 사회를 보는 특정한 방법을 진전시키는 데 관심이 있는 개인과 단체들이 적극적으로 나서서 프레임을 만들어내는 일이 점점 많아지고 있다. 갬슨은 특히 원자력 및 지구 온난화 영역에서 그들의 이념적 가치와 일치하는 프레임을 홍보하는 사회 운동의 성공과 실패를 추적했다(Gamson & Modigliani, 1989). 보다 현대적인 예시는 미국의 건강 보험에 관한 논쟁 중심에 위치한 프레임 경쟁에서 찾아볼 수 있다. 대부분의 선진국이 사용하는 공공 보험 시스템과 유사한 보편적·공공적 보험 체계를 추진하는 활동가들은 "공적 재정에 기반한 건강 보험publicly financed health care"이라는 용어를 사용해 제안을 설명한다. 반면, 영리 목적의 보험 업계는 이를 "정부 운영 건강 보험government-run system"으로 반대하는데, 대부분의 언론 매체는 이 프레이밍을 채택하고 있다. 만약 이 논쟁이 "공적 재정 건강 보험"과 "기업 운영 건강 보험corporate-run health care"이라는 방식으로 프레이밍된다면 논의는 어떻게 달라질 수 있을까? 국가 경제사회권리 이니셔티브National Economic and Social Rights Initiative의 프레이밍 연구자들은 다음과 같이 말한다. "정부 대 민간 보험이라는 대조를 말하는 대신, '정부 운영'과 '기업 운영'이라는 보다 언어적으로 대칭적인 표현을 사용할 경우, 매체와 여론 조사 기관들은 공공 보험에 대한 정부의 통제를 명시적으로 상기시키는 동시에 민간 보험 회사는 보이지 않게 만든다"(National Economic and Social Rights Initiative, 2019, para. 4).

갬슨은 사회 변화를 가져오는 사회 운동가들의 힘에 관심을 가졌다. 그는 사회 제도와 그러한 제도를 이끄는 엘리트들이 그들의 이익을 위한 프레임을 전파함으로써 사회를 지배할 수 있다는 사회구성주의 학자들과 견해를 같이 한다. 그러나 그는 개인은 이러한 프레임에 저항할 힘을 가지고 있지 않지만 사회 운동은 사회 질서에 중요한 변화를 가져올 수 있는 대안적인 프레임을 만들고 촉진시킬 수 있는 힘을 가지고 있다고 주장한다. 이런 일이 이루어지려면 사회 운동가들은 주장하고자 하는 바를 표현할 수 있는 설득력 있는 프레임을 개발해야 하고, 또한 기자들을 설득해서 이 프레임을 효과적이고 체계적으로 보여주는 뉴스 스토리를 만들어야 한다. 그래야 그 프레임들이 더 많은 수용자들에게 전달되고, 더 많은 사람들이 사회를 운동가들이 보는 것처럼 보기 시작할 것이다. 만약 충분히 많은 사람들이 그들의 관점을 바꾼다면 대중의 압력이 커지고 사회 제도의 지도자들도 변할 것이다. 그럼에도 불구하고 갬슨은 문화적·정치적 엘리트들이 여전히 우위를 점한다는 것을 인정한다. "그들의 생각과 언어가 더 광범위한 정치적 문화와 공명하므로 어떤 프레임들은 자연히 유리한 점을 가지고 있기 때문이다. 공명은 프레임이 자연스럽고 친숙하게 보이도록 함으로써 프레임의 호소력을 증가시킨다. 더 큰 문화적 주제에 반응하는 사람들은 같은 반향을 가진 프레임에 더 쉽게 반응한다는 것을 알게 될 것이다"(Gamson, 1992: 135). 찰스 롤링Charles Rowling과 그의 동료들은 다음과 같이 설명했다. "결론적으로, 문화적으로 공명하는 메시지들은 프레이밍 계층 구조를 통해 직렬적으로 전달될 가능성이 크다…… 문화적 가치를 찬양하거나 강화함으로써 문화적 가치와 공명하고 이를 활용하는 프레임은 이의를 제기하기 더 어려울 것이다. 반면에 지배적 문화적 가치와 연관되어 있지 않은 프레임은 다른 정치 행위자, 기자, 대중이 논쟁거리로 삼을 가능성이 높을 것이다"(Rowling, Jones, & Sheets, 2011: 1046). 이들은 로버트 엔트먼의 프레이밍의 **연속 단계 활성화 모델**cascading activation model(Entman, 2004)을 근거로 주장했다. 그 모델은 공적 담론에는 '프레이밍 계층 구조framing hierarchy'가 있다고 상정한다. 예를 들면 행정부 관료는 최상위급, 국회의원과 정책 전문가, 전직 정부 관료들은 중간급, 기자는 최하위급 등이다(Rowling, Jones, & Sheets, 2011: 1045). 연속 단계 활성화 모델을 통

**연속 단계 활성화 모델**
강력한 공직자가 최고 수준에 있고 언론이 최저 수준에 있는 공적 담론의 프레이밍 계층 구조를 상정하는 프레이밍에 대한 관점.

해 이 저자들은 엘리트 프레임이 어떻게 기자들의 프레이밍을 지배했고, 따라서 이라크의 아부 그라이브Abu Ghraib 교도소에서 행해진 미군의 포로 고문을 둘러싼 논쟁에 대한 대중의 인식을 어떻게 지배하고, 어떻게 반전 운동가 및 인권 운동가들의 불만을 무색하게 만들었는지를 보여주었다. 로버트 벤퍼드Robert Benford와 데이비드 스노우David Snow는 프레이밍 이론에 기반한 사회 운동에 관한 유용한 연구를 제공했고(Benford & Snow, 2000), 행크 존스턴Hank Johnston과 존 노크스John Noakes도 마찬가지이다(Johnston & Noakes, 2005).

### 뉴스 수용자에 대한 프레임 효과

지난 30여 년 동안 후기실증주의 연구자들은 프레임이 뉴스 수용자들에게 끼치는 영향을 설명하기 위해 효과 연구를 이용해왔다. 가장 일반적인 발견은 어떤 뉴스 보도를 접하게 되면 그 보도를 구조화하는 프레임을 습득하게 된다는 것이다. 보도가 단일 프레임, 특히 엘리트 정보원으로부터 비롯된 프레임에 의해 지배되는 경우 그 프레임을 습득하게 되는 경향이 있다(Ryan, Carragee, & Meinhofer, 2001; Valkenburg & Semetko, 1999). 이 연구는 또한 뉴스 보도가 독자나 시청자들이 뉴스 사건과 사건의 주요 행위자들을 이해하는 방식에 큰 영향을 미칠 수 있다는 것을 보여주었다. 이는 특히 사회 운동과 같이 널리 알려져 있고 지속적으로 행해지는 사건들에 대한 뉴스의 경우에 더 잘 적용된다(McLeod & Detenber, 1999; Nelson & Clawson, 1997; Terkildsen & Schnell, 1997). 일반적으로 뉴스 보도는 현재의 상황을 지지하기 위해 프레이밍되기 때문에 사회 운동에 대해 비우호적인 시각을 취한다. 운동 지도자들의 신뢰성과 동기는 그들을 지나치게 감정적이고 체계적이지 못하며 유치하다고 묘사하는 프레임에 의해 자주 훼손된다. 사회 운동에 의해 조직된 시위는 잠재적인 폭력으로 묘사된다. 따라서 경찰의 행동은 정당화될 수 있다. 6장에서 자신의 평화적 인권 활동에 대한 언론의 보도를 접하고 마틴 루터 킹이 비통해했던 일을 상기해보자. 맥스웰 맥콤스와 살마 가넴은 프레이밍에 대한 또 다른 실증주의적 관점을 제시했는데, 이는 의제 설정 이론(11장)과 연결되어 있다(McCombs & Ghanem, 2001). 그들은 프레임을 속성 의제attribute agendas로 볼 수 있다고 주장했다. 뉴스 미디어가 특정 인물이나 사건에 대해 반복적으로 특정 프레임을 사용할 경우, 우리는 그 인물이나 사건과 특정 속성을 연관 지을 가능성이 커지며, 이는 우리의 속성 의제를 형성하게 된다는 것이다.

후기실증주의와 비판적 문화 프레이밍 연구는 모두 뉴스와 저널리즘이 사회에서 수행하는 역할에 대해 비관적으로 평가한다. 주요 사건에 대한 뉴스를 구조화하는 데 사용되는 프레임은 저널리즘의 전통과 보도국의 규범에 기초해 선택되며, 이 프레임들로 구성된 정보가 뉴스 수용자들에 의해 어떻게 해석되고 사용될지는 거의 고려되지 않는다(Bennett, Lawrence, & Livingston, 2007; Patterson, 1993). 연구를 통해 프레임이 오해의 소지가 있거나 문제가 있다는 것이 알려졌음에도 불구하고 기자들은 계속해서 루틴화된 프레임을 광범위하게 사용하고 있다. 그들은 누가 이기고 있고 누가 지고 있는지에 초점을 맞춰 계속해서 선거 운동의 경마 프레임을 만든다(Aalberg, Strömbäck, & de Vreese, 2012; Gulati, Just, & Crigler, 2004). 그리고 기자들은 후보자들이 상대편보다 우위를 점하기 위해 사용하는 전략에 초점을 맞춘다. 그들은 선거를 주로 갈등이 중심인 경연 대회로 프레이밍한다. 공공 이슈를 프레이밍하는 것에는 관심이 적지만 후보자들의 전술, 성격, 개인 생활을 프레이밍하는 것에는 상당한 관심을 집중한다(Van Aelst, Sheafer, & Stanyer, 2012). 기자들이 이슈들을 보도할 때 흔히 선거전에서 우위를 점하기 위해 사용되는 도구로서만 묘사한다. 이러한 유형의 보도는 정치적 무관심과 냉소주의를 조장하는 것으로 밝혀졌는데, 이는 부분적으로 정치인들을 표를 얻고 반대파를 물리치고 권력을 얻기 위해서는 무슨 일이든 하는 이기주의자로 묘사하기 때문이다(Cappella & Jamieson, 1997). 이러한 연구 결과들은 언론 비평가 브라이언 뷰틀러Brian Beutler로 하여금 "정치 저널리즘에 관한 큰 미해결 질문"을 제기하게 했다. "스스로의 더 나은 판단에 반한다고 주장하면서도 왜 언론인들은 그들의 직업 신뢰도를 훼손하는 방식의 보도 행태로 계속 회귀하는가?"(Brian Beutler, 2019, para. 10). 이는 일상적 저널리즘 관행(6장)과 그로 인해 형성된 프레임이 지닌 힘을 보여준다.

이와 마찬가지로 보건 위기나 개인 안전 및 국가 안보에 대한 위협과 관련된 뉴스 보도는 위협은 과장하고 위험을 최소화할 수 있는 조치에 관한 실천적인 조언은 거의 제공하지 않는 프레임에 의존하는 경향이 있다(Berger, 2001; Mazzarella, 2010). 사실 과학 관련 뉴스는 종종 과학에 대한 대중의 오해로 이어지고 이러한 오해는 널리 퍼진다(Hargreaves & Ferguson, 2000). 전반적으로 많은 이슈에 대한 보도는 과도한 대중의 우려를 불러일으키고, 공무원들과 관청을 믿는 것 외에는 이러한 우려를 완화할 수 있는 방법을 사람들에게 제공하지 않는 경향이 있다. 한편으로 뉴스는 정치인들에 대한 냉소를 조장하고, 다른 한편으로 이 공무원들을 믿는 것 외에는 대안이 없음을 우리에게 알려준다.

### 프레이밍에 대한 후기실증주의와 비판적 문화 접근

프레이밍 연구의 인기가 높아지면서 프레이밍 이론의 모호함, 제한된 범위, 비일관성에 대한 논쟁이 벌어졌다. 일부 학자들은 신중히 구별해야 하는 몇 가지 서로 다른 프레이밍 이론들이 있다고 주장한다(Entman, 1993). 다른 학자들은 상이한 개념들을 하나의 이론으로 통합하기를 원한다(Scheufele, 1999, 2000). 비판적 문화 학자들은 후기실증주의 연구자들이 프레이밍에 대한 엘리트의 지배를 무시한다고 불만을 제기한다(Carragee & Roefs, 2004). 후기실증주의자들은 비판적 문화 연구에 사용된 프레임들이 너무 추상적이어서 객관적이고 체계적인 연구가 불가능하다고 불평한다. 이렇게 프레이밍 이론을 서로 다르게 해석하는 것은 후기실증주의자와 비판적 문화 연구자들이 프레이밍에 대해 근본적으로 다른 관점을 가지고 있기 때문이기도 하다. 후기실증주의자들은 주로 미디어 효과를 이해하고 예측하는 새롭고 잠재적으로 더 유용한 방법으로서 프레이밍 이론에 관심이 있다(Scheufele, 1999, 2000). 그들은 프레이밍 연구를 10장에서 검토한 미디어 인지와 정보 처리 이론(Scheufele & Tewksbury, 2007; Scheufele & Iyengar, 2012)과 밀접하게 관련이 있다고 본다. 그리고 특정 유형의 프레임이 사건 정보가 처리되는 방법에 영향을 미칠 수 있는지, 프레이밍된 콘텐츠에 대한 노출이 특정 효과를 가질 것인지의 여부를 알고자 한다. 후기실증주의자들은 프레임의 기원이나 왜 기자들이 사건을 발표하기 위해 특정 프레임을 선택하는지에 관심이 없다. 또한 프레이밍에 대한 엘리트들의 통제나 프레임의 경쟁 및 협상 방법에 대해서도 관심이 없다. 후기실증주의자들은 특정 프레임의 효과에 초점을 맞춘다. 그들은 효과의 존재를 입증하기 위해 실험과 조사를 통해 양적 연구를 수행한다(Brugman & Burgers, 2018).

비판적 문화 연구자들은 이러한 한정된 연구를 거부한다. 그들은 프레이밍을 지배하기 위한 엘리트들의 노력, 기자들이 생산하는 프레이밍, 대중이 사회를 이해할 때 의거하는 틀로서의 프레이밍 등 프레이밍의 거시적 개념화를 시도했다(Quinsaat, 2014). 비판적 문화 연구자들은 현장 연구, 내용 분석, 심층 인터뷰 또는 초점 집단 연구를 이용해 질적 연구를 수행하면서 프레이밍에 대한 엘리트 지배의 증거를 발견했고 뉴스가 이슈, 정치인, 사건을 프레이밍하는 문제적 방법들을 자료로 입증했다. 그들의 연구 중 일부는 사회의 엘리트들이 사회 운동에 맞서 내세우는 프레이밍 경쟁에 초점을 맞추고 있다(Quinsaat, 2014; Entman, Livingston, & Kim, 2009; Bennett, Lawrence, & Livingston, 2007). 이러한 연구들은 엘리트들이 사회 운동에 비해 어떤 유리한 점을 가지고 있는지 자세히 설명하고 있다.

## 학습 목표 확인

- **상징적 상호작용주의와 프래그머티즘을 설명하고, 이들이 행동주의나 자극-반응 이론과 어떻게 다른지 설명한다. 또한 사회구성주의와 어떻게 다른지도 알아본다.**

프래그머티즘은 지식을 현실 세계에 적응하고 그것을 통제하기 위해 인간이 개발하는 것으로 보는 철학 사조다. 우리는 세상을 살아가며 새로운 실용적 지식을 끊임없이 개발한다. 상징적 상호작용주의는 이러한 실용적 지식의 개념을 공유하며, 그 지식이 어떻게 형성되고 사용되는지를 설명한다. 이 이론은 현실에 대한 우리의 지식이 사회적 구성물이며, 우리가 타인과 상호작용하며 상징을 공유하고 적용하는 법을 배운다고 본다. 일단 학습된 상징은 우리가 경험을 이해하고 행동을 이끄는 데 사용하는 지식 자원이 된다. 행동주의자들은 모든 행동이 환경 자극에 의한 조건화의 결과라고 주장하며, 우리의 경험을 착오적이고 중요하지 않은 것으로 본다. 사회구성주의는 사회 제도가 사람들의 사고와 행동을 규정한다고 주장한다. 제도들이 정립한 사회적 규범과 일상적 루틴이 대부분의 행동을 형성한다는 것이다. 인간이 사회 제도를 구성했지만, 일단 구축되면 그 제도는 사회 세계를 인식하는 방식과 합리적이며 적절한 행동으로 간주되는 것을 지배하게 된다. 반면, 상징적 상호작용주의는 제도의 힘이 제한적이라고 주장한다. 그 힘은 사람들이 일상생활 속에서 상징을 어떻게 배우느냐에 달려 있기 때문이다. 상징 학습 방식이 변화하면 제도도 변화할 수 있다는 것이다.

- **자아 정체성과 사회적 정체성 개념을 설명하고 이러한 정체정이 커뮤니케이션을 통해 어떻게 형성되는지 알아본다.**

상징적 상호작용주의자들은 우리가 타인과의 상호작용을 통해 자아에 대한 이해와 사회적 정체성을 형성한다고 본다. 우리는 우리가 누구인지, 타인이 우리를 어떻게 보는지를 정의하기 위해 사용할 수 있는 상징을 배우며, 이러한 상징은 우리가 사회 속에서 자신의 위치를 정의하는 데도 사용된다.

- **프레이밍 이론을 설명하고, 뉴스 미디어와 그 효과 연구에서 이 이론의 인기가 높아지고 있는 이유를 알아본다.**

프레이밍 이론은 우리의 인식과 경험이 타인과의 상호작용 및 미디어 콘텐츠를 통해 학습한 프레임에 의해 인도되고 형성된다고 주장한다. 일단 프레임을 학습하면, 그것은 상황과 사건을 해석하고 행동하는 방식을 안내한다. 프레임은 우리가 과거 경험과는 상당히 다른 일상적 상황을 비교적 쉽게 통과할 수 있도록 돕는다. 우리는 종종 프레이밍 오류를 범하지만, 사람, 행동, 상황, 사건에 대한 우리의 의미 형성 과정에 도전이 가해지지 않으면 이를 교정하지 않는다. 뉴스 미디어는 사회 세계에서 발생하는 사건들을 해석 가능하게 보도한다. 이를 위해, 사건들은 수용자가 이미 알고 있는 프레임을 사용해 일상적으로 해석할 수 있도록 구성되어야 한다. 잘못 프레이밍된 사건 보도는 오해를 낳게 된다. 연구자들은 프레임을 언론인이 가진 매우 강력한 도구라고 본다. 언론인은 이를 통해 수용자의 의미 형성과 사건 해석을 의도된 방향으로 유도할 수 있다. 미세한 프레임 변화만으로도 수용자의 해석 방식에 중대한 변화가 생길 수 있으며, 시간이 지남에 따라 이는 설득적이고 광범위한 효과를 낳을 수 있다.

- **프레이밍 연구의 주요 결과를 열거하고, 뉴스가 사회에 대한 관점을 형성하게 하는 방식에 있어서 그러한 연구 결과가 어떤 통찰을 제공하는지 논의한다.**

전반적으로, 프레이밍 연구는 뉴스가 일관되게 현 체제를 지지한다는 것을 보여준다. 사회 운동과 같은 변화 세력은 문제적인 방식으로 프레이밍된다. 운동 지도자들은 폄하되고, 운동의 행동은 비이성적으로 묘사되며, 그들의 이념은 무시되거나 왜곡된다. 연속 단계 활성화 모델에 기반한 연구들은 엘리트가 언론인이 사용하는 프레임에 영향을 미쳐 결국 엘리트의 이익에 봉사하도록 만든다는 사실을 밝혀냈다.

### 생각해볼 문제

1. 프레이밍의 힘을 이해했던 최초의 전문가들 중에는 정치인들도 있다. 여러분이 낙태 찬성/반대, 상속세, 세금 경감, 세금과 지출, 사회화된 의료, 오바마케어, 총기 규제, 총기 소지권, 정치적 정당성, 자유 시장, 비대해진 관료 정치와 같은 용어들을 접할 때 어떤 일상적이고 습관적인 의미가 떠오르는가? 모든 용어는 각각을 둘러싼 논의의 의미를 프레이밍하도록 구체적으로 설계되었다. 각 프레임은 무엇을 의미하는가? 어떤 풍부하고 심층적인 의미가 숨겨져 있는가? 이런 표현을 쓰는 사람들의 의도는 무엇인가? 그것은 정직한 민주주의적 담론과 일치하는가? 왜 그런가? 혹은 왜 그렇지 않은가?

2. 광고주들은 제품 포지셔닝을 통해 상징적 상호작용을 광범위하게 이용한다. 여러분에 대한 다른 사람의 의미 구성에 여러분 자신을 '위치 짓기' 위해 특별히 취득한 제품(상징)이 있는가? 예컨대 여러분은 어떤 차를 운전하며 그 이유는 무엇인가? 특정한 향수나 의류 브랜드를 선호하는가? 여러분은 제품의 선택과 함께 어떤 '현실'을 만들어내려고 하는가?

3. 연구자들은 뉴스가 정치를 갈등과 전략이라는 용어로 프레이밍하면 이를 읽는 사람들은 정치에 대해 냉소적이 된다는 것을 발견했다. 여러분은 정치와 정치인을 어떻게 보는가? 정부의 교착 상태나 셧다운, 재선을 위해 특정 방식으로 투표를 하는 정치인에 대해 읽을 때 어떻게 반응하는가? 여러분은 정계에서의 경력을 고려하는가? 공공의 이익을 우선시하는 정치인이 성공할 수 있는가? 최근에 이런 정치인을 언론을 통해 접한 적이 있는가?

# 미디어와 문화 이론:
# 문화의 상품화와 미디어타이제이션

**14장**

**학습 목표**

- 문화의 상품화 개념을 설명하고 상품화가 어떻게 미디어 콘텐츠에서 사회 세계가 표현되는 방식을 체계적으로 변화시키는지에 대해 논한다.
- 광고가 문화를 상품화하고 일상생활을 조직적으로 그릇되게 재현하는 일반적 방식을 알아본다.
- 미디어타이제이션 이론을 설명하고, 이를 프레이밍 이론과 비교한다. 심층 미디어타이제이션이 어떻게 주요 사회 제도를 변화시키고, 우리가 사회 세계를 경험하는 방식에 어떤 변화를 초래할 수 있는지를 설명한다.

## 개요

이 장에서 제시하는 이론들은 미디어가 사회 전체에 대한 잘못된 표현을 조장할 때, 그로 인해 심각하고 대체로 부정적인 결과가 초래된다고 주장한다. 이러한 왜곡은 사회 질서의 기반을 약화시켜 개인, 사회 집단, 사회 제도 모두에게 문제를 일으킨다. 사회과학자들은 오래전부터 인종이나 성차별과 같은 문제들이 이러한 왜곡된 표현에서 비롯되며, 적어도 부분적으로는 그것에 의해 지속된다는 점을 인식해왔다. 앞선 장들에서도 우리는 이러한 왜곡에 주목한 이론들을 살펴보았다. 3장에서는 시카고 학파 이론가들이 언론인들이 이러한 문제 해결에 적극적인 역할을 해야 하며, 그렇게 해야 '위대한 공동체 Great Communities'가 서로 갈등하는 집단으로 무너지지 않고 번영할 수 있다고 결론지은 바 있다. 13장에서는 왜곡이 어떻게, 왜 발생하고 지속되는지를 설명하는 프레이밍 이론을 살펴보았다.

그렇다면 이번 장의 이론들은 무엇이 다를까? 앞서 살펴본 이론들을 넘어서는 점은 무엇일까? 일부 후기실증주의 학자들은 이번 장의 이론들이 단지 대중사회 이론의 복귀일 뿐이라고 주장할 수도 있다. 대중사회 이론의 기본 주장 중 하나는 미디어가 사회 질서를 부패시키는 요인이라는 것이기 때문이다(2장). 이 이론은 미디어가 전통 문화를 약화시키고, 표면적이지만 매우 매력적인 대중문화를 그 자리에 대체해 넣음으로써 사회 질서를 부패시킨다고 보았다. 대중사회 이론가들은 도시화와 기계화를 동반한 자본주의가 문화를 타락시키는 원동력이라고 여겼다. 이번 장의 이론들 역시 미디어를 부패 요인으로 보지만, 그 이유는 대중사회 이론과는 매우 다르다.

이 장에서 처음으로 다룰 이론은 '문화의 상품화 이론'이다. 이 이론은 대중사회 이론에서 비롯된 것으로, 미디어가 조장하는 문화 형태에 초점을 맞춘다. 하지만 대중사회 이론과 달리, 이 이론은 그러한 문화 형태를 탐욕스러운 자본가들의 도구로만 보지는 않는다. 곧 알게 되겠지만, 문화의 상품화는 단순히 수백만 명이 소비할 매력적인 미디어 콘텐츠를 만들어내는 것 이상의 의미를 지닌다. 두 번째로 살펴볼 이론은 '미디어타이제이션 이론'이다. 이 이론은 주로 유럽에서 발전해온 이론으로, 처음에는 독일에서 시작되어 이후 유럽 전역으로 확산되었다. 이 이론은 미디어의 제약과 구조가 가족부터 정치, 군대, 기업에 이르기까지 모든 사회 제도를 변화시키고 있다고 주장한다. 미디어타이제이션 이론가들은 미디어가 사회 질서를 변화시키고 있으며, 그 변화의 양상은 마치 기후 변화가 우리가 사는 물리적 세계를 변화시키는 것과 같다고 본다.

## 문화 산업으로서 미디어: 문화의 상품화

**문화의 상품화**
지역 기반의 문화와 직접 경쟁하면서 문화가 대량 생산되고 유통될 때 어떤 일이 일어나는지에 관한 연구.

비판적 문화 연구로부터 나온 가장 흥미롭고 도전적인 관점들 중 하나는 문화의 상품화commodification of culture이다. 이는 대량 생산되고 유통되는 문화가 지역 기반의 문화들과 직접 경쟁하게 될 때 어떤 일이 일어나는지에 관한 연구이다(Enzensberger, 1974; Gunster, 2004; Hay, 1989; Jhally, 1987). 이 관점에 따르면 미디어는 문화 상품의 생산과 유통을 전문으로 하는 산업이다. 현대의 다른 산업들과 마찬가지로 미디어 산업 역시 소규모 지역 생산자를 희생시키며 성장했고 그러한 대체의 결과는 대중의 삶을 파괴했고 또 계속해서 파괴하고 있다.

중세 사회와 같은 옛날 사회 질서에서 일상생활의 문화는 지리적으로 또 사회적으로 고립된 공동체에 의해 창조되고 지배되었다. 비록 왕과 귀족들이 전반적인 사회 질서를 지배하고 그들 자신의 문화를 가지고 있을지라도, 그것은 보통 사람들의 일상 경험을 조직하는 민속 문화와는 완전히 분리되어 있었고 민속 문화에 상대적으로 거의 영향을 주지 않았다. 엘리트들이 일상생활의 문화에 개입하고 방해할 수 있는 전복적인 형태의 대중문화를 개발하기 시작한 것은 현대 사회 질서에서였다고 문화의 상품화 이론가들은 주장한다. 이러한 새로운 형태의 문화는 매우 교묘하지만 효과적인 사고방식으로서 사람들이 자신의 경험을 잘못 해석하고 자신의 이익에 반하는 행동을 하도록 기능한다.

엘리트들은 은밀하고 기발한 전략을 사용해 일상 문화를 교란시킬 수 있다. 그들은 민속 문화의 조각들을 엮어서 매력적인 대중문화 콘텐츠를 만들고 그것을 민속 문화의 대용품으로 판매한다(Tunstall, 1977). 엘리트들은 정당한 지역 문화를 전복시킬 뿐만 아니라 이를 통해 이익을 얻는다. 사람들은 사실상 자신들의 일상 문화를 전복시키는 데 보조금을 지급하는 것이다. 만약 여러분이 힙합과 랩 아티스트들의 성공에 대해 토론해본 적이 있다면, 여러분은 문화의 상품화에 대한 논의에 참여한 것이다. 도시에서의 저항적 설전에 근거를 둔 랩이 어떻게 10억 달러 규모의 음악 장르가 되었으며 유료 상품을 광고하는 수단으로 진화하게 되었을까?(Hinz, 2018)

문화의 상품화 이론가들은 미디어 기업가들이 정치권의 간섭으로부터 비교적 자유로운 미국에서 이러한 전략이 상당히 성공적이었다고 주장한다. 대중문화는 꾸준히 인기를 얻었으며 거대 기업들이 생겨나 경쟁함으로써 많은 미국인들의 주목과 관심을 끄는 데 성공했다. 그 결과 유럽과 비교했을 때 미국에서 대중문화에 대한 비판은 거의 없었다. 대부분의 미국인들은 뉴욕과 할리우드에서 나오는 문화 상품들을 어떤 식으로든 자신들의 것으로 받아들였다. 그러나 미국 미디어 기업들이 이 상품들을 다른 나라에 수출했을 때 상당한 논란을 일으켰다(Gunster, 2004). 대부분의 제3세계 국가에서 이러한 상품들이 일상생활을 재편해내는 힘은 더욱 분명하고 훨씬 더 파괴적이었다.

제레미 턴스톨Jeremy Tunstall은 그의 저서 『미국의 미디어*The Media Are American*』(1977)에서 미국의 미디어 기업가들이 보편적으로 매력적인 문화상품을 만들어내기 위해 어떤 전략을 세웠는지에 대해 설득력 있게 설명했다. 또한 그들이 이전에 세계를 지배하던 강대국 프랑스, 영국과의 강력한 경쟁에서 어떻게 국제적으로 성공했는지를 추적했다. 19세기 후반과 20세기 초반에 미국 기업가들은 강력한 새로운 커뮤니케이션 기술을 접했지만 이윤을 내기 위해 그 기술을 어떻게 사용할지에 대한 명확한 생각은 없었다. 대부분의 대기업들은 미디어를 그저 소규모의 매우 투기적인 사업이라고 생각했다. 이를 성공 산업으로 만드는 데 필요한 자금을 투자하려고 하는 사람은 거의 없었다. 어떻게 방송되는 메시지나 영화관 스크린의 조잡한 흑백 동영상이 수익 창출에 기여할 수 있을 것인가? 사람들이 정말 이런 것들을 보거나 듣기 위해 돈을 지불할 것인가? 문화 상품을 제조하고 판매하기 위해서는 산업이 어떻게 조직되어야 하는가? 이러한 질문들에 답하려는 초기의 시도는 대부분 실패했지만, 지속적인 시도와 노력을 통해 약삭빠른 기업가들은 결국 성공적인 전략을 개발해냈다.

턴스톨에 따르면, 뉴욕의 '대중음악 작곡가 공장tune factory'인 '틴 팬 앨리Tin Pan Alley'는 후에 다른 미국 미디어 산업들에게 롤모델이 되었다. 대중음악 작곡가들은 포크 음악에서 멜로디를 가져와 그러한 멜로디를 짧고 매력적인 노래로 바꾸는 것을 전문으로 했다. 이 노래들은 더 길고 정교한 형식의 음악을 감상할 시간이 없거나 미학적 훈련을 받지 않은 대중에게 쉽게 판매되었다. 초창기에 '틴 팬 앨리'는 작곡가들은 형편없는 급여를 받고 과중한 일을 하는 반면, 악보 및 음반 회사 사업가들은 엄청난 이익을 챙기는 음악적 노동력 착취의 현장이었다. 생산과 유통 비용을 낮게 유지함으로써 사업을 빠르게 확장하는 것이 가능했고 그에 따라 이윤도 늘어났다. 이렇듯 사업이 확장되자 필연적으로 기업가들은 미국 이외의 지역으로도 눈을 돌리게 되었다. 이 기업가들 중 많은 이들이 1세대 유럽 이민자였기 때문에 그들은 유럽으로 돌아가 발판을 마련하는 방법을 알고 있었다. 제2차 세계대전은 유럽 문화를 더 전복시킬 수 있는 이상적인 기회를 제공했다. 미군을 통해 유럽으로 엄청난 양의 미국식 대중문화를 수출하게 된 것이다. 미군 라디오 방송국은 대중음악과 오락 쇼의 방송에서 특히 영향력이 컸다.

일상생활의 일부 문화를 그들의 맥락에서 떼어내 다시 포장하고 사람들에게 다시 판매한 결과는 어떨까? 문화의 상품화 이론가들은 이 질문에 대한 흥미로운 답변들을 제시한다.

1. 일상 문화의 요소들이 재포장될 때, 매우 제한된 범위의 요소들만 선택되고 중요한 요소들은 간과되거나 의식적으로 무시된다. 예를 들어 소수 집단의 경험을 구조화하는 데 중요한 문화적 요소는 무시될 가능성이 높은 반면, 인구의 다수에 의해 행해지는 문화는 강조될 것이다. 이에 대한 좋은 예는 <아빠가 제일 잘 알아Father Knows Best>와 <비버에게 맡겨둬Leave It to Beaver>와 같은 1960년대의 시추에이션 코미디에서 볼 수 있다. 당시 이 프로그램들은 미국 가정생활에 대한 매우 동질적이고 이상화된 이미지를 제공했다. 이러한 프로그램들은 1960년대 미국에 가난한 사람이나 일하는 여성, 소수 민족 집단이 있었는지 잘 모르게 만들 것이다.
2. 재포장 과정은 선택된 문화 요소들의 극화dramatization를 수반한다. 어떤 행동들은 강조되고 그 중요성이 과장되며, 다른 행동들은 무시된다. 그러한 극화는 가능한 한 많은 수용자가 최종 상품을 매력적으로 느끼게 만든다. 잠재적으로 지루하고 논란의 여지가 있거나 공격적인 요소들은 제거된다. 그리고 다수의 수용자의 흥미를 불러일으키는 것으로 알려진 특징들이 추가된다. 따라서 섹스와 폭력처럼 관심을 끌거나 감정을 자극하는 행위들을 관행적으로 포함하게 된다. 이것이 자동차 추격전, 총격전, 언어적 갈등이 황금 시간대의 텔레비전과 할리우드 영화를 지배하고 있는 주된 이유이다. 반면에 15초마다 농담을 하지 않는 한—이 경우 코미디가 된다—친구들 간의 일상적인 대화는 찾아보기 힘들다.
3. 문화 상품의 마케팅은 일상생활에 침투해 궁극적으로 이를 파괴할 가능성을 극대화하는 방식으로 진행된다. 미디어 산업의 성공은 콘텐츠가 실제로 어떻게 사용될 것인지 혹은 그것의 장기적인 결과는 어떨지에 대한 고려 없이 가능한 한 많은 사람들에게 가능한 한 많은 콘텐츠를 마케팅하는 데 달려 있다. 이는 식품 포장이 초래하는 물리적 환경의 오염에 비유해볼 수 있다. 포장은 식품의 영양가에는 아무런 영향을 미치지 않는 마케팅

장치일 뿐이다. 환경 오염은 우리가 부주의하게 이 포장을 처분하거나 포장 쓰레기가 너무 많아서 묻어둘 공간이 없을 때 발생한다. 쓰레기와는 달리 미디어 상품들은 덜 가시적이고 그 포장은 문화 콘텐츠에 완전히 통합된다. 문화적 포장을 위한 재활용 쓰레기통은 없다. 우리가 문화 상품을 소비할 때 우리는 포장도 소비한다. 포장은 일상생활에 침투해 이를 파괴한다.

4. 문화 산업을 운영하는 엘리트들은 일반적으로 그들이 하는 일의 결과에 무지하다. 이러한 무지는 부분적으로 그들의 제품을 소비하는 사람들과의 괴리에서 기인한다. 그들은 대중이 사는 평범한 동네가 아닌 할리우드나 뉴욕시에 산다. 그들은 부분적으로 담배 업계가 흡연의 부정적인 영향을 기록한 연구에 대해 은폐하고 거짓말하는 것과 매우 유사한 방법으로 자신들이 하는 일의 결과에 대해 전략적으로 회피하거나 증거를 부인함으로써 이러한 무지를 유지한다. 미디어 기업들은 그들의 영향을 합리화하고 결과를 피해서 설명하는 공식적인 메커니즘을 개발해왔다. 그중 하나는 경험적 사회 연구와 그것이 만들어내는 제한 효과의 결과를 지지하는 것과 연관되어 있다. 다른 하나는 전문직화와 관련되어 있다. 전문직화는 긍

**Instant Access**

### 문화의 상품화 The Commodification of Culture

**장점**

1. 미디어에 의한 문화의 상품화에 대해 유용한 비평을 제공한다.
2. 문화 콘텐츠의 재포장에 의해 발생하는 문제점을 파악한다.
3. 광고가 일상 문화를 침범하는 교묘한 방법들을 규명한다.

**단점**

1. 효과에 대해 주장하나 실증적으로 증명하지는 않는다.
2. 미디어의 영향과 문화의 상품화에 대처할 수 있는 보통 사람의 능력에 대해 지나치게 회의적인 시각을 가지고 있다.
3. 뉴 미디어에 의한 문화의 상품화를 고려하기 위해 변화할 필요가 있다.

정적인 이점을 가질 수 있지만(3장), 미디어 종사자들은 이를 잠재적으로 유용한 기술 혁신을 거부하는 동시에 일상적인 생산 관행을 정당화하기 위해 사용할 수도 있다.

5. 일상생활의 파괴는 여러 가지 형태를 취한다. 일부 파괴는 특히 유해한 콘텐츠의 소비와 분명히 관련되어 있지만, 다른 형태의 파괴는 매우 교묘하고 장기간에 걸쳐 이루어진다. 파괴의 범위는 12장의 배양 분석에서 검토했던 것과 같이 사회에 대한 잘못된 개념의 확산에서부터 사회 제도의 붕괴에 이르기까지 다양하다. 결과는 미시적일 수도 거시적일 수도 있고 다양한 형태를 취할 수도 있다. 예를 들어 조슈아 메이로위츠는 미디어가 우리에게서 장소에 대한 감각을 앗아간다고 주장했고(Meyrowitz, 1985), 헨리 지루는 미디어가 아동의 유년 시절을 지워버릴 것이라고 했다. 또한 닐 포스트먼은 미디어가 오락에 너무 많이 집중하며 이는 장기적으로 심각한 영향을 가져올 것이라고 믿었다(Postman, 1985). 그는 또한『아동기의 실종*The Disappearance of Childhood*』(1994)과『교육의 종말*The End of Education*』(1996)이라는 저서에서 미디어의 파괴에 관해 고찰했다. 수잔 린의『소비하는 어린이*Consuming Kids*』(2004)을 비롯해 벤자민 바버의『소비: 시장은 어떻게 어린이를 파괴하고 어른을 유아화하고 시민을 집어삼키는가*Consumed: How Markets Corrupt Children, Infantilize Adults, and Swallow Citizens Whole*』(2007), 셜리 스타인버그의『어린이 문화: 기업의 아동기 구성*Kinderculture: The Corporate Construction of Childhood*』(2011)에서도 어린 시절의 파괴에 초점을 맞추고 있다. 캐슬린 홀 제이미슨은 전자 미디어에 의해 초래된 정치적 발언의 쇠퇴를 한탄했고(Jamieson, 1988), 칼린 캠벨Karlyn Campbell과 함께 시민 행동의 의미를 변질시킨 미디어에 대해 애통해했다(Jamieson & Campbell, 1997).

페미니스트 연구자들은 문화의 상품화 이론을 활용해, 미디어 산업에서 남성의 지배가 여성들의 삶을 어떻게 교란시켜 왔는지를 설명해왔다. 빅토리아 콜린스Victoria Collins와 돈 로테Dawn Rothe는 가부장적 권력이 문화의 상품화를 통해 어떻게 행사되는지를 평가하면서 이를 뒷받침하는 방대한 문헌 고찰 연구를 했다. 그들은 여성이 이러한 문화를 소비하는 행위가 남성 중심의 현 체제를 정당화하며, "여성 스스로가 이 가부장적 사회에 내재한 불평등과 권력 구조의 지속에 적극적으로 참여하게 만든다"고 주장한다(Collins & Rothe, 2017: 161). 이들은 문제가 되는 미디어 콘텐츠의 수많은 사례들을 인용하며, 미디어가 여성을 대상으로 한 폭력과 종속을 조장하고 정상화하는 '강간 문화'를 홍보하고 있다고 본다. 여기에는 데이트 폭력을 정상화하고 미화하는 방식의 여성에 대한 폭력 표현이 일상적으로 포함되어 있다.

기업 명칭이 붙은 스타디움과 고급 스카이박스, 대형 비디오 스크린, 유니폼에 부착된 제품 로고, 수십억 달러 규모의 TV 중계 계약, 수백만 달러에 달하는 선수 계약, 연 150억 달러 규모의 스포츠 상품 산업(Sports Merchandising, 2019), 그리고 일반 팬의 접근을 막는 치솟는 입장료 등으로 대표되는 오늘날의 스포츠 환경에서, 문화 상품화 이론이 스포츠 연구 분야에서도 환영받고 있다는 것은 놀라운 일이 아니다. 예를 들어, 축구 팬 사이먼 리Simon Lee는 자신이 사랑하는 스포츠가 "기업에 의해 재브랜딩"되고 있다며 탄식했다. 그는 영국 축구 팬들이 관중석에서 함께 경험하던 전통적 집단 열정과 동료애가 사라지고, 대신 "모두가 좌석에 앉아 수동적이고 개인화된 경험을 하며, 고가의 복제 유니폼, 구단 상품, 위성 안테나를 소유하는 것이 축구에 대한 일시적 열정을 표현하는 기준이 된" 상황을 설명했다(Robertson, 2009: 301). 앤디 루독Andy Ruddock과 그의 동료들은 팬들이 비非리그 축구 클럽의 지분을 사서 운영에 참여할 수 있도록 한 MyFootballClub 웹사이트를 연구했다. 그들은 이를 '축구민주주의'의 시도로 보았으며, 이는 미디어에 의해 파괴된 전통적인 팀-팬 관계를 회복하려는 시도로, "중재와 상품화 과정을 통해 죽어버린 '민중의 게임'을 부활시키려는 축구 민속문화 환상의 재창조"라고 평가했다(Ruddock, Hutchins, & Rowe, 2010: 323). 또한 이언 컬판Ian Culpan과 캐롤라인 마이어Caroline Meier는 "글로벌 시장 세력에 의해 스포츠가 상품화되면서 스포츠의 도덕적·윤리적 기반이 잠식되었고, 그것이 인간의 삶을 향상시키는 수단으로서의 가치를 위협하고 있다"고 지적했다. 이렇게 이들은 모두 스포츠의 사회적·교육적·도덕적 기반을 보호하기 위해 규제가 필요하다고 제안했다(Culpan & Meier, 2016: 143).

### 소셜 미디어 시대의 문화의 상품화

소셜 미디어가 처음 개발되었을 때, 그것은 엘리트가 지배하는 콘텐츠 제작과 문화 상품화 구조를 해체할 잠재력을 지닌 것으로 보였다. 그러나 앞선 장들에서 설명했듯이, 대규모 소셜 미디어 기업들은 전통적인 선배 기업들처럼 콘텐츠 제작과 유통에 상당한 통제력을 행사하는 존재가 되었다. 이들은 자사 플랫폼에 게시되는 콘텐츠를 걸러내기 위한 알고리즘을 만들어 사용하지만, 이는 자사 이익을 위해 선택적으로 필터링하도록 설계되어 있다. 그 결과로 나타나는 중요한 현상 중 하나는 사용자 주목을 끌고 유지할 수 있는 논쟁적 콘텐츠의 우선순위화이다. 예를 들어, 2018년 스톤맨 더글러스 고등학교에서 발생한 총기 난사 사건 이후, 유튜브 직원들은 추천 영상 목록에서 음모론 콘텐츠의 비중을 줄이기 위해 알고리즘 수정을 제안했다. 그러나 경영진은 이를 거부했고, 대신 '사용자 참여engagement' 극대화를 우선시했다(Bergen, 2019).

이처럼 소셜 미디어를 통해 수익을 추구하거나 극단적인 견해를 퍼뜨리려는 사용자들은 기존 매스 미디어에서 효과적으로 사용된 공식들을 차용하여 대중에게 최대한의 주목을 끌 수 있는—반드시 가장 유익한 것은 아닌—콘텐츠를 제작한다. 그러나 전통 미디어와 달리 이들은 법적·윤리적 규제를 받지 않기 때문에, 극단적인 시각을 홍보하는 문제적 콘텐츠들이 광범위하게 퍼지고 있다. 예를 들어, 제시카 메개리Jessica Megarry는 남성 중심의 소셜 미디어 기업들이 페미니스트들의 문제 제기를 무시하고, 데이트 강간이나 여성 종속과 같은 주제에 대한 극단적 견해가 자유롭게 유통되도록 방치하고 있다고 지적한다(Megarry, 2018). 이 기업들은 해당 콘텐츠가 혐오 표현이 아니라 단지 논란의 여지가 있는 유머일 뿐이라고 주장한다. 그 진위 여부를 떠나, 이러한 콘텐츠는 사용자 간 논쟁을 유발하고 그 결과로 더 많은 주목을 끌 수 있기 때문에 기업에는 이익이 된다.

페미니스트 학자들은 소셜 미디어 기업들이 반페미니즘적 극단주의가 자사 플랫폼에서 유통되는 것을 허용하고 있으며(Megarry, 2018), 이에 대해 비판하는 페미니스트들에 대한 조직적 괴롭힘과 위협이 이어진다고 주장한다. 소셜 미디어 기업들은 이에 대한 책임을 부정하며, 단지 사용자들이 표현의 자유를 실현할 수 있는 플랫폼을 제공할 뿐이라고 말한다. 그러나 비판자들은 소셜 미디어가 여성 열등, 데이트 강간 신화, 여성의 복종 욕망, 소수자에 대한 폭력, 백인 우월주의와 같은 문제적 견해의 일상화 및 확산을 증가시키고 있다고 지적한다. 문화 상품화에 대한 엘리트의 통제는 소셜 미디어에 의해 약화되었을지 모르나, 그 대가는 매우 크다. 실제로 온라인상에서 문제가 된 여러 사건들이 광범위한 주목을 받았다. 여기에는 2014년 8월 유명 여성 연예인들의 누드 사진 수백 장이 유출된 사건인 '패퍼닝Fappening'(Lawson, 2018: 825), 비디오 게임 문화를 비판한 페미니스트에 대한 사회적 망신과 위협을 동반한 게이머게이트Gamergate(Marwick & Caplan, 2018), 여성들이 온라인 괴롭힘 경험을 공유하며 시작된 트위터 캠페인 #mencallmethings 등이 포함된다(Megarry, 2014).

메개리는 소셜 미디어에서 남성이 지배력을 행사함으로써, 페미니스트 활동에 대한 감시가 이루어지고 있다고 주장한다. 그녀는 페미니스트들이 소셜 미디어를 통해 목소리를 내는 데에는 어느 정도 성공했지만, 동시에 반페미니즘 세력의 온라인 공격이 더욱 격화되고 있으며, 소셜 미디어 기업은 이를 조정하거나 통제하려는 노력을 거의 기울이지 않고 있다고 지적한다. 그녀는 온라인상의 페미니스트 논의가 1970~1980년대에 흔했던 여성만의 의식 고양 그룹들과 달리, 남성과 여성이 섞여 있고 소유권이 있는 공개 환경에서 이루어지기 때문에, 아이디어를 발전시키고 활동을 기획하는 데 제약을 받는다고 말한다.

그렇다면 소셜 미디어는 왜 문화 상품화의 매우 강력하면서도 문제적인 주체가 되었는가? 기존의 매스 미디어와는 달리, 소셜 미디어는 이를 통제하기 위해 마련된 법과 규제의 제약을 받지 않는다. 대부분의 소셜 미디어 기업들은 공익 규범보다는 표현의 자유라는 가치를 옹호하며, 대중이 유통하고 싶어 하는 어떤 콘텐츠든 허용함으로써 공익을 실현하고 있다고 주장한다. 이들의 시각은 초기 자유지상주의 이론가들의 견해를 반영하며(3장), 소셜 미디어가 창출한 새로운 아이디어 시장에서는 결국 좋은 아이디어가 나쁜 아이디어를 이길 것이라는 가정을 전제로 한다. 그러나 이 경쟁에서 긍정적인 결과가 실제로 나올 가능성은 얼마나 될까? 소셜 미디어 플랫폼은 점점 더 많은 논쟁적 견해의 지지자들을 수용하고 있으며, 동시에 널리 받아들여지는 견해들에 대한 거친 공격도 부추기고 있다.

### 광고: 최고의 문화 상품

비판적 문화 연구자들이 광고에 대해 강도 높은 비판들을 쏟아낸 것은 놀랄 일이 아니다. 그들은 광고를 최고의 문화 상품으로 본다(Hay, 1989; Jhally,

1987). 광고 패키지는 메시지를 홍보한다. 메시지는 광고되는 제품이나 서비스의 대부분에 관심도 없고 실제로 그러한 것들이 필요하지도 않은 사람들로 하여금 참여하고 행동하게 만든다. 마케터들은 일상적으로 특정 제품의 소비가 개인의 정체성을 형성하고, 재미있는 시간을 보내며, 친구를 사귀고, 사람들에게 영향을 미치거나, 문제를 해결하는 최선의 방법이라고 설명한다. "당신은 오늘 쉴 자격이 있다." "하면 된다." "세상에서 가장 재미있는 사람이 되자."

다른 형태의 매스 미디어 콘텐츠에 비해 광고는 전통 마르크스주의 이데올로기 개념에 가장 근접한 것이다. 그것은 제품 제조업체의 이익에는 부합하지만 개별 소비자에게는 이익이 되지 않을 수 있는 소비를 장려한다. 광고는 분명히 일상적인 구매 습관과 구매 결정에 간섭하고 이를 방해하기 위해 고안되었다. 그리고 소비가 개인의 장기적인 건강이나 예산에 해로울 수 있더라도 소비를 촉진하고 강화하려고 한다. 담배, 술, 심지어 패스트푸드와 같은 일부 제품의 경우 성공적인 광고 캠페인은 사람들이 자기 파괴적인 행동을 하도록 만든다. 혹은 우리의 실질적 목적에 거의 부합하지 않거나 광고 자체가 만들어내는 목적에만 부합하는 것을 소비하도록 우리를 부추긴다. 이에 대한 예로 광고가 그 브랜드를 지위의 상징으로 홍보했기 때문에 우리가 특정 브랜드의 옷을 살 때를 들 수 있다. 옷은 실제로 우리의 몸을 보호하는 기능이 있다. 그러나 유명 브랜드의 의류나 중고 할인점의 의류나 이와 같은 보호 기능은 매한가지이다. 전직 광고 회사 임원이었다가 반상업주의 운동가로 전향한 젤리 햄Jelly Helm은 광고가 미국 문화에 침입해 미국을 '병든' 국가로 만들고 있다고 믿었다. "우리는 필요 없는 물건, 저임금을 받는 공장 노동자들에 의해 만들어지고, 지구의 생존을 위협하는 방식으로 생산되는 물건을 사기 위해 너무 열심히 일한다. 미국은 역대 최고의 부의 생산국으로 기억될 것이다. 기술과 건강에서 엄청난 업적을 이룬 문화로 기억될 것이다. 미국은 또한 역사상 가장 심대한 쾌락주의 문화로, 물질주의와 일 중독과 개인주의 문화로, 천박한 문화, 가난과 공해, 허영과 폭력의 문화, 또한 정신적 지혜를 잃어버린 문화로도 기억될 것이다"(Helm, 2002).

## 미디어타이제이션 이론

지난 20년 동안 새로운 거시 이론 하나가 등장했다. 독일의 미디어 이론가들이 주창한 **미디어타이제이션 이론**mediatization theory은 유럽의 문화 연구자들 사이에서 지배적인 이론으로 자리 잡았다(Lunt & Livingstone, 2016). 이 이론은 미국의 매스 커뮤니케이션 이론들과 많은 개념을 공유하지만, 미국의 이론들과는 달리 광범위하고 포괄적이다. 미국에서 비교적 야심찬 이론으로 꼽히는 정보 처리 이론, 배양 분석, 프레이밍 이론조차도 미디어가 사회 질서를 근본적으로 변화시킬 수 있다는 주장은 하지 않는다. 미디어타이제이션 이론은 미디어가 모든 현대 사회 질서에 있어 너무나 중심적이고 필수적인 존재가 되었기 때문에, 이러한 사회 질서가 지속적으로 그리고 중대한 방식으로 변화하고 있으며, 이는 계속 변화하는 미디어에 적응하기 위한 것이라고 본다. 이 이론가들은 모든 현대 사회가 미디어 중심의 변화 과정에 갇혀 있다고 믿는다. 현대 사회 질서를 구성하는 정치, 종교, 기업, 교육, 군대와 같은 사회 제도들이 '미디어화'되었으며, 그 구조와 일상적 사회 관행이 미디어에 적응하도록 변화해왔고 앞으로도 그렇게 변화해갈 것이라는 주장이다. 예를 들어, 미국 정보 기관과 국방부는 미디어 제작자들과 협력하여 호의적인 이미지를 확보하려 한다. 그들은 각본을 수정하고, 장비를 대여하고, 줄거리를 검열하고, 때로는 제작을 중단시키기도 한다(Secker & Alford, 2017). 미 육군은 병사들에게 사격과 탄약 절제를 훈련시키기 위해 비디오 게임을 사용하고(Evans-Thirlwell, 2017), 영국 군대는 '빈지 게이머binge gamer와 폰 좀비'를 적극적으로 모집한다(Molina, 2019).

**미디어타이제이션 이론**
미디어가 어떻게 사회 제도와 개인으로 하여금 유익하면서도 문제적인 변화를 만들어내도록 압력을 가하는지를 설명하는 이론.

이러한 사회 제도들은 단지 미디어를 사용하는 데 그치지 않고, 미디어에 의해 사용되며, 미디어가 설정한 제약 조건에 맞게 조정된다. 이들의 일상적인 작동은 미디어에 의존한다. 현대 사회의 미시적 수준에서 개인의 일상생활은 특히 인터넷 기반의 모바일 미디어 사용을 중심으로 구성된다. 미디어는 대부분의 사람들이 자기 자신과 사회에서의 위치를 이해하는 주요한 수단을 제공한다. 미디어는 사람들의 일상생활을 안내하고, 오락을 제공하며, 위로를 건네고, 일상의 행동에 구조를 제공한다. 미디어 없이는 사람들은 자신의 정체성을 구성하거나 점점 복잡해지는 사회적 세계를 이해할 수 없을 것이다. 이러한 미디어의 중심적 역할에 대한 주장은 앞서 프레이밍 이론이나 배양 분석 등에서 이미 다루었던 내용과 유사해 보일 수 있다. 그러나 미디어타이제이션 이론이 다른 점은 '모든' 사회 제도가 미디어화되고 있으며, 이 미디어타이제이션 과정은 계속되고 있고 심오하며 예측하기 어려운 결과를 초래한다는 점에 있다.

**심층 미디어타이제이션**
미디어가 사회 제도 및 일상생활 전반에 미치는 영향력이 더욱 깊고 반복적으로 확산되는 단계로, 장기적으로는 문제를 야기할 수 있음.

일부 미디어타이제이션 이론가들은 우리가 이제 심층 미디어타이제이션deep mediatization의 새로운 국면에 들어섰다고 주장한다(Couldry & Hepp, 2017). 이 단계에서는 미디어가 이미 야기한 사회 제도의 변화들이 점점 더 심각한 변화들을 낳고 있으며, 이는 통제가 어려운 연속적 변화의 과정으로 볼 수 있다. 이는 기후 변화, 세계화, 도시화와 같은 다른 거시적 과정들과 비교될 수 있는데, 이들 역시 진행 중이며 대부분 통제가 불가능하고 우리 삶과 사회 질서에 심대한 영향을 끼치는 현상들이다.

미국 학계에서는 최근에 들어서야 미디어타이제이션 이론을 진지하게 검토하기 시작했다. 그 계기 중 하나는 2008년 국제커뮤니케이션학회ICA 회장직 연설에서 소니아 리빙스톤Sonia Livingstone이 이 이론을 언급한 것이다. 리빙스톤은 미디어타이제이션 이론보다는 '매개 이론mediation theory'이라는 관점을 제안했다(Livingstone, 2009). 이후 그녀는 피터 런트Peter Lunt와 함께 이 두 개념을 더 자세히 논의했다. 리빙스톤과 런트는 미디어타이제이션이 오랜 역사를 지닌 현상인지, 아니면 대형 미디어 기업의 부상과 전 세계 시청자를 대상으로 한 다양한 인터넷 기반 플랫폼 미디어의 사용으로 최근에야 나타난 현상인지 알아보고자 했다. 그들은 미디어타이제이션 이론을 확립된 관점으로 받아들이기보다는, 그 유용성을 탐색하기 위한 종합적이고 학제적인 연구 노력이 필요하다고 주장한다(Livingstone & Lunt, 2014). 이러한 연구는 각 사회과학 분야의 학자들이 자신들의 전문 분야 내에서 미디어의 역할을 구체적으로 조사하는 방식으로 이루어져야 하는데, 예컨대 정치학자들은 정부, 선거, 정당을, 경제학자들은 기업과 금융을, 교육학자들은 학교와 대학을, 종교학자들은 교단과 교회를 살펴보아야 한다는 것이다. 그렇지만 특히 미국의 다른 사회과학자들이 과연 미디어를 진지하게 다루고, 미디어타이제이션 이론을 개발하고 입증하기 위한 연구를 수행할 것인가? 과연 사회과학자들로 구성된 태스크포스가 만들어질 수 있을까? 오늘날 기후 변화나 세계화를 이해하기 위해 투입되는 과학적 자원을 상상해보라. 그런 정도의 자원을 미디어타이제이션 연구에 투입할 수 있을까? 지금까지 미국 사회과학자들은 제한 효과 이론이 이미 미디어의 영향력을 입증하지 못했다는 이유로 미디어를 무시해왔다. 다만 최근 소셜 미디어의 등장은 젊은 연구자들 사이에서 학문적 관심을 불러일으키고 있으며, 이에 대한 연구는 앞선 장들에서 이미 살펴보았다. 하지만 미국 내에서 미디어타이제이션 이론을 연구하기 위한 학제 간 연구진이 구성될 가능성은 여전히 낮다.

닉 콜드리Nick Couldry와 안드레아스 헵Andreas Hepp은 『현실의 매개된 구성*The Mediated Construction of Reality*』(2017)에서 미디어타이제이션 이론의 가장 상세하고 포괄적인 설명을 제공했다. 이들은 미디어에 대한 사회구성주의 관점을 앞서 이 책에서도 다루었던 『현실의 사회적 구성*The Social Construction of Reality*』(Berger & Luckmann, 1966)과 연결지어 설명한다. 버거와 루크만은 미디어의 역할을 거의 고려하지 않은 채 사회에 대한 사회구성주의 관점을 제시했다. 이에 비해 콜드리와 헵은 그 책이 출간된 이후 미디어의 역할이 대부분의 사회 제도와 일상생활에서 중심이 되었으며, 특히 대규모 소셜 미디어의 등장으로 우리는 이제 사회 발전의 '심층 미디어타이제이션' 단계에 진입했다고 주장한다. 미디어는 더 이상 단순한 메시지 전달 수단이 아니라, 모든 사회 제도의 발전 방식을 규정하고 우리 모두의 일상생활 조건을 결정하는 조직 원리가 되었다는 것이다. 이들은 다음과 같이 설명한다. "우리가 알고 있는 사회 세계가 매개된 커뮤니케이션 속에서 구성된다면, 그 의미는 무엇일까? 이처럼 미디어가 사회 세계의 구성에서 지속적이고 반복적인 역할을 수행함으로써 그것을 깊이 있게, 일관되게, 자기강화적으로 변화시키는 현상을 포착하는 방법은 사회 세계가 단지 '매개된mediated' 것이 아니라 '미디어화된mediatized' 것이라고 말하는 것이다. 즉 사회 세계는 미디어가 수행하는 역할로 인해 그 역학과 구조가 변화한 것이다." 결과적으로, 그들은 이렇게 주장한다. "사회 세계는 미디어와 그 인프라를 통해 유지되는 형태와 패턴들이 존재하기 때문에 훨씬 더 복잡하다. 우리가 미디어를 직접 사용하지 않는 상황에서도, 우리의 행위들이 전개되는 '지평horizon'은 미디어가 본질적인 기준점이자 자원이 되는 사회 세계다"(Couldry & Hepp, 2017: 15). 간단한 예를 생각해보자. 정치에 대해 이야기할 때, 당신은 어디에서 사실과 수치를 배웠는가? 언급하는 인물들을 어디서 '만났'는가? 당신의 의견의 기초가 된 재료들은 어디에서 유래했는가? 정치에 관심이 없다고 해도, 당신과 친구들이 모여 미디어와 관련 없는 이야기만을 나누는가? 아마도 당신들의 대화 대부분은 미디어 콘텐츠("<블랙 팬서 3> 봤어?", "경기 봤어?", "알렉스가 올린 그 이상한 글 봤어?") 혹은 미디어 사용("너네 차 와이파이 안 되지?", "링크드인에 이력서 업데이트했어?", "나도 그 신형 아이폰 사야겠어!")에 관한 것이지 않을까? 소셜 미디어가 아니었다면, 아기 성별 공개 이벤트 같은 것이 존재했을까? 왜 청혼이나 결혼식 자체를 영상으로 남겨서 인증을 해야 하는 것일까?

미디어타이제이션 이론에 대한 또 다른 유용한 설명은 스칸디나비아 연구자들, 특히 매츠 엑스트롬Mats Ekström을 중심으로 한 노르딕 지역 학자들의 공동 평가에서 찾아볼 수 있다. 이들은 미디어타이제이션 이론의 유효성을 검토하고 연구 태스크포스를 구성할 필요가 있는지를 논의하고 있다.

> 오늘날 미디어타이제이션은 공적 담론, 사회 및 문화생활, 인문학과 사회과학 등 다양한 영역에서 반복적으로 제기되는 진단이다(Kaun, 2011; Kaun & Fast, 2014). 이 개념은 서로 얽힌 과정들—즉 커뮤니케이션 미디어의 수, 다양성, 도달 범위의 증가, 속도·저장력·침투력 측면에서의 효율성 증대, 일상에서 미디어 사용에 할애되는 시간의 증가, 미디어 기관 및 산업의 영향력 강화, 사회·문화·생활의 다양한 영역에서 미디어 텍스트와 기술의 중요성 증대—을 포괄하는 종합 공식으로 기능한다"(Ekström, Fornäs, Jansson, & Jerslev, 2016: 1091).

이러한 미디어타이제이션의 결과물은 무엇인가? 이들은 이렇게 말한다. "모든 문화적 하위 영역에서, 미디어의 존재감 증대는 소리, 이미지, 텍스트의 제작, 유포, 사용 조건을 변화시키는 것으로 보이며, 이는 미학, 산업, 교육, 정책, 공공성에 모호한 영향을 미친다. 일상생활 또한, 특히 온라인 기반의 소셜 미디어 네트워크에 의해 영향을 받고 있다"(Ekström et al., 2016: 1091).

하지만 미디어타이제이션 이론에 대한 비판도 존재한다. 이는 미디어의 인과적 힘에 대한 모호한 주장에 대한 문제 제기에서 비롯된다. 데이비드 디콘David Deacon과 제임스 스태너James Stanyer는 미디어타이제이션 이론을 적용한 13편의 연구를 검토하며 그 한계를 지적했다(Deacon & Stanyer, 2014). 첫째, 이들은 미디어의 힘을 뒷받침하는 인과적 과정을 명확히 밝히지 않는다. 미디어의 힘을 제한하는 여러 사회 기관들이 있다. 예컨대 정부 정책은 미디어의 여러 행동을 규제하고 있으며 이는 미디어가 독자적인 인과적 힘을 행사할 수 없음을 의미한다. 둘째, 미디어 권력을 행사하는 주체가 누구인지

불분명하다. 셋째, 미디어타이제이션 연구는 사회 제도 내에서 미디어가 어떻게 커뮤니케이션 관행을 변화시키는지 구체적으로 설명하지 못한다. 넷째, 미디어타이제이션이 일어난 시점이 모호하다. 일부 학자들은 오랜 시간에 걸쳐 일어난 현상이라고 주장하면서도 실제로는 최근의 사례에만 집중하고 있다. 디콘과 스태너는 시간이 지남에 따라 미디어의 영향력이 증가했다는 실증적 증거를 제공한 연구가 단 두 편에 불과했다고 지적했다.

이 책의 앞선 장들을 다시 살펴보면, 이러한 비판은 후기실증주의 연구자들이 비판적 문화 이론에 대해 지속적으로 제기해온 우려와 유사하다는 것을 알 수 있다. 후기실증주의자들은 미디어 효과의 원인을 명확히 규명하고 이를 관찰하고 측정할 수 있어야 한다고 본다. 하지만 단순한 인과 관계조차도 명확히 측정하는 것이 어렵다는 점은 여전히 문제로 남아 있다. 초기 후기실증주의자들은 일관된 미디어 영향력을 측정할 수 없다는 이유로 미디어의 효과는 제한적이라고 결론지었다. 그러나 최근의 후기실증주의자들은 인지와 행동에 대한 미디어의 영향을 확인하는 데 더 많은 성공을 거두고 있다. 앞선 장들에서 보았듯, 최근의 연구들은 의제 설정이나 배양 분석과 같은 영역에서 미디어의 효과에 대한 일관된 증거를 제시하고 있다. 이들은 1950년대에는 사용할 수 없었던 훨씬 정교한 데이터 수집 및 분석 방법을 활용하고 있으며, 이른바 '빅 데이터' 분석이 흥미로운 결과들을 제공하고 있다. 그럼에도 현대의 후기실증주의자들은 여전히 미디어타이제이션 이론을 학문 분야의 근본 전제로 삼기보다는, 연구를 위한 유용한 안내 틀 정도로 간주할 가능성이 크다. 이들은 미디어가 어느 정도 중요한 영향을 미칠 수는 있지만, 대부분의 사회 제도를 근본적으로 변화시키는 주요 원천이라고 보지는 않는다.

그럼에도 불구하고, 미디어타이제이션 이론은 단지 미디어 연구자들뿐 아니라 사회과학 전반에 중요한 도전을 제기한다. 이 이론은 우리가 지금 바로 미디어가 사회에서 수행하는 역할을 이해하려는 노력을 하지 않으면, 사회 질서의 기반이 되는 제도들에 대한 통제력을 상실할 위험이 있다는 경고를 던진다. 우리는 이 도전을 외면할 수도 있다. 즉 미디어타이제이션 이론을 단지 또 다른 대중사회 이론으로 간주할 수도 있다. 즉 100년 이상 미디어에 대해 생각하고 연구해온 끝에 결국 다시 출발점으로 되돌아가는 셈이다. 혹은 우리는 이 이론이 제기하는 도전을 받아들여, 이 책에서 살펴본 다양한 이론들과 연구 결과들을 하나의 통합적 틀인 미디어타이제이션 이론 안에 배치할 수 있을지를 탐색할 수도 있다. 미디어타이제이션 이론이 미디어 이론과 연구의 패러다임으로 기능할 수 있을까? 이 이론은 욕구 충족 이론, 의제 설정, 침묵의 나선 이론, 배양 분석, 프레이밍 이론 등에서 설명한 미시적·거시적 과정을 모두 포괄하고 있다. 이들 각각의 이론이 실증적으로 검증되었다면, 이 모든 이론은 미디어타이제이션 이론의 발전과 정당화에 기여할 수 있다. 지금까지 유럽의 연구자들은 미국의 이론들을 이 이론에 통합하려는 시도를 거의 하지 않았다. 그럼 여러분은 어떤가? 이 책에서 다룬 이론들을 토대로 미디어타이제이션 이론을 구성해볼 수 있을까? 아니면 미디어타이제이션 이론이 미디어의 역할에 대해 지나치고 근거 없는 주장을 하고 있다고 보는가? 그렇다면 그중 어떤 주장이 가장 문제라고 생각하는가?

**Instant Access**

## 미디어타이제이션 Mediatization

**장점**

1. 미디어, 특히 소셜 미디어가 사회 제도에서 수행하는 역할에 주목한다.
2. 거시 수준의 이론이면서도 미시 수준의 쟁점에 명확한 시사점을 제공한다.
3. 미디어와 연관된 사회 제도의 문제적 변화를 나타내준다.
4. '빅 데이터'를 이용한 평가가 가능하다.
5. 기존 미디어 이론들을 통합할 수 있는 틀을 제공한다.
6. 유용한 미디어 규제 정책 개발에 방향성을 제공할 수 있다.

**단점**

1. 미디어가 사회 제도 변화를 유발하는 방식을 명확히 설명하지 않는다.
2. 명확한 연구 아젠다를 제시하지 않는다.
3. 이 이론을 적용한 초기 연구들에서 사회 제도에 나타나는 변화는 약하고 일관되지 않았다.
4. 개인의 힘에 대한 인식이 부족하다.
5. 학제 간 사회과학 연구자들로 구성된 태스크포스가 필요하다.
6. 미디어의 역할과 영향력에 대해 지나치게 비관적이다.

## 학습 목표 확인

- **문화의 상품화 개념을 설명하고, 상품화가 어떻게 미디어 콘텐츠에서 사회 세계가 표현되는 방식을 체계적으로 변화시키는지에 대해 논한다.**

문화의 상품화는 문화 속에 내재된 항목들을 그 맥락에서 분리해낸 후, 모호한 속성을 제거하고 매력적인 속성 몇 가지만 강조함으로써 작동한다. 이때 선택되는 항목은 단순한 노래일 수도, 복잡한 신화일 수도 있다. 초기 이론은 상품화 주체의 유일한 목적이 수익을 위한 상품 생산이라고 보았으며, 이는 엘리트 통제를 약화시킬 수도 있다고 생각되었다. 그러나 최근의 이론은 상품이 남성 지배와 같은 특정 이데올로기를 홍보하는 데 활용된다는 점에 초점을 맞추고 있다. 문화의 상품화는 사회 세계에 대한 미디어 재현을 매우 단순화하고 매력적이며 설득력 있고 극적으로 만든다. 이러한 재현은 흔히 부정확한 상식적 가정과 기대를 지속시킨다.

- **광고가 문화를 상품화하고 일상생활을 조직적으로 그릇되게 재현하는 일반적인 방식을 알아본다.**

효과적인 광고를 만들기 위해, 문화의 상품화는 문화 항목을 효과적으로 선택하고 포장하여 특정 제품이나 서비스를 홍보할 수 있도록 해야 한다. 문화의 상품화는 제품이나 서비스 및 그것이 사용되는 사회적 맥락을 왜곡한다. 이로 인해 사회 세계에 대한 부정확하거나 문제가 있는 상식적 인식을 지속시킨다. 광고는 어떤 제품을 소비하면 사회적 지위가 상승하거나 바람직한 관심을 끌 수 있다는 인상을 줄 수 있다. 그렇게 함으로써 광고는 특정한 사회적 지위나 타인의 주목이 더 중요하며 추구할 가치가 있다는 메시지를 전달하게 된다.

- **미디어타이제이션 이론을 설명하고, 이를 프레이밍 이론과 비교한다. 심층 미디어타이제이션이 어떻게 주요 사회 제도를 변화시키고, 우리가 사회 세계를 경험하는 방식에 어떤 변화를 초래할 수 있는지를 설명한다.**

미디어타이제이션 이론은 미디어가 사회 세계에서 매우 중요한, 때로는 지배적인 힘이 되었다고 주장한다. 현대 사회 질서를 떠받치는 모든 사회 제도는 미디어에 의존하여 효과적으로 기능할 수 있다. 사회 제도의 구조는 미디어에 적응하기 위해 변화하고 있다. 인터넷 기반 미디어의 부상과 같은 미디어 변화는 제도들이 추가적인 변화를 겪게 만들며, 이러한 변화는 이론가들이 '심층 미디어타이제이션'이라고 부르는 상태로 이어진다. 예를 들어, 서구 사회 전반에서 대규모 소셜 미디어가 민주주의 선거를 위협하고 있다는 우려가 있다. 이런 미디어는 가짜 뉴스를 유포하고 유권자를 양극화시켜 민주적 의사결정 과정을 저해한다고 여겨진다. 미디어타이제이션 이론은 사회 제도를 사회적 구성물로 간주하고 이를 사회 질서 유지에 필수적인 것으로 보는 거시 수준의 사회구성주의 이론이다. 이 이론은 미디어를 불안정화 요인으로 간주하는 경향이 있으며, 미디어의 변화가 제도 구조를 약화시키고 이로 인해 사회 질서를 유지하기 어렵게 만든다고 본다. 반면 프레이밍 이론은 미시 수준의 사회구성주의 이론이지만, 명확한 거시적 함의도 지닌다. 이 이론은 사람들이 사회 세계를 어떻게 이해하는지를 구조화하는 프레임의 역할에 주목한다. 또한 이러한 프레임을 개발·유포하는 사회 제도와, 그로 인한 단기적·장기적 결과를 문제 삼는다. 프레이밍 연구는 사회 제도가 프레임을 이용해 권력을 유지하고 반대 프레임의 등장을 억제하는 방식을 보여주었다. 하지만 이 이론은 반대 프레임이 개발되고 확산될 수 있다는 증거도 제시한다. 결국 프레이밍 이론과 미디어타이제이션 이론은 미디어가 사회 제도의 권력을 유지하는지 혹은 약화시키는지에 대해 서로 상반된 결론을 제시하는 경향이 있다. 프레이밍 이론은 제도적 프레임에 대항하는 새로운 프레임의 출현 가능성에 낙관적이지만, 미디어타이제이션 이론은 미디어의 변화가 사회 제도의 구조를 약화시키고 사회 질서를 불안정하게 만들 수 있다는 점에서 비관적인 경향이 있다.

## 생각해볼 문제

1. 문화의 상품화는 여러분에게 문제가 된 왜곡된 재현을 낳았는가? 상품화 이론은 인종 및 성별에 관한 문제적 재현에 집중해왔다. 이러한 주장에 동의하는가? 동의한다면, 그러한 재현은 어떻게 도전받거나 수정되어야 한다고 생각하는가?

2. 여러분이 알고 있거나 참여하고 있는 조직 중 미디어에 점점 더 의존하는 곳이 있는가? 화면 기기의 확산이 모임 활동에 방해가 되었는가? 미디어 의존이 조직의 운영 방식을 근본적으로 바꾸었는가? 목표나 성과에 변화가 있었는가? 구성원 간의 관계는 달라졌는가? 여러분은 그 조직에 더 많은 흥미를 느끼고 더 많이 참여하고 있는가? 그 이유는 무엇인가?

3. 특정 사회 제도가 미디어 사용으로 인해 근본적으로 변화하고 있다는 증거를 본 적이 있는가? 정치 제도는 미디어로 인해 변화한 대표적 사례로 자주 언급된다. 정치적 양극화와 정치 혐오는 미디어타이제이션과 연관되어 있다고 생각된다. 이에 동의하는가? 이러한 변화는 유익한가, 아니면 문제적인가?

# 참고문헌


#### PREFACE

Chaffee, S. H., & Metzger, M. J. (2001). The end of mass communication? *Mass Communication & Society, 4*, 365–379.

Delli Carpini, M. X. (2013). Breaking boundaries: Can we bridge the quantitative versus qualitative divide through the study of entertainment and politics?, *International Journal of Communication, 7*, 531–551.

Jensen, K. B., & Neuman, W. R. (2013). Evolving paradigms of communication research. *International Journal of Communication, 7*, 230–238.

Potter, W. J. (2009). *Arguing for a general framework for mass media scholarship*. Thousand Oaks, CA: Sage.

Silverman, J. (2019, January 20). Big tech is watching. *New York Times Book Review*, p. 10.

Wu, T. (2019, April 14). The way capitalism betrayed the right to be left alone. *New York Times*, p. SR3.

Zuboff, S. (2019). *The age of surveillance capitalism*. New York: Public Affairs.

#### CHAPTER 1

Alasuutari, P. (1999). Introduction: Three phases of reception studies. In P. Alasuutari (Ed.), *Rethinking the media audience* (pp. 1–21). Thousand Oaks, CA: Sage.

Andrews, R., Biggs, R. M., & Seidel, M. (1996). *The Columbia world of quotations*. New York: Columbia University Press.

Average number of Facebook friends of users in the United States in 2016. (2018). *Statista*. Retrieved from https://www.statista.com/statistics/398532/us--user-network-size/

Bailey, K. D. (1982). *Methods of social research*. New York: Free Press.

Bandura, A. (2008). The reconstrual of "free will" from the agentic perspective of social cognitive theory. In J. Baer, J. C. Kaufman, & R. F. Baumeister (Eds.), *Are we free? Psychology and free will* (pp. 86–27). Oxford: Oxford University Press.

Bauer, R. A., & Bauer, A. H. (1960). America, mass society, and mass media. *Journal of Social Issues, 10*, 3–66.

Benoit, L. W., & Holbert, R. (2008). Empirical intersections in communication research: Replication, multiple quantitative methods, and bridging the quantitative–qualitative divide. *Journal of Communication, 58*, 615–628.

Berelson, B. (1959). The state of communication research. *Public Opinion Quarterly, 23*, 1–2.

Berger, C. R. (2005). Interpersonal communication: Theoretical perspectives, future prospects. *Journal of Communication, 55*, 415–447.

Blackford, L. B. (2012, August 14). GOP lawmakers question standards for teaching evolution in Kentucky. *Kentucky.com*. Retrieved from https://www.kentucky.com/news/politics-government/article44372157.html

Bowers, J. W., & Courtright, J. A. (1984). *Communication research methods*. Glenview, IL: Scott Foresman.

Brantlinger, P. (1983). *Bread and circuses: Theories of mass culture as social decay*. Ithaca, NY: Cornell University Press.

Buffardi, L. E., & Campbell, W. K. (2008). Narcissism and social networking websites. *Personality and Social Psychology Bulletin, 34*, 1303–1314.

Burrell, G., & Morgan, G. (1979). *Sociological paradigms and organization analysis*. London: Heinemann.

Campbell, A., Converse, P. W., Miller, W. E., & Stokes, D. E. (1960). *The American voter.* New York: Wiley.

Carey, J. (1977). Mass communication research and cultural studies: An American view. In J. Curran, M. Gurevitch, J. Woollacott, J. Marriott, & C. Roberts (Eds.), *Mass communication and society* (pp. 409–425). London: Open University Press.

Delo, C. (2012, October 4). Facebook hits billionth user, reveals first major ad from global agency of record. *Advertising Age.* Retrieved from http://adage.com/article/digital/facebook-serves-1-billion-makes-a-video-ad-celebrate/237571/

Deutschmann, P. J., & Danielson, W. A. (1960). Diffusion of knowledge of the major news story. *Journalism Quarterly, 37,* 345–355.

Feldman, S. (2018, December 14). Facebook loses the public's trust. *Statista.* Retrieved from https://www.statista.com/chart/16431/tech-company-trust/

Gosling, S. D., Augustine, A. A., Vazire, S., Holtzman, N., & Gaddis, S. (2011). Manifestations of personality in online social networks: Self-reported Facebook-related behaviors and observable profile information. *Cyberpsychology, Behavior, and Social Networking, 14,* 483–488.

Grier, S., & Brumbaugh, A. (2007). Compared to whom? The impact of status on third person effects in advertising in a South African context. *Journal of Consumer Behaviour, 6,* 5–18.

Griffin, E. A. (1994). *A first look at communication theory.* New York: McGraw-Hill.

Gurevitch, M., Coleman, S., & Blumler, J. G. (2010). Political communication—Old and new media relationships. *Annals of the American Academy of Social Sciences, 625,* 164–181.

Hall, S. (1982). The rediscovery of "ideology": Return of the repressed in media studies. In M. Gurevitch, T. Bennett, J. Curran, & J. Woollacott (Eds.), *Culture, Society, and the Media* (pp. 52–86). New York: Methuen.

Holbert, R. L., Garrett, R. K., & Gleason, L. S. (2010). A new era of minimal effects? A response to Bennett and Iyengar. *Journal of Communication, 60,* 15–34.

Ingram, M. (2018, Winter). The Facebook armageddon: The social network's increasing threat to journalism. *Columbia Journalism Review.* Retrieved from https://www.cjr.org/special_report/facebook-media-buzzfeed.php/

Kearse, S. (2018, December 23). Foggy notion. *New York Times Magazine,* pp. 9–11.

Kerlinger, F. N. (1986). *Foundations of behavioral research.* New York: Holt, Rinehart, & Winston.

Klapper, J. T. (1960). *The effects of mass communication.* New York: Free Press.

Knobloch-Westerwick, S. (2015). The selective exposure self- and affect-management (SESAM) model: Applications in the realms of race, politics, and health. *Communication Research, 42,* 959–985.

Lazarsfeld, P. F. (1941). Remarks on administrative and critical communication research. *Studies in Philosophy and Social Science, 9,* 2–16.

Lazarsfeld, P. F. (1969). An episode in the history of social research: A memoir. In D. Fleming & B. Bailyn (Eds.), *The intellectual migration: Europe and America, 1930–1960* (pp. 270–337). Cambridge, MA: Belknap Press of Harvard University.

Lazarsfeld, P. F., Berelson, B., & Gaudet, H. (1944). *The people's choice: How the voter makes up his mind in a presidential campaign.* New York: Duell, Sloan & Pearce.

Leedy, P. D. (1997). *Practical research: Planning and design.* New York: Macmillan.

Littlejohn, S. W., & Foss, K. A. (2011). *Theories of human communication.* Long Grove, IL: Waveland Press.

Matsa, K. E., & Shearer, E. (2018, September 10). News use across social media platforms 2018. *Pew Research Center.* Retrieved from http://www.journalism.org/2018/09/10/news-use-across-social-media-platforms-2018/

McCarthy, N. (2019, March 11). Is Facebook becoming social media's retirement home? *Statista.* Retrieved from https://www.statista.com/chart/17306/share-of-the-us-population-using-facebook-by-age-group/

Meyrowitz, J. (2008). Power, pleasure, patterns: Intersecting narratives of media influence. *Journal of Communication, 58,* 641–663.

Miller, K. (2005). *Communication theories: Perspectives, processes, and contexts.* New York: McGraw-Hill.

Moerman, M. (1992). Life after C. A.: An ethnographer's autobiography. In G. Watson & R. M. Seller (Eds.), *Text in context: Contributions to ethnomethodology* (pp. 30–34). Newbury Park, CA: Sage.

Mosco, V., & Herman, A. (1981). Critical theory and electronic media. *Theory and Society, 10,* 869–896.

Nadkarni, S., & Hofmann, S. G. (2012). Why do people use Facebook? *Personality and Individual Differences, 52,* 243–249.

Neuman, W. R., & Guggenheim, L. (2011). The evolution of media effects theory: A six-stage model of cumulative research. *Communication Theory, 21,* 169–196.

Neuman, W.R., Guggenheim, L., Mo Jang, S., & Bae, S. Y. (2014). The dynamics of public attention:

Agenda-setting theory meets Big Data. *Journal of Communication, 64*, 193–214.

Newcomb, H. (1974). *TV: The most popular art*. New York: Oxford University Press.

Otto, S. L. (2011). *Fool me twice: Fighting the assault on science in America*. New York: Rodale.

Pierce, C. (1955). Essentials of pragmatism. In J. Buchler (Ed.), *Philosophical writings of Pierce* (pp. 251–268). New York: Dover.

Pollitt, K. (2012, June 4). What's the matter with creationism? *The Nation*. Retrieved from http://www.thenation.com/article/168385/whats-matter-creationism#

Popper, K. (1934), *The logic of scientific discovery*. Tubingen, Germany: Mohr Siebeck Verlag. (German edition).

Potter, W. J. (2013) Synthesizing a working definition of "mass" media. *Review of Communication Research, 1*, 1–30.

Scheufele, D. A. (2000). Agenda setting, priming, and framing revisited: Another look at cognitive effects of political communication. *Mass Communication and Society, 3*, 297–316.

Schutt, R. K. (2009). *Investigating the social world*, 6th ed. Thousand Oaks, CA: Sage.

Sloane, G. (2018, December 10). Snapchat creators say the platform is losing its appeal. *Advertising Age*. Retrieved from https://adage.com/article/digital/snapchat-creators-app-losing-cool/315911/

Spangler, T. (2018, June 14). Facebook bets $1 billion on content, but will it pay off? *Variety*. Retrieved from https://variety.com/2018/digital/news/facebook-content-1202844037/

Stevens, J. (2012, June 24). Political scientists are lousy forecasters. *New York Times*, p. SR6.

Turner, J. H. (1998). *The structure of sociological theory*, 6th ed. Belmont, CA: Wadsworth.

US Election Project. (2018a, December). 2018 November general election turnout rates. Retrieved from http://www.electproject.org/2018g

US Election Project. (2018b, September). 2016 November general election turnout rates. Retrieved from http://www.electproject.org/2016g

Webster, J. G. (2017). Three myths of digital media. *Convergence, 23*, 352–361.

Wise, J. (2018, July 11). Poll: Record number of Americans believe in man-made climate change. *The Hill*. Retrieved from https://thehill.com/policy/energy-environment/396487-poll-record-of-americans-believe-in-man-made-climate-change

#### CHAPTER 2

Adbusters. (2002, January/February). The Rev. Jerry Falwell. *Adbusters*, n.p.

Alterman, E. (2008, February 24). The news from Quinn-Broderville. *Nation*, pp. 11–14.

Alterman, E. (2017, March 31). The perception of liberal bias in the newsroom has nothing whatsoever to do with reality. *Nation*. Retrieved from https://www.thenation.com/article/the-perception-of-liberal-bias-in-the-newsroom-has-nothing-whatsoever-to-do-with-reality/

Altschull, J. H. (1990). *From Milton to McLuhan: The ideas behind American journalism*. New York: Longman.

Apuzzo, M., & LaFraniere, S. (2018, February 17). Indictment bares Russian network to twist 2016 vote. *New York Times*, p. A1.

Arendt, H. (1951). *The origins of totalitarianism*. Berlin: Schocken Books.

Bagdikian, B. H. (1992). *The media monopoly*, 4th ed. Boston: Beacon.

Bagdikian, B. H. (2004, March 20). Print will survive. *Editor & Publisher*, p. 70.

Bajomi-Lázár, P., & Horváth, D. (2013). The continued relevance of the concept of propaganda: Propaganda as ritual in contemporary Hungary. *Global Media and Communication, 9*, 219–237.

Bauerlein, M. (2017, December 14). The firehose of falsehood. *Nieman Lab*. Retrieved from http://www.niemanlab.org/2017/12/the-firehose-of-falsehood/

Becker, H. (1949). The nature and consequences of black propaganda. *American Sociological Review, 14*, 221–235.

Beniger, J. R. (1987). Toward and old new paradigm: The half-century flirtation with mass society. *Public Opinion Quarterly, 51*, S46–S66.

Blatchford, T. (2018, June 27). Journalists could actually help audiences identify misinformation. *Poynter Institute*. Retrieved from https://www.poynter.org/fact-checking/2018/reliability-ratings-from-journalists-could-actually-help-audiences-identify-misinformation/

Boboltz, S. (2018, May 22). "60 Minutes" reporter reveals Trump's chilling reason for slamming the press. *Huffington Post*. Retrieved from https://www.huffingtonpost.com/entry/60-minutes-reporter-trump-chilling-reason-for-slamming-press_us_5b048109e4b07c4ea102c8ca

Brantlinger, P. (1983). *Bread and circuses: Theories of mass culture as social decay*. Ithaca, NY: Cornell University Press.

Bridge, J. A., Greenhouse, J. B., Ruch, D., Stevens, J., Ackerman, J., Sheftall, H. A., ... Campo, J. V. (2019). Association between the release of Netflix's 13 Reasons Why and suicide rates in the United States: An interrupted times series analysis. *Journal of the American Academy of Child & Adolescent Psychiatry, 64*, in press.

Bryner, J. (2009, June). TV causes learning lag in infants. *Live Science*. Retrieved from https://www.livescience.com/5480-tv-learning-lag-infants.html

Buckman, A. (2018, February 9). HGTV and the barn door-ization of America. *Media Post*. Retrieved from https://www.mediapost.com/publications/article/313968/hgtv-and-the-barn-door-ization-of-america.html

Bunch, W. (2019, January 3). Many papers (like this one) urged Bill Clinton to resign. Trump? Meh. Is that a problem? *Philadelphia Inquirer*. Retrieved from http://www.philly.com/opinion/commentary/newspaper-editorial-resignation-impeachment-donald-trump-bill-clinton-20190103.html

Carey, B. (2018, July 3). Hold the brain scans and antidepressants. *New York Times*, p. B5.

Carey, J. W. (1989). *Communication as culture: Essays on media and society*. Winchester, MA: Unwin Hyman.

Carey, J. W. (1996). The Chigaco School and mass communication research. In E. E. Dennis & E. Wartella (Eds.), *American communication research: The remembered history* (pp. 21–38). New York: Routledge.

Chandra, A., Martino, S. C., Collins, R. L., Elliott, M. N., Berry, S. H., Kanouse, D. E., & Miu, A. (2008). Does watching sex on television predict teen pregnancy? Findings from a national longitudinal survey of youth. *Pediatrics, 122*, 1047–1054.

Chomsky, N. (1969). *American power and the new mandarins*. New York: Pantheon.

Chomsky, N. (1991). *Deterring democracy*. New York: Verso.

Corcoran, M. (2016, February 11). Democracy in peril: Twenty years of media consolidation under Telecommunications Act. *Truthout*. Retrieved from http://www.truth-out.org/news/item/34789-democracy-in-peril-twenty-years-of-media-consolidation-under-the-telecommunications-act

Coulter, A. (2006). *Godless: The church of liberalism*. New York: Crown.

Curnalia, R. M. L. (2005). A retrospective on early studies of propaganda and suggestions for reviving the paradigm. *The Review of Communication, 5*, 237–257.

Davies, D. R. (1997). An industry in transition: Major trends in American daily newspapers, 1945–1965 (doctoral dissertation). Retrieved from http://ocean.otr.usm.edu/~w304644/ch4.html

Davis, R. E. (1976). *Response to innovation: A study of popular argument about new mass media*. New York: Arno.

Dewey, J. (1927). *The public and its problems*. New York: Holt.

Drutman, L., Diamond, L., & Goldman, J. (2018, March). Follow the leader: Exploring American support for democracy and authoritarianism. *Voter Study Group*. Retrieved from https://www.voterstudygroup.org/publications/2017-voter-survey/follow-the-leader

Dunstan, D. W., Barr, E. L. M., Healy, G. N., Salmon, J., Shaw, J. E., Balkau, B., Magliano, D. J., Cameron, A. J., Zimmet, P. Z., & Owen, N. (2010). Television viewing time and mortality. The Australian diabetes, obesity and lifestyle study. *Circulation, 121*, 384–391.

Dwoskin, E., & Gowen, A. (2018, July 24). On WhatsApp, fake news is fast—and can be fatal. *Washington Post*. Retrieved from https://www.washingtonpost.com/business/economy/on-whatsapp-fake-news-is-fast—and-can-be-fatal/2018/07/23/a2dd7112-8ebf-11e8-bcd5-9d911c784c38_story.html?noredirect=on&utm_term=.740897432987

Fazio, L. K., Brashier, N. M., Payne, B. K., & Marsh, E. J. (2015). Knowledge does not protect against illusory truth. *Journal of Experimental Psychology: General, 144*, 993–1002.

FOX's file. (2018). *Politifact*. Retrieved from https://www.politifact.com/punditfact/tv/fox/

Frenkel, S., Conger, K., & Roose, K. (2019, February 1). After Russia, false posts on Twitter going global. *New York Times*, p. B1.

Friedman, U. (2018, January 21). Trust is collapsing in America. *Atlantic*. Retrieved from https://www.theatlantic.com/international/archive/2018/01/trust-trump-america-world/550964/

Fukuyama, F. (1999, May). The great disruption: Human nature and the reconstruction of social order. *Atlantic Monthly*, pp. 55–80.

Galbraith, J. K. (2019, January 2). Piketty's World Inequality Review: A critical analysis. *Institute for New Economic Thinking*. Retrieved from https://www.ineteconomics.org/perspectives/blog/pikettys-world-inequality-review-a-critical-analysis

Gelles, D. (2018, January 9). Prodding Apple on addiction. *New York Times*, p. B1.

Gitlin, T. (1991). Bites and blips: Chunk news, savvy talk, and the bifurcation of American politics. In P. Dahlgren & C. Sparks (Eds.), *Communication and citizenship: Journalism and the public sphere in the new media age* (pp. 119–136). London: Routledge.

Gold, H. (2014, May 6). Survey: 7 percent of reporters identify as Republican. *Politico*. Retrieved from https://www.politico.com/blogs/media/2014/05/survey-7-percent-of-reporters-identify-as-republican-188053

Goldberg, B. (2003). *Arrogance: Rescuing America from the media elite*. New York: Warner Books.

Goldberg, B. (2009). *A slobbering love affair: The true (and pathetic) story of the torrid romance between Barack Obama and the mainstream media*. Washington, DC: Regnery.

Gomez, P. (2018, August 19). Giuliani says "Truth isn't truth" in defense of Trump's legal strategy. *New York Times*. Retrieved from https://www.nytimes.com/2018/08/19/us/giuliani-meet-the-press-truth-is-not-truth.html?hp&action=click&pgtype=Homepage&clickSource=story-heading&module=first-column-region&region=top-news&WT.nav=top-news

Greitemeyer, T. (2013). Exposure to media with prosocial content reduces the propensity for reckless and risky driving. *Journal of Risk Research, 16*, 583–594.

Guilford, G. (2018, May 3). The epic mistake about manufacturing that's cost Americans millions of jobs. *Quartz*. Retrieved from https://qz.com/1269172/the-epic-mistake-about-manufacturing-thats-cost-americans-millions-of-jobs/

Herman, E. S., & Chomsky, N. (1988). *Manufacturing consent*. New York: Pantheon.

Hobbs, R., & McGee, S. (2014). Teaching about propaganda: An examination of the historical roots of media literacy. *Journal of Media Literacy Education, 6*, 56–67.

Howard, R. (2016, June 20). Ultra-right ministers call Pulse shooting God's wrath. *Gayly*. Retrieved from http://www.gayly.com/ultra-right-ministers-call-pulse-shooting-god%E2%80%99s-wrath

Ifeanyi, K. C. (2018, April 16). Women who watched "The X-Files" pursued more careers in STEM. *Fast Company*. Retrieved from https://www.fastcompany.com/40558899/women-who-watched-the-x-files-pursued-more-careers-in-stem

Institute of Politics & David Axelrod. (2018, August 18). Ep. 264—Dean Baquet & Marty Baron. *Axe Files*. CNN. Retrieved from https://www.cnn.com/specials/politics/axe-files

Jamieson, K. H. (2018). *Cyberwar: How Russian hackers and trolls helped elect a president*. New York: Oxford University Press.

Jamieson, K. H., & Waldman, P. (2003). *The press effect*. New York: Oxford University Press.

Jones, B. (2019, February 5). Republicans and Democrats have grown further apart on what the nation's top priorities should be. *Pew Research Center*. Retrieved from http://www.pewresearch.org/fact-tank/2019/02/05/republicans-and-democrats-have-grown-further-apart-on-what-the-nations-top-priorities-should-be/

Jowett, G. S., & O'Donnell, V. (1999). *Propaganda and persuasion*. Thousand Oaks, CA: Sage.

KBOI Web Staff. (2013, March 14). No premarital sex on television please, lawmakers urge. *KBOI2.com*. Retrieved from https://idahonews.com/news/local/no-premarital-sex-on-television-please-lawmakers-urge

Kircher, M. M. (2017, November 9). Sean Parker: We built Facebook to exploit you. *New York Magazine*. Retrieved from http://nymag.com/selectall/2017/11/facebook-sean-parker-talks-about-psychology-of-hooking-users.html

Krause, E., & Sawhill, I. V. (2018, June 5). Seven reasons to worry about the American middle class. *Brookings Institute*. Retrieved from https://www.brookings.edu/blog/social-mobility-memos/2018/06/05/seven-reasons-to-worry-about-the-american-middle-class/

Laitinen, R. E., & Rakos, R. F. (1997). Corporate control of media and propaganda: A behavior analysis. In P. A. Lamal (Ed.), *Cultural contingencies: behavior analytic perspectives on cultural practices* (pp. 237–267). Westport, CT: Praeger.

Lang, K., & Lang, G. E. (2009). Mass society, mass culture, and mass communication: The meaning of mass. *International Journal of Communication, 3*, 998–1024.

Lasswell, H. D. (1927a). *Propaganda technique in the World War*. New York: Knopf.

Lasswell, H. D. (1927b). The theory of political propaganda. *American Political Science Review, 21*, 627–631.

Lasswell, H. D. (1934). *World politics and personal insecurity*. Chicago: University of Chicago Press.

Lind, D. (2018, April 13). The US has all but slammed the door on Syrian refugees. *Vox.com*. Retrieved

from https://www.vox.com/2018/4/13/17233856/syria-attack-refugees-war-assad-trump
Lippmann, W. (1922). *Public opinion*. New York: Macmillan.
Macdonald, D. (1953). A theory of mass culture. *Diogenes, 1*, 1–17.
Maldonado, A. (2017, August 20). Can Disney fix its broken "Princess Culture"? *Salon*. Retrieved from https://www.salon.com/2017/08/20/disney-princesses-dream-big-girl-up/
Mandese, J. (2018, August 28). Global marketing approaches $1.3 trillion, U.S. = two-fifths of it. *MediaPost*. Retrieved from https://www.mediapost.com/publications/article/324030/global-marketing-approaches-13-trillion-us.html?utm_source=newsletter&utm_medium=email&utm_content=headline&utm_cam paign=110624&hashid=t7UjdKvzy7DLtjNFSFu0JxMrZIo
Marcuse, H. (1941). Some social implications of modern technology. In A. Arato & E. Gebhardt (Eds.), (1978). *The essential Frankfurt School reader* (pp. 138–162). New York: Urizen.
Marshall, A. G. (2013, April 12). The propaganda system that has helped create a permanent overclass is over a century in the making. *Alternet*. Retrieved from http://www.alternet.org/media/propaganda-system-has-helped-create-permanent-overclass-over-century-making?page=0%2C0
Martindale, D. (1960). *The nature and types of sociological theory*. Boston: Houghton-Mifflin.
Mathis-Lilley, B. (2018, January 30). In what is probably not a good sign, the Pentagon is censoring data about whether we're winning in Afghanistan. *Slate*. Retrieved from https://slate.com/news-and-politics/2018/01/pentagon-censors-afghanistan-data.html
Matson, F. M. (1964). *The broken image: Man, science, and society*. New York: Braziller.
McChesney, R. W. (1997). *Corporate media and the threat to democracy*. New York: Seven Stories.
McChesney, R. W. (2004). *The problem of the media: U.S. communication politics in the 21st Century*. New York: Monthly Review Press.
McChesney, R. W. (2013). *Dollarocracy: How the money-and-media-election complex is destroying America*. New York: Nation Books.
*Meet the Press*. (2017, January 22). *NBC News*. Retrieved from https://www.nbcnews.com/meet-the-press/meet-press-01-22-17-n710491
Menand, L. (2017, August 28). The stone guest. *The New Yorker*, pp. 75–82.
Mitchell, G. (2009, April 16). *Watchdogs failed to bark on economy. Editor & Publisher*, p. 16.
Moffitt, B. (2016). *The global rise of populism: performance, political style, and representation*. Stanford, CA: Stanford University Press.
Molla, R., & Kafka, P. (2018, June 18). Here's who owns everything in Big Media today. *Recode*. Retrieved from https://www.recode.net/2018/1/23/16905844/media-landscape-verizon-amazon-comcast-disney-fox-relationships-chart
Morris, D., & McGann, E. (2008). *Fleeced*. New York: Harper.
Mudde, C., & Kaltwaser, C. R. (2017). *Populism: A very short introduction*. New York: Oxford University Press.
Murphy, S. T., Frank, L. B., Chatterjee, J. S., & Baezconde-Garbanati, L. (2013). Narrative versus nonnarrative: The role of identification, transportation, and emotion in reducing health disparities. *Journal of Communication, 63*, 116–137.
Nordland, R., Ngu, A., & Abed, F. (2018, September 9). How the US government misleads the public on Afghanistan. *New York Times*, p. 12.
Nyhan, B. (2019, February 4). Why fears of fake news are overhyped. *Medium*. Retrieved from https://medium.com/s/reasonable-doubt/why-fears-of-fake-news-are-overhyped-2ed9ca0a52c9
Parker-Pope, T. (2011, February 22). Cellphone use tied to changes in brain activity. *New York Times*. Retrieved from https://well.blogs.nytimes.com/2011/02/22/cellphone-use-tied-to-changes-in-brain-activity/
Pratkanis, A. R., & Aronson, E. (1992). *Age of propaganda: the everyday use and abuse of persuasion*. New York: W. H. Freeman.
The right overshadows the left. (2017, March 20). *The Nation*, p. 17.
Risen, J. (2018, August 18). Donald Trump is a dangerous demagogue. It's time for a crusading press to fight back. *Intercept*. Retrieved from https://theintercept.com/2018/08/16/donald-trump-media-enemy-of-the-people/
Rosenberg, E. (2018, April 3). Trump said Sinclair "is far superior to CNN." What we know about the conservative media giant. *Washington Post*. Retrieved from https://www.washingtonpost.com/news/style/wp/2018/04/02/get-to-know-sinclair-broadcast-group-the-conservative-local-news-giant-with-a-growing-reach/?utm_term=.1354610ed595

Rosenstiel, T., & Elizabeth, J. (2018, May 9). Journalists can change the way they build stories to create organic news fluency. *American Press Institute*. Retrieved from https://www.americanpressinstitute.org/publications/reports/white-papers/organic-news-fluency/

Schiappa, E., Gregg, P. B., & Hewes, D. E. (2005). The parasocial contact hypothesis. *Communication Monographs, 72*, 92–115.

Schiller, H. I. (1989). *Culture, Inc.: The corporate takeover of public expression*. New York: Oxford University Press.

Scruton, R. (2000). *An intelligent person's guide to modern culture*. South Bend, IN: St. Augustine's Press.

Shapiro, B. (2011). *Primetime propaganda: The true Hollywood story of how the left took over your TV*. New York: Harper Collins.

Shils, E. (1962). The theory of mass society: Prefatory remarks. *Diogenes, 10*, 45–66.

Smith, B. L. (1941). Propaganda analysis and the science of democracy. *Public Opinion Quarterly, 5*, 250–259.

Snowball, D. (1999). Propaganda and its discontents. *Journal of Communication, 49*, 165–172.

Snyder, T. (2017). *On tyranny: Twenty lessons from the Twentieth Century*. New York: Tim Duggan Biiks.

Sproule, J. M. (1987). Propaganda studies in American social science: The rise and fall of the critical paradigm. *Quarterly Journal of Speech, 73*, 60–78.

Sproule, J. M. (1994). *Channels of propaganda*. Bloomington, IN: EDINFO.

Sproule, J. M. (1997). *Propaganda and democracy: The American experience of media and mass persuasion*. New York: Cambridge University Press.

Stanley, J. (2015). *How propaganda works*. Princeton, NJ: Princeton University Press.

Stein, S. (2018, August 7). New poll: 43% of Republicans want to give Trump power to shut down media. *Daily Beast*. Retrieved from https://www.thedailybeast.com/new-poll-43-of-republicans-want-to-give-trump-the-power-to-shut-down-media

Sullivan, A. (2018, March 18). Can Donald Trump be impeached? *New York Times Book Review*, p. 1.

Suskind, R. (2004). *The price of loyalty: George W. Bush, the White House, and the education of Paul O'Neill*. New York: Simon & Schuster.

Thomson, O. (1977). *Mass persuasion in history*. Edinburgh, UK: Paul Harris.

Tillinghast, C. H. (2000). *American broadcast regulation and the First Amendment: Another look*. Ames: Iowa State University Press.

Tönnies, F. ([1887/ 1922). *Gemeinschaft und gesellschaft: grundbegriffe der reinen soziologie* (4th ed.). Berlin: Curtius.

Vaglanos, A. (2019, August 5). Ohio GOP lawmaker blames mass shootings on trans people, gay marriage and more. *Huffington Post*. Retrieved from https://www.huffpost.com/entry/ohio-gop-mass-shootings-trans-people-gay-marriage_n_5d481fbfe4b0acb57fcfe3e1

Williams, J. (2017, October 30). Juan Williams: Trump's war on media is truly dangerous. *The Hill*. Retrieved from http://thehill.com/opinion/white-house/357748-juan-williams-trumps-war-on-media-is-truly-dangerous

Wineburg, S., McGrew, S., Breakstone, J., & Ortega, T. (2016, November 22). Evaluating information: The cornerstone of civic online reasoning. *Stanford Digital Repository*. Retrieved from http://purl.stanford.edu/fv751yt5934

Wise, J. (2018, July 24). Trump: What you're seeing in the news "is not what's happening." *The Hill*. Retrieved from http://thehill.com/homenews/administration/398606-trump-what-youre-seeing-in-the-news-is-not-whats-happening-inbox-x

"World War II: The Propaganda Battle." *A Walk through the 20th Century with Bill Moyers*. (1984). New York: PBS Video.

Ybarra, M. L., Diener-West, M., Markow, D., Leaf, P. J., Hamburger, M., & Boxer, P. (2008). Linkages between Internet and other media violence with seriously violent behavior by youth. *Pediatrics, 122*, 929–937.

#### CHAPTER 3

Adams-Bloom, T., & Cleary, J. (2009). Staking a claim for social responsibility: An argument for the dual responsibility model. *International Journal on Media Management, 11*, 1–8.

Alster, N. (2015). Captured agency: How the Federal Communications Commission is dominated by the industries it presumably regulates. *Edmond J. Safra Center for Ethics*. Cambridge, MA: Harvard University.

Alterman, E. (2017, July 3/10). A climate of denial. *The Nation*, pp. 6–7.

Alterman, E. (2018, January 31). The news is breaking. *Nation*. Retrieved from https://www.thenation.com/article/the-news-is-breaking/

Altschull, J. H. (1990). *From Milton to McLuhan: The ideas behind American journalism*. New York: Longman.

Altschull, J. H. (1995). *Agents of power: The media and public policy*. White Plains, NY: Longman.

Anderson,M.,&Jiang,J.(2018,May31).Teens,socialmedia & technology 2018. *Pew Research Center*. Retrieved from http://www.pewinternet.org/2018/05/31/teens-social-media-technology-2018/

Apuzzo, M., & LaFraniere, S. (2018, February 17). Indictment bares Russian network to twist 2016 vote. *New York Times*, p. A1.

Barnouw, E. (1966). *A history of broadcasting in the United States: A tower in Babel, vol. 1*. New York: Oxford University Press.

Barthel, M. (2018, August 21). 5 Facts about the state of the news media in 2017. *Pew Research Center*. Retrieved from http://www.pewresearch.org/fact-tank/2018/08/21/5-facts-about-the-state-of-the-news-media-in-2017/

Bates, S. (1995). *Realigning journalism with democracy: The Hutchins Commission, its times, and ours*. Washington, DC: The Annenberg Washington Program in Communications Policy Studies of Northwestern University.

Bennett, W. L. (1988). *News: The politics of illusion*, 2nd ed. New York: Longman.

Benton, J. (2016, November 9). The forces that drove this election's media failure are likely to get worse. *Nieman Lab*. Retrieved from http://www.niemanlab.org/2016/11/the-forces-that-drove-this-elections-media-failure-are-likely-to-get-worse/

Bollinger, L. C. (2018, May 30). Remarks by Columbia University president Lee C. Bollinger. *Columbia University*. Retrieved from https://president.columbia.edu/content/2018-pulitzer

Brisbane, A. S. (2012, January 12). Should *The Times* be a truth vigilante? *New York Times*. Retrieved from http://publiceditor.blogs.nytimes.com/2012/01/12/should-the-times-be-a-truth-vigilante/

Bromwich, J. E. (2018, April 22). Pulp fiction: Podcasts go mass-market. *New York Times*, p. ST4.

Chait, J. (2016, July 25). The case against the media, by the media. *New York Magazine*. Retrieved from http://nymag.com/daily/intelligencer/2016/07/case-against-media.html

Christians, C. G., Ferre, J. P., & Fackler, P. M. (1993). *Good news: Social ethics and the press*. New York: Oxford University Press.

Coleman, S., & Blumler, J. G. (2009). *The internet and democratic citizenship: Theory, practice, and policy*. New York: Cambridge University Press.

Colistra, R. (2018). Power pressures and pocketbook concerns: Perceptions of organizational influences on news content in the television industry. *International Journal of Communication, 12*, 1790–1810.

Commission on Freedom of the Press. (1947). *A free and responsible press*. Chicago: University of Chicago Press.

Concha, J. (2019, March 12). Dem lawmakers unveil Journalist Protection Act amid Trump attacks on media. *The Hill*. Retrieved from https://thehill.com/homenews/media/433709-dem-lawmakers-unveil-journalist-protection-act-amid-trump-attacks-on-media

Cooper, A. (2008, September/October). The bigger tent. *Columbia Journalism Review*, pp. 45–47.

Coppins, M. (2017, Fall). What if the right-wing media wins? *Columbia Journalism Review*, pp. 52–59.

Curran, J. (1991). Mass media and democracy: A reappraisal. In J. Curran & M. Gurevitch (Eds.), *Mass media and society* (pp. 82–117). London: Edward Arnold.

Davis, D. K. (1990). News and politics. In D. L. Swanson & D. Nimmo (Eds.), *New directions in political communication: A resource book* (pp. 147–184). Newbury Park, CA: Sage.

Davis, D. K., & Robinson, J. P. (1989). Newsflow and democratic society in an age of electronic media." In G. Comstock (Ed.), *Public communication and behavior, vol. 3* (pp. 59–102). New York: Academic.

Durkin, E. (2018, August 15). Almost 350 news outlets to publish editorials denouncing Trump's "dirty war" on press. *Guardian*. Retrieved from https://www.theguardian.com/us-news/2018/aug/15/trump-press-editorials-defence-fake-news-media-attacks-us

Epstein, E. J. (1973). *News from nowhere: Television and the news*. New York: Random House.

Fishburne, C. (2019, April 2). Wason poll: "Enemy of the people attacks" like "kerosene" for GOP. *NPR Community Idea Stations*. Retrieved from https://ideastations.org/node/324395

Fishman, M. (1980). *Manufacturing the news*. Austin: University of Texas Press.

Frei, W. (2018, August 17). Senate unanimously passes resolution asserting that the press isn't the enemy. *Huffington Post*. Retrieved from https://www.huffingtonpost.com/entry/senate-resolution-press-not-enemy_us_5b769c22e4b018b93e92c999

Friedman, W. (2018, August 24). Trump squawks, but consumer trust in media rises. *MediaPost*.

Retrieved from https://www.mediapost.com/publications/article/324050/trump-squawks-but-consumer-trust-in-media-rises.html

Galbraith, J. K. (2019, January 2). Piketty's World Inequality Review: A critical analysis. *Institute for New Economic Thinking*. Retrieved from https://www.ineteconomics.org/perspectives/blog/pikettys-world-inequality-review-a-critical-analysis

Gans, H. (1979). *Deciding what's news: A study of CBS Evening News, NBC Nightly News, Newsweek and Time*. New York: Pantheon Books.

Gillmor, D. M., & Barron, J. A. (1974). *Mass communication law. Cases and comments*. St. Paul, MN: West.

Gilmor, D. (2004). *We the media—Grassroots journalism by the people, for the people*. Sebastopol, CA: O'Reilly.

Glasgow University Media Group, eds. (1976). *Bad news*. London: Routledge and Kegan Paul.

Glasgow University Media Group, eds. (1980). *More bad news*. London: Routledge and Kegan Paul.

Goode, L. (2009). Social news, citizen journalism and democracy. *New Media & Society, 11*, 1287–1305.

Goodman, M. (2001). The Radio Act of 1927 as a product of progressivism. *Media History Monographs*. Retrieved from https://www.scripps.ohiou.edu/mediahistory/mhmjour2-2.htm

Gottfried, J., & Shearer, E. (2017, September 7). Americans' online news use is closing in on TV news use. *Pew Research Center*. Retrieved from http://www.pewresearch.org/fact-tank/2017/09/07/americans-online-news-use-vs-tv-news-use/

Graber, D. A. (1987). *Processing the news*, 2nd ed. New York: Longman.

Greenwald, G. (2009, January 6). Jay Rosen on the media's control of political debates. *Salon*. Retrieved from https://www.salon.com/2009/01/16/rosen/

Grieco, E. (2019, July 9). US newsroom employment has dropped by a quarter since 2008, with greatest decline at newspapers. *Pew Research Center*. Retrieved from https://www.pewresearch.org/fact-tank/2019/07/09/u-s-newsroom-employment-has-dropped-by-a-quarter-since-2008/

Grothaus, M. (2018a, September 7). Get ready for the "splinternet": The web might not be worldwide much longer. *Fast Company*. Retrieved from https://www.fastcompany.com/90229453/get-ready-for-the-splinternet-the-web-might-not-be-worldwide-much-longer

Grothaus, M. (2018b, September 7). Twitter finally permanently bans Alex Jones and Infowars. *Fast Company*. Retrieved from https://www.fastcompany.com/90233481/twitter-finally-permanently-bans-alex-jones-and-infowars

Hachten, W. A. (1992). *The world news prism*. Ames, IA: Iowa State University Press.

Hallin, D. C. (1986). *The uncensored war: The media & Vietnam*. New York: Oxford University Press.

Heim, J. (2018, February 21). Hate groups in the U.S. remain on the rise, according to new study. *Washington Post*. Retrieved from https://www.washingtonpost.com/local/hate-groups-in-the-us-remain-on-the-rise-according-to-new-study/2018/02/21/6d28cbe0-1695-11e8-8b08-027a6ccb38eb_story.html?utm_term=.5462877db54d

House of Commons Digital, Culture, Media, and Sport Committee. (2019). *Disinformation and "fake news": Final report*. London, UK: House of Commons.

Howard, P. N., Duffy, A., Freelon, D., Hussain, M., Mari, W., & Mazaid, M. (2011, September 1). Opening closed regimes. *Project on Information Technology & Political Islam*. Retrieved from http://philhoward.org/opening-closed-regimes-what-was-the-role-of-social-media-during-the-arab-spring/

Huang, C. (2003). Transitional media vs. normative theories: Schramm, Altschull, and China. *Journal of Communication, 53*, 444–459.

Internet users in the world by regions—March, 2019. (2019). *Internet Society*. Retrieved from https://www.internetworldstats.com/stats.htm

Jensen, R. (2010, May 20). The collapse of journalism, and the journalism of collapse. *Truthout*. Retrieved from https://truthout.org/articles/the-collapse-of-journalism-and-the-journalism-of-collapse/

Johnson, K. (2018, January 7). For voices of low-power radio, a collective shout. *New York Times*, p. A16.

Jones, S. (2018). The great remove. *Columbia Journalism Review*, pp. 74–80.

Katsingris, P. (2018). The Nielsen total audience report, Q1, 2018. *The Nielsen Company*. Retrieved from http://www.nielsen.com/us/en/insights/reports/2018/q1-2018-total-audience-report.html

Keane, J. (1991). *The media and democracy*. Cambridge: Polity Press.

Landler, M. (2018, July 30). *Times* publisher and Trump clash over President's threats against press image. *New York Times*, p. A12.

Lavey, W. G. (1993). Inconsistencies in applications of economics at the Federal Communications Commission. *Federal Communications Law Journal, 45*, 437–490.

Lepore, J. (2019, January 28). Hard news. *New York Times Magazine*, pp. 18–24.

Lind, R. A., & Rockier, N. (2001). Competing ethos: Reliance on profit versus social responsibility by laypeople planning a television newscast. *Journal of Broadcasting and Electronic Media, 45*, 118–134.

MacDonald, T., & Hymas, L. (2019, March 11). How broadcast TV networks covered climate change in 2018. *Media Matters*. Retrieved from https://www.mediamatters.org/research/2019/03/11/How-broadcast-TV-networks-covered-climate-change-in-2018/223076

Magra, I. (2019, February 12). BBC cameraman is attacked at Trump rally. *New York Times*. Retrieved from https://www.nytimes.com/2019/02/12/us/politics/bbc-cameraman-attacked.html

Marantz, A. (2018, March 19). Antisocial media. *The New Yorker*, pp. 58–67.

Marsh, D. (2012, October 16). Digital age rewrites the role of journalism. *Guardian*. Retrieved from https://www.theguardian.com/sustainability/sustainability-report-2012-people-nuj

McIntyre, J. S. (1987). Repositioning a landmark: The Hutchins Commission and freedom of the press. *Critical Studies in Mass Communication, 4*, 95–135.

McQuail, D. (2010). *Mass communication theory: An introduction*, 6th ed. London: Sage.

McQuail, D. (2005). *Mass communication theory: An introduction*, 5th ed. Thousand Oaks, CA: Sage.

Meiklejohn, A. (1960). *Political freedom*. New York: Harper.

Misra, T. (2019, February 14). Why the rural opioid crisis is different from the urban one. *City Lab*. Retrieved from https://www.citylab.com/equity/2019/02/opioid-epidemic-data-drug-addiction-deaths-urban-rural/582502/

Moyers, B. (2001, May 7). Journalism and democracy: On the importance of being a "public nuisance." *The Nation*, pp. 11–17.

Moynihan, M. (2012, October 14). Nicholas Lemann: Journalism is doing just fine. *Daily Beast*. Retrieved from http://www.thedailybeast.com/articles/2012/10/14/nicholas-lemann-journalism-is-doing-just-fine.html

Napoli, P. M. (1999). The marketplace of ideas metaphor in communications regulation. *Journal of Communication, 49*, 151–169.

Neidig, H. (2017, December 12). Poll: 83 percent of voters support keeping FCC's net neutrality rules. *The Hill*. Retrieved from http://thehill.com/policy/technology/364528-poll-83-percent-of

*New York Times Co. v. United States*, 403 U.S. 713 (1971).

Newman, R. (2019). Journalism, media and technology trends and predictions 2019. *Reuters Institute for the Study of Journalism*. Retrieved from http://www.digitalnewsreport.org/publications/2019/journalism-media-technology-trends-predictions-2019/

Noack, R., & Beck, L. (2018, December 20) When the news really is fake: German reporter admits fabricating coverage at leading news magazine. *Washington Post*. Retrieved from https://www.washingtonpost.com/world/2018/12/20/when-news-really-is-fake-german-reporter-admits-fabricating-coverage-leading-news-magazine/?utm_term=.5424b8b67847

Nordenson, B. (2008, November/December). Overload! *Columbia Journalism Review*, pp. 30–40.

Number of blogs in the United States from 2014 to 2020 (in millions). (2019). *Statista*. Retrieved from https://www.statista.com/statistics/187267/number-of-bloggers-in-usa/

Orso, A. (2019, April 1). In the age of "enemy of the people" rhetoric, do young people still want to be journalists? *Philadelphia Enquirer*. Retrieved from https://www.philly.com/news/journalism-young-people-donald-trump-fake-news-temple-penn-state-enemy-of-the-people-central-conestoga-20190401.html

Packer, G. (2006, October 16). Keep out. *The New Yorker*, pp. 59–60.

Papacharissi, Z. (2002). The virtual sphere: The Internet as a public sphere. *New Media & Society, 4*, 9–27.

Perez, C. (2017, August 13). White nationalists are being outed on Twitter—and one lost his job. *New York Post*. Retrieved from https://nypost.com/2017/08/13/white-nationalists-are-being-ousted-on-twitter-and-one-lost-his-job/

Perrin, A., & Jiang, J. (2018, March 14). About a quarter of US adults say they are "almost constantly" online. *Pew Research Center*. Retrieved from http://www.pewresearch.org/fact-tank/2018/03/14/about-a-quarter-of-americans-report-going-online-almost-constantly/

Pickard, V. (2010). Whether the giants should be slain or persuaded to be good: Revisiting the Hutchins Commission and the role of media in a democratic society. *Critical Studies in Media Communication, 27*, 391–411.

Quah, N. (2018, June 12). Grow the pie: Podcast revenue seems to be growing fast enough for every-

http://www.niemanlab.org/2018/06/grow-the-pie-podcast-revenue-seems-to-be-growing-fast-enough-for-everyone-to-get-a-slice/

The Radio Television Digital News Association's Code of Ethics and Professional Conduct. (2015). *Radio Television Digital News Association.* Retrieved from https://www.rtdna.org/content/rtdna_code_of_ethics

Raymond, A. K. (2018, August 30). "You're the enemy of the people": Man arrested for threatening to kill reporters. *New York Magazine*. Retrieved from http://nymag.com/daily/intelligencer/2018/08/man-who-quoted-trump-arrested-for-reporter-death-threats.html

Rosen, J. (2009, January 12). Audience atomization overcome: Why the internet weakens the authority of the press. *Pressthink*. Retrieved from http://archive.pressthink.org/2009/01/12/atomization.html

Rosen, J. (2012, January 12). So whaddaya think: Should we put truthtelling back up there at number one? *Pressthink*. Retrieved from http://pressthink.org/2012/01/so-whaddaya-think-should-we-put-truthtelling-back-up-there-at-number-one/

Selk, A. (2017, September 18). Chelsea Manning denies betraying the US, feels as if she lives in a "dystopian novel." *Washington Post*. Retrieved from https://www.washingtonpost.com/news/checkpoint/wp/2017/09/18/chelsea-manning-denies-betraying-the-u-s-feels-like-she-lives-in-a-dystopian-novel/?utm_term=.208662041ac8

Shearer, E., & Matsa, K. E. (2018, September 10). News use across social media platforms 2018. *Pew Research Center*. Retrieved from http://www.journalism.org/2018/09/10/news-use-across-social-media-platforms-2018/

Siebert, F. S., Peterson, T., & Schramm, W. (1956). *Four theories of the press*. Urbana, IL: University of Illinois Press.

Simon, T., Atwater, T., & Alexander, R. (1988, August). FCC broadcast content regulation: Policymaking in a vacuum. Paper presented at the annual meeting of the Association for Education in Journalism and Mass Communication, Portland, OR.

"Sizing up the damage to local newspapers." (2019, August 4). *New York Times*, p. F4.

Starr, P. (2012). An unexpected crisis: The news media in post-industrial democracies. *The International Journal of Press/Politics, 17*, 234–242

Stepp, C. S. (2006, February/March). The blog revolution. *American Journalism Review*, p. 62.

Stevenson, R. L. (1994). *Global communication in the*

Stoll, M., & McManus, J. (2005, April 1). Downward spiral: Many journalists say media's duties, ethics sliding in order to conform to the company's bottom line. *Quill*. Retrieved from http://www.gradethenews.org/2005/downwardspiral.htm

Timberg, C., & Dwoskin, W. (2018, July 6). Twitter is sweeping out fake accounts like never before, putting user growth at risk. *Washington Post*. Retrieved from https://www.washingtonpost.com/technology/2018/07/06/twitter-is-sweeping-out-fake-accounts-like-never-before-putting-user-growth-risk/

Trench, M. (1990). *Cyberpunk. Mystic fire videos.* New York: Intercon.

Tuchman, G. (1978). *Making news: A study in the construction of reality*. New York: Free Press.

Vosoughi, V., Roy, D., & Aral, S. (2018). The spread of true and false news online. *Science, 359*, 1146–1151.

Watson, A. (2019, May 28). Frequency of using selected news sources among millennials in the United States as of April 2019. *Statista*. Retrieved from https://www.statista.com/statistics/1010456/united-states-millennials-news-consumption/

Watts, D. J., & Rothschild, D. M. (2017, December 5). Don't blame the election on fake news. Blame it on the media. *Columbia Journalism Review*. Retrieved from https://www.cjr.org/analysis/fake-news-media-election-trump.php

Wojcik, S., Messing, S., Smith, A., Rainie, L., & Hitlin, P. (2018, April 9). Bots in the Twittersphere. *Pew Research Center*. Retrieved from http://www.pewinternet.org/2018/04/09/bots-in-the-twittersphere/

Wu, T. (2017, September). Is the First Amendment obsolete? *Knight First Amendment Institute*. Retrieved from https://knightcolumbia.org/content/tim-wu-first-amendment-obsolete

Yilek, C. (2015, December 21). Trump on journalists: I hate them, but wouldn't kill them. *The Hill*. Retrieved from http://thehill.com/blogs/ballot-box/presidential-races/263969-trump-on-journalists-i-hate-them-but-wouldnt-kill-them

Zuckerberg, M. (2017, February 16). Building Global Community. *Facebook*. Retrieved from https://www.facebook.com/notes/mark-zuckerberg/building-global-community/10154544292806634/

#### CHAPTER 4

Allport, G. W., & Postman, L. J. (1945). The basic psychology of rumor. *Transactions of the New York*

Bakshy, E., Messing, S., & Adamic, L. A. (2015). Exposure to ideologically diverse news and opinion on Facebook. *Science, 348*, 1130–1132.

Charters, W. W. (1933). *Motion pictures and youth*. New York: MacMillan.

Crockett, Z. (2016, September 13). "Gang member" and "thug" roles in film are disproportionately played by black actors. *Vox*. Retrieved from https://www.vox.com/2016/9/13/12889478/black-actors-typecasting

DeFleur, M. L. (1970). *Theories of mass communication*. New York: David McKay.

Faris, R. M., Roberts, H., Etling, B., Bourassa, N., Zuckerman, E., & Benkler, Y. (2017). *Partisanship, propaganda, and disinformation: Online media and the 2016 U.S. presidential election*. Berkman Klein Center for Internet & Society Research Paper. Retrieved from https://dash.harvard.edu/handle/1/33759251

Festinger, L. (1957). *A theory of cognitive dissonance*. Stanford, CA: Stanford University Press.

Festinger, L. (1962). Cognitive dissonance. *Scientific American, 207*, 93.

Fletcher, M. A. (2018, April). For Black motorists, a never-ending fear of being stopped. *National Geographic*. Retrieved from https://www.nationalgeographic.com/magazine/2018/04/the-stop-race-police-traffic/

Garrett, R. K. (2009). Echo chambers online?: Politically motivated selective exposure among Internet news users. *Journal of Computer-mediated Communication, 14*, 265–285.

Gerbner, G. (1990). Epilogue: Advancing on the path of righteousness (maybe). In N. Signorielli & M. Morgan (Eds.), *Cultivation Analysis: New Directions in Media Effects Research* (pp. 249–262). Newbury Park, CA: Sage.

Gitlin, T. (1978). Media sociology. *Theory and Society, 6*, 205–253.

Gramlich, J. (2018, January 12). The gap between the number of blacks and whites in prison is shrinking. *Pew Research Center.* Retrieved form http://www.pewresearch.org/fact-tank/2018/01/12/shrinking-gap-between-number-of-blacks-and-whites-in-prison/

Hovland, C. I., Lumsdaine, A. A., & Sheffield, F. D. (1949). *Experiments on mass communication*. Princeton, NJ: Princeton University Press.

Iyengar, S., & Hahn, K. S. (2009). Red media, blue media: Evidence of ideological selectivity in media use. *Journal of Communication, 59*, 19–39.

Jowett, G. S., Jarvie, I., & Fuller, K. (1996) *Children and the movies: Media influence and the Payne Fund controversy*. New York: Cambridge University Press.

Kristof, N. (2009). The daily me. *New York Times*, p. A31.

Lazarsfeld, P. F., Berelson, B., & Gaudet, H. (1944). *The people's choice: How the voter makes up his mind in a presidential campaign*. New York: Duell, Sloan & Pearce.

Lazarsfeld, P. F., & Franzen, R. H. (1945). Prediction of political behavior in America. *American Sociological Review, 10*, 261–273.

Merton, R. K. (1967). *On theoretical sociology*. New York: Free Press.

Messing, S., & Westwood, S. J. (2014). Selective exposure in the age of social media: Endorsements trump partisan source affiliation when selecting news online. *Communication Research, 41*, 1042–1063.

Negroponte, N. (1995). *Being digital*. New York: Knopf.

Pooley, J. (2008). The new history of mass communication research. In D. W. Park & J. Pooley (Eds.), *The History of Media and Communication Research: Contested Memories* (pp. 43–69) New York: Peter Lang.

Posner, L. (2018, February 5). The Philadelphia Super Bowl riots expose a racist double standard. *Alternet*. Retrieved from https://www.alternet.org/news-amp-politics/philadelphia-super-bowl-riots-expose-racist-double-standard

Rosnow, R. L., & Robinson, E. J. (1967). *Experiments in persuasion*. New York: Academic.

Smiley, C. J., & Fakunle, D. (2016). From "brute" to "thug:" the demonization and criminalization of unarmed Black male victims in America. *Journal of Human Behavior in the Social Environment, 26*, 350–366.

Sobieraj, S., Berry, J. M., & Connors, A. (2013). Outrageous political opinion and political anxiety in the US. *Poetics, 41*, 407–432.

Tuchman, G., & Farberman, H. A. (1980). Facts of the moment: The study of news. *Symbolic Interaction, 3*, 9–20.

**CHAPTER 5**

Bauer, R. A., & Bauer, A. H. (1960). America, mass society, and mass media. *Journal of Social Issues, 10*, 3–66.

Berman, E. (2015, July 13). How the G.I. Bill changed the face of higher education in America. *Time*. Retrieved from http://time.com/3915231/student-veterans/

Bryant, J., & Miron, D. (2004). Theory and research in mass communication. *Journal of Communication, 54*, 662–704.

Campbell, A., Converse, P. W., Miller, W. E., & Stokes, D. E. (1960). *The American voter*. New York: Wiley.

Castro, D., & McQuinn, A. (2018, August 22). Most Americans are not that concerned about online privacy. *Information Technology and Innovation Foundation*. Retrieved from https://itif.org/publications/2018/08/22/most-americans-are-not-concerned-about-online-privacy

Davis, D. K. (1990). News and politics. In D. L. Swanson & D. Nimmo (Eds.), *New Directions in Political Communication* (pp. 147–184). Newbury Park, CA: Sage.

DeFleur, M. L., & Larsen, O. N. (1958). *The flow of information*. New York: Harper.

Funkhouser, G., & McCombs, M. (1971). The rise and fall of news diffusion. *Public Opinion Quarterly, 50*, 107–113.

Greenberg, B., & Parker, E. (Eds.) (1965). *The Kennedy assassination and the American public*. Stanford, CA: Stanford University Press.

Holbert, R. L., Garrett, R. K., & Gleason, L. S. (2010). A new era of minimal effects? A response to Bennett and Iyengar. *Journal of Communication, 60*, 15–34.

Katz, E., & Lazarsfeld, P. F. (1955). *Personal influence: The part played by people in the flow of communications*. New York: Free Press.

Kenny, C. (2009, November/December). Revolution in a box. *Foreign Policy*, pp. 68–74.

Klapper, J. T. (1960). *The effects of mass communication*. New York: Free Press.

Kornhauser, A., & Lazarsfeld, P. F. (1935). The technique of market research from the standpoint of a psychologist. *Institute of Management, 16*, 3–15, 19–21.

Kunkel, D., Wilcox, B.L., Cantor, J., Palmer, E., Linn, S., & Dowrick, R (2004). *Report of the APA task force on advertising and children*. Washington, DC: American Psychological Association.

Kuralt, C. (1977). *When television was young (videotape)*. New York: CBS News.

Lasswell, H. D. (1949). The structure and function of communication in society. In W. S. Schramm (Ed.), *Mass communication* (pp. 216–228). Urbana, IL: University of Illinois Press.

Lazarsfeld, P. F., & Merton, R. K. (1948). Mass communication, popular taste and organized social action. In L. Bryson (Ed.), *The communication of ideas: A series of addresses* (pp. 95–118). New York: Institute for Religious and Social Studies.

Mendelsohn, H. (1966). *Mass entertainment*. New Haven, CT: College and University Press.

Merton, R. K. (1949). *Social theory and social structure*. Glencoe, IL: Free Press.

Merton, R. K. (1967). *On theoretical sociology*. New York: Free Press.

Mills, C. W. (1951). *White collar: The American middle classes*. New York: Oxford University Press.

Mills, C. W. (1956). *The power elite*. New York: Oxford University Press.

Mills, C. W. (1959). *The sociological imagination*. New York: Oxford University Press.

Potter, W. J. (2009). *Arguing for a general framework for mass media scholarship*. Thousand Oaks, CA: Sage.

Pooley, J. (2006). Fifteen pages that shook the field: Personal influence, Edward Shils, and the remembered history of mass communication research. *The ANNALS of the American Academy of Political and Social Science, 608*, 130–156.

Schramm, W., Lyle, J., & Parker, E. (Eds.), (1961). *Television in the lives of our children*. Stanford, CA: Stanford University Press.

Summers, J. H. (2006, May 14). The deciders. *New York Times Book Review*, p. 39.

Wiener, N. (1954). *The Human use of human beings: Cybernetics and society*. Garden City, NY: Doubleday Anchor.

Wiener, N. (1961). *Cybernetics* (2nd ed.). Cambridge, MA: MIT Press.

Wright, C. R. (1959). *Mass communication: A sociological perspective*. New York: Random House.

**CHAPTER 6**

Adorno, T., & Horkheimer, M. (1972). *Dialectic of enlightenment*. New York: Herder and Herder.

Althusser, L. (1970). *For Marx. Translation by Ben Brewster*. New York: Vintage.

Arato, A., & Gebhardt, E. (Eds.). (1978). *The essential Frankfurt School reader*. New York: Urizen.

Bennett, W. L. (1988). *News: The politics of illusion*, 2nd ed. New York: Longman.

Bennett, W. L. (2005). *News: The politics of illusion*, 6th ed. New York: Longman.

Bloom, A. D. (1987). *The closing of the American mind: How higher education has failed democracy and impoverished the souls of today's students*. New York: Simon & Schuster.

Boswell, A. A., & Spade, J. Z. (1996). Fraternities and collegiate rape culture: Why are some fraternities more dangerous places for women? *Gender and Society, 2,* 133-147.

Campbell, W. J. (2011, June 8). Bra-burning, a myth "that will never die?" *Media Myth Alert.* Retrieved from http://mediamythalert.wordpress.com/2011/06/08/bra-burning-a-media-myth-that-will-never-die/

Caplan, S. E. (2005). A social skill account of problematic internet use. *Journal of Communication, 55,* 721–736.

Carey, J. (1975). Culture and communication. *Communication Research, 2,* 173–191.

Carey, J. (1989). *Communication as culture: Essays on media and society.* Winchester, MA: Unwin Hyman.

Carr, D. (2011, January 9). Media savant. *New York Times Book Review,* pp. 1, 10–11.

Cissel, M. (2012). Media framing: A comparative content analysis on mainstream and alternative news coverage of Occupy Wall Street. *The Elon Journal of Undergraduate Research in Communications, 3,* 67–77.

Crenshaw, K. (1989). Demarginalizing the intersection of race and sex: A Black feminist critique of antidiscrimination doctrine, feminist theory and antiracist policy. *University of Chicago Legal Forum, 1,* 139–167.

Crouse, T. (1973). *The boys on the bus.* New York: Random House.

Desmond, M. (2018, September 16). Why work doesn't work anymore. *New York Times Magazine,* pp. 36–41, 36–49.

Duncan-Shippy, E. M., Murphy, S. C., & Purdy, M. A. (2017). An examination of mainstream media as an educating institution: The Black Lives Matter Movement and contemporary social protest. In R. M. Elmesky, C. C. Yeakey, & O. Marcucci (Eds.) *The power of resistance (Advances in education in diverse communities: Research, policy and praxis, vol. 12),* pp. 99–142. Sommerville, MA: Emerald Publishing Limited.

Eidelson, J. (2011, July 13). Welcome to TV-ville, population: People richer than you. *Dissent.* Retrieved from https://www.dissentmagazine.org/blog/welcome-to-tv-ville-population-people-richer-than-you

Epstein, E. J. (1973). *News from nowhere: Television and the news.* New York: Random House.

Fishman, M. (1980). *Manufacturing the news.* Austin: University of Texas Press.

Ford, T. E. (2000). Effects of sexist humor on tolerance of sexist events. *Personality and Social Psychology Bulletin, 26,* 1094–1107.

Ford, T. E., Boxer, C. F., Armstrong, J., & Edel, J. R. (2008). More than "just a joke": The prejudice-releasing function of sexist humor. *Personality and Social Psychology Bulletin, 34,* 159–170.

Gabler, N. (2016, April 24). The mainstream media's big disconnect: Why they don't get Middle America. *Alternet.* Retrieved from http://www.alternet.org/media/mainstream-medias-big-disconnect-why-they-dont-get-middle-america

Gans, H. (1972). *The politics of culture in America: A sociological analysis.* In D. McQuail (Ed.), *Sociology of Mass Communication* (pp. 372–385). Harmondsworth, England: Penguin.

Gans, H. (1979). *Deciding what's news: A study of CBS Evening News, NBC Nightly News, Newsweek and Time.* New York: Pantheon Books.

Garces, M., & Rendall, S. (2012, September). Media not concerned about the very poor. *Fair.* Retrieved from https://fair.org/extra/media-not-concerned-about-the-very-poor/

Garnham, N. (1995). Political economy and cultural studies: Reconciliation or divorce? *Critical Studies in Mass Communication, 12,* 95–100.

Gerbner, G. (2001). The cultural arm of the corporate establishment: Reflections on the work of Herb Schiller. *Journal of Broadcasting and Electronic Media, 45,* 186–190.

Giroux, H. (2011). The crisis of public values in the age of new media. *Critical Studies in Media Communication, 28,* 8–29.

Gitlin, T. (1980). *The whole world is watching: Mass media in the making and unmaking of the New Left.* Berkeley: University of California Press.

Gold, H. R. (2018, September 17). Ten years after the financial crisis, business journalism awaits its reckoning. *Columbia Journalism Review.* Retrieved from https://www.cjr.org/business_of_news/ten-years-financial-crisis-business-journalism.php

Goldberg, M. (2019, February 24). Not the fun kind of feminist. *New York Times,* p. 4.

Goodman, A. (2004). *The exception to the rulers: Exposing oily politicians, war profiteers, and the media that love them.* New York: Hyperion.

Greene, V., & Day, A. (2020). Asking for it: Rape myths, satire, and feminist lacunae. *Signs: Journal of Women in Culture and Society, 5,* in press.

Grossberg, L. (1983). Cultural studies revisited and revised. In M. S. Mander (Ed.), *Communications in Transition* (pp. 39–70). New York: Praeger.

Grossberg, L. (1989). The circulation of cultural studies. *Critical Studies in Mass Communication, 6,* 413–421.

Grossberg, L., & Nelson, C. (1988). Introduction: The territory of Marxism. In C. Nelson & L. Grossberg (Eds.), *Marxism and the interpretation of culture* (pp. 1–16). Urbana, IL: University of Illinois Press.

Grossberg, L., Nelson, C., & Treichler, P. (Eds.). (1992). *Cultural studies*. London: Routledge.

Habermas, J. (1971). *Knowledge and human interest*. Boston: Beacon.

Habermas, J. (1989). *The structural transformation of the public sphere*. Cambridge, MA: MIT Press.

Hall, S. (1980). Encoding and decoding in the television discourse. In S. Hall (Ed.), *Culture, media, language* (pp. 117–127). London: Hutchinson.

Hall, S. (1981a). Notes on deconstructing "the popular." In R. Samuel (Ed.), *People's history and socialist theory* (pp. 227–240). London: Routledge.

Hall, S. (1981b). The whites of their eyes: Racist ideologies and the media. In G. Bridges, & R. Brundt (Eds.), *Silver linings* (pp. 28-52). London: Lawrence and Wishart.

Hall, S. (1982). The rediscovery of "ideology": Return of the repressed in media studies. In M. Gurevitch, T. Bennett, J. Curran, & J. Woollacott (Eds.), *Culture, Society, and the Media* (pp. 52–86). New York: Methuen.

Huyssen, A. (1975). Introduction to Adorno. *New German Critique, 6*, 3–11.

Innis, H. A. (1950). *Empire and communication*. Toronto: University of Toronto Press.

Innis, H. A. (1951). *The bias of communication*. Toronto: University of Toronto Press.

Janus, N. V. (1977). Research on sex-roles in the mass media: Toward a critical approach. *Critical Sociology, 7*, 19–31.

Jensen, K. B. (1991). *A handbook of qualitative methodology for mass communication research*. New York: Taylor & Francis.

Jhally, S. (1989). The political economy of culture. In I. Angus & S. Jhally (Eds.), *Cultural politics in contemporary America* (pp. 65–81). New York: Routledge.

Johnson, A. (2018, March 1). Top NYT editor: "We are pro-capitalism, the Times is in favor of capitalism." *Fair*. Retrieved from https://fair.org/home/top-nyt-editor-we-are-pro-capitalism-the-times-is-in-favor-of-capitalism/

Juris, J. S. (2007). Practicing militant ethnography with the movement for global resistance in Barcelona. In S. Shukaitis, D. Graeber, & E. Biddle (Eds.), *Constituent imagination* (pp. 164–176). Oakland, CA: AK Press.

Kelman, J. (2018, June 18). Is there a TV in your child's room? *Great Schools*. Retrieved from https://www.greatschools.org/gk/articles/effects-of-tv-in-children-bedroom/

Kimberlé Crenshaw on intersectionality, more than two decades later. (2017, June 8). *Columbia Law School*. Retrieved from http://www.law.columbia.edu/pt-br/news/2017/06/kimberle-crenshaw-intersectionality

Lalami, L. (2017, October 30). The color of terrorism. *The Nation*, pp. 12–13.

Lazarsfeld, P. F. (1941). Remarks on administrative and critical communication research. *Studies in Philosophy and Social Science, 9*, 2–16.

Leonhardt, D. (2018, September 16). We're measuring the economy all wrong. *New York Times*, pp. SR1–SR2.

Lewis, J. (2008). *Cultural studies: The basics*. Thousand Oaks, CA: Sage.

Littleton, C. (2008, September 22–28). TV's class struggle. *Variety*, pp. 1, 81.

Long, E. (1989). Feminism and cultural studies. *Critical Studies in Mass Communication, 6*, 427–435.

Ludwig, M. (2013, April 10). Labor report: Four major TV news networks ignore unions. *Truthout*. Retrieved from http://truth-out.org/news/item/15655-labor-report-four-major-tv-news-networks-ignore-unions#_methods=onPlusOne%2C_ready%2C_close%2C_open%2C_resizeMe%2C_renderstart%2Concircled&id=I0_1365631425422&parent=http%3A%2F%2Ftruth-out.org&rpctoken=71088189

Mandese, J. (2018, May 29). Get woke: Time spent with media approaching total awake time. *MediaPost*. Retrieved from https://www.mediapost.com/publications/article/319872/get-woke-time-spent-with-media-approaching-total.html

Marwick, A. E., & Caplan, R. (2018). Drinking male tears: Language, the manosphere, and networked harassment. *Feminist Media Studies, 18*, 543–559.

McChesney, R. W. (2004). *The problem of the media: U.S. communication politics in the 21st century*. New York: Monthly Review Press.

McLuhan, M. (1964). *Understanding media: The extensions of Man*. New York: McGraw-Hill.

McLuhan, M. (1962). *The Gutenberg galaxy: The making of typographic man*. Toronto: University of Toronto Press.

Meehan, E. R., & Riordan, E. (2002). *Sex & money: Feminism and political economy in the media*. Minneapolis: University of Minnesota Press.

Meyrowitz, J. (1985). *No sense of place: The impact of electronic media on social behavior.* New York: Oxford University Press.

Meyrowitz, J. (2008). Power, pleasure, patterns: Intersecting narratives of media influence. *Journal of Communication, 58,* 641–663.

Miller, M. H. (2018, September 16). I came of age in the Recession. I'm still angry. *New York Times,* p. SR3.

Mitchell, G. (2009, April). Watchdogs failed to bark on economy. *Editor & Publisher,* p. 16.

Morris, W. (2016, May 1). What happened to all the working-class TV characters? *New York Times Magazine,* pp. 76–79.

Mulvey, L. (1975/1999). Visual pleasure and narrative cinema. In L. Braudy and M. Cohen (Eds.), *Film Theory and Criticism: Introductory Readings,* (pp. 833–844). New York: Oxford University Press.

Mumbry, D. K. (1997). The problem of hegemony: Rereading Gramsci for organizational communication studies. *Western Journal of Communication, 61,* 343–375.

Murdock, G. (1989a). Critical activity and audience activity. In B. Dervin, L. Grossberg, B. J. O'Keefe, & E. Wartella (Eds.), *Rethinking communication, vol. 2: Paradigm exemplars* (pp. 226–249). Newbury Park, CA: Sage.

Murdock, G. (1989b). Critical studies: Missing links. *Critical Studies in Mass Communication, 6,* 436–440.

Naureckas, J. (2009, July). Before we "save" journalism. *Extra!,* p. 5.

Negt, O. (1978). Mass media: Tools of domination or instruments of liberation? Aspects of the Frankfurt School's communications analysis. *New German Critique, 14,* 61–80.

Nelson, C, & Grossberg, L. (1988). *Marxism and the interpretation of culture.* Urbana, IL: University of Illinois Press.

Newcomb, H. (1974). *TV: The most popular art.* New York: Oxford University Press.

Newcomb, H. (2007). *Television: The critical view,* 7th ed. New York: Oxford University Press.

Newcomb, H., & Hirsch, P. M. (1983). Television as a cultural forum: Implications for research. *Quarterly Review of Film, 8,* 45–55.

O'Brien, S., & Szeman, I. (2004). *Popular culture.* Scarborough, Ontario: Nelson.

O'Connor, A. (1989). The problem of American cultural studies. *Critical Studies in Mass Communication, 6,* 405–413.

O'Keeffe, G. S., & Clarke-Pearson, K. (2011). Clinical report—The impact of social media on children, adolescents, and families. *Pediatrics, 127,* 800–804.

Okeowo, A. (2017, March 6). The provocateur Behind Beyoncé, Rihanna, and Issa Rae. *The New Yorker.* Retrieved from https://www.newyorker.com/magazine/2017/03/06/the-provocateur-behind-beyonce-rihanna-and-issa-rae

Pérez, R., & Greene, V. S. (2016). Debating rape jokes vs. rape culture: Framing and counter-framing misogynistic comedy. *Social Semiotics, 26,* 265–282.

Pleat, Z. (2019, February 20). CNN anchors misleadingly portray popular Democratic proposals such as "Medicare-for-all" and taxing the wealthy as far to the left. *Media Matters.* Retrieved from https://www.mediamatters.org/blog/2019/02/20/cnn-anchors-misleadingly-portray-popular-democratic-proposals-such-medicare-all-and-taxing-wealthy/222923

Polo, S. (2012, May 17). Jarrah Hodge drops some feminist history on us: Bra-burning is a myth. *The Mary Sue.* Retrieved from http://www.themarysue.com/jarrah-hodge-drops-some-feminist-history-on-us-bra-burning-is-a-myth/

Pooley, J. (2007). Daniel Czitrom, James W. Carey, and the Chicago School. *Critical Studies in Media Communication, 24,* 469–472.

Posner, L. (2018, February 5). The Philadelphia Super Bowl riots expose a racist double standard. *Alternet.* Retrieved from https://www.alternet.org/news-amp-politics/philadelphia-super-bowl-riots-expose-racist-double-standard

Postman, N. (2000, June 16). The humanism of media ecology. Keynote Address Delivered at the Inaugural Media Ecology Association Convention. Retrieved from http://media-ecology.org/publications/MEA_proceedings/v1/humanism_of_media_ecology.html

Rakow, L. (1986). Feminist approaches to popular culture: Giving patriarchy its due. *Communication, 9,* 19–41.

Richardson, R. (2018, March 23). Journalism of, by and for the elite. *Fair.* Retrieved from https://fair.org/home/journalism-of-by-and-for-the-elite/

Rogers, E. M. (2000). The extensions of men: The correspondence of Marshall McLuhan and Edward T. Hall. *Mass Communication and Society, 3,* 117–135.

Romero-Sánchez, M., Durán, M., Carretero-Dios, H., Megías, J. L., & Moya, M. (2010). Exposure to sexist humor and rape proclivity: The moderator effect of aversiveness ratings. *Journal of Interpersonal Violence, 25*, 2339–2350.

Ross, A. (2014, September 15). The naysayers. *The New Yorker*, pp. 88–94.

Sacco, J. M., Potts, L., Hearit, L., Sonderman, J., & Stroud, N. J. (2017, April 6). General election news coverage: What engages audiences down the ballot. *American Press Institute*. Retrieved from https://www.americanpressinstitute.org/publications/reports/white-papers/general-election-coverage/

Savchuck, K. (2016, April 6). Poor journalism: Is media coverage of the poor getting better or worse? *Cal Alumni Association*. Retrieved from https://alumni.berkeley.edu/california-magazine/just-in/2016-04-06/poor-journalism-media-coverage-poor-getting-better-or-worse

Schiller, H. I. (2000). *Living in the number one country: Reflections from a critic of American Empire*. New York: Seven Stories Press.

Schorr, D. (1992, May 17). True confessions of a lifetime TV journalist. *San Jose Mercury News*, pp. 1C, 5C.

Schwartz, N. D. (2018, September 16). The recovery was a disaster all over again. *New York Times*, p. BU3.

Senderowicz, D. (2018, September 15). Ending the secrecy of the student debt crisis. *Alternet*. Retrieved from https://www.alternet.org/ending-secrecy-student-debt-crisis?src=newsletter1096274

Smith, C. (2017, February 7). Vizio admits to spying on you through your smart TV. *BRG*. Retrieved from http://bgr.com/2017/02/07/vizio-smart-tv-spying-case/

Solomon, N. (2009, October 15). Media absence of class war. *Progressive Populist*, p. 16.

Stanley, J. (2015). *How propaganda works*. Princeton, NJ: Princeton University Press.

Star, A. (2008, August 17). Judgment call. *New York Times Book Review*, pp. 10–11.

Thomae, M., & Viki, G. T. (2013). Why did the woman cross the road? The effect of sexist humor on men's rape proclivity. *Journal of Social, Evolutionary, and Cultural Psychology, 7*, 250–269.

Thomas, E. (2009, April 6). Obama's Nobel headache. *Newsweek*, pp. 20–25.

Tuchman, G. (1978). *Making news: A study in the construction of reality*. New York: Free Press.

Vanden Heuvel, K. (2019, February 25/March 4). Time for a wealth tax! *The Nation*, pp. 3–4.

Wartella, E., & Treichler, P. A. (1986). Interventions: Feminist theory and communication studies. *Communication, 9*, 1–18.

Waterlow, L. (2016, February 13). "Rape and death threats are common": Women gamers reveal the vile online abuse they receive EVERY DAY from men who say they should "get back in the kitchen." *Daily Mail*. Retrieved from http://www.dailymail.co.uk/femail/article-3454588/Women-gamers-reveal-vile-online-abuse-receive-DAY-men-say-kitchen.html

Whiten, J. (2004, February). Bad news from Iraq? Blame the source—US officials. *Extra! Update*, p. 13.

Williams, R. (1967). *Communications*. New York: Barnes and Noble.

Williams, R. (1974). *Television: Technology and cultural form*. London: Fontana.

Wolf, G. (1996, January). The wisdom of Saint Marshall, the holy fool. *Wired*, pp. 122–125, 182–187.

#### CHAPTER 7

Anderson, C. A., Berkowitz, L., Donnerstein, E., Huesmann, L. R., Johnson, J. D., Linz, D., Malamuth, N. M., & Wartella, E. (2003). The influence of media violence on youth. *Psychological Science in the Public Interest, 4*, 81–110.

Anderson, C. A., & Bushman, B. J. (2002). Human aggression. *Annual Review of Psychology, 53*, 27–51.

Anderson, C. A., & Carnagey, N. L. (2004). Violent evil and the general aggression model. In A. G. Miller (Ed.), *The social psychology of good and evil* (pp. 169–192). New York: The Guilford Press.

Anderson, C. A., Deuser, W. E., & DeNeve, K. (1995). Hot temperatures, hostile affect, hostile cognition, and arousal: Tests of a general model of affective aggression. *Personality and Social Psychology Bulletin, 21*, 434–448.

Anderson, C. A., & Dill, K. E. (2000). Video games and aggressive thoughts, feelings, and behavior in the laboratory and in life. *Journal of Personality and Social Psychology, 78*, 772–790.

Anderson, C. A., Shibuya, A., Ihori, N., Swing, E. L., Bushman, B. J., Sakamoto, A., Rothstein, H. R., & Saleem, M. (2010). Violent video game effects on aggression, empathy, and prosocial behavior in eastern and western countries: A meta-analytic review. *Psychological Review, 136*, 151–173.

Anderson, D. R., & Lorch, E. P. (1983). Looking at television: Action or reaction? In J. Bryant & D. R. Anderson (Eds.), *Children's understanding of television: Research on attention and comprehension* (pp. 1–31). New York: Academic.

Andison, F. S. (1977). TV violence and viewer aggression: A culmination of study results, 1956–1976. *Public Opinion Quarterly, 41*, 314–331.

Baker, R. K., & Ball, S. J. (1969). *Violence and the media: A staff report to the National Commission on the Causes and Prevention of Violence, vol. 9A.* Washington, DC: U.S. Government.

Bandura, A. (1965). Influence of models' reinforcement contingencies on the acquisition of imitative responses. *Journal of Personality and Social Psychology, 1*, 589–595.

Bandura, A. (1971). *Psychological modeling: Conflicting theories*. Chicago: Aldine Atherton.

Bandura, A. (1994). Social cognitive theory of mass communication. In J. Bryant & D. Zillman (Eds.), *Media effects: Advances in theory and research* (pp. 61–90). Hillsdale, NJ: Erlbaum.

Bandura, A. (2009). Social cognitive theory of mass communication. In J. Bryant & M. B. Oliver (Eds.), *Media effects: Advances in theory and research* (pp. 94–124). New York: Routledge.

Baran, S. J., & Meyer, T. P. (1974). Imitation and identification: Two compatible approaches to social learning from the electronic media. *AV Communication Review, 22*, 167–179.

Berkowitz, L. (1965). Some aspects of observed aggression. *Journal of Personality and Social Psychology, 2*, 359–369.

Berkowitz, L., & Geen, R. G. (1966). Film violence and the cue properties of available targets. *Journal of Personality and Social Psychology, 3*, 525–530.

Bronfenbrenner, U. (1970). *Two worlds of childhood: US and USSR*. New York: Sage.

Bryant, J., & Anderson, D. R. (1983). *Children's understanding of television: Research on attention and comprehension*. New York: Academic.

Burgess, M. C. R., & Burpo, S. (2012). The effect of music videos on college students' perceptions of rape. *College Student Journal, 46*, 748–763.

Bushman, B. J., & Anderson, C. A. (2001). Media violence and the American public: Scientific facts versus media misinformation. *American Psychologist, 56*, 477–489.

Bushman, B. J., Rothstein, H. R., & Anderson, C. A. (2010). Much ado about something: Violent video game effects and a school of red herring: Reply to Ferguson and Kilburn. *Psychological Bulletin, 136*, 182–187.

Carnagey, N. L., Anderson, C. A., & Bushman, B. J. (2007). The effect of video game violence on physiological desensitization to real-life violence. *Journal of Experimental Social Psychology, 43*, 489–496.

Cooper, A. (2018, December 9). Groundbreaking study examines effects of screen time on kids. *CBS News*. Retrieved from https://www.cbsnews.com/news/groundbreaking-study-examines-effects-of-screen-time-on-kids-60-minutes/

Coyne, S. M., Nelson, D. A., Graham-Kevan, N., Tew, E., Meng, K. N., & Olsen, J. A. (2011). Media depictions of physical and relational aggression: Connections with aggression in young adults' romantic relationships. *Aggressive Behavior, 37*, 56–62.

Coyne, S. M., Warburton, W. A., Essig, L. W., & Stockdale, L. A. (2018). Violent video games, externalizing behavior, and prosocial behavior: A five-year longitudinal study during adolescence. *Developmental Psychology, 54*, 1868–1880.

DeWall, C. N., Anderson, C. A., & Bushman, B. J. (2011). The general aggression model: Theoretical extensions to violence. *Psychology of Violence, 1*, 245–258.

Feshbach, S. (1961). The stimulating versus cathartic effects of a vicarious aggressive activity. *Journal of Abnormal and Social Psychology, 63*, 381–385.

Feshbach, S., & Singer, R. D. (1971). *Television and aggression: An experimental field study*. San Francisco: Jossey-Bass.

Flavell, J. H. (1992). Cognitive development: Past, present, and future. *Developmental Psychology, 28*, 998–1005.

Frost, R., & Stauffer, J. (1987). The effects of social class, gender, and personality on psychological responses to filmed violence. *Journal of Communication, 37*, 29–45.

Gadamer, H. (1995). *Truth and method*. (J. Weinsheimer & D. G. Marshall, Trans.). New York: Continuum.

Gentile, D. A. (2013). Catharsis and media violence: A conceptual analysis. *Societies, 3*, 491–510.

Gentile, D. A., Lynch, P. J., Linder, J. R., & Walsh, D. A. (2004). The effects of violent video games habits on adolescent hostility, aggressive behavior, and school performance. *Journal of Adolescence, 27*, 5–22.

Greitemeyer, T., & Mügge, D. O. (2014). Video games do affect social outcomes: A meta-analytic review of the effects of violent and prosocial video game play. *Personality and Social Psychology Bulletin, 40*, 578–589.

Halloran, J. D. (1964/1965). Television and violence. *The Twentieth Century*, Winter, 61–72.

Huston, A. C., Donnerstein, E., Fairchild, H., Feshbach, N. D., Katz, P. A., Murray, J., Rubenstein, A. E., Wilcox, B. L., & Zuckerman, D. (1992). *Big world, small screen*. Lincoln: University of Nebraska Press.

Jo, E., & Berkowitz, L. (1994). A priming effect analysis of media influence: An update. In J. Bryant & D. Zillman (Eds.), *Media effects: Advances in theory and research* (pp. 43–60). Hillsdale, NJ: Erlbaum.

Kelmon, J. (2018, June 18). Is there a TV in your child's room? *Great Schools*. Retrieved from https://www.greatschools.org/gk/articles/effects-of-tv-in-children-bedroom/

Kistler, M. E., & Lee, M. J. (2010). Does exposure to sexual hip-hop music videos influence the sexual attitudes of college students? *Mass Communication and Society, 13*, 67–86.

Konijn, E. A., Bijvank, M. N., & Bushman, B. J. (2007). I wish I were a warrior: The role of wishful identification in the effects of violent video games on aggression in adolescent boys. *Developmental Psychology, 43*, 1038–1044.

Krahé, B., Möller, I., Huesmann, L. R., Kirwill, L., Felber, J., & Berger, A. (2011). Desensitization to media violence: Links with habitual media violence exposure, aggressive cognitions, and aggressive behavior. *Journal of Personality and Social Psychology, 100*, 630–646.

LaCroix, J. M., Burrows, C. N., & Blanton, H. (2018). Effects of immersive, sexually objectifying, and violent video games on hostile sexism in males. *Communication Research Reports, 35*, 413–423.

Mandese, J. (2013, January 10). Study finds more parents concerned about media than guns. *MediaPost*. Retrieved from http://www.mediapost.com/publications/article/190762/study-finds-more-parents-concerned-about-media-tha.html#axzz2I5R6LyhW

McGloin, R., Farrar, K. M., & Fishlock, J. (2015). Triple whammy! Violent games and violent controllers: Investigating the use of realistic gun controllers on perceptions of realism, immersion, and outcome aggression. *Journal of Communication, 65*, 280–299.

Miller, N. E., & Dollard, J. (1941). *Social learning and imitation*. New Haven, CT: Yale University Press.

Potter, W. J. (1997). The problem of indexing risk of viewing television aggression. *Critical Studies in Mass Communication, 14*, 228–248.

Rideout, V. (2017, October 19). The Common Sense census: Media use by kids age zero to eight. *Common Sense Media*. Retrieved from https://www.commonsensemedia.org/research/the-common-sense-census-media-use-by-kids-age-zero-to-eight-2017

Rozendaal, R., Buijzen, M., & Valkenburg, P. (2011). Children's understanding of advertisers' persuasive tactics. *International Journal of Advertising, 30*, 329–350.

Shade, L. R., Porter, N., & Sanchez, W. (2005). You can see everything on the internet, you can do anything on the internet! Young Canadians talk about the internet. *Canadian Journal of Communication, 30*, 503–526.

Shrum, L. J., (2009). Media consumption and perceptions of social reality. In J. Bryant & M. B. Oliver (Eds.), *Media effects: Advances in theory and research* (pp. 50–73). New York: Routledge.

Swing, E. L., Gentile, D. A., Anderson, C. A., & Walsh, D. A. (2010). Television and video game exposures and the development of attention problems. *Pediatrics, 126*, 214–221.

Tsukayama, H. (2013, January 11). Why the video game industry has to talk about gun violence. *Washington Post*. Retrieved from http://articles.washingtonpost.com/2013-01-11/business/36313414_1_violent-video-games-games-and-real-world-violence-game-industry

Twenge, J. M., & Campbell, W. K. (2018). Associations between screen time and lower psychological well-being among children and adolescents: Evidence from a population-based study. *Preventive Medicine Reports, 12*, 271–283.

US Congress Senate Subcommittee on Communications. (1972). *Surgeon General's Report by the Scientific Advisory Committee on Television and Social Behavior.* 92nd Congress, 2nd Session, March 21–24.

Vander Neut, T. (1999, November). Do violent images cause violent behavior? *Risk and Insurance*, pp. 38–40.

Wartella, E. (1979). The developmental perspective. In E. Wartella (Ed.), *Children communicating: Media and development of thought, speech, and understanding* (pp. 7–19). Beverly Hills, CA: Sage.

Wartella, E. (1999). Children and media: On growth and gaps. *Mass Communication and Society, 2*, 81–88.

White, R. W. (1972). *The enterprise of living: Growth and organization in personality.* New York: Holt, Rinehart & Winston.

Yan, Z. (2009). Limited knowledge and limited resources: Children's and adolescents' understanding of the internet. *Journal of Applied Developmental Psychology, 30*, 103–115.

Zimbardo, P. G., & Weber, A. L. (1997). *Psychology.* New York: Longman.

**CHAPTER 8**

Allcott, H., Braghieri, L., Eichmeyer, S., & Gentzkow, M. (2019, January). The welfare effects of social media.

*SSRN Electronic Journal*. Retrieved from http://web.stanford.edu/~gentzkow/research/facebook.pdf

American Academy of Pediatrics. (2011). Policy statement—Children, adolescents, obesity, and the media. *Pediatrics, 128*, 201–208.

Anderson, M., & Jiang, J. (2018, May 31). Teens, social media & technology 2018. *Pew Research Center*. Retrieved from http://www.pewinternet.org/2018/05/31/teens-social-media-technology-2018/

Andronikidis, A. I., & Lambrianidou, M. (2010). Children's understanding of television advertising: A grounded theory approach. *Psychology and Marketing, 27*, 299–332.

Back, M. D., Stopfer, J. M., Vazire, S., Gaddis, S., Schmukle, S. C., Egloff, B., & Gosling, S. D. (2010). Facebook profiles reflect actual personality, not self-idealization. *Psychological Science, 21*, 372–374.

Baker, L. R., & Oswald, D. L. (2010). Shyness and online social networking services. *Journal of Social and Personal Relationships, 27*, 883–889.

Baran, S. J. (1976a). How television and film portrayals affect sexual satisfaction in college students. *Journalism Quarterly, 53*, 468–473.

Baran, S. J. (1976b). Sex on television and adolescent sexual self-image. *Journal of Broadcasting, 20*, 61–68.

Barbaro, A., Earp, J., & Jhally, S. (2008). *Consuming keds: The commercialization of childhood*. Northampton, MA: Media Education Foundation.

Barber, B. R. (2007). *Consumed: How markets corrupt children, infantilize adults, and swallow citizens whole*. New York: W. W. Norton.

Bissell, K. L., & Zhou, P. (2004). Must-see TV or ESPN: Entertainment and sports media exposure and body-image distortion in college women. *Journal of Communication, 54*, 5–21.

Boehm, J. K., Peterson, C., & Kubzansky, L. (2011). A prospective study of positive psychological well-being and coronary heart disease. *Health Psychology, 30*, 259–267.

Boyland, E. J., & Halford, J. C. G. (2012). Television advertising and branding. Effects on eating behaviour and food preferences in children. *Appetite, 62*, 236–241.

Brandtzæg, P. B. (2012). Social networking sites: Their users and social implications—A longitudinal study. *Journal of Computer-Mediated Communication, 17*, 467–488.

Bruce, A. E., Bruce, J. M., Black, W. R., Lepping, R. J., Henry, J. M., J. Cherry, B. C., … Savage, C. R. (2014). Branding and a child's brain: An fMRI study of neural responses to logos. *Social Cognitive & Affective Neuroscience, 9*, 118–122.

Calogero, R. M., & Tylka, T. L. (2010). Fiction, fashion, & function: An introduction to the special issue on gendered body image, part I. *Sex Roles, 63*, 1–5.

Carter, T. B., Franklin, M. A., & Wright, J. B. (2008). *The First Amendment and the fifth estate*. St. Paul, MN: West.

Centers for Disease Control and Prevention. (2018). Childhood obesity facts. Retrieved from https://www.cdc.gov/healthyschools/obesity/facts.htm

Christakis, D. A., Gilkerson, J., Richards, J. A., Zimmerman, F. J., Garrison, M. M., Xu, D., Gray, S., & Yapanel, U. (2009). Audible television and decreased adult words, infant vocalizations, and conversational turns: A population-based study. *Archives of Pediatrics & Adolescent Medicine, 163*, 554–558.

Christakis, D. A., Zimmerman, F. J., DiGiuseppe, D. L., & McCarty, C. A. (2004). Early television exposure and subsequent attentional problems in children. *Pediatrics, 113*, 708–713.

Clark, L., & Tiggemann, M. (2007). Sociocultural in fluences and body image in 9- to 12-year-old girls: The role of appearance schemas. *Journal of Clinical Child and Adolescent Psychology, 36*, 76–86.

Comstock, G. (1991). *Television and the American child*. San Diego: Academic.

Courtright, J. A., & Baran, S. J. (1980). The acquisition of sexual information by young people. *Journalism Quarterly, 57*, 107–114.

Deters, F. G., & Mehl, M. R. (2012). Does posting Facebook status updates increase or decrease loneliness? An online social networking experiment. *Social Psychological and Personality Science, 4*, 579–586.

Diener, E. D., Nickerson, C., Lucas, R. E., & Sandvik, E. D. (2002). Dispositional affect and job outcomes. *Social Indicators Research, 40*, 229–259.

Dworak, M., Schierl, T., Burns, T., & Struder, H. K. (2007). Impact of singular excessive computer game and television exposure on sleep patterns and memory performance of school-aged children. *Pediatrics, 120*, 978–985.

Elliott, C. D. (2012). Packaging fun: Analyzing supermarket food messages targeted at children. *Canadian Journal of Communication, 37*, 303–318.

Frechette, S. (2016). The effect of television food advertising on children's preferences, demands, and intake of high-fat and low-nutrient products. *Annals of Spiru Haret University, 17*, 30–40.

Fredrickson, B. L., & Roberts, T. (1997). Toward understanding women's lived experiences and mental health risks. *Psychology of Women Quarterly, 21*, 173–206.

Gamble, H., & Nelson, L. R. (2016). Sex in college relationships: The role television plays in emerging adults' sexual expectations in relationships. *Communication Monographs, 83*, 145–161.

Geiger, A. W., & Davis, L. (2019, July 12). A growing number of American teenagers—particularly girls—are facing depression. *Pew Research Center.* Retrieved from https://www.pewresearch.org/fact-tank/2019/07/12/a-growing-number-of-american-teenagers-particularly-girls-are-facing-depression/

Gentile, D. A., Choo, H., Liau, A., Sim, T., Li, D., Fung, D., & Khoo, A. (2011). Pathological video game use among youths: A two-year longitudinal study. *Pediatrics, 127*, e319–e329.

Gerbner, G. (2010, February 18). The mean world syndrome—Media as storytellers (extra feature). *Media Education Foundation*. Retrieved from http://www.youtube.com/watch?v=ylhqasb1chI

Giroux, H. (2000). *Stealing innocence: Corporate culture's war on children*. New York: Palgrave.

Giroux, H. A. (2011, May 5). Youth in a suspect society: Coming of age in an era of disposability. *Truthout.* Retrieved from http://truth-out.org/news/item/923:youth-in-a-suspect-society-coming-of-age-in-an-era-of-disposability

Giroux, H. A., & Pollock, G. (2011, August 21). How Disney magic and the corporate media shape youth identity in the digital age. *Truthout.* Retrieved from http://truth-out.org/opinion/item/2808:how-disney-magic-and-the-corporate-media-shape-youth-identity-in-the-digital-age

Gottesdiener, L. (2012, November 29). 7 highly disturbing trends in junk food advertising to children. *AlterNet.* Retrieved from http://www.alternet.org/food/7-highly-disturbing-trends-junk-food-advertising-children

Grasmuck, S., Martin, J., & Zhao, S. (2009). Ethnoracial identity displays on Facebook. *Journal of Computer-Mediated Communication, 15*,158–188.

Grenard,J.L.,Dent,C.W.,&Stacy,A.W.(2013).Exposure to alcohol advertisements and teenage alcohol-related problems. *Pediatrics, 131*, e369–e379.

Haelle, T. (2013, April 9). Consumption junction: Childhood obesity determined largely by environmental factors, not genes or sloth. *Scientific American.* Retrieved from http://www.scientificamerican.com/article.cfm?id=childhood-obesity-determined-largely-by-environmental-factors&page=3

Hampton, K. N., Sessions, L. F., & Her, E. J. (2010). Core networks, social isolation, and new media: How internet and mobile phone use is related to network size and diversity. *Information, Communication & Society, 14*, 130–155.

Han, S., Kim, K. J., & Kim, J. H. (2017). Understanding nomophobia: Structural equation modeling and semantic network analysis of smartphone separation anxiety. *Cyberpsychology, Behavior, and Social Networking, 20*, 419–427.

Harrison, K. (2006). Scope of self: Toward a model of television's effects on self-complexity in adolescence. *Communication Theory, 16*, 251–279.

Hunt, M. G., Marx, R., Lipson, C., & Young, J. (2018). No more FOMO: Limiting social media decreases loneliness and depression. *Journal of Social and Clinical Psychology, 37*, 751–768.

Jiang, J. (2018, August 22). How teens and parents navigate screen time and device distractions. *Pew Research Center.* Retrieved from http://www.pewinternet.org/2018/08/22/how-teens-and-parents-navigate-screen-time-and-device-distractions/

Krasnova, H., Wenninger, H., Widjaja, T., & Buxmann, P. (2013). Envy on Facebook: A hidden threat to users' life satisfaction? Paper presented to the 11th International Conference on Wirtschaftsinformatik, Leipzig, Germany, March.

Kraut, R., Patterson, M., Lundmark, V., Kiesler, S., Mukopadhyay, T., & Scherlis. W. (1998). Internet paradox. A social technology that reduces social involvement and psychological well-being? *American Psychologist, 53*, 1017–1031.

Kross, E., Verduyn, P., Demiralp, E., Park, J., Lee, D. S., Lin, N., ... Ybarra, O. (2013). Facebook use predicts declines in subjective well-being in young adults. *PLoS ONE, 8*, e69841.

Kruglanski, A. W., & Mayseless, O. (1990). Classic and current social comparison research: Expanding the perspective. *Psychological Bulletin, 108*, 195–208.

Linn, S. (2004). *Consuming kids*. New York: The New Press.

Lyubomirsky, S., King, L., & Diener, E. (2005). The benefits of frequent positive affect: Does happiness lead to success? *Psychological Bulletin, 131*, 803–855.

Major depression: The impact on overall health. (2018, May 10). *Blue Cross Blue Shield*. Retrieved from https://www.bcbs.com/the-health-of-america/reports/major-depression-the-impact-overall-health

Marche, S. (2012, May). Is Facebook making us lonely? *Atlantic*. Retrieved from https://www.theatlantic.com/magazine/archive/2012/05/is-facebook-making-us-lonely/308930/

Martins, N., & Wilson, B. J. (2011). Social aggression on television and its relationship to children's aggression in the classroom. *Human Communication Research, 38*, 48–71.

Meyrowitz, J. (1985). *No sense of place: The impact of electronic media on social behavior*. New York: Oxford University Press.

Nadkarni, S., & Hofmann, S. G. (2012). Why do people use Facebook? *Personality and Individual Differences, 52*, 243–249.

Nathanson, A. I., Sharp, M. L., Aladé, F., Rasmussen, E. E., & Christy, K. (2013). The relation between television exposure and theory of mind among preschoolers. *Journal of Communication, 63*, 1088–1108.

O'Keeffe, G. S., & Clarke-Pearson, K. (2011). Clinical report—The impact of social media on children, adolescents, and families. *Pediatrics, 127*, 800–804.

Ortega, J., & Hergovich, J. (2017). The strength of absent ties: Social integration via online dating. *Physics and Society*. Retrieved from https://arxiv.org/pdf/1709.10478.pdf

Owen, L., Lewis, C., Auty, S., & Buijzen, M. (2013). Is children's understanding of nontraditional advertising comparable to their understanding of television advertising? *Journal of Public Policy & Marketing, 32*, 195–206.

Page, A. S., Cooper, A. R., Griew, P., & Jago, R. (2010). Children's screen viewing is related to psychological difficulties irrespective of physical activity. *Pediatrics, 126*, e1011–e1017.

Postman, N. (1994). *The disappearance of childhood*. New York: Vintage.

Richter, F. (2013, September 26). Mobile devices: The 21st century nanny. *Statista*. Retrieved from https://www.statista.com/chart/1499/mobile-device-use-of-american-parents/

Rideout, V. (2012, Fall). Children, teens, and entertainment media: The view from the classroom. *Common Sense Media*. Retrieved from http://www.commonsensemedia.org/sites/default/files/research/view-from-the-classroom-final-report.pdf

Rideout, V. J., Foehr, U. G., & Roberts, D. F. (2010). *Generation M2: Media in the lives of 8- to 18-year-olds*. Menlo Park, CA: Kaiser Family Foundation.

Rosen, L. D., Whaling, K., Rab, S., Carrier, L. M., & Cheever, N. A. (2013). Is Facebook creating "idisorders"? The link between clinical symptoms of psychiatric disorders and technology use, attitudes and anxiety." *Computers in Human Behavior, 29*, 1243–1254.

Ryan, T., Chester, A., Reece, J., & Xenos, S. (2014). The uses and abuses of Facebook: A review of Facebook addiction. *Journal of Behavioral Addictions, 3*, 133–148.

Sagioglou, C., & Greitmeyer, T. (2014). Facebook's emotional consequences: Why Facebook causes a decrease in mood and why people still use it. *Computers in Human Behavior, 35*, 359–363.

Samson, L., & Grabe, M. E. (2012). Media use and the sexual propensities of emerging adults. *Journal of Broadcasting & Electronic Media, 56*, 280–298.

Shahar, D., & Sayers, M. G. L. (2016). A morphological adaptation? The prevalence of enlarged external occipital protuberance in young adults. *Journal of Anatomy, 229*, 286–291.

Shakya, H. B., & Christakis, N. A. (2017). Association of Facebook use with compromised well-being: A longitudinal study. *American Journal of Epidemiology, 185*, 203–211.

Sheehan, K. B. (2014). *Contemporary controversies in advertising*. Los Angeles: Sage.

Steinberg, S. R. (2011). Kinderculture: Mediating, simulacralizing, and pathologizing the new childhood. In S. R. Steinberg (Ed.), *Kinderculture: The corporate construction of childhood* (pp. 1–53). Boulder, CO: Westview Press.

Strasburger, V. C., Jordan, A. B., & Donnerstein, E. (2010). Health effects of media on children and adolescents. *Pediatrics, 125*, 756–767.

Taylor, L. D., & Fortaleza, J. (2016). Media violence and male body image. *Psychology of Men & Masculinity, 17*, 380–384.

Thomson, D. M. (2010). Marshmallow power and frooty treasures: Disciplining the child consumer through online cereal advergaming. *Critical Studies in Media Communication, 27*, 438–454.

Vandenbosch, L., & Eggermont, S. (2012). Understanding sexual objectification: A comprehensive approach toward media exposure and girls' internalization of beauty ideals, self-objectification, and body surveillance. *Journal of Communication, 62*, 869–887.

Verduyn, P., Ybarra, O., Résibois, M., Jonides, J., & Kross, E. (2017). Do social network sites enhance or undermine subjective well-being? A critical review. *Social Issues and Policy Review, 11*, 274–302.

Wang, R., Yang, F., & Haigh, M. M. (2017). Let me take a selfie: Exploring the psychological effects of posting and viewing selfies and groupies on social media. *Telematics and Informatics, 34*, 274–283.

Ward, A. F., Duke, K., Gneezy, A., & Bos, M. W. (2017). Brain drain: The mere presence of one's own smartphone reduces available cognitive capacity. *Journal of the Association for Consumer Research, 2*, 140–154.

Weis, R., & Cerankosky, B. C. (2010). Effects of video-game ownership on young boys' academic and behavioral functioning: A randomized, controlled study. *Psychological Sciences, 21*, 1–8.

Wilcox, B. L., Kunkel, D., Cantor, J., Dowrick, P., Linn, S., & Palmer, E. (2004). *Report of the APA task force on advertising and children*. Washington, DC: American Psychological Association.

Wolverton, B. (2019, February 24). The campus as counselor. *New York Times*, p. F4.

World Health Organization. (2019). Guidelines on physical activity, sedentary behaviour and sleep for children under 5 years of age. *World Health Organization*. Retrieved from https://apps.who.int/iris/handle/10665/311664

Zywica, J., & Danowski, J. (2008). The faces of Facebookers: Investigating social enhancement and social compensation hypotheses; predicting Facebook and offline popularity from sociability, self-esteem, and extroversion/introversion; and mapping the meanings of popularity with semantic networks. *Journal of Computer Mediated Communication, 14*, 1–34.

**CHAPTER 9**

Alasuutari, P. (1999). Introduction: Three phases of reception studies. In P. Alasuutari (Ed.), *Rethinking the media audience* (pp. 1–21). Thousand Oaks, CA: Sage.

Berelson, B. (1949). What "missing the newspaper" means. In P. F. Lazarsfeld & F. N. Stanton (Eds.), *Communications research, 1948–1949* (pp. 111–129). New York: Harper.

Blumler, J. G. (1979). The role of theory in uses and gratifications studies. *Communication Research, 6*, 9–36.

Bollier, D. (2005). *Brand name bullies*. New York: Wiley.

Bond, B. J. (2018). Parasocial relationships with media personae: Why they matter and how they differ among heterosexual, lesbian, gay, and bisexual adolescents. *Media Psychology, 21*, 457–485.

Boneva, B., Kraut, R., & Frohlich, D. (2001). Using e-mail for personal relationships: The difference gender makes. *American Behavioral Scientist, 45*, 530–549.

Brunsdon, C., & Morley, D. (1981). "Crossroads": Notes on soap opera. *Screen, 22*, 327.

Bryant, J., Roskos-Ewoldsen, D. R., & Cantor, J. (Eds.) (2003). *Communication and emotion: Essays in honor of Dolf Zillmann*. Mahwah, NJ: Erlbaum.

Bryant, J., & Vorderer, P. (Eds.)(2006). *Psychology of entertainment*. Mahwah, NJ: Erlbaum.

Bundy, W. (2017, January 3). People streamed more music per day in 2016 than they downloaded all year. *Fader*. Retrieved from http://www.thefader.com/2017/01/03/streaming-report-buzz-angle-spotify-drake

Dewey, J. (1927). *The public and its problems*. New York: Holt.

Dokoupil, T. (2012, July 9). Is the Internet making us crazy? What the new research says. *Newsweek*. Retrieved from https://www.newsweek.com/internet-making-us-crazy-what-new-research-says-65593

Edelman, M. (1988). *Constructing the political spectacle*, 3rd ed. Chicago: University of Chicago Press.

Edmonds, S. (2018, February 26). What are consumers doing on their smartphones, anyway? *Salesforce*. Retrieved from https://www.salesforce.com/blog/2018/02/consumer-smartphone-use

Edroso, R. (2018, February 20). Conservatives attack "Black Panther"—But, when it hits, declare it conservative. *Village Voice*. Retrieved from https://www.villagevoice.com/2018/02/20/conservatives-attack-black-panther-but-when-it-hits-declare-it-conservative/

Ellis, J. (2012, December 11). Young-adult readers may have abandoned print, but they'll take news in their pockets. *Nieman Journalism Lab*. Retrieved from http://www.niemanlab.org/2012/12/young-adult-readers-may-have-abandoned-print-but-theyll-take-news-in-their-pockets/

Fiske, J. (1987). *Television culture*. London: Routledge.

Gans, C. B. (1978). The empty ballot box: Reflections on nonvoters in America. *Public Opinion, 1*, 54–57.

Gerbner, G. (2010, February 18). The mean world syndrome—media as storytellers (extra feature).

*Media Education Foundation*. Retrieved from http://www.youtube.com/watch?v=ylhqasb1chI

Gillig, T. K., & Murphy, S. T. (2016). Fostering support for LGBTQ youth?: The effects of a gay adolescent media portrayal on young viewers. *International Journal of Communication, 10*, 3828–3850

Hall, S. (1973). Encoding and decoding in the television discourse. *CCCS Stenciled Paper 7*, University of Birmingham.

Hall, S. (1980). Encoding and decoding. In Centre for Contemporary Culture Studies (Ed.), *Culture, media, language: Working papers in cultural studies, 1972–79* (pp. 128–138). London: Hutchinson.

Herzog, H. (1940). Professor Quiz: A gratification study. In P. F. Lazarsfeld (Ed.), *Radio and the printed page* (pp. 64–93). New York: Duell, Sloan, and Pearce.

Herzog, H. (1944). What do we really know about daytime serial listeners? In P. F. Lazarsfeld & F. N. Stanton (Eds.), *Radio research 1942–1943* (pp. 3–33). New York: Duell, Sloan, and Pearce.

Hobson, D. (1982). *Crossroads: The drama of a soap opera*. London: Methuen.

Incollingo, J. S. (2018). I'm a news junkie ... I like being informed: Mobile news use by a newspaper's digital subscribers. *Newspaper Research Journal, 39*, 134–144.

Jung, E. H., & Sundar, S. S. (2018). Status update: Gratifications derived from Facebook affordances by older adults. *New Media & Society, 20*, 4135–4154.

Katyal, S. K. (2006). Semiotic disobedience. *Washington University Law Review 84*. Retrieved from http://openscholarship.wustl.edu/law_lawreview/vol84/iss3/1

Katz, E., Blumler, J. G., & Gurevitch, M. (1974). Utilization of mass communication by the individual. In J. G. Blumler & E. Katz (Eds.), *The uses of mass communication: Current perspectives on gratifications research* (pp. 19–34). Beverly Hills, CA: Sage.

Knobloch-Westerwick, S. (2006). Mood management: Theory, evidence, and advancements. In D. Zillmann & P. Vorderer (Eds.), *Media entertainment: The psychology of its appeal* (pp. 239–254). Mahwah, NJ: Erlbaum.

Knobloch-Westerwick, S. (2015). The selective exposure self and affect-management (SESAM) model. *Communication Research, 42*, 959–985.

Knobloch-Westerwick, S., & Westerwick, A. (2020). *Mediated communication dynamics: Shaping you and your society*. New York: Oxford University Press.

La Ferle, C., Edwards, S. M., & Lee, W. N. (2000). Teens' use of traditional media and the internet. *Journal of Advertising Research, 40*, 55–65.

Lazarsfeld, P., & Stanton, F. N. (Eds.) (1942). *Radio research, 1941*. New York: Duell, Sloan & Pearce.

Levy, M., & Windahl, S. (1985). The concept of audience activity. In K. E. Rosengren, L. A. Wenner, & P. Palmgreen (Eds.), *Media gratifications research: Current perspectives* (pp. 109–122). Beverly Hills, CA: Sage.

Martin-Barbero, J. (1993). *Communication, culture, and hegemony: From the media to mediations*. Translation by E. Fox & R. A. White. Newbury Park, CA: Sage.

McRobbie, A. (1982). The politics of feminist research: Between talk, text and action. *Feminist Review, 12*, 46–57.

McRobbie, A. (1984). Settling accounts with subcultures: A feminist critique. *Screen Education, 34*, 37–49.

Moores, S. (1993). *Interpreting audiences: The ethnography of media consumption*. Thousand Oaks, CA: Sage.

Morley, D. (1980). *The "nationwide" audience: Structure and decoding*. London: British Film Institute.

Oliver, M. B. (2008). Tender affective states as predictors of entertainment preference. *Journal of Communication, 58*, 40–61.

Pérez, R., & Greene, V. S. (2016). Debating rape jokes vs. rape culture: Framing and counter-framing misogynistic comedy. *Social Semiotics, 26*, 265–282.

Pew Research Center, (2018, February 5). Mobile fact sheet. Retrieved from http://www.pewinternet.org/fact-sheet/mobile/

Potter, W. J. (2012). *Media effects*. Los Angeles: Sage.

Proctor, J. (2004). *Stuart Hall*. New York: Routledge.

Quan-Haase, A., & Young, A. L. (2010). Uses and gratifications of social media: A comparison of Facebook and instant messaging. *Bulletin of Science Technology Society, 30*, 350–361.

Radway, J. (1984/1991). *Reading the romance: Women, patriarchy, and popular literature*. Chapel Hill, NC: University of North Carolina Press.

Radway, J. (1986). Identifying ideological seams: Mass culture, analytical method, and political practice. *Communication, 9*, 93–123.

Rathnayake, C., & Winter, J. S. (2018) Carrying forward the uses and grats 2.0 agenda: An affordance-driven measure of social media uses and gratifications. *Journal of Broadcasting & Electronic Media, 62*, 371–389.

Rojek, C. (2009). Stuart Hall on representation and ideology. In R. Hammer & D. Kellner (Eds.), *Media/cultural studies: Critical approaches* (pp. 49–62). New York: Peter Lang.

Ruggiero, T. E. (2000). Uses and gratifications theory in the 21st century. *Mass Communication and Society, 3*, 3–37.

Scanlon, J. (2016). Whose sexuality is it anyway? Women's experiences of viewing lesbians on screen. *Feminist Media Studies, 17*, 1005–1021.

Schramm, W. (1954). *The process and effects of mass communication*. Urbana, IL: University of Illinois Press.

Sheldon, P. (2008). Student favorite: Facebook and motives for its use. *Southwestern Mass Communication Journal, 23*, 39–55.

Slater, M. D., Johnson, B. K., Cohen, J., Comello, M. L. G., & Ewoldsen, D. R. (2014). Temporarily expanding the boundaries of the self: Motivations for entering the story world and implications for narrative effects. *Journal of Communication, 64*, 439–455.

Steiner, L. (1988). Oppositional decoding as an act of resistance. *Critical Studies in Mass Communication, 5*, 1–15.

Sundar, S.S., & Limperos, A.M. (2013) Uses and grats 2.0: New gratifications for new media. *Journal of Broadcasting & Electronic Media, 57*, 504–525.

Thrasher, S. (2018, February 20). *There is much to celebrate—and much to question—about Marvel's Black Panther. Esquire*. Retrieved from https://www.esquire.com/entertainment/movies/a18241993/black-panther-review-politics-killmonger/

Williams, F., Rice, R. E., & Rogers E. M. (1988). *Research methods and the new media*. New York: Free Press.

Wright, C. R. (1959). *Mass communication: A sociological perspective*. New York: Random House.

Wright, C. R. (1974). Functional analysis and mass communication revisited. In J. G. Blumler & E. Katz (Eds.), *The uses of mass communication: Current perspectives on gratifications research* (pp. 197–212). Beverly Hills, CA: Sage.

Zillmann, D., & Vorderer, P. (2000). *Media Entertainment: The psychology of its appeal*. Mahwah, NJ: Erlbaum.

**CHAPTER 10**

Ahmed, W., Bath, P. A., Sbaffi, L., & Demartini, G. (2018). Measuring the effect of public health campaigns on Twitter: The case of World Autism Awareness Day. *Proceedings of the International Conference on Information, Transforming Digital Worlds*, pp. 10–16.

Axelrod, R. (1973). Schema theory: An information processing model of perception and cognition. *American Political Science Review, 67*, 1248–1266.

Bartlett, F. C. (1932). *Remembering: A study in experimental and social psychology*. Cambridge, UK: Cambridge University Press.

Brewer, W. F., & Nakamura, G. V. (1984). The nature and functions of schema. *Center for the Study of Reading, Technical Report No. 325*. Retrieved from https://www.ideals.illinois.edu/bitstream/handle/2142/17542/ctrstreadtechrepv01984i00325_opt.pdf?s

Bull, S. S., Levine, D. K., Black, S. R., Schmiege, S. J., & Santelli, J. (2012). Social media-delivered sexual health intervention. *American Journal of Preventative Medicine, 43*, 467–474.

Chaffee, S. H., & Schleuder, J. (1986). Measurement and effects of attention to media news. *Human Communication Research, 13*, 76–107.

Chen, S., & Chaiken, S. (1999). The heuristic-systematic model in its broader context. In S. Chaiken & Y. Trope (Eds.), *Dual-process theories in social psychology* (pp. 73-96). New York: Guilford Press.

Chaiken, S., & Trope, Y. (1999). *Dual-process theories in social psychology*. New York: Guilford.

Clark-Flory, T. (2012, April 1). Facebook: The next tool in fighting STDs. *Salon*. Retrieved from http://www.salon.com/2012/04/01/facebook_the_next_tool_in_fighting_stds/

Cohen, J. (2001). Defining identification: A theoretical look at the identification of audiences with media characters. *Mass Communication & Society, 4*, 245–264.

Correa, T., Hinsley, A. W., & de Zúñiga, H. G. (2010). Who interacts on the web? The intersection of users' personality and social media use. *Computers in Human Behavior, 26*, 247–253.

Davis, D. K. (1990). News and politics. In D. L. Swanson & D. Nimmo (Eds.) *New directions in political communication* (pp. 147–184). Newbury Park, CA: Sage.

Davis, D. K., & Robinson, J. P. (1989). Newsflow and democratic society in an age of electronic media. In G. Comstock (Ed.), *Public communication and behavior, vol. 3* (pp. 89–102). New York: Academic.

Eaves, L. J., & Eysenck, H. J. (1974). Genetics and the development of social attitudes. *Nature, 249*, 288–289.

Giner-Sorolla, R., & Chaiken, S. (1994). The causes of hostile media judgment. *Journal of Experimental Social Psychology, 30*, 165–180.

Graber, D. A. (1984). *Processing the news*, 1st ed. New York: Longman.

Graber, D. A. (1988). *Processing the news*, 2nd ed. New York: Longman.

Green, M. C., & Brock, T. C. (2000). The role of transportation in the persuasiveness of public narratives. *Journal of Personality and Social Psychology, 79*, 701–721.

Gunter, B. (1987). *Poor reception: Misunderstanding and forgetting broadcast news*. Hillsdale, NJ: Erlbaum.

Gunther, A. C., & Chia, S. C. (2001). Predicting pluralistic ignorance: The hostile media perception and its consequences. *Journalism & Mass Communication Quarterly, 78*, 688–701.

Gunther, A. C., & Liebhart, J. L. (2006). Broad reach or biased source? Decomposing the hostile media effect. *Journal of Communication, 56*, 449–466.

Gunther, A. C., & Schmitt, K. (2004). Mapping boundaries of the hostile media effect. *Journal of Communication, 54*, 55–70.

Hansen, G. J., & Kim, H. (2011). Is the media biased against me? A meta-analysis of the hostile media effect research. *Communication Research Reports, 28*, 169–179.

Harris, L. (2012, June 9). Are Americans too dumb for democracy? *The American*. Retrieved from http://www.aei.org/publication/are-americans-too-dumb-for-democracy/

Hatemi, P. K., Byrne, E., & McDermott, R. (2012). Introduction: What is a "gene" and why does it matter for political science? *Journal of Theoretical Politics, 24*, 305–327.

Hatemi, P. K., Funk, C. L., Medland, S. E., Maes, H. M., Silberg, J. L., Martin, N. G., & Eaves, L. J. (2009). Genetic and environmental transmission of political attitudes over a life time. *The Journal of Politics, 71*, 1141–1156.

Hatemi, P. K., McDermott, R., Eaves, L. J., Kendler, K. S., & Neale, M. C. (2013). Fear as a disposition and an emotional state: A genetic and environmental approach to out-group political preferences. *American Journal of Political Science, 57*, 279–293.

Holbert, R. L., Garrett, R. K., & Gleason, L. S. (2010). A new era of minimal effects: A response to Bennett and Iyengar. *Journal of Communication, 60*, 15–34.

Hovland, C. I., Lumsdaine, A. A., & Sheffield, F. D. (1949). *Experiments on mass communication*. Princeton, NJ: Princeton University Press.

Hudson, W. E. (2013). *American democracy in peril*. Los Angeles: Sage.

Igartua, J. J., & Barrios, I. (2012). Changing real-world beliefs with controversial movies: Processes and mechanisms of narrative persuasion. *Journal of Communication, 62*, 514–531.

Indicators of news media trust. (2018, September 11). *Knight Foundation*. Retrieved from https://www.knightfoundation.org/reports/indicators-of-news-media-trust

Jensen, J. D., Bernat, J. K., Wilson, K. M., & Goonewardene, J. (2011). The delay hypothesis: The manifestation of media effects over time. *Human Communication Research, 37*, 509–528.

Kahneman, D. (2011). *Thinking, fast and slow*. New York: Farrar, Straus, and Giroux.

Kilgore, E. (2018, September 5). Most Americans can't name a Supreme Court justice. *New York Magazine*. Retrieved from http://nymag.com/intelligencer/2018/09/most-americans-cant-name-a-supreme-court-justice.html

Kim, H. S., Bigman, C. A., Leader, A. E., Lerman, C., & Cappella, J. N. (2012). Narrative health communication and behavior change: The influence of exemplars in the news on intention to quit smoking. *Journal of Communication, 62*, 473–492.

Kirzinger, A. E., Weber, C., Johnson, M. (2012). Genetic and environmental influences on media use and communication behaviors. *Human Communication Research, 38*, 144–171.

Krcmar, M., & Greene, K. (1999). Predicting exposure to and uses of television violence. *Journal of Communication, 49*, 24–45.

Kubey, R., & Csikszentmihalyi, M. (2002, February). Television addiction is no mere metaphor. *Scientific American*, pp. 74–80.

Kuklinski, J. H., & Quirk, P. J. (2002). Reconsidering the rational public: Cognition, heuristics, and mass opinion. In A. Lupia, M. McCubbins, & S. Popkin (Eds.), *Elements of political reason* (pp. 153–182). New York: Cambridge University Press.

Lang, A. (1990). Involuntary attention and physiological arousal evoked by structural features and mild emotion in TV commercials. *Communication Research, 17*, 275–299.

Lippmann, W. (1922). *Public opinion*. New York: Macmillan.

Malamuth, N. (1996). Sexually explicit media, gender differences, and evolutionary thought. *Journal of Communication, 46*, 8–31.

Marcus, G. E., Newman, W. R., & MacKuen, M. (2000). *Affective intelligence and political judgment*. Chicago: University of Chicago Press.

Miller, R. L., Brickman, P., & Bolen, D. (1975). Attribution versus persuasion as a means for modifying behavior. *Journal of Personality and Social Psychology, 3*, 430–441.

Morgan, S. E., Movius, L., & Cody, M. J. (2009). The power of narratives: The effect of entertainment television organ donation storylines on the attitudes, knowledge, and behaviors of donors and nondonors. *Journal of Communication, 59*, 135–151.

Moyer-Gusé, E. (2008). Toward a theory of entertainment persuasion: Explaining the persuasive effects of entertainment-education messages. *Communication Theory, 18*, 407–425.

Murphy, S. T., Frank, L. B., Chatterjee, J. S., & Baezconde-Garbanati, L. (2013). Narrative versus nonnarrative: The role of identification, transportation, and emotion in reducing health disparities. *Journal of Communication, 63*, 116–137.

Murphy, S. T., Frank, L. B., Moran, M. B., & Patnoe-Woodley, P. (2011). Involved, transported, or emotional? Exploring the determinants of change in knowledge, attitudes, and behavior in entertainment-education. *Journal of Communication, 61*, 407–431.

Muuss, R. E. (1988). *Theories of adolescence*. New York: Random House.

Nyhan, B., & Reifler, J. (2010). When corrections fail: The persistence of political misperceptions. *Political Behavior, 32*, 303–330.

Owen, L. H. (2019, March 22). The "backfire effect" is mostly a myth, a broad look at the research suggests. *Nieman Lab*. Retrieved from https://www.niemanlab.org/2019/03/the-backfire-effect-is-mostly-a-myth-a-broad-look-at-the-research-suggests/

Park, A. (2018, April 10). Should you diagnose yourself online? Here's what doctors think. *Time*. Retrieved from http://time.com/5230797/online-symptom-checkers-is-it-safe/

Patterson, T. E. (1993). *Out of order*. New York: Knopf.

Patterson, T. E. (2016a, December 7). News coverage of the 2016 general election: How the press failed the voters. *Shorenstein Center on Media, Politics, and Public Policy*. Retrieved from https://shorensteincenter.org/news-coverage-2016-general-election/

Patterson, T. E. (2016b, July 11). News coverage of the 2016 presidential primaries: horse race reporting has consequences. *Shorenstein Center on Media, Politics, and Public Policy*. Retrieved from https://shorensteincenter.org/news-coverage-2016-presidential-primaries/

Perloff, R. M. (1989). Ego-involvement and the third person effect of televised news coverage. *Communication Research, 16*, 236–262.

Petty, R. E., Briñol, P., & Priester, J. R. (2009). Mass media attitude change: Applications of the elaboration likelihood model of persuasion. In J. Bryant & M. B. Oliver (Eds.), *Media effects: Advances in theory and research* (pp. 125–164). New York: Routledge.

Petty, R. E., & Cacioppo, J. T. (1986). The elaboration likelihood model of persuasion. In L. Berkowitz (Ed.), *Advances in experimental social psychology, vol. 19* (pp. 123–205). New York: Academic Press.

Potter, W. J. (2012). *Media effects*. Los Angeles: Sage.

Raphael, R. (2019, February 4). A shockingly large majority of health news shared on Facebook is false. *Fast Company*. Retrieved from https://www.fastcompany.com/90301427/a-shockingly-large-majority-of-health-news-shared-on-facebook-is-fake

Redlawsk, D. P., Civettini, A. J. W., & Emmerson, K. M. (2010). The affective tipping point: Do motivated reasoners ever "get it"? *Political Psychology, 31*, 563–593.

Reeves, B., & Thorson, E. (1986). Watching television: Experiments on the viewing process. *Communication Research, 13*, 343–361.

Riccards, P. (2018, October 3). National survey finds just 1 in 3 Americans would pass citizenship test. *Woodrow Wilson National Fellowship Program*. Retrieved from https://woodrow.org/news/national-survey-finds-just-1-in-3-americans-would-pass-citizenship-test/

Robinson, J. P., & Davis, D. K. (1990). Television news and the informed public: Not the main source. *Journal of Communication, 40*, 106–119.

Robinson, J. P., & Levy, M., with Davis, D. K. (Eds). (1986). *The main source: Learning from television news*. Newbury Park, CA: Sage.

Schank, R., & Abelson, R. (1977). *Scripts, plans, goals, and understanding: An inquiry into human knowledge structure*. Hillsdale, NJ: Lawrence Erlbaum Associates.

Schwartz, L. (2017, March 17). America's health illiteracy: How easy it is to buy into health myths. *Alternet*. Retrieved from https://www.alternet.org/2017/03/americas-health-illiteracy-how-easy-it-buy-health-myths/

Shen, F. (2004). Effects of news frames and schemas on individuals' issue interpretations and attitudes. *Journalism & Mass Communication Quarterly, 81*, 400–416.

Sherry, J. L. (2004). Media effects theory and the nature/nurture debate: A historical overview and directions for future research. *Media Psychology, 6*, 83–109.

Shoemaker, P. (1996). Hardwired for news: Using biological and cultural evolution to explain the surveillance function. *Journal of Communication, 46*, 32–47.

Shrum, L. J., (2009). Media consumption and perceptions of social reality. In J. Bryant & M. B. Oliver (Eds.), *Media effects: Advances in theory and research* (pp. 50–73). New York: Routledge.

Slater, M. D., & Rouner, D. (2006). Entertainment—Education and elaboration likelihood: Understanding the processing of narrative persuasion. *Communication Theory, 12*, 173–191.

Somin, I. (2017, March 1). The perils of public ignorance about federal spending. *Washington Post*. Retrieved from https://www.washingtonpost.com/news/volokh-conspiracy/wp/2017/03/01/the-perils-of-public-ignorance-about-federal-spending/?utm_term=.e2128c6f0572

Somin, I. (2018, November 5). Political ignorance and the midterm elections. *Reason*. Retrieved from https://reason.com/volokh/2018/11/05/political-ignorance-and-the-midterm-elec

Sotirovic, M. (2003). How individuals explain social problems: The influences of media use. *Journal of Communication, 53*, 122–137.

Taylor, S. E. (1981). The interface of cognitive and social psychology. In J. H. Harvey (Ed.), *Cognition, social behavior, and the environment* (pp. 189–211). Hillsdale, NJ: Erlbaum.

Tesser, A. (1993). The importance of heritability in psychological research: The case of attitudes. *Psychological Review, 100*, 129–142.

Tsfati, Y., & Cohen, J. (2013). The third-person effect, trust in media, and hostile media perceptions. *International Encyclopedia of Media Studies: Media Effects/Media Psychology, 1*, 1–19.

Valentino, N. A., Beckman, M. N., & Buhr, T. A. (2001). When the frame is the game: Revisiting the impact of "strategic" campaign coverage on citizens' information retention. *Journalism & Mass Communication Quarterly, 78*, 93-112.

Vallone, R. P., Ross, L., & Lepper, M. R. (1985). The hostile media phenomenon: Biased perception and perceptions of media bias in coverage of the Beirut massacre. *Journal of Personality and Social Psychology, 49*, 577–585.

Verhulst, B., Hatemi, P. K., & Eaves, L. J. (2012). Disentangling the importance of psychological predispositions and social constructions in the organization of American political ideology. *Political Psychology, 33*, 375–393.

Wallace, G. (2016, November 30). Voter turnout at 20-year low in 2016. *CNN*. Retrieved from https://www.cnn.com/2016/11/11/politics/popular-vote-turnout-2016/index.html

Warlaumont, H. G. (1997). Appropriating reality: Consumers' perceptions of schema-inconsistent advertising. *Journalism & Mass Communication Quarterly, 74*, 39–54.

Wartella, E. (1999). Children and media: On growth and gaps. *Mass Communication and Society, 2*, 81–88.

Wartella, E. (1979). The developmental perspective. In E. Wartella (Ed.), *Children communicating: Media and development of thought, speech, and understanding* (pp. 7–19). Beverly Hills, CA: Sage.

Weaver, J. (2018, July 6). More people search for health online. *NBC News*. Retrieved from http://www.nbcnews.com/id/3077086/t/more-people-search-health-online/#.XFxSLLhOlPY

Wood, G., & McBride, T. (1997). Origins of orienting and defensive responses: An evolutionary perspective. In P. J. Lang, R. F. Simons, & M. Balaban (Eds.), *Attention and orienting: Sensory and motivational processes* (pp. 41–67). Hillsdale, NJ: Erlbaum.

Young, B. (1990). *Television advertising to children*. Oxford, UK: Clarendon Press.

**CHAPTER 11**

Alterman, E. (2019, January 10). Facebook is a social menace. *Nation*. Retrieved from https://www.thenation.com/article/facebook-spies-alterman/

Anderson, M., & Kumar, M. (2019, May 7). Digital divide persists even as lower-income Americans make gains in tech adoption. *Pew Research Center*. Retrieved from https://www.pewresearch.org/fact-tank/2019/05/07/digital-divide-persists-even-as-lower-income-americans-make-gains-in-tech-adoption/

Atkin, D. J., Hunt, D. S., & Lin, C. A. (2015). Diffusion theory in the new media environment: Toward an integrated technology adoption model. *Mass Communication & Society, 18*, 623–650.

Beam, M. A., Hmielowski, J. D., & Hutchens, M. J. (2018). Democratic digital inequalities: Threat and opportunity in online citizenship from motivation and ability. *American Behavioral Scientist, 62*, 1079–1096.

Bell, E., & Owen T. (2017) *The platform press: How Silicon Valley reengineered journalism*. New York: Tow Center for Digital Journalism. Retrieved from https://academiccommons.columbia.edu/doi/10.7916/D8R216ZZ

Bharara, P. (2019, Winter). Journalism's advocate. *New York Times Book Review*, p. 9.

Bonfadelli, H. (2002). The Internet and knowledge gaps: A theoretical and empirical investigation. *European Journal of Communication, 17*: 65–85.

Chan, M. (2018). Reluctance to talk about politics in face-to-face and Facebook settings: Examining the impact of fear of isolation, willingness to self-censor, and peer network characteristics. *Mass Communication & Society, 21*, 1–23.

Cohen, B. C. (1963). *The press and foreign policy*. Princeton, NJ: Princeton University Press.

Curran, J., S. Iyengar, B. Lund, & Salovaara-Moring, I. (2009). Media system, public knowledge and democracy: A comparative study. *European Journal of Communication, 25*, 5–26.

Davis, D. K. (2015). Afterword: What is so new about new media? In R.A. Lind (Ed.), *Producing theory in a digital world 2.0* (pp. 267–277). New York: Peter Lang.

Donohue, G. A., Tichenor, P. J., & Olien, C. N. (1986). Metro daily pullback and knowledge gaps, within and between communities. *Communication Research, 13*, 453–471.

Feldman, S. (2019, June 5). Where does the digital divide persist? *Statista*. Retrieved from https://www.statista.com/chart/18266/digital-divide-in-rural-america/

Friedman, L. A., Kachur, E. R., Noar, M. S., & McFarlane, M. (2016). Health communication and social marketing campaigns for sexually transmitted disease prevention and control. *Sexually Transmitted Diseases, 43*, S83–S101.

Fox, J., & Holt, L. F. (2018). Fear of isolation and perceived affordances: the spiral of silence on social networking sites regarding police discrimination. *Mass Communication & Society, 21*, 533–554.

Gilmor, D. (2004). *We the media—Grassroots journalism by the people, for the people*. Sebastopol, CA: O'Reilly.

Glynn, C. J., & McLeod, J. M. (1985). Implications of the spiral of silence theory for communication and public opinion research. In K. Sanders, L. L. Kaid, & D. Nimmo (Eds.), *Political communication yearbook 1984* (pp. 43–65). Carbondale, IL: Southern Illinois University Press.

Grier, S., & Bryant, C. A. (2004). Social marketing in public health. *Annual Review of Public Health, 26*, 319–339.

Gruszczynski, M., & Wagner, M. W. (2017). Information flow in the 21st century: The dynamics of agenda-uptake. *Mass Communication & Society, 20*, 378–402.

Hayes, A. F., Matthes, J., & Eveland, W. P. (2011). Stimulating the quasi-statistical organ: Fear of social isolation motivates the quest for knowledge of the opinion climate. *Communication Research, 38*, 1–24.

Holbrook, T. M. (2002). Presidential campaigns and the knowledge gap. *Political Communication, 19*, 437–465.

Huffman, S. (2018). The digital divide revisited: What is next? *Education, 138*, 239–246.

Hwang, Y., & Jeong, S. H. (2009). Revisiting the knowledge gap hypothesis: A meta-analysis of thirty-five years of research. *Journalism & Mass Communication Quarterly, 86*, 513–532.

Ingram, M. (2018, Winter) The Facebook Armageddon: The social network's increasing threat to journalism. *Columbia Journalism Review*, Retrieved from https://www.cjr.org/special_report/facebook-media-buzzfeed.php

Iyengar, S. (1991). *Is anyone responsible? How television frames political issues*. Chicago, IL: University of Chicago Press.

Iyengar, S., & Kinder, D. R. (1987). *News that matters: Television and American opinion*. Chicago, IL: University of Chicago Press.

Katona, Z., Knee, J. A., & Sarvary, M. (2017). Agenda chasing and contests among news providers. *The RAND Journal of Economics, 48*, 783–809.

Katz, E. (1983). Publicity and pluralistic ignorance: Notes on "The spiral of silence." In E. Wartella & D. C. Whitney (Eds.), *Mass communication review yearbook 4* (pp. 89–99). Beverly Hills, CA: Sage.

Kotler, P., & Lee, N. R. (2008). *Social marketing: Influencing behaviors for good*. Los Angeles, CA: Sage.

Lang, K., & Lang, G. E. (1983). *The battle for public opinion: The President, the press, and the polls during Watergate*. New York: Columbia University Press.

Lin, C. (2003). An interactive communication technology adoption model. *Communication Theory, 13*, 345–365.

Madden, M. (2017, September 27). Privacy, security, and digital inequality. *Data & Society*. Retrieved from https://datasociety.net/output/privacy-security-and-digital-inequality/

McCombs, M., & Ghanem, S. I. (2001). The convergence of agenda setting and framing. In S. D. Reese, O. H. Gandy, & A. E. Grant (Eds.), *Framing public life: Perspectives on media and our understanding of the social world* (pp. 67–82). Mahwah, NJ: Erlbaum.

McCombs, M. E. (1981). The agenda-setting approach. In D. D. Nimmo & K. R. Sanders (Eds.), *Handbook of political communication* (pp. 121–140). Beverly Hills, CA: Sage.

McCombs, M. E., & Shaw, D. L. (1972). The agenda-setting function of mass media *Public Opinion Quarterly, 36*, 176–187.

Mozur, P. (2018, October 16). Genocide across Myanmar, incited on Facebook. *New York Times*, p. A1.

Neuman, W. R., Guggenheim, L., Mo Jang, S., & Bae, S. Y. (2014). The dynamics of public attention: agenda-setting theory meets Big Data. *Journal of Communication, 64*, 193–214.

Noelle-Neumann, E. (1973). Return to the concept of the powerful mass media. *Studies of Broadcasting, 9*, 68–105.

Noelle-Neumann, E. (1984). *The spiral of silence: Our social skin*. Chicago, IL: University of Chicago Press.

Noelle-Neumann, E. (1985). The spiral of silence: A response. In K. R. Sanders, L. L. Kaid, & D. D. Nimmo (Eds.), *Political Communication Yearbook, 1984* (pp. 66–94). Carbondale, IL: Southern Illinois University Press.

Patterson, T. E. (1993). *Out of order*. New York: Knopf.

Poll: How does the public think journalism happens? (2019, March 1). *Columbia Journalism Review*, pp. 68–73.

Potter, W. J. (2012). *Media effects*. Los Angeles, CA: Sage.

Protess, D. L., Cook, F. L., Doppelt, J. C., Ettema, J. S., Gordon, M. T., Leff, D. R., & Miller, P. (1991). *The journalism of outrage*. New York: Guilford.

Rogers, E. M. (1962). *Diffusion of innovations*. New York: Free Press.

Romm, T. (2019, January 23). Google led a multimillion-dollar tech industry lobbying blitz in 2018, records show. *Washington Post*. Retrieved from https://www.washingtonpost.com/technology/2019/01/23/google-led-multimillion-dollar-tech-industry-lobbying-blitz-records-show/?noredirect=on&utm_term=.9d39cb3c1e1c

Salmon, C. T., & Kline, F. G. (1985). The spiral of silence ten years later: An examination and evaluation. In K. R. Sanders, L. L. Kaid, & D. D. Nimmo (Eds.), *Political communication yearbook, 1984* (pp. 3–30). Carbondale, IL: Southern Illinois University Press.

Shoemaker, P. J., & Reese, S. D. (2014). *Mediating the message in the 21st century: A media sociology perspective*. New York, NY: Allyn and Bacon.

Smith, A., & Olmstead, K. (2018, April 30). Declining majority of online adults say the Internet has been good for society. *Pew Research Center*. Retrieved from http://www.pewinternet.org/2018/04/30/declining-majority-of-online-adults-say-the-internet-has-been-good-for-society/

Smith, A., Schlozman, K. L., Verba, S., & Brady, H. (2009, September). The Internet and civic engagement. *Pew Internet & American Life Project*. Retrieved from https://www.pewinternet.org/2009/09/01/the-internet-and-civic-engagement/

Snyder, B., & Witteman, C. (2019, March 29). The anti-competitive forces that foil speedy, affordable broadband. *Fast Company*. Retrieved from https://www.fastcompany.com/90319916/the-anti-competitive-forces-that-foil-speedy-affordable-broadband

Stacey, K. (2019, January 6). How Washington plans to regulate Big Tech. *Financial Times*. Retrieved from https://www.ft.com/content/8aa6680e-f4e2-11e8-ae55-df4bf40f9d0d

Tichenor, P. J., Donohue, G. A., & Olien, C. N. (1970). Mass media flow and differential growth of knowledge. *Public Opinion Quarterly, 34*, 159–170.

Tichenor, P. J., Donohue, G. A., & Olien, C. N. (1980). *Community conflict and the press*. Beverly Hills, CA: Sage.

"United States." (2019). *Reporters without borders*. Retrieved from https://rsf.org/en/united-states

Vishwanath, A., & Barnett, G. A. (Eds.). (2011). *The diffusion of innovations: A communication sciences perspective*. New York: Peter Lang.

Vonbun, R., Kleinen-von Königslöw, K., & Schönbach, K. (2016). Intermedia agenda-setting in a multimedia news environment. *Journalism, 17*, 1054–1073.

Wagner, K. (2019, February 20). Digital advertising in the US is finally bigger than print and television. *Recode*. Retrieved from https://www.recode.net/2019/2/20/18232433/digital-advertising-facebook-google-growth-tv-print-emarketer-2019

Watts, D. J., & Rothschild, D. M. (2017, December 5). Don't blame the election on fake news. Blame it on the media. *Columbia Journalism Review*.

Retrieved from https://www.cjr.org/analysis/fake-news-media-election-trump.php

Wei, L., & Hindman, D. B. (2011). Does the digital divide matter more? Comparing the effects of new media and old media use on the education-based knowledge gap. *Mass Communication and Society, 14*, 216–235.

**CHAPTER 12**

Amadeo, K. (2019, January 22). Average income in the USA by family and household. *The Balance*. Retrieved from https://www.thebalance.com/what-is-average-income-in-usa-family-household-history-3306189

American Society of Newspaper Editors. (2019). News literacy. Retrieved from https://www.asne.org/resources-literacy

Ashley, S., Maksl, A., & Craft, S. (2013). Developing a news media literacy scale. *Journalism & Mass Communication Educator, 68*, 7–21.

Austin, E. W., Miller, A. C., Silva, J., Guerra, P., Geisle, N., Gamboa, L., ... Kuechle, B. (2002). The effects of increased cognitive involvement on college students' interpretations of magazine advertisements for alcohol. *Communication Research, 29*, 155–179.

Banerjee, S. C., & Kubey, R. (2013). Boom or boomerang: A critical review of evidence documenting media literacy efficacy. In A. N. Valdivia & E. Scharrer (Eds.), *The international encyclopedia of media studies: Media effects/media psychology* (pp. 1–24). Hoboken, NJ: Blackwell.

Bell, D. (2019, January 24). An equal say. *The Nation*, pp. 27–31.

Berezow, A. (2018, April 5). White overdose deaths 50% higher than Blacks, 167% higher than Hispanics. *American Council on Science and Health*. Retrieved from https://www.acsh.org/news/2018/04/05/white-overdose-deaths-50-higher-blacks-167-higher-hispanics-12804

Bergsma, L. J., & Carney, M. E. (2008). Effectiveness of health-promoting media literacy literature education: A systematic review. *Health Education Research, 23*, 522–542.

Bhatia, K. V., & Pathak-Shelat, M. (2019) *Challenging discriminatory practices of religious socialization among adolescents: Critical media education and pedagogies in practice*. London: Springer.

Bulger, M., & Davison, P. (2018). The promises, challenges and futures of media literacy. *Journal of Media Literacy Education, 10*, 1–21.

Christ, W. G., & Potter, W. J. (1998). Media literacy, media education, and the academy. *Journal of Communication, 48*, 5–15.

Chung, J. E. (2014). Medical dramas and viewer perception of health: Testing cultivation effects. *Human Communication Research, 40*, 333–349.

Clark, L. S. (2011). Parental mediation theory for the digital age. *Communication Theory, 21*, 323–343.

Coenen, C., & Van Den Bulck, J. (2018) Reconceptualizing cultivation: Implications for testing relationships between fiction exposure and self-reported alcohol use evaluations, *Media Psychology, 21*, 613–639.

Coleman, J. S. (1988). Social capital in the creation of human capital. *American Journal of Sociology, 94*, S95–S120.

Craft, S., Ashley, S., & Maksl, A. (2017). News media literacy and conspiracy theory endorsement. *Communication and the Public, 2*, 388–401.

Darr, J. P., Hitt, M. P., & Dunaway, J. L. (2018). Newspaper closures polarize voting behavior. *Journal of Communication, 68*, 1007–1028.

Darrach, A., McCormick, A., & Sultan, Z. (2019, Winter). Life in a news desert. *Columbia Journalism Review*, pp. 106-109.

Diefenbach, D., & West, M. (2007). Television and attitudes toward mental health issues: Cultivation analysis and third person effect. *Journal of Community Psychology, 35*, 181–195.

Dubos, R. (2001). *Social capital*. New York: Routledge.

Eisenstein, E. L. (1979). *The printing press as an agent of change: Communications and cultural transformations in early-modern Europe*. Cambridge, UK: Cambridge University Press.

Entman, R. M. (1989). *Democracy without citizens: Media and the decay of American politics*. New York: Oxford University Press.

Ewen, S. (1996). *PR! A social history of spin*. New York: Basic Books.

Ewen, S. (2000). Memoirs of a commodity fetishist. *Mass Communication and Society, 3*, 439–452.

Farsides, T., Pettman, D., & Tourle, L. (2013). Inspiring altruism: reflecting on the personal relevance of emotionally evocative prosocial media characters. *Journal of Applied Social Psychology, 43*, 2251–2258.

Froomkin, D. (2012, December 7). How the mainstream press bungled the single biggest story of the 2012 campaign. *Huffington Post*. Retrieved from http://www.huffingtonpost.com/dan-froomkin/republican-lies-2012-election_b_2258586.html

Gao, G. (2016, April 13). Americans divided on how much they trust their neighbors. *Pew Research Center.* Retrieved from https://www.pewresearch.org/fact-tank/2016/04/13/americans-divided-on-how-much-they-trust-their-neighbors/

Gerbner, G. (1990). Epilogue: Advancing on the path of righteousness (maybe). In N. Signorielli & M. Morgan (Eds.), *Cultivation analysis: New directions in media effects research* (pp. 249–262). Newbury Park, CA: Sage.

Gerbner, G. (1987). Television's populist brew: The three B's. *Etc., 44*, 2-7.

Gerbner, G., & Gross, L. (1976). Living with television: The violence profile. *Journal of Communication, 26*, 173–199.

Gerbner, G., Gross, L., Jackson-Beeck, M., Jeffries-Fox, S., & Signorielli, N. (1978). Cultural indicators: Violence profile no. 9. *Journal of Communication, 28*, 176–206.

Gerbner, G., Gross, L, Morgan, M., & Signorielli, N. (1980). The "mainstreaming" of America: Violence profile no. 11. *Journal of Communication, 30*, 10–29.

Gerbner, G., Gross, L, Morgan, M., & Signorielli, N. (1982). Charting the mainstream: Television's contributions to political orientations. *Journal of Communication, 32*, 100–127.

Gonzales, R., Glik, D., Davoudi, M., & Ang, A. (2004). Media literacy and public health: Integrating theory, research, and practice for tobacco control. *American Behavioral Scientist, 48*, 189–201.

Gramlich, J. (2019, January 3). 5 facts about crime in the US. *Pew Research Center.* Retrieved from https://www.pewresearch.org/fact-tank/2019/01/03/5-facts-about-crime-in-the-u-s/

Grieco, E. (2019, April 12). For many rural residents in US, local news media mostly don't cover the area where they live. *Pew Research Center.* Retrieved from https://www.pewresearch.org/fact-tank/2019/04/12/for-many-rural-residents-in-u-s-local-news-media-mostly-dont-cover-the-area-where-they-live/

Helliwell, J. H., Layard, R., & and Sachs, J. D. (2019). World happiness report. *United Nations Sustainable Development Solutions Network.* Retrieved from https://s3.amazonaws.com/happiness-report/2019/WHR19.pdf

Hess, K. (2015). Making connections. *Journalism Studies, 16*, 482–496.

Hutchins, C. (2019, May 30). "Orphan counties," and a battle over what local news really means. *Columbia Journalism Review.* Retrieved from https://www.cjr.org/united_states_project/orphan-counties-fcc-colorado.php

Innis, H. A. (1950). *Empire and communication.* Toronto: University of Toronto Press.

Intravia, J., Wolff, K. T., Paez, R., & Gibbs, B. R. (2017). Investigating the relationship between social media consumption and fear of crime: A partial analysis of mostly young adults. *Computers in Human Behavior, 77*, 158–168.

Jang, S. M., & Kim, J. K. (2018). Third person effects of fake news: Fake news regulation and media literacy interventions. *Computers in Human Behavior, 80*, 295–302.

Jeffres, L. W., Lee, J.-W., Neuendorf, K., & Atkin, D. (2007). Newspaper reading supports community involvement. *Newspaper Research Journal, 23*, 6–23.

Jeong, S. H., Cho, C. H., & Hwang, Y. (2012). Media literacy interventions: A meta-analytic review. *Journal of Communication, 62*, 454–472.

Jiow, H. J., Lim, S. S., & Lin, J. (2017). Level up! Refreshing parental mediation theory for our digital media landscape. *Communication Theory, 27*, 309–328.

Johnson, A. B., Augustus, L., & Agiro, C. P. (2012). Beyond bullying: Pairing classics and media literacy. *The English Journal, 101*, 56–63.

Krisch, J. (2018, June 7). Mapping Americans' divorce risk by state paints an unnerving picture. *Fatherly.* Retrieved from https://www.fatherly.com/health-science/american-divorce-rate-state/

Lakritz, T. (2018, September 26). The 30 safest cities in the world. *Insider.* Retrieved from https://www.insider.com/worlds-safest-cities-2017-11

Livingstone, S., & Helsper, E. J. (2006). Does advertising literacy mediate the effects of advertising on children? A critical examination of two linked research literatures in relation to obesity and food choice. *Journal of Communication, 56*, 560–584.

Livingstone, S., Ólafsson, K., Helsper, E. J., Lupiáñez-Villanueva, F., Veltri, G. A., & Folkvord, F. (2017). Maximizing opportunities and minimizing risks for children online: The role of digital skills in emerging strategies of parental mediation. *Journal of Communication, 67*, 82–105.

Lowen, L. (2018, August 30). States with highest teenage pregnancy and birth rates. *ThoughtCo.* Retrieved from https://www.thoughtco.com/states-highest-teenage-pregnancy-birth-rates-3533772

Morgan, M., & Shanahan, J. (2009). The state of cultivation. *Journal of Broadcasting & Electronic Media, 54*, 337–355.

Morgan, M., Shanahan, J., & Signorielli, N. (2015). Yesterday's new cultivation, tomorrow. *Mass Communication & Society, 18*, 674–699.

Mullin, B. (2016, December 15). Nearly a quarter of Americans say they have shared fake political news. *Poynter Institute*. Retrieved from https://www.poynter.org/2016/nearly-a-quarter-of-americans-say-they-have-shared-fake-political-news/442972/

Murray, M. (2019, January 27). "Wrong track": Public sours on nation's direction after shutdown. *NBC News*. Retrieved from https://www.nbcnews.com/politics/meet-the-press/wrong-track-public-sours-nation-s-direction-after-shutdown-n963051

Nagler, C. (2018). 4 tips for spotting a fake news story. *President and Fellows of Harvard College*. Retrieved from https://www.summer.harvard.edu/inside-summer/4-tips-spotting-fake-news-story

Nikkelen, S., Vossen, H., Piotrowski, J., & Valkenburg, P. (2016). Media violence and adolescents' ADHD-related behaviors: The role of parental mediation. *Journal of Broadcasting & Electronic Media, 60*, 657–675.

Parker, K., Horowitz, J., Brown, A., Fry, R., Cohn, D., & Igielnik, R. (2018, May 22). What unites and divides urban, suburban, and rural communities. *Pew Research Center*. Retrieved from https://www.pewsocialtrends.org/2018/05/22/what-unites-and-divides-urban-suburban-and-rural-communities/

Patterson, T. E. (1993). *Out of order*. New York: Knopf.

Potter, W. J. (1991). The relationships between first and second order measures of cultivation. *Human Communication Research, 18*, 92–113.

Potter, W. J. (1998). *Media literacy*. Thousand Oaks, CA: Sage.

Putnam, R. (2000). *Bowling alone: The collapse and revival of American community*. New York: Simon & Schuster.

Ramasubramanian, S., & Oliver, M. B. (2007). Activating and suppressing hostile and benevolent racism: Evidence for comparative stereotyping. *Media Psychology, 9*, 623–646.

Reimer, B., & Rosengren, K. E. (1990). Cultivated viewers and readers: A life-style perspective. In N. Signorielli & M. Morgan (Eds.), *Cultivation Analysis: New Directions in Media Effects Research* (pp. 181–206). Newbury Park, CA: Sage.

Rodríguez-de-Dios, I., van Oosten, J. M. F., & Igartua, J. J. (2018). A study of the relationship between parental mediation and adolescents' digital skills, online risks and online opportunities. *Computers in Human Behavior, 82*, 186–198.

Rubado, M. E., & Jennings, J. T. (2019). Political consequences of the endangered local watchdog: Newspaper decline and mayoral elections in the United States. *Urban Affairs Review, 55*, in press.

Rubin, A. M. (1998). Editor's note: Media literacy. *Journal of Communication, 48*, 3–4.

Scharrer, E., & Blackburn, G. (2018). Is reality TV a bad girls club? Television use, docusoap reality television viewing, and the cultivation of the approval of aggression. *Journalism & Mass Communication Quarterly, 95*, 235–257.

Segrin, C., & Nabi, R. L. (2002). Does television viewing cultivate unrealistic expectations about marriage? *Journal of Communication, 52*, 247–263.

Shanahan, J., & Jones, V. (1999). Cultivation and social control. In D. Demers & K. Viswanath (Eds.), *Mass Media, Social Control, and Social Change* (pp. 1–50). Ames, IA: Iowa State University Press.

Shanahan, J., Morgan, M., & Stenbjerre, M. (1997). Green or brown? Television and the cultivation of environmental concern. *Journal of Broadcasting and Electronic Media, 45*, 118–134.

Shrum, L. J. (2004). The cognitive processes underlying cultivation effects are a function of whether the judgments are on-line or memory-based. *Communications: The European Journal of Communication Research, 29*, 327–344.

Signorielli, N. (1990). Television's mean and dangerous world: A continuation of the cultural indicators perspective. In N. Signorielli & M. Morgan (Eds.), *Cultivation analysis: New directions in media effects research* (pp. 85–105). Newbury Park, CA: Sage Publications.

Signorielli, N., & Kahlenberg, S. (2001). Television's world of work in the nineties. *Journal of Broadcasting and Electronic Media, 41*, 305–323.

Silverblatt, A. (1995). *Media literacy: Keys to interpreting media messages*. Westport, CT: Praeger.

Sotirovic, M. (2003). How individuals explain social problems: The influences of media use. *Journal of Communication, 53*, 122–137.

Stanford History Education Group. (2016). Evaluating information: The cornerstone of civic online reasoning. *Stanford University*. Retrieved from https://stacks.stanford.edu/file/druid:fv751yt5934/SHEG%20Evaluating%20Information%20Online.pdf

Stearns, J. (2018, June 20). How we know journalism is good for democracy. *Local News Lab*. Retrieved from https://localnewslab.org/2018/06/20/how-we-know-journalism-is-good-for-democracy/

Stites, T. (2018, October 15). About 1,300 U.S. communities have totally lost news coverage, UNC news desert study finds. *Poynter Institute*. Retrieved from https://www.poynter.org/news/about-1300-us-communities-have-totally-lost-news-coverage-unc-news-desert-study-finds

Van Vonderen, K. E., & Kinnally, W. (2012). Media effects on body image: Examining media exposure in the broader context of internal and other social factors. *American Communication Journal, 14*, 41–53.

Vosoughi, S., Roy, D., & Aral, S. (2018). The spread of true and false news online. *Science, 359*, 1146–1151.

Ward, L., & Friedman, K. (2006). Using TV as a guide: Associations between television viewing and adolescents' sexual attitudes and behavior. *Journal of Research on Adolescence, 16*, 133–156.

#### CHAPTER 13

Aalberg, T., Strömbäck, J., & de Vreese, C. H. (2012). The framing of politics as strategy and game: A review of concepts, operationalizations, and key findings. *Journalism, 13*, 162–178.

Baran, S. J., & Blasko, V. J. (1984). Social perceptions and the byproducts of advertising. *Journal of Communication, 34*, 12–20.

Belson, K., & Draper, K. (2019, February 17). On Kaepernick, as in concussions, NFL makes a safe call. *New York Times*, pp. SP1–SP2.

Benford, R., & Snow, D. (2000) Framing processes and social movements: An overview and assessment. *Annual Review of Sociology, 26*, 611–639.

Bennett, W. L. (2005). *News: The politics of illusion*, 6th ed. New York: Longman.

Bennett, W. L., Lawrence, R. G., & Livingston, S. (2007) *When the press fails: Political power and the news media from Iraq to Katrina*. Chicago, IL: University of Chicago Press.

Berger, C. R. (2001). Making it worse than it is: Quantitative depictions of threatening trends in the news. *Journal of Communication, 46*, 655–677.

Berger, P. L., & Luckmann, T. (1966). *The social construction of reality: A treatise in the sociology of knowledge*. Garden City, NY: Doubleday.

Beutler, B. (2019, January 11). Media can kick its horserace addiction—And it must. *Crooked Media*. Retrieved from https://crooked.com/articles/media-horserace-addiction/

Blumer, H. (1969). *Symbolic Interactionism*. Englewood Cliffs, NJ: Prentice Hall.

Borah, P. (2011). Conceptual issues in framing theory: A systematic examination of a decade's literature. *Journal of Communication, 61*, 246–263.

Brugman, B. C., & Burgers, C. (2018). Political framing across disciplines: Evidence from 21st-century experiments. *Research & Politics, 5*, 1–7.

Cacciatore, M. A., Scheufele, D. A., & Iyengar, S. (2016). The end of framing as we know it ... and the future of media effects. *Mass Communication & Society, 19*, 7–23.

Cappella, J. N., & Jamieson, K. H. (1997). *Spiral of cynicism: The press and the public good*. New York: Oxford University Press.

Carragee, K. M., & Roefs, W. (2004). The neglect of power in recent framing research. *Journal of Communication, 54*, 214–233.

Cissel, M. (2012). Media framing: A comparative content analysis on mainstream and alternative news coverage of Occupy Wall Street. *The Elon Journal of Undergraduate Research in Communications, 3*, 67–77.

Craig, R. T. (2007). Pragmatism in the field of communication theory. *Communication Theory, 17*, 125–145.

Davis, D. K., & Baran, S. J. (1981). *Mass communication and everyday life: A perspective on theory and effects*. Belmont, CA: Wadsworth.

de Vreese, C. H. (2012). New avenues for framing research. *American Behavioral Scientist, 56*, 365–375.

Entman, R. M. (1993). Framing: Toward clarification of a fractured paradigm. *Journal of Communication, 43*, 51–58.

Entman, R. M. (2004). *Projections of power: Framing news, public opinion, and US foreign policy*. Chicago, IL: University of Chicago Press.

Entman, R. M., Livingston, S., & Kim, J. (2009) Doomed to repeat: Iraq news, 2002–2007. *American Behavioral Scientist, 52*, 689–708.

Farr, J. (1999). John Dewey and American political science. *American Journal of Political Science, 43*: 520–541.

Faules, D. F., & Alexander, D. C. (1978). *Communication and social behavior: A symbolic interaction perspective*. Reading, MA: Addison-Wesley.

Ferment in the field. (1983). *Journal of Communication (Special Issue), 33*.

Gabbatt, A. (2018, July 6). The growing Occupy ICE movement: "We're here for the long haul."

*Guardian*. Retrieved from https://www.theguardian.com/us-news/2018/jul/06/occupy-ice-movement-new-york-louisville-portland

Gamson, W. A. (1989). News as framing. *American Behavioral Scientist, 33*, 157–161.

Gamson, W. A. (1992). *Talking politics*. New York: Cambridge University Press.

Gamson, W. A., Croteau, D., Hoynes, W., & Sasson, T. (1992). Media images and the social construction of reality. *Annual Review of Sociology, 18*, 373–393.

Gamson, W. A., & Modigliani, A. (1989). Media discourse and public opinion on nuclear power: A constructionist approach. *American Journal of Sociology, 95*, 1–37.

Garofoli, J. (2012, January 26). Obama's speech echoes Occupy movement themes. *San Francisco Chronicle*, p. A1.

Gilmor, D. (2004). *We the media—Grassroots journalism by the people, for the people*. Sebastopol, CA: O'Reilly.

Gitlin, T. (1980). *The whole world is watching: Mass media in the making and unmaking of the new left*. Berkeley, CA: University of California Press.

Goffman, E. (1974). *Frame analysis: An essay on the organization of experience*. New York: Harper & Row.

Goffman, E. (1979). *Gender advertisements*. New York: Harper Colophon.

Goffman, E. (1981). *Forms of talk*. Philadelphia: University of Pennsylvania Press.

Goist, P. D. (1971). City and "community": The urban theory of Robert Park. *American Quarterly, 23*, 46–59.

Graeber, D. (2013, April 13). Occupy's legacy: The media finally covers social protest fairly. *Salon*. Retrieved from https://www.salon.com/2013/04/13/occupys_legacy_the_media_finally_covers_social_protest_fairly/

Greenberg, J. (2011, October 26). The Occupy movement's mobilization dilemma. *The Ideas Lab*. Retrieved from http://theideaslab.wordpress.com/2011/10/26/the-occupy-movements-mobilization-dilemma/

Gulati, G. J., Just, M. R., & Crigler, A. N. (2004). News coverage of political campaigns. In L. L. Kaid (Ed.), *Handbook of political communication research* (pp. 237–256). Mahwah, NJ: Lawrence Erlbaum.

Hargreaves, I., & Ferguson, G. (2000). *Who's misunderstanding whom?: Science, society and the media*. Swindon, UK: Economic and Social Research Council.

Ingram, M. (2018, Winter). The Facebook armageddon: The social network's increasing threat to journalism. *Columbia Journalism Review*. Retrieved from https://www.cjr.org/special_report/facebook-media-buzzfeed.php/

Johnston, H., & Noakes, J. A. (2005). *Frames of protest: Social movements and the framing perspective*. Boston, MA: Rowman and Littlefield.

Kirkhorn, M. J. (2000, February 20). Media increasingly ignore poor. *San Jose Mercury News*, p. 3C.

Lakoff, G. (2011, October 19). How to frame yourself: A framing memo for Occupy Wall Street. *Huffington Post*. Retrieved from http://www.huffingtonpost.com/george-lakoff/occupy-wall-street_b_1019448.html

Mazzarella, S. R. (2010). Coming of age too soon: Journalistic practice in US newspaper coverage of early puberty in girls. *Communication Quarterly, 58*, 36–58.

McCombs, M., & Ghanem, S. I. (2001). The convergence of agenda setting and framing. In S. D. Reese, O. H. Gandy, & A. E. Grant (Eds.), *Framing public life: Perspectives on media and our understanding of the social world* (pp. 67–82). Mahwah, NJ: Erlbaum.

McLeod, D. M., & Detenber, B. H. (1999). Framing effects of television news coverage of social protest. *Journal of Communication, 49*, 3–23.

Mead, G. H. (1934). *Mind, self, and society*. Chicago, IL: University of Chicago Press.

Moody, C. (2011, December 1). How Republicans are being taught to talk about Occupy Wall Street. *Yahoo! News*, December 1. Retrieved from http://news.yahoo.com/blogs/ticket/republicans-being-taught-talk-occupy-wall-street-133707949.html

National Economic and Social Rights Initiative (2019). Parroting the right: How the media, pollsters adoption of insurance industry spin warps democracy *NESRI*. Retrieved from https://parrotingtheright.org/

Nelson, T. E., & Clawson, R. A. (1997). Media framing of a civil liberties conflict and its effect on tolerance. *American Political Science Review, 91*, 567–583.

Panousi, V., Vidangos, I., Ramnath, S., DeBacker, J., & Heim, B. (2013, March 21). Inequality rising and permanent over past two decades. *Brookings Institution*. Retrieved from https://economistsview.typepad.com/economistsview/2013/03/inequality-rising-and-permanent-over-past-two-decades.html

Patterson, T. E. (1993). *Out of order*. New York: Knopf.

Quinsaat, S. (2014). Competing news frames and hegemonic discourses in the construction of contemporary immigration and immigrants in the United States. *Mass Communication & Society, 17*, 573–596.

Rorty, R. (1991). *Objectivity, relativism, and truth: Political papers I*. Cambridge, UK: Cambridge University Press.

Rorty, R., Schneewind, J. B., & Skinner, Q. (1982). *Consequences of pragmatism*. Minneapolis, MN: University of Minnesota Press.

Rowling, C. M., Jones, T. M., & Sheets, P. (2011). Some dared call it torture: Cultural resonance, Abu Ghraib, and a selectively echoing press. *Journal of Communication, 61*, 1043–1061.

Russill, C. (2006). For a pragmatist perspective on publics: Advancing Carey's cultural studies through John Dewey ... and Michel Foucault?! In J. Packer & C. Robertson (Eds.), *Thinking with James Carey: Essays on communications, transportation, history* (pp. 57–78). New York: Peter Lang.

Russill, C. (2008). Through a public darkly: Reconstructing pragmatist perspectives in communication theory. *Communication Theory, 18*, 478–504.

Russill, C. (2012). William James: Among the machines. In J. Hannan (Ed.), *Philosophical profiles in the theory of communication* (pp. 291–324). New York: Peter Lang.

Ryan, C., Carragee, K. M., & Meinhofer, W. (2001). Framing, the news media, and collective action. *Journal of Broadcasting and Electronic Media, 45*, 175–182.

Scheufele, D. A. (1999). Framing as a theory of media effects. *Journal of Communication, 49*, 103–122

Scheufele, D. A. (2000). Agenda setting, priming, and framing revisited: Another look at cognitive effects of political communication. *Mass Communication and Society, 3*, 297–316.

Scheufele, D. A., & Iyengar, S. (2012) The state of framing research: A call for new directions. In K. Kenski & K. H. Jamieson (Eds.), *The Oxford handbook of political communication* (pp. 1–27). New York: Oxford University Press.

Scheufele, D. A., & Tewksbury, D. (2007). Framing, agenda setting, and priming: The evolution of three media effects models. *Journal of Communication, 57*, 9–20.

Schutz, A. (1967). *The phenomenology of the social world*. Evanston, IL: Northwestern University Press.

Schutz, A. (1970). *On phenomenology and social relations*. Chicago, IL: University of Chicago Press.

Smith, S. (2013, April 5). We're all TV executives now: Lurching toward personal programming. *MediaPost*. Retrieved from https://www.mediapost.com/publications/article/197401/were-all-tv-executives-now-lurching-toward-perso.html

Solomon, M. R. (1983). The role of products as social stimuli: A symbolic interactionism perspective. *Journal of Consumer Research, 10*, 319–329.

Speno, A. G., & Aubrey, J. S. (2018). Sexualization, youthification, and adultification: A content analysis of images of girls and women in popular magazines. *Journalism & Mass Communication Quarterly, 95*, 625–646.

Terkildsen, N., & Schnell, F. (1997). How media frames move public opinion: An analysis of the women's movement. *Political Research Quarterly, 50*, 879–900.

Tuchman, G. (1978). *Making news: A study in the construction of reality*. New York: Free Press.

Valkenburg, P. M., & Semetko, H. A. (1999). The effects of news frames on readers' thoughts and recall. *Communication Research, 26*, 550–569.

Van Aelst, P., Sheafer, T., & Stanyer, J. (2012). The personalization of mediated political communication: A review of concepts, operationalizations, and key findings. *Journalism, 13*, 203–220.

Walters, S. D. (1995). *Material girls: Making sense of feminist cultural theory*. Berkeley, CA: University of California Press.

White, M. (2016). *The end of protest*. Toronto: Knopf Canada.

Whitman, E. (2019, March 25). The 11 most sophisticated online scams right now that the average person falls for. *Business Insider*. Retrieved from https://www.businessinsider.com/online-scams-internet-phishing-2019-3

Ytreberg, E. (2002). Erving Goffman as a theorist of the mass media. *Critical Studies in Media Communication, 19*, 481–498.

Zuckerberg, M. (2017, February 16). Building global community. Retrieved from https://www.facebook.com/notes/mark-zuckerberg/building-global-community/10154544292806634

**CHAPTER 14**

Barber, B. R. (2007). *Consumed: How markets corrupt children, infantilize adults, and swallow citizens whole*. New York: W. W. Norton.

Bergen, M. (2019, April 2). YouTube executives ignored warnings, letting toxic videos run rampant. *Bloomberg*. Retrieved from https://www.bloomberg.com/news/features/2019-04-02/youtube-executives-ignored-warnings-letting-toxic-videos-run-rampant

Berger, P. L., & Luckmann, T. (1966). *The social construction of reality: A treatise in the sociology of knowledge*. Garden City, NY: Doubleday.

Chess, S., & Shaw, A. (2015). A conspiracy of fishes, or, how we learned to stop worrying about #GamerGate and embrace hegemonic masculinity. *Journal of Broadcasting & Electronic Media, 59*, 208–220.

Collins, S. T. (2014, October 17). Anita Sarkeesian on GamerGate: "We have a problem and we're going to fix this." *Rolling Stone*. Retrieved from https://www.rollingstone.com/politics/politics-news/anita-sarkeesian-on-gamergate-we-have-a-problem-and-were-going-to-fix-this-241766/

Collins, V. E., & Rothe, D. L. (2017). The consumption of patriarchy: Commodification to facilitation and reification. *Contemporary Justice Review, 20*, 161–174.

Couldry, N., & Hepp, A. (2017) *The mediated construction of reality*. Cambridge, UK: Polity.

Culpan, I., & Meier, C. (2016). Sport and the political economy: Considerations for enhancing the human condition. *Athens Journal of Sports, 3*, 143–154.

Deacon, D., & Stanyer, J. (2014) Mediatization: Key concept or conceptual bandwagon. *Media, Culture & Society, 36*, 1032–1044.

Dosh, K. (2018, September 30). Measuring the cost of being a sports fan. *Forbes*. Retrieved from https://www.forbes.com/sites/kristidosh/2018/09/30/measuring-the-cost-of-being-a-sports-fan/#224f5c105e54

Ekström, M., Fornäs, J., Jansson, A., & Jerslev, A. (2016). Three tasks for mediatization research: Contributions to an open agenda. *Media, Culture & Society, 38*, 1090–1108.

Enzensberger, H. M. (1974). *The consciousness industry*. New York: Seabury.

Evans-Thirlwell, E. (2017, October 20). The history of the first-person shooter. *PC Gamer*. Retrieved from https://www.pcgamer.com/the-history-of-the-first-person-shooter/

Giroux, H. (2000). *Stealing innocence: Corporate culture's war on children*. New York: Palgrave.

Gunster, S. (2004). *Capitalizing on culture: Critical theory for cultural studies*. Toronto, Canada: University of Toronto Press.

Hay, J. (1989). Advertising as a cultural text (rethinking message analysis in a recombinant culture). In B. Dervin, L. Grossberg, B. J. O'Keefe, & E. Wartella (Eds.), *Rethinking communication, vol. 2: Paradigm exemplars* (pp. 129–151). Newbury Park, CA: Sage.

Helm, J. (2002). When history looks back. *Adbusters*, March/April: n.p.

Hinz, L. (2018, October 22). What does "selling out" mean in the digital age? *Hot New Hip Hop*. Retrieved from https://www.hotnewhiphop.com/what-does-selling-out-mean-in-the-digital-age-news.62471.html

Hoffman, B. (2015). *Marketers are from Mars, consumers are from New Jersey*. San Francisco: Type A Group.

Jamieson, K. H. (1988). *Eloquence in an electronic age: The transformation of political speechmaking*. New York: Oxford University Press.

Jamieson, K. H., & Campbell, K. K. (1997). *The Interplay of influence: News, advertising, politics, and the mass media*. Belmont, CA: Wadsworth.

Jenson, J., & de Castell, S. (2008). Theorizing gender and digital gameplay: Oversights, accidents and surprises. *Eludamos: Journal for Computer Game Culture, 2*, 15–25.

Jhally, S. (Ed.) (1987). *The codes of advertising: Fetishism and the political economy of meaning in the consumer society*. New York: St. Martin's.

Kaun, A. (2011) Research overview for Riksbankens Jubileumsfond—mediatisation versus mediation: Contemporary concepts under scrutiny. In J. Fornäs & A. Kaun (Eds.), *Medialisering av kultur, politik, vardag och forskning (Mediestudier vid Södertörns högskola 2011:2)* (pp. 16–38). Huddinge, Sweden.

Kaun, A., & Fast, K. (2014) *Mediatization of culture and everyday life*. Huddinge, Sweden: Södertörns högskola.

Lawson, C. E. (2018). Innocent victims, creepy boys: Discursive framings of sexuality in online news coverage of the celebrity nude photo hack. *Feminist Media Studies, 18*, 825–841.

Linn, S. (2004). *Consuming kids*. New York: The New Press.

Livingstone, S. (2009). On the mediation of everything: ICA presidential address 2008. *Journal of Communication, 59*, 1–18.

Livingstone, S., & Lunt, P. (2014) Mediatization: An emerging paradigm for media and communication research? In K. Lundby (Ed.), *Mediatization of communication: Handbooks of communication science, vol. 21* (pp. 703–723). Berlin: De Gruyter Mouton.

Lunt, P., & Livingstone, S. (2016). Is "mediatization" the new paradigm for our field? A commentary on Deacon and Stanyer (2014, 2015) and Hepp, Hjarvard, and Lundby (2015). *Media, Culture & Society, 38*, 462–470.

Marwick, A. E., & Caplan, R. (2018). Drinking male tears: Language, the manosphere, and networked harassment. *Feminist Media Studies, 18,* 543–559.

Megarry, J. (2014). Online incivility or sexual harassment? Conceptualising women's experiences in the digital age. *Women's Studies International Forum, 47,* 46–55.

Megarry, J. (2018) Under the watchful eyes of men: Theorising the implications of male surveillance practices for feminist activism on social media. *Feminist Media Studies, 18,* 1070–1085.

Meyrowitz, J. (1985). *No sense of place: The impact of electronic media on social behavior.* New York: Oxford University Press.

Molina, B. (2019, April 1). British Army recruiting campaign targeting 'binge gamers' and 'phone zombies.' *USA Today.* Retrieved from https://www.msn.com/en-au/news/us/british-army-recruiting-campaign-targeting-binge-gamers-and-phone-zombies/ar-BBROtfj

Ong, W. J. (2002). *Orality and literacy: The technologizing of the word.* New York: Routledge.

Postman, N. (1985). *Amusing ourselves to death: Public discourse in the age of show business.* New York: Penguin.

Postman, N. (1994). *The disappearance of childhood.* New York: Vintage.

Postman, N. (1996). *The end of education.* New York: Vintage.

Robertson, C. (2009). A sporting gesture? BSkyB, Manchester United, global media, and sport. *Television & New Media, 5,* 291-314.

Robertson, C. (2009). A sporting gesture? BSkyB, Manchester United, global media, and sport. *Television & New Media, 5,* 291-314.

Ruddock, A., Hutchins, B., & Rowe, D. (2010). Contradictions in media sport culture: The reinscription of football supporter traditions through online media. *European Journal of Cultural Studies, 13,* 323–339.

Salter, M. (2018). From geek masculinity to Gamergate: The technological rationality of online abuse. *Crime Media Culture. 14,* 247–264.

Sarkeesian, A. (2014). Women as background decoration: Part 1—Tropes vs women in video games. *Tropes Vs Women in Video Games.* Retrieved from https://www.youtube.com/watch?v=4ZPSrwedvsg&list=PLn4ob_5_ttEaA_vc8F3jzE62esf9yP61index

Secker, T., & Alford, M. (2017, July 4). EXCLUSIVE: Documents expose how Hollywood promotes war on behalf of the Pentagon, CIA and NSA. *Medium.* Retrieved from https://medium.com/insurge-intelligence/exclusive-documents-expose-direct-us-military-intelligence-influence-on-1-800-movies-and-tv-shows-36433107c307

Sports merchandising market size in North America from 2009 to 2022 (in billion U.S. dollars). (2019). *Statista.* Retrieved from https://www.statista.com/statistics/194226/revenue-from-sports-merchandising-in-north-america-since-2004/

Steinberg, S. R. (2011). Kinderculture: Mediating, simulacralizing, and pathologizing the new childhood. In S. R. Steinberg (Ed.), *Kinderculture: The corporate construction of childhood* (pp. 1–53). Boulder, CO: Westview Press.

Tunstall, J. (1977). *The media are American: Anglo-American media in the world.* New York: Columbia University Press.

# 찾아보기

[ㅂ]



[ㅅ]

[ㅇ]

# 매스 커뮤니케이션 이론

## 토대, 논쟁, 미래

### 개정판

**펴낸날** 1판 1쇄 2019년 8월 9일
2판 1쇄 2025년 9월 1일
**지은이** Stanley J. Baran · Dennis K. Davis
**옮긴이** 김훈순 · 김경희 · 정선호
**펴낸이** 주소현
**펴낸곳** 이화여자대학교출판문화원
**주소** 서울특별시 서대문구 이화여대길 52 (우03760)
**등록** 1954년 7월 6일 제9-61호
**전화** 02) 3277-2965 (편집), 362-6076 (마케팅)
**팩스** 02) 312-4312
**전자우편** press@ewha.ac.kr
**홈페이지** www.ewhapress.com
**책임편집** 이혜지

**ISBN** 979-11-5890-551-4 93300
**값** 32,000원